Albert Martin Steffe

DIE HUGENOTTEN

ALBERT MARTIN STEFFE

DIE HUGENOTTEN

Macht des Geistes gegen den Geist der Macht

Casimir Katz Verlag

CIP-Titelaufnahme der Deutschen Bibliothek

Steffe, Albert:
Die Hugenotten: Macht des Geistes gegen den Geist der Macht / Albert Steffe. – Gernsbach: Katz, 1989
ISBN 3-925825-17-7

Satz: Casimir Katz Verlag, Gernsbach
Druck: Kösel GmbH & Co., Kempten/Allgäu
Umschlagsgestaltung: Zembsch' Werkstatt, München
Titelbild: Foto Visum / Timm Rautert
ISBN: 3-925825-31-2

Der lieben Familie Rambaud
aus Romette/Hautes-Alpes
zugeeignet.

Inhalt

Vorwort

Warum erinnern?

Haben Sie, verehrter Leser, dieses Buch gekauft, um sich zu bilden? Möchten Sie genauer wissen, warum Ihre Vorfahren Frankreich verlassen haben? Oder sind Sie Student und suchen einen Einstieg in die Geschichte der Hugenotten?

Alle diese Beweggründe sind legitim und willkommen, und ihre Fragen sucht das Buch zu beantworten. Der eigentliche Sinn dieses Buches aber geht über die Wünsche nach Kenntnis hinaus. Wenn Sie sich mit dem Schicksal der Hugenotten befassen, so kann man ohne Übertreibung sagen, daß Sie etwas Bedeutendes, nicht nur für sich selbst, sondern auch für unsere heutige Kultur und unser heutiges Selbstverständnis tun. Wenn Sie am Schluß des Buches etwas von diesem Wesentlicherem erfahren haben, ist das eigentliche Ziel dieses Buches erreicht.

Der Grund, warum man sich heute eingehend mit den Hugenotten beschäftigen sollte, liegt nicht alleine darin, daß unser Bild von ihnen sich in den letzten Jahrzehnten zu sehr vereinfachte. Die Leidensgeschichte der Hugenotten hilft uns vielmehr, deutlicher zu erkennen, daß wir uns in einem entscheidenden Punkt von den Glaubensflüchtlingen des 17. und 18. Jahrhunderts erheblich unterscheiden, nämlich in unserem Verhältnis zu allem Geistigen.

Denn die gesamte Tragödie der französischen Reformierten hätte durch eine Kleinigkeit vermieden werden können: Jeder Reformierte hätte nur zu sagen brauchen: „Ich bleibe doch katholisch", und er wäre zeitlebens unbehelligt geblieben. Er hätte Haus, Möbel, Vieh und Land behalten können. Er hätte nicht vor dem Verrat durch Nachbarn zittern müssen und fürchten, auf Galeeren verschleppt zu werden. Aber diese „Kleinigkeit" war für die Reformierten damals von grundlegender Wichtigkeit gewesen. Das unterscheidet sie von uns heute.

Kopfschüttelnd schreiben heute Journalisten über Nordirland, Sri Lanka, den Libanon, Neukaledonien und über die Australneger. Auf Partys belächelt man von oben herab die Auseinandersetzungen zwischen evangelischer und katholischer, anglikanischer und katholischer sowie orthodoxer und katholischer Kirche. Denn man könne sich doch so gut vertragen, und all solche Unterschiede ließen sich überbrücken. Aber mit unserer heutigen Toleranz haben wir keinen wirklichen Fortschritt gemacht. Unsere Toleranz heute ist in vielen Fällen nur Gleichgültigkeit gegenüber unseren geistigen Prägungen und ist nur materiellen Dingen gewichen, ist aber keine wahre Toleranz, die aus einem inneren Verstehen der anderen herauskommt. Auf die historische Verurteilung von Müttern mit unehelichen Kindern (siehe Goethes Faust), Religions- und Völkerkonflikte kann man leicht herabsehen, wenn man vergißt, daß jederzeit andere Toleranzschwierigkeiten aufzuzählen sind. Gewerkschaften gegen Unternehmen, Parteien untereinander, Militärs gegenüber Kriegsdienstverweigerern, oder Fundamentalisten gegen Realisten geraten in nicht minder schlimme Konflikte. Manche dieser Konflikte werden nur dadurch beigelegt, daß man gewisse Bedingungen wie Waren austauscht. Gebt ihr mehr Geld, dann halten wir Ruhe. Gebt ihr uns einen Ministerposten mehr, dann verlangen wir nicht den Abbau der Raketen. Wir haben gelernt, durch das Hinnehmen von Bedingungen zu überleben. Das muß keine schlechte Lösung sein. Aber wie sieht das aus, wenn Menschen bedingungslos ihrem Gewissen und ihren innersten Auffassungen treu bleiben?

Die Glaubensflüchtlinge, die nach Hessen oder Preußen kamen, waren keineswegs nur Strumpfwirker, Gobelinweber oder Möbeltischler, auch nicht nur Pfarrer oder Adelige. Es kam vielmehr ein Querschnitt der gesamten Bevölkerung des damaligen Frankreich. Alle, die da kamen, waren nur durch das eine gemeinsame Merkmal ausgezeichnet, daß ihnen die Freiheit des Glaubens und einer reinen Christenlehre über alles wichtig war. Welche Kraft war es, die Marie Léger dazu brachte, ihrem Mann und den vier Kindern voraus in Frankfurt und Holland eine neue Heimat zu suchen? Was trieb die hochschwangere Jeanne Perg auf die Reise? Oder warum nahm die alte, blinde und verkrüppelte Marie Sage aus dem Elsaß noch am Lebensende den Verlust der Heimat auf sich?

Nein, ich will Sie nicht sentimental stimmen. Die Register der Aufnahmestädte verzeichnen viele solcher Menschen. Die geistige Welt war diesen Menschen so überaus wichtig, daß sie ihretwegen die materielle aufgaben. Diesen Unterschied nehmen heute nicht einmal all diejenigen wahr, die die Tapferkeit der Hugenotten bewundern. Das kann man unter anderem daran erkennen, daß Deutsche, die sich für die Gastarbeiter einsetzen, deren Kommen nach Deutschland mit dem Segen durch die Hugenottenansiedlung vergleichen. So gut gemeint diese Gegenüberstellung auch ist, so verkehrt ist sie. Die Hugenotten verließen Heimat und Haus ausschließlich aus geistigem Grund, die Gastarbeiter aber kommen aus materiellen Gründen zu uns. Das soll nicht schlecht gewertet werden, nur muß man zur Kenntnis nehmen, daß der Vergleich mit den Hugenotten sachlich falsch ist und an ihrem Wesen vorbeigeht. Diese Ungenauigkeit aber kennzeichnet uns heute. Wir sind zu wenig sensibel für die Bedeutung des geistigen Lebens. Obwohl wir noch in nächster Nähe auf die geistige Reinheit der Menschen des Widerstands gegen Hitler dankbar zurückschauen können. Wie kam es zu der mächtigen inneren Bewegung im Gefolge der französischen Reformation? Was für Menschen waren das, die sich wegen ihres Gewissens zum Äußersten treiben ließen? Was gab ihnen die Kraft zu ihrer Treue? Welche Folgen hatte ihr Verhalten für sie und andere Menschen? Diesen Fragen ist das Buch gewidmet.

„Herrschte hier nicht eine Zeit lang Graf Raymond de Turenne, ... der sich gegen Gott und die Welt auflehnte ... und Gefangene ... hohnlachend von den Zinnen seines Adlerhorstes in die Tiefe stieß?" So fragte ein Journalist in einem Beitrag über die Stadt Les Baux in Südfrankreich, um dann in die Frage all die Information zu packen, die er sich genierte einfach auszubreiten. „Nein, woher soll ich das wissen?"

Nicht selten scheuen sich Leute aus der schreibenden Zunft, seien es Journalisten oder Schriftsteller, einfach zu informieren. Sie haben ein schlechtes Gewissen, daß ihr Leser schon informiert sein könnte, und so kommen sie dann bei der ungelenken Form einer solchen Frage an oder packen alles in Nebensätze.

Kennzeichen des vorliegenden Buches soll sein, daß nichts vorausgesetzt wird. Es soll auch nichts in neutralem Passiv stehen, („Gegen Ende des Jahrhunderts wurden mehr Kämpfe angezettelt."), sondern Namen von Personen und Ortschaften werden soweit als möglich genannt („Zwischen 1680 und 1690 zettelte der Graf von X 43 Scharmützel im Umkreis von Bordeaux an.").

Das soll dazu dienen, daß der Leser, der sich mit der Reformation weiter beschäftigt, Informationen leichter wiederentdeckt oder ihnen gezielt nachgehen kann. Andererseits führt der Sonnenhunger der heutigen Touristen sie oft in den Süden Frankreichs, in das Kernland der Reformation. Es soll ihm möglich gemacht werden, die Orte des reformatorischen oder gegenreformatorischen Geschehens wiederzuerkennen, so daß die Geschichte auch auf diese Weise lebendig wird.

Ferner ist konkrete Information auch leichter zu merken als abstrakte, und da die Beschäftigung mit der Geschichte der Reformation kein Selbstzweck sein soll, so wird die Konkretion auch der Versuch, dem Leser einen Transfer auf andere Gebiete der Geschichte oder Vergleiche auch mit heutigen politisch-religiösen Strömungen zu ermöglichen.

Wissenschaftliche Gründlichkeit und Genauigkeit in der Wiedergabe waren Voraussetzung und Ziel bei der Abfassung dieses Überblicks. Es war jedoch nicht das Ziel, ein Buch für Wissenschaftler alleine zu schreiben. Kennzeichen und Erfordernis eines solchen Buches wäre beispielsweise eine Quellenkritik, eine Bewertung verschiedener Darstellungen aus der Geschichte. Eine solche Gegenüberstellung hätte entweder zu einer Enzyklopädie, also einem Lebenswerk, geführt, oder zu der Beschränkung auf eine Epoche oder ein Thema. Die unausweichliche Beschränkung, die ich wählte, war darum, Zeugnisse in aller Vorsicht wiederzugeben, so daß einerseits jeder Leser näher an die Ereignisse treten und sich ein einprägsames Bild verschaffen kann. Wenn er dann in wissenschaftlichem Sinne weiterarbeiten und das eine oder andere vertiefen will, so ist das Anliegen dieses Buches erreicht.

A.M. Steffe | Regensburg, im Mai 1988

Was verlief anders in Frankreich?

Wenn man gute Bekannte, Verwandte oder Freunde in der DDR besucht, kommt im Gespräch bald als ständiger Begleiter der Gespräche „wir – ihr" oder „bei uns – bei euch" vor. Diese Unterscheidung schmerzt, wenn man nichts als eine persönliche Beziehung im Sinne hat, und doch wäre es unklug und lieblos, die schmerzhafte Unterscheidung aus einem vertrauensvollen Gespräch heraushalten zu wollen.

Eine ganz ähnliche resignierte „bei euch"-Aussage taucht auch in Gesprächen mit Franzosen über die Reformation auf. Wenn diese „Lüttär" oder „en Allemagne" zum Vergleich heranziehen, dann steht dahinter die Trauer, daß hier die große Schwesternreformation gelang, an der man ablesen kann, was in Frankreich noch alles hätte kommen können, wenn die französische Reformation nicht vor lauter Kämpfen versiegt wäre und nie lange Zeiten des Triumphes genoß.

So ist es dann auch nicht verwunderlich, wenn sich heute in Deutschland unbemerkt die Vorstellung hält, Frankreich sei ein katholisches Land wie Italien oder Spanien, was doch doppelt falsch ist. Erstens ist Frankreich ein religiös desinteressiertes Land, zweitens aber hat es, besonders im Unterschied zu Spanien und Italien eine selbständige und vollständige Reformation hervorgebracht, die nur durch das gleichzeitige Entstehen einer zentralistischen Gewalt an einer schöneren Entfaltung gehindert wurde. Die Größe der heutigen französischen reformierten Kirche steht in keinem Verhältnis zu der Bedeutung und dem Leiden, die mit ihr im 15., 16. und 17. Jahrhundert verbunden sind. Sie ist schon gar nicht als Mutterkirche von Menschen in anderen Ländern erkennbar – eben denen der Hugenotten – aber auch der reformierten Kirche in Schottland im besonderen.

Wie aber konnte es trotz der Eigenständigkeit dazu kommen, daß die Reformierten in Frankreich schließlich unterlagen, während sie sich hier ganz durchsetzte und Deutschland auch über die evangelischen Grenzen hinaus tief prägte? Zum einen liegt das in der Person Martin Luthers begründet. In seiner vielseitigen Begabung verwirklichte er im persönlichen Glauben die Reformation, zum anderen trug er sie auf vielen Gebieten nach außen. Was er auch angriff, es wurde als Befreiung vom Joch der damaligen Kirche lebhaft begrüßt: Die Leute sehnten sich nach seiner Predigt, sie verschlangen seine Bibelübersetzung, sie sangen seine Kirchenlieder zu Hause wie Volkslieder, so daß ein katholischer Theologe meinte, Luther habe die Reformation mit dem Gesangbuch in Deutschland durchgesetzt. Sie jubelten über die Gedanken, mit denen er die Abgabenlast für Volk und Fürsten als Unrecht zu erkennen gab; trotz allen Polterns war er jedem, der seine Hilfe suchte, ein ganz zurückhaltender und demütiger Seelsorger; kraft seiner Persönlichkeit zog er das Mitwirken aller Gelehrten und Künstler (Dürer, die Cranachs, Hans Sachs, Ulrich von Hutten) auf sich, die den Reformationsgedanken auf ihre Weise begeistert weitertrugen. Luther ist der Reformator mit Augenmaß, der nicht alles auf einmal umstürzte, sondern den Blick für die innere Erneuerung behielt, und der in seinem Leben verwirklichte, was er als Lehre verkündete.

So etwa wurde seine Heirat mit Katharina von Bora ein

befreiendes Ereignis, das wie alle anderen Neuerungen Luthers in Deutschland mit Aufatmen begrüßt wurde.

Eine Persönlichkeit, die die Reformation in diesem Sinne anschaulich machte, gab es in Frankreich nicht. Theodor de Bèze war ein brillanter Theologe und lauterer Charakter, Calvin ein begabter, aber dogmatischer Theologe, Heinrich IV. ein weiser Staatsmann und begabter Feldherr, Coligny ein Muster von Mann. Da Calvin anfangs sogar jede Musik in der Kirche ablehnte, fehlte dort sogar die Macht der Lieder. Erst als die Schweizer Reformatoren die Kraft der volkstümlichen Lieder Luthers erlebten, dachten sie neu über die Musik nach und schufen den Psalter, der musikgeschichtlich allerdings nicht weniger bedeutungsvoll als Luthers Liedschöpfungen ist. Wurde er doch auch der treueste Begleiter der verfolgten Gläubigen. Ja, man kann sagen, es fehlte eine mitreißende Persönlichkeit, die ihre Anhängerschar vorläufig so hinter sich selbst zog, daß die junge neue Kirche erst einmal Freiraum gewinnen konnte. Zudem wurden die eigentlichen französischen Reformatoren ja auch in die Schweiz verschlagen und waren schon alleine räumlich weit von den lehrbedürftigen Gläubigen entfernt, während Wittenberg in der Mitte des damaligen Deutschland lag.

In der Tat ist man heute der Ansicht, daß die reformierte Theologie teilweise unterentwickelt ist, weil die französischen Reformatoren und Pfarrer wegen der Verfolgungen keine Zeit hatten, im Gegenüber des täglichen Lebens ihre Theologie zu verfeinern und auszugestalten. Dazu kommt, daß sich eine Eigenheit des evangelischen Glaubens calvinistischer Prägung allerdings stark bemerkbar machte, nämlich die Disziplin, Nüchternheit, strenge Prüfung des Lebens und Kargheit an jedem äußeren Gepränge. Denkt man sich einmal in die Warte auch gutwilliger damaliger Katholiken, so muß man ihnen allerdings zugute halten, daß die reformierte Kirche sich nicht zu erkennen gab. Der calvinistisch geprägte Glaube ist eine Religion frei von jedem Mystizismus. Keine schönen Kleider sondern schwarze, einfache Kleidung, keine Feiertage, keine Bildnisse, keine Kirchenmusik, keine vielteilige Liturgie, keine Heiligen – ja, was war denn eigentlich diese neue Religion? Das war bei Luther anders. An dem festlich geprägten Glauben seiner Prägung ließ sich leichter ablesen, was das „Erneuerte" war: Er verließ das Kloster, denn es gab keinen besonderen geistlichen Stand mehr. Er heiratete, denn Ehelosigkeit dürfe nicht generell vom Menschen verlangt werden. Er musizierte viel und schrieb selbst Lieder für die Kirche, denn Musik sei ein Geschenk Gottes. Er schrieb auf Deutsch; denn es gebe keine heilige Sprache, in der sich Gott alleine oder wenigstens besser als in anderen offenbare. So also konnte auch der einfachste Mann leicht erkennen, worin die Befreiung durch Luther bestand und konnte eine Entscheidung treffen. Die Strenge der calvinistischen Lehre hat durchaus etwas für sich, und nicht wenige Menschen, seien sie theologisch vorgebildet oder nicht, fühlten sich gerade wegen der Strenge von ihr so angezogen, wie sie sich vom üppigen Leben der katholischen Kirche abgestoßen fühlten.

Gerade für Frauen soll die Disziplin der Calvinisten besonders anziehend gewesen sein. Doch fehlte der calvinistischen Lehre gleichsam ihre eigene Öffentlichkeitsarbeit, und das wurde ihr zum Verhängnis. Es war leichter, den Calvinismus, den man nicht sah, zu verspotten als den lutherisch geprägten Glauben, der alle seine Reformen zu erkennen gab. Noch von den heutigen, ebenso zurückhaltenden Protestanten in Frankreich bemerkt Robert Solé: „Man liebt uns und kennt uns nicht." Im Hinblick auf die Geschichte bemerkt Edgar Quinet: „Wenn die Revolution die Schrecken der Gewaltherrschaft ergriff, so zum Teil darum, weil die Protestanten unfähig gewesen waren, die Botschaft so zu sagen, wie es nötig gewesen wäre." Der Pastor René-Jacques Lovy vergleicht mit dem Luthertum: „Der Calvinismus Genfs, La Rochelles und auch Paris' war entschieden zu autoritär, zu intellektuell, zu bilderstürmerisch, zu politisch. Er hat die Reformation vom französischen Volke abgeschnitten, während sie doch eine bessere Vorgehensweise hätte haben und evangelischer und wirksamer hätte sein sollen. Sie hätte vielmehr das volkstümliche Luthertum spontaner verbreiten sollen." (nach André Dumas.)

Das ist eine denkwürdige Analyse, doch muß man den Reformatoren Frankreichs wiederum zugute halten, daß sie eben von diesem Austausch, wie er beispielsweise Zwingli und Luther noch möglich war, durch politischen Druck ja völlig abgeschnitten waren. Sie mußten viel zu schnell auf politische Veränderungen reagieren und haben dadurch manches vielleicht überbetont, was unter ruhigeren Verhältnissen so hätte durchdacht werden können, daß eine weniger schroffe und harsche Form des Glaubens herausgekommen wäre. Die letzte Chance eines solchen Austausches fand sich in dem Gespräch von Poissy im Jahre 1561.

Doch wenn man den Blick von den Gestalten der Reformation zum Ablauf des ganzen Geschehens lenkt, dann wird ein anderer grundlegender Unterschied in den Bedingungen der Reformation klar, „Un roi, une loi, une foi", sagte man besonders zur Zeit Ludwigs XIV., dachte es aber auch schon vorher – Ein König, ein Gesetz, ein Glaube. Ein Volk, ein Reich, ein Führer. Nein, dieser Vergleich mit dem Spruch der Nazis hinkt nicht! Hier wie dort wird etwas ganz gefordert (lat. totaliter). Aber die einzige wirkliche Begründung sind Reim oder Rhythmus. Die Forderungen selbst sind unmenschlich, weil die menschliche Gesellschaft zur Vielseitigkeit angelegt ist und so sein soll. „Un roi, une loi, une foi" ist nicht einmal mit Harmoniebedürfnis zu rechtfertigen, sondern ist, wie Erich Fromm ausführlich beschrieb, Ausdruck eines nekrophilen (das Tote verehrenden) Ordnungssinns. Der Anspruch auf solche Totalität eines Volkes führt denn auch rasch zu totalitärem Verhalten.

In Deutschland wäre dieser Satz undenkbar gewesen; denn dort gab es viele kleine Staaten, die alle für sich bleiben wollten und eifersüchtig über ihre Unabhängigkeit wachten, niemand hätte dort einen solchen Satz auch nur gedacht. An der entsprechenden Stelle zu dem verheerenden französischen Satz ist bei uns zu denken; Cuius regio, eius religio – (in) wessen Gebiet (man lebt), dessen Religion (soll man annehmen). So wurde es erst gedacht, dann stand es nach dem Westfälischen Frieden, der den Umweg über dreißig Jahre Krieg beendete, auch auf dem Papier. Das ist theologisch völlig unhaltbar. Ein typischer Politikerkompromiß. Was hat die Erweckung eines Menschen zum Glauben mit den Neigungen seines Fürsten zu tun? Aber diese relative Formel im Unterschied zur absoluten Frankreichs war in höchstem Maße praktikabel. Sie schuf Ruhe. Wenn jemand in Frankfurt lebte, so war er evangelisch, lebte er in Würzburg, so war er katholisch. Aber die französische Formel schuf kein solches Gleichgewicht sondern Übermacht. Gegen eine solche Formel kann man anreden oder andenken wie man will – sie war ja nur an totalitärer Macht interessiert. Roger Mehl kritisiert diesen Anspruch als Irrtum, wenn er die Bedeutung des Widerrufungsedikts von 1685 zusammenfaßt: „Der Widerruf war einer der ersten Angriffe der Doktrin, derzufolge Einheit nicht mit Unterschieden verträglich sei", – und die Schweiz lebt uns ständig vor, daß nicht einmal verschiedene Sprachen die Einheit wirklich bedrohen.

Der Unterschied zwischen der Zentralmacht und der deutschen Kleinstaaterei ist so bedeutend, daß es sich ein Deutscher gar nicht vorstellen kann. Ein Engländer hat sich daran gewöhnt, daß Heinrich VIII. sein Heimatland von heute auf morgen protestantisch machte. Ein Schwede hat sich daran gewöhnt, daß Gustav Wasa sein riesiges Heimatland von heute auf morgen im Sinne Luthers reformierte. Einem Engländer oder Schweden fällt daher der Unterschied in der Reformationsentwicklung Frankreichs gegenüber Deutschland auch nicht unbedingt auf. Wir aber, die wir so spät eine Nation wurden, übersehen leicht, welch ungeheure Verschiebung im Denken von Menschen vor sich geht, die um die Macht einer Zentralregierung in einem Nationalstaat wissen. Wer etwas werden wollte, wer etwas durchsetzen wollte, wer seine Existenz sichern wollte, der schaute nach Paris, um die höchste Macht zum Verbündeten zu haben. Schwachen oder gerissenen Charakteren gibt ein guter Draht zur Zentralmacht das Gefühl der Sicherheit. Das bedeutete für die Reformation: Wenn im Béarn, also weit weg von Paris, die Leute der Reformation anhingen, so war das dem König in Paris nicht gleichgültig. Das mochte faktisch überhaupt keine Bedrohung der Nation darstellen, aber eine nationale Zentralmacht ist da empfindlich und sieht es als bedrohlich an. War „une foi" nicht gegeben, so sah man „un roi, une loi" gleichfalls als in Frage gestellt an – wohlgemerkt, obwohl kein zwingender logischer Zusammenhang dazu besteht. Ein so denkender König ist dann zum Handeln aufgerufen. Erst Heinrich IV. dachte grundsätzlich anders. Leider war er damit ziemlich alleine.

Hingegen: Was interessiert es einen katholischen Wittelsbacher, ob Hamburg evangelisch wird? Das bedrohte die bayrische Nation keineswegs! Eben darum konnte die Reformation sich in Deutschland so rasch und weit ausbreiten. Die Kirchenmacht, die sich sehr wohl als bedroht ansah, mußte nun erst einmal die weltliche Macht auf ihr Ziel einschwören und für sich gewinnen. Aber das war nicht ganz so leicht, weil die Fürsten Deutschlands jener Zeit immer noch Kreuzzugssteuer bezahlen mußten! Ihnen war die Reformation zunächst einmal sympathisch. In Frankreich hingegen wurde das Schielen der Kleinen auf die große neue Nationalmacht der Reformation zum Verhängnis.

Das gilt für das Denken, Empfinden und Regieren im Einzelnen ebenso wie für den praktischen Verlauf der Reformation. Durch die beispiellose Grausamkeit, die in der Bartholomäusnacht ihren Höhepunkt fand, begriffen die Protestanten, daß sie ohne Schutzmacht waren. Nun griffen sie selbst zu den Waffen. Damit wurde der Streit von der geistlichen Seite ganz auf die politisch-militärische verlagert und mußte nun auch dort entschieden werden. Das gelang unter Heinrich IV. Aber nach seinem Tode bestimmte wieder die politische Reaktion den Verlauf der Reformation, nicht die Theologie, und nach Heinrich war kein ebenbürtiger protestantischer Politiker mehr da.

Auch das war in Deutschland völlig anders. Luther griff nie zu den Waffen, aber auch kein Fürst griff je in die Diskussion ein. Friedrich der Weise holte zwar seinen Schützling Luther auf ausgefuchste Weise in sein Kurfürstenreich, doch die Diskussion selbst überließ er ganz Luther, Melanchthon, Bugenhagen und anderen Theologen. Philipp von Hessen räumte zwar auf seinem Schloß in Marburg für Luther und Zwingli ein Diskussionsforum ein, selber aber befahl er nicht, wie das Abendmahl gefälligst zu verstehen sei. Diese glückliche Trennung von Theologie und Politik, die Luthers Denken von den Zwei Reichen entspricht, gelang der Reformation sonst nirgendwo. John Knox etwa setzte sich selber an die Spitze derer, die Kirchen und Klöster zertrümmerten und als Steinbrüche zurückließen. Huldrich Zwingli fiel im Kampfesgetümmel, Calvin kümmerte sich um die Vergitterung von Fenstern, Heinrich VIII. bestimmte den König zum Haupt der Kirche. So konnte sich auch in Frankreich Reformation von Politik nicht mehr trennen, die ganze geistliche Entwicklung war restlos an die politische Fortune der reformierten Politiker gekoppelt, und leider war es um diese schlecht bestellt. Angesichts der gedanklichen Vorarbeit des Mittelalters und der politischen Erfahrung aus den frühen Religionskriegen ist erstaunlich, wie sich die eigentliche, geistliche Reformation im 16. Jahrhundert das Heft so aus der Hand winden ließ und das Diktat des Handelns der militärischen und politischen Anführung überlassen mußte.

Dem Mangel an Verleiblichung der Reformation, wie sie in Deutschland in der Person Martin Luthers geschah, entspricht auch ein Mangel an geistlichen Werken, die so durchschlagende Kraft bekamen wie die Thesen an der Schloßkirche zu Wittenberg und die deutschen Schriften des Reformators (Über die babylonische Gefangenschaft der Kirche; Von der Freiheit eines Christenmenschen; An den christlichen Adel deutscher Nation), aber noch viel mehr die Übersetzung der Bibel ins Deutsche. Zwar gab es schon früh eine Übersetzung der Bibel ins Französische, auch von den Jansenisten, doch beide gingen per Verbot unter. Zwar veröffentlichte Calvin bald seine „Institutio", aber auf Latein. In der französischen Reformation gab es kein Schriftstück, das nur annähernd die Durchschlagskraft der deutschen reformatorischen Schriften erreichte. Das war besonders fatal, weil es der katholischen Kirche auf diese Weise möglich gemacht wurde, allen einfachen Leuten, die keinen Zugang zum calvinistischen Schriftgut bekamen, Feindschaft ins Herz zu säen, und aufgrund des so radikal anderen asketischen Lebens der Reformierten hielten sich manche Vorurteile gerne.

Luther hingegen gelang es, das Volk in Windeseile gegen den Klerus zu immunisieren, „so daß sie nichts gegen ihn zu tun wagten; denn das Volk hielt zu ihm". (Markus 12, 12.) Viel länger als in Deutschland wurden die Reformierten in Frankreich als Ketzer und Sektierer angesehen, während sich hier schnell das Vertrauen zu einer neuen Kirche einstellte.

Für die französische Reformation kann man sich also nicht auf anekdotische Ereignisse stützen, um ihren Verlauf zu überblicken. Ganz den cartesianisch geprägten Franzosen gemäß kann man sich vielmehr auf Zahlen stützen, nämlich drei (grobe) Hundertjahrzeiträume.

Der erste Zeitpunkt wird 1598 erreicht, als Heinrich IV. mit dem Edikt von Nantes das Zeitalter der Religionskriege endgültig abschließt, den Protestanten Anerkennung und dem Staat Ruhe wenigstens bis zu seinem Tode 1610 verschafft. Im Jahr 1685 schließt sein Enkel Ludwig XIV. mit dem Edikt von Fontainebleau (87 Jahre später) die Epoche erneuter Verfolgungen ab, die an Grausamkeit die Religionskriege übertrafen, in denen die Reformierten nie mehr die Oberhand gewannen. Im Jahre 1787 (wiederum

102 Jahre später) gewährt sein Enkel Ludwig XVI. den Protestanten im Toleranzedikt von Versailles endgültig Anerkennung, die bis heute anhält, doch nie mehr zu einem Großwerden der reformierten Kirche führte. In der Geschichte des Protestantismus gibt kein anderes Land ein ähnliches Beispiel für eine so lange Agonie, so lange Unterdrückung, so langes Verharren an der Grenze zur friedlichen und völligen Verwirklichung des reformatorischen Gedankengutes und seiner Impulse für das Leben.

Will man dem entscheidenden Jahrhundert zwischen den Edikten von Nantes und Fontainebleau einen Überblick abgewinnen, so bieten sich als weitere Untergliederung an: Von 1610 bis 1629, also von der Ermordung Heinrichs IV. bis zur siegreichen Belagerung von La Rochelle. In dieser Zeit herrschte noch in etwa Ruhe, doch werden die Protestanten ihrer Sicherheitsplätze beraubt und beginnen ein Leben wie ein Staat im Staate. Ab 1662 beginnt Ludwig XIV. mit den ersten Verfolgungen, besonders seitdem er dank des Friedens von Nimwegen (1679) äußere Ruhe genießt. Bis zum Widerruf im Jahre 1685 und kurz danach erstreckt sich die Zeit der grausamsten Verfolgungen.

Die französische Historikerin Janine Garrison hat in mühseliger Kleinarbeit einmal die Entwicklungsgeschwindigkeit der königlichen Edikte, Anordnungen und Gesetze, die den Reformierten das Leben schwer machten, zusammengetragen. Ihr verdanken wir den nachstehenden Überblick, demzufolge in den Jahren 1657 bis 1682 rund 200 Edikte verabschiedet wurden, dann aber in den drei Jahren von 1682 bis 1685, zum Widerruf, auch noch 85! Eine denkwürdige Grausamkeitsverteilungskurve läßt sich darauf aufbauen.

Maßnahmen gegen Protestanten nach Zeit und Art

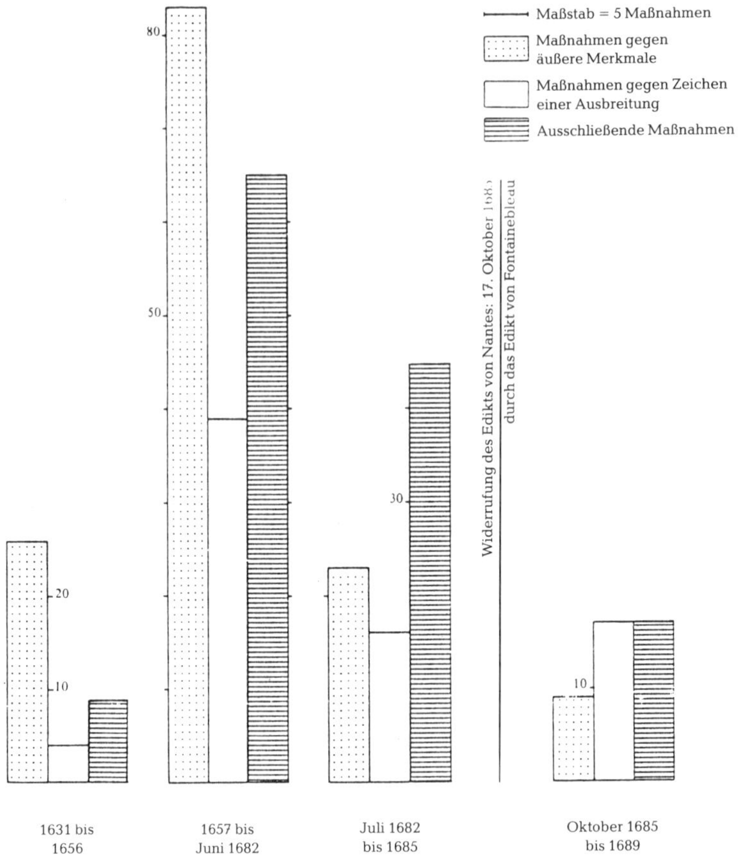

Diagramm erstellt nach der Erhebung der Gesellschaft für die Geschichte des franz. Protestantismus (SHPF)

Quelle: Éditions du Seuil, Paris

I.

Vom Montségur bis nach Noyon

Die Grundlagen der Reformation in Frankreich

1. Einleitung

Mittelalterliche Vorläufer

In der französischen Betrachtung beginnt die Geschichte der Reformation in Frankreich nicht mit dem Geburtstag Calvins in Noyon oder der Veröffentlichung seiner „Institutio". Auch nicht einmal mit dem Seebeben, das Luthers Theologie von fernen Wittenberg her auslöste (zuerst nannte man die Evangelischen noch „Lutheriens", Lutheraner). Die Reformation des 15. und 16. Jahrhunderts hat vielmehr Vorläufer in mittelalterlichen Bewegungen und bei mittelalterlichen Denkern.

Die gescheiterten Wandlungsversuche und Experimente der Waldenser, Albigenser, Katharer und die gedanklichen Erschütterungen durch Petrus Abaelard und die Jansenisten waren weder bei Gegnern und Kritikern der Reformation noch bei Reformwilligen vergessen. Man muß bedenken, daß die Menschen damals, ohne Zeitungen und (leicht erhältliche) Bücher, in Überlieferung und Erinnerung ihre einzige Quelle der Lebenserfahrung besaßen. Hinzu kommt, daß Analphabeten oder Menschen, die nur wenig mit Schriftgut umgehen, ein außergewöhnlich starkes Gedächtnis entwickeln. Man braucht also nicht erst C.G. Jungs Erläuterung eines „kollektiven Unterbewußten" zu bemühen, um sich klar zu machen, daß die Franzosen des 13., 14. und 15. Jahrhunderts erinnerten, wie brutal die Kirchenmacht Abweichler und Reformer niedergeschlagen hatte. Gerade im Süden Frankreichs, wo ein südliches Nationalbewußtsein noch heute zu spüren ist, staute sich durch die mehrfachen Unterdrückungen geistiger Eigenständigkeit ein wachsender Argwohn gegenüber Rom und Paris an und der Wunsch, die zentralistischen Eingriffe dieses Mal nicht mehr hinzunehmen.

Auf der anderen Seite dieser Entschlossenheit von unten stand als Gegenkraft der Wunsch der Herrschenden nach einer nationalen Zentralmacht. Mit jeder erfolgreichen Niederschlagung wuchs dieser Wunsch immer mehr zu der Einstellung „Mit denen da werden wir schon fertig" und zu der Arroganz, sich gar nicht mehr mit den inneren Anliegen einer Reform auseinanderzusetzen. Doch gleichwohl erregten alle Ansätze zu einer Reform auch die Angst, daß dadurch Macht und Sicherheit der Herrschenden ausgehöhlt würden, erst recht, wenn die Laien und Beherrschten vorübergehend militärische Erfolge hatten. Doch auf lange Sicht verstärkte sich mit jedem Erfolg der etablierten Kirche und der Macht des Königshauses in Paris die Allianz zwischen beiden, weil jede Seite gerne sicher sein wollte. Diese Entwicklung ist durch nichts besser erklärt als den Satz des englischen Schriftstellers G.K. Chesterton: „Der Grund aller Grausamkeit ist eine alles überwältigende Angst."

2. Albigenser und Katharer

Erste Herausforderung des Kirchenestablishments

Die Bewegung der Katharer und Albigenser im 12. und 13. Jahrhundert stellt einen Höhepunkt der von der Kirche ausgehenden Gruppierungen und Reformwünschen dar – denn eigentlich handelt es sich um eine nicht mehr kirchliche Bewegung. Die Ursprünge des Katharismus liegen räumlich weit auseinander und reichen zeitlich weit zurück. Im hitzigen Südfrankreich hat sich die Entwicklung nur so verdichtet, daß die internationale Strömung der Katharer dort, bei der Stadt Albi, „Albigenser" genannt wurde. Den Eigenwillen und die Reformentschlossenheit der Bürger Albis sollten später auch noch die Gegner der Protestanten zu spüren bekommen.

Die damalige katholische Kirche verfolgte die Katharer als Ketzer – schließlich leitet sich das deutsche Wort „Ketzer" aus „Katharer" her. Zu ihrem Verhängnis benutzten aber die Katharer, obwohl sie sich in ihrem Gedankengut so weit von der christlichen Kirche entfernt hatten, Wörter und Formen, die dem Brauch der Kirche ähnelten. Überblickt man nämlich die ganze Geschichte der Katharer, dann wird deutlich, daß es sich um die Ansätze einer Weltreligion handelte! Eine Million (1 000 000) Opfer soll der Albigenserkreuzzug gefordert haben – da kann man ermessen, von welcher Macht sich die damalige christliche Kirche herausgefordert sah.

Heute ist die Geistesströmung so gut wie unbekannt. Das liegt auch daran, daß es so gut wie keine zusammenhängenden Informationen mehr über sie gibt. Denn ebenso gründlich wie die Menschen wurden auch ihre Bücher vernichtet.

Nicht einmal die berühmte Pariser Nationalbibliothek besitzt ein Exemplar aller erhaltenen Dokumente. Sie hütet eine „Patrologia latina" und die Handschriften aus der

Sammlung Doat. In Carcassonne kann man sich diese immerhin auf Mikrofilmen ansehen.

Das meiste erfährt man über die Katharer aus Protokollen der Tribunale und Verhöre durch die offizielle Kirche, so daß man sich, um die Katharer zu verstehen, erst einmal durch die orthodoxe Brille hindurcharbeiten muß, erst recht bei Predigten wie von Eckbert, Moneta oder Alain de Lille. Die drei echt katharischen Werke, Das Ritual von Lyon (romanisch), Das geheime Mahl (auch: Interrogatio Johannis, lateinisch) und Das Buch von den zwei Prinzipien (dem Katharer Jean de Lugio aus Bergamo zugeschrieben), sind leider nur als Bruchstücke erhalten.

Der Kampf gegen die Katharer bewirkte stellenweise, daß die Kirche sich stärker auf sich selbst besann, um gegenüber der Herausforderung durch die Sekte bestehen zu können. Frankreich verdankt den Kreuzzügen und Kämpfen auch einen erheblichen Schritt vorwärts zu seiner nationalen Einheit, da die südlichen Provinzen immer mehr an das Kernland gebunden wurden. Im Endergebnis kam ein Landstück von der Größe 15 heutiger Departements zur Krone. Doch die Scham und das Grauen über das damalige Vorgehen führten dazu, daß man sich mit diesem 45 Jahre langen Kriegskapitel ungern beschäftigt.

Neben solchen Zeitgenossen, die darüber schweigen, gibt es aber auch solche, die die Gewalt rechtfertigen, wenn auch nicht offen oder direkt.

In ihren Augen ist die Religion der Katharer primitiv, gefährlich, unmoralisch und unsozial, ja anarchisch. In der Tat besaß die Ehe bei den Katharern kein hohes Ansehen, und Selbstmord wurde als eine Möglichkeit geduldet. Doch auch wenn man das bis ins Detail zurückverfolgt, besteht doch immer die Gefahr, daß man bei der schlechten Überlieferungslage den Katharerglauben arg verzerrt und eher verdunkelt als erhellt. Es scheint daher angemessen, ihn bis zu seinen ersten Quellen in der Manichäerketzerei des 4. Jahrhunderts zurückzuverfolgen, wo diese wirklich die Konturen einer Weltreligion annahm.

Zarathustra, der Urvater der Albigenser

Die Menschen des Hochmittelalters litten viel mehr als wir unter Stürmen, Wassernot, langer Kälte, Hungersnot und der Willkür ihrer Herrscher. Gegen keinen dieser Schäden konnten sie sich versichern. Dazu fehlte ihnen Wissen und Macht oder die Entwicklung von Menschenrechten. Darum fragten sich die Menschen damals mit viel mehr Ernst als wir Sozialversicherten heute: Was ist der Grund für die wiederholte Pein? Warum lassen Götter oder läßt Gott das zu? Worin besteht das Böse, dessentwegen der Mensch das verdient, auch bei gutem Lebenswandel? Aus lauter Angst schlug man nach der großen Pestseuche alle Juden tot. Auf diese Theodizeefragen gibt es zwar eine Antwort, doch bleibt es keiner Generation erspart, sie neu zu lernen und zu suchen. So auch nicht den Menschen im 12. und 13. Jahrhundert. Auch damals wurde die angestrengte Suche nach dem, was das Böse sei, zum Prüfstein der herrschenden christlichen Religion.

Eine Antwort ist, daß es sich um eine unabänderliche Tatsache handelt, deren Sinn der Mensch nicht einsehen kann. Eine zweite ist, daß der Mensch ohne sein Verschulden in einen schuldhaften Zustand geboren wird, der bei den Christen „Erbsünde" genannt wird. Bei den einen wird das Böse von den Göttern gemacht und nach ihrem Gutdünken verteilt, bei den anderen wird es nur zugelassen. Aus diesem dualistischen Prinzip entwickelt sich bei manchen Völkern eine Religion mit zwei widerstreitenden Gottheiten. Ein dualistisches Prinzip mit einer Vorstellung vom Bösen, das nicht unmittelbar aus einem gerechten und guten Gott kommt, entsteht beispielsweise im Iran im 7. und 6. Jahrhundert vor Christus.

Zoroaster – oder in der Send-Sprache Zarathustra – hieß der Priester, der die überlieferte Religion irgendwann im Zeitraum zwischen 1200 und 500, wahrscheinlich aber von 660 bis 583, einschneidend prägte. Platon erwähnt ihn im Alkibiades, und Pythagoras soll sein Schüler gewesen sein.

Zarathustra baute seine vergeistigte Religion wahrscheinlich auf uralten Traditionen aus dem Industal auf.

Geschrieben steht es jedenfalls im Buche „Avesta", das zum ersten Male von einer Offenbarung eines Gottes („dem höchsten Licht") spricht.

Gemäß Zoroaster kämpfen die beiden Prinzipien Ormuzd oder Ahura Mazda (gut, Licht) und Ahriman oder Angra Mainyu (böse, Dunkel) miteinander. Ihr unaufhörlicher Krieg, in dem mal der eine, mal der andere obsiegt, findet Widerhall im Universum und erklärt die Geschicke der Menschen. Doch dieser Zustand ist nur ein Mittelzustand: Ein Vorzustand (Schöpfung) geht ihm voraus, ein Endzustand wird kommen, in dem Ahriman endgültig besiegt wird.

Zoroaster ist der Prophet Ahura Mazdas, des Gottes der Weisheit. Ihm zur Seite stehen die Erzengel der Unsterblichkeit, Tugendvollkommenheit, Frömmigkeit u.a. Der Gott der Finsternis stützt sich auf Irrtum, Böse Gedanken und Grausamkeit. Durch gute Taten werden die guten Mächte bei ihrem Kampfe gestärkt. Daher sollen Gläubige Gutes denken, Gutes sprechen und Gutes tun. Am Ende des Lebens schlägt Gott in einem Buch nach, in dem sein Betragen aufgeschrieben steht. Das Kommen der endgültigen Herrschaft des Ahura Mazda wird durch einen „Messias", Saoschyat (Retter), angekündigt. Tieropfer schafft Zoroaster ab, stattdessen wird das bloße Feuer als Zeichen des Lichtes und des Ormuzd verehrt. Alle diese Vorstellungen haben auch die der Chaldäer von ihrem Gott Asur und später die der Ägypter geprägt. Der große Einfluß dieser Religion, den man erst heute wahrzunehmen beginnt, beruht darauf, daß Zoroaster sich an die Volksmasse wandte. Nicht zuletzt die Beseitigung des kostspieligen Tieropfers gehört dazu, aber auch das Gewicht der guten Tat, das jedem Menschen die Hoffnung auf das Jenseits ermöglicht und damit die ältere Religion entaristokratisiert. Der Islam hat die Religion Zoroasters verdrängt, doch ihre Gedanken sind so logisch und konsequent, daß sie in anderen Religionen fortleben und von manchen Sekten in Persien und Indien heute noch gepflegt werden.

Die Beseitigung der religiösen Klassen, wie sie im indischen Kastenwesen noch heute erkennbar sind, lebt insbesondere im Christentum – oder damals Judentum – fort. Die babylonische Gefangenschaft fällt in die Zeit der zoroastrischen Reformen. Begriffe dringen in die bildliche und geschichtlich orientierte Religion der Hebräer. In den Büchern nach dem Exil des Volkes Israel wird dann auch die Erwartung des Messias lebendig. Umgekehrt verhalfen jüdische Gelehrte zum endgültigen Abfassen des Buches Avesta, das erst ab 120 n.Chr. begonnen wurde. Daher kann nicht mehr verwundern, daß diese Religion mit ihrer verführerischen Konzeption von Gut und Böse, Licht und Dunkel und der Hoffnung auf eine Belohnung im Jenseits auch noch die Gnostiker, die Manichäer und über diese die Katharer erreichte.

Etwas älter als die zoroastrische Religion (Mazdaismus) ist der Servanismus mit dem Mithrakult. Er wirkte besonders im römischen Imperium. Sein System kennt auch Ahura Mazda und Angra Mainyu, aber darüber noch Servan Akarana, die „Unbegrenzte Zeit". Sterndeutung ist ein wichtiges Merkmal dieser Religion. Daraus schließen die Forscher auf einen chaldäischen Einfluß. Der Geschichtsschreiber Plutarch stellt den Mazdaismus durch die Brille des Servanismus vor. Demnach lebten die beiden Systeme Seite an Seite und waren auch damals schon leicht zu verwechseln. Doch wie sich die beiden auch zum herrschenden Gott und dem Ursprung des Übels stellen – die sinnenhafte Welt unterliegt stets dem Bösen.

Mani und die Manichäer, der erste Belastungstest der christlichen Kirche

„Auf diese Antwort des Kandidaten Jobses, geschah ein allgemeines Schütteln des Kopfes. Der Bischof sprach zuerst 'Hm Hm', darauf die andern 'Secundum ordinem'." Wilhelm Buschs Kandidat Jobs hatte nämlich während seines verbummelten Theologiestudiums nicht aufgepaßt, als die Manichäerketzerei besprochen wurde, die als erste große Gefährdung der jungen christlichen Kirche in der Kirchengeschichte besonders ernst genommen wird.

Noch in den Briefen des Neuen Testaments setzen sich die Apostel mit den Gnostikern auseinander, den Vorläufern der Manichäer, so zum Beispiel im Brief des Paulus an die Kolosser, Kap. 2,8 (gnosis, griech = Erkenntnis). Denn die Gnostiker blühen erst recht auf, als mit dem Zoroastrismus, der antiken Philosophie und dem Christentum drei große Ströme ihr System speisen. Gnostiker hielten sich in den jungen Gemeinden auf und beschäftigten sie sehr, etwa 60 bis 80 Gnostikerschulen sind aus ihnen hervorgegangen.

In ihrem Selbstverständnis sind die Gnostiker Christen, die an der griechischen Philosophie festhalten und das Böse von Gottes Werken abtrennen – also den Dualismus Zoroasters einführen. Zwischen der geistigen Welt und dem Werk Gottes einerseits und der Sinnenwelt als dem Werke des Bösen gab es für sie noch eine Zwischenwelt mit Wesen, die gleichzeitig göttliche und menschliche Natur auf sich vereinen. In ein solches Äon sahen sie Jesus gestellt. In der Praxis kannten die Gnostiker Asketentum im harmlosen Fall, aber auch abstoßende Riten. Die Kirchenväter kämpften gegen die Verschmelzung der jungen Kirche mit ihnen. Einige ihrer Lehrer sind namentlich bekannt: Simon der Zauberer, Basilides, Marcion, Carpocrates, Valentin, Bardesan.

Ihnen wird Mani manchmal zugerechnet, obwohl er sie doch bei weitem übertrifft. Mani (oder Manes) war der Sohn Pateks und Mariams und wurde am 14. April des Jahres 216 in einer babylonischen Stadt geboren. Die Eltern stammten aus Persien und gehörten wahrscheinlich dem Herrschergeschlecht der Arsakiden an, lebten aber in dem zoroastrisch geprägten Milieu des heutigen Irak. Im Alter von zwölf Jahren will er die erste, vorbereitende Offenbarung erhalten haben. Ein Engelbote vom König des Lichtreiches forderte ihn auf, die Gnostiker (der mandeischen Gruppe) zu verlassen. Zwölf Jahre später erhielt er eine zweite Botschaft: Er soll seine Lehre verkünden. Er reist nach Indien, besucht auf dem Rückwege die Perser und erwirkt in Persien die Erlaubnis zu lehren. Der Sassanidenherrscher Schachpur scheint sein oberster Anhänger in der ersten Gefolgschaft gewesen zu sein. Dreißig Jahre lang (242-273) reist und lehrt Mani nun in Persien. Nach dem Tode seines Gönners und Schutzherrn übernimmt sein Sohn Hormuzd diese Aufgabe, doch nur für ein Jahr. Dann stirbt auch er. Sein Bruder Bachram aber ist leidenschaftlicher Zoroaster, läßt Mani ins Gefängnis werfen, wo er am 26.2.277 stirbt. Seine Jünger begraben ihn in Ktesiphon.

Da das Christentum als Buchreligion schon verbreitet war, ist der Manichäerglaube auch weitaus besser überliefert und bekannt als der Zoroastrismus, ja er ist das bestbekannte dualistische System überhaupt, sind doch auch erst vor wenigen Jahren noch unschätzbare Funde (Ägypten) gemacht worden, so daß Manis Lehre fast vollständig rekonstruiert werden konnte.

Mani erklärt sich als Nachfolger Buddhas, Zoroasters und Jesu Christi, nämlich als Schlußstein dieser Propheten, die nur mit Teilen der Wahrheit begabt wurden. Manis Schriften hingegen enthalten das letzte Wissen. Indem Mani Erkenntnis als heilbringend ansieht, wächst er auch teilweise über eine bloße Mischung der drei Religionen hinaus. Doch später dringen seltsame Mythen und Riten auch in seine Lehre ein und bewirken dadurch einen Rückfall auf die Stufe der allgemeinen Gnostiker.

In seinem System herrscht der Dualismus von Gut und Böse, Licht und Dunkel, Gott und Materie. Weiter über ihnen thront keine weitere Gottheit, so daß man damals wahrscheinlich wieder an zwei Götterwelten dachte. Das ist der Verdacht, den auch der Kirchenvater Augustin, selbst ein bekehrter Manichäer, hegt. In seinem Dialog gegen den Manichäer Faustus von Mileva macht er es sich dennoch nicht so einfach wie die späteren Inquisitionen:

> Glaubst du, daß es zwei Götter oder nur einen gibt? – Es gibt mit Sicherheit nur einen. Woher kommt es dann, daß ihr versichert, es gebe ihrer zwei? – Nie hat man uns von zwei Göttern reden hören, doch worauf gründest du deinen Verdacht? – Ihr haltet an zwei Prinzipien fest, dem guten und dem bösen. – Es stimmt, daß wir von zwei Prinzipien reden, doch es gibt nur einen, den wir Gott nennen. Das andere nennen wir Hyle oder Materie oder mit dem verbreiteteren Ausdruck Dämon. Wenn du das ein Reden von zwei Göttern nennst, dann wirst du wohl auch von einem Arzt, der sich um die Gesundheit und die Krankheit kümmert, sagen, daß es zwei Gesundheiten gebe; oder von einem Philosophen, der über Gut und Böse und Armut oder Reichtum spricht, daß es zwei Gute und zwei Reichtümer gibt.

Die Mythen des Manichäismus sind zu kompliziert und weitreichend, als daß man sie knapp wiedergeben könnte. Wichtig aber ist, daß sie eine Vorstellung von einem Fürsten der Finsternis, der das Licht erobern will, von einem großen Vater, der eine Mutter des Lebens und einen Erstgeborenen der Menschen schafft (Ormuzd bei Zoroaster), von einem lebendigen Geist, der den gefangenen ersten Menschen befreit; von Adam und Eva, die von Dämonen gezeugt wurden und darum Paarungslust bei den Menschen hinterlassen; schließlich von Jesus dem Erleuchteten, der den Menschen heilsames Wissen bringt, haben.

Aus diesen Vorstellungen rührt das moralische Verhalten der Manichäer. Ein streng asketisches Leben ist die erste Forderung, damit der Mensch die zweite, böse und fleischliche Natur überwinde. Doch anders als die Marcioniten hat Mani den Selbstmord nie empfohlen. Wenn der Mensch sich von der äußeren Welt zu lösen imstande ist, dann kündet ihm eine innere Erleuchtung an, daß er einst in das Königreich des Lichts geführt werden wird. Alle Handlungen, die die materielle Welt verbessern, dienen dem Bösen und sind daher zu vermeiden. Das bedeutete auch: Nichts zu bauen, säen, ernten, kein Vieh zu halten. Wäre aber damit die Menschheit nicht bald ausgelöscht? In der Tat. Die Manichäer umschiffen diese Schwierigkeit, indem sie auf ein Klassensystem von „Erwählten" oder „Reinen" einerseits und „Hörern" oder „Gläubigen" andererseits zurückgreifen. Die Erwählten leben ganz dem System gemäß, die Gläubigen leben wie andere Leute auch in der Nähe der Erwählten. Diese sind den sie versorgenden Gläubigen keine Hilfe schuldig, doch in der Praxis entwikkelte sich besonders unter den Katharern Südfrankreichs ein enges seelsorgerisches Verhältnis wie gegenüber christlichen Klöstern. Die Gläubigen würden, Manis System zufolge, als Mensch oder Tier wiedergeboren, je nachdem, wie gut oder böse sie gelebt hatten. Im günstigsten Falle konnten sie als Erwählte wiederkehren. Für die Gläubigen gelten zehn Gebote, darunter nicht zu lügen, töten, ehebrechen, habgierig zu sein und nicht an Götterbilder zu glauben.

Auch die Riten des Glaubens waren bei diesen Asketikern im Vergleich mit dem Christentum ganz vermindert. Es gab keine Sakramente, nur die Handauflegung erinnert an sie. Sie hieß bei ihnen „consolamentum" (kleiner Trost) und wurde bei der Aufnahme eines Gläubigen in den Kreis der Erwählten praktiziert. Sie übertrug den Geist der Reinheit. Von den Katharern Südfrankreichs ist die Geste wohlbekannt. Daneben gab es nur sieben Gebete (vier davon für die Gläubigen) und das Vater Unser, allerdings mit der einen wesentlichen Abweichung, daß anstelle von „unser täglich Brot" gesagt wurde „unser übersinnliches Brot". Auch Gesänge und strenges, anhaltendes Fasten sind überliefert. Die Gläubigen beichteten vor den Erwählten, die Erwählten untereinander. Ein wichtiges Fest war die Bema im März, wahrscheinlich zur Frühjahrssonnenwende, bei der die Herabkunft des Geistes auf Mani gefeiert wurde. Ob die Manichäer Tempel besaßen, weiß man nicht. Einerseits mußten sie in Heimlichkeit ihren Glauben leben und hatten keine Zeit für Tempelbau, andererseits können bestehende Tempel mit ihnen vernichtet worden sein. Augustin jedoch erwähnt Gebäude, und zwei kaiserliche Edikte (768 und 771) gestatten Manichäern den Bau von Tempeln in China. Mit Sicherheit aber werden sie das Licht- und Sternjahr einbezogen haben, da Sonne und Sterne als Zeichen des nicht von der Finsternis verderbten Lebens bei ihnen galten. Das führte zu dem Mißverständnis, daß sie, zur Sonne nur gewandt, die Sonne selbst anbeteten.

Ab Mitte des 3. Jahrhunderts verbreitet sich der Manichäismus nach und nach über Palästina, Ägypten und Rom, danach nach Nordafrika (wo Augustin von ihm erfaßt wurde), Kleinasien, Illyrien, Italien, Gallien und Spanien. Überall wurde er brutal verfolgt, weil jede andere Religion sich durch ihn bedroht sah. Diokletian begann 297 mit den Verfolgungen, 372 verbat Valentinian I. die Versammlungen, 382 und 389 verhängte Theodosius der Große die Todesstrafe über Anhänger aus den Reihen der Gläubigen. Die Blüte des Manichäismus in Asien wird ab dem 13. Jahrhundert durch Dschingis Khans Feldzüge jäh abgebrochen.

Von den Manichäern zu den Katharern: Die Religion weitet sich aus

Die grausamen und anhaltenden Verfolgungen verhinderten, daß sich die Anhänger des Manichäismus in ihren Auffassungen änderten und untereinander verständigten. Doch ihn auszulöschen vermochte keine der damaligen Mächte. Die Schwierigkeit, das Werk Manis geschlossen zu überliefern und zu vermitteln führte dann dazu, daß Gedankenbruchstücke seines Werkes sich verselbständigten, daß Manis Urheberschaft verdunkelt wurde und grundlegende Dogmen eigenständig auflebten. Hier und da wandelt sich auch die Politik gegenüber der pazifistischen Gesinnungsreligion, so daß einige Gruppen freier ans Tageslicht treten konnten. Eine neue Generation von Dualismus hebt an.

Ein erster Kreis von Neumanichäern entsteht um Paulus von Samosate und seine Mutter Gallinike. Um 260 wird er Bischof von Antiochien, aber um 272 von Aurelianus abgesetzt, weil er die Gottessohnschaft Christi leugnet. Die Geschichte der Paulizianer wird von Peter von Sizilien im 10. Jahrhundert erzählt (Historia Paulicianorum). Daraus kann man auch ermessen, wie weit damals Überlieferungen reichten, obwohl es nur spärlich Überlieferungsmittel gab. Er gehört selbst einer kleinen Paulizianergruppe in Tephikum in Armenien an und berichtet, daß manche Manichäergruppen sich verbergen, indem sie äußerlich an christlichem Gottesdienst und Brauch teilnehmen. In der Lehre halten sie die Vorstellung von den zwei Kräften bei, das Verständnis der Schöpfung als von Dämonen bewirkt, sie lehnen das Alte Testament ganz ab, den Symbolwert des Kreuzes, betrachten das Abendmahl als sinnentlehrte Handlung, den Evangelisten Johannes aber verehren sie ganz besonders.

Ein arabischer Geschichtsschreiber zur Zeit Peters von Sizilien sagt deshalb auch, sie seien eine Religion zwischen Christentum und Zoroaster und schilt sie als Sonnenanbeter – der typische Vorwurf gegen Manichäer. Auch Johannes von Otzum, Bischof in Armenien, gebraucht diesen Vorwurf. Daneben bestanden weitere vereinzelte manichäische Sekten wie die Thondakier im Kaukasus und die Arevordier. Alle aber lebten getarnt als Christen, verbargen dahinter ihren wirklichen Glauben und hüteten sich vor dem Gebrauch des Namens Mani, da er sofort Verfolgungen ausgelöst hätte. Die Christengemeinden jener Zeit waren daher viel damit beschäftigt, die Manichäer in ihrer Mitte herauszufinden.

Die Paulizianer nutzten die schwere Lage ihres Landes zwischen Byzanz und Persien, um zu überleben. Im 9. Jahrhundert erreichten sie dabei eine gewisse politische und militärische Macht. Doch im Jahre 872 gewann Basileis I. bei Bathyrax die Oberhand über ihr Heer. Er vernichtete die Überlebenden jedoch nicht, sondern integrierte sie in sein Heer oder versetzte Gruppen von ihnen auf den Balkan. Das sollte ein entscheidender Schritt in der Geschichte des Manichäismus werden.

Auf dem Balkan waren seit dem 6. Jahrhundert Slawen eingedrungen, doch erst im 9. Jahrhundert gründete einer der vielen Stämme das Königreich Bulgarien. Nun begann eine Mission sowohl von Rom als auch von Byzanz her, und inmitten dieser Konkurrenz waren die Manichäer wieder lachende Dritte. So trat eines Tages Bogumil (Gottesfreund) oder Jeremias hervor. Möglicherweise handelt es sich bei ihm nur um eine Legendengestalt; denn über sein Leben ist nichts bekannt, obwohl sich der ganze Manichäismus jener Epoche auf ihn beruft. Wie bei den Paulizianern besitzen wir Zeugnisse nur aus dem Munde von Gegnern der Bogumilen, wie sie sich nennen.

Sie bilden bald zwei Schulen, nämlich eine bulgarische und eine von Dragovitsa, jene einen milden Dualismus vertretend, die andere einen absoluten. Für die milden Dualisten kam das Übel in der Welt durch einen gefallenen Luzifer, für die absoluten war das Böse dem Guten unterlegen. Dem Slawenapostel Cosmas begegnete die Dragovitser Schule, die er beschreibt. Dem Lehrer Euthymus Sigabemus begegnete die bulgarische Richtung. Wie auch bei den frühen Manichäern wurden das Abendmahl abgelehnt (weil es auf irdischen Gaben fußte), das Kreuz (weil es nur die Boshaftigkeit der Menschen zeige), Wein, Fleisch und Sexualität, und die Gläubigen lebten zurückgezogen. Der Unterschied beschränkt sich darauf, daß die bulgarische Richtung das böse Prinzip als noch wirkend ablehnte. Von beiden Gruppen stammt die „Geisttaufe", die die Katharer in der Provence praktizierten. Trotz der Verfolgungen durch Innozenz III. blieb der Bogumilismus etwa drei Jahrhunderte hindurch erhalten, manchmal sogar als Staatsreligion. Erst die Türkeninvasion (Mitte 15. Jahrhundert) machte der letzten dualistischen Religion ein Ende. Im 13. Jahrhundert zählte man in Pogesa und in Bosnien nicht weniger als 10 000 Erwählte!

Zwischen dem bogumilistischen Jugoslawien und Italien liegt nur die Adria, und die wurde von Handelsleuten oft überquert. So drang der Bogumilismus allmählich auf den Stiefel vor, und sein Erfolg war dort groß. Dualistische Gemeinden entstehen in Verona, Mailand, in der Toskana und der Lombardei. Gerade dort, in Concorezzo, sammeln sich später 500 Erwählte! Im Jahre 1167 findet in Saint-Felix-de-Caraman, in der Languedoc, ein einjähriges Konzil unter Vorsitz des Bogumilendiakons Nikita statt, der eigens dazu aus Konstantinopel anreiste, denn es galt bereits, die ersten Streitigkeiten zwischen slawischen, italienischen und südfranzösischen Bogumilen zu schlichten! Doch insgesamt schien das Land vorbereitet zu sein, so nahm es diese Lehre auf.

Die Katharer, Sekte im Gewand der Kirche

Schon im Jahre 1060 mußte Papst Nikolaus II. der Kirche von Sisteron vorschreiben, das Abendmahl nicht an die zahlreichen Nordafrikaner auszuteilen, da unter ihnen zu viele Manichäer seien. In Frankreich also wurde der alte Begriff ohne große Federlesens wieder übertragen. Doch auch schon auf dem Konzil zu Braga in Spanien im Jahre 563 hatte man nach Wegen gesucht, die Manichäer herauszuhalten, da man die Urheberschaft Manis wiedererkannte. Es bestand wohl auch kein Bedarf an Unterschieden, da die Bewegung umso gefährlicher und hartnäckiger aussah und demzufolge Gewaltmaßnahmen umso eher gerechtfertigt erschienen. Doch der Dombischof Eckbert von Köln und der Bischof Roger von Châlons schreiben von „Katharern", und dieses griechische Wort für die „Reinen" setzt sich allmählich durch. Ungeachtet dieser leichten Präzisierung war Roger aber dennoch der Meinung, daß das Handauflegen eine Herbeirufung des Geistes Manis sein sollte. Aus den Resten der alten Manichäer und durch die Mission der Bogumilen erhält nun auch Frankreich seine dualistische Bewegung.

Um 1012 werden sie unter den Kanonikern vom Heiligen Kreuz in Orléans entdeckt. Ein Konzil von Bischöfen und unter Beisitz von Robert dem Heiligen und Königin Constantia verurteilt sie zum Feuertod. So geschieht es auch 1022 in Toulouse; 1030 in Monteforte bei Asti werden zahlreiche Katharer massakriert, 1045 werden welche in Bonn und Köln ausfindig gemacht, und 1052 läßt Kaiser Heinrich eine Gruppe von ihnen in Goslar erhängen. Wie in Windeseile kommen nun aus allen Ecken des Landes Meldungen über die Katharer zusammen, aus Soissons, Vézelay, Reims, Liège, aus Flandern und der Schweiz. In Norditalien erkennen die Behörden der Kirche oder Städte zu spät, daß sie Hauptdurchgangsland der Katharer aus Jugoslawien waren: 1125 werden Bogumilenpartisanen an der Macht in Orvieto beteiligt, 1173 wecken sie eine Erhebung in Verona, und in Viterbo werden sie 1205 in den Stadtrat gewählt. Innozenz hat viel damit zu tun, diese schnelle Verbreitung aufzuhalten.

Auf diesem Hintergrund überrascht nicht, daß die Katharer im Midi von den Alpen bis zum Atlantik massiv vordringen. Spanien scheint schon angesteckt zu sein. Die Katharer profitieren von der politisch unsteten Lage und bewaffnen sich teilweise sogar. Kurz, am Anfang des 13. Jahrhunderts ist die neomanichäistische Bewegung der Katharer in Südfrankreich fest etabliert und steht an der Schwelle zur Entmachtung des Katholizismus! In seinem Aufruf zum Albigenserkreuzzug wird Innozenz schreiben, daß „sie den größten Teil der Bevölkerung erfaßt haben"!

Die Spaltung in die beiden Schulen des absoluten und milden Dualismus bleibt auch in Frankreich bestehen. Unter dem Einfluß des Diakons Niketas setzt sich schließlich aber doch die strenge Schule durch. Auf dem Montségur hält sich die milde Schule, die daher auch überwiegend mit lombardischen Gleichgesinnten in Concorezzo und Cremona korrespondiert.

Der Kirche erwuchs in Raynier Sacchoni und seinem Buch „Summa Catharis et Leonistis" (= bez. auf die Waldenser, die aus Lyon stammten) eine außergewöhnliche Hilfe bei der Inquisition; denn Raynier war 17 Jahre lang Manichäer gewesen, ehe er sich 1245 bekehrte und bei der Inquisition mitwirkte. Sein Buch ist in der unglaublich hohen Zahl von 50 Exemplaren erhalten, muß also damals noch verbreiteter gewesen sein. Es ist uns heutigen die bedeutendste Quelle zu den Katharern, und sie weiß sogar von den verschiedenen Schulen zu berichten, obwohl die Katharer viel geschlossener waren als die zwei Schulen denken lassen. Raynier erzählt allerdings, daß die Schulen von Desenzano und Concorezzo einander verdammten.

In ihren Lehren behalten die Katharer alle früheren lebensfeindlichen Ausprägungen des Manichäismus bei, wonach nur der Himmel als wirklich für sie übrig bleibt. Die florentinischen Katharer bekennen bei ihrer Aufnahme:

> Am Anfang waren zwei Prinzipien, das des Guten und das des Bösen, und aus ihnen besteht seit ewig das Licht und die Finsternis. Aus dem Prinzip des Guten kommt alles Licht und aller Geist; aus dem Prinzip des Bösen kommt alle Materie und alle Finsternis ...

Alle christlichen Sakramente werden abgelehnt, auch das Ehesakrament, jedoch nicht die Ehe für die Gläubigen, doch Jesus wird als Inkarnation Gottes anerkannt. Ihr Leben ist von der Enthaltsamkeit von Fleisch, Eiern, Wein und von geschlechtlicher Keuschheit geprägt. Nur Fisch aßen sie, weil sie der Meinung waren, daß Fische einander nicht begatten. Hin und wieder führte ihre pessimistische Weltsicht auch in letzter Konsequenz zum Selbstmord, wobei der Flammentod vorgezogen wurde – möglicherweise, weil Flammen ein Abbild des großen heiligen Lichtes sind. So stürzten sich in Minerva 158 Verurteilte singend in die Flammen. Oder sie entzogen sich durch Hungerstreik einer langen Gefangenschaft. Einige, besonders aber Frauen, praktizierten die „endura", das lange Fasten mit teilweise tödlichem Ausgang, doch das kam erst im 14. Jahrhundert auf. Die Lehre selbst schweigt sich zu diesem Punkte aus, in der Umwelt der Katharer war jeder Selbstmord ein griffiges Beispiel für ihre Gesellschaftsfeindlichkeit. Dazu gesellte sich die „Zivil"-Ehe der Gläubigen, die vor der katholischen Kirche nur als Konkubinat galt. Die Katharer praktizierten auch die öffentliche Beichte und das berühmte Consolamentum.

Diesen Trost spendeten die Katharer Südfrankreichs dem, der in die Riege der Erwählten aufsteigen wollte, und jedem Gläubigen bei Herannahen des Todes oder in Todesgefahr. Der Aufnahmekandidat wurde gefragt, ob er sich Gott und dem Evangelium ergeben wolle. Auf sein Ja wurde er weiter gefragt, ob er versprechen wolle, künftig kein Fleisch, Eier, Käse oder Milch zu sich zu nehmen, sich des Geschlechtsverkehrs zu enthalten und die Katharer bei Todesstrafe durch Feuer oder Wasser nie mehr zu verlassen. Darauf betete der Kandidat das Vaterunser nach Katharerart, und die Erwählten legten ihm ihre Hände und ein Buch (wahrscheinlich das Neue Testament oder das Evangelium des Johannes) auf. Dann kniete der Kandidat nieder, darauf die Erwählten. Das „Rituell von Lyon", ein katharisches Schriftstück, geht noch etwas darüber hinaus, beispielsweise mit Hinweisen zur Möblierung des Saales. Doch Dogmen der Katharer müssen auch diesem Schriftzeugnis zufolge nicht vorgesprochen werden. Das Consolamentum richtet sich in auffälliger Weise vielmehr auf das zukünftige Leben des Neuerwählten, war also auch ganz auf die als vorläufig betrachtete Welt beschränkt. Vor

Kämpfen wie auf dem Montsegur (1244) wurde das Consolamentum auch mit all denen praktiziert, die ja im Begriff standen zu töten und getötet zu werden. Diese Vorbereitung wurde „convinenza", Zusammenkunft, genannt. Die Erwählten trugen einen schwarzen Mantel mit Kapuze, doch in Zeiten schwerster Verfolgung normale Kleidung mit einem symbolischen Gürtel darunter. Dann nannte man sie „eingekleidete Vollkommene". Jeder Gemeinschaft standen ein Diakon vor, mehreren Gemeinschaften ein Bischof. Dieser wurde von einem „älteren Sohn" und einem „jungen Sohn" unterstützt. Der ältere war gleichzeitig schon als Nachfolger des Bischofs ausersehen und wurde vom jüngeren dazu ernannt.

Die Albigenser: Die Sekte wird heimisch

Der verbreiteste Name der Neumanichäer, Katharer, war keineswegs der einzige. Meistens wurden sie nach den Orten genannt, von denen ihre Existenz bekannt war. In Nordfrankreich nannte man sie, verderbt aus „Paulizianern", Poblicains oder Publicains. Zu dieser Lautwandlung trug wahrscheinlich bei, daß sie öffentliche (publiques) Beichten übten. Nach dem friedfertigen Webereihandwerk, daß sie gerne ausübten, hießen sie auch „Tisserands". Wiederum verderbt aus Bulgare entstand das Wort „Bougres". So entstand um Albi die Bezeichnung „Albigenser". Diese Bezeichnung wandte Geoffroy von Vigeois in seiner „Chronik" 1181 zum ersten Male an. Doch waren die Katharer zu jener Zeit noch nicht zahlreicher dort als anderswo im Languedoc. Denn ihre Stellung war so weit gediehen, daß, als Bischof Sicard einige Häretiker im 12. Jahrhundert bei lebendigem Leibe verbrennen lassen wollte, die Bevölkerung sie befreite. Fortan wurden hier und da Milizen zum Schutze der Katharer aufgestellt. Im Jahre 1176 war die katholische Kirche noch so vorsichtig, daß sie zu einem Kolloquium nach Lombers einlud, um mit einigen Katharerbischöfen zu diskutieren. Beim Feldzug gegen die Katharer ist nur noch von Albigensern die Rede, doch handelt es sich stets um die gleiche Gruppe der neomanichäistischen Richtung. Sie selbst nannten sich schlicht und unerschrocken „Christen" oder „Gute Menschen".

Im 13. Jahrhundert hatten die Albigenser jedoch nicht alleine alle Städte und Dörfer erreicht, sondern auch alle Schichten ergriffen. So starb ein Baron Fenouillet den Feuertod, und der Graf von Foix wurde vor die Inquisition zitiert. Als Simon de Montfort 1210 das Schloß von Termes eroberte, hatte die Schloßkapelle schon 25 Jahre lang keinen christlichen Gottesdient mehr gesehen! Diese weite und tiefe Verbreitung des Neumanichäismus ist allen Historikern heute noch ein Rätsel. Die Schwäche und teilweise Korruption der katholischen Kirche war sicher ein Grund. Eine ungewöhnliche Toleranz, ein Streben zur Persönlichkeit und demokratische Ansätze waren weitere Gründe. Doch reicht all das nicht aus zu erklären, wieso sich das Katharertum so hatte halten können, da es ja eine eigene Religion war, keine christliche Splittergruppe, keine Revolte, keine Gruppe von internen Neidern. Die Katharer waren vielmehr von ihrem Weg überzeugt, und deshalb müssen die Gründe im Katharertum selbst liegen.

Ist auch der Mythos des Katharismus kompliziert, so ist das gesamte System, das er erklärt, doch recht einfach. Eine solche einfache Handhabbarkeit befriedigt alle, die nach einer Erklärung dürsten, sei es aufgrund eines schweren Schicksals, sei es aus Existenzbewußtsein. Das Dienen einer Elite gegenüber war damaligen Menschen nicht so ungewöhnlich, wie es uns heute scheint, und es vermag ebensoviel sichernde Befriedigung zu vermitteln wie das Gefühl, der Elite selbst anzugehören. Ferner gestattet das Vorhandensein einer Elite einfachen Gemütern, all ihre nichtverwirklichten Vorstellungen auf sie zu projizieren. Viele Menschen sehnen sich nach einem geschlossenen System, das ihnen einen sicheren Platz zuweist, mehr als nach Freiheit. Das Ertragen von Widersprüchen schafft ihnen Unbehaglichkeit im Leben.

Da ist die Reformation Martin Luthers doch Welten von solcher Vereinfachung entfernt. Er läßt Widersprüche durchaus stehen, weil er weiß, daß sie aus dem Leben nicht wegzudenken sind. „Ein Christ ist keinem Menschen untertan. Ein Christ ist jedem Menschen untertan." – „Sündige tapfer, aber glaube noch tapferer." Der Weise aus Wittenberg kann mit den nur scheinbaren unlösbaren Widersprüchen leben. Einem von Schwermut geplagten Mitbürger empfiehlt er schlicht und doch mit gutem Grunde, er solle mehr musizieren.

Gerade wegen dieser feinen inneren Unterschiede der Reformation von den frühen reformerischen Vorläufern muß man die Religionspsychologie bemühen; denn mit Logik und Verstand alleine läßt sich der unglaubliche Widerstand der Katharer einerseits oder der Protestanten später andererseits nicht erklären, erst recht nicht im Angesicht der Möglichkeit, sich zu bekehren und so der Verfolgung zu entgehen.

Ganz anders als die katholische Kirche ihrer Zeit führte das Bestehen einer Elite bei den Katharern aber nicht zu Bevormundung und Erpressung. Die Erwählten haben anscheinend den Gläubigen allen menschlichen Beistand und jeden seelsorgerlichen Rat gegeben, der diese in ihrem Alltag zu stärken vermochte. Sie waren wegen ihrer konsequenten Armut beliebt. Verrat von Albigensern ist unbekannt. Obendrein beeindruckten die Erwählten zeitweilig durch Beispiele ungewöhnlicher Ausdauer und des Mutes. 1232 sah man 30 von ihnen auf Maultieren 100 Kilometer am Stück zurücklegen; 1244 lassen sich vier von ihnen mitten in der Nacht an Seilen eine 150 Meter hohe Steilwand hinab.

Solche Aktionen müssen auch die Adeligen beeindruckt und auf die Seite der Katharer gebracht haben; denn die mächtigen Grafen von Toulouse, deren Land von Savoien bis an die Guyenne, vom Quercy bis an die Pyrenäen reichte, hätten die Macht gehabt, die Strömung zu unterdrücken, zumal die kleinen Nachbargrafschaften von Foix, Narbonne, Carcassonne und Comminges ihnen praktisch botmäßig waren. Doch für solche Eingriffe waren die Grafen von Toulouse viel zu volkstümlich. Die Städte waren unabhängig und reich. Toulouse war damals nach Venedig und Rom die dritte Stadt in Europa. Dort hatte man sich althergebrachte Freiheiten zu wahren gewußt. Auf ihr Selbstbewußtsein mußte auch der Albigenserkreuzzug gefaßt sein.

In diesem Klima gedeiht die Hochliteratur der Troubadoure, von denen etwa 500 bekannt sind. Die heute von ihnen meist bekannten Liebeslieder, Vorbilder der deutschen Minnelyrik, herrschten gar nicht einmal vor. Vorherrschend war vielmehr die Vorstellung von „paratge", einem zutiefst humanistischen Ehrenideal. Erst in der Renaissance sollte es eine tiefe Ausprägung in allen Bereichen des Lebens einnehmen. Die Freiheit und Klassenunabhängigkeit, in der die Troubadoure damals schon dachten, würde uns heute nur überraschen, wenn wir die falsche Vorstellung vom „finsteren Mittelalter" ablegten. Den damals schon als charmant sorglosen und lebensfrohen Okzitaniern war es – überraschend für uns – ein ebensolches Bedürfnis, in die pessimistische, asketische Welt der Katharer zu fliehen.

Ein Troubadour, Guilhem Figuera, schleudert den Häschern des päpstlichen Rom seine Verachtung entgegen:

> Rom, dein Netz, das weißt du wohl zu werfen, und Dinge, die dir nicht gehören, wohl zu raffen, denn hinter dem Gesicht des zarten Lammes – Herz eines hungrigen Wolfes und eine Schlange unter Mitra! Vipern und Teufel gesellen sich in deiner Kammer zu infernalischer Freundschaft.

Mit 9 000 alexandrinischen Versen in Provençal gedenken zwei Troubadoure des Massakers von Béziers, von denen der erste, Guillaume Tudèle, namentlich bekannt ist.

> Aber sie haben in Béziers massakriert und zerstört. Die Kreuzritter brachten um, daß es schlimmer nicht geht! Die in der Kirche glauben Schutz zu finden – nichts rettet sie, weder Kreuz noch Kruzifix! Priester werden von wilden Banditen geköpft, sie haben auch Frauen und Kinder umgebracht. Gott nehme ihre Seele in sein heiliges Paradies auf. Nicht einmal die Sarazenen haben je auch vollbracht, noch auch nur geduldet eine solche Schlächterei!

Diese Stimme dürfte erklären, wieso es der katholischen Kirche so wenig gelang, die Bevölkerung auf ihre Seite zu ziehen. Wo aber blieb sie angesichts dieses Wachsens der Katharergesellschaft? 1119 kommt Papst Calixtus II. nach Toulouse zur Predigt. Doch seine Exkommunizierung der Häretiker bewirkt nichts. Erst Bernhard von Clairvaux' Alarmruf weckt die vor Staunen starre Kirche. Er selbst wurde während seiner Mission niedergeschrieen und in Verfeil von allen so verlassen, daß er einen Fluch über die Stadt aussprach. 1176, bei einem weiteren Kolloquium in Lombers (bei Albi), nimmt die Kirche noch Konditionen der öffentlichkeitsscheuen Albigenser an, zum Beispiel, nur mit dem Neuen Testament zu argumentieren.

Das Katharerkonzil von Saint-Felix-de-Caraman (1167) fand also noch in aller Ruhe statt und legte nur die Grenzen für die beiden Schulen fest mit Bischöfen an ihrer Spitze.

Alexander III. versucht einen ersten Kreuzzug. Doch Graf Raymond V. von Toulouse ist nicht gewillt, gegen seine Untertanen vorzugehen. Nicht einmal der Kommission unter Leitung Heinrich von Clairvaux', dem Nachfolger Bernhards, kann er Geleitschutz zusagen. Heinrich stellt dann nur fest, daß drei Jahre später gar kein Katholik mehr anzutreffen gewesen wäre. Die ganze Missionsreise ergibt schließlich nur die Bekehrung des alten Pierre

Maurau. Er wird zu drei Jahren Pilgertum im Heiligen Lande verurteilt, wonach er im Triumph zum Stadtrat gewählt wird.

Als aber Roger II., Vicomte von Carcassonne und Béziers, wagt, den Bischof von Albi einsperren zu lassen, kommt es zur eigentlichen, offiziellen ersten Gewaltmaßnahme gegen die Häresie. Raymond V. nutzt die Gelegenheit, gegen seinen Vasallen auszurücken. Kardinal Henri, Bischof von Albano, leitet die Aktion, zu der sich weitere Landesherren des Languedoc versammelten. Lavaur wird belagert und eingenommen, einige Ketzer gefangengenommen.

Erst Innozenz III. geht seit seiner Wahl zum Papst 1198 ausdauernd und energisch vor. Er ernennt zunächst zwei Legate, Raynier und Gui, und stattet sie mit allen Vollmachten aus, sucht auf diese Weise aber erst friedliche Mittel anzuwenden. Schon 1202 setzt er an Stelle Rayniers den energischen Pierre de Castelnau, einen Zisterzienser aus Fontfroide. Der erreicht immerhin, daß die Konsuln von Toulouse ihm 1203 schwören, den katholischen Glauben zu wahren. Doch zu Pierres großem Zorn tun sie deswegen noch lange nichts gegen die Häresie. Zwei Monate danach ist König Peter II. von Aragon zu Besuch in Carcassonne. Das nutzt er, um eilig eine Konferenz zusammenzurufen. Zu ihr wird sogar noch der Katharerbischof Bernhard von Simorre mit 13 Erwählten geladen. Peter ist von den Widersprüchen beider Glaubensformen beeindruckt, und Pierre de Castelnau spricht eine Verurteilung aus. Geändert aber wird dadurch nichts. Die kirchentreuen Pfarrer wagen nicht, gegen das mehrheitlich katharische Volk vorzugehen.

Da tritt 1206 Dominique von Guzman aus Galizien auf. Er ist der einzige, der begreift, daß die Kirche auf die Weise der Katharer, also durch das Leben, überzeugen muß, um zu gewinnen.

Dementsprechend fordert er Pierre de Castelnau auf, in einfachem Gewande und nicht in einer Prachtkutsche umherzureisen. Doch seine richtige Einsicht, die nur er, nicht

Bruder Pierre, in die Tat umsetzt, kommt zu spät, und auch die Gründung des Prediger-, später Dominikanerordens, kann die abgewandten Christen nicht mehr zur Kirche zurückholen. Erst die Rolle der Inquisition sollte das zuwegebringen. Dominique fährt einstweilen in der fairen Auseinandersetzung fort, indem er sich wie zu Pamiers so auch andernorts wiederholt den Katharern zur Diskussion stellt.

Pierre de Castelnau sammelt unterdessen Adelsherren unter die Fahne des Papstes, weil seiner Ansicht nach nur noch Gewalt helfen kann. Raymond VI. soll die Allianz führen. Doch Raymond will nicht, so daß ihn Pierre exkommuniziert. Beide scheiden als Todfeinde voneinander. Pierre reist in Richtung Rhône ab, wahrscheinlich, um in Rom Bericht zu erstatten. Raymond reitet ihm später nach, wahrscheinlich, um eine Aussöhnung herbeizuführen. Doch am Morgen des 15. Januar 1208, als Pierre sich anschickt, bei Saint-Gilles die Rhône zu überqueren, wird er von einem Unbekannten ermordet. „Da gingen in Europa die Lichter aus."

Innozenz verharrte ob dieses Verlustes seines Legaten zwei Tage lang in völligem Schweigen. Dann schrieb er an die Erzbischöfe von Narbonne, Arles, Embrun, Aix und Vienne, an alle Adeligen in Frankreich einschließlich des Königs Philipp August und läutete zum Sturm. Was die Empfänger aber aufgrund Innozenz' bisherigem Verhalten nicht mehr sonderlich überraschte. Der Graf von Toulouse wurde gesondert nach Valence zitiert, während der neue Legat Milon schon das große Konzil zu Montélimar vorbereitete. Der Abt Arnaud-Amalric von der Abtei zu Cîteaux, den die Geschichte als besonders grausam kennt, ordnete währenddessen die Kreuzzugsarmee. Graf Raymond wurde zwecks Beruhigung seines Gewissens dazu ermächtigt, seine eigenen Untertanen zu verfolgen und erhielt die Absolution dafür. Doch nicht ohne einen hohen Preis: Nackt bis zur Hüfte wurde er vor einer großen Volksmenge gepeitscht, am Ort der Ermordung Pierre de Castelnaus, und mußte Buße tun. Seinem Sohn applizierte die Kirche später denselben Schliff.

In jenem Juli des Jahres 1209 sammelten sich mindestens 300 000 Mann im Rhônetal und marschierten zunächst auf Montpellier zu, um dort zu rasten. An der Spitze der Flamen, Normannen, Aquitanier, Burgunder und Deutschen standen die Erzbischöfe von Reims, Sens, Rouen und die Bischöfe von Autun, Clermont, Nevers, Bayeux, Lisieux, Chartres, Bar, Saint-Pol und Tausende von Baronen und Rittern. Zum Fußvolk zählen auch solche Leute, auf die Wilhelm Busch' Vers ebenfalls passen könnte: „Beide sehr gut zu gebrauchen; denn es mangelt Geld im Sack." Mit Ablässen, Absolution und Aussicht auf Vorteile hatte man sie zu gewinnen gewußt, so daß sie die Begründung schluckten:

> Die üble und eitle Rasse der Provençalen zu kasteien, die, voller Nachsicht gegenüber dem Bösen und voller böser Anschläge steckend, gegen das Apostolat von Rom ist.

Daß unter diesem Aufmarsch das gesamte Blatt sich zu wenden anschickte, begriff der Vicomte von Carcassonne und Béziers, Raymond-Roger de Trencavel, trotz seiner Jugend rasch. Er eilte dem Heereszug entgegen und versuchte in Montpellier zu verhandeln. Doch die Übermacht verführte die Kirchenführer zu der Arroganz, sie auch exemplarisch spielen zu lassen, und Raymond-Roger erreichte nichts. Wutentbrannt kehrte er zurück und schwörte alle seine Besitzungen und Nachbarn auf Verteidigung ein. In Carcassonne suchte er sich selbst mit seinen Rittern auf die Herausforderung vorzubereiten.

Am 20. Juli zieht das Heer aus Montpellier ab, und am Morgen des 21. erreicht die Vorhut Béziers. Die Bewohner lehnen den Vorschlag ihres Bischofs, die Albigenser auszuliefern, energisch ab. Also beginnt die Belagerung. Béziers war so gut darauf eingestellt, daß die Leute übermütig wurden. Sie hätte lange aushalten können, wenn nicht ein Trupp Verteidiger bei einer Kundschaft mit dem Fußvolk des Kreuzzugsheeres in ein Scharmützel geraten wäre, das gerade sein Lager aufbaute. Die Überraschung dauerte nicht lange, da war das übrige Heer alarmiert, drängte das Trüppchen zurück. Irgendjemand öffnete ihnen das Stadttor, die Schwachstelle mittelalterlicher Verteidigung, und prompt drängte das Kreuzzugsheer mit aller Macht in die Stadt. Da war kein Halten mehr. Die Sammlung in der Kirche, Glockengeläut, Priestergewand nützten nichts – alle, alle wurden vernichtet. In der Kathedrale Sainte-Madeleine alleine starben 7 000 Menschen, kein einziger entkam, und nach der Plünderung brannte die Stadt zwei Tage lang. 30 000 Menschen sollen insgesamt umgekommen sein. Als die Soldaten sich vergewissern wollten, ob sich die Katholiken nicht kenntlich machen könnten, daß man sie verschone, soll der Abt Arnaud-Amalric gesagt haben: „Tötet alle, es kennt der Herr die seinen."

Ob dieses unerwartet schnellen erfolgreichen Ausgangs der Kampagne waren die Kirchenführer froh, denn er war keineswegs sicher gewesen, hatte doch Innozenz geschrieben, daß mehr als die Hälfte des Midi katharisch war. Nichts ist erfolgreicher als der Erfolg: Angesichts dieses Totalsieges und des Verlustes der starken Stadtfestung ergaben sich alle Städte, die von der Lage her nicht so gesichert waren wie Béziers. Nur einige verstärkten ihre Verteidigungsvorrichtungen. Narbonne wurde verschont, weil der Vicomte etwas gegen die Albigenser unternommen hatte, Tribut zahlte und seine Befestigungen preisgab. Der Heereszug schlug nun die Richtung auf Carcassonne ein, wohin sich Raymond-Roger zurückgezogen hatte. Damals besaß die Stadt nur einen Graben, das Grafenschloß und zwei Bastionen, nicht den Doppelgraben und die Mauer, für die das Städtchen heute bei Touristen beliebt ist (Doppelgraben und Mauer stammen aus dem späten 13. Jahrhundert.). Dafür aber war eine Garnison erfahrener

Milizionäre in der Stadt. Die Belagerer hatten es daher nicht leicht.

Eine Bastion nahmen sie rasch ein. Doch bei der zweiten schossen die Verteidiger die Steinschleudern und Belagerungstürme in Brand. In der Nacht massakrierten Rogers Leute die Belagerer und zündeten die Vorstadt an. König Peter II. von Aragon hält die Gelegenheit für Verhandlungen gekommen, doch die Angebote der Kreuzzugsführer sind so unbedeutend, daß er sich wütend in die Stadt zurückbegibt. Die Verteidiger fügen dem Heer empfindliche Verluste zu. Hinzu kommt, daß der Sommermonat August die Wasserzufuhr austrocknet. Nun zieht Raymond-Roger selbst zu Verhandlungen hinaus. Wider allen Brauch wird er gefangengenommen. Dieser Verrat läßt die Bewohner Carcassonnes aus der Stadt ziehen – es ist unklar, ob mit Genehmigung des Kreuzzugsheeres oder durch unterirdische Gräben. Die Grafschaft soll nun aufgelöst und einem kirchentreuen Grafen zugeschanzt werden. Doch der Herzog von Burgund, die Grafen von Nevers und Saint-Pol lehnen ab. Der Verrat am Grafen Raymond hat sie in ihrer Ritterehre beleidigt. Sie waren gegen einen Ketzer ausgezogen, aber nicht zur Enteignung der Fürsten am Mittelmeer. Schließlich kann nur Simon de Montfort der Versuchung nicht widerstehen, einer der sich schon bei der Belagerung hervorgetan hatte. Dieser Ehrgeizling und der Kirche ergebenster Diener, Sohn des Grafen von Montfort d'Amaury und einer Gräfin von Leicester, ergriff die Beute. Schon Ende September stirbt Graf Raymond-Roger in seiner Gefangenschaft im Gefängnis. Sein vierjähriger Sohn wird dem Grafen von Foix anvertraut.

Erschreckt vom Fall Carcassonnes ergaben sich noch mehr Städte, obwohl ein Teil des Kreuzzugheeres bereits zurückgeschickt worden war. Simon de Montfort machte aus dem Schrecken, der dem Heer überall vorauseilte, die Chance seines Lebens.

Im Juni fiel das außerordentlich schwierig im Gelände liegende Minerve, weil nach sechs Wochen Belagerung der größte Stein aus der Schleuder der Belagerer ausgerechnet den Brunnen traf, der die Stadt mit dem unerschöpflichen Reservoir der Wasser in der tiefen Schlucht verband. In Minerve wurden sogar die Albigenser begnadigt, doch sie stürzten sich zu über 150 selbst singend ins Feuer.

Mittlerweile kannte der gnadenlose Abt von Citeaux die Katharer und sparte sich die eigenhändige Vernichtung.

Noch uneinnehmbarer lag Termes auf einem hohen spitzen Felsen, umgeben von weiten, steilen Schluchten. In der Tat dauerte seine Belagerung vier Monate. Zumal der Verteidiger, Raymond von Termes, in seiner kleinen Garnisonsmannschaft über einen Kriegsingenieur verfügte. Der baute stets dasselbe Instrument, das die Belagerer an den Rand einer Schlucht schafften. Während die Bewohner des nahegelegenen Schlosses Cabaret häufig den Troß Simons überfielen, Soldaten desertierten, versiegte auch die Geduld der Bischöfe von Dreux und Beauvais. Sie wollten nach Hause. Simon flehte sie an, noch zwei Tage zu bleiben. Am Abend des zweiten Tages kam in der Tat Raymond ins Lager, um zu verhandeln – wieder einmal waren die Zisternen leer! Doch Simon war so entnervt, daß er alle Bedingungen annahm. Da regnete es am dritten Tage wie aus Eimern, die Zisternen füllten sich, und die erleichterten Einwohner empfingen Simons Abgesandte mit Pfeilen und Hohnlachen. Die Belagerung ging weiter. Zwei enge Vertraute Simons wurden neben ihm von Steinschleudern getötet, so daß er selbst schon ins Kloster eintreten wollte. Da schien eines Morgens Termes völlig verlassen zu sein. Anscheinend waren die Bewohner während der Nacht ausgerissen. Tatsächlich aber hatten sich Ratten in die trockenen Zisternen verkrochen und dann das frische Wasser vergiftet, so daß die meisten Einwohner an Ruhr gestorben waren. Simon fiel die Stadt in den Schoß.

Zuhöchst ermutigt machte er sich an die Belagerung zweier weiterer Städte, um schließlich die Grafen von Toulouse und Foix belagern zu können. Durch die Belagerung von Lavaur am 15. März 1211 gelang es ihm, sie sich gründlich zu verfeinden. Dort regierte Geralda von Lavaur, eine Gönnerin der Albigenser, und ihr Freund Aimeric de Montréal führte die kleine Garnison. Unerwartet fing Roger-Bernard 6 000 deutsche Kreuzzügler ab und ließ sie niedermetzeln. Dennoch gelang Simons Truppen ein Einbruch in Lavaur, wo Aimeric und die Garnison erhängt wurden, Geralda in eine Grube geworfen und gesteinigt, und die 400 Albigenser, eingeladen, sich zu bekehren, warfen sich nach bewährter Arnaud-Amalric-Methode selbst ins Feuer.

Daraufhin wagt Simon de Montfort sich tatsächlich an die Belagerung von Toulouse. Doch die Grafen von Toulouse und Fleix belagern nun ihn selbst in Castelnaudary. Es kommt zu einer verlustreichen Schlacht, die beiden Seiten als Sieg ausgeben (1211).

Der erste Schritt zur Nation

Von da an wird der Kreuzzug endgültig politisch. König Philipp August wittert die Möglichkeit, sein Königreich ohne großen Aufwand auszudehnen. Sogar der Papst und König Peter II. von Aragon werden von Simons Erfolgsserie beunruhigt, so daß der Pontifex den Kreuzzug für eine Zeit lang abberuft. Als gar Abt Arnaud-Amalric sich „Herzog von Narbonne" nennt, merkt Simon etwas und ist auf der Hut. Nicht zu früh; denn im September 1213, als er Schloß Muret verläßt, um sein Heer zu sammeln, sammeln sich Peter I. und Raymond VI. bei Muret, um ihm den Garaus zu machen. Simon zieht die Schlacht der Belagerung vor, und obwohl er zahlenmäßig nur ein Zehntel der Soldaten seiner Feinde aufzubieten hat, gelingt es ihm doch, den König von Aragon zu töten, dessen Truppen zu teilen, ihnen in die

Seite zu fallen und so niederzuwerfen. Nach diesem Massaker zieht sich Raymond VI. nach Toulouse zurück. Simon geht mit dem Ruf der Unbesiegbarkeit aus diesem knappen Sieg hervor. Der päpstliche Legat spricht ihm alle Grafschaften zu, die sich ihm noch nicht ergeben hatten, einschließlich Toulouses. Ohne weiteren Verlust marschieren die Kreuzzügler in Toulouse ein (Juni 1215). Raymond VI. und sein Sohn gehen ins englische Exil.

Doch am 16. Juli 1216 stirbt Innozenz III., und mit ihm als Haupt der Ketzerverfolgung sank die Teilnahme am Kreuzzug rapide. Raymond VII., der Sohn, kehrt aus England zurück, lebhaft von den Provençalen in Marseille begrüßt. In Beaucaire bezwingt er durch Belagerung den Bruder Simons de Montfort trotz dessen Entsatzheeres. Tief gekränkt zieht sich Simon nach Nîmes zurück, woraufhin die Toulousains revoltieren und einen Barrikadenkampf anfangen. Indigniert ziehen sich da auch die Kreuzzugsritter zurück, die einen Barrikadenkampf nicht gewohnt sind. Raymond VI. kehrt nun auch zurück und wird von seinem Volk auf Knien und mit Freudentränen empfangen. Natürlich rückt Simon gegen diese Demütigung mit einem Heer an. Doch bei der Belagerung Toulouses trifft ihn ein Stein und beendet jäh sein Streben. Die Legende fügt genüßlich hinzu, daß eine Frau die Steinschleuder einjustiert hatte, doch sicher ist, daß der ganze Süden Frankreichs vom Meer bis zu den Alpen begeistert aufschrie.

Simons Sohn Amaury erbt nicht des Vaters anfängliches Glück. Trotz massiver Hilfe Ludwigs VIII. und halbherziger Hilfe des Papstes Honorius III. muß er 1222 alle Eroberungen seines Vaters an die Krone abtreten. 1224 sterben Graf Roger Bernard von Foix, der Graf von Toulouse und König Philipp August. Amaury verläßt Carcassonne und reist mit dem Leichnam seines Vaters gen Paris, so daß der junge Graf Raymond Trencavel, Sohn des tapferen Raymond Roger, seine Vaterstadt wieder einnimmt. Mit dieser Rückkehr zum alten Zustande endet vorläufig die dramatische Geschichte der Albigenser.

Doch das letzte Kapitel der Albingenser ist noch nicht geschrieben. Denn auf dem französischen Throne sitzt die ehrgeizige Blanche von Kastilien, die französische Lady Macbeth, die ihren Mann Ludwig VIII. und den Sohn Ludwig IX. zu großen Plänen antreibt. Ihr Verbündeter ist Kardinal Romain de Saint-Ange, der päpstliche Legat. Auf dem Konzil zu Bourges im Jahre 1225 wird der Graf von Toulouse zum Feind des Königs und des Papstes erklärt, was den Kreuzzug Ludwigs VIII. im Mai 1226 begründet. Lyon ergibt sich schnell, dann wird Avignon belagert. Die Stadt hält tapfer aus, doch als sich Saint-Antonin, Béziers, Nîmes, Puylaurens, Castres, Carcassonne und Albi ergeben haben, gibt auch Avignon auf. Der alte König stirbt an einer Epidemie, die sein Heer vor Avignon heimsucht, noch unterwegs in der Auvergne, so daß der politische Erfolg (die Anbindung der südlichen Provinzen) den militärischen Spaziergang nicht krönt.

Der Vertrag von Meaux, ein Friedensdiktat

Der Seneschall Ludwigs VIII. in Carcassonne, Humbert de Beaujean, war Simon de Montfort mindestens ebenbürtig und scheute auch nicht vor der Verbrennung von Ernten und unbeteiligten Dörfern zurück. Er eroberte verschiedene Festungen, in denen sich die zufluchtsuchenden Menschen schließlich dem Feuer übergaben. Da beginnt 1228 eine Reihe von Kapitulationen. Den Anfang machen die Brüder Bernard und Olivier de Termes mit der Festung Corbières, die an den König fällt. Schließlich gibt auch Raymond VII. nach, der von seinem Vater die Neigung erbte, seine Untertanen zu schonen. Die Beharrlichkeit Blanches von Kastilien, des Legaten Romain de Saint-Ange und des Erzbischofs Pierre Amiel von Narbonne führte die mächtigste Bastion, den Garanten der Freiheit des Südens, in die Scheuern des Königs ein. In Meaux wurde ein Vertrag unterzeichnet, bei dem Raymond so viele Zugeständnisse machte, daß man nicht zu erklären weiß, ob er bei Verstande war, eine bewußte Hinhaltetaktik betrieb oder der Kardinal und die Königin so gerissen waren. Raymond verpflichtete sich zur Treue gegenüber König und Kirche, versprach: die Häresie auszurotten, jedem Verräter eines Häretikers zwei Silbermark zu zahlen, der Kirche alle Güter zurückzugeben und 10 000 Silbermark Entschädigung zu leisten und verschiedenen Abteien außerdem 20 000 Mark, fünf Jahre im Heiligen Lande zu pilgern, seine Tochter mit dem Bruder des Königs, Alfons von Poitiers, zu verheiraten, die Festungen von Toulouse und 30 anderen Orten zu schleifen und die erhalten gebliebenen Schlösser der Krone zu überlassen. Schließlich wurden in diesem Diktat die Grenzen der Grafschaft so neufestgelegt, daß sie nur noch ein Drittel der Ausgangsgröße besaß. Dafür wurde Raymond VII. mit der Absolution belohnt. Als er vor dem Legaten im Hemd niederkniet, lacht er plötzlich wie irre auf. Im November 1229 kehrt er nach Toulouse zurück, wo er Stadt und Land so übernimmt, als habe die Bevölkerung das ganze Zeremoniell als abgekartetes Spiel mitgemacht.

Der Kardinal Romain „vom heiligen Engel" begibt sich nach Toulouse, um in einem dortigen Konzil die Ausführung des Vertrages von Meaux-Versailles zu überwachen und den Kampf gegen die Häresie zu organisieren. Daraus entstand zunächst eine lokal begrenzte Inquisition der Bischöfe und Priester. Erst einige Jahre später entwickelt sich daraus der Schrecken des Mittelalters, als nämlich die Inquisition als Beschluß eines Programmes an die Dominikaner als Inquisition in Person gebunden wurde. Denn diese wurden mit absoluter Vollmacht ausgestattet und waren nur noch dem Papst Rechenschaft schuldig, nur er konnte ihre Urteile aufheben. Erst diese Ermächtigung sollte dem Katharismus den Garaus bereiten, was die kostspieligen Kriege nicht vermocht hatten.

Für die Bevölkerung bedeutete diese Verlagerung auf geheimdienstliche Tätigkeit allerdings eine Erleichterung gegenüber dem Kriegsgeschehen, also Frieden, doch der

Widerstand nahm jetzt Partisanenform an. Die Bevölkerung hielt nach wie vor zu den Katharern und suchte wie zuvor ihre seelsorgerliche Nähe. Manchmal verhinderten Bürger sogar die Verbrennung gefangener Häretiker.

Wohl in Vorahnung dessen, was noch kommen sollte, bilden die Katharer 1232 ein Konzil auf dem Montségur. Sie kehren von dort mit dem Antrag an den ihnen wohlgesonnenen Grafen Ramon de Perella zurück, er möge ihnen den Berg als Zufluchtsort überlassen. Ramon zögert aus gutem Grunde, denn er fürchtet, mit diesem ketzerfreundlichen Akt die Ungnade von Kirche und König auf sich zu ziehen. Doch schließlich willigt er ein. Kaum ist die Festung ausgebaut, da strömen auch schon die Pilger zu Tausenden auf den Berg, so daß die kirchentreuen Seneschälle nicht einzugreifen und die „Synagoge des Teufels" zu zerschlagen wagen. Umso weniger, als die Herren der uneinnehmbaren Städte Puylaurens, Fenouillet, Pierrepertuse und Quéribus quasi Vasallen Jaimes I. waren, so daß eine Strafexpedition eine ausländische Macht tangiert hätte, und an dieser Komplikation konnte keinem gelegen sein. Man hielt sich vorerst an kleineren Widerstandsnestern des Pic de Nore und der Montagne-Noire schadlos.

Aus Rücksicht auf die ihretwegen geplagte Bevölkerung zogen sich die Katharer mehr und mehr in Wälder und Grotten zurück. Andererseits verließen sie ihre Verstecke manchmal ganz entschieden und offen, um Leuten Trost zu spenden. Dabei tat sich der tapfere Guilhabert de Castres besonders hervor. Mit Raymond VII. konnte die Inquisition nicht viel weiter vorankommen; denn er tat zwar sehr geschäftig bei der Verfolgung, schlug seine Untertanen aber nie. Indirekt schützte er sie auf diese angepaßt-bokkige Weise mehrere Jahre lang und erreichte sogar eine Suspension der Inquisition von 1237 bis 1241. Die königlichen Seneschälle gingen entschieden vor, so konnte die Ruhe nicht lange währen.

In dieser Ruhe hatte sich insgeheim eine Armee gesammelt und vorbereitet, die im Sommer des Jahres 1240 plötzlich aufstand und losmarschierte. Sie umfaßte aragonische Infanterie, die als die beste jener Zeit galt, samt deren Belagerungsmaschinen und viele der enteigneten Landesherren, an ihrer Spitze der seiner Stadt Carcassonne enteignete Raymond Trencavel. Schon alleine vor der Plötzlichkeit dieser Attacke ergaben sich dem Heer viele Städte, wohl auch nicht allzu ungern. Trencavels strategischer Fehler aber lag darin, daß er Carcassonne mit dem königlichen Seneschall nicht sofort angriff sondern erst kleinere Städte unterwegs. Bis er schließlich Anfang September vor Carcassonne eintraf, hatte Seneschall Guillaume des Ormes genug Zeit gehabt, sich auf eine Belagerung vorzubereiten. Zwar versagte der Graf von Toulouse ihm höflich jede Hilfe, doch der Zeitvorteil wog stark. Auch auf die Boten nach Paris würde man einige Zeit warten können.

Die Belagerer hatten mit der Vorstadt leichtes Spiel, da diese ihnen die Pforten öffnete. Doch die Sappeure brachten kein Mauerstück zum Einsturz, das groß genug für einen Sturm gewesen wäre, als das Hilfsheer Ludwigs IX. schon heranrückte. Am 11. Oktober 1240 zwang es dank seines Gewaltmarsches Trencavel, die Belagerung abzubrechen. Anstatt aber nun in das schwierige Gelände weiter südlich auszuweichen, zog er westwärts, wahrscheinlich um in die Nähe des Grafen von Toulouse zu kommen. Doch das Hilfsheer unter Jehan de Belmont erreichte ihn schon bei Montréal. Jetzt rückten auch die Grafen von Toulouse und Foix ihrer Pflicht gemäß aus, doch gelang es ihnen, für die Truppen Trencavels einen freien Abzug zu gewähren. De Belmont fiel die ganze Ausrüstung Trencavels in die Hände, und auf dem Wege gen Süden pflückte er mühelos eine Festung oder Stadt nach der anderen.

Erst vor der außerordentlich sicheren Lage Pierrepertuses zog er Verhandlungen vor. Tatsächlich öffnete die sicherste Stadtfestung in der ganzen Christenheit ihm ihre Tore! Ein strenger Winter bewirkte dasselbe Ergebnis bei anderen. Merkwürdig ist nur, daß von keinem Tod der Katharer berichtet wird.

Am 14. März 1241 trifft Raymond VII. König Ludwig IX. in Montargis, und er wird zum Kampf gegen die Häresie ermahnt und konkret aufgefordert, den Montségur zu erobern. Raymond gehorcht auf seine Weise, belagert den Berg pro forma und sagt dann, er sei uneinnehmbar. Sechs Monate nach dieser Demonstration seines guten Willens schließt er einen Vertrag mit dem Grafen Hugues de Lussignan, der sich gegen den König von Frankreich richtet, und entwickelt von da an ein auffallendes Geschick. Er sammelt die Könige von Kastilien, Navarra und Aragon und Raymond Trencavel-Ohneland um sich, versichert sich sogar des Beistandes Heinrichs III. von England, seinem Exilfreund, und verkündet den so Vereinten feierlich, daß er sich aus dem Schanddiktat von Meaux-Versailles zurückziehen wolle. Worauf der ganze Süden seit zehn Jahren gewartet hatte.

Avignonet und das Ende der Grafschaft Toulouse

Der Donnerschlag lautete diesmal Avignonet. Denn nach dem Tode des Papstes Gregor IX., der die Inquisition unterbrochen hatte, traten die Dominikaner wieder auf den Plan und markierten ihre Wirkspur mit Ketzerverbrennungen, die erste seit der Unterbrechung im Jahre 1241 bei Lavaur. Im Mai 1242 waren sie gerade in Avignonet und damit auf dem Boden der Grafschaft Toulouse. Ahnungslos kehrt das Tribunal zur Übernachtung in das Schloß ein, wo es in der Nacht in kürzester Zeit niedergemacht wird. Der ganze Languedoc konnte seine Freude kaum verhehlen. Durch dieses Ereignis aber wurde gleichzeitig der Zorn der Königin und des Klerus erregt und das Signal zum Widerstand gegeben. Richtig traf auch jetzt Heinrich III. aus England bei Royan (Garonnemündung) ein, doch Ludwigs Widerstand war groß, weil der Graf von Lussignan sich ihm zugesellte, und Heinrich mußte sich nach Bordeaux zurückziehen. Doch Raymond läßt sich nicht erschüttern, setzt alles auf eine Karte, und sogar die Exkommunikation beeindruckt ihn nicht. Da aber das königliche Heer in Carcassonne und Béziers sicher sitzt, bröckelt die Gefolgschaft Raymonds. Er sucht um Gnade bei Ludwig, die dieser auch gerne gewährt, da er mit den Kreuzzügen ins Heilige Land beschäftigt ist und die südlichen Querköpfe dort zu beschäftigen und abzulenken gedenkt. Zum kirchlichen Pardon muß Raymond nach Rom, so daß die Inquisition den geheimen Schutzherrn der Languedoc für einige Zeit lang aus dem Wege geschafft hat. Angefeuert von Blanche von Kastilien geht diese nun auf den Montségur zu, um das Haupt der Häresie zu vernichten.

Der Frieden von Lorris, Januar 1243 regelt endgültig die Lage im Süden zugunsten der Krone. Auch die Vicomtes von Narbonne und Foix ergeben sich bedingungslos. Trencavel tritt alle Rechte auf die Grafschaft Carcassonne und Béziers bis auf eine bescheidene Rente ab. 1248 stirbt Raymond, und sein Erbe fällt an seine einzige Tochter, die mit dem Bruder des Königs verheiratet ist. Languedoc wird damit Erbteil der Krone Frankreichs. Nur der Montségur und Quéribus harren noch als letzte Bastionen der Freiheit Okzitaniens aus.

Montségur, das französische Masada

Auf diese beiden Standorte, Montségur und Quéribus, richtet sich nun die gesammelte Macht von Inquisition, Kirche und Krone. Im Mai 1243 sichten die Wachen das Heer von 10 000 Mann, das den Berg wenig später umlagert. Etwa 400 bis 500 Personen hatten auf dem Berg Zuflucht gesucht, angeführt von 15 Edelleuten, die auch ihre Reiterei dabei hatten, und 100 erfahrenen Soldaten. Etwa 50 Erwählte werden auf der Burg gewesen sein, von denen einige namentlich bekannt sind. Ein halbes Jahr später ist noch immer keine Wirkung der Belagerung erkennbar. Das äußerst schwierige Gelände, für das es zu jener Zeit keine passende Maschinerie gab, gestattete den Belagerten sogar nächtliche Botengänge auf Geheimwegen, so daß nicht einmal die Korrespondenz mit Italien unterbrochen werden mußte. Die Belagerer mußten sich baskischer Bergleute bedienen, um voranzukommen. Diesen gelang im November 1243 auch tatsächlich der Aufstieg auf die mittlere Westseite. Von dort aus versuchten sie mit Hilfe der zerlegt transportierten und wieder zusammengebauten Schleudern, die wenig bewehrte Ostseite zu bombardieren, die oberhalb der 100 Meter hohen Steilwand liegt. Doch auch das hätte noch lange dauern können, da die Geschosse nicht groß sein konnten. Wäre den Belagerern nicht Verrat zu Hilfe gekommen!

Leicht bewaffnete Soldaten wurden die geheimen Pfade hinaufgeführt, überwanden die Wachen auf den Zinnen und konnten dadurch die Basken mit schwererem Gerät anmarschieren lassen. Bei Tage konnten die Klettersoldaten kaum glauben, welchen Weg sie zurückgelegt hatten und wollten sich keineswegs mehr auf diesem Wege hinab trauen. Der Bischof von Albi, selbst Ingenieur von Belagerungsmaschinen, ließ eine Rampe anlegen, auf der eine größere Schleuder herangewälzt wurde, die Steine von 60 bis 80 Pfund verschießen konnte. Umgekehrt hatten die Belagerten aber auch im Belagerungsheer Leute auf ihrer Seite. Denn nur so konnten die Katharer ihren Schatz plündern und Boten aussenden, die eine Elitetruppe anheuern sollten. Das gelang auch, und die auf denselben Schleichwegen eingerückten Kämpfer warfen die Eindringlinge den Osthang hinab. In einem zweiten Streich konnten sie einmal ausbrechen und die Arbeit an den Belagerungsmaschinen kurzzeitig vereiteln. Doch das Ende der Belagerung war abzusehen. Umso mehr, als der heranrückende Winter den Wein, auf den man jetzt als Getränk angewiesen war, in den Fässern gefrieren ließ.

Da beschlossen die Edelleute in der Burg, Pierre-Roger de Mirepoix und Ramon de Perella, zu verhandeln. Die Belagerer sind selbst so zermürbt, daß sie darauf eingehen und die meisten Bedingungen annehmen. Danach sollten die nicht bekehrungswilligen Katharer auf den Scheiterhaufen kommen, alle anderen aber freien Abzug erhalten, auch diejenigen, die an dem Scharmützel gegen die Inquisition in Avignonet beteiligt waren. Zwei Wochen hatten die Burginsassen noch Zeit und feierten ein großes Fest – wahrscheinlich zur Frühjahrstagundnachtgleiche – dann ergibt sich der Montségur. 218 Katharer lassen sich verbrennen, darunter Großmutter, Mutter und Tochter des Grafen de Perella, des Chefs der Belagerten. Nur vier Erwählte hielt Pierre-Roger versteckt, die er in der Nacht nach der Hinrichtung auf dem riesigen Scheiterhaufen an langen Seilen an der Steilwand herabläßt. Wahrscheinlich sollten sie die heiligen Bücher der Katharer hüten, und möglicherweise wußten sie auch, wo noch ein Teil des Katharerschatzes lag. Während so die letzte Ausprägung des Manichäismus getilgt wurde, blieb das Gebäude erhalten und wirkt bis heute als Denkmal dieser alten Bewegung und des Widerstandes und der Freiheit überhaupt.

Quéribus und das Ende einer Sekte

Bleibt nur noch Quéribus, das auf etwa gleicher Höhe wie der Montségur, doch näher an der Mittelmeerküste (nordwestlich Perpignans) liegt und zusammen mit einigen Schloßfestungen der Umgebung einen Hort der Verteidigung bildet. Sie umzingelten Carcassonne, wo Ludwigs Heer sich auf den letzten Schlag vorbereitet.

Ludwig der Heilige weilt noch im Heiligen Lande, Blanche von Kastilien ist endlich gestorben (1. Dezember 1252), und der König von Aragon sieht mit Argwohn, daß der König aus Paris sein Nachbar im Norden werden sollte. Daher warten die Seneschälle bis zur Rückkehr Ludwigs mit Ruhe und Vorsicht. Denn Quéribus überschaut schon die Grenze zum damaligen Aragon, dem heutigen Departement Ostpyrenäen. Doch im Jahre 1255 beginnt die Belagerung, geleitet von Pierre d'Auteuil, dem Seneschall von Carcassonne.

Zuerst findet er nicht genügend Leute für ein Söldnerheer; denn die Bevölkerung besinnt sich darauf, daß sie mit dieser Unterstützung nur die Überlegenheit des Königs stärkt. Die Belagerung selbst erfordert zwar nicht viele Kräfte, aber die Gefahr des Hinterhalts durch Roussillon besteht, dessen Unterstützung sich die Leute von Quéribus sicher sein konnten. Dann zwingt ein Feldzug des Königs von Aragon nach Montpellier, wo seine Untertanen aufsässig waren, zum Abbruch der Belagerung. Da kehrt Olivier de Termes aus Palästina zurück, Sohn des Statthalters aus Carcassonne und Neffe des Katharerbischofs Benedikt de Termes. In Palästina war er zum Freund des Königs geworden. Da er des Geländes kundig ist, gelingt es ihm, dem Besatzungshauptmann Chabert de Barbera einen Hinterhalt zu legen und durch ihn die Festung freizupressen. Seitdem bleibt die Grenze zu Aragon dort vier Jahrhunderte hindurch bestehen. Der Vertrag von Corbeil (1258) festigt den Frieden an der beargwöhnten Grenze. Was mit den Katharern geschieht, ist unbekannt. Vereinzelt werden sie noch als Eremiten bei Freunden oder in Festungen ein Unterkommen gefunden haben oder aber nach Italien geflohen sein. Doch insgesamt erholt sich der Neomanichäismus nie mehr.

Die Inquisition wird zum Geheimdienst

Nichtdestoweniger führte die Inquisition ihr abscheuliches Wesen weiter, gestärkt durch die Bulle „Ad extirpanda" (Um auszulöschen) des Jahres 1252 des Papstes Innozenz IV., die den Dominikanern das Foltern gestattet. Damit erreicht die Inquisition ihre absolute Macht in dem Sinne, daß sie nicht mehr nur gegen Häresie auszieht, sondern losgelöst davon jeden beliebigen Zweck, der ihr genehm ist, zum Vorwand nimmt. Absolut auch in dem Sinne, daß es nicht mehr um Schutz der christlichen Religion, sondern darüber hinaus, um den Erhalt einer Gruppe ging. Selbst die Beliebtheit im Volke war diesen Technikern der Macht keine Überlegung mehr wert. War die Macht aber einmal so weit gediehen, daß sie die überlegenen Mittel einzusetzen vermochte, so war es auch nicht mehr weit hin, daß sie katzbuckelnde Leute für sich gewann, die um ihrer eigenen Ziele willen an der Macht partizipieren wollten und sich darum an sie verkauften.

Nur dem Katharer Pierre Authier gelingt es noch einmal, bei Saint-Barthélemy eine kleine Kirche zusammenzurufen, bei der die endura geübt wurde. Einer, der sich ihn zu verraten anschickt, wurde von „Gläubigen" einen Felsen hinabgestürzt. 1283 und 1295 gibt es Erhebungen gegen die Herrschaft der Dominikaner und um 1300 unter Führung des Professors der Theologie am Franziskanerkollegs in Carcassonne, Bernard Délicieux. Diese gelten schon nicht mehr speziell den Katharern, sondern richten sich gegen die Inquisition überhaupt, die nicht mehr davor zurückschreckte, Belastungszeugen zu kaufen, besonders wenn sie an die Güter reicher Bürger kommen wollte. Bernard, ebenso klug wie tapfer, appelliert an den Papst und den König, daß sie das Unwesen der Dominikaner zügeln. Philipp der Schöne hebt die Prozesse auch tatsächlich eine Zeitlang auf. Doch als die Proteste sich einer Revolution nähern, läßt er Bernard fallen, und 1303 wird ausgerechnet der Dominikaner Benedikt XI. Papst. Bernard Délicieux stirbt nach grausamsten Folterungen in den Mauern von Carcassonne (1320).

Die neomanichäische Bewegung der Katharer ist keine christliche Reformbewegung, zumal sie auch nie den Anspruch erhob, die Kirche reformieren zu wollen. Ein Blick auf die Geschichte des 13. Jahrhunderts in Südfrankreich belehrt den Interessierten über die ganze spätere Handlung der Reformationszeit. Die Verteilung aller Kräfte geschieht in der Languedoc, alle Strategien und Handlungsweisen werden hier erprobt und festgelegt.

Als die satte und sich bedroht fühlende Kirche im Kreuzzug und in dem Massaker von Béziers erstmals das Blut der Gewalt spürt, wird aus dem zahmen Haushund ein wildes Tier – sie konnte von diesem erfolgreichen Instrument nicht lassen, bis ihrer Macht 1789 endgültig und weltweit der Garaus gemacht wurde. Vor allem, sie betäubt ihr Gewissen und löst sich nicht mehr aus dem Pakt mit der weltlichen Macht. Geistliche Herausforderungen mit Gewalt zu beantworten, ist hinfort das naheliegende und einfache Mittel der Auseinandersetzung. Zugleich verliert die Kirche damit ihre innere Stärke, weil sich ihr zu viele zugesellten, die in ihrem Gefolge eigene Ziele durchzusetzen suchen und von vorneherein geistlichen Zielen keine Sensibilität entgegenbringen. Daher scheint es der Kirche immer weniger notwendig, sich einem geistlichen Impuls redlich zu stellen, jede kritische Bewegung wird von vorneherein schon gar nicht mehr als solche gesehen und ernst genommen, weil der Prügel stets griffbereit in der Ecke steht.

Diesen Weg nimmt die noch ungefestigte hochmittelalterliche Institution Kirche insgesamt. Dennoch ist zum Christentum zu sagen, daß es sich davon nicht einsperren läßt. Es gab immer wieder Kritiker in der Kirche wie Dominikus, der sich von der Askese der Katharer dazu bewegt sieht, der Kirche wieder Armut aufzuerlegen – doch er erreicht damit nichts. Oder wie der Theologieprofessor Bernard Délicieux, der in heldenhafter Weise Mißbrauch anklagt – um dann doch sein Opfer zu werden.

Die weltlichen Fürsten beginnen sich in jenem Jahrhundert ebenfalls zu scheiden. Der König begreift die Chance, als Ritter für die Kirche seine Macht auszudehnen. Die Kirche begründet die einzelne Aktion ebenso wie den Dauergriff, in dem der König die Südprovinzen bald hält, und so wirkt er nicht als Eroberer sondern Verteidiger des Glaubens und Befreier von sektiererischen weltlichen Herrschern. Demgegenüber suchen weiter blickende Herrscher, diese Machtausdehnung zu begrenzen (Toulouse, Foix, Bretagne u.a.) und machen nicht mit, als der Besitz Carcassonnes einem von ihnen zugeteilt werden sollte. Der Jagdhund Simon de Montfort, der sich vor den Treibern so sicher glaubte, ist selbst Zeugnis für diesen Kräfteprozeß, denn als er zu mächtig zu werden droht, lassen ihn selbst Krone und Kirche fallen. Nicht anders sollte es schließlich den Guise ergehen.

Die Sekten der Katharer spüren drittens auch, was die Reformierten später erleben. Nämlich zunächst, daß ein geistlich geprägtes Leben, sei es auch noch so streng, große Anziehungskraft auf das einfache Volk ausübt. Erst recht dann, wenn ein Leben mit der Lehre übereinstimmend geführt wird. Ihr Zulauf erregt die Besorgnis der Kirche viel mehr als ihre Lehre, die die Katharer ja überhaupt nicht aggressiv vertraten. Doch ebenso entschieden, wie die Menschen Sinn suchen, wehren sie sich dagegen, wenn eine Kirche ihnen Glauben vorzuschreiben sucht.

Im speziellen Falle der Katharer schaffte deren handliches Weltinterpretationssystem in besonderer Weise bei einfachen Gemütern Befriedigung und angesichts des schweren Lebens damals erst recht durch den tiefen Pessimismus. Denn anders hätte doch das Zweiklassensystem der Katharerreligion kaum so lange bestehen können. War es doch das katholische System von geistlichem und weltlichem Stande, das Luther so erfolgreich zertrümmerte.

Zu diesem Kräftearrangement zwischen Kirche, Fürsten und geistlichen Neuerungskräften tritt die Nord-Süd-Achse als Richtung des Kräftepotentials. Der Süden entwickelt eine Dauerfeindschaft und Dauerskepsis gegenüber dem Norden, der Norden eine Gier auf den Süden und die Verständnislosigkeit, daß selbst angemessener Freiheitsdrang zu Auflehnung und jede regionale oder gar nur lokale Regung zu einer Verletzung nationaler Interessen hochgespielt wird. Doch gegen diese verordnete Regungslosigkeit regt sich der Süden erst recht. Die Geschichte der Reformation ist eine Variation zu diesem Thema.

Der Reformation vorweggenommen wird schließlich auch das unglaubliche Phänomen des Märtyriums. Es ist erstaunlich, mit welcher Kraft und Klarheit gerade auch einfache Leute an ihrer Überzeugung festhalten und sich vom Machtapparat der Kirche nicht einschüchtern lassen. Zu Zeiten der Gewalt scheinen Menschen mit der Sicht dafür begabt zu werden, wie der Gewaltausübende sich selbst erniedrigt und entlarvt. Merkwürdig ist aber auch, daß das nicht nur einzelnen Menschen so geht, sondern daß eine Vielzahl von Menschen durch keine grausame Handlung abzuschrecken ist. Dabei wäre es doch in den meisten Fällen so einfach gewesen, durch ein Lippenbekenntnis aus der Schlinge herauszukommen. Aber schon im Languedoc des 13. Jahrhunderts ebenso wie in ganz Frankreich des 16. und 17. Jahrhunderts zeichnet sich diese Bereitschaft ab, dieser Ernst mit der Form, die das geistliche Leben annehmen soll, daß es sich bei ihnen nicht um Unsitten handelt, die man verbieten könnte. Doch hier wie dort sieht es die Gewalt nicht ein, daß solcherart tiefe Regungen im Menschengeschlecht sich nicht beseitigen lassen.

3. Die Waldenser

Die erste Frühkirche

Etwa zeitgleich mit den Katharern regte sich in Lyon eine neue Gruppe religiöser Menschen: Die Waldenser oder französisch Vaudois. Doch mit der gleichen Zeit – die einen werden gerade vernichtet, die anderen entstehen – und dem gesamten Klima – die katholische Kirche wird immer unflexibler und institutioneller – sind die Gemeinsamkeiten auch schon erschöpft.

Die Anfänge der Waldenser liegen nicht in fast mythischer Vorzeit, sondern können einem bestimmten Jahr wenn schon nicht der Gründung, so doch der Entstehung zugeordnet werden. Grund für ihr Entstehen ist keine neue Lehre, keine gedankliche Differenz zur christlichen Theologie, sondern lediglich ein persönlicher Glaubensgehorsam.

Zwischen 1170 und 1180, wahrscheinlich aber 1173, horcht der reiche Kaufmann Petrus Valdes (auch Vaudes; lat. Valdesius oder Valdensis) beim Lesen eines Wortes aus dem Evangelium nach Matthäus (19, 21) besonders auf: „Und willst du vollkommen sein, so verkaufe alles, was du hast und gib's den Armen so wirst du und dein Haus selig." Vielleicht kam es daher, daß Petrus sich volkssprachliche Bibelübersetzungen besorgt hatte, daß ihm dieser nicht eben neue Satz durch die Glieder fuhr. Er ließ ihn nicht mehr los, bis er ihn wortwörtlich zu erfüllen bereit war. Er verteilte je ein Viertel seines Vermögens an seine Frau, seine Töchter, an Freunde und an Arme. Dann lebte er in Armut und im Dienst an der Predigt.

Hätte er auch den 1. Brief des Apostels Paulus an Timotheus gelesen (Kap. 5, 8), so hätte er dort erfahren, daß es geistlich nicht richtig ist, die Familie zu verlassen. Aber wie eine alte Redeweise sagt, schreibt Gott auch auf krummen Linien gerade und segnete auch diesen Anfang eines kräftigen Impulses.

Daß Petrus ein orthodoxer Katholik war, wurde erst vor ein paar Jahren eindrücklich bestätigt, als man ein Glaubensdokument fand, das er im Jahre 1180 dem Legaten Henri de Macy ohne Zögern unterschrieb. Umso mehr muß verwundern, daß auch sein kirchentreues Leben den Unmut der katholischen Kirche hervorrief. Petrus selbst hat nichts Schriftliches hinterlassen, keine Regel verkündet, keine Leute um sich geschart, und mit erstaunlicher Konsistenz haben die Waldenser, die seinem Beispiel folgten, nie Legenden um ihn gerankt, wie es etwa die Franziskaner von Franziskus taten. Es wird nicht einmal ein Gelübde verlangt noch ein Oberhaupt ernannt, noch ein besonderer geistlicher Stand oder Einsiedlertum geschaffen. Diese scheinbare Formlosigkeit, die allein durch das Evangelium seine Form gewinnt, hat wahrscheinlich auf die katholische Kirche wie Chaos oder Anarchie gewirkt. Sie hat ja nicht einmal das höher organisierte Wesen der Reformierten begriffen. Petrus und die Waldenser blieben ja mitten im Leben und suchten vielmehr Kirchen und Häuser auf. Später beteiligten sie sich sogar an Predigten gegen die Katharer, und zwar aus Überzeugung, nicht nur, um sich bei den Kirchenfürsten lieb Kind zu machen. Sie hätten eigentlich die Kirche volkstümlich erhalten können, doch sie so zu begreifen, war die katholische Kirche bereits zu blind.

Petrus Valdes ebenso wie die Waldenser nach ihm wollen den christlichen Glauben weder verändern noch revolutionieren. Sie geben sich daher auch keinen Namen sondern nennen sich nur „societas", Gesellschaft. Trotz ihrer Harmlosigkeit ziehen sie den Zorn der Kirche schon bald auf sich. Zunächst billigt der Erzbischof Guichard mit Stirnrunzeln das neue Erweckungsgewächs. Das im besten Sinne evangelische Leben wäre auch nicht zum Anstoß geworden. Aber die waldensischen Laien beanspruchen das Recht auf Predigt für jeden Menschen, obwohl sie nicht einmal Zugang zu allen Schriften haben. Das konnte die Kirchenhierarchie nicht zulassen. Es widerspricht der

Lehre, und an der würde sie nicht rütteln wollen, weil die Predigt für Propaganda genutzt werden konnte.

Optimistisch reist Petrus 1179 nach Rom, wo das Dritte Laterankonzil stattfindet. Er stellt sich diese Versammlung vielleicht wie eine noble Kaufmannsgilde vor und will ihr erläutern, daß man an ihm keinen Anstoß zu nehmen brauchte, da er fest auf dem Boden der Bibel stehe. Wie Amos steht er da zwischen den Priestern, die die Wahrheit mit ihrer Berufung gepachtet zu haben meinen. Doch der englische Mönch Walter Map, der noch nichts vom fair play wußte, deckt im Gespräch die theologischen Schwachstellen des Valdes auf und gibt ihn der Lächerlichkeit preis. (Es sollte dem zum Katholizismus bekehrten John Kardinal Newman vorbehalten sein, den Gentleman als jemanden zu definieren, der nie jemanden in Verlegenheit bringt.) In die theologische Kerbe schlagen auch Alain de Lille, Professor in Montpellier, und Bernhard von Fontcaude, ein gelehrter Mönch. Für sie sind die Waldenser nichts weiter als geschwätzige Autodidakten, Ignoranten, soziale Faulenzer und hysterische Mädchen (da die Waldenser Frauen die Predigt ermöglichten). Doch die Waldenser lassen sich den strittigen Punkt, das Predigen, nicht verbieten, und so kommt es zur Feindschaft und zum Verbot: 1184 werden sie auf die Liste der verbotenen Bewegungen gesetzt, 1190 wegen Ketzerei verdammt (vom Bischof von Narbonne), und der Bischof von Toul will sie gerichtlich aburteilen lassen. Alfons von Aragon verjagt sie aus seinen Staaten. Also auch politisch werden sie sofort geächtet. Zu dieser scharfen Reaktion trugen die Katharer bei, vor denen man sich ängstigte, und der soeben erst gelungene Versuch des Papstes, Oberhand über den Kaiser zu gewinnen. So wurde aus der Waldenserbewegung trotz aller Orthodoxie und Harmlosigkeit eine Protest- und Reformbewegung. Da sie ohne Freunde in der angestammten Kirche waren, suchten sie später freilich gerne Anschluß an geistesverwandte Strömungen, an die Reformation.

Die Waldenser finden Unterstützung, wo die Kirche am

schwächsten ist, und das ist zu jener Zeit die Lombardei. Mailand galt als das Rom der Ketzer. Dort hatte sich schon früher als Patoria eine Volksbewegung gegen den politischen, verderbten Klerus gebildet, und Arnold von Brescia, dem Schüler Abaelards, war es gelungen, mit seinen Schülern das Machtbegehren der Kirche zu durchleuchten. Er warf als erster die Frage nach einer Trennung von Kirche und Staat auf. Dieser mehr gedanklichen Kritik gesellen sich nun die Waldenser zu, und es verstärkt sich so die Erneuerungsbewegung innerhalb der Kirche. Doch zeigt sich bald, daß die lombardischen Waldensergemeinden Autonomie gegenüber den „Ultramontanen" Lyoner Gemeinden entwickeln. Für die Lyoner war die Aussendungsrede Jesu Angelpunkt ihres Tuns, für die „Piedemontani" die christliche Urgemeinde. Die Lyoner neigten zum Wanderpredigertum und zur Ablehnung der Arbeit, die Lombarden zum Handwerkertum. Die Lyoner lehnen jegliche Führerperson ab, die Lombarden berufen Johannes von Ronco aus Piacenza zum Leiter auf Lebenszeit. Dadurch sieht Valdes die Ideale der ersten Stunde am deutlichsten verraten und bricht im Jahre 1205 mit den Lombarden. Doch nach seinem Tode sollte es dem theologischen Sprecher seiner Gruppe, Durand von Huesca und Bernhard Prim vergönnt werden, einen Orden der „Katholischen Armen" zu gründen. Zu dieser Reintegration hatte Franz von Assisi nicht wenig beigetragen, der ähnliches wie die Waldenser forderte, doch formal im Herzen der Kirche blieb. Die nervöse Kirche aber unterscheidet die Katharer nicht allzusehr von den Waldensern und verfolgt darum beide. Sie konnte dadurch die Entwicklung nicht mehr aufhalten oder abwenden, daß das Volk sich immer weniger als Gemeinde verstehen durfte sondern zu Statisten oder Untertanen des Klerus absank.

Ein Brief aus dem Jahre 1218 aus Bergamo an deutsche Gemeinden vermittelt einen Eindruck davon, wie die verfolgte Waldensergemeinde überlebt. Je sechs Vertreter der Lyoner und der lombardischen Richtung beschließen, zusammen zu bleiben und die eschatologische (Lyoner) mit der realistischen (Lombardischen) als Ergänzung im selben Glauben zu betrachten. Die Lombarden fahren allerdings fort, sich zu organisieren und damit den Weg zu eigenen Gemeinden zu beschreiten. Im Kampf gegen den Klerus betrachteten die Städte die Dissidentengruppen als flankierende Kraft. 1221 weigert sich Genua, 1233 Piacenza, antihäretische Gesetze zu erlassen. Mailand erlaubt den Waldensern, ihr Versammlungsgebäude (schola) zu errichten. Der Edelmann Ezzelino da Romano aus Venetien ignoriert gar eine Exkommunikation wegen seiner Sympathie für Kritiker. Die goldene Zeit der Waldenser ist angebrochen. Doch die umfassende Reform gelingt dem etwa 30 Jahre jüngeren „Sohn" des Petrus Valdes, Franziskus, die man dem Lyoner verweigert.

Doch auch die Gegenbewegung formiert sich. Der Edelmann Salvo Burce aus Piacenza schreibt den ersten italienischen Traktat gegen die Waldenser. Dem schließen sich Rainer Sacconi, Moneta, Peter von Verona, Anselm von Alexandria an – die meisten sind bekehrte Katharermönche und daher umso energischer katholisch. Schließlich greift auch hier die Inquisition, als der Languedoc beruhigt ist, und lenkt die Dominikaner und Franziskaner auf die Waldenser.

Während sich aber die lombardischen Geschwister immer besser organisieren, beginnen sie auch eine erste theologische Reflexion, zumal sie sich gegenüber der aggressiven Amtskirche legitimieren möchten; denn sie fühlen sich nicht als Häretiker, zu denen sie abgestempelt werden. Doch in Italien ist ihre Heimat nicht mehr, sie fliehen in die Alpen, nach Deutschland, Frankreich, Süditalien. Von da an ist ihnen auch klar, daß sie, obwohl sie sich als die eigentlich gläubigen Katholiken fühlen, nicht in der Kirche bleiben können. Die Kirche begeht in ihren Augen Verrat, sie hingegen vertreten das echte Zeugnis. Da sie sich in ihrem Selbstverständnis nicht darüber hinaus definieren, bleibt ihnen auch jede Arroganz und jeder Fanatismus fern.

Nördlich der Alpen dringen die Lyoner über das Elsaß, die Lombarden über die Paßstraßen vor. Im insgeheim papstfeindlichen kaiserlichen Deutschland finden sie großzügig Aufnahme. Im Donautal gibt es um 1266 etwa 40 Waldensergruppen, ihr Bischof residiert in Anzbach in Österreich. Doch die Inquisition ist ihnen auch dort Ende des 13. Jahrhunderts auf den Fersen. 1380 wirkt sie in Bayern, 1392 in Brandenburg und Stettin, wo ein Prozeß über 400 Verdächtige abgehalten wird. 1397 ist die Inquisition in Bamberg, 1403 in der Slowakei. In Bern und Freiburg in der Schweiz werden sie zum Abschwören gezwungen, überwiegend handelt es sich um Bauern, daneben um Kaufleute. Als Kurzwarenhändler schleichen sie sich in fremde Städte und beginnen dann allmählich eine Freiluftversammlung, indem sie von Perlen, die sie zu verkaufen hätten, auf die „eine köstliche Perle" des Glaubens zu sprechen kommen. Trotz des geheimen, namenlosen Umganges als Wanderprediger genießen sie doch hohes Ansehen in der Bevölkerung, nicht zuletzt, weil ihre Beichtabnahme glaubwürdig ist. Beichten vor Waldensern erscheint in allen Inquisitionsprotokollen sowohl als Bekenntnis wie auch als Vorwurf durch ihre Verfolger. Daneben scheint Flandern ein richtiges Waldenserzentrum gewesen zu sein, doch kommt es dort zu Vermischungen. So wurde auch Jeanne d'Arc wegen „valdesia" verurteilt.

Zum eigentlichen Zentrum aber gedeihen die Täler südlich des Monteginevro beiderseits der cottischen Alpen, wo sich Gemeinden aufgrund von missionarischer Aktivität gebildet hatten, also Teile der Dauphiné im Westen (Briançon) und die Gegend der Abtei Pinerolo auf dem Osthang. Die kirchlichen und weltlichen Zugehörigkeiten ging auf verschiedene Autoritätssitze zurück, während die Gegend im Handel eine Einheit bildete. Diese Lage mochten die Waldenser für sich genutzt haben.

Die Inquisition, die von Philippo von Acaia 1297 hierher gerufen wird, läßt auch nicht nach, als ab Mitte des 14. Jahrhunderts zwei Päpste (Rom und Avignon) einander befehdeten. Zu groß war die Versuchung, durch Ketzerurteile der Güter reicher Leute oder einer Waldensergemeinde habhaft zu werden. 1312 wird in Pinerolo eine „valdesia" verbrannt. Unter dem Franziskaner Francesco Borelli artet die Jagd auf Ketzer zu einer Besessenheit aus, und Papst Gregor muß gar um Spenden für die Gefangenen in den überquellenden Gefängnissen bitten. Nur der Dominikanerpater Vincenz Ferrer beschränkt sich auf Predigtmission ohne Gewaltmaßnahmen.

Bemerkbar ist in den Inquisitionsprotokollen zugleich ein Vordringen der flüchtigen Katharer und in geringerem Maße ihrer ketzerischen Theorien. Andererseits können die waldensischen Gemeinden nicht nur als Exoten oder gar Fremdkörper oder als Hirten überlebt haben, denn sie entfalten eine rege Schreibtätigkeit in einem provençalisch-waldensischen Dialekt. Diese Schriften überleben die Vernichtung, weil sie ab dem 17. Jahrhundert nach Genf, Dublin oder Cambridge in Sicherheit gebracht werden. Die kleinen, gut versteckbaren Büchlein in zierlicher Schrift enthalten biblische Bücher und Erbauungsschriften, die dazu anleiten wollen, ein christliches Leben zu führen. Besonders kennzeichnend ist die endzeitliche Begründung dieser Frömmigkeit, wie sie zum Beispiel aus dem „Nobla Leyczon" gleich am Anfang hervorgeht:

> Höret, Brüder, eine wichtige Botschaft:
> Wir müssen immer wachen und beten;
> denn die Welt ist ihrem baldigen Ende nahe.
> Wir müssen uns dafür einsetzen, gute Werke zu tun;
> denn die Welt ist an ihr Ende gekommen.

Ferner ist die Verweigerung des Schwörens wichtig. Das ist so zwar in der Bergpredigt geboten, doch in der mittelalterlichen Gesellschaft war der Eid eine wichtige Ordnungskraft, und wer ihn ablehnte, galt als jemand, der der Grundlage der Gesellschaft absagt. Wichtigstes Kirchenfest ist der Karfreitag, für den eine besondere Lithurgie geschaffen wird. Uns heutige beeindruckt, daß der 1451 verhörte Philipp Regis erwähnt, auch die Jungfrauenschaft sollten die Waldenser nicht glauben! Im südlichen Italien hingegen sahen die Könige von Anjou die Waldenser gerne, weil sie ein Gegengewicht zu den eingedrungenen Sarazenen brauchten.

Vom Alpenland zum Böhmerwald

Das Verhör des 15. Jahrhunderts deutet schon an, daß es Innozenz' III. Inquisition nicht fertigbrachte, die Waldenser auszurotten, so wie das in Südfrankreich mit den Katharern gelang, denn allmählich ergreift reformatorisches Denken und Hoffen nicht nur das Volk, sondern die Gelehrten selbst, allen voran John Wyclif und Johann Hus, seinen Schüler. Reformation wird europaweit zu einem untergründigen Bedürfnis und Schaffen. Die Hussiten und späteren Böhmischen Brüder treten zum ersten Male als Christen dem päpstlichen Heer entgegen. Mit ihnen verbindet sich die Waldenserbewegung. Auf dem Konzil zu Basel verteidigt der Taborit Prokop der Große als Militär die „Ketzer" vor den Bischöfen. Dabei vereinbaren Hussiten und Waldenser gar nicht einmal ein gemeinsames Programm. Doch umgekehrt sammelten die Waldenser der Dauphiné Unterschriften zur Unterstützung der Taboriten. (Nach dem Berg Tabor benannten sich die Böhmischen Brüder, die sich in ein Reformkloster im Böhmerwald zurückzogen, um von dort aus zu wirken.) Es ist atemberaubend zu erleben, wieviel demokratisches Bewußtsein der Person dem echten, gelebten Evangelium entspringt! Durch die Hussiten bekommen die waldensischen Laien nun auch ihre Gelehrten und die nötige theologische Grundlage. Ihre Schriften werden übersetzt und Bestandteil waldensischer Literatur. Ein Forscher spricht ob dieser Ergänzung von einer „waldensisch- hussitischen Internationale". Typische Figur ist der „Barbe" (Onkelchen), ein jetzt vollzeitlicher Wanderprediger ohne Amtsbefugnisse. Ihr Austausch in der Diaspora und ihre Nachrichtenübermittlung klappt so gut, daß die Inquisition sie nur selten erwischt, jedoch nie bei Abhalten ihrer geheimen Schulversammlungen.

Ein Opfer ist Friedrich Reiser, der von dem englischen Hussiten Peter Payne zur Übernahme eines Predigtamtes ermuntert wird. Friedrich reist zwischen Basel und Krakau und nimmt auch an der militärischen Expedition Prokops teil. Doch 1458 wird er in Straßburg verhaftet und stirbt auf dem Scheiterhaufen. Zwei Monate später wird sein Schüler Matthias Hagen in Brandenburg festgenommen, wenige Monate später Stephan von Basel. Der Barbe Martin, eigentlich Francesco von Girundino aus der Mark Ancona, wird 1492 verhaftet, als er das Chisonetal besucht. Vor seinem Tode kann er noch erzählen, wie er gereist ist und gepredigt hat, noch als junger Bursche zusammen mit seinem Vater. Der Tod dieses prominenten Barben markiert eine erneuerte Inquisitionswelle nach relativer Ruhe bis zum Tode Amadeus II. von Savoyen (ab 1450). Jakob von Buronzo läßt das ganze Lusernatal mit dem Interdikt belegen. Während der Inquisition durch Jakob Andrea von Aquapendente ab 1475 müssen sogar der Herzog und die Herzogin von Savoyen mit Drohungen eingreifen, weil die Grafen von Luserna zu waldenserfreundlich und der Inquisition nicht behilflich waren. Es läßt sich nicht verhehlen, daß Steuerinteressen der eigentliche Motor waren, nicht theologische Gründe. So kam es zum Aufstand, besonders im Angrognatal. Karl I. sieht nach einigen Tiefschlägen gegen sein Söldnerheer Verhandlungen als ratsam an. Zumal er beim Empfang der Waldenserdelegation in seinem Palaste zu Pinerolo erstaunt wahrnimmt, daß dies keine behaarten Teufel, sondern gesunde Bauern sind.

Schwieriger verläuft das Schicksal der Waldenser in der Dauphiné. Der von Innozenz VIII. angetriebene Kreuzzug artet in grausamste Piraterie aus. Die Waldenser des Pragelatotales verhandeln aktiv, doch vergeblich. Ihr „Glaubensbekenntnis" hinterläßt jedoch eines der bedeutendsten Schriftwerke des Waldensertums:

> Wir, die wahren Gläubigen des Chisonetales, bitten Euch, verehrte und edle Herren, Euch nicht von den Reden unserer Feinde täuschen zu lassen und uns nicht weiter zu verdammen, ohne von der Wahrheit Kenntnis genommen zu haben. Wir sind wirklich getreue und gehorsame Untertanen des Königs und wahrhaft gläubige Menschen. Die uns unser Gesetz lehren, zeichnen sich aus durch heiliges Leben und Lehre und sind imstande, auf einer Synode oder einem allgemeinen Konzil und aufgrund der Autorität des Alten und Neuen Testamentes zu beweisen, daß unser Glaubensverständnis genuin christlich ist, und daß wir es verdienen, gelobt und nicht verfolgt zu werden.
>
> Ihr behauptet, entschlossen zu sein, unsere Sekte und unsere Lebensgestaltung zu vernichten. Habt acht, daß Ihr dabei nicht Gott beleidigt und seinen Zorn heraufbeschwört und mit Eurer Überzeugung, Gott mit Eurem Vorgehen einen Dienst zu erweisen, statt dessen ein schweres Verbrechen begeht ähnlich jenem, dessen sich der heilige Paulus schuldig machte nach dem Bericht der Schrift.

1487 wird das Chisonetal eingenommen und geplündert. Einige unterwerfen sich, andere fliehen, erst in Prali werden die Truppen zum Rückzug gezwungen. Im Argentièretal bleiben die Waldenser gewaltlos und werden völlig aufgerieben. Wie ihre Gemeinden zu Beginn des 16. Jahrhunderts dort wiedererstehen konnten, bleibt ein Rätsel. 1517 berichtet der Turiner Bischof Claudius Seyssel, daß es immer noch Waldenser gebe. Sie sind sogar mit der Herausgabe von Werken auf Italienisch befaßt. Gegen die Wirkung ihrer kleinen Traktate wird der Mönch Cassini ausgesandt; denn die Buchdruckerkunst scheint allen reformatorischen Bewegungen zum Vorteil zu gereichen. Daneben muß man aber auch berücksichtigen, daß der Ausdruck „valdesia" für andere Dissidentengruppen gebraucht wurde, so wie aus den Katharern der „Ketzer" für den Häretiker im allgemeinen abgeleitet wurde.

Kontakte mit Genf in Mérindol

Die Begegnung mit den Reformierten geschieht durch zwei Schriftenkolporteure. Georg aus Kalabrien und Martin Gonin aus Angrogna sind als Lehrer-Schülerpaar unterwegs, Georg der Lehrer, Martin der Schüler. In Aigle im Wallis stoßen sie auf Guillaume Farel und gewinnen den Eindruck, daß es richtig wäre, sich ihm anzuschließen. Die Waldensersynode von Mérindol in der Provence ist nicht hellauf begeistert. Sie will genauer wissen, mit wem sie es zu tun haben würde und beauftragt die Barben Morel aus Freyssinieres und Masson aus Burgund zu Kontaktgesprächen. In Bern, Basel und Straßburg hören die Abgesandten von Reformatoren wie Oecolampad und Bucer jedoch nur freundliche Worte. Sie erkennen das zutiefst evangelische Wesen des Waldensertums. Die einzige Befürchtung der gelehrten und erfahrenen Reformatoren besteht darin, daß sie sich hin zu einer Sekte ähnlich wie den Wiedertäufern entwickelten. Sie empfehlen darum, das Wanderpredigertum, die scholae und die wörtliche Bibelinterpretation aufzugeben. Vielmehr sollten sie ihre Theologie vertiefen.

In Mérindol entsteht bei der nächsten Versammlung eine Uneinigkeit, in der sich drei Richtungen ausmachen lassen. Die Konservativen wollen alles beim alten lassen und alleine bleiben. Eine erneuerungsfreundliche Richtung will sich mit der Reformation verbinden. Morel befürwortet die etwas distanziertere Form eines weiterreichenden Dialoges. Doch die Ereignisse vereiteln jede friedliche Entwicklung und eine Klärung in Ruhe.

Ab 1530 wird die Reformation unabwendbare Tatsache, haben doch nicht nur deutsche Fürsten sondern sogar Staaten (Schweden) die Reformation Luthers angenommen. Rom wird von kaiserlichen Truppen geplündert, die Türken stehen vor Wien. Da mußte Karl V. auf Frieden und Ausgleich bedacht sein. Bei der späteren Aufteilung der religiösen Weltmächte geraten die meisten Kolonien der Waldenser in die Klemme zwischen Kaiser, Frankreich und Rom. Herzog Karl III. von Savoyen schließt sich nach Italienerart mal dieser, mal jener Seite an, je nachdem, wo er besser fährt. Mal hetzt er Bersatore di Miradolo auf die Waldenser der Provence, mal schützt er sie per Edikt vor Belästigungen durch die Inquisition. Mal verkündet er, die Ketzerei vernichten zu wollen, dann läßt er den Genfer Predikanten Saulnier frei, den man in Savoyen verhaftet hatte. Doch 1529 muß er kaiserliche Farbe bekennen. Seine pflichtgemäßen Sanktionen rufen den Widerstand Berns hervor, und damit ist es um das Herzogtum Savoyen geschehen. Im Dezember 1530 muß Karl das Waadtland, Genf und weitere Gebiete abtreten und außerdem eine hohe Entschädigung bezahlen. Damit rückt die Reformation auf einen Schlag bis nach Genf vor, und die Berner dokumentieren das auch mit 20 Kanonen und 2 000 Mann Besatzung. So haben sich die Kräfte verschoben, als 1532 die Waldenser in Chanforan zusammentreffen.

Die Union von Chanforan

Diese Synode hat sich nicht weniger vorgenommen als die Kirche zu reformieren. Sie findet nicht insgeheim sondern in aller Öffentlichkeit statt. Eine Welt trennt diese Synode vom Treffen in Mérindol, doch liegen nur fünf Jahre zwischen ihnen. Gonin, der Befürworter einer Union mit der Reformation in Genf, wird an der Spitze dieser Synode vermutet; denn Saunier und Farel sind eingeladen. Sie beschließt, Taufe und Abendmahl als Sakramente anzunehmen, bekräftigt die Bedeutung der heiligen Schrift, beschränkt die Aufgabe der Barben auf die örtliche Gemeinde und denkt über das Verhältnis zur Welt und zu weltlichen Ämtern nach. Die Waldenser treten nun in offensichtlichen Gegensatz zum alten Anliegen, gute Katholiken zu bleiben. Dahinter ist wohl Farels Betreiben zu vermuten. Festgelegt werden einige antikatholische Standpunkte wie Ablehnung der Beichte, des Fastens, der Sonntagsheiligung, Betonung der Prädestination. Beschlossen wird auch, 1 500 Scudi bereitzustellen, damit die Bibel ins Französische übersetzt und gedruckt werden kann; denn das provenzalische Waldensisch ist auf zu engen Raum begrenzt. Den Auftrag erhält Peter Robert, genannt Olivetanus, ein Verwandter Calvins. Dieser steuerte denn auch ein Vorwort zu der waldensischen Arbeit bei. In monatelanger Arbeit wird der Auftrag fertiggestellt, und 1535 liegt die erste reformierte Bibel in Neuchâtel vor.

Die Standortbestimmung der Waldenser war damit aber noch nicht erreicht. Die Richtung, die eine Integration in die Kirche Farels und Calvins befürwortete, hatte unter dem persönlichen Eindruck, den Farel hinterließ, noch nicht die Oberhand gewonnenn. Die Konservativen wollten nicht einfach der mehrheitlichen Stimmung nachgeben. Zu einem Schiedsurteil entsandten sie zwei Barben zu den alten Freunden in Mloda Boleslav, dem Sitz der hussitischen Brüderunität. Von dort aus werden sie zu nicht zu schnellem Nachgeben gegenüber Extremen ermahnt, damit das würdige väterliche Erbe nicht übereilt aufgegeben werde. Auf der Versammlung in Prali zwei Jahre später aber werden die alten Entscheidungen und so auch die für Integration wie in Chanforan vorbeschlossen festgeschrieben, ein neues Kapitel der Waldensergeschichte ist fortan zu schreiben.

Gleichwohl bedeutete das nicht die Integration in eine bestehende Kirche im heutigen Sinne, denn es gab noch keine eigentlichen evangelischen Kirchen. Alle hofften immer noch auf ein klärendes, großes Konzil. Es ging damals lediglich um die Vereinigung zweier Kräfteströme zu einer Bewegung im besten und tiefsten Sinne des Wortes. Das bedeutete gleichzeitig, die Versammlungen von Chanforan hegten den Optimismus, die Reformation werde sich noch weiter nach Süden verbreiten, und darum nahm man auch in dieser Zuversicht den von Farel geprägten Modus vivendi an. Als das Herzogtum Savoyen 1536 durch Einmarsch französischer Truppen endgültig zusammenbrach, schien sich diese Hoffnung zu bestätigen; denn in der ganzen Ebene bis nach Turin ergriff die Reformation nun Bauern, Handwerker, Kaufleute, Adelige und Kleriker, obwohl das Gericht von Turin einzelne Menschen verurteilte. Darunter fiel Pinerolio, der in Genf Calvins Werke herausgab. Doch zu mehr als einzelnen Verbannungen war das Gericht nicht fähig, weil die von den Franzosen angeworbenen Heere im Piemont viele deutsche oder Schweizer Lutheraner enthielten. Mitunter wurde ein vom Parlament Verurteilter vom Militärgouverneur wieder freigelassen. Besonders gut ging es den Waldensern unter dem Kommandanten Gauchier Farel, dem Bruder Guillaumes. Über die religiösen Strukturen hinaus griffen die Nachfolger des Petrus Valdes hier und da auch feudale Strukturen an: Am 6. Januar 1549 zerstörten Bauern und Soldaten die Schlösser von Bobbio und Bricherasio. So bedeutsam war ihr Gewicht auf katholischem Boden, daß, als Franz II. die Reformation in seinen Landen vernichten wollte, Theodor de Bèze von Genf aus die Diplomatie in Bewegung setzte und eine Intervention der deutschen Fürsten bewirkte. Nirgends wird deutlicher als hier, daß die Waldenser schon zu dieser Zeit eine Gruppe von europäischem Range sind; und es wird deutlich, was Farel erreicht hat: Die Waldenser sind nun auch an Genf als den Mittelpunkt der protestantischen Internationale gebunden. Jedoch profitieren sie auch von Genf als Bildungsstätte, zu der die Stadt seit Calvins Rückkehr geworden ist. Die italienischen Waldenser beziehen aus Genf ganze „Compagnien" von Pfarrern.

So wird das Jahr 1555 zu einer reformatorischen Großoffensive, während derer sogar evangelische Gotteshäuser gebaut werden. Wenn die vorhandene Kirche sich gegen

Neuerung sperrt, dann muß man eben „dresser l'église", eine Kirche errichten. Unterdrückung durch Parlamente in Grenoble und Turin bleiben insgesamt wirkungslos, jedoch nicht für einzelne Märtyrer. Der bedeutendste Prediger und Führer der Waldenser, Martin Gonin, wurde 1536 in Grenoble verhaftet, da er mit Bibeln und Büchern unterwegs erwischt wurde. Der Kolporteur (das Wort wurde in dieser Zeit von den waldensischen Christen geprägt) wurde verurteilt und in der Isère ertränkt. Fünf weitere Pastoren werden ein paar Jahre später gefaßt und in Chambéry verbrannt. Bartolomeo Hector, Gefährte Gonins, wird noch auf der Ostseite der Alpen gefaßt, in Turin erdrosselt und am 20. Juni 1557 auf dem Scheiterhaufen verbrannt. Ebenso verfährt man mit Nikolaus Sartoris in Aosta, obwohl er Berner Bürger ist. Am 29. März 1558 erdrosselt und verbrennt man in Turin Goffredo Varaglia. Er war als Franziskaner dazu ersehen worden, die Gegenreformation zu unterstützen. Beim Studium der reformierten Schriften bekehrte er sich zu den evangelischen Lehren. Als Begleiter des Nuntius auf dem Weg nach Paris, floh er unterwegs nach Genf. Doch während eines Predigtaufenthaltes in Dronero wird er erkannt und gefaßt.

Alles wendet sich, als im Frieden von Cateau-Cambrésis Spanien und Frankreich voneinander ablassen und dadurch Kräfte für die Verfolgung freigeben. Die spanische und erzkatholische Seite, mit Philipp II., Ignatius von Loyola und Pius IV. trägt den Sieg davon. Die Reformpartei des Erasmus verschwindet, als habe es sie nie gegeben. Auch Emanuel Philibert von Savoyen, nunmehr schlachterprobt, kann in sein Herzogtum zurückkehren.

Mérindol geht unter

Zu dieser Zeit war das quantitative und qualitative Zentrum der Waldenser in Mérindol im Hügelland des Lubéron, wo das Generalkapitel der Barben getagt hatte, bereits völlig ausgeschaltet. Jean de Roma, Prototyp eines Inquisitors, hatte dort sein Unwesen so weit getrieben, daß Calvin sich gleichzeitig mit Erasmus an den König wendet. Über Nacht wird Calvin dadurch berühmt, und wirklich gelingt es ihm, den Verfolgungen Einhalt zu gebieten. Doch nach kurzer Zeit kommt die katholische Partei auf die Idee, die Unterdrückung den Regionalparlamenten zu überlassen, und da tut sich Aix-en-Provence besonders hervor. 1540 erläßt es ein Edikt, das 19 Waldenser aus Mérindol zum Scheiterhaufen und Mérindol selbst zur Zerstörung verurteilt. Nun wendet sich Farel via Melanchton via deutsche Fürsten an den König Franz I., der dann auch, peinlich berührt, das Edikt aufhebt. Eine Untersuchung des Ministers du Bellay spricht in jedem Punkte zugunsten der Waldenser. Unter dem Druck der katholischen Seite setzt Franz das Schandedikt 1545 aber wieder in Kraft. Söldnerbanden verwüsten das ganze Land und legen die Dörfer in Schutt und Asche – natürlich erst, nachdem sie sich reichlich an allem bedient haben. Wer nicht noch fliehen kann, kommt als Sklave auf die Galeeren. Nicht ohne Grund wußte Michelangelo, wie er kurz darauf sein „Jüngstes Gericht" zu malen hatte.

Angeregt durch die Wirkung des Massakers in der Provence wird es kurz darauf in Kalabrien wiederholt. Zwar gelingt den Waldensern von Sisto in ihrer Verzweiflung, eine Strafexpedition samt Gouverneur zurückzuschlagen. Doch im Mai 1561 setzt der Klerus die südamerikaerfahrenen Fants und Verbrecher, die sich reinwaschen wollen, auf sie an. Am 6. Juni steht Sisto in Flammen samt seiner 6 000 Einwohner. Und so geht es weiter bis in den Norden, die Waldenser werden als lebende Fackeln verbrannt, in Tigerkäfige geworfen, als Sklaven an Mauren verkauft, und auf der Freitreppe von Montalto Uffogo werden 88 Waldensern die Kehlen durchgeschnitten. Nach der Vernichtung der Waldenser im Lubéran und in Kalabrien blieb nur das piemontesische Hauptgebiet zurück.

Der Herzog von Savoyen geht auf zweierlei Weise vor,

um nicht durch heftige Unterdrückung das Aufsehen des Auslandes zu erregen. Kleine Gruppen und Familien zerschlägt er, mit der großen Gemeinde im Lusernatal verhandelt er. In Ciabas kommt es gar zu einem öffentlichen Disput zwischen Waldensern und Jesuiten unter Vorsitz des Grafen von Luserna. Noch war ein solches Vorgehen angezeigt, da doch auch Königin Katharina von Frankreich sich wenig später beim Religionsgespräch in Poissy in großem Maßstabe auf den Dialog einläßt. Frankreich war dennoch nicht das Spanien Philipps II. Mag der Disput, auch ein geistiges Ergebnis zur Folge gehabt haben, politisch läßt er alles unverändert. Daher greift der Herzog am 13. September 1560 zur Gewalt und schickt eine Militärexpedition ins Lusernatal.

Während der ersten Scharmützel und Plünderungen vollzieht sich hier im kleinen etwas Typisches und im Großen Verhängnisvolles: das Volk der Gläubigen, das sich ohne jeden Schutz von außen, ohne einen Garanten sieht, versetzt sich in die Lage des Fürsten und seine Angst vor einer Ausweitung der Unruhe bis ins Unkontrollierbare und einer Mißbilligung durch den König, es klammert sich daher an die Vorstellung, der Herzog ließe es sich durch Gehorsamserklärungen und Beweise der Untertänigkeit beschwichtigen; denn er wolle den Kampf sicher nicht, sondern werde nur vom Papst und seinen bösen Gefolgsleuten dazu gedrängt. Hält doch auch ein zeitgenössischer Geschichtsschreiber fest:

> Wenige Tage darauf schrieben einige Prediger, weil sie den Beschluß der Leute im Luserna- und Angrognatal, sich nicht zu verteidigen, nicht für gut hielten, daß es dem Volk erlaubt sei, gegen die Gewalt ihrer Feinde in der äußersten Not zurückzuschlagen; dies geschehe zur Verteidigung einer heiligen gerechten Sache, zur Erhaltung der wahren Religion und zur Rettung ihres eigenen Lebens ... außerdem sei dieser Krieg vom Papst und seinen Anhängern und nicht

eigentlich vom Herzog angezettelt worden, der dazu nur von seinen bösen Geistern gezwungen worden sei.

Nicht anders verhielt sich das Volk der Reformierten später gegenüber dem König von Frankreich – gleichfalls in völliger Verkennung der Macht und der Angst mit ihren Motiven. Hier aber trennen sich auch die Waldenser sowohl von ihrer traditionellen Gewaltlosigkeit als auch von der Gehorsamsethik der Reformierten, der sie sich verbunden wußten. Daher kam auch prompt Kritik aus Genf. Tragisch ist, daß nun auch aus Waldensermunde zu hören war, es müsse die Wahrheit, nicht das eigene Recht, verteidigt werden. Auch wenn das stimmte, war es vom Wesen her doch kein anderes Argument als das für die Kreuzzüge. Erstaunlich ist, daß die Aufforderung zum Widerstande ihre Wirkung verfehlte und die meisten Gläubigen der Gewaltlosigkeit treu blieben, auch wenn es nur um Verteidigung, nicht um Rebellion ging. Theologisch argumentiert man, daß es um eine Sache von Christen, nicht zwischen Untertanen und Souverän ging. Doch das war ja gerade der neuralgische Punkt, der die Souveräne gegen jedes Vernunftargument unzugänglich machte: Sie hatten sich an Untertänigkeit der Gläubigen auch in Glaubensdingen gewöhnt und konnten diese Freiheit nicht zugeben, ohne ihre ganze Herrschaft bedroht zu sehen.

Trennung von Genf

An diesem Problem geht die Entwicklung auch weiter; denn ein Zufall kommt den Waldensern zu Hilfe: Franz II. stirbt, Königin Katharina von Medici zieht vorläufige Verhandlungen vor. Das nutzen die Reformierten des Pragelato- und Lusernatales, indem sie sich in Podio oberhalb Bobbios treffen und ein Dokument, den Schwur von Podio, ratifizieren. Sie sagen sich darin von der reformierten Gesamtheit los und übernehmen selbst die Verantwortung für ihre nachfolgenden Unternehmen, nämlich eine militärische Aktion zur Verteidigung ihres Rechtes auf eine Kirchenreform. Zum ersten Male in Europa fassen Bauern den Entschluß, aus Religionsgründen die Vormundschaft durch ihren Souverän abzuschütteln! Die geländekundigen Waldenser besiegen die Soldatesken des Herrn Costa della Trinità fast mühelos. Ihr Glaube verbietet ihnen jede Repressalie, Plünderung und unnötige Gewalttat, was seltsamerweise die Rationalität ihrer militärischen Vorgehensweise erhöht. Dieser Erfolg wird die Waldenser umso mehr bestärkt haben, als sie, im Alten Testament ebenso belesen wie die Reformierten, sich im selben Kampfe wie das alte Israel begriffen sehen: Propheten gegen eigennützigen Klerus, Kampf gegen Götzenverehrung, gläubige Könige gegen ungläubige, David gegen Goliath, Gideons Hirten gegen die Midianiter. Der Herzog von Savoyen hingegen hält eine Militärexpedition taktisch und wirtschaftlich wegen ein paar Käsereien nicht für sinnvoll und sucht den Feind langsam zu ersticken. Am 5. Juni 1561 erkennt er deshalb in Cavour das Friedensdokument der waldensischen Delegation an. Er verzichtet auf Schadenersatz und erkennt Privilegien der Waldenser an, darunter den öffentlichen Gottesdienst:

> Im Namen der Waldensergemeinden in den Alpen, im Dauphiné und in Piemont, die seit eh und je zusammengehört haben und deren Vertreter wir sind, versprechen wir mit der Hand auf der Bibel und vor dem Angesicht Gottes, daß unsere Täler sich in Glaubensfragen tatkräftig gegenseitig unterstützen wollen, ohne dabei den Gehorsam gegenüber den legitimen eigenen Souveränen zu verletzen.
>
> Wir versprechen, uns an die Bibel zu halten, ohne sie anzutasten oder mit anderen Lehren zu vermengen. Solche Treue zu Gottes Wort ist in der wahren apostolischen Kirche immer selbstverständlich gewesen. Wir werden bei der heiligen Religion bleiben, auch wenn

wir unser eigenes Leben in Gefahr bringen, damit wir unseren Kindern die Kirche rein und unangetastet hinterlassen, wie wir sie von unseren Vätern übernommen haben.

Wir versprechen unseren verfolgten Brüdern Unterstützung und Hilfe. Unsere Sorge gilt nicht unseren privaten Interessen sondern der gemeinsamen Sache, und das ohne Ansehen der Person, nur im Aufblick zu Gott.

Die kecken Bauern haben damit wieder ein europäisches Unikat geschaffen: Erstmals wird der Grundsatz cuius regio, eius religio durchbrochen, revolutionär aber ist, daß ein Souverän mit Untergebenen einen Pakt abschließt. Der Herzog erscheint aus diesem Grunde, da er nicht mit seinesgleichen verhandelt, nicht in Person, doch die Unterschrift des Abgesandten, Fürst Racconigi, ist bindend. Die römische Kurie und das katholische Europa protestieren lebhaft, die gleiche formaljuristische Schwierigkeit schwebt auch über dem 37 Jahre später gegebenen Edikt von Nantes. Die Gegenseite dieses Bravourstückes und der Gegensatz zu Chanforan ist, daß es die waldensischen Gemeinden von der reformierten Welt trennt und in die Defensive verschließt. Sie sind nicht mehr Diaspora sondern Brückenkopf, sind Front an der Gegenreformation. Der Piemont steigt aus dem großen Strom der umfassenden Reformationsbewegung aus und ersteht als waldensische Gemeinde wieder neu.

Nach dem Tode Calvins

Im Jahre 1564 verliert die Reformation im südlichen Europa durch den Tod Calvins ihr Haupt. Die auf dem Konzil zu Triest beschlossene Stärkung der katholischen Kirche führt zu siegreichen Expeditionen wie der Seeschlacht gegen die Türken bei Lepanto oder gegen die Reformierten in der

Bartholomäusnacht, aber die Armada gegen England geht jämmerlich unter. Die Waldenser im französisch besetzten Piemont genießen dennoch eine Zeit der Ruhe, da das Wirken des genialen Feldherren der Hugenotten in der Dauphiné, Baron Lesdiguières, auch im angrenzenden Savoyen für Ruhe sorgt. Das Edikt von Nantes besiegelt darum auch diesen status quo. Nur die nichtinquisitorischen Maßnahmen nehmen zu, nämlich die Aktivitäten der Mönche durch Predigtdienste, Schulen, Seminare und Schreiben von Büchern und Polemiken. In vielen Orten kommt es zu Redeschlachten zwischen Gegenreformatoren und Waldenserpredigern. Fast amüsant mutet der Fall von San Germano an. Dort fragt eines Sonntags der reformierte Pastor den Priester nach der Messe, was die Bedeutung der Riten sei, die er eben vollzogen habe. Der Priester kann keine Auskunft geben. Da beginnt der Pastor eine Predigt, die Bevölkerung stellt sich auf seine Seite, und der katholische Gottesdienst muß in San Germano aufgegeben werden.

Mittlerweile wird die wirtschaftliche Isolierung der armen Bergtäler nach dem Vertrag von Podio spürbar. Daraus resultiert eine Spaltung der Waldenser in zwei Richtungen, was ihre politische Zukunft angeht. Die einen wollen den Vertrag von Cavour noch ausbauen und schlagen aktive Propaganda vor. Die Aktivisten repräsentiert der Neapolitaner Scipione Lentolo, die Vorsichtigen der in Genf ausgebildete Franzose Stephan Noël. Die Aktivisten orientieren sich im Vorbild der nunmehr in Frankreich entstehenden hugenottischen Partei, in der sich die Vertreter der Gemeinden mit Persönlichkeiten des öffentlichen und politischen Lebens verbinden, und zwar in einer solchen Stärke, daß ganze Heere aufgestellt werden können. Typisch für die französisch-reformierten Gemeinden ist die Synode, in der außer den Pfarrern auch andere Leute aus dem reformierten Leben Sitz und Stimme bekommen. Die vorsichtige Waldenserpartei orientiert sich an Genf, wo die „ehrwürdige Gesellschaft" (vénérable compagnie) der

Pfarrer die Leitung hat, Älteste die Gemeinden beaufsichtigen und Diakone die politische Hilfe in der Gemeinde pflegen. Doch Genf ist eine Stadtrepublik, und sein Beispiel läßt sich nicht leicht übertragen. Wie entscheiden sich nun die Waldenser in den französischen Bergen auf italienischer Seite? Das Pragelato schließt sich an die hugenottische Dauphiné an und nimmt das französische Beispiel zum Vorbild. Die anderen Täler suchen Verbindung zu Genf und kehren auch wieder zu seiner Führungsrolle zurück, nehmen gleichzeitig aber französische Synodalstruktur für ihre Ortsgemeinde in Anspruch; möglicherweise war sie für die Diasporagemeinde angemessener. Die Genfer „ordonnances" dienen ihnen wiederum als richtungweisend. So bleiben das eigenständige volkstümliche Wachstum und die lehrmäßige Übereinstimmung für die Waldenser erhalten. Negativ ausgedrückt: Die Waldenser bekommen nicht die zentralisierte Organisation Genfs, noch die Bewegung des sozial-kulturellen Typs der Hugenotten. Sie bleiben eine freie Gemeinde von Gläubigen. Das führt die beiden Richtungen jedoch nicht in Zwist, sondern die in Pradio beschlossene Solidarität bleibt lebendig.

Ohne deutsche Rückendeckung

Als 1618 der Dreißigjährige Krieg ausbricht, verliert die protestantische Seite in Europa den Schutz des Druckes durch die deutschen Fürsten, die des öfteren für ihre Glaubensgenossen intervernierten, doch die Waldenser genießen hoch in ihrem Adlernest zwischen den Machtblöcken des ultrakonservativen Spanien und dem nationalistisch-eigensinnigen Frankreich noch eine Weile Ruhe. Frankreich gewinnt 1601 sogar noch die Markgrafschaft Saluzzo für Savoyen hinzu und 1631 erneut Pinerolo. Doch 1622 wird auch die Congregatio de propaganda fide gegründet, und davon ermuntert, treiben es die lokalen Parlamente oder Gouverneure zu einem Auf und Ab kleingeistiger

Schikanen und Verfolgungen. Besonders schlimme Razzien treibt Sebastian Grazioli, genannt Castrocaro, mit seinen „bravi", er vertrieb auch schließlich den Pastor von San Giovanni, Scipione Lentolo. Die Genfer berufen Antonio Léger aus Villaecca auf die holländische Gesandtschaft in Konstantinopel, daß er dort Verbindung zu anderen Mächten suche. Das gelingt ihm auch insbesondere in der Person des reform- und reformiertenfreundlichen Patriarchen der Ostkirche, Kyrillos Lukaris, doch dieser wird auf Anstiften der Jesuiten 1638 vom Sultan ermordet – wie es die Hohenpriester mit Pontius Pilatus taten!

Die waldensischen Gemeinden stimmen 1619 der Synode von Dordrecht zu, auf der die calvinistisch-radikale Seite die Prädestinationslehre aufrechterhält, während sich die milderen Arminianer nicht durchsetzen können. Wahrscheinlich sprechen die Waldenser aufgrund ihrer Verfolgungen diesem harten Kurs zu, doch diese theologische Radikalisierung ruft erst recht die Gegenreformation auf den Plan. „Uns gibt es seit Jahrhunderten", schleudert sie den Waldensern entgegen, „Ihr seid erst seit knapp hundert Jahren da!"

Dieses Argument fordert und fördert die waldensische Geschichtsschreibung. Der Pastor Perrin aus der Dauphiné schreibt eine „Histoire des Vaudois et des Albigeois" (!), die die reformierten Gemeinden drängend schon seit langem forderten, und Pietro Gilles führt sein Werk mit einer „Histoire ecclésiastique des Églises réformées autrefois appellés vaudoises" weiter. Diese herausragenden Werke ebenso wie viele weniger bekannte Versuche verfolgen den Zweck, dem verächtlichen Argument der Katholiken, die Waldenser seien kurzlebige Schismatiker, entgegenzutreten, sind also eigentlich Kampfschriften im Gewande einer Geschichtsschreibung. Sie unterstreichen den Gedanken und die Überzeugung aller Evangelischen: Das Ideal des reinen Evangeliums war in der römischen Kirche immer vorhanden, und die Waldenser sind nur einer von vielen Beweisen für die nie zu unterdrückende Wiederherstellung der wahren Kirche Christi. Auf einem der Schriftwerke, der „Lucerna Sacra" von Valerio Grosso, erscheint bezeichnenderweise und erstmals das waldensische Wappen, der Leuchter mit Flamme und sechs Sternen in einem Oval, dazu der Spruch: Lux lucet in tenebris – das Licht leuchtet in der Dunkelheit (ein Spruch, der den Albigensern wahrscheinlich zugesagt hätte).

Schwarzer Mantel der Pest

Die Lage der Waldenser ändert sich völlig durch ein anderes Ereignis: Im Jahre 1630 bricht die Pest aus. In kurzer Zeit sterben, laut Gilles, 9 000 Menschen. Die Dörfer verwildern ebenso wie die Sitten. Doch das trifft für das ganze Piemont zu, so daß an Liquidierung der Waldenser nicht zu denken ist. Als Pfarrer überleben nur Gilles und Valerio Grosso. Die Überlebenden bitten Genf um Hilfe. Das sollte die Gemeinden entscheidend prägen: Die neuen Pfarrer bilden die Gemeinden nach Genfer Muster um, da sie kein anderes kennen und die waldensische Tradition in den trauernden Rumpfgemeinden auch nicht erfüllen und schließlich wird aus der Not heraus das Französische die Sprache der Predigt, während vorher Zweisprachigkeit mit dem provenzalischen Patois und dem Italienischen gepflegt worden war. Gilles schreibt sogar seine Geschichte auf das Französische um. Als letztes italienisches Werk der Waldenser erscheint 1644 seine Ausgabe der „150 heiligen Psalmen". Doch durch das Französische behalten die Waldenser Anschluß an die europäische Kultur, deren Sprache das Französische ist und das Italienische der Renaissance ablöst.

Die Jahre zwischen 1655 und 1690 sind die dramatischsten der waldensischen Geschichte. Die Glorious Revolution in England und die Enthauptung Karls I. durch Cromwells protestantische Partei jagt über die europäische Fürstenhöfe Furcht und Schrecken so wie es viel später die Revolution erst wieder besorgt. Die Reformierten und ihr Wunsch nach Gedankenfreiheit gelten nun als noch gefährlicher.

Der Tod im Pragelato

In Savoyen regiert nach dem Tode Karl Emanuels I. seine Witwe Christina, eine Schwester Ludwigs XIII. und Schwägerin Karls I. Von ihr ist sicher keine Milde zu erwarten. Sie ist entschlossen, die Reformierten im Griff zu behalten. Den Gemeinden im Pragelato wird 1627-29 entgegen dem Edikt von Nantes der katholische Gottesdienst aufgezwungen; das geht nun wieder, denn der Schutzherr Lesdiguières ist nicht mehr Gouverneur der Dauphiné. Die katholischen Gotteshäuser werden zurückgegeben, der Zehnte wieder bezahlt. Die Gegenreformation macht sich den Wortlaut des Edikts von Nantes zunutze, daß „jenseits der Berge" der Gottesdienst nicht erlaubt sei. Zwar liegt das Piemont auf dem Osthang der Alpen, gehört aber zu Frankreich. In Händen von Unterdrückern wird Gesetz unterdrückt oder selbst zum Instrument der Unterdrückung. Die Waldenser allerdings sind schikanöse Erlasse und Scharmützel gewöhnt. Ihnen entgeht, daß das politische Klima ringsum anders geworen war. Als die herzoglichen Truppen in Stärke von 4 000 Mann anrücken, ist es schon zu spät. Aber die Haltung der Waldenser ist doch anders als bei den Kriegen um 1560, die mit Fasten und Beten vorbereitet worden waren. Jetzt ergreift die Waldenser ein Fatalismus wie vor einer Naturkatastrophe. Besondere Grausamkeit legen die irischen Flüchtlinge an den Tag, die aus ihrem Lande von Cromwell vertrieben worden waren. Ende April zieht das Militär zur Einquartierung in die Dörfer, und wie auf Kommando geht plötzlich ein Massaker los, es wird gefoltert und geplündert. Als die kläglichen Reste auf die Berge fliehen, steigen die Soldaten beutebeladen zu Tale, und der Kommandant, der Markgraf von Piacenza, hält eine Zeremonie, in der ein Kreuz aufgerichtet wird, für angemessen.

Der Alexander Newski der zerschlagenen Waldenser ist der Bauer Josua Gianavello. Ihm gelingt es, mit einer Handvoll Leute die herzoglichen Truppen verlustreich zurückzuschlagen. Eine winzige Gemeinde, in ihrer Einsamkeit fortan mit Prophetie begabt (ähnlich wie die Puritaner in Schottland), überlebt. Nun sagen sie sich auch völlig von einer Pflicht gegenüber dem Souverän los.

Aber den herzoglichen Truppen steht nach diesem Béziers von Savoyen noch eine Anzahl weiterer Städte und Täler bevor: Pianezza zieht ins Chisonetal, wo die Waldenser sich verzweifelt an den Gouverneur von Pinerolo wenden. Die meisten fliehen ins Pragelato oder nach Frankreich. Am 8. Mai unterwirft sich das Germanascatal, am 10. Mai Prali. Auf Léger, Gianavello und andere Führer wird ein Kopfgeld zwischen 200 und 600 Dukaten ausgesetzt. Im Turiner Dom läßt man in einem Schauprozeß 40 Waldenser mit ihrem Pastor „der verächtlichen Sekte Calvins" abschwören. Doch Pianezza hat, mit herzoglicher Billigung freilich, in Europa eine Lawine losgetreten.

Léger flüchtet am 23. April nach Paris und berichtet dort schriftlich, daß der waldensische Widerstand zusammengebrochen sei. Er bittet um Hilfe für die wehrlosen Zerstreuten. Die Reaktion folgt sofort: am 17. Mai berät der englische Staatsrat über die Waldenserfrage als einem geistlichen Ereignis. Die Massaker selbst werden wie Massaker an Heiligen besprochen, ja als Offenbarung des Antichrist. Das puritanische England unter Cromwell beginnt ein nationales Fasten, Prediger verbreiten in den Gemeinden, was geschah, und Milton widmet dem Ereignis ein Sonett. Die holländischen Drucker stellen in Windeseile eine Reportage mit Drucken und Stichen nach der anderen her. Europa schneidet die Savoyer, die sich vergeblich mühen, das Ereignis herunterzuspielen. England schickt am 25. Mai eine Protestnote an den Herzog und ruft alle protestantischen Staaten zur Intervention auf. Sir Samuel Morland, außerordentlicher Gesandter, verliest am Turiner Hof eine Rede Cromwells, die Milton verfaßt hat.

Das wirkt. Einerseits auf die Häuflein der Waldenser, die angesichts dieser Rückendeckung einen Partisanenkrieg beginnen und plündern, und selbst nach der schweren Verwundung Gianavellos und dem Tode Jahiers ziehen sie viele Freiwillige aus dem Pragelato und hugenottische Offiziere an, die teilweise sogar Kavallerie mitbringen. Am 26. Juli wird Torre Pellice erobert und sein Kloster in Brand gesteckt. Unter diesem doppelten Druck unterzeichnet der Herzog in Turin schließlich ein „Gnadenpatent", unterstreicht mit dieser Titelgebung also immer noch seinen Rang. Das geschieht unter Vermittlung des französischen Gesandten und dem Beisein von Schweizer und englischen Gesandten auf der Seite der Waldenser. Wiewohl in diesem Dokument der Vertrag von Cavour anerkannt wird, hat die ganze Aktion jedoch nicht einen Funken wirklicher Einsicht auf Seite der Souveräne bewirkt.

Durch diesen unerwarteten Ausgang des Feldzuges gegen die Waldenser bestätigt sich ein Kalkül, das die katholischen Fürsten manchmal zur Vorsicht gegenüber den Protestanten bewog, nämlich der Druck des protestantischen Auslandes. Doch leider besteht es nur aus Schweden, das gerade seine Großmachtzeit erlebte, und England. Deutschland fällt während des Dreißigjährigen Krieges ganz aus und auch noch einige Zeit danach. So ist auch nicht verwunderlich, daß das „Gnadenpatent" nur ein Waffenstillstand ist und die erregten Schutzländer beschwichtigen soll. Vierzehn Tage nach Vertragsschluß wird das Fort S. Maria begonnen und in Rekordzeit fertiggestellt, seine Kanonen beherrschen das ganze Pellicetal beherrschten. Gianavello hat diesen Fortgang zum Glück kommen sehen. Davon abgesehen werden einfach nicht alle Bedingungen erfüllt, seien es Kinder oder Ländereien, die man nicht zurückgibt. Deshalb greifen die Waldenser schließlich zum Widerstand und werden nun von den Feinden als Rebellen hingestellt. Das ferne Ausland kann das nicht gut prüfen, und so geraten die Waldenser allmählich in Isolation. Léger wird angeklagt, er habe das alles still geduldet und wird zum Tode verurteilt. Doch er flieht. Die kriegsmüde Bevölkerung gerät zu ihren Partisanen in Gegensatz: Gianavello und seine Leute werden aufgefordert, sich zurückzuziehen. Mit Hilfe von Schweizer Deputierten wird am 14. Februar 1664 ein neues Patent abgeschlossen, das die Amnestie erneuert, aber die „Gebannten" (die Partisanen) werden davon ausgenommen. Der Gottesdienst in San Giovanni wird verboten, und nach dem Vorbild der zunehmenden Verfolgung in Frankreich müssen die Synoden die Teilnahme eines herzoglichen Gesandten hinnehmen. Diese Technik wurde später auch auf die Hugenotten angewandt.

Diese scheinbare Harmlosigkeit bedeutete tatsächlich das Ende der Selbständigkeit in den waldensischen Gemeinden. Innerlich sind sie führerlos und resigniert. Im Kleinen haben sie das Drama des gesamten europäischen Protestantismus durchlebt. Auch auf Cromwells „Glorious Revolution" folgte die Rückkehr der katholischen Stuarts auf den Thron. Léger irrt durch Europa, Gianavello, der freie Bauer, führt eine Kneipe in Genf. Sollten diese auch ihre Heimat nie wiedersehen, so hinterließen sie doch zwei bedeutende waldensische Schriftstücke: In Leiden erschien 1669 Légers „Historie générale des églises évangéliques du Piemont", und Gianavello schrieb eine militärische Instruktion für den Widerstand seiner Glaubensgenossen.

Légers Werk ist durch seinen hohen Bildungsgrad und die große Sorgfalt in der Dokumentation gekennzeichnet. Es vertritt drei Argumente: Den evangelischen Charakter der Waldenser aufgrund des Alters (Apostolozität), die Einheit der Lehre und die erlittene Verfolgung. Gianavellos Fibel ist nur wenige Seiten stark und in schlechtem Französisch und Italienisch abgefaßt, doch steht es an Leuchtkraft des Glaubens Légers Werk nicht nach:

Nehmt auf keinen Fall Einquartierung (herzoglicher Truppen) bei euch auf, sonst seid ihr verloren. Die Massaker von 1655 sollen euch als warnendes Beispiel dienen. Solltet ihr unglücklicherweise angegriffen werden, verteidigt euch am ersten Tag, so gut es eben geht, ohne Offiziere, dann aber wendet alle Mühe auf, euch ordentlich zu organisieren. Wenn ihr es für richtig haltet, befolgt meinen Rat: Bildet zahlenmäßig kleine Abteilungen, zwanzig Mann je Kompanie mit einem Feldwebel, zwei Korporalen und einem Hauptmann. Ich bin der Meinung, es sollte bei uns keine Leutnants (= Adlige) geben, um nicht dem Beispiel der Großen dieser Welt zu folgen ... Bei der Verfolgung eines Feindes rückt immer in zwei Kolonnen vor, eine von vorne und eine in der Flanke, damit ihr nicht in einen Hinterhalt geratet, die Hauptleute sollten nicht das Leben der Soldaten aufs Spiel setzen sondern ihre Männer schonen, denn sie sind ein Teil der Gemeinde Gottes, die man erhalten muß, ... wenn ihr einen feindlichen Angriff zu gewärtigen habt, laßt eure Männer vor Tagesanbruch essen, daß sie Kraft haben für die Kämpfe. ... Die Feldschlangen sollen erfahrenen Händen anvertraut werden; denn bei ihrem richtigen Einsatz vermeidet ihr unnötiges Blutvergießen, damit Gottes Zorn nicht über euch kommt.

Nach dem Widerruf des Edikts von Nantes

Der Widerruf des Edikts von Nantes durch Ludwig XIV. im Jahre 1685 betrifft auch das Pragelatal. Alle Gotteshäuser bis auf drei werden abgerissen, da diese drei mittlerweile als katholische Gotteshäuser dienten. Da machen es die Waldenser wie ihre Glaubensgenossen aus Frankreich: Sie fliehen, insbesondere nach Hessen. Auch einige Pastoren ziehen mit. Nicht zu früh, denn auf Druck Ludwigs XIV., seines Onkels, muß Viktor Amadeus II. per Edikt vom

6. Januar 1686 alle Pastoren entfernen, alle Gottesdienste verbieten und alle Kinder katholisch taufen lassen. Das ist das Ende der reformierten Kirche dort.

Die Waldenser versuchen, ihre Loyalität zu beteuern, suchen aber gleichzeitig Hilfe im protestantischen Ausland. Einige wollen sich allerdings auch wieder bewaffnen. Noch während Delegierte aus Schweizer Kantonen zu vermitteln und insbesondere die Flucht zu ermöglichen suchen, die im Edikt von Fontainebleau nicht für die Allgemeinheit vorgesehen war, rückt Frankreich ein paar Bataillone nach Pinerolo vor und winkt dem savoyischen Herzogshof mit diesem Zaunpfahl zu, es solle die Frage rasch lösen oder Frankreich würde sie an sich reißen. Kurz bevor Frauen und Kinder den Ausschlag zur Flucht geben, tritt unvorbereitet Henri Arnaud auf den Plan. Er hatte in der Schweiz und in Holland studiert. Jetzt interveniert er leidenschaftlich und beschwört Bilder aus Vergangenheit und Zukunft, um das Volk zum Bleiben zu bewegen. Wahrscheinlich hat er in Prophetie gesprochen. Der bewaffnete Widerstand wird beschlossen.

Der Blitzkrieg der Franzosen gegen die Waldenser dauert nur drei Tage. Von einer Stunde zur anderen markieren mehr Brände das Vordringen der Dragoner. Am 3. Mai sucht der Notar Fornéron eine ehrenvolle Übergabe zu erreichen. Die Gefangenen stehen im Regen, während die Dragoner den letzten Bergwinkel durchkämmen und die, die sie noch erwischen, in die Abgründe werfen oder verstümmelt an Bäumen aufhängen.

Auch die letzte Bastion, Gran Guglia, fällt am 7. Mai. Damit ist das verwüstete Land rekatholisiert. Von den 14 000 Einwohnern vor dem Kriege sind 200 umgekommen, 8 500 sitzen in Kerkern, der Rest wird dem Glauben abgeschwört haben. Im Herbst ergeben sich auch die Partisanentruppen Gianavellos. Schweizer Vermittlung erwirkt ihnen das Recht zum Auswandern samt allen Angehörigen und sogar ihren Waffen, allerdings müssen sie Geiseln stellen, doch tatsächlich kommt auch das Kapitel der „Unbesiegbaren" damit zur Ruhe. Keiner herzoglichen Wiederansiedlungsmaßnahme gelingt es jedoch, das zum Denkmal verwüstete Tal wieder zum Erblühen zu bringen. Viele kassieren nur die Zuschüsse und machen sich dann wieder in freundlichere Gefilde von dannen. Nur eine kleine Anzahl lippenbekehrter katholischer Waldenser kehrt trotzig zurück.

Den Gefangenen ergeht es nicht besser. Sie werden entweder als Galeerensklaven verkauft – Venedig bietet ihrer 2 000 an! – von den 1 400 Gefangenen in Carmagnola sind nach ein paar Monaten ob der damaligen Gefängnisbedingungen nur noch 400 übrig; im Trino überleben von 100 Menschen nur 45! Als die Schweizer Kantone, insbesondere der Kanton Aargau durch seine Gesandten am Savoyischen Hofe, die Brüder Bernhard und Kaspar Muralt, endlich im Januar beim Herzog eine Ausreise der Gefangenen bewirken, haben diese sich erheblich dezemiert. Sie müssen nun aber in die nördlichsten Kantone der Schweiz, so weit wie möglich weg von Savoyen. Die Pastoren und die abschwörenden Waldenser werden in Turin als Geiseln gehalten und später in Vercellin angesiedelt. Mitten im Winter müssen die entkräfteten Freigesprochenen durch das Susatal über den Mont Cenis und durch Savoyen losmarschieren. Von den am 17. Januar 2 700 Aufgebrochenen kamen am 10. März 2 450 in Genf an. Manche waren gestorben, manche wurden von Schneestürmen überrascht, manche Kinder wurden geraubt, daß sie katholisch erzogen würden, obwohl die Schweizer Delegierten ein Auge darauf hatten, doch sie konnten nicht überall sein.

Die Genfer empfingen die Waldenser als protestantische Märtyrer: Bürgermeister und Pastoren an der Spitze, rissen sie sich fast darum, eine der elenden Gestalten zu sich aufzunehmen, während die piemontesische Reiterei – nicht zu verwechseln mit den französischen Dragonern – von den Genfern wütend angegriffen und geschmäht wurde. Nach 500jährigem Widerstand war die Geschichte der Waldenser damit vorerst zu Ende. Die Geiseln von Vercelli sterben in den dortigen Reisfeldern, die Kinder werden zu Hausdienern und Pagen gemacht.

Der Exilversuch

Bei aller Begeisterung für die Glaubensopfer hatten die Genfer nur ein Problem nicht lösen können, das der Unterbringung. Der Landtag von Aarau muß aktiv verhandeln. Schließlich erklären sich Württemberg und die Pfalz zur Aufnahme bereit. Aber noch im Herbst 1688 werden die Waldenser aus ungeklärter Ursache aus Württemberg vertrieben, und die Pfalz müssen sie wegen der dortigen Verwicklung Frankreichs in den Erbfolgekrieg verlassen. Da müssen sie schon nach Brandenburg ausweichen und kommen zu etwa 1 000 in die Stadt Stendhal, wo sie ähnlich wie die Hugenotten Kolonien bilden. Oder sie integrieren sich gleich in hugenottische Standorte.

Doch zeigt sich hier ein fundamentaler Unterschied zu den hugenottischen Exilanten und die Bedeutung der sozialen Herkunft: Während die stadtbürgerlichen Hugenotten überall weben oder Strümpfe wirken können oder Französischunterricht erteilen, kann ein Bauer aus dem Pragelato aber nicht ohne weiteres der preußischen Streusandbüchse die gewohnten Südfrüchte entlocken. Schon 1687 versuchten deshalb einige die Rückkehr, doch die Versuche mißlingen. Der Wunsch zur Rückkehr war auch deshalb so stark, weil das ganze protestantische Europa hoffte, daß die gottverachtende Bestie von Versailles doch endlich zugrundegehen müsse. Die Thronbesteigung Wilhelms von Nassau-Oranien in London gab auch Hoffnung. In der Tat bewerkstelligte dieser Fürst unter strengster Geheimhaltung eine militärische Intervention, absolut verborgen laufen die Vorbereitungen ab, bis Mitte August 1688 ein Korps von Tausend Mann, davon 600 Waldenser, vom Genfer See aus aufbricht.

Ausgangspunkt ist Prangins am Genfer See. In Yvoire auf dem Südufer gehen sie wieder an Land, die 200 Kilometer Landstrecke legen sie in Gewaltmärschen zurück. Unterwegs nimmt die Truppe aus allen Dörfern Geiseln. Übermüdete oder Verwundete werden am Wegrande zurückgelassen. Auf dem ungewöhnlichen Wege und ob des Überraschungscoups entkommt die Schar den savoyardischen Truppen. Den einzigen Zusammenstoß bei Salbertrand vom 2. auf den 3. September verlassen sie mit Verlusten, aber siegreich.

So kommen sie zum größten Teile stolz und frei in den angestammten Tälern wieder an. Henri Arnaud legt im Dankgottesdienst den 129 Psalm aus:

> Hilferuf des bedrängten Israel
> Ein Wallfahrtslied
> Sie haben mich oft bedrängt von meiner Jugend auf;
> aber sie haben mich nicht überwältigt.
> Die Pflüger haben auf meinem Rücken geackert
> und ihre Furchen langgezogen
> der Herr, der gerecht ist,
> hat der Gottlosen Stricke zerhauen.

Nicht Heimweh, so führt Arnaud aus, sei der Grund für diesen Coup gewesen, sondern daß die evangelische Predigt wieder im Piemont verkündet werde.

Catinat befiehlt die sofortige Liquidation der Waldenser, doch der Winter begünstigt den Guerillakrieg, so sehr er auch die 300 angekommenen Waldenser mit Hunger und Frost quält. Nur einem autoritären und stolzen Menschen wie Arnaud und seiner Hoffnung auf das oranische England-Holland, das sich nun im Aufstieg befand, und in dem er selbst ein ganz anderes Leben der Protestanten hat schauen dürfen, konnte es gelingen, mit seinen Predigten die Truppe vor dem Abgleiten zu einer Räuberbande zu bewahren.

Gegen 4 000 Dragoner mit ihren Kanonen im ganzen Tale hätten auch sie nicht mehr lange bestehen können. Vor Sonnenaufgang feiert das leidgeprüfte Häuflein seinen letzten Gottesdienst und singt laut schallend den Kampfpsalm der Hugenotten nach der Vertonung Goudimels:

Erhebet er sich unser Gott,
seht, wie verstummt der Feinde Rott,
und wie sie vor ihm fliehen!
Sein furchtbar majestätscher Blick
treibt, die ihn hassen, weit zurück,
zerstäubt all ihr Bemühen.
Wie Rauch verwehet, so verweh
der Schwarm, daß keiner feste steh!
Wer sich nicht will besinnen,
sich fort in Sünd und Lastern wälzt
muß, wie das Wachs beim Feuer schmelzt,
vor Gottes Blick zerrinnen.
(Deutsche Fassung nach Matthias Jorissen 1793.)

Dann krachen die Kanonen. Doch während die verzweifelten Waldenser auf die Biwakfeuer der Feinde stieren, kommt, als wär's zur Zeit des Alten Testamentes unter Mose, ein dichter Nebel auf – sie können über den rückwärtigen Bergkamm entfliehen! Dabei hatte der Kommandant de Feuquières schon die Gefangennahme nach Paris gemeldet.

Wenige Tage danach deutete sich eine Wende im bis dahin siegreichen katholisch-spanisch-französisch beherrschten Europa an und ein Vordringen des reformierten Europa unter der Ägide der Oranier; Viktor Amdadeus II. bricht sein Bündnis mit Frankreich und verbündet sich mit England und Österreich! Damit sind die Waldenser vollständig gerettet. Aus den Kerkern kommen die letzten überlebenden Gefangenen und Pastoren, die Verbannten kehren aus der Schweiz und aus Deutschland zurück. Um die Vorhut der dreihundert Wagemutigen schließt sich die alte Gemeinde zusammen.

Damit beginnt die zweite Geschichte der Waldenser im Piemont – nicht ohne schwere Leiden, doch bis zum heutigen Tage fortdauernd. Unter dem Schutze der englischen Allianz, teilweise vertreten durch englische Hugenotten, kommt es sogar wieder zu einer Synode von sechs Pastoren und 24 Ältesten. Der Herzog ist unter den neuen Vorzeichen natürlich auch gehalten, ein Toleranzedikt (1694) zu erlassen, doch erst 1848 sollten die Waldenser die volle zivile Freiheit erhalten.

Das nunmehr am oranischen England ausgerichtete Piemont bleibt doch im Guten wie im Schlechten an die Geschicke Frankreichs gebunden und sieht deswegen noch nicht die Morgenröte eines Endes der Unterdrückungsaktionen. Die von protestantischer Seite diktierten Edikte schützen die Waldenser nur in alten Gebieten, nicht in den französischen Territorien. Das nutzt der Herzog von Savoyen. Nachdem ihm der Frieden von Ryswyck (1697) über das Perosatal und Pinerolo die Herrschaft zugesprochen hat, ordnet er 1698 die Vertreibung aller französischen Untertanen an, die sich dorthin insbesondere nach dem Edikt von Fontainebleau geflüchtet hatten. 3 000 Waldenser mit ihren 13 Pastoren, darunter Henri Arnaud, sind wieder unterwegs, zunächst in die Schweiz, dann endgültig nach Deutschland.

Das zweite Exil

Die meisten bleiben in Württemberg – einerseits weil das ein baldiges Seßhaftwerden verspricht, andererseits, weil es immerhin noch näher an der Heimat ist als Brandenburg, und den Gedanken an die Heimat geben diese Flüchtlinge nie auf, was den Aufnahmeländern einige Strapazen bereitet. Dörfer bei Wiernsheim, Wurmberg, Dürrmenz, Maulbronn, Mühlacker und bis nach Heilbronn stammen aus dieser Gründungsphase und tragen mitunter bis heute noch französische Namen (Corres, Groß-Villars, Le Bourset, Perouse, Serres u.a.). Bei Mühlacker starb 1721 der unermüdliche Henri Arnaud, der die glimpfliche Ansiedlung mit ebensoviel Elan betrieb wie die glorreiche Rückkehr in das Piemont.

Das zweitgrößte Kontingent kommt nach Hessen, das schon 1686 Waldenser aufgenommen hatte. Das Einleben ist jedoch aus wirtschaftlichen Gründen nicht leicht, zumal das Klima einen ganz anderen Landbau bedingt. Die Waldenser ziehen ungeduldig nach Berlin weiter und von dort sogar bis nach Fredericia in Jütland, von wo aus sie wieder nach Hannover und weiter nach Hessen zurückkehren. Zu diesem Zeitpunkt, 1722, entstehen an der Oberweser die Kolonien Gewissensruh und Gottstreu.

Sowohl der Herzog von Württemberg als auch die Landgrafen von Hessen erlassen nach bewährtem preußischem Vorbild Toleranzpatente, die den Waldensern ebensoviele Zugeständnisse versprechen wie den Hugenotten: Eigene Synoden, Bildung von Pfarrern und Diakonen, freie Wahl von Pfarrern und Lehrern, eigene Gerichte, Zutritt zu allen Ämtern und Schulen, 10 Jahre Steuerfreiheit. Nur die lutherischen Pfarrer beargwöhnen die neuen Flüchtlinge, und Henri Arnauds ganze Diplomatie ist gefordert, den Weg zu breiterem Verständnis offenzuhalten. Im Jahre 1701 leitet er die erste Synode in Württemberg, während die in Hessen schon 1699 stattfand. Während es dort jedoch nur eine weitere gab, dauerten die württembergischen bis 1769 fort. Im Alltag pflegten die Waldenser ihr okzitanisches Patois, im Gottesdienst und in der Schule Französisch. Die Französische Revolution trennt die jungen Gemeinden von ihren englischen Geldquellen, so daß sie sich stärker zur deutschen Umgebung orientieren müssen, und nachdem ab 1808 deutschsprachige Personenstandsregister geführt werden müssen, integriert sich die waldensische Kirche allmählich in die lutherische.

Die Französische Revolution wirkt auch auf die piemontesischen Ghettogemeinden (Ghetto ist bezeichnenderweise ein italienisches Wort), die in jenem Gewaltmarsch in die alte Heimat gezogen waren. Sie arbeiten fleißig an der Wiederherstellung des verwüsteten und verwilderten Tales. Dabei kommt ihr kulturelles und ethisch-politisches Sendungsbewußtsein zum Erliegen. Die Religion sinkt unter Emanuel III. zu einer Personenstandsregisterangelegenheit herab, ist nicht mehr Bekenntnis. Die Synoden in Gegenwart eines königlichen Delegierten verzeichnen keine besonderen Beschlüsse, doch der Ideenaustausch mit London, Amsterdam oder Genf wird gepflegt. Insbesondere Albert Peyrot hält Kontakt zu Kindern und Enkeln von Livorno bis Edinburgh. Es herrscht kein Kampf- sondern ein Konfrontationsklima. Die Hochburgen der Reformierten unterstützen die Waldenser, der savoyische Hof betreibt daher, wie schon mehrfach in der Geschichte praktiziert, eine hinterhältige Salamitaktik der Verwaltung.

1730 setzt er sich mit einer Sammlung aller Edikte gegen die Waldenser ein juristisches Schandmal:

> Es bleibt den Religionsbekennern verboten, ihre Verstorbenen auf den Friedhöfen der Katholiken zu beerdigen. Es wird ihnen zugestanden, Friedhöfe an einem anderen Platz außerhalb der Gemarkung und von den öffentlichen Straßen aus nicht sichtbar und auf ihre Kosten anzulegen. Sie dürfen nicht mit Mauern, Zäunen oder in anderer Weise umgeben werden, es bleibt ihnen außerdem verboten, ihre Toten mit mehr als sechs Personen zu Grabe zu tragen, und zwar ohne Angriffs- und Verteidigungswaffen.
>
> Die Religionsbekenner dürfen außerhalb ihrer Grenzen mähen und pflügen gehen, dabei haben sie sich jeglicher Gespräche über Glaubensfragen zu enthalten.

In Holland wird ein wallonisches Hilfskomitee ins Leben gerufen, das finanzielle Unterstützung für die Waldenser sammeln soll. 1739 wird ein königliches Dekret zum Erwerb von Äckern für Katholiken erlassen. 1743 wird in Pinerolo ein Katechumänenhospiz eingeweiht, das der Mission dienen soll. 1748 folgt gar der Sitz eines Bistums nach Pinerolo, das wallonische Komitee pariert mit der Gründung einer Lateinschule.

Dann richtet endlich die Französische Revolution den Besen wieder anders herum, freudig begrüßt von Albert Peyran, der in sein Pfarramtsregister in Pramallo schreibt:

> Der Freiheitsbaum ist vor dem alten Gemeindehaus heute, Montag, den 27. Frimaire im 7. Jahr der Französischen Revolution und im 1. Jahr der Freiheit Piemonts gepflanzt worden. Gott wolle uns in seiner Gnade dieser wertvollen weltlichen und geistigen Freiheit für würdig befinden, welche unsere Väter als Märtyrer so sehnlich herbeigewünscht haben.

Katholiken und savoyisches Regime begreifen nur langsam, was da geschieht. Der waldensische Moderator Pietro Geynet wird im Nu in die provisorische Regierung in Turin geliftet. Als diese vor Russen und Österreichern fliehen muß, tragen die Einwohner des Tales von Bobbio verwundete Soldaten über die Grenze nach Frankreich.

Unter Napoleons Kaisertum verschwand das Ghettodasein als juristische und soziale Wirklichkeit endgültig. Das Katechumänenhospiz wird geschlossen, bei San Giovanni wird ein neues Gotteshaus gebaut, doch die waldensischen Kirchenstrukturen werden vom Kaiser ebenfalls außer Kraft gesetzt und durch allgemein-reformierte ersetzt, nämlich in Konsistorien unterteilt. Verwaiste Pfarren der Katholiken werden den Waldensern zugeschlagen. Außerdem erhalten sie ein Staatsstipendium als Ausgleich für die ausbleibenden englischen Gelder. Die Waldenser sind nunmehr citoyens (Bürger), und ihr Glaube ist nur noch eine individuelle Frage von geringer allgemeiner Bedeutung. Am Ende der 20 Jahre von 1795 bis 1815 überlegten die Milizionäre, ob sie sich nicht an die Dauphiné anschließen lassen sollten.

Doch das politische Wechselbad war noch nicht zu Ende. Nach dem savoyischen Ancien régime kam die Republik, dann die russische Besatzung, dann das Kaiserreich Napoleons, und dann wieder der alte savoyische Souverän, und zwar jetzt als König von Sardinien. Mit der Huldigung der Waldenser gegenüber dem aus dem Exil zurückgekehrten König von Sardinien kehrt das waldensische Piemont ins Vorgestern zurück. Ohne auch nur etwas gelernt zu haben, machen Adel und Kirche mit ihrem lächerlichen Komplott des Eigennutzes weiter: das Katechumänenhospiz wird wieder geöffnet, Schulen werden verboten, Bibeln zu drukken und zu verbreiten wird verboten, das neue Gotteshaus bleibt zwar stehen, muß aber durch einen Palisadenzaun vor den Blicken der Katholiken verborgen werden. Die Waldenser werden wieder zu Bekennern, und sie aktivieren flugs ihre internationalen Kontakte, um Hilfe zu bekommen.

Doch die Revolution hat ein anders günstiges Klima hinterlassen, und die einst jungen evangelischen Staaten sind nun in die Reife getreten. Sie lassen sich nicht mehr als Ketzerrepubliken ignorieren, sondern die katholischen Staaten und Königreiche müssen ihre Diplomatien anerkennen. In preußischen, holländischen und englischen Gesandtschaften oder Handelsmissionen entstehen mit reger Unterstützung durch die Botschafter nationale oder sogar gemischtnationale Gemeinden von Diplomaten in herzlicher Verbundenheit mit den Waldensern. Auch der aktive Bischof Andrea Charraz vermag den Piemont nicht mehr für den Katholizismus zu retten, nachdem nun ständig ausländische Beobachter über den Frieden der Waldenser wachen.

Durch die Berichte der Diplomaten und Kaufleute verbreitet sich in deren Heimatländern eine Art von Waldensermythos, der erst recht ausländische Gäste anlockt und die Lobby der Gläubigen aus den Tälern verstärkt. Vor allem Engländer strömen, fühlen sie sich doch überall auf der Welt zu Hause. So rührt William Allen die ganze Diplomatie in Verona auf, und dem Gesandten des Königreiches Sardinien geht es ähnlich wie Vertretern Südafrikas heute in der UNO. Zar Alexander, ein Freund Allens, geht mit dem Beispiel einer großen Geldsumme voran, die für den Bau des Krankenhauses in Torre Pellice bestimmt ist.

W. Stephen Gilly verfaßt einen Reisebericht, der die Aufmerksamkeit Georgs IV. weckt. Gilly bleibt fortan bei den Waldensern und organisiert und leitet den Aufbau einer wirklichen Infrastruktur einschließlich der Schulen, unter ihnen das Collegio, einem fernen Ableger englischer Internate. Gilly hat sehr wohl erkannt, daß Schulen für Fortschritt sorgen, und der sollte auch einst seine Früchte tragen. Als invalider General – er hatte in der Schlacht von Waterloo ein Bein verloren – hat er mit dem Durchsetzen seiner Vorschläge keine Probleme. Dabei begreift er auch, daß die Selbsthilfe der Waldenser nicht unterbunden werden sollte und hält sich deshalb so weit wie möglich zurück.

König Wilhelm II. von Preußen schafft 1822 zwei Stipendien für waldensische Studenten aus der königlichen Schatulle.

In diese Aufbauzeit fällt als religiöses Ereignis die Erweckungsmission Felix Neffs. Er betonte einerseits wieder das persönliche Glaubensleben, sorgte jedoch auch für den Aufbau von Schulen. Wegen seiner aufwiegelnden Predigten aber wurde er bald vertrieben und wirkte seitdem auf der anderen Seite der Berge, in der südlichen Dauphiné, weiter.

Das Jahr 1848 beschert Juden und Waldenser in der neuen Verfassung volle bürgerliche Freiheit, doch keine

Gewissensfreiheit. Religiöse Freiheit wird ausdrücklich ausgenommen:

> Neues wird jedoch nicht verfügt im Blick auf die Ausübung ihres Gottesdienstes und die von ihnen geleiteten Schulen.

Carlo Alberto, König von Sardinien, wird dennoch später populär, und die Schulkinder singen ein Lied von „Charles Albert et la liberté". Breite Zustimmung in der Bevölkerung hat diese Integration der Waldenser von oben gefördert. Erleichterung bedeutet nur, daß der aufgedrängte herzogliche Synodenvertreter von jetzt an ausbleibt. Dem Souverän genügte der erste (!) Artikel der Verfassung, welcher besagt: „Die katholische, apostolische und römische Religion ist Staatsreligion."

Als zehn Tage nach dem „Gnadenpatent" Carlo Albertos eine Delegation von Waldensern in Turin eintrifft, wird diese mit dem Jubelgeschrei „Es leben die Waldenser, nieder mit den Jesuiten!" empfangen. Der Blinddarm adeliger Souveränitätsansprüche auf die Religion sollte in Italien erst im 20. Jahrhundert entfernt werden.

Dank Gillys versinkt die geschundene Gemeinde jedoch nicht in Introversion oder Quietismus, sondern entscheidet sich für eine missionarische Existenz. „Ihr werdet missionarisch sein oder nichts!" ruft Gilly ihnen in einer Synode zu. In einer ganzen Reihe von Änderungen und Neuerungen zeigt die Waldensergemeinde, daß sie sich der Zukunft zugewandt hat: Der Katechismus wird neu gefaßt, ein Liederbuch ersetzt den alten Psalter und wird auch gleich vom neuen Verlagshaus, der Claudiana (nach einem Reformbischof Turins im 9. Jahrhundert benannt), hergestellt, eine theologische Fakultät wird in Torre Pellice ins Leben gerufen, die Waldenser lernen italienisch, und die Synoden werden aus den Gemeinden gewählt. Der Elan der ersten „Armen von Lyon" ist wieder da! Mit dieser Zuwendung zum Italienischen endet gleichzeitig auch die innige Verflechtung mit den Geschicken Frankreichs. Ab 1905 wird auch die französische Sprache aufgegeben. Erst als durch wachsende Bevölkerung und Verknappung von Arbeitsplätzen und Lebensmitteln auch Waldenser anderweitig ein Auskommen suchen müssen, kehren sich einige wieder Frankreich zu. Durch den Zuzug ihrer Familien kommt es in den Großstädten wie Marseille, Paris, Nizza und Genf zu kleinen Waldensergemeinden.

Die Waldenser im heutigen Italien

Seit 1979 befindet sich die Waldensergemeinde in einer Union mit den Methodisten und bildet mit diesen eine Synode, doch jede der Kirchen wahrt ihre Liturgie und ihren konfessionellen Charakter. Sie umfaßt mit den Stammgebieten im Piemont und den Großstadtgemeinden, den Abruzzen und Sizilien etwa 35 000 Mitglieder (0,7 % der italiensischen Bevölkerung). 83 Pfarrer betreuen etwa 100 Gemeinde, die um 700-800 Teilnehmer groß sind. Die „Intese", die der Ministerpräsident Bettino Craxi und der Moderator Giorgio Bouchard am 21. Februar 1984 unterschrieben, untersagt nun auch für die Reformierten jede staatliche Einflußnahme und Kontrolle der Kirche, entbindet von der Pflicht, am katholischen Religionsunterricht teilzunehmen und gibt ihnen das Recht, Religionsunterricht zu erteilen, gibt der Kirche Recht auf Besuch von Krankenhäusern und Gefängnissen, erkennt die evangelische Trauung an und sichert die finanzielle Unabhängigkeit vom Staat.

Ist die Waldenserkirche nun bestens integriert, so wie die Reformierten in Frankreich? Der Moderator Bouchard berichtet 1981 vom großen Erdbeben in Sizilien an die internationale Missionsgesellschaft CEVAA, deren Mitglied die Waldenser sind. Es zeigt sich, daß alle Hilfe gegenüber den Opfern nicht ausreichte, den religiösen Gegensatz zu überspielen:

Die lokale Mafia hat den Bauern zu verstehen gegeben, daß sie die Häuser, die die Protestanten ihnen geben werden, annehmen könnten, aber sobald diese weggegangen seien, würden die Häuser ihnen weggenommen. Der Bischof hat diesem Druck nicht widerstehen können, und jetzt müssen wir länger dort bleiben als wir meinten, um diese dunklen Machenschaften zu kontrollieren.

Es ist wie eh und je: Menschen, die sich mit ihrem Leben keinen Deut um die Religion scheren, bedienen sich ihrer jedoch gerne, um sie als hehres Ziel vor ihre engstirnigen Ziele und kleingeistigen Existenzsicherungen zu hängen. Ein Konkordat wie das zwischen den Faschisten und der Kirche im Jahre 1929 kann von daher nicht mehr verwundern. Keinem wird klar, daß dieses Paktieren von Welt und Kirche, das jeder für sich nutzen möchte, nur kurze Zeit einem dient – dann aber stellt sich immer wieder heraus, daß der andere dabei seine Entscheidungsfreiheit drangegeben hat – so wie hier der Bischof auf Sizilien.

Zugleich fällt ein Licht auf die Beschäftigung mit der Geschichte: Es ist nicht nur Geschichte.

4. Theologische Strömungen

Petrus Abaelard und Heloise – die Liebe und eine revolutionäre Ethik

... und was für andere Frauen oft Illusion ist, das war für mich wahr und verbürgt: Denn wie so manche nur vom eigenen Manne denken kann, dachte ich nicht alleine von dir, sondern auch die ganze übrige Welt, da sie dich kennt; und um so wahrhaftiger war meine Liebe zu dir, weil sie nicht von Illusionen genährt wurde.

> Welcher König, welcher Philosoph konnte sich wahrhaftig eine so großen Ansehens rühmen wie du? In welchem Land, welcher Stadt, welchem Dorf verlangte man nicht danach, dich zu sehen? ... Welche Frau, welches Mädchen sehnte sich nicht nach dir, wenn du fort warst, entbrannte nicht für dich, wenn du in ihre Nähe kamst? Welche Königin und welche hohe Dame hätte mich nicht um mein Glück, um das Lager meiner Liebe beneidet?

Mit diesen Worten beschreibt Heloise, die gelehrigste Schülerin des Scholastikers Petrus Abaelard, ihre jugendlichen und anhaltenden Gefühle für den etwa 20 Jahre älteren Gelehrten, den berühmtesten und gefürchtetsten seiner Zeit. Doch was sie da preisgibt, ist in der Tat keine Schwärmerei: Petrus Abaelard war abgesehen davon, daß er von etablierten Lehrern gefürchtet wurde, unter Studenten der beliebteste und gesuchteste Lehrer, und auch beim Laienvolk war er ob seiner Menschlichkeit beliebt. Sein Verhältnis zu Heloise führte zu einem bedeutenden und prägenden Geistesaustausch ebenso wie zu einem rührenden Schicksal, das in Frankreich noch lange nachwirkte.

Noch als der Schriftsteller und Erziehungsreformer Jean-Jacques Rousseau im 17. Jahrhundert einen Aufklärungsroman „Julie ou la nouvelle Heloise" (Julie oder die neue Heloise) überschrieb, wußte jedermann, auf welche „alte" Heloise als Vorbild er anspielte. Doch auch schon vor ihm diente das Gelehrtenpaar als Anreger und Vorbild für den Rosenroman (Roman de la Rose). Der Italiener Petrarca schrieb über den Briefwechsel, und der Brite Alexander Pope gab ihn als erster in England heraus – mit sensationellem Erfolg. Von der bedeutendsten Dichtung, die mit Abaelards Philosphie und Schicksal zu tun hat, dem „Tristan" Gottfrieds von Straßburg aus dem Anfang des 13. Jahrhunderts, wird noch eigens zu reden sein.

Petrus Abaelard (frz. Abélard oder Abeilhard) wurde im Jahre 1079 als ältestes von vier Kindern einer Ritterfamilie aus Le Pallet bei Nantes in der Bretagne geboren. Schon bei dem jungen Schüler trat eine außergewöhnliche Gewandtheit im Denken hervor, so daß er um 1100 in Compiègne bei dem Lehrer Roscelin und in Paris bei Wilhelm von Champeaux studiert. Gerade Wilhelm war als Logiklehrer an der Domschule zu seiner Zeit recht berühmt, doch als Petrus sich ihm bald als überlegen erweist, war er nicht mehr so gerne gesehen. Abaelard weicht höflich aus und gründet selbst eine Schule. Doch als Wilhelm von Champeaux Bischof wird, geht er wieder zu ihm, um über die wichtigste Frage jener Zeit mit ihm zu streiten, nämlich über den Nominalismus. Auch diese Streitfrage beantwortet Petrus so, daß man ihn deswegen zum Ketzer abstempelt.

Die herrschende Meinung war, daß die Begriffe, die wir zu alltäglichen Gegenständen oder Lebewesen verwenden, universell sind. Das heißt, es gibt nicht nur das Wort „Pferd", sondern das Wesen „Pferd" gibt es tatsächlich so wie das Wort. Die Nominalisten aber sagen, daß man das Wort zwar zum Denken benötige, daß Wort und Denken aber nicht völlig dasselbe sind. Wörter sind willkürlich so gesetzt, man könnte das ihm zugehörige Wesen auch ganz anders begreifen und benennen, wir haben uns nur an einen bestimmten Gebrauch gewöhnt.

Dieser Streit weckt in dem Philosophen Abaelard das Interesse an der Theologie, und so geht er zu Anselm von Lâon, um auch dieses Fach zu studieren. Während man ihm erst vorwarf, er könne die Regeln der Philosophie – insbesondere die der Dialektik und Vernunft – nicht auf die Theologie anwenden, so hebt er doch kraft seiner überragenden Intelligenz das enge System seines Lehrers Anselm aus den Angeln, und es gehört zu Abaelards bleibenden Wirkungen, die Theologie um eben diesen Methoden aus der Philosophie bereichert zu haben.

Doch persönlich handelt er sich die lebenslange Feindschaft der Mitschüler Alberich und Lotulf ein, die ihm seine überragenden Fähigkeiten verübeln. Petrus kehrt nach

Paris zurück und lehrt an der Domschule von Nôtre-Dame. Alberich und Lotulf sind maßgeblich daran beteiligt, als in Soissons im Jahre 1121 ein Konzil einberufen wird, das ihn zwingt, sein Buch über die Logik, die „Kleinen Glossen", selbst ins Feuer zu werfen, obwohl man ihm nicht wirklich nachweisen konnte, daß er Unrechtes gesagt habe. Als die Beteiligten sich von anderen Kirchenführern Vorwürfe wegen dieser Eigenmächtigkeit einhandeln, wollte es keiner mehr gewesen sein.

Im Jahre 1117 begegnet Abaelard Heloise, der Nichte des Kanonikers Fulbert, als ihr persönlicher Lehrer. Zwischen den beiden entsteht schon bald eine außergewöhnliche Geistesgemeinschaft und Liebesbeziehung. Als Heloise schwanger wird, will Abaelard durch Heirat die damals schlimme Verfehlung wiedergutmachen, was Heloise mit Rücksicht auf seine herausragende Stellung eigentlich nicht wollte. Aber der Onkel willigt ein. Dennoch rächt sich Heloises Familie, läßt Abaelard nachts überfallen und entmannen. Ganz Paris war von Abscheu erfüllt, und die Täter, die man teilweise faßt, werden ebenfalls entmannt und geblendet.

Voller Schmerz und Verzweiflung zieht sich Abaelard ins Kloster zurück und fordert auch Heloise zum gleichen Schritt auf. Auch hierin folgt sie ihm wider Willen. während Abaelard seine Empfindungen unterdrückt und sich durch Gedankenarbeit ablenkt, kann Heloise ihre Gefühle bis ans Lebensende nicht unterdrücken, und selbst ihre tiefsten Gedanken im Briefwechsel mit Petrus lassen immer wieder ihre Liebe wetterleuchten.

Heloise wird schließlich Äbtissin des kleinen Klosters Paraklet (gr. „parakletos", der Herbeigerufene, eine der Bezeichnungen für den Heiligen Geist). Abaelards Entscheidung gerade für diese von den drei Beschreibungen des Heiligen Geistes diente seinen Gegnern auch wieder zu Vorwürfen gegen ihn und seine Kirchentreue. Dieses Kloster bei Nogent-sur-Seine hatte Abaelard einige Jahre zuvor zunächst als Einsiedelei gegründet, dann aber erweitert, um mit seinen treuen Studenten in Ruhe nachdenken und leben zu können. Er erzählt aus dieser Zeit voller Bewunderung für die ihm ergebenen junge Menschen:

> Sie verließen Städte und Dörfer und kamen, um in der Einöde zu wohnen; sie gaben ihre bequemen Behausungen auf und bauten sich hier armselige Hütten; statt der gewohnten erlesenen Mahlzeiten nahmen sie ganz karge Nahrung zu sich, die aus Wildfrüchten, Kräutern und trockenem Brot bestand; sie verzichteten auf ihre weichen Betten und begnügten sich mit selbstgemachten Strohlagern; sie trennten sich von den schöngedeckten Tischen und nahmen mit Rasenbänken vorlieb. Es war, als wollten sie den alten Philosophen nacheifern – so wie der heilige Hieronymus sie betrachtet: 'Durch unsere Sinne dringen die Laster wie durch Fenster in unser Herz ein und nehmen es gefangen. ... Wo aber bleibt dann die Reinheit unserer Seele?'

Da dieser Ort so persönlich mit Abaelards Wirken verbunden ist, holt Heloise auch seinen Leichnam dorthin, nachdem Petrus auf dem Wege nach Rom, um sich zu verteidigen, in einem Priorat des Klosters Cluny im Jahre 1142 gestorben war. Als sie selbst 22 Jahre später stirbt, wird sie neben ihn gebettet, und aufgrund dieser Geste entstehen dann all die romantischen Deutungen und Dichtungen über das Leben dieses getrennten Paares, die die Fortdauer ihrer Werke in besonderer Weise unterstützten.

Das also ist das Schicksal von Abaelard und Heloise. Abaelards Gedanken nun, die auch auf die Reformation gewirkt haben, sind einerseits seine Entscheidung im Nominalismusstreit. Auch wenn man sich in der Philosophie selbst nicht auskennt, begreift man sofort: der Nominalismus ist das bei weitem offenere System, während der Realismus (die Hypothese von Identität zwischen Wort und Sache) oder Universalismus enger und strenger ist. Er macht es möglich, daß manche Leute manche entscheidenden Begriffe als eindeutig richtig oder eindeutig falsch definieren – und das wurde ja später ständig praktiziert. Solange man noch von „Pferd" oder „Baum" redet, mag das unbedeutend erscheinen, ob man sich für die eine oder andere Seite entscheidet – es ist ein Pferd oder es heißt nur so. Aber wenn es um die Religion geht, dann macht es ein Universalsystem leicht, Gedanken und Deutungen zu verurteilen und dementsprechend repressive Maßnahmen zu ergreifen. Der Nominalismus hingegen gibt Deutungen Spielraum. Genau diesen Unterschied beschreibt Petrus einmal recht plastisch:

> Christus ist gekommen, um zu verkündigen: Ich bin der Weg, die Wahrheit und das Leben; und nicht: Ich bin das, was einmal festgeschrieben wurde!

Der zweite Gedanke, dessentwegen Abaelard verketzert wird (abgesehen von kirchenpolitischen Machtgründen), ist seine Auffassung von der Vernunft. Sie behält ihre Gültigkeit auch im Bereiche des Glaubens, und wer in der Heiligen Schrift ihre Spur zu entdecken sucht, erfaßt Gottes Wort oder kann Angriffe gegen das Christentum abwehren. Die Vernunft ist also der Logos Gott selbst, und er gibt auch die Wissenschaft und Logik als eine erstrangige Gabe. Abaelards Schüler nehmen diese Gedanken bereitwillig auf, seine Gegner aber sammeln sie gleichsam wie Minuspunkte in der Liste ihrer Ketzervorwürfe und für ihren Eifer gegen ihn. Seine Gegner sind so geartet, daß sie in einer ganz statischen Weise einen Ausschließlichkeitsanspruch des Christentums behaupten. Dagegen hat Abaelard grundsätzlich nichts, doch er gewinnt seine Überzeugung aus einem dynamischen Verständnis, wonach das Christliche in der Realität der Dinge und in der Geschichte der Menschen verankert ist. Er also muß das Christliche nicht hineininterpretieren, sondern gewinnt es kraft seines offenen Denkens der Weltgeschichte ab.

Den dritten Hauptgedanken entfaltet Petrus in seinem Buch über die Dreieinigkeit („de trinitate") und scheut sich nicht, dazu vorchristliches Gedankengut (Platon, Aristoteles) heranzuziehen. So findet er bereits bei Platon den Gedanken, daß die Weltseele selbst in sich eins und zugleich vielfältig ist und darin gleich der Gottheit. Die Kirche aber warf ihm sowohl vor, er lehre, an drei Götter zu glauben, als auch von anderer Seite, er lehre nur den einen Gott (und nicht die Dreieinigkeit). Sehr bezeichnend, daß sich die Kritiker selbst nicht auskannten.

Was Abaelard aber noch im Alter zu einer Verhandlung nach Rom treibt, ist sein letztes Hauptwerk, die „Ethik". Nach ihr kommt noch als letztes Werk der „Dialog" – ein Gespräch zwischen einem Christen, einem Moslem, einem Juden und einem Philosophen. Die „Ethik" verfaßte Petrus in der Abtei St. Gildas de Rhuys an einem wilden Gestade der Bretagne (südwestlich von Rennes). Dorthin war er zum Abt berufen worden, tatsächlich aber kam diese „Würde" einer Strafversetzung gleich. Die verlotterten Mönche versuchten sogar mit einem Giftanschlag, Petrus davon abzubringen, wieder Geisteszucht und Ordnung einzuführen. In der „Ethik" entfaltet Abaelard eine Gesinnungsethik, wonach das äußere Verhalten des Menschen ihn nur zum geringeren Teil kennzeichnet, vielmehr aber sein Verhalten aus bewußter Zustimmung und klarem Wollen. Die persönliche Lebensentscheidung begründet das ethische Verhalten, nicht das einzelne Tun. Dazu erinnerte Abaelard daran, daß Gott ja von sich selber sagt, er sehe das Herz des Menschen an und nicht seine Werke. Anders bewege man sich doch auch nur an der Oberfläche der Dinge und lasse das Wesentliche außer acht, nämlich das Gewissen! Nur so war es doch auch gekommen, daß man Kirchenstrafen wie in einer Art Handel festlegte und hinter sich brachte, aber ohne daß es auf eine innere Änderung ankam! Den Kritikern ist das Gewissen freilich eine viel zu unsichere Instanz, während es für Petrus eine klare, helle Instanz ist, an der man weiß, was man tut oder tun möchte. Das verbindet ihn mit der Aufwertung des persönlichen Gewissens bei den Calvinisten später. Petrus jedenfalls kommt zu dem Ergebnis: „Wenn also ein Mensch zu verschiedenen Zeiten ein und dieselbe Tat vollbringt, sie aber in verschiedener Absicht und Gesinnung ausführt, kann man sein Verhalten nicht in dem einen Falle gut, im anderen dagegen schlecht nennen."

Nach langen Vorbereitungen verfaßte Abaelard dieses Werk im Jahre 1136 endgültig. Es war das ruhmreichste seiner ganzen Lehrtätigkeit. Unter seinen Schülern dieser Zeit waren die später berühmten Leute Johann von Salisbury, der Sekretär John Beckets, Otto von Freising und Arnold von Brescia, der später hingerichtet wurde. Petrus Abaelards schärfster Gegner, Bernhard von Clairvaux, belegte ihn mit einem wahren Sperrfeuer von Briefen an alle Bischöfe und den Papst. Er hatte Erfolg. Im Jahre 1140 kam es in Sens zu einer Synode, die die Verurteilung aller Schriften Abaelards beschließt. Auf der Reise zu seiner Verteidigung erkrankt der alte Kämpe aber und macht Station bei dem mit Zivilcourage und Diplomatie begabten Abt des Klosters Cluny – Petrus Venerabilis. Dort erreicht ihn ein Jahr später (1141) die endgültige Verurteilung durch den Papst aufgrund der Synode von Sens. Keiner seiner früheren Schüler in der römischen Kurie hatte zu ihm gehalten. Nur eines konnte er von seiner Warte aus nicht abschätzen: Seine Verurteilung hatte wenig mit ihm selbst und seinem Werk zu tun, sondern vielmehr mit internationalen und innerkirchlichen Bündnissen, die sich immer deutlicher abzeichneten.

Petrus ist auf den Trost durch seine Gedanken angewiesen, und er schreibt:

> Was immer die (feindseligen) Menschen gegen uns vorbringen können, sie haben doch nicht die Macht, unser Leben herabzuwürdigen – es sei denn, sie vermöchten so auf uns einwirken, daß sie uns, so wie es unsere eigenen schlechten Neigungen und Laster tun

> können ... zu einer schimpflichen inneren Zustimmung bewegen. Denn sonst erschreckt sich ihre Herrschaft über uns nur auf unseren Leib ... unsere wahre innere Freiheit können sie nicht antasten.

Man meint, man läse ein Wort aus der Verfolgungszeit der Protestanten.

Das literarische Werk, das den Gedanken Abaelards noch zu seiner Epoche am meisten zur Durchdringung verhalf und am stärksten und längsten so nachwirkte, daß Menschen immer wieder auf ihn zurückgeführt wurden, ist das Epos „Tristan und Isolde" des Gottfried von Straßburg. Man muß dazu bedenken, daß man im Mittelalter ja noch überhaupt mehr erzählend als debattierend über die Dinge nachdachte. Das knapp 20 000 Verse umfassende Werk in mittelhochdeutscher Sprache, das auch Richard Wagner für seine Oper zum Vorbild diente, geht auf eine keltische Sage zurück. Sie erzählt vom Hofe des Königs Marke von Cornwall. Dort kam eines Tages ein normannischer Ritter an, um von dem weithin bekannten und geachteten König Marke zu lernen. Er zeichnet sich durch Tapferkeit und Geschick bei Turnieren und in Schlachten aus. Dieser Ritter namens Riwalin findet Gefallen an Markes Schwester Blancheflur. Als sie ein Kind erwartet, müssen beiden vom Hofe fliehen. In der Normandie stirbt Blancheflur an der Geburt des Jungen, den der Pflegevater wegen der traurigen Umstände „Tristan" (hergeleitet von trist) nennt.

Der Jüngling Tristan wird eines Tages von handeltreibenden Wikingern auf ihr Schiff gelockt, wo er von einem Schachspiel so gebannt ist, daß er nicht merkt, wie sie vom Lande abstoßen, um den schönen und begabten Knaben zu entführen. Doch sie geraten in Seenot, und wie in der Geschichte von Jona werfen sie ihn über Bord, um die Götter zu beruhigen. Tristan kommt in Cornwall an Land und gerät im Gefolge einer Jagdgesellschaft an Markes Hof. Ob seiner Künste und seines Auftretens wird er auch dort gerne aufgenommen.

Eines Tages schlägt der Rat vor, Marke solle Isolde von Irland heiraten, und Tristan solle als Brautwerber ausreisen. Irland war damals Todfeind Cornwalls, und der Vorschlag sollte nur dazu dienen, den hehren Tristan loszuwerden. Auf der Rückfahrt vereinen sich Tristan und Isolde, und ein Zaubertrank bindet sie unauflöslich aneinander. Daher müssen sie bei Hofe ein Doppelleben führen, bis der Argwohn des Ehebruchs sie nach verschiedenen vorangegangenen Treueproben schließlich auseinandertreibt.

Diese Geschichte wurde zuallererst im Altfranzösisch-Normannischen in England überliefert, gelangte von dort nach Island und Deutschland, von dort aus in das Tschechische und von Frankreich aus nach Italien, wo es zu einer Commedia dell'arte geriet. Die herausragendste Bearbeitung ist die durch Gottfried von Straßburg um das Jahr 1210, also etwa 70 Jahre nach dem Tode Abaelards. In dieser Versdichtung hallt dessen Philosophie so stark nach und wird das Schicksal Tristan und Isoldes in solcher Nähe zu dem von Petrus und Heloise geschildert, daß man meinen könnte, der theologisch sehr bewanderte Gottfried habe sich die Dichtung eigens wegen des Werkes Abaelards vorgenommen.

Insbesondere ein Gedanke aus der Ethik Abaelards ist es, mit dem Gottfried so wie kein anderer der Autoren der Tristansage ringt. Denn nach geltendem Recht war ja Tristans und Isoldes Vereinigung Ehebruch gegenüber König Marke. Das nimmt Gottfried auch ernst. Jedoch Abaelard entfaltet den Gedanken, daß nicht Taten absolut als Sünde angesehen werden können, sondern daß die Einstellung entscheidend ist. Er stellt das Gewissen in den Mittelpunkt und begründet damit die hohe Verantwortung des Menschen für sich selbst. Nun wendet Gottfried diesen Grundgedanken in mühevollem Abwägen auf die Geschichte Tristans, Isoldes und König Markes an und fragt sich: Kann es sein, daß auch Ehebruch nicht Sünde ist oder daß das kein Ehebruch ist, wenn zwei Menschen ihre Bestimmung füreinander erkennen und weder die Mißachtung des einen Partners noch der Ehebruch in ihrer Absicht liegen? Beim Äpfelklauen kann man den ethischen Konflikt schnell dahingehend lösen, daß jemand entsetzlichen Hunger gehabt habe. Aber an dieser schier unlösbaren Frage zum rechten Eheverständnis versucht Gottfried die Antwort an einem Extrem. Alle anderen Autoren kommen einfacher zu einer Lösung. Sie lassen Marke einen alten Mann sein, der ohnehin keinen Anspruch auf eine schöne junge Frau gehabt habe. Wenn Gottfried sich aber nicht so davonstiehlt, so liegt es daran, daß er Abaelards Frage durchspielen wollte.

Seine Dichtung bejaht gequält die Frage, ob Tristans und Isoldes Verhalten zu dulden sei, doch man kann sich vorstellen, daß die damalige Amtskirche alle Hände voll zu tun hatte, diese in ihren Augen skandalöse Betrachtung nicht erst einreißen zu lassen. Manche Forscher waren deshalb der Meinung, daß Gottfried um 1210 mit 80 anderen Ketzern in Straßburg hingerichtet wurde, zumal sein Epos nicht abgeschlossen ist. Andere Forscher hingegen sind der Meinung, er habe von diesem Prozeß gewußt, da er Isolde ein ähnliches Gottesgericht mit dem glühenden Eisen bestehen läßt.

So ist dieses außergewöhnliche Sprachkunstwerk ein Zeugnis dafür, wie die Gedanken Abaelards auf seine Zeit wirkten und wie andere sie aufgriffen und weiterwirken ließen. Von daher ist nicht verwunderlich, daß sie auch zu einer gedanklichen Quelle und Bestärkung der Reformation werden konnten.

Cornelius Jansen und der Jansenismus

Die letzte der reformerischen Strömungen ist in Deutschland am wenigsten bekannt, für Frankreich aber von umso größerer Bedeutung. Das kann man schon alleine an der langen Zeit ermessen: Von etwa 1642 bis in die Regierungszeit Ludwigs XIV. dauerte der Streit an. Dann entwickelte sich im 18. Jahrhundert aus dem ursprünglich fachtheologischen Disput ein politischer Richtungskampf, der in Frankreich als Epoche des zweiten Jansenismus bezeichnet wird. In der ersten Epoche bis einschließlich des 17. Jahrhunderts wurde den Jansenisten oft vorgeworfen, sie seien verkleidete Calvinisten. In der Tat könnte man sagen: Mit dem Jansenismus fand die Auseinandersetzung statt, die die katholische Kirche gegenüber den Protestanten hätte leisten müssen, die aber wegen des eigentlichen Machtkampfes nicht stattfand. Erst im Windschatten der grausamen Protestantenverfolgungen war es vielen Gelehrten, die durchaus keine eigentlich reformatorischen Anliegen hatten, möglich, in Aufsätzen, Briefen und Büchern geistige Klingen zu kreuzen. Zu ihnen zählte als bekanntester Vertreter der Philosoph und Mathematiker Blaise Pascal. Doch ungefährlich lebten auch sie nicht. Begünstigt wiederum wurden sie nur dadurch, daß der Jansenismus der „gallikanischen" (= innerfranzösischen) Richtung der Kirche gegenüber der von Rom beherrschten Auftrieb gab.

Was aber steckt im Jansenismus, daß er vor, neben und nach der Reformation Frankreich so bewegte und beunruhigte? Der Name ist schnell erklärt. Er ist vom Namen des aus Antwerpen gebürtigen Priesters Cornelius Jansen (latinisiert: Jansenius) abgeleitet. Dieser gelehrte Mann erregte durch seine geistige Brillanz schon an seiner Universität Löwen (Louvain) Aufsehen. Man wünschte dort voller Heimatstolz, daß er auch in Paris etwas werde und sandte ihn an die Sorbonne, wo seine geistige Regsamkeit nicht wie bei so vielen zum Stillstand gebracht, sondern in Wallung versetzt wurde.

Jansen war also nicht eigentlich der Schöpfer der nach ihm benannten Strömung, sondern eher einer ihrer Vertreter, wiewohl er selbst immer abgelehnt hätte, daß es da eine Strömung gebe. Doch die Wahl gerade seines Namens zeigt, daß man auf sein Werk empfindlich reagierte und es als entschiedensten Vertreter ansah. Mit ihm alleine läßt sich für uns heute der Konflikt nicht recht erklären, man muß weiter zurückgreifen. In der Tat handelt es sich um einen alten Streit in der Kirche noch weit von der Reformation.

Es handelte sich nämlich um das Problem der göttlichen Gnade und der menschlichen Freiheit, eine Frage, die jedem Menschen in seinem Leben nahegeht. Die Auseinandersetzung beschäftigte schon Augustin während zweier Jahrzehnte gegen die Gruppe der Pelagianer, und er legte entscheidende Gedanken hierzu genauer nieder, als es die Kirchenväter vor ihm genötigt waren. Augustin machte sich zum Anwalt des Standpunktes, daß an der göttlichen Allmacht alles gelegen ist und die Erbsünde den Menschen zum Guten grundsätzlich unfähig macht. Aus der Spannung zwischen der Gnade und der Freiheit entwickelten sich dann zwei theologische Thesen, die immer wieder die Gelehrten beschäftigten: Die Prädestination zum Heilsgeschenk oder „Allversöhnungslehre", nach der Gott kraft seiner Macht alle Menschen erlöst, und die Gnade als Geschenk, wonach die Gnade im einzelnen Falle nur wirkt, jedoch ohne die Freiheit des Menschen einzuschränken. Diese beiden Thesen hielten das ganze theologische Mittelalter in Atem, immer wieder wurden sie aufgegriffen. Thomas von Aquin hält sich zur Seite Augustins und versucht mit Hilfe einer metaphysischen Theorie eine Stütze für das Zusammenbringen göttlicher Gnade mit der grundsätzlichen Freiheit des Menschen.

Die Reformatoren Luther und Calvin bringen jeder auf seine Weise ganz neue Ansätze der Gnadenlehre, doch berufen sich beide auf Augustin, besonders Calvin erweist sich als unschlagbarer Kenner der Kirchenväter. Doch auch ihnen gelingt es nicht, einen Schlußstein in die Gnadenlehre einzufügen. Das schaffte nicht einmal das Konzil von Trient, das sich Mitte des 16. Jahrhunderts der Herausforderung durch die Reformatoren zu stellen suchte, doch schließlich in allem die augustinische Position bestätigte.

In Löwen lehrte um diese Zeit Michel de Bay, latinisiert Baius. Er versucht als Spezialist der Kirchenväter, auch deren Terminologie beizubehalten, was unglaublich schwierig war, weil die Originalmanuskripte schwer zu beschaffen waren, und noch mehr, weil sie durch die lange Tradition der Interpretation schon verhüllt war. Baius gelingt sein ehrenwertes Vorhaben, Augustin mit seiner eigenen Terminologie zu bearbeiten, nicht in allen Teilen gut, so daß er sich heftige Kritik einhandelt. Sie lautete: Er verleugne jede Wirklichkeit des freien Willens und begünstige den Calvinismus! Papst Pius V. wird eine Zusammenfassung seiner Werke in 76 Thesen zur Verurteilung vorgelegt. Diesem Wunsche kommt er auch 1567 nach, obwohl Baius vorteilhaft argumentieren kann, die Thesen faßten seine Aussagen nicht richtig zusammen. Der ganze Wirbel entbehrt nicht der Komik: An einer Stelle entscheidet nur ein Komma, das Comma pianum, über den Sinn eines ganzen Satzes! Löwen etablierte sich auf diese Weise zu einer Hochburg des Streites, und auf diesem Boden gedieh Cornelius Jansen. Die Jesuiten in Löwen betrachteten Baius' Verurteilung als Sieg, die augustinisch geprägte Fakultät der Theologie hingegen begrüßte die Bulle ihrem Inhalt nach. Kein Wunder, daß sich bei diesem Ausgang der Streit fortsetzte: Zunächst an den Universitäten Salamanca (1581) und Ingolstadt (1584), und der Höhepunkt wurde 1588 erreicht, als der Jesuit Molina in Lissabon ein Buch über den Streit zwischen göttlicher Gnade und menschlicher Willensfreiheit veröffentlichte (De concordia liberii arbitrii cum divinae gratiae donis).

Doch auch sein Übersichtswerk entgeht nicht der Kritik und wird 1597 von zehn Kirchenmännern untersucht, doch die Untersuchung überdauert Papst Clemens VIII. (gestorben 1605) und beschäftigt den Nachfolger, Paul V., bis 1607, ohne daß es zu einer Verurteilung kommt, während die Jesuiten geschlossen hinter Molina Stellung bezogen haben. Erst 1611 weicht der Heilige Stuhl dahingehend aus, daß jede weitere Veröffentlichung zu diesem Thema überhaupt verboten wird, sowohl den Jesuiten als auch den Löwenern Lessius und Suarez, die Molina nahestehen, doch ein solches Pauschalverbot erweist sich als wirkungslos. Auf diese Weise behauptete sich der Molinismus allmählich einen festen Platz in der Theologie. Wären nicht bereits die Religionskriege im Gange, die alle Kräfte absorbierten, dann wäre dieser Streit nicht Nebenkriegsschauplatz geblieben. So aber muß er sich mit den kurzen Friedenszeiten begnügen, die ihm der Streit gegen die Calvinisten übrig läßt, und das begünstigt das stille Weiterentwikkeln in den Köpfen der Theologen. Eine Atempause ergibt sich für die augustinische Partei und damit die Löwener Fakultät erst zwischen 1595 und 1603 während der völligen Verbannung der Jesuiten durch Heinrich IV. und verschiedene Parlamente.

Der Flame Cornelius Jansen wurde 1585 geboren, also drei Jahre vor dem Erscheinen des Traktats „De Concordia" von Molina. Als er von 1600-1604 in Löwen studiert, wo man sich der Tradition des Michel de Bays wegen immer noch zum Streite verpflichtet fühlt, wird er noch nicht zum Exponenten des späteren „Jansenismus". Erst als er sich mit dem Löwener Kommilitonen Jean Duvergier (geboren 1581) in Paris trifft, entwickelt sich eine Freundschaft, die die beiden zu vertieften Studien der Kirchenväter und der Scholastiker von 1611-1616 nach Camp-de-Prats (bei Bayonne) auf eine Nachbarbesitzung der Duvergiers führt. Von dort kehrt Jansen 1616 als Universitätslehrer nach Löwen zurück. Doch erst 1619 berührt ihn der alte Streit um die Gnade, und er entdeckt die Lehre Augustins neu. Dabei stößt er auf eine wichtige Unterscheidung, die ein Grund neben anderen ist, seinen Namen für den einer ganzen Richtung zu benutzen: Die Unterscheidung zwischen der Gnade Adams und der Gnade Christi. Für den unschuldigen Adam und seinen noch reinen, freien Willen gilt eine andere Gnade als die Jesu Christi, die eine erlösende und befreiende Gnade ist und sich auf einen zerrissenen Menschen bezieht und ihn heilt. Diese Erkenntnis führte Jansen zur Abkehr vom Molinismus, und er schloß sich dem Löwener Kreis von Gegnern der Jesuiten an. Hierüber tauscht sich Jansen ab 1621 in Geheimsprache mit Duvergier aus. Duvergier jedoch, inzwischen Abt des Klosters Saint-Cyran in Poitou hatte zwischenzeitlich Bérulle, den Gründer des Klosters Oratoire und Oberen der französischen Karmeliter getroffen. In einem regen Austausch mit diesem wurde er von dessen praktischen Augustinismus mehr als von dem Jansens geprägt. Daraus sollte sich eine entscheidende Veränderung für den Fortgang des Streites ergeben.

Bérulle befand sich in einer anderen Frage in Streit mit Theologen. Duvergier-Saint-Cyran half ihm mit seinem enormen Wissen vor allem der Kirchenväter in dieser Sache. Dadurch spitzte sich der Streit 1626 zu. Einer der berühmtesten Jesuiten, P. Jarasse, unterlag im Streit und der ganze Orden fühlte sich dadurch blamiert. Duvergier ritt darum 1632-35 unter Pseudonym eine weitere Attacke gegen die Jesuiten, jedoch auch im Ausland, so daß allmählich eine regelrechte Feindschaft entstand, darunter auch mit Richelieu, dem Kardinal und Kanzler selbst.

Der hatte schon länger auf Bérulle ein Auge geworfen. Denn während der Abt sich an der Niederschlagung des Protestantismus zu beteiligen suchte, ging es dem Politiker Richelieu um die Vorherrschaft der französischen Monarchie, und beide Ziele vertrugen sich nebeneinander nicht so gut. In der Außenpolitik mit England, Spanien und dem protestantischen Deutschland nahmen beide stets entgegengesetzte Standpunkte ein, so daß Richelieu darauf sann, Bérulle mundtot zu machen. Die Angst der anderen Theologen vor der Macht Richelieus, vor der sie kuschten, ließen Bérulle recht einsam dastehen. Nach seinem Tode wuchs Duvergier-Saint-Cyran immer mehr die Rolle des Hauptes der Opponenten zu. Denn beide waren sich zum Beispiel in ihrer Feindschaft gegenüber dem reichlichen Mißbrauch von Buße und Abendmahl einig, die als Mittel politischer Raison und des Vorteiles willen damals reichlich gespendet wurden. Sie verlangten von ihren Anhängern gar eine wirkliche Bekehrung zu einem neuen Leben!

Über die befreundete Familie des Robert d'Arnauld d'Andilly kam Duvergier ab 1620 auch in Kontakt mit der reformfreudigen, heute schon fast legendären Mutter Angélique des Zisterzienserklosters Port-Royal in Paris und der nicht minder berühmten Schwester Agnès. Diese hatten unter Leitung des Bischofs von Langrès, Zamet, den Orden zum Heiligen Sakrament gegründet, der schon bald auf Feindschaft stieß. Denn um 1633 schrieb ein Gegner Zamets, der Bischof Bellegarde aus Sens, aus Rache gegen ihn eine Zensurschrift über ein kleines Büchlein der Mutter Agnès über das Heilige Sakrament. Auf Bitten Zamets übernahm Duvergier die Verteidigung, zumal er in Mutter Agnès' Gedanken solche Bérulles wiedererkannte. Fortan blieb ein herzlicher Kontakt zwischen dem Abt von Saint-Cyran und dem widerspenstigen, kritischen Orden bestehen. Die Nonnen aus der Chartreuse, nun umgesiedelt in den Pariser Vorort Saint-Jacques, wurden seine wißbegierigen Schülerinnen. In ihrer Arglosigkeit konnten sie sich nicht vorstellen, daß ob dieser Verbreitung von Gedanken Bérulles und Duvergiers Richelieu in höchstem Maße beunruhigt war.

Inzwischen hatte Jansen (1635) ein Buch unter dem Titel „Mars gallicus" (Der gallische Mars) veröffentlicht, in dem er Richelieus Politik, insbesondere seine Paktschlüsse mit den deutschen Protestantenfürsten, kritisierte. Sein Freund Duvergier-Saint-Cyran war darüber nicht glücklich, hielt aber zu ihm. Nun ging es rasch weiter: Als der Bruder des Königs, Gaston d'Orléans, Margarete von Lothringen heiratet, paßt das Richelieu nicht in seine strategischen Pläne. Er betreibt die Annullierung der Ehe mit Hilfe der Parlamente und ihm willfähriger Kirchenoberen. Auch viele Theologen machen mit. Nur Saint-Cyran, Jansen und die Schwestern nicht. Insbesondere Duvergier machte keinen Hehl aus seiner Mißbilligung. Daraus wird ersichtlich, was für eine moralische Bedeutung an der theologischen Streitfrage hing.

Dieses Ärgernis für Richelieu ist noch nicht ganz verklungen, da bekehrt sich in Paris der Neffe der Mutter Angélique, Antoine LeMaître, ein brillanter Anwalt und Hoffnung aller Anwälte in Paris, und an diesem „Renouvellement" war Saint-Cyran nicht unbeteiligt. LeMaître will fortan ein Leben als Einsiedler führen, und das ausgerechnet in einer Dépendance des Klosters Port-Royal! Da kann man sich vorstellen, wie Richelieu zornig und besorgt dachte: „Die stecken alle unter einer Decke!", und er wird ihnen politische Ambitionen angedichtet haben. Während sich LeMaître mehrere Leute seines Bekanntenkreises anschließen, erheben sich gegen Saint-Cyran dieselben Vorwürfe wie gegen Sokrates: Du verführst die Jugend! Du störst das öffentliche Leben! Doch noch zögert Richelieu mit Aktionen, weil er weiß, daß unter jener Decke zu viele stecken. Daher nimmt er sich zuerst Saint-Cyran vor und versucht, ihn mit Hilfe einer Bischofswürde aus Paris wegzuloben. Doch der ist zu schlau, das Angebot anzunehmen. 1638 ergibt sich für Richelieu eine andere Gelegenheit.

Im März veröffentlicht P. Séquenot eine Übersetzung von Augustins Aufsatz über die Heilige Jungfräulichkeit und vertritt in Kommentaren einen aggressiven Augustinismus. Zwar hat Saint-Cyran damit nicht das geringste zu tun, aber wegen der Ähnlichkeit der Gedanken erklärt man ihn für verantwortlich. Er wird vorgewarnt, doch er ist auch zu stolz zu fliehen, und so wird er am 2. Mai 1638 im Schloß Vincennes eingekerkert. Richelieu will ihm noch einen Ketzerprozeß anhängen. Doch alle Zeugen sagen zu gut über den redlichen Gelehrten aus, so daß ihn Richelieu in freiwilligen Arrest zurückkehren läßt – der Gewinner ist Saint-Cyran, nunmehr fast zum Märtyrer der Theologen geworden. Theologische Grundlage war in diesem Falle allerdings nicht mehr die Gnadenfrage sondern die Meinung Saint-Cyrans, es bestehe eine Notwendigkeit darin, daß der, der das Bußsakrament empfängt, auch wirklich reuig ist und das Bereute aus dem Wege geräumt oder geklärt hat. Die Praxis ging damals durchaus nicht so sorgsam mit den Zeichen des Glaubens um.

Jansen führte währenddessen das friedliche Leben eines hoch geachteten Theologieprofessors und wurde 1624 damit betraut, die Löwener Fakultät in Spanien gegen die Jesuiten zu verteidigen. Das Interesse an Augustin hatte ihn seit der damaligen Entdeckung beim Studium der Kirchenväter nicht verlassen, und schon 1623 beschlossen Saint-Cyran und er anläßlich eines Treffens in Péronne, ein umfassendes Werk über Augustin herauszugeben, in dem alle dessen Lehrer und Lehren überschaubar sein würden. Die Aufgaben als Hochschullehrer und die Spanienreise verhinderten jedoch einen raschen Fortschritt der Arbeit. Dennoch legte er Saint-Cyran 1630 den ersten Band vor, 1634 den zweiten. Ab 1635 wurde ihr Austausch durch den französisch-niederländischen Krieg erschwert. Im Jahre 1636 wurde Jansen Bischof von Ypern, und zu dieser Zeit war das Werk so weit abgeschlossen, daß es in Druck gehen konnte.

Der Druck aber war noch nicht abgeschlossen, da raffte 1638 die Pest auch Jansen hinweg. In seinem Testament gab er die Beurteilung des Werkes dem Heiligen Stuhl anheim und vertraute die Veröffentlichung zwei Löwener Freunden an, Calenus und Froidmont. Nun fiel die Veröffentlichung selbst allerdings unter das Gebot des früheren Papstes, daß nichts zur Grundfrage veröffentlicht werden dürfe. Doch mit Hinweis auf die bereits hohen Druckkosten erreichten Calenus und Froidmont, daß es ab September 1640 verkauft werden konnte. Die unglaubliche Fleißarbeit maß etwa 1300 große Folioseiten mit je zwei dichtgedruckten Spalten und war überschrieben: Cornelii Jansenii Episcopi Iprensis Augustinus – Der Augustin von Bischof Cornelius Jansen aus Ypern.

Im ersten Band analysiert er den Streit mit den Pelagianern, doch ohne die Molinisten zu erwähnen. Der zweite Band beginnt mit einem Vorwort, in das viele Ideen Saint-

Cyrans eingingen, und behandelt das Verhältnis von Theologie und Philosophie. Dabei wird Jansens Feindschaft gegenüber der Scholastik deutlich. Einen großen Teil nimmt schließlich die Frage ein, ob der Mensch ursprünglich gut und in einem natürlichen Zustande war, in dem es noch kein ewiges Leben und Ansehen Gottes gab. Dieser Ansicht waren die Molinisten, doch Jansen weist sie entschieden zurück. Im dritten Bande erst kommt Jansen auf die Frage zurück, der er seinen Namen gab, nämlich wie der Mensch gerettet wird und wie er durch die Erlösung Christi seine Freiheit zurückerhält. Jansen bekräftigt hier die Stellung Augustins: Zu jedem guten Werk ist die Gnade bereits erforderlich, die Wirksamkeit der Gnade schränkt die Freiheit nicht ein, die Prädestination ist durch den Menschen nicht zu beeinflussen. Gemessen an den Strömungen seiner Zeit ging Jansen damit einen gehörigen Schritt zurück. Es kann heute nur erstaunen, daß ein Konservativer so bekämpft wurde wie ein Neuerer, beispielsweise Calvin. Die Thomisten erblickten darin außerdem erhebliche Widersprüche gegen die Lehren des Thomas von Aquin zur Erbsünde. Daraufhin entspann sich ein Streit, ob nicht Jansen einen Unterschied zwischen „willentlich" und „frei" mache, also einen freien Willen aus Natur und einen Willen aus wirklicher Entscheidung.

Zwar hat Jansen mit seinem Werk die Molinisten nicht ausdrücklich aufs Korn genommen, doch in dem Anhang „Statera" wird ihre Theorie mit der der Pelagianer so deutlich verglichen, daß dieser Teil alleine 1647 nachgedruckt werden mußte. Aber das Gesamtwerk markiert einen Wendepunkt in dem Streit, der bisher nur hie und da aufgenommen worden war, nun aber in zwei deutlichen Lagern weitergeführt wird, umso mehr, da es den „Antijansenismus" gegeben hatte, noch ehe Jansen es mit seinem „Augustin" zu einer wirklichen Ausformulierung seines Standpunktes gebracht hatte. Die Jesuiten schleuderten in Löwen schon 1641, also ein halbes Jahr nach dem Erscheinen des „Augustin", ihren Hohn in Thesen entgegen, unter anderem:

Jansen leiste den Irrtümern Calvins Vorschub! Intrigen wurden in Löwen und Rom gesponnen.

Die Inquisition verurteilte den „Augustin" ein knappes Jahr später, im August 1641, aber auch alle Bücher für oder gegen ihn. Doch obwohl sie, wie man aus dieser Sicherheitsentscheidung leicht erkennt, Streit zu vermeiden suchte, erregte das den zornigen Widerstand der Niederlande. 1642 wird das Werk durch die Bulle „In eminenti" Urbans VIII. endgültig verboten. Doch die Universität Löwen lehnt die Entgegennahme der Bulle ohne vorherige Angabe von Gründen ab. Zwei Boten werden nach Rom entsandt, die aber erst in Paris Station machen, um die Lage unter den dortigen Jansenisten zu erkunden. In Rom erreichen sie nicht viel, man war sich dort bei der Verurteilung ohnehin nicht sicher gewesen. Nach dem Tode Urbans VIII. verlagert sich der Schauplatz nach Paris.

Dort war das Werk besonders von der konservativen Sorbonne und hier insbesondere von Oratorianern und Dominikanern begrüßt worden. Deshalb mußte es 1643 sogar in Rouen nachgedruckt werden. Davon erhielt Saint-Cyran noch im Gefängnis Kenntnis. Doch während er, alt und gebrechlich, kampfesmüde war, erwuchs ihm im jüngsten Bruder der Mutter Angélique, Antoine Arnauld (später „Der große Arnauld" genannt) ein trefflicher Adjutant. Er hatte zuerst die Rechte studiert, wandte sich aber dann auf Betreiben Saint-Cyrans und unter dem Einfluß seiner Schwester der Theologie zu. Während sich sein Talent schon abzeichnete, ließ Duvergier ihn aber noch eine Weile studieren.

Richelieu nun, der Jansen noch seinen „Mars gallicus" verübelte, suchte fieberhaft an einem Aufhänger für einen Gegenschlag, da sich die Gelegenheit nun zu bieten schien. Hoffte er doch auch, wenn er sich die Augustiner gefügig machte, die gegnerischen Jesuiten für sich einzunehmen, die ihm zwar bei seinem Bemühen um Unabhängigkeit von Rom beistanden, doch nicht recht gegen die zahlreichen Augustinianer ankamen. Vor seinem plötzlichen Tode im Jahre 1642 gelang es Richelieu jedoch nur noch, den Theologen Isaac Habert zu schüren, daß er in Predigten gegen Jansen vorgehe, aber das wurde ihm bald von kirchlicher Seite verboten.

Ab 1643 folgte ein „Augustin" dem anderen, und zum ersten Male mischte sich der junge Arnauld in den Kampf. „Apologetik des Bischofs Jansen", lautete seine Streitschrift. Habert warf ihm eine Antwort mit dem anmaßenden Titel „Verteidigung des Kirchenglaubens" entgegen. Arnauld antwortete wiederum 1645 mit einer „Zweiten Apologie", dieses Mal gewürzt mit Auszügen aus Reden von höchster Seite, nämlich aus der Kommission Papst Clemens VIII. „De auxiliis" (Über die Hilfen). Auf den Geschmack gekommen, reichte Arnauld auch gleich noch einen schriftlichen Säbelhieb zum Schutze Saint-Cyrans aus („Apologie Saint-Cyrans"), der zwei Kapitel aus dessen eigener Hand enthielt. Nur daß dieser Kampf nicht eigentlich von der Stelle kam: Die Antijansenisten werfen ihm stets vor, Jansen wiederhole die Fehler Calvins, die Jansenisten behaupten, er stehe fest auf dem Boden Augustins. Doch während sich in Löwen die Diskussion auf Theologisches beschränkt, treten in Paris zwei Verwicklungen hinzu.

Saint-Cyran hatte sich auch für einen strengeren und wachsameren Gebrauch von Buße, Abendmahl, verzögerter Absolution und Ausschluß vom Abendmahl ausgesprochen. Ihm kam es auf das persönliche Glaubensbekenntnis, das „Renouvellement", an. Möglicherweise erblickte man auch in dieser strengen Glaubenspraxis Übereinstimmungen zu Calvins strenger Kirchenzucht. Damit stieß Saint-Cyran nicht minder als Calvin in der Öffentlichkeit auf Widerstand. Als Arnauld das entsprechende Werk zusammen mit Empfehlungen von 21 Bischöfen und Gelehrten 1643 veröffentlichte, löste er einen Sturm aus. Sehr zur Freude der Drucker übrigens, die mit der Herstellung des „Über die häufige Kommunion" kaum nachkamen. Zwischen der vielfachen Rede und Widerrede, an der sich auch

Berühmtheiten wie Vincenz von Paul und der Prinz von Condé beteiligten, wußte der Kanzler Mazarin keinen Rat und empfahl Arnauld und dem Jesuiten Barcos, sich in Rom zu verteidigen. Doch damit stach er in das Wespennest all der Theologen, die die Unabhängigkeit Frankreichs von Rom betrieben. Unabhängig davon aber sandten die Bischöfe auf Seiten Arnaulds 1645 einen Verteidiger nach Rom, doch der Papst wollte die Gefahr einer Abtrennung Frankreichs nicht bekräftigen, daher traf die Antwort vorsichtshalber erst zwei Jahre später ein. Erst die Inquisition lehnte den Aufsatz schließlich ab.

Die zweite Verwicklung bezieht sich auf die laxe Moral der Jesuiten, die Arnauld 1643 zusammen mit einem Dr. Hallier von der Sorbonne mit einer „Moraltheologie der Jesuiten" tüchtig gegeißelt hatte, doch fand diese Attacke zu dem Zeitpunkt nicht so viel Widerhall wie die Ausführungen zu Buße und Abendmahl.

Als Ludwig XIII. starb, hofften die Jansenisten kurze Zeit auf die leicht beeinflußbare und nicht besonders helle Anna von Österreich. Doch Richelieu hatte mit Mazarin einen zu treuen und erfolgreichen Nachfolger ausgesucht. Zu Mazarins Regierungszeit und erst recht unter Ludwig XIV. wuchs der Kampf gegen Jansenisten und das Kloster Port-Royal als dessen redlicher Bastion zu einem Hauptkampf der Monarchie an. Denn alle anderen Oppositionsbewegungen der Zentralgewalt (Rechtsgelehrte, Parlamente) neigten immer mehr dem Jansenismus zu, zumal die direkten Vertreter des Königs (Intendanten) ihre angestammte Macht einschränkten. Die Befürworter des Jansenismus bei Hofe hingegen zogen sich allmählich aus dessen antijansenistischem Klima zurück. Erstes Opfer der stärker werdenden Macht des Hofstaates ist der Augustinianer Desmarès, der sich 1648 zurückziehen muß, um einer Verbannung in die Bretagne zu entgehen.

Der Streit spitzt sich zu, als eine Gruppe an der Sorbonne Sieben Thesen prüft, die Nicolas Cornet angeblich unter Examensfragen angriffen. Arnauld selbst sieht in ihnen keinen eindeutigen Verstoß, doch schließlich bittet man 1650 Innozenz X. um ein Urteil. Elf augustinisch geprägte Bischöfe schreiben nach Rom. Unterdessen regen sich auch die flämischen Fakultäten, und Löwen und Douai geraten dabei so in Gegensatz, daß sie alle Beziehungen untereinander abbrechen. Arnauld nutzt den Streit auf den Rängen zu Erwiderungen an einzelne Gegner. Darunter folgt 1651 seine Apologie der Kirchenväter, die ihm so meisterlich gelingt, daß sie keinen Widerspruch findet, obwohl in ihr sämtliche alten Streitpunkte wiederzufinden waren.

Dennoch beginnen die ersten Kampagnen gegen das Kloster Port-Royal. 1639 und 1644 wird das Kloster visitiert, doch man findet keinen Anstoß, so daß der Orden 1647 eingesegnet wird. Leider fand Saint-Cyran als nachfolgenden Beichtvater der Nonnen in Antoine Singlin einen Treugläubigen, doch keinen seines oder Arnauld Kalibers. Durch seine rigoristischen Aussagen schafft er unnötige Unruhe. Seine Predigt zum Tage des Heiligen Augustin wird vorsorglich verboten. Wenig später kommt der Erzbischof von Paris zu einer weiteren Visitation, während deren sich Singlin auch hübsch ruhig verhält.

Ein erster Höhepunkt wird 1650 erreicht, als aus jesuitischen Kreisen ein Pamphlet mit dem Titel „Der verirrte Jansenismus" erscheint – also zum erstem Male mit dem -ismus eine geistige Gruppe etikettiert. Die Verfasser behaupten, in Port-Royal werde nicht an die Eucharistie geglaubt. Mutter Angelika beschwert sich sofort beim Erzbischof, der die unsinnige Anschuldigung auch sofort verbietet. Grundsätzlich aber wird noch nichts entschieden, da Rom noch zögert. Mazarin und mit ihm 83 Bischöfe äußern sich antijansenitisch, nur 13 als Jansenisten. Doch die Mehrheit zählt in Rom, weil es stets eine Abspaltung Frankreichs befürchtet. Zum letzten Male werden deshalb am 19. Mai 1653 Jansenisten zu einem offenen Streitgespräch vor den Papst geladen.

Die Bulle „Cum occasione" verurteilt die aus der Sorbonne stammenden sieben Thesen. Das bedeutet für die

Jansenisten eine völlige Niederlage, zumal Jansen selbst ausdrücklich verurteilt wird. Dadurch wird auch das Kloster Port-Royal gefährdet. Auf Druck des Kanzlers Mazarin wird die Bulle schrittweise in Frankreich und den spanischen Niederlanden entgegengenommen.

Die Molinisten tauchen mit Hohn und Spott aus der Versenkung auf und präsentieren einen Almanach, auf dem Jansen mit Teufelsflügeln und -krallen und hinter den Calvinisten Genfs Zuflucht suchend dargestellt wird! So wie diese geschmacklose Häme es ausdrückt, sieht es allerdings auch die Öffentlichkeit, die Veröffentlichung weiterer Pamphlete folgte, und es wurde nicht einmal mehr Hehl daraus gemacht, daß man sich von Augustin selbst entferne. Doch wiewohl es Arnauld gelingt nachzuweisen, daß die fünf vom Papst verurteilten Propositionen (zwei wurden aus unerfindlichen Gründen einfach ausgelassen) nicht bei Jansen zu finden sind, mithin sein „Augustin" nicht verurteilt worden sein kann, sondern nur die Thesen ganz für sich, so nützt das der jansenistischen Partei nichts. Wider Arnaulds Verteidigung bewirkt Mazarin eine Verurteilung Jansens, die der Papst wenig später bestätigt, und die Inquisition verurteilt obendrein etwa 50 Verteidigungsschriften Jansens.

Nun hat Mazarin freie Bahn. Jansen wird angedichtet, er habe sich 1620 mit Duvergier-Saint-Cyran getroffen, um ein Komplott gegen den Abendmahlsglauben und für einen Deismus zu schreiben, und dieses Gerücht hält sich mit erstaunlicher Festigkeit.

In Port-Royal hielt der Herzog von Liancourt seine Tochter in Pension. Er selbst wohnte bei dem scharf antijansenistischen Pfarrer von Saint-Sulpice. Eines Tages verbat dieser ihm in der Beichte, je noch einmal etwas mit Port-Royal zu schaffen zu haben. Gegen diese Amtsanmaßung protestiert Arnauld und verfaßt einen „Brief" (von 250 Seiten) an einen Herrn und Herzog, der als sein brillantestes Werk gilt. Im Jahr darauf wird Arnauld aus der Sorbonne ausgeschlossen, und einen Monat nach ihm alle Gelehrten, die seine Partei ergriffen hatten. Von da an tritt Arnauld nicht mehr öffentlich auf. Er zieht sich ins Kloster Port-Royal zurück und findet Unterstützung bei seiner Schreibarbeit durch Pierre Nicole, einen Lehrer im Mädchenpensionat des Klosters. Doch mit den theologischen Schriften konnten sie die Öffentlichkeit nicht mehr umstimmen, da diese sich an der Macht orientierte, und die lag mittlerweile eindeutig bei Hof und Mazarin.

Da erstand dem Kloster und der jansenistischen Gruppe in Blaise Pasçal, dessen Schwester im Kloster lebte, unverhofft eine freundliche Stimme, die auch öffentlich gehört wurde. Sein erstes Werk, die „Provinciale", schlug ein wie ein Blitz und verlegte die Diskussion aus der Sorbonne in die Salons.

Selig treffen sich Arnauld, Pascal, Nicole und LeMaître zum Gespräch, aus der sich schließlich eine monatelange Konferenz entwickelt. Dann kommt ihnen und Port-Royal eine ganz unvorhersehbare Hilfe zu. Eine junge Nichte Pascals, Marguerite Périer, die im Pensionat des Klosters lebt, wird durch Anrühren mit einem Zacken der Heiligen Krone plötzlich von einer Tränenkanalfistel geheilt. Die Heilung wird von der Diözese anerkannt und hinterläßt einen tiefen Eindruck auf die Öffentlichkeit, trotz aller Proteste der Jesuiten. Pascal fährt fort, mit kleinen Briefen, die anonym hergestellt und verteilt werden, für die Jansenisten zu streiten. Erst 1659 wird Pascal als Autor ausgemacht.

Die Jansenisten stürzen sich auf die Morallehre der Jesuiten, und Pascal gelingt der Nachweis ihrer Laxheit so brillant, daß die Päpste Alexander VII. und Innozenz XI. nicht umhinkönnen, die kritisierten Punkte zu verurteilen, und die Jesuiten haben Mühe, die Verfasser ihres Sinnes aus den eigenen Reihen zu verteidigen. Mit dieser „Dame" bewirkt Pascal immerhin ein „Schach" in der Diskussion des bedrängten Jansen-Königs. Seine schriftstellerische und analytische Brillanz kann letztlich nichts mehr aufhalten.

1656 verurteilt Alexander fünf Lehrsätze aus der Sammlung der Sorbonne und dazu Jansen und seinen „Augustin" erneut. Sein Nuntius legt die Verurteilung allerdings erst 1657 vor, weil die römische Kurie ständig Angst vor einem Schisma mit der französischen Kirche hatte, wenn sie etwas gegen einen Teil dieser Kirche unternahm. Daher bleibt man auch in Port-Royal vorerst noch vorsichtig. So kommt es zu einer Zeit der Ruhe bis zum Tode Mazarins, und ab 1661 nimmt Ludwig XIV. selbst den Fehdehandschuh wieder auf. Er war den Jansenisten spinnefeind, weil er sie als grundsätzlich monarchiefeindlich einschätzte, ja, geradezu republikanisch, und das Entstehen einer neuen Fronde wollte er auf jeden Fall verhindern.

Im April des Jahres 1661 ließ er alle Mädchen und Novizen aus dem Pensionat entfernen. Die meisten Lehrer flohen, ehe sie verbannt wurden oder ins Gefängnis kamen. Sacy wurde 1666 erwischt und in die Bastille gebracht, wo er bis 1668 blieb. Die letzte Geste der Ergebenheit forderte der Staatsrat dann durch die Unterschrift aller Kleriker unter ein „Formulaire", in dem die Unterwerfung gegenüber dem König und die Verurteilung des Jansenismus anerkannt und bestätigt wurden.

Dieser Klemme versuchte Arnauld abzuhelfen, indem er eine Unterscheidung zwischen Faktum und Recht traf, mit der Begründung, daß ihm Jansen dank der Erinnerung durch den verehrten Saint-Cyran als rechtgläubig erschien, und er trat die Flucht nach vorne an, indem er gleich einen entsprechenden Zusatz unter das „Formulaire" anbot. Mutter Angelika blieb beim äußersten Widerstand gegen das Unterschriftsgebot, allerdings starb sie wenig später. Ihre Schwestern unterschrieben widerwillig, doch nicht, ohne einen Zusatz im Sinne Arnaulds angebracht zu haben. Das Schriftstück von Arnauld selbst wird rasch verurteilt. Doch die listigen Nonnen bringen erneut einen anderen Zusatz an, ehe sie unterschreiben. Die Frage Unterschrift oder nicht führt zu schmerzlichen Parteiungen und heftigen Reaktionen. Der Bischof Retz distanziert sich von seinen obersten Vikaren aus Angst, er werde für jansenistisch gehalten, später gibt er das kurz erworbene Erzbischofsamt wieder auf. Auch sein Nachfolger stirbt nach vier Monaten Amtszeit. Da entzweit ein Zwischenfall auf Korsika Rom und Paris, so daß in der Verstimmung der neuernannte Bischof zwei Jahre auf päpstliche Bullen warten muß, und während dieser Zeit genießt Port-Royal eine Atempause. Danach geht der neue bischöfliche Besen Péréfixe umso schärfer vor.

Im Juni 1664 visitiert er das Kloster, und es kommt zu heftigen Szenen, die, erfreulich für uns heute, gut dokumentiert sind – anders als die Auseinandersetzungen mit den Protestanten. In Schwester Marguerite-Gertrude war Péréfixe an eine unerschrockene Person geraten, die – weit ihrer Zeit voraus – in damals unüblicher Weise ihr Gewissen als Instanz anruft:

> Der Erzbischof gab mir aber keine Gelegenheit, meinen Standpunkt zu begründen. 'Schweigen Sie', sagte er zu mir, 'und hören Sie zu.' Das sagte er freilich mehr als zehnmal während unserer Auseinandersetzung, und wiederholte überdies, was er schon zu Anfang sagte. 'Mein Gewissen', schnaubte er. 'Mein Gewissen! Was ist das denn, bitteschön, Euer Gewissen? Gestattet es Euch etwa nicht, auf Euren Erzbischof zu hören? – Eminenz, ... – 'Ach, seien Sie still und hören Sie zu: Sie wissen doch wohl, daß ich das Recht habe, Euch Weisungen zu geben und daß Ihr verpflichtet seid, mir zu gehorchen?' ...

In diesem Stile „verhandelt" Péréfix in Port-Royal, und als er dem Kloster den Gebrauch der Sakramente verbietet, hindert ihn das Gespräch nicht daran zu schließen: „... und ich werde vor Gott und meinem Gewissen darüber nachdenken, was Sie mir zu tun nahelegen."

Zwölf Nonnen, unter ihnen Mutter Angelika und die alte Agnès, werden schon bei dieser Gelegenheit in andere

In Béziers im Departement Hérault fand eines der größten Massaker der Menschheitsgeschichte statt.

Carcassone war eine der stärksten Stadtfestungen des Mittelalters.

Viele Waldenserkirchen im heutigen Italien schmücken sich mit dem Wahlspruch der Waldenser: „Das Licht leuchtet in der Finsternis."

Heinrich IV. in bescheidenem Reformiertenhabit mit Hugenottenkreuz, als Anwärter auf die französische Krone.

Gaspard de Coligny, Seigneur de Châtillon. Unweit des Haupteinganges zum Louvre, in der Rue de Rivoly (Paris) steht heute eine Statue des nobelsten Führers der Protestanten.

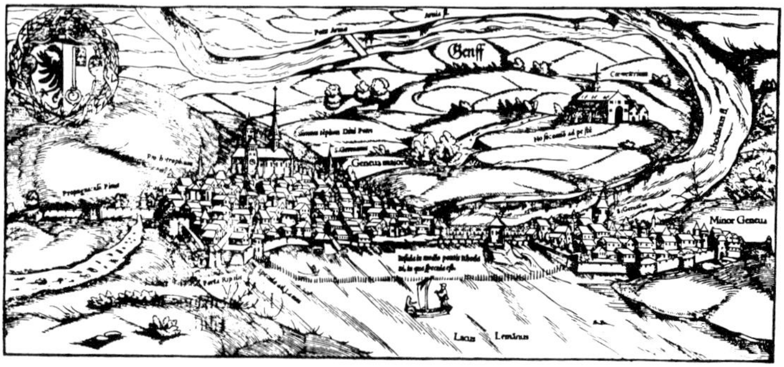

Zeitgenössischer Stich der Stadt Genf, dem Zentrum der Reformierten-Bewegung und Wirkungsstätte Jean Calvins.

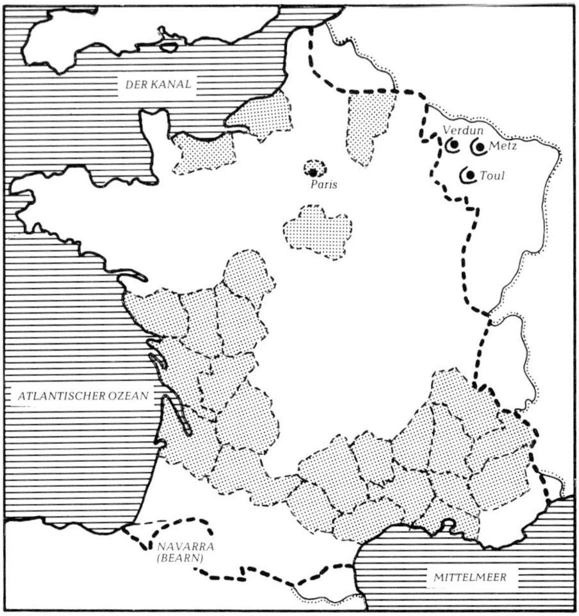

Der Süden Frankreichs mit Schwerpunkten an der Südwestküste und in den Alpen bildete einen geschlossenen protestantischen Gürtel in dem riesigen Land.

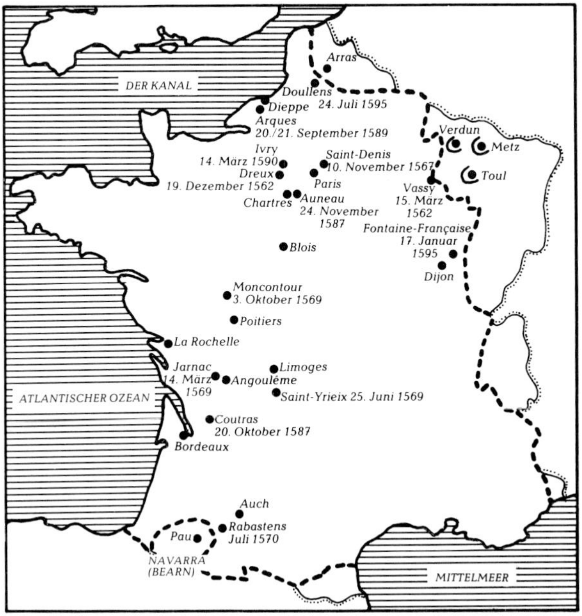

Die protestantisch-katholischen Schlachten des 16. Jahrhunderts fanden meistens im weiten Umkreis von La Rochelle, der Hochburg der Protestanten, statt.

Häuser versetzt. Die verbleibende Gemeinschaft wird, nach Entzug der Sakramentsbefugnisse, unter Obhut von sechs Visitandinnen gestellt. Im Juli werden sie gar unter polizeiliche Aufsicht gestellt, und eine besondere Äbtissin wird zur Leitung berufen. Nach der Bulle Alexanders VII., die die Unterschrift verlangte, halten nur noch vier Bischöfe ihren Widerstand durch, unter ihnen Henri Arnaud und Nicolas Pavillon, die aber ohnehin als reformerisch galten. Sie ergriffen offen die Partei Port-Royals. Die Uneinheitlichkeit des Episkopats aber erregte umso mehr die Besorgnis von Hof und Papst. Manche forderten die Absetzung der vier, doch das hätte wieder den gallikanischen Unmut gegenüber Rom geschürt. Erst 1667 traf ihre Verurteilung aus Rom ein. Prompt schlugen sich 19 Bischöfe auf ihre Seite, und Rom zitterte wieder vor der Gefahr des Schismas. Doch der König brauchte wegen des Krieges mit Holland ein geeintes Reich hinter sich. Daher wird 1668 ein Kompromiß herbeigeführt, in den auch die Nonnen von Port-Royal eingeschlossen sind, und der ein paar Zugeständnisse hinsichtlich der von Arnauld getroffenen Unterscheidung zwischen Faktum und Recht macht. Dennoch rücken die tapferen Schwestern, angeführt von Mutter Angelika, noch lange Zeit keine Unterschrift heraus. Erst auf besonderes Zureden Sacys unterschreiben sie 1669. Zur Belohnung erhalten sie die Sakramentsbefugnis zurück. Clemens IX. erzielt so den erwünschten Frieden, der in der Tat 35 Jahre anhält und den Jansenismus schließlich zu einer politischen, gallikanischen und schließlich wirklich antimonarchistischen Variante führt.

Vom Zeitpunkt dieses Friedensschlusses an genießt das Kloster noch zehn Jahre der Ruhe und das Prestige, vielen adeligen Damen bis hin zur Herzogin von Longueville, der Kusine des Königs, als Herberge zu dienen oder sie in Residenzen in seine Nähe anzuziehen. Doch im Kranze dieser hochgestellten Besucher lag auch eine Gefahr. In ihm fand Ludwig XIV. Angehörige der Kreise, die gegen seinen Absolutismus waren, so daß er Port-Royal für ein Nest des

Widerstandes hielt und einen Feind, den es bei nächster Gelegenheit niederzuschlagen galt.

Im Jahre 1670 erscheinen Pascals „Pensées" (Gedanken), gibt Port-Royal Gedanken Saint-Cyrans zu den kirchlichen Feiertagen heraus, und der alte Arnauld d'Andilly redigiert aus seinen Briefen „Instruktionen" heraus. Ansonsten bekämpft man die Calvinisten, um dadurch seine Rechtgläubigkeit zu dokumentieren, doch keiner nimmt den eigentlichen Jansenismusstreit wieder auf, und das Problem der Gnade wird strikt umgangen. Port-Royal – wie reformatorisch! – schickt sich an Übersetzungen und die Verbreitung der Heiligen Schrift und der Kirchenväter. So erscheint noch auf dem Höhepunkt der Krise im Jahre 1667 das Neue Testament von Mons, das jedoch von Péréfixe und Papst als „zu jansenitisch" verurteilt wird. So spät erst wurde das Anliegen der Reformatoren erfüllt! Die Gemeinschaftsarbeit Sacys, Nicoles und Arnaulds brachte schließlich ein elegantes und präzises Werk zustande.

Dann bricht der dünne Frieden. 1676 wird Henri Arnaud erneut beschuldigt, das „Formulaire" nicht unterschrieben zu haben. 1677 wehren sich zwei jansenistische Bischöfe, indem sie weitere Laxheiten in der kasuistischen Lehre der Jesuiten aufdecken, die Innozenz XI. auch 1679 verurteilt. Doch dem König mißfällt diese „action directe". Als der Frieden vom Nimwegen ihm 1679 wieder einen freien Rükken schafft, greift er in das Geschehen ein. Zudem starb auch die Herzogin von Longueville, die höchstgestellte Patronin des Klosters. Ohne geistliche Gründe zum Vorwande zusammenzusuchen, läßt Ludwig das Kloster im Mai von allen Schülerinnen, Beichtvätern und Novizen räumen und verbietet weitere Aufnahmen. Das bedeutet einen Verlust an Einnahmen und ist das Todesurteil für das Kloster.

Als es zwischen König und Papst zum Streit über Kirchengüter kommt, ergreifen die Jansenisten die Partei des Papstes. Das bedeutet für Arnauld, daß er nicht länger in Frankreich bleiben kann, wiewohl der Papst sich freudig auf die jansenitische Hilfe stützt. Arnauld flieht nach Brüssel, wo er 1694 stirbt, Nicole kehrt nach einiger Zeit nach Paris zurück. Daher war das Kloster auch noch der brüderlichen geistlichen Führung beraubt. Die theologische Auseinandersetzung wurde von anderen und vom Auslande aus weitergeführt. Zu solchen korrespondierenden Mitgliedern einer jansenitischen Partei zählte etwa Dom Gabriel Gerberon in Holland, der die Werke Barcos 1696 herausgab. Diese Herausgabe schlug in Paris wie ein Blitz ein und wurde sofort verboten, weil sie den alten Jansenismus wiederbelebe. In Paris selbst erheben sich 1697 die alten Jansenisten mit einer „kurzen Geschichte des Jansenismus" wieder, in der sie sich von Vereinnahmungsversuchen durch den neuen Erzbischof Noailles und dem Interpreten Jansens, Quesnel, distanzieren. Quesnel wird 1703 auf spanischen Befehl hin in Brüssel verhaftet, doch er entkommt auf abenteuerliche Weise. Seine Korrespondenz mit Freunden in Paris zeigt jedoch, daß er so etwas wie ein Führer der jansenitischen Partei war, was man bis dahin nicht bemerkt hatte, weil Arnauld einerseits keine solche Führernatur war, andererseits durch seine Schriften die Diskussion führte. Ludwig XIV. Befürchtung, es gebe eine jansenitische Verschwörung, war zwar weitaus übertrieben aber dennoch nicht ganz grundlos. Er versuchte wieder einmal mit einer Bulle des Papstes, Klarheit in diesem langen Streit herbeizuführen. Doch sie provozierte nur den Zorn der gallikanisch gesinnten Bischöfe. In Löwen schrieb sogar jemand eine Gegenantwort auf diese Bulle (Denuntiatio) – ein unerhörter Vorgang.

Die alten Nonnen in Port-Royal weigern sich immer noch, das „Formulaire" zu unterschreiben, es sei denn, ihr Zusatz werde genehmigt. Da holt Ludwig zum letzten Schlage aus. Im Oktober 1709 läßt er die Nonnen in verschiedene Klöster durch Polizei verteilen, und damit ihr Haus nicht zu einer Pilgerstätte werde, ließ er es zwei Jahre später abreißen. Die Mätresse Maintenon freute sich, doch Ludwigs Beichtvater erhob seine tapfere Stimme zum Protest. Worauf er bald entlassen wurde. Die Jansenisten, allen voran Quesnel im Amsterdamer Exil, bringen eine große Anzahl von Schriften unter dem Titel „Seufzer über die Zerstörung Port-Royals" heraus. Damit endet die dramatische Geschichte des Jansenismus, doch die geistige riß dadurch nicht ab. Führte sie doch schließlich sogar zur Gründung der altkatholischen Kirche.

Quesnel wurde 1713 durch die Bulle „Unigenitus Dei Filius" verurteilt, die Frankreich und Rom an den Rand des Schisma trieb. Die 101 zusammengetragenen Punkte aber deuten an, daß der Jansenismus der Esel sein sollte, während man den Sack Quesnel schlug. Ein Schluß war durch dieses frisierte Urteil also auch nicht zu erwarten. Ludwig war es einstweilen zufrieden, doch er sollte sich über die Ruhe täuschen. Das Parlament erblickte in der mit Rücksicht auf den Gallikanismus so vorsichtig formulierten Bulle einen Erweis der Fehlbarkeit des Papstes. Angesichts der Uneinigkeit der Bischöfe setzte Ludwig die Anerkennung der Bulle per Befehl durch. Doch im Jahre 1714 offenbart sich an nicht weniger als 180 Titeln, daß der Streit dennoch weitergeführt wurde! Als Ludwig 1715 stirbt, folgt ihm mit Philipp von Orléans ein Befürworter des Jansenismus nach, was den Streit weiter entfachte und das Episkopat weiter auseinandertrieb. Da überrascht 1717 eine Gruppe von vier Bischöfen ganz Frankreich mit einem Appell an die Verfassung, die Bulle einem Konzil zu überantworten. Binnen kurzem finden sich 3 000 befürwortende Unterschriften zusammen, darunter auch von solchen Bischöfen, die das Formulaire unterschrieben hatten.

Durch den Tod Quesnels 1719 in Amsterdam verliert die Jansenistengruppe einen Führer und fühlt sich auch ungeschützt. Die vier Appellanten werden 1719 exkommuniziert, doch das Parlament hatte bereits seine Macht geschmeckt, so daß das kaum Wirkung hatte. Erst 1730 verfügte der Nachfolger Noailles, Vintimille, einen entscheidenden Schlag gegen die Jansenisten. Die Bulle „Unigenitus" wird Gesetz, und alle Gegner werden von ihren Einkünften aus Kirchengut beschnitten. Damit wurden die Jansenisten marginalisiert. 1749 droht Erzbischof Beaumont die Beachtung der Bulle an bei Verweigerung der letzten Ölung und eines christlichen Begräbnisses. Als Ludwig XV. dann allgemeines Schweigen verordnet, setzt sich diese Maßregel erstmals durch und bleibt während der ganzen zweiten Hälfte des 18. Jahrhunderts erhalten. Mit Caylus, dem Bischof von Auxerre, trat 1754 der letzte offene Jansenist von der Bahn des Geschehens ab. Schon 1749 war der letzte große Theologe des Jansenismus, Laurent Bouvier, gestorben. Sei Werk über „Jansen und der Jansenismus" (man beachte die Unterscheidung!), das auf das Drama bereits als eine geschichtliche Epoche blickt, erschien nicht mehr bis zu seinem Tode. Eine späte Genugtuung brachte den Jansenisten das Verbot der Jesuiten in Frankreich, doch lag dafür nicht ihre Sicht Augustins sondern die moralische Laxheit zugrunde. Port-Royal ging in die Geschichte ein als Symbol für das freie Gewissen unter monarchischer Trennung und beschäftigte Literaten und darstellende Künstler.

Hat man diese dramatische Geschichte bis zu ihrem allmählichen Verklingen verfolgt, dann fragt man sich beim Rückblick über die zwei Jahrhunderte erstaunt: Was war der Jansenismus, daß er so viel Wirbel verursachte? Das Gefühl, hier sei einem Phantom nachgejagt worden, ist berechtigt. Trotz der Wortbildung „Jansen-ismus" haben wir es nicht mit einem geschlossenen System oder einer umfassenden Lehre noch mit einer alles in Frage stellenden Herausforderung zu tun. Dieses Wort wurde ursprünglich verächtlich gebildet und drückt mehr die Gefühle der Verächter als die Entschlossenheit einer festen Gruppe aus – so etwa wie im Dritten Reich das Wort „Judentum" gebildet wurde, obwohl die Juden zu dem Zeitpunkt viel zu integriert waren, als daß sie sich als ein „-tum" hervorhoben. Jansen selbst hatte zwar in 13 Jahren fleißiger Arbeit seinen „Augustinus" als ein konkret beziehbares Werk in drei Bänden geschrieben, doch entwarf er damit keine Lehre oder ein Programm sondern interpretierte einen alten Kirchenvater, mehr lag nicht in seinem Sinne.

Nur: In dieser Interpretation steckt der Stachel; denn Jansen und Duvergier nehmen einen konservativen Standpunkt ein. Sie nehmen aufgrund der Lehre Augustins Schuld, Gnade, persönliche Freiheit ernster als es ihre Zeitgenossen taten und sehen den Menschen etwas pessimistischer, als es der werdenden Zentralmacht in den Kram paßte. Der Vorwurf, sie versteckten sich hinter Calvin, ist nicht völlig aus der Luft gegriffen; denn der Ernst, in dem sie die Frage nach der persönlichen Schuld und Erlösung des Menschen stellen, verbindet sie allerdings mit dem heiligen Ernst, der die Protestanten schon lange ergriffen hatte. Auch Calvin hatte die für die reformierte Kirche typische Gewissenhaftigkeit schon von Augustin und anderen Kirchenvätern her begründet. Doch mit diesem Vorwurf war damals noch mehr gesagt. Die Jansenisten trafen mit ihrer Deutung, auch wenn sie weitaus weniger umfassend als die der reformierten Kirche war, denselben Schwachpunkt der etablierten, machtgierigen Kirche, den Calvin schon getroffen hatte.

Die Reformierten und die Jansenisten bekannten sich zu strengeren Deutungen von Schuld, Gnade und Freiheit und einem strengeren Umgang mit den Sakramenten. Die etablierte und reiche Kirche, die von der Macht des Staates durch eine ständige Koalition zu profitieren suchte, hatte sich dagegen mit der laxeren Interpretation häuslich und schacherte damit. „Kommst du in meine Beichte, dann hänge ich deine Intrigen auch nicht an die große Glocke", so ungefähr lautete die stille Übereinkunft. Zwischen Kirche und Staat funktionierte das Verhältnis so wie zwischen zwei Koalitionsparteien, die miteinander um Posten und Einfluß feilschen. Mit den strengen Theologieansätzen aber ging das nicht, und damit ging es bei Calvinismus ebenso wie Jansenismus nicht bloß um eine Denkkorrektur, sondern beide bedrohten das feine Machtuhrwerk, die Pfründe und die prinzipienlose Anpassung. Was Staat und

Kirche vielmehr verurteilen ist ihr ungestörtes Genießen, die Existenzsicherung auf Kosten der Scherflein vieler Witwen. Zerstöre meine Kreise nicht!

Anders kann man nicht das blamable Verhalten erklären, daß ein Sorbonneprofessor aus Examensfragen sieben Beispiele herausklaubt, sie als Jansens Lehre ausgibt und eine Bulle erwirkt, obwohl Arnauld klar darlegt, daß sie nicht aus Jansens „Augustin" stammen, und daß der Papst schließlich per erneuter Bulle befiehlt, daß sie als Jansens Lehre zu gelten haben – Wahrheit hat der Politik gefügig zu sein. Diese Verdrehung und der unaufrichtige Prozeß sind typisch für Macht, die Angst hat und einen Vorwand für Niederschlagung braucht. Der loyalste Deutsche, so wie Thomas Mann, wird einfach als Staatsfeind dekretiert. Auf wirkliche Analyse kommt es da nicht an, und darum nützt ein Versuch redlicher Auseinandersetzung kaum gegenüber den Mächtigen selbst, sondern eigentlich nur vor anderen Abhängigen, die auf diese Weise möglicherweise aufgeklärt werden. Denkwürdig ist allerdings, daß Macht nur selten zu nackten Gewaltübergriffen neigt sondern sich immer die Gebärde des Rechts oder der Wissenschaftlichkeit oder eines anderen Prinzips zu geben sucht, das sie genau angreift.

„Der Gnaden- und Sakramentsrigorismus unterhöhlte die Organisation und Praxis sowohl des römischen Zentralismus (...) des renaissancehaft-lebensbejahenden Jesuitentums als auch des macht- und realpolitisch eingestellten französischen Staatskirchentums", faßt P. Honigsheim zusammen. Deutlicher kann man nicht machen, weshalb der Jansenismus, obwohl treukatholisch, auf solche ärgerliche Überreaktion traf.

Was hat er mit dem Protestantismus zu tun? Das war schon die erste Parallele: Beide Richtungen wurden bekämpft, weil das, was sie so redlich dachten, viel mehr in Frage stellte und bei den Gegnern Furcht auslöste, ihr Machtsystem werde zerbrechen und sie ohne bequeme, sichere Einkünfte stehenlassen.

Der Jansenismus profitierte vom Protestantismus insofern, als dieser die Mächtigen weitaus mehr beschäftige und so von den Jansenisten ablenkte, und die brutale Gewalt, die auf die Reformierten niederprasselte, schuf eine Genugtuung bei den Mächtigen, die die Jansenisten entlastete und ihnen Freiraum gab.

Umgekehrt verschlimmerte der Jansenismus die Reaktion auf die Reformierten; denn die Mächtigen mußten von ihrer Warte aus denken, daß ihr egoistisches Cliquensüppchen von einer „Hydra" von Reformern „bedroht" werde, nicht nur von der RPR sondern auch noch von den Jansenisten. Der Vorwurf, sie seinen „Calvinisten", obwohl die Jansenisten doch keinerlei derart umfassende Reformabsicht hegten und vielmehr ihrerseits auf die Reformierten schimpften und sie bekämpften, verrät, welche Empfindungen die Machthaber in Kirche und Staat bei dieser Infragestellung hegten – sie unterschieden nicht, für sie ging es in beiden Fällen um alles.

„Mais bien sur, il était Janseniste" (Aber sicher, er war Jansenist), hört man des öfteren in Diskussionen der Gesellschaft für die Geschichte des Protestantismus in Frankreich (SHPF), wenn es darum geht, die Geschichte einzelner kleiner Epochen und Gegenden für eine Gesamtgeschichte aufzuarbeiten. Diese Erklärung soll bedeuten, wann immer jemand auf einen barmherzigeren oder gesprächsbereiteren Bischof stieß, unter dem es den Protestanten etwas besser als anderswo ging, dann erklärt sich das oft daraus, daß der Bischof oder Erzbischof ein Jansenist war. Insofern verdanken manche Protestanten jener Zeit Linderung den jansenistisch eingestellten Klerikern. Zwar haben sie andererseits durch Sticheleien oder mehr versucht, sich selbst im Ansehen zu erhöhen, doch Kraft ihrer Lehre verstanden sie das Anliegen der Reformierten am ehesten und waren deshalb zuweilen milder gesinnt als rom- oder paristreue Kleriker.

Sodann bietet der reichlich und gut dokumentierte Jansenismusstreit die Möglichkeit, die feineren Vorgänge zwischen Macht und Kritikern zu analysieren, ganz besonders etwa die Aufzeichnungen der Nonnen in Port-Royal. Das ist im Protestantismus nur begrenzt möglich; denn nach dem Tode Heinrichs IV. gab es ja nur einseitige Dokumentationen – die Verfügungen der Macht – während alle protestantischen Stimmen nur leise aus dem Ausland sprachen, im Inland gar nicht erschienen oder sofort vernichtet wurden. Die Reaktion auf den gleichzeitig sich entwickelnden Jansenismus aber belegt in peinlicher Weise, daß die Macht, so aufgebläht sie auch sein mag, in Wirklichkeit die andere Seite einer ganz tief sitzenden Angst ist. Einer so großen Angst, daß die Macht zu den irrationalsten und gemeinsten Maßnahmen greift. Aber, das ist merkwürdig, daß sie diese Maßnahmen nicht so einfach ergreift wie die Auflösung des Klosters Port-Royal sondern sich immer noch den Anschein des Rechts gibt und alle dummen Einschränkungen fein säuberlich per Bulle des Papstes oder Edikt des Königs verfügen läßt. Die Macht ist auch noch feige.

Der Jansenismus verdeutlicht ferner die Tatsache, die im Protestantismus Frankreichs fast ausblieb, während sie in der Person Luthers besonders deutlich wurde. Läßt man einen Christen nur die Bibel und die Kirchenväter lesen, dann sind Hierarchien („geistlicher Stand") und bequeme Auslegungen nicht möglich. Um vorteilhafte Privatauslegungen wahren zu können, muß man schon klassische Werke unterdrücken und nur das jeweils passende herausgeben, so wie es in George Orwells „1984" die Maschinerie (Wahrheitsministerium) des Großen Bruders besorgt. Wann immer aber jemand Zugang zu den grundlegenden Werken des Glaubens hat, so entfaltet die Bibel ihre eigentliche Macht und verpflichtet Personen auf die Wahrheit, ob die sich nun von der störrischen Kirche trennen (Calvin) oder in ihrer bleiben (Jansen), doch sie sind nicht mehr mundtot zu machen.

Das gilt auch für die Kirche, wenn sie zu einem Apparat wird, der sich mit Macht und Geld arrangiert. Wann immer das der Fall war – aus der Kirche selbst kam dann auch die Überwindung der bequemen menage à trois. Mag die Kirche auch einige Zeit ein willfähriges Werkzeug sein – auf Dauer läßt Gott nicht zu, daß sie vor jemandes Karren gespannt wird. Es findet sich unweigerlich ein Reformer, der das Pferd wieder ausspannt. Die letzliche Unverfügbarkeit des Glaubens und der wahren Kirche – das ist die Macht, vor der die eifrigen Kutscher schließlich zitternd kapitulieren müssen. Von Calvin wollten sie es nicht hören und wurden ihn schnell nach Genf los. Dafür mußten sie umso länger die Stimme Jansens und seiner Anhänger aushalten.

Noch etwas verdanken die Protestanten dem Jansenismus. So unsystematisch er im Wesen ist und so schlecht er als Bewegung geführt wurde, er war es doch, der der Aufklärung einen Weg in den Katholizismus bahnte, und der Aufklärung verdanken die Reformierten eine Reihe von Entkrampfungen und schließlich das Toleranzedikt Ludwigs XVI. aus dem Jahre 1787, das von Staatsmännern wie Turgot, Malesherbes und Condorcet durchgesetzt wurde.

5. Das „Who's who" der Reformation in Frankreich

Wer einen Blick in die Geschichte tun will, kann sich dabei auf verschiedene Weise orientieren: Er kann versuchen, alles, was in einer bestimmten Epoche geschah, zu erfassen zu suchen. Er kann ein bestimmtes Land als Leitmotiv für seine Untersuchung wählen, einen Aspekt (wie zum Beispiel Mode, Handwerk oder Verkehr) oder auch eine Person. Die Wahl einer berühmten Persönlichkeit dient dann nicht alleine dazu, Geschichte etwas anschaulicher zu machen, sondern Personen sind ja schließlich die Handelnden, und zu früheren Zeiten galt noch mehr als heute, daß die Beweggründe des Handelns einer Person zu den Beweggründen einer ganzen Epoche gehörten. Zur Zeit der Reformation kommt ferner hinzu, daß etwa die Veröffentlichungen einer Person viel mehr Bedeutung hatten als eine Veröffentlichung heute, weil es die lateinische Sprache gestattete, daß die Gelehrten in allen Ländern das gleiche Buch aufnehmen konnten. Martin Luther las Faber Stapulensis aus Frankreich, und Michel Vallier wurde zum ersten Märtyrer Frankreichs, weil er Luthers Werke übersetzt hatte.

Daher sollen auch in dieser Einführung neben den Längsschnitten durch die verschiedenen Jahrhunderte nicht die Querschnitte des Lebens einiger Persönlichkeiten aus der Reformation fehlen und bei der Orientierung innerhalb der großen Zeiträume helfen.

Jacques Lefèvre d'Estaples (Faber Stapulensis)

Der herausragende Humanist auf der Seite der Reformation wurde 1455 in Etaples an der normannischen Atlantikküste unweit von Boulogne-sur-Mer geboren. In der Fachwelt ist er auch als Faber Stapulensis bekannt, und dieser lateinische Name deutet an, welche Bedeutung sein Schaffen als Theologe, Übersetzer und Lehrer hat. Wenn er selbst auch nie offen zum Protestantismus konvertierte, so regte er doch unter allen seinen Schülern das gründliche Studium der Heiligen Schrift und ihre Verbreitung in der Originalsprache an, die beide für die Reformation typisch sind. Im März des Jahres 1536 starb er in Nérac, das im damaligen Königreich Navarra lag.

Die erste Station Lefèvres, des französischen Melanchthon, als Gelehrter war die eines Philosphie-Lehrers in Paris (1490-1507). Während dieses langen Zeitraums unternahm er jedoch zahlreiche Reisen nach Italien, um dort das klassische Griechenland und die neuplatonischen Mystiker zu studieren. Während er dort Lehrer war, gehörten

Guillaume Farel und François Vatable, ein anderer Reformator, zu seinen Schülern.

Ab 1507 lehrte er an der Abtei St. Germain-des-Prés, an der sein ehemaliger Schüler Guillaume Briçonnet zum Abt gewählt worden war. Nachdem Briçonnet 1516 zum Bischof von Meaux berufen worden war, holte er seinen berühmten Lehrer Lefèvre ein weiters Mal in seine Nähe und machte ihn 1523 zum Generalvikar von Meaux. In dem reformfreudigen Klima der kleinen Stadt östlich von Paris aber geriet er schon zwei Jahre später (1525) wie viele andere in den Verdacht, ein Lutheraner zu sein, und er zog es vor zu fliehen. Er wählte Straßburg, eine andere Hochburg der Reformation. Doch nicht lange nach diesem Ausflug konnte er dank der Gnade Franz I., der wieder Vertrauen zu Lefèvre gewann, nach Blois zurückkehren. Doch nach weiteren sechs Jahren (1531) ließ sich Lefèvres Aufgeschlossenheit nicht mehr verbergen, und er mußte in Nerar den Schutz der kräftig protestantisch gesinnten Margarethe von Angoulême, der Königin von Navarra, die überdies auch als Dichterin Verständnis für die Leistungen Lefèvres hatte, aufsuchen.

Kennzeichnend und bedeutend an Lefèvres Schaffen ist, daß er das Studium der Heiligen Schrift aus der mittlerweile unerquicklichen Bindung an die Scholastik befreite. Möglicherweise war es ihm gestattet, die Theologie in größerer Breite zu sehen, weil er sich auch mit anderen Wissensgebieten befaßte und zwischen 1492 und 1506 sogar Lehrwerke in der Physik und Metaphysik veröffentlichte. Bekannter sind allerdings seine kommentierten Ausgaben zu Aristoteles' Ethik, Metaphysik und Politik. Da er sich um 1505 in einer religiösen Krise befand, ist sein Versuch verständlich, sich mehr der Mystik zuzuwenden.

Lefèvre blieb die Literatur aus anderen europäischen Ländern keineswegs verschlossen. So schrieb er 1505 Betrachtungen über den katholischen Philosophen Ramon Llull (Raimundus Lullus) aus Katalanien und veröffentlichte später das Werk des niederländischen Mystikers Jan van Ruysbroek und über den deutschen Philosophen und Kirchenvater Nikolaus von Kues (Cusanus). Im Jahre 1509 veröffentlichte er einen „Psalterium quintuplex", das heißt einen Psalter, in dem für das ursprüngliche Herbräisch fünf lateinische Versionen nebeneinandergestellt werden.

Der Kommentar zu den Paulusbriefen, der 1512 erschien und der heute als Eröffnungswerk der Reformation in Frankreich gewertet wird, blieb auch Luther nicht unbekannt. Sein Buch von der Vorstellung der drei Marien in den Evangelien ist ganz und gar reformatorisch und wurde von der erzkonservativen Sorbonne sofort nach Erscheinen (1521) verurteilt. Also verlegte sich Lefèvre wieder auf Werke, die nicht schon in der Überschrift ihre kritische Stellungnahme zu erkennen gaben und veröffentlichte 1522 lateinische Evangelienkommentare.

Im Alter von 65 Jahren (1523) erst gab Lefèvre ein Neues Testament auf Französisch heraus. Zumindest vermutet man ihn hinter dieser Ausgabe. 1528 erscheint in Antwerpen das Alte Testament und erst 1530 die ganze Bibel, die man daher auch Antwerpener Bibel nennt. Es ist erstaunlich, daß sich bei diesem französischen Reformator das Werk von zentraler Bedeutung, die Bibelübersetzung, erst auf dem Höhepunkt des Lebens und des Wirkens als Gelehrter ergibt, während sie bei Luther am Anfang seines reformatorischen Wirkens steht. Lefèvre scheint doch stark von Lehraufgaben beansprucht worden zu sein. Zu dieser Annahme kann man kommen, da es seinen Schülern teilweise gelang, seine Methoden zu verbessern. Die erste echt protestantische Bibel ist die bekanntere Bible Olivétan aus Neuchâtel im Jahre 1535. Wiewohl diese im Schonraum der reformierten Schweiz entstand, mußte sie doch mehrfach revidiert werden. Besonders berühmt sind die Versionen Calvins von 1546 und des Verlegers und Gelehrten Robert Estiennes von 1553. Die Löwener Bibel der Katholiken, die aufgrund der Anregung der Jansenisten und als Antwort auf die verbotene Bibel Lefèvres entstand

(1550), gründete jedoch auf den Vorarbeiten Lefèvres und Olivétans.

Wenn man also besonders das Leben und Wirken Jacques Lefèvres betrachtet, wird deutlich, wie eigenständig die französische Reformation entstand und verlief und durchaus nicht als ein bloßer Ableger der deutschen angesehen werden sollte.

Guillaume Farel

Kurz bevor der Reisende aus dem Norden auf der Route Napoleon bei Gap einen weiten Blick auf das Tal der Durance wirft, führt rechts eine kleine Straße nach Farel. Aus diesem Dorfe bei Gap stammt die Familie Farel. Guillaume wurde 1489 in Gap geboren. Ein Jahr nach Calvin, also 1565, starb er am 13.9. in der Reichsstadt Metz. Er war ein Schüler des berühmten Gelehrten und Historikers Jacques Lefèvre d'Estaples (1455-1536), der ihm auch später zu einer Professur am Collège Cardinal Lemoine in Paris verhalf.

Guillaume bekehrte sich im Alter von 32 Jahren (1521) zum neuen Glauben, also drei Jahre älter als de Bèze, den die Krankheit im Alter von 29 Jahren zu diesem Schritt veranlaßte. Der reformwillige Bischof Guillaume Briçonnet in Meaux wurde auf diesen jungen Mann sofort aufmerksam und berief ihn flugs als Diözeseanprediger in das französische Wittenberg.

Doch schon nach zwei Jahren (1523) ging Farel zurück nach Paris. In der Öffentlichkeit dieser Stadt fiel seine Gesinnung sofort auf, so daß er schon bald in die Schweiz fliehen mußte. Er wählte Basel als Ort seiner Zuflucht, da dort Oecolampad als Reformator wirkte. In einem Disput mit Erasmus, dem Liebling der Stadt, ging Farel aber so weit, daß er auch von dort verbannt wurde. Zwei Jahre wanderte er daraufhin als Prediger zwischen Montbéliard, Straßburg, Basel, Bern umher, bis er schließlich vier Jahre lang in Aigle eine Heimat fand, und nach Station in Neuchâtel erreichte er schließlich Genf (1532), das sich 1532 auf die Seite der Reformation schlug. Dort traf ihn Calvin, den Farel zum Bleiben aufforderte und schließlich sogar bedrohte. Gedacht war, daß er Farels Assistent würde, doch ab 1538 zeigte sich, daß Calvin die Weichen der Reformation stellen würde.

Unter den Zeitgenossen war Farel in erster Linie als Prediger bekannt. Theodor de Bèze verglich seine Predigten mit Donner. Uns ist das unmöglich, denn keine einzige seiner Predigten ist als Manuskript überliefert. Nur einige seiner französischsprachigen Bücher sind uns erhalten: Die „Summaire et brievfe déclarations d'aulcuns lieux", die Grundlage einer Dogmatik, die 1525 erschien; ferner eine polemische Schrift gegen Libertinisten („La flaire de la parole véritable", 1550) und ein Angriff auf den katholischen Bilderbrauch („Du vray usage de la Croix de Jésus- Christ", 1560). Demnach war Farel eher der Stratege und Gelehrte des gesprochenen Wortes. Doch wie wir an der entscheidenden Sitzung mit den Waldensern in Chanforan sahen, war er darum um nichts weniger einflußreich. Trotz seiner Wirkung sah Farel sein Gelehrtenleben jedoch nicht als Gott wohlgefällig an, was seinen Freund Calvin tief erschütterte.

Farels anhaltende Wirkung ist darin zu sehen, daß er Persönlichkeiten und Gruppierung zu einer Reformation zusammenschweißte und Genf zu einem Zentrum der Reformation machte, hat er doch nicht zuletzt auch John Knox, den schottischen Reformator, ausgebildet.

Theodor de Bèze, lat. Beza

Das spätere Haupt der protestantischen Bewegung wurde am 24. Juni 1519 im burgundischen Vézelay (heute Department Côte d'Or) geboren, Theodor de Bèze wirkte als Autor, Übersetzer, Erzieher, Theologe und Liederdichter. Er wurde bald zum Assistenten Calvins, später dessen Nachfolger in Genf.

Mit 16 Jahren (1535) studierte er die Rechte in Orléans. Theodor de Bèze war dort wie Calvin Schüler des deutschen Rechtsgelehrten Melchior Wolmar. Nach dem Examen 1539 eröffnete er in Paris eine Praxis. Während dieser Zeit schrieb er eine Sammlung lateinischer Gedichte von hohem Rang, die er „Juvenalia" nannte. Zum protestantischen Glauben führte ihn eine schwere Krankheit. Da zu jener Zeit Bücher mit der neuen Lehre ja noch nicht verfügbar waren, begab er sich gleich an die Quelle, nämlich zu Calvin in Genf, der dort mit dem ersten Versuch seiner theokratischen Reform der Stadt befaßt war.

Im Jahr 1549 übernahm er eine Professur für Griechisch in Lausanne; denn schließlich waren die Reformierten ja daran interessiert, wieder von der Grundlage der Bibel auszugehen, und dazu bedurfte es guter Kenntnisse der alten Sprachen Griechisch und Hebräisch. Nach vier Jahren wurde seine Ausbildung als Jurist gefragt; denn Calvins Verurteilung des Spaniers Michel Servet und dessen Hinrichtung auf dem Scheiterhaufen hatten die Welt gegen den Reformator in Genf aufgebracht, und de Bèze trat ihm darum mit einer Verteidigungsschrift zur Seite. Er reiste sogar durch Europa, um Kontakte zu anderen Zentren der Reformation zu bekommen. Im Jahre 1558 kehrte er nach Genf zurück.

Schon ein Jahr später beantwortete er zusammen mit Calvin den großen Bedarf an ausgebildeten Pfarrern und Seelsorgern mit der Gründung der Akademie und wurde gleich ihr erster Rektor. Aus dieser Akademie ging die spätere Universität hervor.

Als Calvin 1564 starb, fand er in Theodor de Bèze einen befähigten und schon erfahrenen Nachfolger, so daß die Fortführung der Reformation von Genf als bruchlos gesichert war. Noch mehr als vierzig Jahre war es ihm vergönnt, die Reformation zu leiten; denn er erreichte das damals seltene 86. Lebensjahr. Er starb in Genf am 13. Oktober 1605. Ihm war es also noch vergönnt gewesen, die ruhige und gedeihliche Zeit unter Heinrich IV. zu erleben.

Die von ihm geleitete und verfaßte Übersetzung der Bibel in Genf wurde auch zur Grundlage der „King James Version" in England, die nach ihrem Auftraggeber König Jakob I. und VI. von Schottland und England benannt wurde. Aufgrund der Pariser Bartholomäusnacht, die die ganze protestantische Welt zutiefst erschütterte und in Zweifel stürzte, entstand im Jahre 1574 das Werk „De jure magistratum", in dem de Bèze das Recht auf Widerstand gegen Tyrannei begründete. Damit entfernte sich der Erbe Calvins in bedeutender Weise von seinem Vorgänger; denn Calvin war die Gehorsamspflicht ein wesentlicher Bestandteil seines Glaubensverständnisses, und bis dahin hatten die Reformierten in Frankreich ja auch in bewegender Weise das Märtyrertum auf sich genommen. Doch wenn nun die Pariser Bluthochzeit die Protestanten zu politischen Mitteln greifen ließ, so geschah es aufgrund von Bèzes Schrift umso entschiedener. „De jure magistratum" wird zum politischen Manifest der Reformierten.

Im Jahre 1581 machte er der Universität zu Cambridge den berühmten „Codex D" zum Geschenk, ein kostbares Manuskript aus dem 5. Jahrhundert mit Evangelientexten in Griechisch und Latein und seinen Kommentaren zu den Texten.

De Bèze' Biografie Calvins ist das wichtigste Zeugnis über den Führer der Reformierten. Neben zahlreichen Kampfschriften gegen die Katholiken ist noch seine Geschichte der reformierten Kirche in Frankreich zu erwähnen, die 1580 erschien. Seinem fleißigen Wirken also ist zu danken, daß die Reformation calvinistischer Prägung als ein mächtiger Geistesstrom in Europa erhalten blieb.

Jean Calvin

Das Haupt der französischen Reformation, Johann Calvin, wurde am 10. Juli 1509 in Noyon in der Picardie geboren. Fast dreißig Jahre jünger als Luther, gehört er auch für die französische Geschichte zur zweiten Generation von Reformatoren. Es gerät zu einem denkwürdigen Bild seines Lebens, daß sein Vaterhaus im Schatten der großen Kathedrale stand, in der Karl der Große 768 zum König gesalbt worden war.

Der Vater Gerard Cauvin war Sekretär des Bischofs Karl von Hangest, der ein prunkliebender Kirchenfürst und einer von zwölf Pairs Frankreichs mit Sitz im Parlament war, Prokurator des Domkapitels, apostolischer Notar, Steuereinnehmer der Picardie, Schreiber des kirchlichen Gerichtshofs. Das war eine erstaunliche Karriere, da er sich aus einfachsten Verhältnissen emporarbeitete und 1497 erst das Bürgerrecht Noyons erworben hatte. Seine Brüder, Flußfischer aus Pont l'Eveque wie er, hatten sich als Schlosser in Paris niedergelassen.

Zwischen Bischof Johann von Hangest und dem Kapitel kam es wiederholt zu Streitigkeiten. 1533 wurde er von den 57 Domherren aufgefordert, sich den Bart abnehmen zu lassen. In dem Streit zwischen seinen beiden Dienstherren, Bischof und Kapitel, scheint auch Gerard Cauvin zerrieben worden zu sein: er starb 1531 im Kirchenbann, weil er 1528 aufgefordert war, die Erbschaft zweier Kapläne zu regeln, doch Gerard war ihr Amtsmißbrauch der Exkommunikation zum Erzwingen des Erbes anscheinend zu weit gegangen. Die Söhne hatten Mühe, ihn in geweihter Erde bestatten zu lassen. Aus dieser Verflechtung Calvins in die Verwaltung der Kirche samt allem Mißbrauch kann man sich denken, welchen Einblick Calvin genossen hatte, und zweitens, wie ungeheuerlich die Reformation die alte Kirche verunsichern und ängstigen mußte, wenn alleine schon die Verwaltung und Habgier innerhalb der katholischen Kirche zu so wütenden Maßnahmen führen konnte.

Die Mutter Jeanne Lefranc war Gastwirtin und eine schöne und fromme Frau. Calvin und seine Geschwister verloren sie jedoch früh, und der Vater heiratete ein zweites Mal. Zur Familie zählten schließlich vier Söhne und zwei Töchter. Der vierte Sohn, Franz, starb früh. Der älteste, Karl, scheint auch reformatorischen Ideen zugeneigt gewesen zu sein; denn er war zwar Priester, starb aber 1537 exkommuniziert und ohne Sakramente. Mit Anton und Marie zog Calvin später nach Genf. Die zweite Tochter ist namentlich unbekannt.

Calvin kam also aus gutem Hause, und so erhielt er Unterricht mit den Söhnen der Familie de Hangest-Montmor, die mit dem Bischof verwandt war. Zu seinen Studien in Noyon, die schon früh begannen, zunächst im Hause der Söhne de Hangest-Montmor, dann am College des Capettes, erhielt er schon zwei bischöfliche Stipendien. Im Jahre 1521 schaffte ihm der Vater eine Pfründe, die dem jungen Calvin ein Viertel der Einkünfte einer Kaplanei verschaffte. Er bekam einen Dispens, weil er noch nicht das kanonische Alter von 25 Jahren erreicht hatte und mußte nur einen Stellvertreter benennen, der an seiner Stelle die Messen las. Diese Pfründe wurden für ihn fortgeführt, als er schließlich in Paris studierte. Er wurde titularmäßig 1527 Pfarrer von Marteville, 1529 Pfarrer von Pont-l'Eveque, dem Ort seiner väterlichen Vorfahren (die Mutter stammte aus Cambrai). Calvin mußte also bestens darüber Bescheid wissen, wieso sich so viele Menschen innerhalb der Kirchenhierarchie an ihre mächtigen Möglichkeiten klammerten, durch fast nichts zu Einkünften zu kommen.

In Paris wohnt Calvin beim Bruder seines Vaters, Richard, und besucht mit den Söhnen de Hangest-Montmor zunächst das Collège de la Marche, ab 1523 das Collège Montaigu, in dem sich die ganze französische Elite von Erasmus, Rabelais, Ignatius von Loyola und Guillaume Farel traf. Sein Studienfach der (sieben) freien Künste schloß Calvin mit dem Magister Artium ab. Dieser Abschluß war die Voraussetzung für ein Studium der Theologie, Jurisprudenz oder Medizin.

Die entscheidende Begegnung am Collège de la Marche beschränkt sich auf Mathurin Cordier, den Lateinlehrer und geschickten Pädagogen seiner Zeit. Er gibt Calvin auch Aufgaben im Französischen, was eine ganz außerordentliche Ausnahme war. Calvin erinnerte sich dieser Anleitung jedoch mit solcher Dankbarkeit, daß er seinen alten Meister später an die von ihm neugegründete Akademie in Genf berief, das Collège de Rive, und ihm 1550 seinen Kommentar zum 1. Brief an die Thessalonicher widmete.

Das Collège Montaigu hingegen war von Noel Bedier beherrscht, einem eingefleischten Feind aller neuen Ideen, der ab 1521 dafür sorgte, daß Luthers und Lefèvre d'Estaples Schriften verboten wurden. Bei Erasmus versuchte er das gleiche, doch der erwies sich ihm eine europäische Nummer zu groß.

Übereinstimmend schilderten Erasmus und Rabelais die Grausamkeit, Unsauberkeit und Engstirnigkeit der Schule, was wahrscheinlich das negative Urteil der Schule gegenüber dem Humanismus einschließt. Im Collège selbst lernte Calvin vor allem das Disputieren, das zu jener Zeit die Gelehrten faszinierte, und die kirchliche Hochscholastik. Nach vier Studienjahren erwarb Calvin hier den höheren Abschluß des Lizentiaten der freien Künste. Theologie hat der Theologe nie studiert. Wie er selbst beschreibt, kommt das daher:

> Zur Theologie hatte mich mein Vater bereits als kleinen Knaben bestimmt. Als er aber bemerkte, daß die Rechtswissenschaft ihre Jünger allenthalben reicher macht, bewegte ihn diese Hoffnung plötzlich zur Änderung seines Planes. So kam es, daß ich vom Philosophiestudium weggenommen wurde, das Rechtsstudium zu betreiben.

Danach trieb es ihn vom konservativen Geist des Collège Montaigu nach Orléans, wo er, stets seinem Vater folgend, Jura studierte. Denn in Paris wurde nur kanonisches, nicht auch Zivilrecht gelehrt. Dort hörte er den berühmten Pierre de l'Estoile (lat. Petrus Stella), nach Calvins eigenen Worten den Fürsten unter den Rechtsgelehrten. Daneben hörte er den Deutschen, als „Lutheraner" verschrienen Rechtsgelehrten Melchior Wolmar, bei einem kurzen Aufenthalt in Bourges (1529) auch den Italiener Andrea Alciato. Das bedeutete, daß Calvin in l'Estoile einen juristischen Scholastiker hörte und in dem Italiener Alciato den Begründer der historischen Schule, in der nämlich Gesetze aus Geschichte und Literatur erläutert wurden. Der Humanist Wolmar lehrt Calvin die griechische Sprache, und als dieser nach Bourges zieht, folgt Calvin ihm ein zweites Mal dorthin.

Seine Studien schließt Calvin zunächst mit dem Baccalaureat, dann der Lizenz und schließlich (1533) mit dem Doktorat ab. Man sprach ihm diesen Titel zu, weil sich während seiner Zeit in Orléans seine ganze Begabung zeigte, insofern er mehr als Lehrer denn Schüler an den Vorlesungen mitwirkte und die Universität sich so wegen seiner Verdienste bedankte.

Gleichsfalls hatte er sich um die Studenten gekümmert und war zum Prokurator der „Nation" aus der Picardie ernannt worden.

Da gibt ihm der Tod des Vaters im Jahre 1531 plötzlich die Freiheit, seine eigenen Wege zu gehen, und er wendet sich wieder nach Paris und den Humanisten zu, besonders Guillaume Budé, der am Collège Fortet lehrte, das sich – anscheinend nicht nur äußerlich – genau gegenüber dem Collège Montaigu befand, in dem Calvin seine Jugend verbracht hatte. Schon nach kurzer Zeit entsteht hier Calvins erstes Buch, „De Clementia" (Über die Milde). Bei diesem lateinischen Kommentar des Philosophen Seneca – Kommentare zu antiken Schriftstellern waren bei den damaligen Humanisten ein beliebtes Stil- und Formmittel in ihrem Schrifttum – bewies Calvin eine exzellente Sprachbeherrschung und Kenntnis der antiken Schriften und der Rhetorik. Die neuen Ideen haben sich hierin jedoch noch nicht niedergeschlagen, und das Buch verkauft sich auch nur mit Mühe. Man kann sich daher nicht sicher sein, daß Calvin mit dieser Schrift sich wirklich gegen die Verfolgung der Evangelischen aussprechen wollte, wie einige vermuteten. Vielmehr herrscht der Versuch vor, Christentum und die Philosophie der Stoa miteinander in Einklang zu bringen. Seinem Lehrer Budé und Erasmus zollt er in dieser Schrift hohes Lob.

Da sich die Schrift nicht gut verkaufte, hilft Calvin lieber seinem Vetter Robert „Olivétan" bei dessen Übersetzung der Bibel. Erst diese Arbeit war es wohl, die ihn dazu brachte, kleine Traktate auf seine Kosten herzustellen und zu verteilen, als er wieder in Paris war und bei dem reichen Kaufmann Etienne de la Forge, einem Kompatrioten aus der Picardie, Wohnung genommen hatte. Im Hause dieses frommen Mannes trifft sich ein „Hauskreis", wie man heute sagen würde, in dem man auch die ersten Psalmen Clement Marots singt, der soeben zu einem Geheimrat Franz I. avanciert war. Diesen Kontakt mit den Reformierten mußte der Kaufmann nach der Affäre des Placards (Okt. 1534) mit 23 anderen auf dem Scheiterhaufen bezahlen. Im Streit der Rhetoriker gegen die Dialektiker schien Calvin die Seite der Rhetoriker einzunehmen. Denn diesen zählte die Klarheit des Gedankens und des Vermögens, Menschen zu bewegen, mehr als Kriterium einer Aussage denn die Wahrheit alleine.

Zu seiner Bekehrung zum reformierten Glauben gibt Calvin nichts an, und auch die Forschung ist hier ohne Ergebnis geblieben. Er sagt nur, daß sie plötzlich auftrat, und vermuten kann man nur, daß sie zustande kam, als Calvin Jacques Lefèvre d'Estaples hörte. Andere wiederum vermuten, daß Melchior Wolmar und der Vetter Olivetan an der Bekehrung hohen Anteil haben. Daher kommt es, daß für die Bekehrung mal 1528, mal 1534 vorgeschlagen werden. Für das frühere Jahr 1528 spreche, daß Calvins Vetter nach Straßburg fliehen mußte und daß dieses Ereignis in dem jüngeren Vetter die Umkehr auslöste. Aus Calvins Psalmenkommentar von 1557, in dem er sich darauf bezieht, geht jedoch nichts Genaueres hervor. Calvin schlug sich aber mit solcher Energie auf die Seite der Reformation, daß er berichtet, „alle, die nach reinerer Lehre begehrten, (kamen) zu mir, dem Neuling und Anfänger, um zu lernen". Daher war es möglich, hinter der progressiven Rede des jungen Rektors und Mediziners Nikolas Cop in der Sorbonne am 1. November 1533 ihn als Mitautor zu vermuten, und daher mußte er ebenso wie dieser im Jahre 1534 aus Paris fliehen. Die Seligpreisungen aus Matthäus 5 hatte er zum Thema gewählt und dabei im Wesentlichen aus den Schriften des Erasmus und Luthers zitiert. Gleichwohl schließt das Einleitungskapitel noch mit der ganz unreformatorischen Anrufung der Maria – als bewußter Tarnung? Doch insgesamt bewegt sich diese Rede, wenngleich sie schon dem Wesen nach als reformatorisch anzusehen ist, unentschieden zwischen Humanismus und Reformation, zwischen denen Luther schon geschieden hatte (woraus sich die Entfremdung zwischen Luther und Erasmus ergab).

Wiewohl Calvin der Polizei nur knapp entgeht, kann er jedoch nicht unvorbereitet gewesen sein. Denn an diesem Jahr 1534 ist bemerkenswert, daß er aufgefordert war, Priester zu werden, um im Genuß seiner Stipendien bleiben zu können, und zu diesem Zwecke reist er auch nach Noyon. Doch dort verzichtet er am 4. Mai in aller Klarheit auf seine Vorteile, noch ohne eine andere Unterhaltsquelle ausfindig gemacht zu haben. Daraus ist zu schließen, daß Calvin sich schon zu diesem Zeitpunkt ohne weitere Kompromisse oder Versuche darüber im klaren war, daß an der katholischen Kirche seiner Zeit von innen her nichts mehr zu reformieren war, sondern daß nur eine eigenständige Kirche die nötigen Besinnungen und Reformen würde verwirklichen können. Daß Calvin, von dem Tumult auf die Rede Cops getrieben, sich nach seiner Flucht verschiedentlich in Paris aufhielt und dann die geheime evangelische Gemeinde besuchte, dürfte für den reformatorischen Durchbruch entscheidender als alle vorherigen Studien gewesen sein.

In diesem Vortrag Cops vor der Sorbonne hatte es ganz harmlos geheißen:

> Die Welt und ihre Übeltäter haben die Angewohnheit, diejenigen als Ketzer zu bezeichnen, die sich darum bemühen, die Seelen mit dem reinen Evangelium zu durchdringen, diejenigen, die den Gehorsam gegenüber Gott an die erste Stelle setzen. Selig sind die Menschen, die diese Ungerechtigkeit tapfer bekämpfen. Freut euch, sagt die Heilige Schrift, denn eine große Belohnung im Himmel ist euch verheißen!

Um dem königlichen Suchbefehl zu entgehen, ließ er sich als Martianus Lucianus in Basel nieder. Auf seinem Fluchtwege mußte er den Norden Frankreichs, der ihm besonders bekannt war, umgehen, da das grenznahe Land wieder einmal vom Krieg verwüstet wurde. Gerard Roussel, der Schatzmeister der Margarethe von Angoulême, empfahl ihr Calvin, und sie bewirkte ihrerseits einen königlichen Pardon für Calvin. Als er die tapfere Frau beim nächstmöglichen Parisaufenthalt am Hofe aufsucht, wird der kritische Geist von ihr wärmstens empfangen. Für die vielen Reisen im Jahre 1534 ist nur gesichert, daß er in Nérac Lefèvre d'-Estaples besuchte, der dort unter dem Schutze der Margarethe von Navarra seinen Lebensabend verbrachte, in Paris einen Besuch Michel Servets zu einem Gespräch über die Trinitätslehre erwartete – doch Servet erschien nicht, in Noyon seine Geschäfte abschloß und daß er in Orléans die Vorrede zu seinem ersten theologischen Werk „Über die Wachsamkeit der Seele" (De psychopannychia) verfaßte. Diese erschien aber erst 1542 im Druck.

Diesen unfreiwilligen Wartburgaufenthalt in Basel, wo Nikolas Cops Familie beheimatet war, nutzte der Humanist und Jurist zu intensiven Studien der Theologie, der Bibel selbst und der Kirchenväter, aber auch des Werkes der Reformatoren Luther und Bucer. Dabei entwickelt er bereits den Eifer und das Asketentum bei der Arbeit, das man schon in Orléans an ihm beobachtet hatte und das seine Gesundheit ruinierte und in Genf Staunen und Besorgnis bei seinen Vertrauten erregte. Bis dahin kannte er theologisch fast nur die „Sententiae" des Petrus Lombardus und das „Decretum" (kanonisches Recht) des Gratian. Aus diesen Studien ging im Jahre 1636 (lateinische Ausgabe bei Thomas Platter, Basel) die „Institutio christianae religionis" hervor, die man als einen ausgedehnten Katechismus beschreiben kann. Die Forscher sind der Ansicht, daß ihr eine französische Fassung im Herbst vorangegangen sein muß, also noch vor der ersten französischen Ausgabe, die erhalten ist. Zuerst umfaßt das Büchlein nur sechs Kapitel. In der Ausgabe letzter Hand von 1559 umfaßt sie dann 80 Kapitel. Doch bis zuletzt begleitete sie das Widmungsschreiben an Franz I., da Calvin das Los seiner französischen Landsleute stets am Herzen lag. Der Widmungsbrief ist selbst ein Meisterwerk, zu dem Calvin alle Rhetorik aufbietet. Doch sie enthält auch Angriffe auf die überflüssigen Sakramente und schlägt neue Organisationsformen vor. Die französische Fassung der Institutio, die 1541 erschien, besorgte Calvin selbst. Die endgültige Form kam im Jahre 1559 heraus und ihre französische Schwester dieses Mal nur ein Jahr später (1560). Sie geriet zum einflußreichsten Handbuch des Protestantismus.

Calvin widmet die Institutio König Franz I. am 23. August 1535, genau 37 Jahre vor der Bartholomäusnacht, und das ist sein letzter Versuch, eine Veränderung der kirchlichen Zustände nach dem Vorbild der deutschen Reformation zusammen mit dem Adel herbeizuführen. Dazu bestanden gute Aussichten; denn um sich gegen das mächtige Spanien unter Karl V. zu wehren, unterhielt Franz I. gute Kontakte zu den deutschen Landen. Das führte ihn jedoch nicht dazu, die geistigen Neuerungen anzuerkennen, sondern gegenüber den deutschen Fürsten, die das fortwährende

Gemetzel in Frankreich kritisierten, rechtfertigte sich Franz, indem er die Reformatoren als arme Irre, Wiedertäufer und Aufgewiegelte hinstellte. Bereits am 1. Februar 1535 hatte er ein Schreiben verfassen lassen, in dem die Hingerichteten nach bewährter Manier als „Aufrührer" hingestellt wurden. Den deutschen Lutheranern in Frankreich war ungestörtes Leben zugesichert. Auch Calvins versöhnlicher Versuch blieb zum Scheitern verurteilt. Franz entnimmt der Institutio nicht die Würde, mit der die Reformatoren den reinen Glauben zu erhalten suchen. Die kleine Institutio des Anfangs folgt in Gedanken und Ordnung ganz den Katechismen Luthers, nämlich sie beginnt mit den Zehn Geboten, dem Glaubensbekenntnis, dem Vaterunser und den Sakramenten. Erst im 5. und 6. Kapitel folgt die Auseinandersetzung mit der römischen Kirche. Erst später setzt Calvin die Zehn Gebote an den Schluß, und darin offenbart sich ein wichtiger Unterschied zu Luthers Werken. Ihm dienen die Zehn Gebote nicht allein zur Sündenerkenntnis, sondern als Anleitung zum christlichen Leben, gewissermaßen als Programm zum Schluß. Im gleichen Jahr 1535 erscheint eine andere wichtige Veröffentlichung Calvins, nämlich eine Vorrede zu der französischen Bibelübersetzung seines Vetters Olivetan, die dieser im Auftrage der Waldensersynode von Chanforan bewerkstelligte. Die schwer verfolgten und armen Waldenser hatten sich das schwere Opfer von 500 Goldtalern auferlegt, damit dieser Schatz gedruckt werden konnte. Die Vorrede vor dem Neuen Testament ist wegen ihrer Klarheit oft gesondert gedruckt worden. Calvin widmet diese Bibel „Allen Kaisern, Königen, Fürsten und Völkern", und das war eine raffinierte Geste; denn sonst mußten ja alle Bücher von eben diesen Herrschaften freigegeben werden, und so zeigt Calvin, daß dieses Buch nicht ihnen unterliegt, weil es ja vom höchsten König selbst stammt.

Doch noch vor der Veröffentlichung der Institutio im März in Basel reiste Calvin nach Florenz, um dort bei Renée de France, Tochter Ludwigs XII. und damit einer Schwägerin Franz I., seit 1527 Herzogin von Ferrara, Unterstützung für die Protestanten zu erbitten, die diese auch großzügig gewährte, beherbergte sie doch auch schon einige Protestanten an ihrem Hofe, darunter den Psalmendichter Clement Marot. Die Inquisition aber macht vor dem Hof nicht halt, so daß schließlich Paris ein Machtwort gegen die Unbilden in der Umgebung der Herzogin sprechen mußte. Dann aber kehrte Calvin, der sich in Ferrara Charles d'Espeville nannte, nach Basel zurück und riskierte sogar Abstecher nach Frankreich, wo er seinen Bruder Anton und seine Schwester Marie abholte, um seine Heimat nie wieder zu sehen, ferner nach Genf und Straßburg. Aus dem italienischen Aufenthalt ergaben sich zwei kleine Abhandlungen, die das Verhalten unter evangelischer und katholischer Herrschaft behandeln. Die erste Schrift ist dem Freund Duchemin aus Orléans gewidmet, die zweite Gerard Roussel, auf den die Evangelischen so viele Hoffnungen gesetzt hatten, der nun aber das Bischofsamt angenommen hatte.

Bei dem Abstecher nach Genf, der in das Jahr 1536 fiel, bekam Guillaume Farel, der reformatorische Teutone, Wind von der Ankunft des Gelehrten, und Calvin schildert die Begegnung mit dem 20 Jahre älteren Reformator folgendermaßen:

> In Genf hielt mich Wilhelm Farel zurück, nicht etwa durch Zureden und Ermahnen, sondern durch eine furchtbare Beschwörung, als ob Gott vom Himmel her gewaltsam Hand auf mich legte. Da mir der Krieg den direkten Weg nach Straßburg gesperrt hatte, hatte ich vorgehabt, rasch durch Genf zu reisen und mich nicht länger als eine Nacht in der Stadt aufzuhalten. Nun war hier vor kurzem durch die Wirksamkeit des trefflichen Mannes (Farel) und Pierre Virets das Papsttum niedergeworfen worden, doch waren die Verhältnisse noch ungeordnet und die Stadt in schlimmer, gefährlicher Weise in Parteien gespalten. Ein Mann, der seit-

her in schmählichem Abfall wieder ins papistische Lager zurückgekehrt ist, hatte gleich verraten, wer ich sei, und darauf bemühte sich Farel mit aller Kraft wie er denn von einem unglaublichen Eifer zur Förderung des Evangeliums förmlich glühte, mich festzuhalten. Als er nun hörte, ich wollte mich stillen Privatstudien hingeben, und sah, daß er mit Bitten nichts ausrichtete, da ließ er sich zu der Verwünschung hinreißen, Gott möge meiner Ruhe seinen Fluch senden, wenn ich ihm in solcher Not nicht helfen wolle, da erschrak ich und gab die begonnene Reise auf.

In einem Kreis von Gesinnungsgenossen wurde der 26jährige Calvin jedoch freudig begrüßt. Genf zählte zum damaligen Zeitpunkt mit 13 000 Einwohnern fast doppelt so viele wie Zürich, war jedoch keineswegs eine mächtige Stadt sondern vielmehr ständig durch das umgebende Herzogtum Savoyen bedroht, dem es sich soeben entrissen hatte, und dem nahen Frankreich. Um die Papisten und den Herzog von Savoyen loszuwerden, mußte sich die Stadt erst unter Schutz des evangelischen Bern begeben und fortan aufpassen, daß es dabei nicht in eine neue Abhängigkeit geriet.

Für Calvin war also nach der politischen Bekehrung der Stadt, wenn diese auch am 21. Mai 1536 unter Eid vollzogen war, noch alle geistliche Überzeugungsarbeit zu leisten, das war umso schwieriger, weil viele Bürger nun hofften, mit der katholischen Obrigkeit auch jede weitere Zucht ablegen zu können. Gegen diese „Libertinisten" war Calvin schon von Frankreich her besonders skeptisch. Guillaume Farel hatte sehr wohl erkannt, daß er mit seinem ungestümen Temperament dazu nicht der geeignete Mann sei; denn ihm klang noch die Mahnung des Basler Reformators Oekolampad im Ohr: „Du bist gesandt, das Evangelium zu verkünden, aber nicht, um zu schmähen; es ist leicht, den Hörern ein paar Dogmen beizubringen und den Ohren einzuprägen. Die Seele aber zu ändern, das ist ein göttliches Werk." Eben dazu wollte er Calvin in Dienst nehmen.

Wie alle großen Missionare erkannte er, daß Schulung dazu unerläßlich war. Schon bald wurde also das Genfer Gymnasium (College) gegründet. Über die Sprachen Griechisch, Latein und Hebräisch wurden den Schülern das Studium der Heiligen Schrift von vorneherein ermöglicht und nahegelegt. Calvin selbst unterrichtete die älteren Klassen von zwei bis drei Uhr nachmittags in der Kirche St. Pierre, und zwar begann er mit den Paulusbriefen.

Am 5. September erst konnte Farel beim Rat Calvins Anstellung durchsetzen. Zu diesem Zeitpunkt kannte der Amtsschreiber noch nicht einmal seinen Namen, sondern begnügte sich mit „Ille Gallus" (jener Franzose). Doch damit war noch nichts erreicht. Am 13. Februar 1537 mußte Farel noch mahnen, daß Calvin endlich ein Gehalt ausbezahlt würde. Das wurde erst anders, als die Berner, die auch im Waadtland die Reformationn einführen wollten, zu einer Disputation nach Lausanne luden. Farel verfaßte dazu zehn Thesen, der Bischof von Lausanne lehnte ein Religionsgespräch ab, zu dem nicht er eingeladen habe. Doch die Ereignisse gingen über ihn hinweg. Das Volk verlangte nach der Auseinandersetzung, und die Kathedrale war voll besetzt. Die katholischen Vertreter wehrten sich mit allen Kräften, die ihnen vom Repräsentieren und Schmarotzen noch übrig geblieben waren, am fünften Tag meldete sich Calvin zu Wort. Da wurden die katholischen Vertreter schon einmal blaß, weil er die Kirchenväter aus dem Gedächtnis zitierte und daher keine Mühe hatte, die Übereinstimmung der evangelischen Lehren mit Tertullian, Chrysostomos oder Augustin nachzuweisen. Zum Schluß bemerkt das Protokoll: „Die Gegner, die eben noch trotzige Gesichter gemacht hatten, da Farel ihnen nicht zu antworten wußte, waren wie zu Boden geworfen von der Kraft dieser Beweise, sie verstummten ohne Erwiderung." Erstaunlich ist die Parallele zum Religionsgespräch von Poissy, bei dem sich die katholische Seite auch wutschnaubend, doch ohne wirkliche Erwiderung zurückzog und Theodor de Bèze ohne Antwort ließ.

Noch mehr Aufsehen erregte der Streit mit Pierre Caroli im Jahre 1537, der in Lausanne als Pfarrer eingesetzt war. Er bezichtigte Calvin des Arianismus, also einer theologischen Richtung, die die Gottheit Christi abstreitet. Calvin aber bewies so schlüssig, daß das die Unwahrheit war, daß Caroli sein Amt verlor und sich wieder dem Katholizismus zuwandte. Im gleichen Jahr, und wahrscheinlich beschleunigt durch die Erfahrung mit Caroli, gab Calvin den Genfer Katechismus heraus. An diesem fällt gegenüber den Katechismen anderer Reformatoren die Betonung der Autorität der Prediger auf. Sie waren für die Disziplin in der Gemeinde verantwortlich, und weil dabei nicht immer zwischen dem Verantwortungsbereich des geistlichen Amtes und des weltlichen Armes unterschieden werden konnte, ergab sich daraus eine Quelle ständigen Streits mit der Stadt Genf und eine lange Reihe von klärenden und definierenden Veröffentlichungen. Auch für den zwischenzeitlichen Bruch Calvins und Farels mit dem Rat der Stadt Genf ist die Kirchenzuchtfrage verantwortlich.

Zuerst gewannen Calvin und Farel den Rat für die 21 Artikel des „Glaubensbekenntnisses", das die Bürger beeiden sollten. Doch die Bürger erschienen nicht vollzählig. Zum Verbannen aus der Stadt waren es der Verweigerer auch zu viele. Man hatte die autoritäre Kirchenordnung so satt, daß bei den Ratswahlen im Frühjahr die Opposition siegte. Der Rat versuchte nun seinerseits, in die Rechte der Pfarrer einzugreifen. Da verweigerten Calvin und Farel in den Kirchen St. Pierre und St. Gervais Ostern 1538 das Abendmahl – die gewaltigste Exkommunikation in der Kirchengeschichte. Binnen drei Tagen mußten Farel, Calvin und der blinde Courault die Stadt verlassen, worein sie sich auch friedlich schickten.

Im Jahre 1539 erschien Calvins Kommentar zum Brief an die Römer, jenen Brief, der von Lefèvre d'Estaples über Luther bis hin zu Karl Barth jeden Theologen neu herauszufordern scheint. Zu der wichtigen Abendsmahlabhandlung kam er jedoch erst 1545, da ihn die Formung des öffentlichen Lebens in Genf so beanspruchte.

Drei Monate erholte sich Calvin in Basel bei dem befreundeten Theologen Simon Grynäus und lehnte hartnäkkig jeden Antrag einer Stadt auf seinen Predigtdienst ab. Erst den Straßburgern gab er nach, wahrscheinlich, weil dort einige Reformatoren schon länger am Werke waren.

Dort ist es Martin Bucer gelungen, dem reformierten Glauben eine Form im öffentlichen Leben zu geben. Bucer besitzt das Geschick, Calvin die französischsprachige Gemeinde in der Stadt anzuvertrauen, so daß er hier viel über Menschenführung lernen kann. Hier entsteht seine reformierte Liturgie und ein Vorrat an Psalmen, der bis heute noch die reformierte Kirche kennzeichnet. Gleichwohl ist wegen der vielen Wiedertäufer und der Antitrinitarier eine sichere Lehre dringend nötig, ohne die Kirchenzucht ja nicht denkbar ist. Calvins Stellung in Straßburg erweist sich sogar als vorteilhaft, weil die kleine Flüchtlingsgemeinde vom Rat viel weniger beachtet wird als die Einheimischen, er genießt also mehr Bewegungsfreiheit. Zwar ist auch diese Zeit nicht ohne Auseinandersetzungen, doch scheint fast ein idealer Zustand geherrscht zu haben, zumal Calvin engen seelsorgerlichen Kontakt zu den Gemeindemitgliedern pflegen konnte. In dieser Zeit ordnete Calvin auch den Gottesdienst neu.

Herausragende Veröffentlichung des Jahres 1539 ist Calvins „Responsio ad Sadoletum". Der humanistisch gesinnte Sadolet hatte im März ein Schreiben an alle Genfer gerichtet und sie darin in vielen Darlegungen aufgefordert, wieder in den Schoß der römischen Kirche zurückzukehren. Zuerst mochte Calvin darauf nicht antworten und damit eine Bitte der Berner erfüllen, dann aber überwindet er sich doch und schreibt in sechs Tagen, was eine seiner brilantesten und scharfsinnigsten Schriften werden sollte. Während Sadolet in seiner Argumentation in gewohnter Bequemlichkeit „Kirche" mit der aktuellen römischen gleichsetzt, belehrt ihn Calvin, daß Kirche allzeit da sei, wo Christus gelehrt werde, aber nicht im Papsttum. Nicht die Reformatoren seien eigentlich Neuerer, sondern die römischen Theologen mit allem, was sie der Heiligen Schrift andichteten und in sie hineininterpretierten, das nicht in ihr stecke. Diesen Schlagabtausch schließt Calvin mit einem Gebet.

Im August des Jahres 1540 heiratet er die Witwe des Wiedertäufers Jean Stordeur aus Lüttich, Idelette, geborene de Bure. Sie bringt zwei Kinder mit in die Ehe. Alle eigenen Kinder des Paares sterben früh. Als er 1549 auch Idelette hergeben muß, 15 Jahre vor seinem eigenen Tode, schreibt er:

> Genommen ist mir die beste Lebensgefährtin. Wäre mir etwas Schlimmes widerfahren, sie hätte nicht nur willig Verbannung und Armut mit mir geteilt, sondern auch den Tod. Solange sie lebte, war sie mir eine treue Helferin in meinem Amt.

Neben den vielen Veröffentlichungen dieser Zeit findet Calvin auch Gelegenheit, ständig mehr Besucher zu empfangen und an Gesprächen mit anderen Gelehrten teilzunehmen, die neuerdings Karl V. selbst anregt, weil er den Zerfall der Christenheit bemerkt und verhindern will. Straßburg bietet ihm eine einzigartige Gelegenheit des ökumenischen Austausches und des Kennenlernens der Lage in anderen Ländern und des Anliegens der anderen Reformatoren.

Die wichtigsten Gespräche führten ihn nach Hagenau, Worms, Frankfurt und Regensburg. Dort erlebte er auch führende katholische Theologen in angemessem Gespräch, während er sie bis dahin nur als Verfolger kennengelernt hatte. Er selbst hatte sich schon bekannt gemacht, da er Martin Bucer auf dessen Reise 1538 nach Wittenberg zwölf Abendmahlsartikel mitgab, ein Jahr später reiste er dann selbst nach Frankfurt, um Melanchthon persönlich kennenzulernen. Auch hofft er, die Angehörigen des Schmalkaldener Bundes, die dort tätigten, zu Unterstützung für die verfolgten Protestanten in Frankreich bewegen zu können. Doch der Friede zwischen den evangelischen Lagern war zerbrechlich. Zwar stand Calvin als Straßburger Pfarrer unter der Konkordienformel, die Luther und seine Anhänger im Jahre 1536 mit der oberdeutschen Stadt vereinbart hatten. Doch als Calvins „Institutio" bei den Nürnberger Theologen bekannt wurde, beschwerten sie sich sofort bei Martin Bucer, was das denn für eine Abendmahlslehre sei. Um den Abendsmahlsfrieden besorgt, erklärte dieser, Calvin sei halt ein Ausländer und habe die französische Lage im Blick, ansonsten aber erkenne er die Wittenberger Konkordie voll an, und im übrigen lasse ja auch Luther Calvins Eigenart gelten. Das genügte diesen aber nicht, so daß sie sich bei Luther selbst beschwerten. In melanchthonscher Versöhnlichkeit aber entschied Luther, hier werde zwar seine Lehre bestritten, aber: „Ich hoffe, Calvin wird einst besser von uns denken. Aber es ist nur billig, daß wir uns von einem tüchtigen Geist etwas gefallen lassen." In diesem Sinne schrieb Luther auch an Bucer, und aus diesem Brief geht hervor, daß den Wittenberger Reformator Calvins Antwort an den Kardinal Sadolet begeistert hatte. Dank dieser Friedensliebe blieb der Streit vorerst aus, und die Gespräche liefen weiter.

Den Konvent in Hagenau besuchte Calvin im Juli 1540. Dort wurde allerdings viel Zeit darauf verwendet, die jeweils elf Stimmen zutreffend zu verteilen, die für jede Partei vorgesehen waren. Im August reiste Calvin mit Bucer, Sturm und Capito, dem Straßburger Dreigestirn, nach Worms. Die vorbereitenden Gespräche für die eigentliche Begegnung der gespaltenen Protestanten mit den Katholiken lagen zwischen dem 9. und 18. September. Melanchthon sprach von Calvin dort nur noch in der ehrenden Kurzform „der Theologe". Calvin bekam Mitspracherecht, weil er als Vertreter des lutherischen Herzogs von Lüneburg ernannt worden war. Der Abendsmahlsstreit mit den Lutheranern betraf ihn zu jener Zeit also noch nicht, und schon gar nicht persönlich. Doch in Worms kam es nicht mehr zum Gespräch, weil der katholischen Seite Stimmen fehlten; denn die Landschaften Jülich, Brandenburg und Pfalz neigten der Reformation zu. Der Kaiser vertagte es daraufhin nach Regensburg.

Im April 1541 kommt Calvin zum Glaubensgespräch nach Regensburg, wozu ihn Philipp Melanchthon „wegen deines großen Rufes unter den Gelehrten" ermunterte. Das Gespräch, das am 27. April begann, gelangte am 2. Mai zu einer Einigung in der Rechtfertigungslehre. Doch am 5. Mai kam die wahrhaft erlauchte Gelehrtenschaft über der Messe ins Stocken. Am 8. Mai wurde mit den Fürsten beraten. Diesem Gespräch auf Deutsch konnte Calvin nicht folgen, doch er lehnte die „abergläubischen Bräuche" um das Sakrament in der katholischen Kirche ab, und damit war das Gespräch gescheitert. Er reiste nach Straßburg ab.

Calvin nutzt auch hier die Gelegenheit, sich für seine in Frankreich verfolgten Glaubensgenossen einzusetzen, doch das Regensburger Gespräch bleibt ohne Wirkung, obwohl das Kräftespiel zwischen deutschen Fürsten und Franz I. einerseits und Karl V. andererseits so klar geregelt zu sein schien. Selbst der Bericht Farels im Dezember 1540 in Worms hatte nicht die erhofften Ergebnisse. Nur während eines Mittagessens, das der Landgraf von Hessen Bucer, Melanchthon und ihm gab, scheint er so viel Eindruck gewonnen zu haben, daß er sich später mit Geld oder Soldaten für die evangelischen Franzosen einsetzte. Einstweilen war ein Dank Margarethe von Angoulêmes im Namen Franz I. für das, was Calvin für sein Vaterland getan habe, eigentlich alles, was dabei herauskam und schien dabei noch ein Mißverständnis zu sein. Nach viermonatiger Abwesenheit kehrt Calvin am 25. Juni 1541 nach Straßburg zurück.

Calvin erreicht am 2. September 1541 Genf und entfaltet dort ein überaus tätigkeits- und wirkungsreiches Leben bis zu seinem Tode im Jahre 1564. Wenn er auch selbst nie mehr nach Frankreich zurückkehrte, so vergaß er seine Heimat dennoch nicht. Das verhinderte schon alleine der ständige Strom von Flüchtlingen, der im Rom der Reformation eintraf. Darüber hinaus vertrat Calvin selbst ganz entschieden die Auffassung und Hoffnung, die zuweilen die Protestanten Frankreichs so unbeweglich machte, nämlich daß der König eine wirkliche Reformation herbeiführen solle und den Papst zu einer versöhnlichen Haltung in dieser Frage bewegen solle. Es ist ihm auch nicht gleichgültig, daß manche reformwillige Katholiken, wie Gerard Roussel oder Michel d'Arande einen Mittelweg versuchen und als Bischöfe Reformen zu verwirklichen suchen. Calvin befehdet diese „Nikodemiten" heftig, obwohl er andererseits manchen Verfolgten zur Flucht riet.

Die überraschende Berufung nach Genf kam folgendermaßen zustande. In der Stadt hatten sich die „Guillermins", die Anhänger Farels und Calvins, nicht unterkriegen lassen (Man beachte, daß man noch nicht von Calvinisten sprach!). Drei Genfer Abgeordnete hatten bei Verhandlungen mit der mütterlichen Freundin Bern die Interessen ihrer Heimatstadt verletzt. Ein Sturm der Entrüstung erhob sich. Zunächst veranlaßt der drohende Krieg mit Bern, daß der Führer der herrschenden Partei, Michel Sept, der unterlegenen Partei der „Guillermins" den Frieden anbot. Dadurch war der Unfriede zunächst einmal beigelegt, und bei der nächsten Wahl gewannen die Guillermins einige Sitze im Rat dazu. Als die drei Gesandten geflohen waren, um der Todesstrafe zu entgehen, besetzten flugs wieder Guillermins die freigewordenen Plätze. Nun besaßen sie die Mehrheit. Die Prediger der Gegenseite verließen stillschweigend die Stadt. So war es möglich, daß schon am 21. September 1540 eine Gesandtschaft zu Calvin nach Straßburg geschickt werden konnte, wo sie ihn jedoch nicht antraf. Calvin schützt sich mit Aufgaben in Straßburg und empfiehlt Viret. Allein die Genfer lassen jetzt nicht lokker. Im März schreibt er noch: „Es gibt keinen Ort unter dem Himmel, vor dem ich mehr zurückschrecke." Doch trat wieder Farel, Blitz und Donner sprühend, auf den Plan. Ihm gegenüber gibt Calvin mit den Worten nach: „Hätte ich die Wahl, ich täte lieber alles andere als dir hierin zu gehorchen, aber da ich weiß, daß ich nicht mir selbst gehöre, so bringe ich mein Herz gleichsam geschlachtete dem Herrn zum Opfer dar." Als ihn am 13. September ein Herold in die Stadt geleitet, teilte er selbst wohl keineswegs die Hochstimmung der erwartungsvollen Bürger. Doch er nutzt die Ergebenheit keineswegs aus sondern fährt bei seiner Predigt da auf, wo er zwei Jahre zuvor abgebrochen hatte.

Zwar stehen ihm auch hier noch lange Überzeugungsarbeiten bevor, doch kann er sich jetzt an die Abfassung der Ordonnandes ecclésiastiques wagen, die Genfer Kirchenordnung von 1541. In deren erstem Teil werden die Aufgaben der Pfarrer, Ältesten und Diakone beschrieben. Im zweiten Teil werden die Gottesdienste und anderen kirchlichen Handlungen beschrieben. Das Amt des Ältesten mit der Aufgabe der Kirchenzucht ist eine revolutionäre Neuerung. Hier mußte er besonders den Verdacht der Genfer, nun käme durch die Hintertür die katholische Exkommunikationspraxis herein, zerstreuen. Calvin nahm diesen Einwand ernst, denn schließlich hatte sein Vater die Exkommunikation leidvoll erfahren müssen. Auch gegen die Übernahme dieses Amtes von Privatpersonen hatte man Einwände. Bei der Durchsetzung dieser Ordnung war Calvin ebenso wie Luther auf die Hilfe der weltlichen Obrigkeit angewiesen. Oecolampad waren seine Versuche, wieder die Kirchenzucht einzuführen, aus eben dem Grunde nicht gelungen, daß er sich nicht rechtzeitig mit der weltlichen Obrigkeit einigte. Doch nach einigen Jahren gelang dem Reformator das Kunststück, mit Hilfe der Obrigkeit eine obrigkeitsfreie Kirchenzucht durchzusetzen. Die Gemeinde, die auf diese Weise ihre Heiligung selbst betreut, war in den Augen der Gegner dann die Theokratie oder auch Tyrannei. Den Rat aber hatte Calvin so für sich gewonnen, daß sie ihn einluden, auch an anderen Überlegungen teilzunehmen, schließlich war er ja auch ein hervorragend ausgebildeter Jurist. So etwa setzte er sich für Häuser- und Straßenreinigung ein, für die Überwachung der Lebensmittel (in Straßburg hatten verseuchte Lebensmittel einen Pestausbruch mitverursacht), Fenster sollten mit Gittern versehen werden, weil so oft Kleinkinder aus ihnen herausgefallen waren, und 1544 schließlich regt er an, durch Tuch- und Samtwebereien Arbeitsplätze zu beschaffen. Ebenfalls 1544 half er mit, in einem Vertrag Differenzen mit dem Waadtland beizulegen.

Eine zweite einzigartige Einrichtung war das allwöchentliche Bibelgespräch der Genfer Pfarrer und Gymnasiallehrer. Es sollte der Reinheit und Einheit der Lehre dienen. Gleichzeitig wurde dadurch eine geschlossene Pfarrerschaft begründet, die dem Rat entgegentreten konnte. Später wurden diese Sitzungen öffentlich, und erst an diese Sitzung schloß sich der Pfarrkonvent an. Wie sinnvoll und wirksam diese Einrichtung war, zeigte sich an Sebastian Castellio. Dieser Rektor des Gymnasiums widersprach 1543 seinem Auftrag und wollte nicht mehr das Hohelied Samuels besprechen und fand den Satz „niedergefahren zur Hölle" im Glaubensbekenntnis zu scharf. Ihm wurde nicht in allem widersprochen, doch man sagte, wegen der noch unsicheren Lage in Genf könne man verschiedene Auslegungen nicht zulassen. Castellio verließ die Stadt unter wüsten Beschimpfungen.

Die Prädestinationslehre vertrat Calvin zwar entschieden, jedoch nicht im Streit nach außen. Im Gegenteil widmete er Philipp Melanchthon seine Entgegnung auf den katholischen Theologen Albert Pighius (1542) und deutete damit an, wieviel Wert er auf die protestantische Einheit legte. Zu diesem Bekenntnis zur evangelischen Einheit zählte auch die Übersetzung von Melanchthons Schrift „Loci communes" in französische Sprache (1546), obwohl ihr Inhalt seiner Lehre zuwiderläuft. Doch den Theologen war diese Schrift schon bekannt, nur dem Volk noch nicht. Es ist das einzige Mal, daß ein Reformator das Werk eines anderen vertrat. Nur aus der Vorrede geht Calvins eigene

Meinung hervor, die er jedoch nicht ohne Entschuldigungen Melanchthons und Lob für seine Arbeit vorbringt.

Im Hinblick auf die Erziehung des Volkes erscheint 1542 ein neuer Katechismus. Dieser neue Katechismus in französischer Sprache ist durch die sokratische Didaktik des Dialoges in Frage und Antwort abgefaßt, aber es sind deren gleich 373 in 55 Abschnitten. Das ist also etwas mehr als das Jahr Wochen hat, und in der Tat erläutert Calvin die jeweiligen Lehren allsonntäglich um 12 Uhr nach dem Gottesdienst. Die Genfer Kirchenordnung sah vor, daß die Eltern ihre Kinder zu diesem Unterricht schicken mußten. Hier ist die lutherische Reihenfolge Gesetz (Zehn Gebote) – Evangelium (Vaterunser) aufgegeben zugunsten der Nachstellung des Dekalogs. Doch die Prädestinationslehre wird hier nicht vertreten. Fast zwanzig Jahre später, 1561, wird dieser Katechismus zur Lehrnorm für die Pfarrer erhoben.

Im Laufe von etwa drei Jahren gelang es Calvin, Pfarrer, die ihm nicht ergeben waren, auf Landpfarren oder ganz aus der Stadt zu verdrängen. Seine Pfarrerschaft wurde dadurch noch schlagkräftiger. Jedoch wurde mißbilligend vermerkt, daß er viele Franzosen berief.

Die ersten größeren Zusammenstöße ergaben sich aus dem strengen Leben, das er der Stadt verordnete. Zuerst regte sich Pierre Ameaux, dessen Spielkartendruckerei mit der Rückkehr Calvins zum Erliegen kam. Bei einer Feier entlockte ihm der Alkohol böse Sprüche gegen Calvin. Er wurde zu einem Bußgang durch die Stadt verurteilt. Danach regte sich die Familie Favre über die Regelung des öffentlichen Lebens und das Verbot des Tanzes auf. François Favre wurde wegen Schmähungen ins Gefängnis geworfen. Ein Verwandter der Favres, Ami Perrin, plante 1546 offensichtlich einen Aufstand anläßlich eines Schützenfestes. Es wurde jedoch rechtzeitig abgesagt. Am 16. März 1555 beging er aber den Fehler, zwei Bürgermeistern ihre Amtstäbe zu entreißen und machte sich damit eindeutig des Aufruhrs schuldig. Er ließ es lieber nicht auf weiteres ankommen sondern floh mit einigen Rädelsführern. Nur vier von zwölf Verurteilten wurden hingerichtet. Damit war die calvinfeindliche Partei in Genf auf immer zerschlagen.

Verwirrung stiftete der Versuch Jacques Gruets, eben diesem Perrin Verhandlungen mit Frankreich nachzusagen. Vielmehr war er es selbst, der solche Verhandlungen führte, er gestand seinen Verleumdungsversuch unter Folter, und eine Hausdurchsuchung brachte alles ans Licht.

Im Jahre 1551 war es die Lehre selbst, die wieder zu einem Streit führte. Der ehenmalige Mönch Jérôme Bolsec bestritt in der öffentlichen Bibelbesprechung die Lehre von der Gnadenwahl Gottes und berief sich sogar auf andere Städte. Die Gutachten von Zürich, Bern und Basel wiesen Bolsec zwar ab, stimmten aber auch nicht Calvins Prädestinationslehre zu, was den Reformator tief traf. Bolsec aber wurde aus der Stadt verbannt. Hier erlebte die Pfarrerschaft also, daß sich der Rat vollständig hinter sie stellte.

Ernster verlief die Auseinandersetzung mit dem Spanier Michel Servet, der sich in Vienne unter dem Namen Michel de Villeneuve (nach seinem Heimatort Villanova genannt) aufhielt. Calvin hatte ja schon früher versucht, über sein Bestreiten der Trinität mit ihm in Paris ins Gespräch zu kommen (1534). Der tüchtige Arzt, der den kleinen Blutkreislauf entdeckte, konnte von der Inquisition nicht gefunden werden. Zu Unrecht gilt Calvin als Verfolger Servets. Er hat allerdings der Inquisition auf die Spur geholfen. Ein Freund Calvins mit Namen Guillaume Trie hatte in Lyon einen katholischen Vetter. Der kritisierte einst heftig die Genfer Kirche. Daraufhin erwiderte Trie, in Frankreich werde sogar Servet geduldet, denn von Calvin wußte er um dessen Identität. Nachdem eine Hausdurchsuchung bei Servet ergebnislos verlaufen war, rückte Calvin um seines Freundes willen belastende Briefe Servets an ihn heraus, nach langem Zögern und höchst widerwillig, weil er der Meinung war, es sei besser, Ketzer mit anderen Mitteln als der Gewalt, nämlich der Lehre, zu überwinden. Zunächst konnte Servet aus dem Gefängnis fliehen. Doch in Genf wurde er von einem Franzosen erkannt und ausgeliefert.

Alle Schweizerstädte waren sich in seiner Verurteilung als Ketzer einig. Daher wurde er am 26. Oktober zum Feuertode verurteilt. Calvins Versuche, ihn umzustimmen, blieben ergebnislos. Der alte ausgewiesene Feind Castellio antwortete auf diese delikate Angelegenheit mit der Schrift „De haereticis an sint persequendi" (Ob man die Ketzer verfolgen soll). Es fand ein unerwartet starkes Echo. Calvin antwortete 1554 mit der „Verteidigung des rechten Glaubens an die Dreieinigkeit". Vom Jahre 1555 an aber kam es, mit Ausnahme des kurzen Putsches, zu keinem Streit mehr zwischen der Genfer Pfarrerschaft und auch zu keinem weiteren Lehrprozeß. Die Bevölkerung gewöhnte sich an das Verbot von Tanz, Glücksspiel, Kleiderluxus, Gold in den Haaren, die Begrenzung des Schmuckes auf zwei Ringe und der Gastmahlzeiten auf drei Gänge mit je vier Gerichten, Verbot der Schnabelschuhe, das Fluchen war noch vom katholischen Bischof verboten worden, und das Verbot der Mysterienspiele führte zur Aufführung von Schülertheatern aus dem klassischen Repertoire.

Calvin widersetzte sich so lange er konnte der Spaltung im protestantischen Lager. Doch durch den Abendmahlsstreit wurde er wider Willen auf die Seite der Zwinglianer und die Berner gezwungen. Er hielt es mit Bucer, der schon 1536 versuchte, die evangelischen Schweizerstädte zum Anschluß an die Wittenberger Konkordie zu bewegen. Dieser Versuch kostete ihn vielmehr das Mißtrauen der Schweizer. Nach der Rückkehr aus Deutschland unternahm Calvin sogleich einen Versuch, eine neue Konkordie herbeizuführen. Dazu veröffentlichte er die „Kurze Abhandlung über das heilige Abendmahl". Doch die Schrift erscheint erst 1545 in lateinischer Sprache und verfehlt darum ihre baldige Wirkung auf die Theologen. Es erforderte den langen Briefwechsel mit dem Zürcher Zwinglinachfolger Bullinger, eine Einigung möglich zu machen. 1549 erschien Calvin in Zürich. Dort einigte man sich Ende Mai auf den „Consensus Tigurinus", der tatsächlich unterzeichnet wurde. Calvin hatte dazu einiges von seiner Lehre aufgeben müssen. Doch die Einheit war ihm das wert. Nur erreichte er nicht die gesamte Einheit der Protestanten, sondern der Consenus wurde vielmehr die Grundlage für eine Einigung unter die „Reformierte" Kirche. Trotzdem gab er nicht auf, die Lage in Deutschland weiterzuverfolgen, und er setzte sich schreibend nach wie vor für die Einigungsversuche ein, wie er sie in Worms und Regensburg kennengelernt hatte. So sprang er Kaiser Karl V. mit einer Unterstützungsschrift bei, als dieser eine Nationalsynode auf den Reichstag nach Speyer einberufen wollte (1544), und der Papst ihm deswegen Vorwürfe machte. Hingegen das Interim, das Kaiser Karl nach der Zerschlagung der Protestanten anbot, schalt er als „Bastard-Interim" (1548). Calvins einziger Brief an Luther erreichte diesen nicht. Melanchthon enthielt ihn ihm vor, weil Luther soeben eine Schrift gegen die Zürcher verfaßt hatte. Doch im Frühjahr 1545 äußerte sich Luther anerkennend über Calvins Traktat über das heilige Abendmahl.

Im Jahre 1552 wurde der Consensus Tigurinus den Flüchtlingen in London zum Verhängnis, der dortige Führer, Johann a Lasco, geriet mit den Antwerpener Lutheranern in Streit, die den Consensus lasen, und dieser Streit wurde bald auf die ganzen jeweiligen Lager übertragen. Als die englischen Flüchtlinge ein Jahr darauf unter der Königin Maria, der „Bloody Mary", das Land verlassen mußten, nahmen die lutherischen Dänen und Norddeutschen sie nicht auf. Auf diesem Hintergrund wurde es auch für einen Mann wie Theodor de Bèze, den Calvin 1557 und 1559 nach Deutschland schickte, schwer, Beistand durch die Fürsten zu erringen. Sogar das Verhältnis zu Melanchthon litt unter dem mächtigen Streit. Erst als die Kurpfalz 1561 zum reformierten Bekenntnis wechselte, bekam Calvin mehr Einfluß auf deutschem Boden.

Zur gleichen Zeit mehrten sich in Genf Besucher aus anderen Teilen Europas. In Polen war der König Sigismund August der Reformation gewogen. Schon 1549 schrieb Calvin ein Ermutigungsschreiben an ihn. Sein Beichtvater, der ehemalige Franziskaner Lismanino warb 1554 in der Schweiz und in Deutschland für die polnische Reformation. Zwei Jahre später wurde auf einer Synode in Pinczow Calvin zu einem Nationalkonzil nach Polen berufen. Im selben Jahre 1556 kehrte auch Johann a Lasco, der dem Hochadel angehörte, nach Polen zurück. Doch nachdem der König bereits den Städten Thorn, Danzig und Elbing das lutherische Bekenntnis genehmigt hatte, brach der alte Streit wieder aus. Das verzögerte die Übernahme der Reformation. Noch schlimmer aber wirkte sich der antitrinitarische Streit aus, der mit Lismanino und anderen Italienern ins Land gekommen war. So beeilte sich Calvin, gegen Blandrata eine Antwort zu schreiben. Als es im Consens zu Sendomir 1570 zu einer Einigung kam, war es aber schon zu spät. Die Gegenreformation drängte die Reformansätze mit Hilfe der Jesuiten zurück.

Glücklicher verlief die Geschichte Ungarns, wo die Türken, die den Ostteil des Landes beherrschten, verhinderten, daß die Katholiken die Reformierten unterdrückten; denn die Türken duldeten das christliche Bekenntnis. Doch bei der Begegnung mit den Lutheranern in Siebenbürgen brach auch dort wieder die verhängnisvolle Spaltung an. Die Lutheraner erkannten 1557 nur ihre eigene Lehre an. Darauf regte Peter Melius ein Abendmahlsbekenntnis noch im gleichen Jahr an, das zur ersten gedruckten calvinistischen Bekenntnisschrift Ungarns wird. Zwei Jahre später kommt im Abendmahlsbekenntnis von Neumarkt ein Consens zustande.

Die Niederlande waren durch den Krieg mit Spanien schwer zugänglich und blockiert und profitierten nur von der Anwesenheit zahlreicher Ausländer in Amsterdam, bei diesen etwas Glaubensfreiheit zu schnuppern, Karl V. und Philipp II. betrieben die Unterdrückung rücksichtslos. In hellen Scharen verließen Niederländer ihre Heimat. Schon 1563 zählte man in London 18 000 bis 20 000 Flüchtlinge. Ihre Exilgemeinde besuchte Calvin 1556 in Frankfurt. Calvin bleibt hier nichts als in Briefen Trost zu spenden.

In England wechselt die Glaubensgeschichte mit den Königshäusern. Calvin versucht durch Widmungen seiner Schriften die Könige zu Toleranz und Glaubensförderung zu bewegen. Günstig war die Lage unter Eduard VI. und seinem Vormund, dem Herzog von Somerset, dem Haupt der evangelischen Partei. Ihm widmete er den Kommentar zu den Timotheusbriefen und dem jungen König den Jesajakommentar (1550) zwei Jahre später die Kommentare zu den katholischen Briefen und vier Predigten über die Standhaftigkeit in Verfolgung. Ein weiteres Jahr später, 1553, bestieg „Bloody Mary" den Thron. Ihr wiederum folgte 1558 Elisabeth I. An ihrer schroffen Ablehnung der Widmung von Calvins Jesajakommentar (2. Auflage) aber zeigte sich nicht nur ihre Verärgerung über John Knox' „Ersten Trompetenstoß gegen das ungeheuerliche Weiberregime" sondern vielmehr auch ihre Entschlossenheit, das Staatskirchentum anglikanischer Prägung sich nicht nehmen zu lassen. So blieb es dem nördlichen Nachbarn Englands, Schottland, vorbehalten, als einziges Land die Reformation nach calvinischem Muster vollends zu verwirklichen. Das hatte John Knox, ein Feuerkopf wie Farel, fertiggebracht.

Noch kühler verliefen seine Kontaktversuche mit dem lutherischen Schweden. Das wurde ihm oft wie ein Konkurrenzbemühen ausgelegt, tatsächlich belegt es seinen Versuch, die Reformation zusammenzuhalten; denn dafür gab es einen dringenden und einleuchtenden Grund: die Lage in Frankreich.

Entgegen allem Humanismus und der Förderung der Künste zeigte Franz I. Ausrottung der Waldenser im Jahre 1545, welchen Sinnes der Hof war und wie er seine Macht als nationales und erbliches Königtum zu nutzen gedachte. Seinem Nachfolger Heinrich II. (1547-59) stand bei der Schaffung der chambre ardente nichts im Wege. Auch sie begründete ihre 500 Todesurteile zwischen 1547 und 1550 mit der allbekannten feigen Formulierung „gegen die ketzerischen Gotteslästerungen und Ruhe- und Friedensstörer im allerchristlichsten Königreich." Dennoch breitete sich der Calvinismus in seiner Regierungszeit aus. Dazu muß die Erwählungsgewißheit beigetragen haben, die die Protestanten so viele Leiden ertragen ließ und die der in Genf betrübte Reformator in vielen Briefen an die verfolgte Gemeinde tröstend entfaltete. Calvin hütete sich jedoch, Heldentum zu fordern, er bot stets auch Zuflucht in Genf an, besonders den Frauen.

Um 1555 waren die Protestanten Frankreichs äußerst bedroht, da sie sich bis dahin einzig aus den Reihen der armen Leute und Handwerker rekrutierten, nicht aus denen des Adels, der alleine auf den König hätte Einfluß nehmen können. Da verlangt ein junges Paar, daß ihr neugeborenes Kind in einer evangelischen Gemeinde getauft wird. Nach langer Diskussion nimmt die geheime Gemeinschaft der evangelischen Gläubigen das zum Anlaß, einen Pastor (Jean LeMacon, genannt La Rivière) zu wählen und ein Konsistorium von Ältesten und Diakonen zu berufen. Die Taufe geht vonstatten. Diese „gebaute Kirche" (église dressé) hatte einen überwältigenden Erfolg in ganz Frankreich: überall entstanden nach gleichem Vorbild evangelische Gemeinden. Diese unerwartete Ausbreitung bleibt auch Calvin nicht verborgen, und ehe die Flut sich ungeordnet ergießt, beeilt er sich, durch gezielte Vorschläge die Bewegung in geordnete Bahnen zu lenken. So etwa verlangt er, daß die Pastoren zu einem längeren Bildungsaufenthalt Genf aufsuchen oder daß zumindest solche Pastoren zur Unterstützung eines gewählten Pfarrers herangezogen werden. Auf die gleiche Weise wird 1559 die erste Synode der evangelischen Kirche in Paris zusammengerufen, und im Glaubensbekenntnis von La Rochelle und in einer Vereinbarung geben sich diese Gemeinden eine nationale Form und suchen sich gegen die Gefahren von außen zu schützen. Calvin hatte sie von Genf aus mit dem nötigen Schrifttum für solche Gründungen ausgestattet. Seine Ämterlehre wird vollständig übernommen, sein Entwurf zu einem Bekenntnis zur „Confessio Gallicana" ausgebaut. Doch erst zwei Jahre später wird auch dem König klar, daß er diese zweitausend Kirchengemeinden nicht ohne weiteres wie Ketzer behandeln kann. Im Religionsgespräch von Poissy im Jahre 1561 hegen alle große Hoffnung, daß die Verwirklichung der Reformation bei nationaler Einheit nun bevorsteht. Nur die Genfer sind mißtrauisch und lassen Calvin selbst nicht nach Frankreich reisen, doch in Theodor de Bèze fand er einen würdigen Vertreter. Aber alle diese Hoffnungen werden schon bald darauf im Blutbad von Vassy erstickt. In Frankreich wird der Glaube weiterhin von der Macht regiert. Während Calvins Einfluß in den Niederlanden, in England und Schottland, in Ungarn und Deutschland zunimmt und sich verfestigt, gerät Frankreich geradezu zu einer Insel in der reformierten Umgebung.

Indem Calvin zum Bekennen aufforderte, brachte er die Reformation seiner Prägung in Gegensatz zu der humanistischen Mittelpartei, die nur ein schlichtes biblisches Christentum ohne eine eigene Kirche pflegen wollte. Das war die große Versuchung des französischen Protestantismus, und da Calvin es für jede einfachere Reform der Kirche als zu spät ansah, bekämpfte er die Nikodemiten heftig. Schon 1543 hatte er sich einer „Kleinen Abhandlung, die zeigt, was ein Gläubiger machen muß, wenn er die Wahrheit des Evangeliums kennt und sich unter Papisten befindet" gegen die arge Kompromißbereitschaft und das Verstecken gewandt. Wenn jemand die Messe singt, die er ansonsten verurteilt, so spaltete er zwischen Seele und Leib, Gott und Teufel. Auch die im Jahre 1550 erschienene Schrift „De Scandalis" befaßt sich mit dem Nikodemitenproblem.

Den verfolgten Protestanten rät Calvin, die Gemeindebildung nicht zu voreilig zu vollziehen. Der rechte Gebrauch der Sakramente durch ausgebildete Pfarrer sei eine Voraussetzung dafür, eine andere seien Älteste, die über die Kirchenzucht wachten. Dabei sollten die gefestigten Gemeinden auch zu Stärke in den Verfolgungen bieten. Die Franzosen sehen das ein und bestürmen ihn mit Bitten um Prediger. In den zwei Jahren 1562-64 treffen 72 Bittgesuche bei ihm ein. Farel rechnet vor, daß 4 000 bis 6 000 Geistliche sofort angestellt werden könnten, doch er hat ja selbst zu wenig Leute. So schreibt er an die Gemeinde von La Rochelle (wohl in Kenntnis des dortigen Edelholzhandels): ... „schickt uns Holz, damit wir Pfeile daraus machen und sie euch zurückschicken."

Bis zum Jahre 1557 erstarkt die Pariser Gemeinde so weit, daß sie sich ihre Rechte mit Gewalt holen will. Dagegen spricht der Genfer Reformator, man solle das doch ja unterlassen und nur der Führung Gottes vertrauen. Auch mit den friedlichen Versammlungen auf den Pfaffenwiesen, als 4 000 bis 6 000 Menschen im Mai 1558 dort Psalmen singen, ist Calvin nicht einverstanden. Doch wird er tätig, indem er sich in dieser Zeit zum ersten Male an den Hochadel wendet, so an Anton von Navarra, der soeben Jeanne d'Albret geheiratet hatte. Auch Condé hatte sich schützend vor die Reformierten gestellt und vor dem König kühn gesagt, daß die Messe eine Menschenerfindung sei. Er wurde daraufhin verhaftet, und Calvin schreibt ihm einen Trostbrief. Coligny tritt in dieser Zeit endlich auf den Plan, und unter ihm und seinem Vorbild scheint sich die erhoffte Führung der Protestanten durch Teile des Adels anzubahnen, die in Deutschland die Reformation verwirklichen half. Jedoch kommt diese Entwicklung mit dem Massaker der Bartholomäusnacht zu einem doppelten Stillstand durch den Tod der betroffenen Adeligen und die friedliche Evolution, die nun durch Schrecken und Rache ersetzt wird. Anton von Navarra war zu unstet, als daß er die Führung hätte übernehmen können. Calvin war an der Beteiligung des Adels auch gelegen, weil er dem Gläubigen vom Widerstand und gar erst vom Tyrannenmord abriet, jedoch die Prinzen nicht nur ein Widerstandsrecht sondern sogar eine Widerstandspflicht hätten. Doch durch das Zaudern Anton von Navarras als höchstem Prinz im protestantischen Lager blieb die nötige Beispielswirkung aus und scheiterte diese Politik.

Calvins Anteilnahme am politischen und reformatorischen Geschehen in Europa schlug sich in 4 271 Briefen nieder und der Ernst, den er der Unterweisung beimaß, in 2 400 Predigten. Zu ihrer Mitschrift hatte der Rat einen französischen Flüchtling beauftragt. Seine gedruckten Schriften umfassen über 100 Titel. Die Stadt Genf wußte gen Ende der 50er Jahre, wen sie in ihren Toren beherbergte. Als er den Aufruf zu einer Sammlung für die Universität erließ, kamen in kürzester Zeit 10 000 Goldgulden zusammen (1559). Pierre Viret und Theodor de Bèze wurden ihre ersten Professoren. Der Theologenstreit hat dazu geführt, daß seine Prädestinationslehre zum Flaggschiff seiner Reformation hochgespielt wurde. Nach heutiger Ansicht ist sie jedoch nicht die Zentrallehre. In der fertigen „Institutio" wird sie erst im dritten Buch behandelt, und dieses hat als Hauptthema: „Auf welche Weise wir der Gnade Christi teilhaftig werden". Nur bei Zwingli steht die Prädestinationslehre am Anfang. Überhaupt versucht Calvin keine Systeme aufzustellen, sondern nur biblisches Zeugnis wiederzugeben. Die Verwerfung eines Menschen ist nicht das Pendant zur Drohung mit dem höllischen Fegefeuer wie in der katholischen Kirche sondern ist eine Aussage, die eine Grenze verdeutlichen will und ganz unbetont im Zusammenhang steht. Sein wirkliches und Hauptanliegen ist, daß der seligmachende Glaube ganz und gar Geschenk Gottes ist und der Mensch nicht beteiligt sein kann. Den schon damals vorgebrachten Gedanken an eine tyrannische Auswahl durch Gott verwirft er energisch. Es ist jedoch nicht zu leugnen, daß aus dem Erwählungsgedanken die Stärke der verfolgten Hugenotten und Puritaner erwuchs.

In der Sakramentslehre beruft sich Calvin stark auf Augustin und übernimmt von diesem die Unterscheidung zwischen dem Zeichen und der Sache. Auch im Sakrament hat das Wort Vorrang. Im Abendmahl stand er Zwinglis Auffassung näher als Luthers, doch versteht er Christi Gegenwart beim Abendmahl im Gegensatz zu Zwingli als eine geistliche Gegenwart. Das genügt den Nachfolgern Luthers zwar nicht, aber sie übersehen, daß Calvin ihnen näher steht als die Zwinglianer.

Jean Cauvin oder Johannes Calvin starb am 27. Mai 1564, 55 Jahre alt. Seine Weisung nach einem schlichten Begräbnis wurde so streng befolgt, daß man einige Monate später schon nicht mehr wußte, wo sein Grab zu finden war.

II.

Die junge Kirche baut ihre Kirchen — Das Zeitalter der Religionskriege

1. Chronik (1) von 1505-1598

1505
In einem Gewitter legt Luther das Gelübde ab, ins Kloster zu gehen; 1517 Luther schlägt seine 95 Thesen an die Tür der Wittenberger Schloßkirche; 1521 Reichstag zu Worms; 1529 Religionsgespräch in Marburg; 1530 Reichstag zu Augsburg ... so ungefähr sieht der Rhythmus aus, der uns in Deutschland im Religions- oder Konfirmationsunterricht von der Reformation überliefert wird. In Frankreich fanden diese Ereignisse zwar stets einen starken Widerhall. So etwa druckt der Basler Drucker Froben schon im Oktober 1518 Luthers bis dahin erschienene Schriften in einer Gesamtausgabe, von denen bis Februar 1519 etwa 600 Exemplare verkauft werden, so daß sie im selben Monat in Straßburg wiederaufgelegt werden. Jedoch der Gang der Ereignisse wird in Frankreich dadurch nicht bestimmt, sondern nur gefördert. Daher sollen an dieser Stelle zunächst ein-

mal die wichtigsten Daten aus dem 16. Jahrhundert vor Augen geführt werden, damit die charakteristische Unentschiedenheit der Lage der Reformation in Frankreich deutlich wird.

1508
Abt Guillaume Briçonnet räumt dem Gelehrten Jacques Lefèvres d'Etaples, bis dahin Professor an der Sorbonne, ein großzügiges Stipendium zum Zwecke des Schreibens ein und gibt seinen reformerischen Bemühungen dadurch eine wesentliche geistige Unterstützung.

1509
Lefèvre veröffentlicht eine Übersetzung der Psalmen.

1512
Der Kommentar Lefèvres zu den Paulusbriefen erscheint. Er gilt als Hauptwerk am Beginn der Reformation und erzielt auch nicht weniger Wirkung als die Römerbriefvorlesung Luthers; denn auch Lefèvre lehrt, daß der Mensch nur durch die Gnade Christi und den Glauben gerecht wird ... Das gute Verhältnis des Gelehrten, der auch Erzieher der königlichen Prinzen ist, zu dem aufgeschlossenen und gutwilligen Kirchenführer erhellt aus der Widmung Lefèvres an den Abt und Bischof:

> Allerheiligster Bischof, in Erwiderung Eurer unzähligen Wohltaten, die ihr mir seit langer Zeit gewährt habt und auch gegenwärtig noch zukommen laßt, und in Erwiderung Eurer außerordentlichen Hilfe bei meinen Studien, kann ich Euch nichts weiter bieten, Euch keinen anderen Dienst erweisen, als Euch allerorten meinen Wohltäter zu heißen ... Besinnt Euch stets auf das was Ihr seid, nämlich ein Stern ohne gleichen am Himmel der Kleriker, Ihr, die Ihr von Gott mit unvergleichlichen und ebenso seltenen wie unbegrenzten Gaben ausgestattet seid.

1515
19. März: Abt Guillaume wird Bischof von Meaux, Briçonnet stellt bei seiner Visitation seines Sprengels fest, daß selbst die Mönche das Evangelium nicht kennen. Er verbietet den Franziskanern Kanzel und Predigt.
Franz I. wird König in Frankreich.

1516
In einem Konkordat wird bestätigt, daß der König hohe kirchliche Ämter (Äbte und Bischöfe) besetzt, sich also einen von der Krone abhängigen Episkopat schaffen kann. Das war die formale Absicherung des Gallikanismus als geistiger Strömung in der katholischen Kirche Frankreichs. Hohe Prälaturen wurden mit Günstlingen oder deren Verwandten besetzt. Der Genuß des ansehnlichen Kirchengutes spielte dabei eine große Rolle. So begann ein kirchliches Feudalleben, das immer weniger an der wirklichen geistlichen und seelsorgerlichen Aufgabe interessiert war und später davor sogar zurückschrecken mußte, weil es nicht einmal mehr darauf vorbereitet war. Das umso mehr, als das nationale Königtum das weltliche Feudalsystem gerade zerschlagen hatte. Indem sich ganze Familien so auf Generationen hinaus Kirchengüter sicherten, entstand eine neue Quelle der Angst vor dem Protestantismus, indem Familien fürchteten, diese Gunst zu verlieren. Die Guise bemühten sich daher, während eines schwachen Königs das Königtum selbst nicht auch noch an die Protestanten fallen zu lassen. Das Feudalsystem war eine der Ursachen für die Verschlechterung der wirtschaftlichen Lage während des Italienkrieges und des Krieges gegen Karl V., der Unsummen von Geld verschlungen hatte.

1517
Der arglose Gelehrte Lefèvre bemerkt erst gar nicht, was für revolutionäre Ansichten er in seinen Schriftkommentaren entfaltet. Erst als er Luthers Werke liest, wird ihm klar, was für eine explosive Freiheit sie enthalten. Briçonnet

kannte allerdings die Schriften Luthers und sah sich durch sie darin bestärkt, Bibellesen und Predigt wieder Hauptbestandteile des Gemeindelebens werden zu lassen.

1518
Ähnlich wie Luther reist auch Briçonnet nach Rom und kehrt von dort mit dem Entschluß zu grundlegenden Reformen zurück. Es gelingt ihm, bis 1548 ein Klima der Reformation in seiner Diözese zu wahren und Meaux zu einem Anziehungspunkt für reformwillige Kleriker und Gelehrte zu machen. So finden sich bald neben Lefèvre dort auch Farel, Gerard Roussel, Doktor der Theologie und ein anerkannter Gräzist, vor allem aber Beichtvater der Schwester des Königs, Margarete von Orléans (oder Valois), der Herzogin von Alençon und späteren Königin von Navarra, Vatable, Jean Lecomte de la Croix, ebenfalls aus Etaples stammend, ein späterer Mitarbeiter Farels in Genf und Mitherausgeber von Lefèvres „52 Sonntagen". Diese alle und viele weitere, die Briçonnet geschickt und listig in Schlüsselpositionen in der Kirche brachte, bilden, was man heute „Le cenacle de Meaux", den Kreis von Meaux, nennt. Leider gelang es den reformfreudigen Kirchenmännern trotz ihrer guten Beziehung zur Schwester des Königs nicht, auch den König selbst für die Reformation zu stimmen. Die meisten wußten das reformatorische Gedankengut nicht mehr aufrechtzuerhalten, sobald sie den Kreis von Meaux hinter sich ließen. Nur Farel und Jean Lecomte können als Partisanen der neuen Ideen angesehen werden.
Zu erwähnen ist noch Robert Estienne, der gelehrte Drukker, da er den Kreis von Meaux prächtig unterstützte. Doch wie die Denker und Reformer selbst mußte auch er 1551 in die Schweiz fliehen. Heute erinnert eine Hochschule für das Buchherstellungsgewerbe an Robert Estienne. Das von Estienne hergestellte Neue Testament in der Übersetzung Lefèvres wurde auf Geheiß Briçonnets kostenlos an alle Armen verteilt. Sein Satz, der das reformerische Verhalten erklärt, lautet: „Alle Christen müssen zum Studium der Heili-

gen Schrift geführt werden, besonders die Kleriker, denn die anderen Wissenschaften sind wenig nützlich." Als dieser Satz jedoch ab 1523 wiederholt von der Sorbonne kritisiert wurde, verließ Briçonnet der Mut, und die Reform von Meaux kam zum Erliegen.

1520
In Lyon, Avignon und der Dauphiné fallen Anhänger Luthers auf.

1521
Auf Empfehlung Guillaume Farels reist Lefèvre zwischen April und Juni nach Meaux, zunächst als Leiter des Spitals, dann als Generalvikar.

1522
Lefèvre veröffentlicht zusammen mit Jean Lecomte das Andachtsbuch „52 Dimanches" (52 Sonntage), einen Kommentar zu den Evangelien.

1523
In Antwerpen sterben die ersten Märtyrer der Reformation. Der erste Märtyrer auf französischem Boden ist Jean Vallier (oder Valières), der am 8.8. in Paris verbrannt wird. Louis de Berquin (geb. 1489), ein Übersetzer von Schriften Luthers, wird verhaftet. Lefèvre veröffentlicht eine Übersetzung des Neuen Testaments nach der Vulgata ins Französische.

1524
Das Parlament als oberste Gerichtsinstanz ordnet per Beschluß vom 20. März 1524 an, daß die „Lutherischen", wie es die Protestanten noch nennt, als „blasphemateurs" mit dem Tode durch Verbrennen zu bestrafen seien. Lefèvre, nur durch seine Gunst beim König freigesprochen, muß aus Frankreich fliehen und besucht in Straßburg die Reformatoren Reuchlin und Papst. In Meaux wird Jean Leclerc, ein

Handwerker, wegen seines Glaubens gebrandmarkt und verbrannt. Farel selbst geht zuerst nach Paris zurück, dann über einen Zwischenaufenthalt in der heimatlichen Dauphiné nach Basel.

1525
Farels „Sommaire et brèvfe déclaration" erscheint. Es kommt zu ersten systematischen Verfolgungen. Der König erhält vom Papst eine Unterstützungssumme von 1,3 Millionen Pfund und verspricht dafür, die Ketzer auszurotten. Alle lutherischen Werke müssen eingesammelt und vernichtet werden. Eingeschüchtert durch die über das Predigtverbot verärgerten Mönche, die ihn anklagen, billigt Briçonnet die Verbrennung lutherischer Schriften und ordnet eine Anrufung Mariens in seinem Sprengel an.

1528
In Paris erregt das Köpfen einer Madonnenfigur großes Entsetzen und Unruhe und schlägt die Stadt auf die royalistisch-papistische Seite:

> Der König, der gerade in Fontainebleau weilte, hörte von dem Vorfall. Im höchsten Grade erregt und voll böser Ahnungen, sandte er am nächsten Samstag, dem sechsten Tage des Monats, den Kardinal und Kanzler von Frankreich zusammen mit dem Oberrichter von Paris zum Gerichtshof mit der Meldung, der König erwarte, daß man den Missetäter schleunigst ausfindig mache. Tausend Taler versprache er dem, der ihn anzeigte ... Würde der Täter die Namen seiner Komplizen und Spießgesellen angeben, sollte er die gleiche Summe erhalten ... Danach machte sich der Kriminalrichter mit seinen Häschern und Armbrustschützen und anderem Volk vom Gerichtshof unverzüglich auf, ging von Haus zu Haus und forschte nach, ob nicht jemand irgendeinen Verdachte hegte. Am ... Vortage vor Fronleichnam begaben sich die Universität von Paris,

vertreten durch zahlreiche hochangesehene Persönlichkeiten, und vier- bis fünfhundert kleine Schüler im Alter von 11 Jahren allesamt in einer Prozession zu der Stelle, wo die Figur stand. Seit Menschengedenken hatte man die Universität nicht so zahlreich und andächtig versammelt gesehen ... Als die Prozession vorbeigezogen war, stieg der König mit einer tiefen Kniebeuge auf die Empore, wo er für die zerschlagene Madonna eine Jungfrau aus Silber als Geschenk überreichte, die für alle Zeiten dort bleiben sollte.

1529
Auf dem Reichstag zu Speyer führt der „Protest" (gegen eine Entscheidung, die ihrem Glauben, dem Gehorsam gegenüber Gott und ihrer Verantwortung vor den Untertanen) von sechs Fürsten und Vertretern von 14 Städten zum Namen „Protestanten", was eigentlich „die Protestierenden" in einer heutigen grammatischen Form heißen müßte. Am 17. April wird der Humanist Berquin erdrosselt und verbrannt. In Lyon kommt es zu Unruhen, weil sich die religiösen Emanzipationen mit sozialen Reformen mischen (La Rebeine). Die Pariser Buchdrucker streiken wegen der Verbote, die man ihnen auferlegt. Clément Marot, der Psalmenübersetzer und Liederdichter, verläßt Frankreich.

1530
In der Augsburger Konfession wird zum ersten Male das Wort „Protestanten" offiziell gebraucht.

1532
Die Bibel der Reformierten, die Bible Olivétan, erscheint.

1533
Die von Calvin mitverfaßte Eröffnungsrede des erst 24 Jahre alten Rektors der Sorbonne, Nikolas Cop, zwingt ihn und Calvin zur Flucht aus Frankreich. Clément Marot über-

setzt die Psalmen. Melanchthon überredet Franz I., sich mit Deutschland gegen den Kaiser Karl V. zu verbinden.

1534
Am 18. Oktober schafft die Affäre der „Placards" erneut große Unruhe: über Nacht hängen überall in Frankreich Reformierte insgeheim Plakate auf, die ihre Forderungen und ihren Glauben artikulieren. Auch an die Schlafzimmertür Franz' I. auf seinem Schlosse zu Amboise heftet jemand ein Plakat. Im Titel wird nicht weniger angekündigt als:

> Wirkliche Artikel über die schrecklichen, großen und untragbaren Mißbräuche der päpstlichen Messe ...

Franz I. verfügt deshalb, daß fortan alle Druckschriften von einer Parlamentskammer genehmigt werden müssen. Daß die Todesstrafe hierauf ernst gemeint war, muß Estienne Dolet mit seinem Leben besiegeln. Doch er ist bei weitem nicht der einzige. Im Herbst dieses Jahres flammen überall in Frankreich zahllose Scheiterhaufen auf, nicht ohne daß die Opfer vorher noch bestialisch gequält werden. Von sieben Hinrichtungen am 10. November berichtet der eifrige Katholik „Bürger von Paris".

> Der erste war Barthélemy Mollon, Sohn eines Seilers. Dieser Barthélemy war durch Krankheit unfähig zum Gebrauch seiner Glieder und gelähmt, und er hatte die besagten Plakate und Schriften. Er wurde auf dem Johannesfriedhof bei lebendigem Leibe verbrannt. Der zweite war Jean du Bourg, ein reicher Tuchweber. Er mußte auf einem Kippkarren vor der Kirche Notre-Dame gehörige Buße tun. Von da wurde er zum Brunnen der Unschuldigen Kinder gebracht, wo man ihm das Haupthaar abschnitt. Dann wurde er vor den Hallen lebendig verbrannt, weil er seine Komplizen nicht verraten wollte. Der dritte war ein Drucker aus der Rue

St. Jacques, der Bücher Luthers gedruckt und verkauft hat.

Calvin wohnt einem Freigottesdienst in Poitiers bei. Der Wippergalgen wird eingeführt.

1535
Calvin in Basel. Die „Institutio" entsteht. Mit ihr wollte Calvin versuchen, die verfolgten Protestanten vor ungerechten Anschuldigungen und Gleichsetzungen etwa mit den Wiedertäufern zu bewahren. In der „Institutio" (Kap. 22, 32) wird nur ein minimales Widerstandsrecht gegenüber der Obrigkeit zugestanden. Calvin wurde selbst daher zum Gewährsmann des Widerstandes, auch wenn er bei Abfassung seines Lehrbuches eher an eine Dämpfung von Widerstand dachte. Gewöhnlich waren nur die Ständeversammlungen mit einem Widerstandsrecht ausgestattet. Die Forderung nach einer Ständeversammlung war also noch kein Ungehorsam.

Besuch am herzoglichen Hofe in Florenz. Franz I. sieht zu, wie am 21.2. sechs Menschen durch den Wippergalgen getötet werden.

1536
Guillaume Farel beruft Calvin. In Genf wird ein Disput veranstaltet. Der venezianische Gesandte Giovanni Michieli berichtet:

> Sie können sich nicht vorstellen, welch rege Verbindung mit dem gesamten Königreich das geistliche Oberhaupt von Genf unterhält. Es ist ein Franzose aus der Picardie mit Namen Calvin, ein Mann, der sich durch seinen Lebenswandel, sein Wissen und seine Schriften bei dieser Sekte außerordentliches Ansehen verschafft hat. Zur Unterstützung der in Genf lebenden Franzosen schickt man ihm heimlich aus Frankreich riesige Geldsummen.

1538
Calvin muß aus Genf ziehen. Franz I. gibt durch seinen Frieden mit Karl V. von jetzt ab zu erkennen, daß er sich ungeteilt auf die Seite der Katholiken schlagen wird.

1539
Calvin schreibt an der „Institutio" auf Französisch. Er heiratet Idelette de Bure. Mit der Verordnung von Villiers-Cotterets werden die Gesellenvereinigungen aufgehoben, da sich in ihnen reformatorisches Gedankengut mit sozialer Emanzipation anhaltend verband, und Streiks wie der der Buchdrucker in Paris (der schnell Schule machte), werden verboten.

1540
Calvin wird nach Genf zurückberufen. Franz I. genehmigt die Verfolgung der Protestanten.

1541
Die Institutio erscheint auf Französisch und die „Ordonnances ecclésiastiques". Im April nimmt Calvin am Religionsgespräch in Regensburg teil.

1542
Noch vor der Einrichtung der zweiten Parlamentskammer, der Chambre ardente, berichtet der deutsche Student Eustachius von Knobelsdorff an seinen Lehrer in Brügge:

> Der erste war ein ganz junger Mann, noch ohne Bart ... die meisten Zuschauer gaben ihm keine zwanzig Jahre. Es war ein Schustersohn. Der Junge hatte abfällige Reden geführt über die wundertätigen Heiligenbilder ... Er war angeklagt, noch weitere Äußerungen gemacht zu haben, bei denen Luthers Lehren Pate gestanden hatten. Sie redeten ihm zu, er solle widerrufen, doch er dachte gar nicht daran ... Da wurde er vor Gericht gestellt, und der Urteilsspruch lautete, man solle

ihm die Zunge abschneiden und ihn dann bei lebendigem Leibe verbrennen. Ohne eine Miene zu verziehen, hielt der Jüngling seine Zunge dem Messer des Henkers hin, er streckte sie heraus, so weit er nur konnte. Mit einer Zange zog der Henker sie noch weiter heraus, schnitt sie ab und schlug sie dem armen Sünder ein paarmal links und rechts ins Gesicht. Die Umstehenden ... bückten sich nach der noch zuckenden Zunge und warfen sie dem Jüngling an den Kopf. Dann stieß man ihn auf einen Karren und führte ihn zum Richtplatz ... Von selbst und ohne Hilfe sprang er vom Wagen ab und stellte sich neben den Pfahl, der bei der Hinrichtung gebraucht wird. ...

Die vielen Verhaftungen sind möglich, weil es allerorten Leute gibt, die sich als Spitzel nicht zu schade sind. Sie schreiben auf, was sie beobachten oder zu beobachten meinen:

Im „Roten Pferd" vor Navarra; hier wohnte der Pastor Blanchard, gebürtig aus Genf, aber er und die Seinen sind weggezogen ... Im Faubourg St. Germain-des-Prés, in der Rue des marets, bei Madame Bertrand, wo gewöhnlich La Cérisaie war, ein Pastor. Bei einem Buchhändler mit Namen Henri Le Bay in der Nähe von St. Hilaire ... Wenn sie während ihrer Versammlung ein Geräusch vernehmen, das ihnen Angst macht, decken sie schnell den Tisch und stellen Brot und Wein darauf, damit einer, der etwa käme, sie dabei antrifft, wie sie trinken oder sich den Anschein geben als tränken sie. Beim Hinein- und Hinausgehen nehmen sie sich viel Zeit. Derjenige, der ihnen Bescheid gibt, daß sie zur Versammlung kommen sollen, ist immer als erster da, damit er die Eingeladenen wiedererkennt und keinen einläßt, von dem er nicht weiß, wer er ist.

1546
Die Protestanten in Meaux beschließen, eine Gemeinde zu gründen. 62 von ihnen werden am 8. September aus einem Gottesdienst heraus verhaftet und nach grausamen Foltern zum Tode verurteilt (s. Kap. 3: Die Märtyrer von Meaux). Am 18. Oktober wurden sie auf dem Marktplatz verbrannt. In Paris stirbt auf der Place Maubert der Drucker Estienne Dolet. Die Feldzüge gegen die Waldenser fordern 4 000 Tote.

1547
Tod Franz I. Die „chambre ardente" (Feuerkammer), die sich der Verfolgung der Protestanten annimmt, wird gegründet. Mit dem Tod von Franz I. enden die Versuche Frankreichs, mit den deutschen Fürsten eine Allianz gegen den Kaiser Karl V. zu bilden. Franz I. war ein Förderer von Humanismus und Kunst. An seinen Hof zog er Clement Marot, den Hofdichter und Psalmenübersetzer aus Cahors; Guillaume Budé, den Philologen, Pierre Duchâtel, Jean Laskaris, Guillaume Pecellicier, Angelus Vegetius und den Drucker und Gelehrten Robert Estienne, einen Freund der späteren Protestanten. Er gründete auch das Collège Royal, um der Akademie und der Sorbonne etwas entgegensetzen zu können und berief an seine Spitze Jacques Lefèvre d'Estaples. Ihm zur Seite standen Marsilio Ficino und Pico della Mirandola. Die alte Kirche zwang ihn jedoch, seine Versuche einer toleranten und friedliebenden Herrschaft zu beenden und ihn zur Unterstützung der Protestanten zu veranlassen. Sein taktisches Spiel gerät ihm nicht: Er suchte einerseits die Gunst des Papstes zu gewinnen, möglicherweise vermittels einiger Verfolgungen, verhandelte gleichzeitig aber mit Karl V., redete den deutschen Protestanten beschwichtigend zu, lud Melanchthon gar zu einem Religionsgespräch nach Paris, läßt aber gleichzeitig 18 Protestanten verbrennen. Daß das nur taktischen Erfordernissen gehorsam war, entnimmt man der Tatsache, daß Franz eigentlich religiös indifferent war.

1550
Lefèvres Bibelübersetzung von 1536 erscheint, revidiert durch Löwener Theologen und privilegiert durch Karl V.

1551
Große Zahlen von Predigern, die in Genf gelernt haben, kehren nach Frankreich zurück. König Heinrich II. entreißt dem Kaiser die Reichsstädte Toul, Metz und Verdun. Das Edikt von Chateaubriand verbietet die Ausübung des reformierten Glaubens bei Todesstrafe und verlangt von jedem, der in den Staatsdienst treten will, einen Eid auf den katholischen Glauben.

1553
Heinrich von Navarra, der spätere Heinrich IV., wird geboren. Am 27. Oktober wird der spanische Arzt und Theologe Michel Servet verbrannt, der die Dreieinigkeit ablehnte.

1555
In Genf geschulte Prediger lassen sich zuerst in Paris, dann Poitiers, Angers und Meaux nieder; 1556 in Bourges; 1557 in Blois, Rouen, Caen, La Rochelle, Lyon, Aix, Bordeaux, Ossoudun, Anduze, Sainte-Foy; 1558 in Dieppe, Le Havre, Tours, Saintes, Montargis, Saint Jean-d'Angély, Marseille, Bergerac. Im Jahre 1559 sind auf diese Weise 72 Gemeinden nach Genfer Muster entstanden.

In einer solchen Exilgemeinde zu Paris wird das erste Kind nach protestantischem Ritus getauft. Daraufhin bilden sich weitere Gemeinden, zuallererst in Paris selbst.

Augsburger Religionsfriede.
Gaspard de Coligny führt Verhandlungen mit Genfer Protestanten wegen Stützpunkten in Brasilien. Man vermutet, daß er sich in dieser Zeit zum reformierten Glauben bekehrte.

Im ersten Krieg König Philipps gegen Frankreich (1556-59) unterstützten ihn die Niederlande mit Geld und Truppen. Das war ein Ergebnis des Augsburger Religionsfriedens, in dem die Niederlande von Reichsbeschlüssen freigesprochen wurden, dafür aber gegen die Bezahlung durch Truppen und Geld vom Reich geschützt werden sollten. Graf Egmont (1522-1568) errang bei St. Quentin den Sieg, bei dem Coligny in Gefangenschaft geriet, und einen weiteren bei Gravelingen.

1557
Kraft einer päpstlichen Bulle wird die Inquisition in Frankreich eingeführt. Die Niederlage der Franzosen gegenüber den Spaniern bei St. Quentin (Coligny gerät hier in eine zweijährige Gefangenschaft) bewirkt größere Rücksichten Heinrichs II. gegenüber den Protestanten. Im Juli sichert Heinrich II. im Edikt von Compiègne der Kirche die weltliche Unterstützung bei der Verfolgung der Ketzer zu. Schon für die Verbreitung von Büchern wird die Todesstrafe verhängt. Anton von Navarra ersucht Genf um Prediger für Nérac. Er sympathisiert neuerdings mit den Protestanten, weil er sich von ihrem Block mehr Hilfe bei der Rückgewinnung der von Spanien besetzten Teile Navarras erhofft. Mit seiner Frau Jeanne d'Albret wohnt er in La Rochelle einem Fest der Protestanten bei. Um diese Zeit werden etwa 400 000 erklärte Protestanten in Frankreich gezählt. In Poitiers wird eine Synode abgehalten. Am 5. September wird ein Hauptgottesdienst vom Pariser Pöbel aufgelöst:

> Am nächsten Morgen, als der Tag anbrach und alle nach Hause gehen wollten, regnete es plötzlich Steine auf uns. Der allergemeinste Pöbel geht mit Waffen auf uns Unbewaffnete los und beginnt alle erdenklichen Grausamkeiten an uns zu verüben. Er hielt es wohl für eine Heldentat, mit uns ein Ende zu machen oder uns ins Gefängnis zu werfen, uns, die Lutheraner, Ketzer, Strauchdiebe und Meuchelmörder. Mit solchen Schimpfwörtern bedachten sie uns. An allem sollten wir schuld sein: auch an den Belagerungen und an den

Kriegen. Und was sollen wir dazu sagen, daß man in der ganzen Stadt munkelte, wir gäben uns bei unseren Versammlungen den abscheulichsten Ausschweifungen hin? Manche behaupteten, wir wollten die Sorbonne stürmen und was sonst noch alles. Die falschesten, unwahrscheinlichsten und gemeinsten Gerüchte wurden von unseren Gefangenen gierig aufgegriffen.

Sie schmähten uns aber nicht nur mit Worten, an die hundertdreißig unserer Leute, die der viehischen Gewalt des Pöbels nicht entkommen konnten oder wollten, wurden von Schnapphähnen gefesselt – wie Feinde – und ihres Geldes, ihrer goldenen Ringe und ähnlicher Dinge beraubt. Frauen und jungen Mädchen aus den angesehensten Familien zerzausten sie dreist das Haar und zerrissen ihnen die Kleider. Ohne Unterschiede des Geschlechts, des Standes oder des Alters schmierten sie allen Dreck ins Gesicht. In der Gewißheit, daß die Richter Nachsicht üben und ihnen sogar Beifall spenden würden, feierten sie den größten Flegel und übelsten Rüpel als Held des Tages. Wer noch etwas Respekt vor den Menschen besaß, konnte mühelos erkennen, was alle diese Kerle dazu trieb, sich gegen Kinder Gottes zu verschwören. ... Da die Richter nun einmal eine bestimmte Aufgabe zu erfüllen hatten, verurteilten sie zunächst drei der unseren zum Scheiterhaufen aus dem einzigen Grund (nach ihren eigenen Worten), daß sie den Brauch unserer Väter mißachtet hätten. Keine einzige Bibelstelle konnten diese Richter für sich in Anspruch nehmen, schlimmer noch, selbst verwirrt durch zahlreiche Zitate, stoßen sie nur noch Drohungen aus. ... Die drei Gläubigen werden antworten, daß sie zum Widerruf bereit wären, wenn man sie durch das Zeugnis der Schrift widerlegen könne. Da sie in ihrer Haltung unerschütterlich sind, werden sie am 26. September öffentlich verbrannt.

So berichtet die reformierte Kirche von Paris. Es ist erstaunlich, wie aus dem Bericht dieses einzigen Vorfalles lauter Züge wiederbegegnen, die man allenthalben in der ganzen französischen Reformation beobachten kann: Vom Pöbel bis zur herrschenden Schicht der Juristen oder Kleriker bemächtigen sich niedrigste Motive der Reformationsgegner; die Protestanten sind von Anfang an erstaunlich martyriumsbereit.

Anton von Navarra besucht einen Gottesdienst im Freien auf den Prés-aux-clercs. Indem er, François d'Andelot und Ludwig von Condé sich auf die Seite der reformierten Religion schlagen, ergreift diese nun auch den Adel und erreichte ihre politische Phase. Die Reformation gewinnt an Attraktion, und von jetzt an nennt man die Reformierten verächtlich „Huguenots". Die genaue Herkunft dieses Ausdrucks ist bis heute nicht vollständig geklärt. Zum einen führt man das Wort auf den Genfer Bürgermeister Hugues zurück, nachdem man die dortigen Protestanten spöttisch genannt habe. Zum zweiten vermutet man, daß es einen Geheimbund gab, der sich nach Hugo dem Kapetinger benannte. Zum dritten wird erklärt, daß sich das Wort aus dem Schweizerischen „Eidgenossen" hergeleitet habe, freilich in einer verderbten Sprachform, nachdem diese sich gegen die Herzöge von Savoyen erhoben.

1558
April: Die sechzehnjährige Maria Stuart, seit dem 4. Lebensjahr in Frankreich (geb. 1542) heiratet den Dauphin Franz (II.).

Calvin bemerkt gegenüber seinem Freund Bullinger in Basel, daß „Coligny keiner Ermahnung mehr bedurfte".

1559
Vom 13.-16. Mai versammelten sich in Paris rund 4 000 Hugenotten und protestieren gegen die Festnahmen durch Singen von Psalmen. Auch Anton von Navarra wohnt der Versammlung bei. Denn am 2.-3. April war zwischen

Frankreich und Spanien der Friede von Cateau-Cambrésis geschlossen worden, der den Königen wieder mehr Muße zur Verfolgung der Ketzer im Lande gab, wiewohl er, laut Agrippa d'Aubigné, „für die Spanier ruhmreich, für die Franzosen nachteilig und für die Reformierten bedrohlich" war. Der Krieg, der mit dem Frieden von Cateau-Cambrésis abgeschlossen wurde, drehte sich um die Bistümer Toul, Metz und Verdun. Die Hochzeit Philipps II. mit der ältesten Tochter Heinrichs II., Elisabeth von Valois, war möglicherweise der Ort, an dem die Ausrottung der Protestanten verabredet wurde. In der Hauptstadt sterben der tapfere Stadtverordnete Anne du Bourg und Laporte. Man errechnete für die gesamte Regierungszeit Heinrichs II. etwa 500 Märtyrertote. Am 25.5. wird in St. Germain-des-Prés die erste geheime Nationalsynode der Protestanten abgehalten. Eine allgemeine Kirchenverfassung, eine gemeinsame „discipline" für die Gemeindeordnung und eine „confession de foi" (Confessio Gallicana) werden beschlossen. 2. Juni: In Ecouen beschließen die Katholiken die Auslöschung der Häresie. 5. Juni: Gründung der Akademie in Genf. Im Anschluß an eine Versammlung in Nantes kommt es zum Tumult in Amboise. Das von Condé angestiftete und von dem kleinen Adeligen La Renaudie aus dem Perigord schlecht geleitete Komplott richtete sich zwar nicht gegen den König, der gerade in Amboise weilte, sondern gegen die Guise, aber es wurde den trotzigen Adligen und ihrer Schar unzufriedener kleiner Leute so ausgelegt. La Renaudie war ein verarmter Edelmann, ehemals in Diensten der Guise. Calvin warnte vor ihm wegen seiner Geschwätzigkeit und mißbilligte sein Ziel:

> Der erste Tropfen Blut, den unsere Leute vergießen, wird Ströme von Blut hervorrufen, die ganz Europa überschwemmen.

Geplant war der Anschlag eigentlich auch in Blois, doch bei den ersten Gerüchten zog sich die königliche Familie nach Amboise zurück, wo sie eine Festung beziehen konnte. Herzog Franz von Guise ließ sich zum Generalstatthalter ernennen, um den Anschlag niederwerfen zu können. Befehle sind auch den (scheinbar) stärksten Politikern wichtig. Am 15. März fallen drei Offiziere der Putschisten in die Hände königlicher Truppen. Am 17. März wird der Aufstand niedergeworfen. La Renaudie findet den Tod, die Überlebenden werden hingerichtet und ihre Köpfe auf der Galerie der Festung aufgesteckt. Condé und d'Andelot, der Bruder Colignys, werden in Abwesenheit zum Tode verurteilt. Sie entgehen ihm nur durch den plötzlichen Tod Heinrichs II. Coligny hielt sich aus diesem Unternehmen heraus, da er es für töricht hielt und in ihm keine Zukunft sah. Auch Calvin versuchte, die jungen Edelleute von ihrem Vorhaben abzubringen. Sogar in der Schweiz also hatte er von der „Geheim"-aktion erfahren! Grausame Foltern sollten die Antwort des Hofes sein.

10. Juli: Tod Heinrichs II. bei einem Turnier.

1560
Am 22. Februar ist die Niederwerfung des Anschlages La Renaudies auf die königliche Familie abgeschlossen. Er mißlingt nach Meinung Michel de Castelnaus deshalb, weil zwischen Vorbereitung und Ausführung zu viel Zeit zum Plaudern gegeben war, und in der Tat war es der Protestant, der die Komplizen bei sich zu empfangen pflegte, der sie an den Sekretär des Kardinals von Lothringen verriet. Hinzu kam, daß die Guise zu gute Soldaten waren, als daß sie nicht mit den Angreifern gut fertig wurden. Am 17. März werden die Putschisten von Amboise hingerichtet.

Dennoch klang der Tumult einzige Zeit nach; denn zu groß war der Ärger junger Edelleute darüber, daß die Guise sich die Staatsgewalt in so hohem Maße angeeignet hatte. In Großstädten fand man täglich Schmähschriften gegen Herzog Franz und seinen Bruder Kardinal Karl von Lothringen angeschlagen. Die Galgen von Amboise wurden beseitigt. In der Dauphiné gab es Anzeichen für eine Erhebung. Am 23.8. fordert Coligny vor dem Parlament in Fontainebleau das Recht auf Gottesdienst, was auf dem Hintergrund der Unruhen stärker als sonst berücksichtigt worden sein dürfte.

Etwa 10 Prozent der Franzosen in rund 2 00 Gemeinden sind evangelisch. Im Edikt von Romorantin wird Gewissensfreiheit gewährt, aber Gottesdienste bleiben untersagt. Die Edelleute Franz von Guise, Montmorency und Saint-André bilden das sogenannte Triumvirat, einen Beistandspakt. Nach einer Unterbrechung von 76 Jahren treten zum ersten Male wieder die Generalstände zusammen. Ende des Jahres stirbt Franz II., der mit Maria Stuart verheiratet war. Admiral Coligny und Jeanne d'Albret bekennen sich öffentlich zum evangelischen Glauben. Daher findet die Reformation immer mehr Zulauf und wird als ernste Gefahr betrachtet. Der Kanzler Michel de l'Hôpital schätzt ihren Anteil in der Bevölkerung auf ein Viertel. Heutige Untersuchungen schätzten sogar 2,5 Millionen (von insgesamt 15 Millionen). Um 1560 betrug die Staatsschuld 40 Millionen Livres. An die Beamten konnten keine Gehälter mehr bezahlt werden. Auch die Eintreibung von Steuern hatte längst die Grenze erreicht. Frankreich litt unter Inflation, während andere Länder mehr unter einem Währungszerfall litten, weil aus Amerika viel Gold und Silber herangeschafft wurde. Die unerschrockene Finanzpolitik der Guisen vergrößerte die Unzufriedenheit bei Volk, kleinem Adel und im Gewerbe. Das führte diese Gruppen dem Protestantismus zu.

Am 5. Dez. stirbt Franz II. an einer Ohrenentzündung, sein Bruder Karl wird im Alter von zehn Jahren Thronfolger.

1561

Im von Katharina von Medici angeregten Glaubensgespräch von Poissy (9. Sept.-18. Okt.) soll der Konflikt gütlich beigelegt werden. Ursprünglich sollte nach ihrem Vorschlag anstelle dieses bloßen Austausches ein Konzil zusammentreten, doch der Papst erteilte nicht die Genehmigung. Katharina war den Guise nicht gewogen, da sie ihr eine zu starke Konkurrenz zu sein schienen, duldete sie aber. Näher als die Guise standen ihr anfänglich die Bourbonen Anton von Navarra und Ludwig von Condé, die auch in der Thronfolge auf den ersten Plätzen rangierten. Beiden diente ihre religiöse Paktierung nur als Sprungbrett, ihre eigene Stellung zu stärken, doch keiner von beiden war besonders vermögend. Ihnen gesellte sich Gaspard de Coligny zu, der über seine Mutter mit dem Hochadelshause Montmorency verwandt war. Sein Bruder Franz war Generalleutnant der Infanterie, sein Bruder Odet mit 16 Jahren durch Papst Clemens VII. und Montmorencys Vermittlung Kardinal und Erzbischof von Toulouse, zwei Jahre später von Beauvais, eines der ältesten und würdigsten geistlichen Ämter, die Frankreich zu vergeben hatte. Von daher kann man den Schrecken ermessen, den Colignys Bekehrung zum reformierten Glauben auf die sich sicher wähnenden Katholiken gemacht haben muß. Ganz zu Anfang war der reformierte Glaube Privatsache und unpolitisch, später wurde er zunehmen sozialpolitisch und dann nationalpolitisch.

Theodor de Bèze schildet das Erlebnis dieser Tage selbst (in der dritten Person):

> Dann ergriff Theodor de Bèze, der von den anderen dazu ausersehen war, das Wort ... Wie hernach die schlimmsten Kritikaster und Nörgler zugaben, vernahmen alle Anwesenden diese Rede mit Wohlgefallen und folgten ihr mit gespannter Aufmerksamkeit bis de Bèze gegen Schluß, als er von der Gegenwart Jesu Christi im Abendmahl sprach, behauptete, daß der Leib Jesu Christi, obwohl er uns wirklich dargereicht wird und wir seiner im Abendmahl teilhaftig werden, dennoch vom Brot so weit entfernt sei wie das Himmelsgewölbe von der Erde. Dies Wort allein (obwohl er

manches andere gesagt hatte, was der Lehre der römisch-katholischen Kirche ebenso widersprach und genauso schlecht zu ihr paßte) genügte, daß die kirchlichen Würdenträger zu flüstern und zu murren anfingen. Die einen sagten „Blasphemavit" (er hat Gott gelästert), andere erhoben sich von den Plätzen, um den Saal zu verlassen, und etwas Schlimmeres konnten sie in Anwesenheit des Königs nicht tun ... Als Ruhe eingetreten war, sagte de Bèze: „Meine Herren, ich bitte Sie, den Schluß abzuwarten, mit dem Sie zufrieden sein werden", dann nahm er sein Thema wieder auf und führte es zu Ende. Nach seiner Rede überreichte er Seiner Majestät dem König das Glaubensbekenntnis der reformierten Kirchen. Dieser nahm es huldvoll aus der Hand des Gardehauptmanns ... entgegen und reichte es dann an die kirchlichen Würdenträger weiter. Der Kardinal von Tournon erhob sich, sprach aber so leise, daß man ihn nicht gut verstehen konnte. Um es mit wenigen Worten zu sagen: er bat den König, nichts von dem zu glauben, was gesagt worden sei, hingegen möge er der Religion seiner Vorfahren ... die Treue halten ... Im übrigen bat er sich Zeit aus auf diese Rede zu antworten, und sagte, es würde eine gute Antwort werden, und er hoffe, daß der König ... sich bekehre; dann, sich sofort korrigierend, nicht bekehre, sagte er, sondern auf dem rechte Wege bleibe. Das alles sagte er in höchstem Zorn und so, als sei er ganz von Sinnen.

Katharina wendet sich sogar direkt an den protestantischen Edlen Ludwig von Condé, um eine Lösung zu ermöglichen. Von Genf aus werden „Ordonnances" für die Kirchen veröffentlicht.

1562
Am 27.1. wird in St. Germain-des-Prés ein Toleranzedikt („Januaredikt") zwischen Katholiken und Protestanten vereinbart. Die Protestanten dürfen Gottesdienste feiern,

jedoch noch nicht in eigenen Temples, wie Coligny forderte, und nicht in Residenzorten. Dank des unermüdlichen Einsatzes des Kanzlers Michel de l'Hôpital aber erhalten die Protestanten damit erstmals Rechtsstatus. Aus dieser Zeit berichtet der Gesandte Michieli:

> Nicht eine einzige Provinz ist von der Seuche verschont geblieben, und es gibt einige, wo sogar die Landbevölkerung angesteckt ist, so in der Normandie, fast in der ganzen Bretagne, in der Touraine, im Poitou, in der Guyenne, in der Gascogne, in einem großen Teil des Languedoc, der Dauphiné, der Provence, der Champagne, das sind beinahe drei Viertel des Reiches, überall haben die Ketzer ihre Zusammenkünfte, die sie Versammlungen nennen, in denen sie nach Genfer Vorbild lesen, predigen und leben ohne sich um die Pfarrer des Königs oder seiner geistlichen Orden zu kümmern. Alle Klassen der Gesellschaft sind infiziert und seltsamerweise sogar die Geistlichen, die Priester, Mönche, Nonnen, ganze Klöster beinahe – nur wenige sind nicht von der Pest befallen – und viele geistliche Würdenträger ... Die Adeligen sind besonders stark angesteckt, besonders die, die noch nicht vierzig Jahre alt sind.

Für die fanatischen Katholiken ist dieses eingeschränkte Zugeständnis Katharinas jedoch immer noch zu viel.

Das Massaker von Vassy am 1.3. macht die Friedenshoffnungen zunichte. Der Herzog von Guise befindet sich dort mit großem Gefolge auf der Durchreise. Als er vernimmt, daß in einer Scheune ein Gottesdienst abgehalten werde, ist er neugierig, ob sich daran nicht etwas ändern ließe. Als sein Vorbote mit sieben Soldaten durch eine offene Tür in die Scheune dringt, sagt der Pastor nur: „Setzen Sie sich doch bitte, meine Herren." Doch an freiem Austausch ist hier niemand interessiert, deswegen rufen die Eingedrungenen nur aus: Verdammt, man sollte alle hier umbringen!

Da bemerken die Gläubigen in der Scheune auch, daß draußen etwas gegen sie vorbereitet wird. Im Nu werden sie nach draußen gezwungen, wo sie zwischen den Soldaten Spießruten laufen müssen. Die auf das Scheunendach flohen, werden von den Arkebusieren erschossen. 45 Personen sterben in diesem Gemetzel sogleich, achtzig bis hundert bleiben noch schwerverwundet zurück. Der Herzog wird beim Einzug in Paris wie ein Held empfangen, doch Condé und Coligny rufen nun zu den Waffen. Das ist keineswegs zu unterschätzen, denn wie der Venezianer Giovanni Correro berichtet, sind „der Name des Prinzen von Condé und der des Admirals genaus beliebt und gefürchtet wie der des Königs und der Königin".

Correro analysiert die Lage in Frankreich ebenfalls auf seine Weise:

> Unter der Bezeichnung Hugenotten versteht man drei Klassen von Personen: Die Mächtigen, die Bürger, die Leute aus dem Volk. Die Mächtigen sind der Sekte beigetreten, weil sie ihre Feinde vernichten möchten; die Bürger aus Sehnsucht nach der süßen Freiheit und in der Hoffnung, Reichtümer zu erwerben, vor allem das Vermögen in der Kirche; die Leute aus dem Volk schließlich aufgrund von falschen Vorstellungen. Man kann es auch so ausdrücken: bei den ersten wars der Ehrgeiz, bei den zweiten Habsucht, bei den dritten Unwissenheit ... Dann kamen die protestantischen Geistlichen, die dafür Sorge trugen, (*das Volk*) in seinem Glauben zu stärken und neue Anhänger zu werben. Ich sagte „geschickt": besser hätte ich den Superlativ benutzen sollen; denn sie übten ihr Amt mit einem geradezu unglaublichem Geschick und Eifer aus. Wenn unsere Priester sich nur halb so viele Mühe gäben, herrschte jetzt nicht ein solches Durcheinander in der Christenheit.

Die Protestanten versicherten sich des Beistandes von Königin Elisabeth I. von England im Vertrag von Hampton Court und treten ihr gegen finanzielle Unterstützung Le Havre ab (Sept.). Der erste Religionskrieg (1562-63) bricht im März aus. Gaspard de Coligny wird in den königlichen geheimen Rat aufgenommen.

Das Jahr 1562, im Mittelpunkt vieler Ereignisse, ist reich an Durcheinander. In Annonay herrschen die Hugenotten so sicher, daß sie alle Statuen vernichten lassen. Der spätere Finanzminister Sully berichtet, daß die Einwohner von Villefranche und Montpazier für die gleiche Nacht beschlossen, die jeweils andere Stadt einzunehmen. Da jede Truppe die gegnerische Stadt auf einem anderen Wege anschlich, kamen sie, ohne das Unternehmen der anderen zu bemerken, in der leeren Stadt der Feinde an und plünderten alles, bis sie dann bei der Rückkehr bemerkten, was geschehen war. So schlossen sie einen Vergleich, jeder gab zurück, was er mitgenommen hatte, und es wurde alles beim alten gelassen. Aus der Provinz Guyenne berichtet der Statthalter des Königs, Blaise de Montluc, ein aufrechter Mann, daß die Katholiken oft selbst ihre Kirchen verwüsten, um sagen zu können, es seinen die Hugenotten gewesen.

Aus Castres, dessen sich die Hugenotten mit Hilfe der Nachbarstädte Roquecourbe, Castelnau, Lacaume und Mazamet bemächtigt hatten, berichtet Jacques Gaches, daß die Hugenotten in katholischen Kirchen Gottesdienste abhielten, jedoch ohne etwas anzurühren. Vielmehr ordnen sie das bürgerliche Leben nach Genfer Vorbild und enthalten sich fortan des Kartenspiels, Tanzes, der Maskenfeste und anderer „sittenloser" Vergnügungen. Es wurde nicht mehr geflucht, und wenn es einer vergaß, wurde er streng zur Rede gestellt.

Dem Statthalter Blaise de Montluc entgehen alle diese Unterschiede nicht, die man gerechterweise machen muß, und er bemerkt eines Tages:

> Wenn die Königin und der Admiral in einem Zimmer säßen, dazu der Prinz von Condé und Herr von Guise, so würde ich sie zu dem Geständnis bringen, daß nicht die Religion sie veranlaßt hat, dreihunderttausend Menschen umzubringen, sondern etwas anderes.

Offiziere beider Seiten berichten übereinstimmend, daß nach kurzer Zeit die Soldaten nur noch vom Beutemachen angetrieben werden. Auch Coligny gelingt es nicht, diese Gier aus seiner Armee herauszuhalten, obwohl er räuberische Soldaten sofort aufknüpfen läßt, mit der gesamten Beute an den Füßen. Doch bleibt die Beute oder Lösegeld aus, dann ziehen sich die Söldner auch auf beiden Seiten zurück.

Der Kanzler de la Noue berichtet über einen weiteren Versuch Katharinas, in Toury bei Beauce mit Coligny, Condé, Anton von Navarra auf dem Verhandlungswege eine Lösung zu erzielen. Während des zweistündigen Gespräches verfolgen die wartenden Truppen hinter jeder Seite mit immer stärkerer Hoffnung auf das Gespräch der Adelsleute und Wortführer, denn Freunde und Brüder erkennen einander auf beiden Seiten. Schließlich winken sie einander sogar und sprechen miteinander, und allen wird offenbar, wie furchtbar der Krieg ist, daß er aus Freunden Feinde machen könne. Das Gespräch aber geht ergebnislos aus, zur großen Enttäuschung der Soldaten.

Bei der Eroberung Rouens im Oktober durch die Katholiken verliert König Anton von Navarra das Leben. Am 19.12. erobern die Katholiken Dreux zurück. Die erhoffte Vereinigung mit englischen Truppen in der Normandie gelingt nicht. Jean de Ayala berichtet aus der Sicht der spanischen Hilfstruppen angesichts der Vernichtung von rund 4 000 Soldaten: „Dieser Sieg kann dem König wieder die Herrschaft in seinem Königreich sichern. In Religionsfragen allerdings herrscht in diesem Königreich ein solcher Wirrwarr, daß nur Gott helfen kann."

Die Zahl der Hugenotten schwoll mächtig an. Calvin kritisierte ihr offenes, psalmensingendes Auftreten in den Städten und wollte Provokationen auf jeden Fall vermeiden. Die im Dezember einberufene Ständeversammlung unter Leitung Michel de l'Hôpitals, aus der das Januaredikt (1562) hervorging, schafft einen achtenswerten Ausgleich. Der Kanzler war der Ansicht, durch Milde erreiche man mehr als durch Strenge:

> Meiden wir die diabolischen Wörter, diese Namen der Parteien, Spaltungen und Aufstände: Lutheraner, Hugenotten, Papisten! Bleiben wir bei dem Namen Christen.

Mit solchen Ansichten sollte er allerdings eine „Zierde Frankreichs" sein. Die Königin ist mit diesem Kurs einverstanden und nähert sich den Bourbonen an, weil ihr die Guise zu stark wurden.

Coligny spricht in dieser Zeit von 2 500 Gemeinden in Frankreich.

Dennoch hatten die Protestanten nicht genügend Gewicht ohne Hilfe von außen. Der Landgraf von Hessen war zum Helfen geneigt, auch den pfälzischen Kurfürst fragte Coligny an, aber der Kurfürst von Sachsen hatte wohl Luthers Bibel genau gelesen und antwortete mit dem alttestamentlichen Bild, man solle nicht auf die Rosse und Pfeile der Assyrer bauen – was Ägyptern und Israeliten jedes Mal zum Verhängnis geriet. Mit Ausbruch des dann folgenden Bürgerkrieges wird ein neues Stadium der Geschichte im französischen Protestantismus betreten. Er griff zum Schwert, so daß die Logik von Politik und Krieg auf sein inneres und theologisches Gepräge einwirkten. Die Mehrheit des Volkes war gewillt, beim alten Glauben zu bleiben, und zwar nicht alleine, weil es von der Weltfeindlichkeit des Calvinismus befremdet war, sondern auch, weil es um die neue Nation als Ganzheit fürchtete.

Anton von Navarra kehrte sich unterdessen wieder vom reformierten Glauben ab, da er ihm nicht die erhoffte Stärkung in der Politik Frankreichs beschert hatte. Bei der Belagerung von Rouen fand er den Tod. Zu dem Feldzug, der in der Schlacht von Dreux (19.12.) als erstem größeren Treffen mündete, stellte der Landgraf von Hessen Truppen und Geld zur Verfügung. Ludwig von Condé wurde gefangengenommen, aber von der anderen Seite fiel der Connetable de Montmorency in die Hände seines Neffen Coligny.

1563
Anstelle des Connetable übernahm Franz von Guise die Führung. Bei der Vorbereitung der Belagerung von Orléans erschoß Jean Poltrot de Meré, der selbst erst kurz davor zu den Protestanten übergelaufen war, Franz von Guise. Entsetzt sagte dazu Coligny:

> Das ist das größte Unglück, das diesem Königreich, der Kirche Gottes und insbesondere mir und meinem ganzen Hause hat widerfahren können.

Dadurch aber wird das Ende des Krieges herbeigeführt. Katharina wird dennoch arg bedrängt: Die Engländer drohen mit Truppenwerbungen, Kaiser Ferdinand will Toul, Metz und Verdun zurückhaben, im Lande herrscht immer noch Geldnot. Daher schließt sie mit Condé am 12.3.1563 Frieden in Orléans, der durch das Edikt von Amboise am 19.3. gefestigt wird. Freie Religionsausübung für den Adel und seine Untertanen; der Protestantismus sollte bleiben dürfen, wo er bis zum 7.3. gestanden hatte, darüber hinaus wurde er in jedem Amtsbezirk zugelassen außer Paris. Der katholische Klerus war allerdings wieder in Besitz der entrissenen Kirchengüter zu bringen. Indem in diesem Edikt das freie Gewissen zugestanden wurde, traf man erstmals die Unterscheidung zwischen Kult- und Gewissensfreiheit, was den Protestanten Teilsiege überhaupt erst ermöglichte, da eine Anerkennung wie in Deutschland durch den Augsburger Religionsfrieden nicht zu erringen war. In der Tat findet sich diese Unterscheidung auch in mehreren

Edikten – sicherlich auch deswegen, weil die Katholiken sich sicher waren, daß man das Zugeständnis der Gewissensfreiheit in praxi leicht übergehen und ignorieren könne.

Katharina regiert ohne Grundsätze, nur im Hinblick auf Machterhalt. Sie wußte wahrscheinlich, daß die Protestanten nie ohne Gewalt weiter vorankämen, aber auch, daß die katholische Seite mit Gewalt sie nicht unterwerfen könnte. Sie sperrte auf Wunsch Philipps von Spanien die französische Nordgrenze und erlaubte auch seinen Truppen den Durchzug nicht mehr. Gleichzeitig verhandelte sie mit deutschen Fürsten (Pfalz, Württemberg, Hessen, Baden) in Heidelberg und Maulbronn, daß diese ihr gestatteten, deutsche Truppen anzuwerben, wenn Frankreich angegriffen werden sollte. Das aber zielte darauf, den Spanier zu Vorsicht zu veranlassen. Ebenfalls gleichzeitig warb sie 6 000 Schweizer Söldner an, die die nördlichen Grenzorte sichern helfen sollten.

Die protestantischen Fürsten verlangten dafür, daß Condé den Oberbefehl bekäme, aber die Königin gab ihn dem erst sechzehnjährigen Herzog von Anjou. Das wiederum ließ die Hugenotten argwöhnisch werden. Daraus ist der Anschlag auf das königliche Hoflager von Morceaux bei Meaux zu erklären. Es beginnt der zweite verlustreiche Bürgerkrieg mit sinnlosem Wüten.

Die Katholiken riefen prompt die Spanier herbei, die Protestanten die Engländer und den Pfalzgrafen Johann Casimir, der mit 11 000 Mann heranrückte.

Die Ermordung Franz von Guise verfeindete die Guise der Familie Coligny aufs schärfste. Nicht einmal dann, als die Unbeteiligtheit Colignys erwiesen ist, nehmen die Guise ihren Haß zurück. Im Frieden von Amboise (19.3.) werden den Protestanten begrenzte Rechte für den Gottesdienst zugestanden. Nur an den Orten, an denen sie die Mehrheit haben, darf Gottesdienst öffentlich ausgeübt werden. Darüber hinaus nur als Hausgottesdienst.

1564
Tod Calvins.

1566
Friedrich III. von der Pfalz beruft einen Reichstag zu Augsburg ein. Ein Gespräch der Königin mit dem Herzog von Alba in Bayonne bringt die protestantischen Anführer in Rage, dazu auch die Schwierigkeiten bei der Durchführung des Edikts von Amboise.

Bei diesem Treffen in Bayonne riet Herzog Alba der Königin, sie solle die führenden Köpfe der Protestanten in einem Meuchelmord beseitigen. „Ein Lachs ist mehr wert als 10 000 Frösche", erklärte er der Mutter ihres ganzen Volkes, und sie sollte sich als folgsame Schülerin des europäischen Meisterunterdrückers erweisen. Einstweilen verbietet sie die reformierten Synoden.

1567
Die Protestanten greifen zu den Waffen und rufen den zweiten Religionskrieg hervor. Unter Führung des Admirals und mit Hilfe der Unterstützung des Pfalzgrafen Johann Casimir wagen die Protestanten den Versuch, die königliche Familie aus Meaux zu entführen. Auf dem Wege nach Paris gelingt es ihnen, fünfzig Städte ohne Schwertstreich einzunehmen. Doch durch Verrat gelingt dem Hofstaat die Flucht.

Das löst den zweiten Religionskrieg aus (29.9.). Die Protestanten belagern Paris. Die Liga nimmt ihren Anfang in Toulouse und bleibt bis 1594 wirksam. Am 10.11. unterliegen die Protestanten vor St. Denis, und es scheitert ihr Versuch, in den Besitz der Hauptstadt zu geraten. Auch während der kommenden zwanzig Jahre bleibt es dabei, daß die Protestanten die Katholiken nicht in offener Feldschlacht besiegen können. Der Herzog von Montmorency stirbt und mit ihm ein Anwärter auf den Königsthron neben den Bourbonen, Condé und den Guise.

1568
Februar: Die Protestanten erobern La Rochelle und sichern sich damit einen Hauptort mit Verbindung nach England und Deutschland, zu Beutezügen auf See und zu den Einkunftsquellen des Salzes auf den vorgelagerten Inseln.

Der tolerante Kanzler der Königin, Michel de l'Hôpital, der zum Toleranzedikt von St. Germain geraten hatte und nach Pierre de Ronsard eine Zierde Frankreichs war, wird vom Hofe verbannt. Kardinal Karl von Lothringen tritt an seine Stelle, obwohl er zum Papst mehr als zu Frankreich hielt. Pius V. erläßt einen Kreuzzugsappell. Edikte vom 28.9. und 22.12. bestätigen die Gewissensfreiheit, geben aber keine Freiheit zur Religionsausübung.

23.3.: Der Friede von Longjumeau, den Condé mit Hilfe des Pfalzgrafen Johann Casimir errang, bringt den Hugenotten weitere Zugeständnisse, liefert sie aber wegen mangelnder Erfahrung Condés bei den Verhandlungen der Gnade ihrer Feinde aus, was zum dritten Religionskrieg führt. Dei Fortsetzung des Krieges scheiterte am Winter, er bricht aber am 23. August erneut aus und bildet den dritten Religionskrieg.

1568
Im Oktober verliert Philipp II. von Spanien Elisabeth von Valois und wird zum dritten Male Witwer. Die Katholiken bieten ihm die zweite Tochter Katharinas, Margarethe, an, um die Sicherheit des Familienbandes nicht zu verlieren.

Für Karl IX. ersuchte man um die Hand Annas von Österreich, der Tochter Maximilians II. Philipp aber wollte diese, die Habsburgerin, für seine Kinder und empfahl für Margarethe den jungen König Sebastian von Portugal, der aber ablehnte. Da versuchte Katharina, Elisabeth von Kursachsen für Karl IX. zu gewinnen, doch diese wurde Johann Casimir anvertraut.

1569
In der verlorenen Schlacht von Jarnac (26 000 Katholiken gegen 18 000 Protestanten) kommt Ludwig von Condé um (14.3.). Am 12. Juni erobern die Protestanten Saint Yrieux, und am 25. Juni kommt es dort zur Schlacht. Dadurch wird Heinrich von Navarra zum Haupt der Protestanten. In einem Brief an den Herzog von Anjou und späteren Heinrich III. schließt der König von Navarra:

> „... denn jetzt handelt es sich nicht mehr um Fragen der Religion, wie die bis zur Stunde begangenen Taten klar und deutlich beweisen. Nehmen Sie also meinen Entschluß und Rat an als von Ihrem lieben Bruder, der Ihr Wohl und Glück mehr wünscht als die, deren Ehrgeiz und schlechter Rat ihnen nur großen Schaden zufügen ..."

Im Oktober kommt es zur Schlacht von Moncontour, die die Protestanten ebenfalls verlieren (20 000 Katholiken standen 18 000 Protestanten gegenüber). Jedoch verscherzen die Katholiken die Wirkung des Sieges, weil sie bei der fruchtlosen Belagerung von St. Jean d'Angély 6 000 Mann verlieren. Coligny wird in Paris „in effigie" hingerichtet. Am 28. November belagern die Protestanten als Vorspiel zu Paris Aguillon und viele weitere Städte erfolgreich.

1570
In der Schlacht von La Roche-L'Abeille bewährt sich erstmals der junge Heinrich von Navarra, späterer König Heinrich IV. (26.6.). Dank des Sieges kann das von den Katholiken belagerte Niort entsetzt werden. Coligny hält das königliche Heer bei Arnay-le-Duc auf (26.6.). Rabastens erobern die Katholiken bei völliger Vernichtung der Einwohner, doch beide Seiten sind im Sommer des Jahres erschöpft. Aufgrund des Sieges von Arnay-le-Duc und des 14. Juni (Schlacht bei St. Gemme-La-Pleine) nehmen die Königlichen die Verhandlungen wieder etwas ernster. Im

Frieden von Saint Germain-en-Laye (8.8.) werden die Zugeständnisse der vorigen Edikte wieder in Kraft gesetzt (öffentliche Gottesdienstausübung in je zwei Städten jeder Provinz und dort, wo sie in der Mehrheit sind, Amnestie, Zulassung zu allen Ämtern) und den Protestanten werden vier Sicherheitsplätze (La Rochelle, Cognac, La Charité und Montauban) zugestanden. Dabei war La Rochelle wegen der Unterstützung von außen für die Protestanten von unverzichtbarer Bedeutung und La Charité auf dem linken Ufer der Marne, weil dank dieser Stadt Hilfstruppen aus Deutschland schnell zu den protestantischen Truppen vorstoßen konnten. Auch gelingt es den Protestanten erstmals, die an den Sicherheitsplätzen vorgesehen Garnisonen einzurichten, wozu bisher noch keine Zeit bestand. Seit der ersten und geheimen Synode von 1559 war es Sache der Ortsgemeinden, Soldaten auszuheben, und zwar aus allen Ständen Ende des 3. Religionskrieges. Der Friede von St. Germain-en-Laye (1570) war ein Werk der blockfreien „Politiker" aus der Schule Michel de l'Hôpitals, die man so nannte, weil sie es nie mit einer religiösen Partei hielten, sondern wechselnd abstimmten. Dieser Friede brachte den Protestanten den größten Gewinn: völlige Amnestie, alle Verurteilungen seit Heinrich II. wurden annulliert, alle Betroffenen in ihre alten Ämter eingesetzt, und vier Sicherheitsplätze werden für zwei Jahre zugestanden. Zu uneingeschränkter Kultfreiheit hatte man sich wiederum nicht durchringen können. Jeder Bezirk darf zwei Städte für den protestantischen Gottesdienst freigeben, aber zusätzlich zu denen, in welchen er bis zum 1.8. schon ausgeübt worden war. Der Adel genoß generelle Gottesdienstfreiheit. In Paris und seinen Vororten, in den Residenzen und Lagern des Hofes blieb er verboten. Der König übernahm sogar 100 000 Taler rückständigen Sold, damit die ausländischen Truppen schneller abrückten. Und weil die Spitzen mit gutem Beispiel vorangehen wollten, wurde die Heirat Heinrichs von Navarra mit Margarethe von Valois beschlossen.

Der den Protestanten zugeneigte Kardinal Karl von Bourbon wollte dazu erst einen päpstlichen Dispens, doch der Papst wollte diesen nur erteilen, wenn Heinrich sich zum Katholizismus bekehrte. Das aber lehnten die Protestanten so heftig ab, daß der Kardinal sicherheitshalber erst einmal krank wurde. Dann wurde ihm ein fingierter Brief des Papstes vorgelegt, der den Dispens beinhalte. Da wurde der Kardinal wieder gesund und erklärte sich zur Hochzeitsfeierlichkeit bereit, zog sicherheitshalber aber noch drei andere nicht linientreue Bischöfe hinzu. Die Hochzeit fand dann am 16.8.1572 vor Notre Dame statt. Während dann die Messe für Margarethe im Inneren der Notre Dame gelesen wurde, ergingen sich Heinrich und seine Höflinge lustig im Freien. Coligny wird wieder in den Staatsrat aufgenommen und erhält 15 000 Pfund als Entschädigung und eine Abtei mit 20 000 Pfund Einkünften. Stattdessen sind die ehrgeizigen Guise bei Hofe in Ungnade gefallen. Karl von Lothringen zieht sich vom Hofe zurück. Coligny übte sachte, aber doch bestimmt, großen Einfluß auf den jungen König aus. Der Schriftsteller Prosper Merimée läßt in seiner Novelle „Chronik Karls IX." einen Soldaten auf „König Gaspard" schimpfen. Dank seiner Stellung genießen die Protestanten wieder etwas mehr Frieden, und der venezianische Gesandte Michieli berichtet vom näheren Ansehen protestantischer Gemeinden:

> Man erzählt sich, daß die von der Religion achtzig Kirchengemeinden haben, die sich über alle Provinzen Frankreichs verteilen. Steht eine öffentliche Angelegenheit zur Debatte, müssen die Pastoren, ein jeder in seiner Gemeinde, die Meinung eines jeden einzelnen ihrer Untergebenen einholen und sie an sechs andere weiterleiten, ebenfalls Pastoren, die aus ihren Reihen als maßgeblichste ausgewählt wurden. Diese sechs erstatten dann den beiden obersten Führern Bericht: solange sie noch lebte, der Königin von Navarra und dem Admiral, und was diese alsdann befahlen, wurde ausgeführt. Diese Gemeinden bringen jährlich durch Kol-

lekte und regelmäßige Steuerzahlungen die Summe von 800 000 Franken auf, jeder zahlt ohne Unterschied seinen Anteil nach seiner eigenen Schätzung, ja sogar die Leute aus dem Volk und die Tagelöhner: die Landarbeiter, Handwerker, Dienstboten und andere. Jeder schätzt sich nach seinem Gewissen selbst ein und entrichtet eine höhere oder geringere Abgabe, die er zu tragen können glaubt, und zahlt so pünktlich und so bereitwillig, daß es zu bewundern ist. ... es herrscht solche Einigkeit und solche Eintracht unter ihnen, und sie leisten ihren Vorgesetzten so unbedingten Gehorsam, daß ... auch ein Türke etwas Derartiges nicht erreicht. Kurz, der Admiral hat im Königreich eine Art eigenen, vom König unabhängigen Staat.

Doch im Staatsrat ist das erkennbare Ziel des Admirals Unabhängigkeit von Spanien und dem Heiligen Stuhl, keineswegs, die Macht an sich zu reißen. Coligny wollte einen Schlag gegen Spanien in seinen holländischen Kolonien vorbereiten und dachte, die Katholiken wären von einem französischen Flandern begeistert. Aber diese fürchteten den Krieg mit dem mächtigen Spanien, und Coligny übersah, daß England keine französische Kanalküste dulden würde.

1571
In La Rochelle erklären die katholischen und evangelischen Einwohner, daß sie in Frieden miteinander leben wollen. Seit Juni 1571 war Ludwig von Nassau, Bruder Wilhelms von Oranien, in Frankreich und suchte Katharina und Karl IX. zum Eingreifen im Befreiungskrieg zu ermuntern, worauf jedoch nur Coligny positiv reagierte. Das führte zur Bartholomäusnacht und brachte das ganze Konzept zum Einsturz. Um Graf in Holland werden zu können, nahm Wilhelm von Oranien Louise de Coligny, eine Tochter des Admirals, zur Frau.

1572
Am 3. März trifft Jeanne d'Albret in Blois ein, wo ihr Sohn Heinrich mit der Prinzessin Margarethe von Valois verheiratet werden soll. Am 11. April wird der Heiratsvertrag unterzeichnet. Die Heirat Heinrichs mit Margarete von Valois am 17.8. soll vor der Kirche stattfinden, da er ja nicht an einer Messe teilnimmt. Am 9. Juni stirbt Jeanne d'Albret. Ein Giftmord wird dahinter vermutet. Am 7. Juli treffen der junge König von Navarra, Coligny und Heinrich von Condé in Paris ein. Als der Admiral gerade sein Pferd besteigen wollte, warf sich ihm eine Bäuerin aus Châtillon zu Füßen und bat ihn inständig, nicht nach Paris zu ziehen, da ihn dort sein Unglück erwarte, doch der Admiral verachtet die Weissagung. Auf einem Fest wird ein Ballett aufgeführt, das den König von Navarra und die Seinen verspottet. Währen die Hochzeitsfeierlichkeiten noch andauern, bereitet Coligny einen Feldzug in die Niederlande vor. Doch Katharina ist außer sich ob dieses Abenteuers und wendet sich wieder den Guise zu, um die Pläne des Admirals gegen die Großmacht Spanien zu verhindern und ihn loszuwerden.

21. August: Attentat auf Coligny. Michieli weiß, wen er hinter dem Attentat vermuten muß. In die Vorbereitungen zur Bartholomäusnacht wird Margarethe von Valois nicht einbezogen, da sie mit einem Protestanten verheiratet ist. Ihr frisch angetrauter Mann erhält Wachen unter dem Vorwande, die Guise möchten ihm etwas antun. So erlebt der spätere König von Frankreich das Massaker mit und kann doch nicht helfen oder warnen. Als der Rat Morvilliers schließlich von den Plänen Katharinas erfährt, schreckt sein Herz zusammen, und er sinkt auf einen Stuhl, unfähig auch nur etwas zu sagen. Zwar willigt er nach vielem Zureden schließlich ein, doch der Seufzer und Tränen kann er sich nicht erwehren. Seine Befürchtung, daß der Bürgerkrieg schlimmer denn je ausbrechen könne, sollte zutreffen. Heinrich von Navarra wird nachts zum König gerufen. Als seinem Gefolge der Zutritt verwehrt wird, ahnt er

Schlimmes. Der Herzog von Guise verläßt im selben Augenblick den Palast, um dem Stadthauptmann zu befehlen, er solle mit 1 500 Mann in den Faubourg St. Germain gehen, damit auch den dortigen etwa 2 000 Hugenotten der Garaus gemacht werde. Es besteht strikte Anweisung, daß nichts unternommen werde, ehe nicht der Tod des Admirals gesichert sei.

24.8.-25.8. Bartholomäusnacht: In Paris sterben rund 4 000 Protestanten durch die Hand fanatischer Eiferer und beutegieriger Herumtreiber. Nachfolgende Massaker in Meaux, Lyon, Troyes und Orléans.

Admiral Gaspard de Coligny, Seigneur de Châtillon, hat sich im Gebet vor sein Bett gekniet. Ein böhmischer Schächer fügt ihm zwei Schwertstiche bei und schlägt ihm dann das Schwert über den Kopf. Noch lebend, krallt sich der Admiral, den die Schergen aus dem Fenster werfen wollen, so an das Sims, daß es mit abreißt. Der Herzog von Guise wischt ihm das Blut aus dem Gesicht, um zu erkennen, ob er es sei, den er vor sich habe und traktiert den Leichnam dann mit Fußtritten. Später schneidet man ihm noch die Geschlechtsteile und den Kopf ab.

Im Louvre sieht der König selbst mit an, wie die protestantischen Edelleute niedergemetzelt werden. Nur ein Edelmann rettet sich in das Zimmer der jungen Königin von Navarra. Als mit den Glocken um drei Uhr zum allgemeinen Gemetzel geläutet wird, wird die Verwirrung so groß, „daß jeder töten konnte, ob von der Religion oder nicht, wenn nur etwas dabei zu holen war, so daß selbst manche Papisten ihr Leben lassen mußten und sogar manche Äbte und hohe Geistliche, nur damit ihre Pfründen in neue Hände kamen." Alte wurden durch einen Schlag mit dem Kopf auf eine Kaimauer betäubt und dann in die schon blutrot gefärbte Seine geworfen. Natürlich wurden Frauen und Mädchen zuerst mißbraucht, Kleinkinder wurden an Seilen durch die Straßen gezerrt. Sully gelingt es nur soeben, sein Leben zu retten, da er sich sein Schülerkleid anzieht und ein Gebetbuch schnappt, doch in der Schule muß er noch versteckt werden. Nur einige wenige hugenottische Adelige konnten entkommen, grimmig verfolgt von Guise, Aumale und dem Ritter von Angoulême.

Am Morgen des 25. hebt die Hysterie von neuem an, weil man auf dem Friedhof des Hlg. Innozenz einen blühenden Weißdornstrauch erblickte und das als Billigung Gottes auslegte. Der König gibt Befehl, das Morden einzustellen, was für ihn nicht ganz ungefährlich ist. Doch am Dienstag, den 26., billigt er auf einem Gerichtstag im Parlament das Massaker.

Am Abend des 25. sieht man die Königin bei einer Runde durch die Stadt. Jemand berichtet von ihr:

> „... und besahen sich alle Leichen, eine nach der anderen. So wollte die Königinmutter den Leichnam des Herrn de Soubise sehen, weil sie wissen wollte, warum er unfähig gewesen war, seiner Frau beizuwohnen."

Der König besieht sich einige Tage später den Leichnam de Colignys und tadelt die Soldaten, die sich vor dem Leichengeruch ekeln; „denn der Geruch eines Feindes ist ein feiner Geruch." Doch der entkommene Montmorency läßt ihn heimlich wegholen und in einem Bleisarg begraben. Später kam er an den Sitz seiner Vorfahren nach Châtillon-sur-Loing. Die nunmehr gefangenen Heinrich von Navarra und Heinrich Condé gehen zur Messe.

Am 30. August erst wird dem Morden endlich Halt geboten. So schwer dieser Schlag auch für die Reformierten in ganz Frankreich war, so traf er sie doch nicht tödlich. Nur eines änderte sich: Fortan werden die monarchistisch gesinnten Protestanten zu Republikanern, wenn sie auch noch nicht die Institution des Königtums selbst verwerfen. Nach dem Schrecken greifen die Protestanten zu den Waffen, der vierte Religionskrieg bricht aus, der bis 1573 dauert.

1573
La Rochelle wird von Februar bis August erfolglos durch die Katholiken belagert, Sancerre von März bis Juli. Die Stadt Sancerre ergibt sich nach einer Hungersnot, die so schlimm war, daß der Pastor Jean de Lery berichtet, die Einwohner hätten sogar das Pergament von alten Büchern, Trommeln, Hufe vom Misthaufen, Hornscheiben von Laternen und Ledergeschirre gekocht und gegessen! Doch auch unbelagerten Städten geht es in diesem Jahr nicht besser. In Provins bereichert sich der beauftragte Brotrationierer bei der Zuteilung und läßt Leute jeden Alters durch die Rathausfenster klettern. Einige verlieren dabei den Halt und werden von der wartenden Menge zertrampelt. In Dole wird Gilles Garnier zum Scheiterhaufen verurteilt, weil er ein kleines Mädchen überfallen und seine Arme und Beine verzehrt hatte.

Während sich im Süden nun vermehrt ein protestantischer Staat im Staate bildet, wird aus Paris berichtet, daß der König wegen des Massakers immer mehr dem Wahnsinn verfällt. Im Juli gesteht Karl IX. im Frieden von La Rochelle und Edikt von Boulogne den Protestanten Gewissensfreiheit, Zutritt zu allen Ämtern, Hausgottesdienste zu, La Rochelle, Moutauban und Nîmes bleiben Sicherheitsplätze. In diesem Edikt wird zum ersten Male der Ausdruck „la réligion prétendue réformée" (die vorgeblich reformierte Religion) verwandt.

1574
Zu Beginn des Jahres wagen Heinrich von Navarra und der Herzog von Alençon einen ersten Fluchtversuch vom Hofe. Er mißlingt. Montgomery, der im Turnier Heinrich II. verletzt hatte, wird jetzt hingerichtet.

Päpstliche Truppen versammeln sich um Avignon. Karl IX. stirbt am 30.5., und sein Bruder besteigt als Heinrich III. von Frankreich den Thron. Heinrich III. war Wahlkönig in Polen, kehrte aber beim Tod Karls IX. sofort zurück. Er wurde als Heiratskandidat Maria Stuarts ebenso wie von

Elisabeth I. gehandelt. Heinrich von Condé sammelt Truppen in Deutschland und in der Schweiz, so daß im fünften Religionskrieg (1574-76) Heinrich III. zu den Kämpfen in das Languedoc gegen Daville und Condé ziehen muß.

1575
Heinrich von Guise siegt bei Dormans und Montargis, Vertrag von Champagny (Nov.). Im September gelingt dem Herzog von Alençon die Flucht vom Hofe. Heinrich ist nun allein in einer Atmosphäre, die so von Gift und Galle beherrscht ist, daß „Wir ständig Dolche, Kettenhemden und unter dem Mantel oft einen Panzer (tragen). Die ganze Gesellschaft ist mir wegen Monsieur (dem Herzog) feind, und schon zum dritten Male haben sie meiner Geliebten verbieten lassen, mit mir zu sprechen, und sie machen sie so scharf, daß sie es nicht wagen würde, mich auch nur anzusehen", schreibt Heinrich im Januar des Jahres 1576.

1576
Jean Bodin begründet eine Lehre vom fürstlichen Absolutismus und der Souveränität. Herzog Heinrich von Guise gründet die Liga, da der König schwach ist. Auf der Ständeversammlung in Blois schwört Heinrich III. auf die Liga. Heinrich von Navarra (Febr.) flieht vom Hofe, dank der geschickten Vorbereitungen Agrippa d'Aubignés, den Stallmeister Heinrichs. Der zurückgebliebenen Ehefrau geht es nicht gut, da der König meint, sie habe ihn fliehen lassen. Am 6. Mai werden den Protestanten im Frieden von Beaulieu umfangreiche Zugeständnisse gemacht, jedoch dürfen sie sich nicht in Paris und Residenzorten entfalten. Sie dürfen öffentliche Gottesdienste in allen von ihnen gehaltenen Städten und überall dort abhalten, wo die Besitzer es erlauben. Auch Synoden dürfen wieder abgehalten werden. Die Zahl der Sicherheitsplätze wird auf neun erhöht. Heinrich verpflichtet sich als Schutzherr beider Kirchen. Schon im Dezember des Jahres richtet er einen Aufruf an Adel und Volk der Guyenne, wo der Statthalter des Königs Blaise de

Montluc schon mit den schlimmsten Kriegen rechnete. Der Aufruf gibt schon das Herz des großen Königs mit dem Edikt von Nantes zu erkennen:

> Wir sind alle Franzosen und Bürger desselben Vaterlandes: deshalb müssen wir unsere Zwistigkeiten mit Vernunft und Milde schlichten und nicht mit Strenge und Grausamkeit, die nur dazu dienen, die Menschen aufzuhetzen ... Die Vernünftigsten und Erfahrensten sind der Ansicht, daß nach so vielen Zusammenbrüchen und Verwüstungen das Wohl der Öffentlichkeit in einem langen und dauerhaften Frieden liegt. ...

1577
Zum sechsten Religionskrieg (April-September) kommt es, weil die Ligisten den Frieden von Beaulieu für nichtig erklären. Die Katholiken nehmen Issoire ein. Franz von Alençon verläßt die protestantische Hochburg (und einen Sicherheitsort) La Charité. Frieden von Bergerac (17.9.) und Edikt von Poitiers (8.10.). In der Atempause durch einen Waffenstillstand verhandelt Katharina von Oktober 1578 an bis Februar

1579
mit Heinrich in La Réole und Auch, da sie eingesehen hat, daß sie mit Gewalt nichts gegen die Hugenotten ausrichten kann. Am 28. Februar werden den Protestanten im Frieden von Nérac zwischen Heinrich und Katharina 15 Sicherheitsplätze zugestanden. Ungeachtet ihres Friedensgesäusels im reformierten Süden und Südwesten und trotz des scheinbar großzügigen Angebots der fünfzehn statt neun Sicherheitsplätze besaß die gerissene Florentinerin und erprobte Massenmörderin die Gerissenheit, in ihrem Gefolge 150 Hofdamen mitzuführen, deren Aufgabe darin bestand, bei den vielen Sand-in-die-Augen streuenden Festen unter dem sittenstrengen hugenottischen Adel die „Pest von Paris" (venerische Krankheiten) zu verbreiten und ihn da-

durch moralisch ebenso wie gesundheitlich zu verderben. Doch im Bemühen mit diesem Polittourismus ihrer „escadron volant", wie die reizenden Pariserinnen genannt wurden, wurde sie vom siebten Hugenottenkrieg unterbrochen, den Heinrich von Navarra gegen Heinrich III. führte. Man schätzt den Anteil der Edelleute unter den Hugenotten auf 10 Prozent. Ende des Jahres bricht der siebte Religionskrieg aus, der bis 1580 dauert, und den Heinrich auf Anraten seiner Gattin Margarete von Valois gegen seinen Schwager, Heinrich III., unternahm.

1580
Heinrich nimmt Cahors ein. Der Friede von Fleix (26.11.) erneuert den Frieden von Nérac.

1584
Durch den Tod des Herzogs von Alençon, dem letzten Bruder Heinrichs III., wird Heinrich von Navarra der nächste Anwärter auf den Thron. Am 31.12. wird der Friede von Joinville mit den Spaniern geschlossen.

1585
Die Liga formiert sich am 30. März: Im Vertrag von Nemours (Nov.) wird beschlossen, daß Heinrich von Navarra alle Rechte auf den Thron verlieren soll, und Heinrich III. wird zum Haupt der Liga gekürt, wofür er alle Zugeständnisse an die Protestanten widerruft. Es wird ihnen bei Todesstrafe geboten, die römische Religion anzunehmen oder binnen von vier Wochen das Land zu verlassen. Gleichzeitig wird Karl von Bourbon als Nachfolger des Königs bestimmt. In einer Bulle verfügt Pius V. sogar, daß Heinrich sein Königreich Navarra verlieren soll. Der achte Religionskrieg bricht aus, der sich bis 1598 hinzieht.

1587
Im Krieg der „drei Heinriche" (Heinrich von Guise, Heinrich III. und Heinrich von Navarra) beginnt eine Sieges-

serie unter Heinrich und Condé von Joyeuse bis Coutras (20.10.87), doch die Liga hat die größeren Kraftreserven. Den Königlichen zeigt sich, daß sie es mit einem genialen Feldherrn zu tun haben. Die Protestanten bleiben auch bis Ende des Krieges überlegen. Während sich so eigentlich Guise und Navarra gegenüberstehen, hängt Heinrich III. ohnmächtig dazwischen. Schon spotten die Prediger seiner von den Kanzeln herab.

1588
Im Mai: Heinrich von Guise, ein Verbot des Königs mißachtend, reitet in Paris ein und reißt es an sich. Im Kampf gegen die königlichen Garden werden zum ersten Male Barrikaden eingesetzt (12./13.5.). Der König flieht vor ihm nach Chartres, nachdem auch das Heranholen schweizerischer und französischer Truppen seine Stellung nicht besserte. Wie ein Gefangener hockt er im Louvre. Im Juli erläßt er im Unionsedikt eine Amnestie für Teilnehmer des Aufstandes und legt fest, daß der König von Frankreich katholisch sein muß.

Die Generalstaaten werden in Blois einberufen. Dabei wird Heinrich von Guise und sein Bruder Franz, Kardinal von Lothringen, am 23. und 25.12. vom König ermordet. Als der Herzog tot zu Füßen des Königs liegt, tritt er ihm noch einmal ins Gesicht – wie der Herzog es einst bei Coligny tat. In aller Ruhe geht er dann ein Stockwerk tiefer zu seiner Mutter und berichtet ihr freudestrahlend, daß er nun seinen Rivalen, der ihm so viel Schmach bereitet hatte, losgeworden sei. Im August wird die Armada des Königs von Spanien vernichtet, die dazu ausersehen war, die führende Macht der protestantischen Welt, England, zu vernichten. Heinrich von Condé stirbt, wahrscheinlich an Gift (10.3.).

1589
Heinrich III. versöhnt sich am 30.4. mit Heinrich von Navarra, der seit dem Sieg von Coutras den ganzen Südwesten hielt und in Chatellerault und l'Ile Bouchard sogar

noch weitere Siege erlangte, um sich mit ihm der feindlichen Ligisten zu entledigen und des Throns faktisch zu bemächtigen. Am 30.4. stehen sich die beiden Könige gegenüber und schlagen dann vereint das Heer des Herzogs von Mayenne. Vereint schreiten sie dann mit 42 000 Mann zur Belagerung des wieder verbarrikadierten Paris. Es herrscht die Willkürherrschaft der „Sechzehn" (Bezirksvorsteher) – genau 200 Jahre vor der Revolution. Diesmal sind es die Königlichen, die als Verräter hingestellt und kaum besser behandelt werden als die Hugenotten. Wieder einmal ist es die Möglichkeit, sich ungestraft zu bereichern, die die Leute zum Mitmachen veranlaßt. Die Prediger treten leidenschaftlich für die Liga ein. Der Herzog von Mayenne wird zum Statthalter des Reiches eingesetzt, Heinrich III. damit also von der Liga abgesetzt. Der Konflikt greift auf die Provinzen über, wo der Riß sogar durch Familien geht. Die Prediger hetzen das Volk noch mehr gegen den König auf. Der Jakobinermönch Jacques Clément nimmt die Ermordung Heinrichs III. am 1.8. auf sich. Paris triumphiert, und Heinrich von Navarra und nunmehr Frankreich ist in dieser feindlichen Umgebung nun erst recht gefährdet, zumal ihre vereinte Armee durch den Tod des Königs eine enorme Desertion zu beklagen hat. In einer Erklärung vom 4. August verspricht Heinrich darum, die katholische Religion zu schützen. Dadurch gewinnt er einige katholische Adelige für sich, allerdings fallen einige Reformierte von ihm ab. Die meisten katholischen Städte weigern sich, ihn anzuerkennen. Am 20./21. September besiegt er den Herzog von Mayenne bei Arques, da ihm Elisabeth I. mit 4 000 Engländern und Schotten zu Hilfe eilte, und siegt bei Ivry, muß sich aber bei Tours wieder zum Kampfe stellen, weil die Spanier Mayenne zu Hilfe eilten. Dennoch wird die Armee der Liga völlig vernichtet.

1590

Am 11.3. bekräftigt die Union (= Liga) ihren Eid, keinem protestantischen König Gehorsam zu leisten. Diesen Eid nahm der päpstliche Legat Kardinal Caietan ab. 14.3. Schlacht von Ivry. Heinrich belagert Paris erneut, da er dem Herzog von Mayenne bei Ivry so starke Verluste zugefügt hatte. Der Kampf beginnt mit massivem Kanoneneinsatz. Die Liga hält eine Prozession für geraten. Doch wer von Frieden redet, wird ins Wasser geworfen. Im Juni geht es Hunden und Katzen an den Kragen. Aus ihrem Fleisch wird eine Suppe gemacht, die an Arme verteilt wird. Der Historiker Pierre L'Etoile berichtet, daß zur Zeit dieser Teuerung nur die Predigten billig gewesen seien. Die Prediger-Demagogen sagten, es sei besser, die eigenen Kinder umzubringen, als einen Ketzer zum König zu haben. Am 20. August erlaubt Heinrich allen Frauen, Mädchen und Kindern und Schülern die Stadt zu verlassen. In den fünf Monaten vom 7. Mai bis September kommen 50 000 Pariser vor Hunger um. Am 30. August ist das Belagerungsheer plötzlich abgezogen. Wieder einmal hatten die Spanier ein Entsatzheer beschafft, genau wie 1562. Im November zieht der Herzog von Parma ab, nachdem er den König nicht hat in die Knie zwingen können. Keine Seite erringt einen entscheidenen Sieg.

1591
Die Armee Heinrichs versucht daher am 20. Januar einen Überraschungsangriff auf die Stadt. Doch es zeigt sich, daß weder die Protestanten vernichtet noch Paris auf dem Gewaltwege erobert werden kann. Das Edikt von 1585 wird zurückgenommen und das von Poitiers wieder eingesetzt. 15. November: In Paris kommt es zu Aufständen. Von Januar 1591 bis April 1593 gelingt es keiner Seite, entscheidende Siege herbeizuführen.

1592
Heinrich IV. verhandelt insgeheim mit dem Herzog von Mayenne. Denn die Spanier stellen entschiedene Forderungen an den Papst, wie er endlich Herr der Lage in Frankreich werden soll. Demnach sollen die Bourbonen für

der Königswürde unwürdig erklärt und alle Katholiken, die mit Navarra zusammengearbeitet hatten, exkommuniziert werden. Die Ligisten unterstützen die Forderungen im Prinzip und gehen auf Spaniens Vorschlag, die Infantin als Königin zu geben, mit dem Wunsch ein, daß sie den Herzog von Mayenne oder einen anderen französischen Fürsten heirate, der König von Spanien aber will sie nur einem Habsburger zur Frau geben. Da läßt Mayenne Heinrich hinterbringen, daß er und auch einige andere Fürsten ihn unterstützen würden, wenn er sich zum katholischen Glauben bekehre, doch könne er das nicht direkt sagen, weil er fürchte, daß dann die Spanier sofort einige französische Städte besetzten. So verlaufen die Verhandlungen einige Zeit zwischen den Mittelsmännern Villeroy und Jannin. Dem klugen Heinrich leuchtet ein Paradox ein: Er kann die Macht der Liga nur brechen, indem er den katholischen Glauben annimmt!

Das Volk ist kriegsmüde und ist sich nur darin einig, daß es keinen fremden Herrscher will. Die Spanier empfängt es kühl und teilweise sogar mit üblen Zurufen in Paris.

1593
Die eilig einberufene Ständeversammlung, die in der Not immer herhalten muß, kommt bis April auch noch nicht zu einem Ergebnis. Heinrich ergreift diese Gelegenheit und beruft am 29. April eine Zusammenkunft in Suresnes ein. Anfang Mai wird ein Waffenstillstand verkündet, der zehn Tage dauern soll und den Pariser Gelegenheit gibt, ihre Schrebergärten vor der Stadt aufzusuchen. Am 17. Mai wird bekanntgegeben, daß der König zur katholischen Religion übertreten wird. Schon in einem Brief vom 10. Mai hatte der König zu erkennen gegeben, daß es auf diese Lösung hinauslaufen werde. Der Stil seines Briefes verrät, wie brillant er die Lage einzuschätzen wußte:

> Diejenigen, die etwas anderes im Sinne haben (*nämlich sich nicht mit Heinrich zu einigen*), die Führer

nämlich, lassen dennoch die gleiche Absicht erkennen, weil sie nicht zugeben wollen, daß sie sich von etwas anderem als von ihrem Gewissen haben leiten lassen, aber indem sie sich den Anschein geben, derselben Meinung zu sein wie die anderen, speisen sie sie mit Formulierungen ab, auf die man sie mit Sicherheit nicht festlegen kann, wollte man sie beim Wort nehmen, sie werden sich auf den Papst berufen, der in dieser Sache, wie sie wissen, nur das tut und will, was der König von Spanien befiehlt.

Am 25. Juli schwört Heinrich IV. in St. Denis dem Protestantismus ab. Am 28. Juni schon stellte sich das sonst streng ligistische Parlamentsgericht hinter ihn. Es obsiegte wieder die 3. Partei, die der Politiker wie schon besonders im Friedensedikt von 1578, das zu fast uneingeschränkter Kultfreiheit und vielen Sicherheitsplätzen vorangekommen war. Heinrich von Navarra kehrte damals zum reformierten Glauben zurück. Heinrich III. beseitigt die Guise in Blois. Acht Monate später wird er selbst von einem fanatischen Dominikaner ermordet. Dann war keiner der vier Söhne Katharinas mehr am Leben. Sie war schon am 6. Januar 1687 gestorben. Als Heinrich den Thron besteigen wollte, rief die Liga in Paris Philipp II. zu Hilfe, der auch kam, weil er nach dem Verlust der Armada lieber auf dem Lande seine Geschicke bestimmen wollte. Dieser Allianz kam Heinrich durch seine Rückkehr zum Katholizismus zuvor, indem er damit rechnete, daß wenigstens die spanienfeindlichen Katholiken sich dann auf seine Seite schlagen würden. Seine Konversion ist also nicht als ein Nachgeben oder Zermürbtsein anzusehen, sondern es war ein Stück aktive Politik, weil sie denen, die mit dem Glauben in der Politik, argumentierten, den Wind aus den Segeln nahm. Heinrich hatte von der Aufnahme in die katholische Kirche den politischen Gewinn.

Sully regelt für den König die Abschwörungsfeierlichkeit, doch die Katholiken stürzen sich, ohne gelernt zu haben, mit solcher Gier, ihm alle alten Irrtümer der römischen Kirche jetzt im Triumph abzuverlangen, auf das Formelpapier, daß es darüber fast zum Abbruch der Abschwörung gekommen wäre. Das Volk aber bricht nach vollendeter Zeremonie in Jubel aus. Im Juli wird mit den Spaniern ein Waffenstillstandsvertrag unterzeichnet.

1594
Heinrich wird in Chartres zum König gesalbt (27.2.). Am 22. März zieht er, lebhaft von der Bevölkerung begrüßt, in Paris ein. So wird er schließlich der Hauptstadt Herr, ohne Blutvergießen. Beim Eintritt sagte er nur, er sehe, daß das Volk tyrannisiert worden sei und sich danach sehne, einen König zu sehen. Die Spanier verlassen die Stadt. Mit ihnen zogen ein Haufen von Mönchen und Prediger, die wegen ihrer Hetze lieber nicht auf die Gnade des Königs rechneten, auch sie wurden von den Verwünschungen des Volkes begleitet. Vollends gewann der König das Volk, da er Zettel verteilen ließ, auf denen er seine Amnestie verkündete, auch gegenüber der Schreckensherrschaft der Sechzehn, und sich für Recht und Ordnung einzusetzen versprach. Auch treue Ligisten zeigten sich überaus erfreut und zufrieden ob eines so unerwarteten Einzuges des Königs.

1595
Heinrich unterliegt den Spaniern bei Doullens (24.7.). Die Jesuiten werden des Landes verwiesen. Am 22. April erkennt auch die theologische Fakultät der Sorbonne den König an. Am 30.8. wird ihm die Absolution erteilt, und am 17.9. wird er wieder in die Kirche aufgenommen. Der so erstarkte und anerkannte König erklärt Spanien den Krieg. Er besiegt Mayenne, seinen letzten Gegner, beim burgundischen Fontaine-Française (17.1.95), wo dieser sich im Januar 1595 ergibt, und im Oktober erteilt Heinrich auch ihm Vergebung, da er sich ihm friedlich unterwirft.

1597
11. März: Die Spanier nehmen Amiens ein. 25. September: Amiens wird rückerobert und huldigt Heinrich.

1598
13. April: Edikt von Nantes. Das Edikt von Nantes erneuert im wesentlichen das von 1576, was er auch selbst erwähnt. 700 Kirchensprengel werden gesichert und 200 Sicherheitsplätze zugestanden. Die dafür nötigen 25 000 Mann in Garnison werden vom Staat getragen. Von Margarethe von Valois wurde Heinrich IV. durch päpstlichen Spruch geschieden. Nach dem Tod der Mätresse, die er eigentlich zur Königin machen wollte, heiratet er Marie von Medici, die Tochter des Großherzogs der Toskana und der Johanna von Österreich. Auch Heinrichs Ziel war wie bei Coligny das Brechen der spanisch-habsburgischen Macht. Daher ließ er Marie zehn Jahre lang ungekrönt. Einen Tag nach ihrer Krönung am 14.7.1610 wurde er ermordet. Er war das letzte Opfer der Glaubenskriege, die er beendete.

2. Mai: Im Frieden von Vervins verzichten die Spanier auf alle Ansprüche in Frankreich und bleiben fortan außerhalb des Landes. Die Protestanten genießen nun 150 Sicherheitsplätze. Nur die Hauptstadt bleibt für sie gesperrt. Die Pariser feiern ihren Gottesdienst bei Abbon. Beginn der Besiedlung Kanadas durch die Franzosen.

2. Die Märtyrer von Meaux

Der Same der Glaubensreform, den der verschreckte Bischof Guillaume Briçonnet in den zwanziger Jahren des Jahrhunderts gesät hatte, ging noch in den vierziger Jahren auf. Im Jahre 1546 faßten einige der Weber, Wollspinner und Wollkämmer den Entschluß, eine Gemeinde zu gründen, obwohl ihnen dazu nicht viel mehr Hilfe verheißen war als der Urgemeinde selbst. Denn ihnen war deutlich, daß die alte Kirche selbst an wirklicher Reform nicht interessiert war. Einige der wandernden Kaufleute hatten aus Straßburg das Beispiel einer evangelischen Gemeinde mitgebracht. Wortführer war dabei Etienne Mengin, ein alter Mann, der auch sein Haus für die Versammlung zur Verfügung stellte. Nach mehreren Tagen des Fastens und Betens wurde Pierre Leclerc zum Prediger gewählt, also zum ersten protestantischen Prediger Frankreichs. Er war der jüngere Bruder Jean Leclercs, den man gebrandmarkt und dann verbrannt hatte. Zuerst waren es zwischen vierzig und fünfzig, die einander sogar schworen, nie mehr bei der päpstlichen Abgötterei mitzumachen.

In kurzer Zeit nahm die schlichte, gewissenhafte Gemeinde einen solchen Aufschwung, daß sich bis zu drei- oder gar vierhundert Männer, Frauen und Kinder zum Gottesdienst einfanden. Da war es mit der Geheimhaltung freilich vorbei. Am 8. September des Jahres 1546, dem Fest Mariä Geburt bei den Katholiken, wurde den Behörden um sieben Uhr mitgeteilt, daß die Gemeinde versammelt sei. Die Richter begaben sich samt Schergen und Bediensteten sofort zum Hause Mengins. Leclerc war gerade mit der Auslegung des Korintherbriefes befaßt und bat den Richter um Geduld, bis er fertig sei. „Sie müssen ins Gefängnis", erwiderten die Stadtvorsteher. „Gehen wir, wohin es Gott gefällt", meinte Leclerc in sieghafter Stimmung zu den anderen, 62 an der Zahl. Nur ein Mädchen bemerkte treffend: „Hättet ihr mich in einem Freudenhause oder sonst an einem schändlichen Ort angetroffen, so würdet ihr mich sicher nicht so gebunden haben!" Aber natürlich wird auch dieser Wahrheit zu schweigen geboten. Die stets vorhandene gaffende Meute auf den Straßen war nicht wenig verwundert, daß so viele ehrenwerte Bürger wie schimpfliche Landstreicher abgeführt wurden.

Das merkwürdigste ist, daß die kleine Gemeinde das mit sich machen ließ, denn sie hätten sicher genug Freunde in der Stadt gehabt, die sie hätten befreien können. Stattdessen sangen sie den Psalm 79 „Gott, es sind Heiden in dein Erbteil gefallen". Die eigenartige Bereitschaft der französischen Protestanten zum Martyrium ist wahrscheinlich nur dadurch zu erklären, daß die Kirche ihrer Zeit so korrupt und materialistisch und machtgierig war, daß es unter der Bevölkerung mit reinem Empfinden zu einem für uns unvorstellbaren Bedürfnis nach einem Leben kam, das geistig-geistlichen Grundsätzen Gehorsam leistete. Diese Sehnsucht nach einem reinen, geordneten Leben kennzeichnete schon die Gefolgschaft von Gläubigen bei den Katharern, und sie ist auch bezeichnend für den zähen Widerstand der Waldenser, die ihrer Herkunft und regelhaften Bildung nach ebenso schlicht waren wie die Leute aus Meaux.

Als bei ihrer Vernehmung herauskam, daß sie das Abendmahl gefeiert hatten, gerieten die Priester in verräterische Raserei; denn das Abendmahl war in Verbindung mit dem Meßopfer eine Haupteinkunftsquelle des Klerus. Nach einer phantasievollen und ungerechten Zusammenstellung von Belastungen, schaffte man die Gefangenen nach Paris weiter. Doch einige, die von Arbeit oder Alter entkräftet waren, überstanden den Transport in den Karren nicht mehr, so daß es schließlich 14 waren, die verbrannt wurden. Mitte Oktober schickt ein in Paris gesondert einberufenes Gericht die Gefangenen zur Vollstreckung des Urteils nach Meaux zurück.

Pierre Leclerc und Etienne Mengin sollen samt ihren Büchern zum Marktplatz geschleift und dort verbrannt werden, während alle anderen in Karren dorthin zu fahren, aber ebenso wie die beiden Wortführer zu verbrennen sind. Das Vermögen der Vierzehn wird eingezogen. Vor der Hinrichtung sollen sie der außerordentlichen Folter unterzogen werden, damit sie die Namen anderer Anhänger preisgeben. Nur der jüngste, Michel Picquery, soll wegen seiner Jugend an den Achselhöhlen aufgehängt, danach ausgepeitscht und schließlich in ein Kloster zur Gehirnwäsche gebracht werden. Mehrere andere werden gepeitscht und für fünf Jahre aus dem Königreich verbannt. Die Angehörigen werden zur Kirchenbuße bei entblößtem Haupt, bloßen Füßen, im Hemd und mit einer schweren Kerze verurteilt und müssen der Hinrichtung beiwohnen. Keiner von dieser Gruppe macht von der Möglichkeit Gebrauch, die Vergebung Gottes und des Königs anzurufen. Nur vier Witwen und zwei Töchter Mengins werden freigesprochen. das Haus Mengins soll zerstört und an seiner Stelle eine Kapelle erbaut werden, in der jeden Donnerstag eine Messe zu halten sein wird.

Um weiteren Fällen dieser Art vorzubeugen, sollen Herolde vor der Strafe des Feuertodes für Ketzereien in den umliegenden Dörfern und Städten warnen. Dem Bischof von Meaux wird zur Pflicht gemacht, die Grundsätze des Laterankonzils durchzusetzen und alle Abweichungen auszuforschen und anzuzeigen. Alle Bücher in französischer Sprache sind bei Einziehung des Vermögens auf dem Landgericht von Meaux abzugeben. Allerdings soll der Bischof von Meaux auch ein paar „tüchtige und angesehene ... Doktoren der Theologie" bestellen, „in der Predigt und Unterweisung des Volkes erfahren", daß die „Finsternis der elenden lutherischen Sekte" ausgetrieben werde. Indirekt wird damit der Kritikgrund und das Bedürfnis, das zur Entstehung der Reformation führte, zugegeben.

Zunächst wurden die vierzehn zum Tode Verurteilten noch auf umliegende Klöster verteilt, daß sie sich doch noch bekehren möchten. Doch sie waren nicht von ihrer Festigkeit abzubringen. Schließlich, als sie zum Richtplatz geführt wurden, ritten zwei Doktoren der Sorbonne neben ihnen her und riefen ihnen Ermahnungen zu. Bis Leclerc sie schließlich anherrschte: „Weiche von uns, Satan, und laß uns unseres Gottes gedenken!" Dennoch waren sie keineswegs so guter Dinge, daß sie so ungerührt sich der Hinrichtung stellten wie der junge Mann, von dem der deutsche Student Knobelsdorff berichtete. Es mag ihnen daher wie ein Gruß Gottes vorgekommen sein, als unterwegs im Wald von Liury, etwa drei Kilometer von Paris, ein Weber namens Couberon zu ihnen sprang und ihnen zurief, sie möchten unter keinen Umständen davon ablassen, ihren Glauben zu bekennen. Als er bei seinem guten Zureden die Hände zum Himmel erhob, merkten die vorderen Reiter, wozu er gehörte, nahmen ihn fest und knebelten ihn.

In Meaux begannen im Gefängnis nun die Torturen. Am Morgen nach der Folter disputierte man noch einmal das Abendmahl mit ihnen. Man bot ihnen auch an, wer von ihnen einem Priester ins Ohr flüsterte (also beichtete), solle nicht die Zunge abgeschnitten bekommen. Sechs machten davon Gebrauch. Von Etienne Mengin forderte der Henker die Zunge zuerst. Doch nachdem er sie ihm abgeschnitten und Mengin das Blut ausgespuckt hatte, rief er noch dreimal vernehmlich „Der Name Gottes sei gelobt!" Auf dem Marktplatz standen vier Galgen im Kreise, einer, der für Michel Picquery, stand abseits. Als die vierzehn nicht aufhörten, Psalmen zu singen, ergrimmten sich auch die Priester zu einem trotzigen „O, salutaris hostia, Salve Regina".

Am Morgen nach diesem Tage ging die Prozession durch Meaux. Am Orte der Hinrichtung verstieg sich der Doktor Picard zu der Bemerkung, selbst Gott wäre nicht Gott, wenn er die Verbrannten nicht auch ewig verdammte. Dennoch gelang es ihnen nicht, die Frauen der Hingerichteten zum Zugeben der Verdammnis ihrer Männer zu bewegen. „Wir haben lange genug mit ihnen zusammengelebt, um zu wissen, daß sie stets in der Furcht Gottes und ihm Gehorsam gegen seine Gebote ihr Dasein zubrachten", sagten sie mit erstaunlicher Festigkeit und Größe.

Die Zerstreuung der Verbannten oder derer, die es nach diesem Ergebnis in Meaux nicht mehr aushalten konnten, führte zur Gründung oder Stärkung anderer Gemeinden. Ein Pharon Mergin ist später in Orléans anzutreffen, Jean Goujon in Senlis, Bonpain in Aubigné.

Ebenso wie dieses Martyrium ein Vorbote vieler Qualen

der Protestanten sein sollte, so wie der 26 Jahre späteren Bartholomäusnacht, so war die Überlegenheit der königlich-katholischen Machtunion leider ebenfalls ein Vorbote schwerster Versagen gegenüber der Menschlichkeit.

3. Gaspard de Coligny, Seigneur de Châtillon

Gaspard II. wurde am 16. Februar 1519 in Châtillon-sur-Loing – nicht zu verwechseln mit Châtillon-sur-Seine, geboren. Heute nennt sich dieser Ort stolz Châtillon-Coligny, um sich mit dem Namen des weltberühmten Mannes zu schmücken. Sein Vater Gaspard I., Marschall de Châtillon, hatte schon in französischen Staatsdiensten gestanden und war früh gestorben. Seine Mutter Louise entstammte der französischen Hochadelsfamilie Montmorency und war eine Schwester des Connestable de France, Anne de Montmorency. Nach dem frühen Tode des Vaters widmete sich die Mutter, die reformatorischen Ideen aufgeschlossen war, der Erziehung ihrer drei Söhne. Ihr ist wahrscheinlich der Ruf Nicolas Beraults als Erziehers zu danken, eines Freundes des Erasmus und Louis de Berquins, jenes Übersetzers von Luthers Schriften, der diese Arbeit mit dem Scheiterhaufen bezahlte. Der älteste Bruder, Odet, wurde auf Betreiben seines Onkels Anne de Montmorency von Papst Clemens VII. schon im Alter von 16 Jahren zum Kardinal erhoben, und man schaffte zu diesem Zwecke das Erzbistum von Toulouse, ein paar Jahre später ist er bereits Erzbischof von Beauvais, dem würdigsten geistlichen Amt, das Frankreich zu vergeben hatte. Der jüngere Bruder François, Seigneur d'Andelot (auch Dandelot genannt), war in der ersten Zeit der Religionskriege Generalleutnant der Infanterie.

Mit 22 Jahren kam Gaspard an den Hof. An dieser frühen Karriere war sein Onkel sicherlich beteiligt. Er gewann auch bald das Vertrauen Franz von Lothringens, des zweiten Herzogs von Guise, denn Coligny besaß schon in der Jugend einen Sinn für Manneszucht und Heeresordnung, was ihm viel Ansehen eintrug. Im Italienfeldzug des Jahres 1544 wurde er zum Generalleutnant der Infanterie ernannt. Aufgrund der Anschauung dieses Kriegsschauplatzes entwarf er Regeln für das Verhalten von Soldaten und Zivilbevölkerung, die man noch 1551 für tragend erkannte und herausgab. Mit 33 Jahren wird er Gouverneur von Paris und Ile de France, mit 37 Jahren Gouverneur der Picardie. Im Jahre 1552 wird er zum Admiral ernannt. Damit war keine Aufgabe zur See verbunden, sondern man bezeichnete damals damit nur ein Kronamt, das den Inhaber den Marschällen gleichstellte. In dieser Eigenschaft leitete er beim Feldzug der Spanier in Frankreich im Jahre 1557 die belagerte Stadt St. Quentin. Das war ein aussichtloses Unternehmen, aber unter Coligny hielt sie sich immerhin 25 Tage, Zeit genug für den König, ein Heer zu sammeln. Doch danach geriet auch Coligny in Gefangenschaft, und während er vorher die Bevölkerung scharf zum Festungsbau angetrieben und die Faulenzer vor die Stadt vertrieben hatte, stellte er sich jetzt schützend vor alle in dem er den überraschten spanischen Soldaten sagte: „Sie brauchen keine weitere Beute. Sie haben den Admiral de France."

Coligny hatte schon 1555 Kontakte zu den Genfer Protestanten aufgenommen, weil er in Brasilien Stützpunkte gründen wollte. Während der Gefangenschaft muß er sich dann für den reformierten Glauben entschieden haben, doch dieser schweigsame französische Moltke gab seinen Glauben erst 1560 bekannt. Möglicherweise aber hatte er dabei bedacht, was für einen Schock es auf katholische Adelsfamilien auslösen würde, wenn sie erführen, daß sich er aus einer solchen Familie zu den „Ketzern" hielte, ja, daß es Angst vor einer Bedrohung auslösen würde, weil es ja keiner für nötig hielt, sich mit dem Protestantismus genauer zu befassen. Nach der Rückkehr aus seiner zweijährigen Gefangenschaft bei den Spaniern sah man ihn daheim in Châtillon, wo er auch die Hausandachten gestaltete und vor dem Abendmahl zerstrittene Hausgenossen zu versöhnten suchte, täglich in der Bibliothek in die Bibel vertieft. Zu dieser Zeit aber stand er auch noch unter dem Schutze des weisen Michel de l'Hôpitals, des Kanzlers und seines Onkels, zeitweilig auch unter dem der Königin. Doch schaffte sein Durchbruch zum reformierten Glauben den Protestanten ihren ersten Schutzherrn. Bei Coligny handelte es sich bei seiner Bekehrung sicher nicht um eine rein taktische Erwägung wie bei Anton von Navarra, doch wird ihm seine angeborene Neigung zu Disziplin, Beherrschung und Ordnung den reformierten Glauben verständlich gemacht haben.

Staatspolitisch hatte Coligny kein anderes Ziel als die Unabhängigkeit eines starken Frankreich. Man kann sich die Konflikte vorstellen, in die er durch seine Loyalität gegenüber König und Religion getrieben wurde, wenn diese beiden, die einander nicht vom Wesen her feind sein müssen, verfeindet wurden. Dennoch übte er sein Amt energisch und effektiv aus: Er regte weitläufige Kundschaften über See an, den überseeischen Handel und Kolonien in Nordamerika. Das diente seinen Hauptzielen, Frankreich durch Kolonien wirtschaftlich zu stärken, den Hugenotten auf diese Weise ganz unverdächtig einen Zufluchtsort zu besorgen und schließlich einen wichtigen Strategiepunkt gegen Spanien zu gewinnen, das ganz Südamerika für sich beanspruchen wollte, nicht nur faktisch, sondern erklärtermaßen. Dank seines Geschicks und seiner Persönlichkeit gewannen die Hugenotten in der zweiten Phase der Bürgerkriege, in der sie über die bloße Gewissensfreiheit hinaus politisch wurden, schneller bedrohliche Stärke und Einfluß als ohne diese Schlüsselfigur, ihr Herz und Verstand und Markenzeichen nach außen.

Coligny nahm an drei Religionskriegen teil. Im August 1570, nach dem Frieden von St. Germain-en-Laye zog er sich bis zum 12. September 1571 nach La Rochelle zurück, weil die Spannung wegen des Loyalitätskonflikts zu groß war. Dann kehrte er zurück, um das geeinte Frankreich gegen Spanien zu führen.

Coligny war nicht einer der besten Generäle, doch lag das sicher daran, daß er im Grunde entschieden gegen Krieg war und ihn nicht als Spielzeug betrachtete. Bei Ausbruch der Streitigkeiten im Jahre 1562 gehörte er zu den zögernden. Mit dem Tode Ludwig von Condés wurde er alleiniger Führer der Hugenotten. Nach der schweren Niederlage von Montcontour lag es an ihm, daß die Reste der Armee sich im Süden Verstärkung holten, Städte besetzten und schließlich den Frieden von St. Germain-en-Laye errangen, der ihnen entscheidende Vorteile, nicht Einschränkungen bescherte. Aufgrund der Kriegshandlungen konnte er nicht am Hof weilen. Er kehrte erst 1571 an den Hof zurück, zwar im Triumph, da er auf Karl IX. dank seines väterlichen Wesens großen Einfluß gewann, doch zu seinem eigenen Schaden. Katharina hatte schon immer seinen Einfluß auf ihr Söhnchen mißmutig beobachtet. Als Coligny ihn dann fast so weit hatte, daß er einem Feldzug gegen Spanien in den Niederlanden zustimmte, da besann sie sich auf die hinteren Gassen und ließ ein Attentat auf ihn verüben, doch da es ihn nur schwer verwundete, blies sie am 22. August zum Sturm auf alle Hugenotten, die sich in Paris zum friedlichen Triumph, der Heirat Heinrichs von Navarra mit Margarethe von Valois, eingefunden hatten. Coligny starb als einer der ersten und am grausamsten. An dieser gezielten Grausamkeit zeigt sich, wie sehr die Katholiken die Kraft seiner Persönlichkeit einschätzten. Für Pius V. war er ein Verbündeter des Satans. Noch unter Ludwig XIV. jedoch wischt Jean Baptiste Bossuet, Hoftheologe des Königs, alles Gerede beiseite mit den nachmals berühmten Worten:

> „Alles, wodurch man Gaspard de Coligny zu verleumden sucht, trägt nur zur Erhöhung seines Ansehens bei."

Als das Blutbad von Vassy die Protestanten zornbebend zu den Waffen trieb, wurde auch Coligny von seinen Brüdern Franz d'Andelot und sogar dem Kardinal Odet, darüber hinaus von François de Boncard und François de Briquemant zum Satteln angetrieben. Doch wie Agrippa d'Aubigné berichtet, widerstand er zwei Tage ihrem Drängen. Ähnlich wie Heinrich IV. litt er unter der Spaltung der Franzosen und wollte den Bruch mit dem Hof vermeiden. Doch dann gab auch er nach.

Es ist der dritte Hugenottenkrieg, der von der Nichterfüllung des Edikts von Longjumeau (2.3.68, nach dem zweiten Hugenottenkrieg) ausgelöst wurde, der Colignys Verhalten als Militär und Mensch verdeutlicht.

Die Protestanten bauten auf ihre augenblickliche Kräfteüberlegenheit und zielten auf einen Blitzkrieg, ebenso wie die Generale Karls IX., die das Ketzerproblem mit einer großen Schlacht ein für alle Mal zu erledigen gedachten. Zwei Monate nach Kriegsausbruch beherrschte die Hugenottenarmee ein Gebiet von 7 000 qkm Größe und stellte dadurch die Kontinuität des Krieges sicher. Die Kälte dieses Winters war nur so groß, daß im Dezember das Meer beim Bordeaux zufror, daher mußte der Krieg für zwei Monate unterbrochen werden. Danach aber mußte das katholische Heer wieder von vorne anfangen und dazu das vorrückende Hilfsheer Wolfgangs von Zweibrücken abfangen. Die Führung oblag Gaspard de Tavennes, der Coligny und Condé schon überfallen hatte, wobei diese jedoch nach La Rochelle entfliehen konnten. Am 13. März 1569 siegten 26 000 Katholiken über 16 000 Hugenotten bei Jarnac. Der verwundete Condé wurde von einem Schweizer erkannt und sofort erschossen.

Doch bis dahin war nicht die ganze Hugenottenarmee aufmarschiert. Ein Teil war auf dem linken Ufer der Charente unterwegs nach Cognac. Auch der König war unzufrieden mit dem Ergebnis und führte den Ausgang auf die Hilfe der 9 000 Schweizer und das päpstliche Hilfsheer (ca. 5 000 Mann) zurück. Er trug Michel de Castelnau auf, deutsche Reiter anzuwerben. François de l'Aubespine erklärt den Teilerfolg mit der moralischen Zerrüttung des Heeres, da der Krieg sich in die Länge zog und es an „Geld, Brot und Wein" fehle. Die „meisten Soldaten laufen davon". Auch die Edelleute waren den nutzlosen Krieg satt, die Generäle konnten einander nicht leiden und suchten, die Pläne der anderen zu durchkreuzen. Heinrich von Anjou, dem späteren Heinrich III., bereitete der Ausgang der Schlacht schlaflose Nächte.

So kam der Tag von La Roche-l'Abeille heran. Die Unentschlossenheit der katholischen Generäle erlaubte den Hugenotten die ersehnte Vereinigung mit dem Heer Wolfgangs von Zweibrücken. Den Angriff dieser Schlacht, fünf Wochen nach der Niederlage von Jarnac, leitete Coligny. Hier behielt das Hugenottenheer die Oberhand. Das königliche Heer zählte 30 000 Mann, darunter 9 000 Schweizer, 8 000 Italiener, 4 000 Wallonen, Flamen und Spanier. Das vereinte Hugenottenheer zählte 25 000 Mann. An der Schlacht selbst nahmen aber nur 2 500 Katholiken und 3 500 Protestanten teil. An dieser Schlacht war erstmals Heinrich von Navarra beteiligt, am 12. Juni können sie sich der Nachbarstadt St. Yrieuxs bemächtigen. Dort läßt Coligny zu einem zweiten Treffen Stellung beziehen. Die Vorhut unter seiner Führung marschiert am 25. Juni wieder gen La Roche-l'Abeille, wo die Katholiken sich im hügeligen Gelände gut halten konnten. Um 8 Uhr kommt es zur Schlacht, um 12 Uhr ziehen sie sich schon wieder zurück, da die Arkebüsiere in dem Nieselwetter nicht wirksam eingesetzt werden können.

Zugleich wurde Niort von den Katholiken belagert, was Coligny Sorge machte, denn es diente zur Sicherheit La Rochelles. Der Sieg von La Roche-l'Abeille aber versetzte die Hugenotten in die Lage, Niort zu entsetzen, und schuf eine psychologische Rückhaltwirkung im Béarn, wo die Katholiken einige Städte besetzt hatten. Insgesamt bewies Coligny, daß die Hugenottenarmee sehr wohl in der Lage war, sich zu behaupten.

Die Schlacht bei Moncontour am 3. Oktober 1569 dauerte nur eine Dreiviertelstunde. Coligny warf sich mitten ins Gewühl der 28 000 Katholiken gegen 18 000 Hugenotten. Anfangs waren sie im Vorteil, doch entschieden auch hier die Schweizer zum Vorteil des königlichen Heeres. So kam es zur größten Niederlage der Hugenotten zwischen 1562 und 1570. Von 6 000 deutschen Landsknechten überlebten nur 200. Aufgrund dieses Sieges frohlockte der Hof und erklärte Coligny für vogelfrei und setzte 50 000 Goldtaler für seine Ergreifung aus. Dennoch stellte dieser Ausgang nur einen taktischen, keinen strategischen Erfolg dar, weil die zerstrittenen Generäle Karls IX. den Sieg nicht fortführten und sicherten, so daß sich stattdessen die Hugenotten wieder rüsten konnten. Nach zwei Monaten bereits starteten sie die Gegenoffensive. Die Generäle versäumten nämlich, entweder die restlichen Armeeteile zu verfolgen oder La Rochelle zu belagern, aus dem diese Unterstützung erhielten. Stattdessen beschloß man, das unbedeutende Saint Jean d'Angely zu stürmen. Trotz unvollkommener Festungsanlagen hielt die Stadt volle zwei Monate durch, wobei das katholische Heer 6 000 Mann verlor und sich erheblich schwächte.

Zur Gegenoffensive verfolgte Coligny den Plan, an der Garonne entlang Stützpunkte zu errichten, das Languedoc zu erfassen und zu befreien und dann über das Rhônetal zurück nordwestlich auf Paris zu ziehen. Dieser Vormarsch auf Paris beginnt mit der Besetzung von Aguillon am 28.11.69. Vier Wochen später begleichen sie allerlei Rechnungen mit den Katholiken in Städten des Languedoc, besetzen Montpellier, Nîmes, Uzès, Bagnols, Aubenas und Privas und dringen am 26. Mai in St. Etienne ein. Damit haben sie die Loire, den größten Fluß Frankreichs und natürliche Verteidigungslinie Paris im Süden, überschritten. Der König wachte auf und sandte Coligny 13 000 Soldaten, darunter 4 000 Schweizer unter Marschall Artus de Cosse, entgegen. Michel de Castelnau meinte, daß die Hugenotten auch nur noch eine halbe Armee waren, zudem durch 200

Marschtage erschöpft. Das Zahlenverhältnis stand 4:1 gegen die Hugenotten. Doch bei Arnay-le-Duc war der Erfolg trotzdem auf ihrer Seite, Cosse bließ zum Rückzug, und die Hugenotten marschierten weiter gen Paris. Fünf Wochen später wurde bei Saint-Germain-en-Laye ein überaus vorteilhafter Friede unterzeichnet. Der Marsch auf die Hauptstadt hatte seine Wirkung auf das Königshaus nicht verfehlt: Jetzt waren Gottesdienste im ganzen Lande erlaubt, und die Protestanten durften Sicherheitsplätze einrichten. Zwei Drittel des Königreiches waren in ihren Händen! Die Vorausabteilungen standen 100 Kilometer vor Paris bei Montargis.

Kennzeichen der Führung Colignys war, daß er Blutvergießen zu vermeiden suchte. Sein Ziel war, eine Entscheidung herbeizuführen, jedoch nicht, ein geschlagenes Heer völlig zu vernichten. Er läßt sich nur unter günstigen Bedingungen auf eine Schlacht ein und brach immer ab, wenn der Verlauf sich ungünstig entwickelte. Er wollte eine strategische Führung sicherstellen und unterwarf die operative Kriegsführung den übergeordneten Zielen, er zog kleine Einzelerfolge einer Entscheidungsschlacht vor, was ihn von den Wünschen der königlichen Generale unterschied, die eine Vernichtungsschlacht erringen und das Problem Hugenotten ein für alle mal los sein wollten. Doch Coligny hatte noch viel vor, und den augenblicklichen Glaubenskämpfen wollte er seine Vorstellung von einem geeinten und starken Frankreich keineswegs opfern. Mit dem Meuchelmord vom 23.8. konnte keiner rechnen. Er blieb also auch im Kriege ein Politiker und weitsichtig.

Nicht der Regimewechsel war Ziel der Hugenotten, wie die Katholiken auf Suche nach guten Gründen gerne behaupteten, sondern die Sicherung ihrer religiösen Freiheit bei politischer Gleichberechtigung. Sicherte man ihnen das zu, waren die hugenottischen Adeligen jederzeit zum Abbruch der Kriegshandlungen bereit. Es lag also mit an Colignys Führung, daß der dritte Hugenottenkrieg keine gesamtentscheidende Schlacht aufzuweisen hat. Das ist umso erstaunlicher, als das Hugenottenheer längst nicht so viele Söldner zählte wie das königliche. Das war einerseits eine Prestigefrage, für die Hugenotten mehr eine Frage der Moral und des Zieles, wofür sie kämpften, daß sie keine Fleckerlteppiche von Nationen in ihr Heer einspannen wollten, aber viel verräterischer war, daß Karl IX. sich nicht traute, eigene Landsleute zu bewaffnen. Bis zur Schlacht von La Roche-l'Abeille bestand das Hugenottenheer nur aus Franzosen; denn sie scheuten sich nicht vor der Volksbewaffnung, weil sie die sozialen Unruhen und Forderungen, die im Volke ständig gärten, ja auch nicht zu fürchten hatten. Der venezianische Gesandte am Hofe, Francisco Gustiniano, berichtet, daß man fürchtete, daß „die Bauern den Gehorsam verweigern könnten, würde man sie bewaffnen"! Eine erfolgreiche Schlacht auf Seiten der Katholiken ist also nur ein Gesicht der Feindschaft gegenüber den Hugenotten. Die Selbsthilfe hingegen, die die Hugenotten moralisch den Söldern überlegen machte, planten sie schon ab 1562, während die Aushebungen als solche schon auf der ersten Nationalsynode von 1559 den Ortsgemeinden zugewiesen wurde, von denen jede etwa 100-150 Mann aufzubieten hatte, je nach Größe.

Gaspard de Coligny war entschieden gegen Söldnerheere. Doch als er erfuhr, daß der Hof seine Schwäche und seinen Mangel an Rückhalt im Volke durch Soldateneinkäufe in Deutschland, Italien und Spanien verfälschte und auszugleichen suchte, sah auch er sich dazu gezwungen, Söldner aufzunehmen. Denn bei allem Willen zur Redlichkeit sind 5 000 eigene Soldaten 15 000 feindlichen grundsätzlich unterlegen. Allerdings war das ein immenses Finanzproblem. Die Hugenotten stießen auf die zusätzliche Schwierigkeit, daß sie als „Republikaner" verschrien waren und als Königsfeinde galten, weswegen deutsche Fürsten nicht geneigt waren, ihnen zu helfen.

Colignys Einfluß zeigte sich auch darin, daß unter ihm, dem ehemaligen Generalleutnant der Infanterie, die Reiterei nur ein Drittel ausmachte, während die Katholiken über zwei Drittel Reiterei verfügten. Dafür hatten die Hugenotten schon auf einem Pikenier drei Arkebüsiere, während bei den Katholiken noch zwei Pikeniere auf einen Schützen kam. Vorgeschobene Einheiten der Hugenotten bestanden gar nur aus Arkebüsieren, die ein Scharmützel veranstalteten, um die Feinde zu verwirren und zu erschöpfen. Die Infanterieregimenter auf der königlichen Seite setzten sich wie überall aus „Strolchen, Dieben, Mördern, Betrügern, Gotteslästerern, Galgenvögeln und Hungerleidern" zusammen, schreibt Claude Haton. Das konnten sich die Hugenotten nicht leisten. Ihr Heer setzte sich aus Handwerkern aus den eigenen Reihen zusammen. François de Vieilleville, Botschafter Venedigs am königlichen Hof, bestätigt, daß sie „für die eigenen Belange fechten". Anders hätte Coligny die Todesstrafe auf eigenmächtiges Beutemachen auch nicht durchsetzen können. Daneben traten die „Unzufriedenen" des kleinen Landadels, denen Coligny aber nicht traute.

Andererseits setzten die Hugenotten auch Flammenwerfer, die sogenannten „Weihrauchfässer", Nebelwerfer und Petarden ein, diese letzteren, eine Art von Panzerfaust, erstmal im dritten Hugenottenkrieg bei der Besetzung von Aurillac (10.9.69). Hingegen zogen sie wenige Geschütze mit sich. Doch bei der Belagerung von Brouage (1570) montierten sie sie gleich auf Flöße. Mit dieser Neuerungsfreudigkeit setzten sich die Hugenotten scharf in Gegensatz zu M. Luther, der Feuerwaffen für „des Teufels eigen Werk" hielt. In diesem Urteil spiegelt sich auch ein sozialer Umschwung und eine Auffassung seiner ganzen Zeit; denn blanke Waffen und Reiterei zeichneten den Adeligen und Ritter aus, doch Feuerwaffen schufen eine Überlegenheit des sozial niederen Fußvolkes. Das versuchte mithin nicht nur Luther sondern sogar seine ganze Zeit zu verhindern, und es ist im Falle von Frankreich besonders denkwürdig, daß sich der Konservatismus, der sich gegen die Reformierten und alle Reform wehrte, auch im Militärischen mit der Art der Bewaffnung die Zeit der Ritterspiele und Turniere am Leben zu erhalten suchte. Den Hugenotten stand dieses standesbezogene Besitzdenken nicht im Wege. Nicht zuletzt Cervantes „Don Quichotte" ist ein Spiegel der unwilligen Anpassungsbereitschaft gegenüber den neuen Waffen. Zugute kam den Hugenotten, daß die meisten Waffenfabriken in den von ihnen beherrschten Städten waren.

Die Fehler Colignys sind unter anderem darin zu sehen, daß er sich auf die Schlacht von Moncontour einließ. Er handelte gegen seine militärwissenschaftliche Überzeugung. So deutet es François de la Noue, weil er weiß, daß Coligny dem Drängen der Landsknechte nachgab. Im Gegenteil hatte er bereits durch die Besetzung dreier Städte am Vortage für einen Rückzug Vorkehrungen getroffen.

Den gleichen Fehler beging er drei Monate zuvor bei der Belagerung Poitiers, während er seiner früheren Ansicht zufolge Saumu hätte besetzen sollen, weil dann die Katholiken keine Rückendeckung durch die Loire mehr gehabt hätten. Nach sechs Wochen mußte Coligny die Belagerung aufgeben und hatte eine Einbuße von 2 500 Mann zu verzeichnen. Davon mag sich seine Abneigung gegen Belagerungskriege ergeben haben. Doch ungeachtet der Mißerfolge und Kosten an Menschenleben ist es der Beharrlichkeit und Zielstrebigkeit Colignys zu danken, daß schließlich eine solche Überlegenheit errungen wurde, daß das „annehmbare" Ergebnis des Friedens von St. Germain zustandekam (so drückte er sich selbst in einem Brief an Königin Elisabeth I. von England aus). Militärisch gesprochen: Er führte dank seiner Ausdauer mit diesem Manöverkrieg einen strategischen Wechsel herbei.

Das muß umso eher gewürdigt werden, als der Krieg die Hugenotten unvorbereitet traf, wiewohl Coligny damit rechnete, daß der schmähliche Friede von Longjumeau zu neuen Verfolgungen führen würde. Ein hinhaltender Krieg war das Gebot der Stunde. Das Versagen bei Jarnac geht eher auf Condés Konto, der damals Oberbefehlshaber der Hugenottenarmee war. Er wollte Zeit gewinnen, um zunächst nur die Furcht vor der Hugenottenarmee zu wahren, um allmählich aber das Kräfteverhältnis zu seinen Gunsten zu verändern und in einem geeigneten Augenblick die Kräfte zu einer positiven Wende auszuspielen. Bei Jarnac aber war der Aufmarsch der Armeen noch nicht abgeschlossen, der sich insgesamt drei Monate hinzog. Der Prinz von Anjou stellte 25 000 Mann auf, die Hugenotten nur 15 000. Dank des Hilfsheeres Wolfgangs von Zweibrücken stieg ihre Zahl zwar auf 25 000, doch die Katholiken brachten 30 000 auf. Dieses Potential wollte erst einmal überholt werden; denn nur ein erfolgreiches Heer zog auch Söldner an und schreckte sie vom Gegner ab, und nur aufgrund der Sölderwerbung besaßen die Katholiken in den meisten Fällen die größeren Kräftereserven. So gelang es zunächst nur, die Blitzkriegspläne Karls IX. zu vereiteln, und die Hugenottenarmee näherte sich Paris so weit, daß ein tiefer Eindruck auf den Hof die Verhandlungsgrundlage entscheidende verbesserte.

Das Fallenlassen Saumurs hingegen war der größte Fehler. Der Krieg wäre sonst ganz anders verlaufen. So aber betrug der Abstand nach Paris noch 900 Kilometer, als das Hugenottenheer sich gegen die Hauptstadt wendete. Dieser Warnmarsch gelang nur, weil Coligny seine verbliebenen 5 000 Soldaten in Reiter verwandelte und die Geschütze in der Dauphiné zurückließ. Der Schnelligkeit von mitunter 50 Kilometer am Tage kam das Katholikenheer mit 25 Kilometer Tagesleistung nicht nahe. Das beweist, daß die Hugenottenarmee keineswegs aktionsunfähig war, wie mitunter behauptet wird.

Bei den Genfer Verhandlungen wegen Stützpunkten in Brasilien war sicher noch nicht der Glaube der treibende Faktor sondern der Versuch, den ausdrücklichen Alleinherrschaftsanspruch Spaniens auf Südamerika zu brechen, was Franz I. auch lebhaft unterstützte. Doch scheint Colignys Glaube sich während dieser Verhandlungen mit Genfer Protestanten gebildet zu haben, wenn Calvin schon 1558 in einem Brief an Coligny schreibt, er bedürfe keiner Ermahnung mehr. Im Jahre 1561 schreibt Calvin an Bullinger, den Nachfolger Zwinglis in Zürich, daß man sich auf Coligny ganz verlassen könne, während Anton von Navarra „wetterwendisch" sei, und Condé hält er für einen Feigling. Das ging wahrscheinlich zu weit. Condé besaß mehr Format als Anton von Navarra, war nur leicht beeinflußbar und hatte keinen so lauteren Lebenswandel aufzuweisen wie Coligny. Deutlich war jedoch Condés Interesse an einer Koalition des Hochadels, während das Volk ihn nicht interessierte. Bei dem Friedenswerk von Amboise opferte er schlicht die Armen zugunsten des Hochadels. Condés Haltung trübte die Beziehung des unteren Volkes zu den Hugenotten.

Coligny hingegen entging das nicht, so daß er sich aufgrund der Ergebnisse von Amboise von Condé distanzierte. Coligny hingegen unterstützte die Morellisten, so genannt nach den Schriftwerken Jean Morellis, der sich für eine Demokratisierung in der Kirche einsetzte und sich damit dem autoritären Regime in Genf ebenfalls widersetzte. Doch einer wie er glaubte wohl an persönliche Autorität.

Außenpolitisch verfolgte Coligny Allianzen mit den protestantischten Staaten, um dem spanischen Übergewicht zu begegnen. Er verband also geschickt, weil getarnt, den Schutz der Protestanten mit Hilfe der Außenpolitik.

Die Urheber einer Flottenbildung in La Rochelle sind nicht im einzelnen bekannt. Man kann aber davon ausgehen, daß Coligny hinter einer solchen Entwicklung in La Rochelle steht; verband sich doch der Aufbau einer Flotte mit anerkannten politischen Zielen in Übersee und war politisch nicht als feindlich auffällig. Schon 1570 war diese Flotte so weit entwickelt (40 Stück zu 150 Tonnen), daß sie ein königliches Geschwader ausschaltete. Denn 150 Tonnen waren ein Winzling von Schiff verglichen mit damals möglichen 1 000 Tonnen. Doch zeigte sich auch auf See dieselbe Unwilligkeit zu den beweglichen Schiffchen wie bei der Infanterie gegenüber Feuerwaffen. Erst Sir Francis Drake sollte es durch die Vernichtung der Armada eindrücklich belegen.

Auf die Sicherung durch diese Flotte verließen sich die Nachschubtransporte der Protestanten. Durch die geregelte Form des Kaperkrieges, bei der die Schiffe königliche Flagge führen durften – in diesem Falle bei der Stadt La Rochelle und der Königin von Navarra, die die Flotte lebhaft unterstützte –, beschafften sie sich die notwendigen Güter. Als die katholischen Heere bei Montcontour gesiegt hatten, waren die Römer so frech geworden, daß sie La Rochelle selbst oder wengistens die beiden Inseln Ré und Oléron besetzen wollten. Doch die hugenottischen Schiffchen hatten eine Art Hermann zum Kapitän, dem es stets gelang, alle Manöver der Königlichen auszuschalten und ihre Schiffe zum Abzug zu zwingen.

Nach der Befreiung der Hafenstadt Marenne durch die Hugenotten am 20. Juli 1570 blieb ihre Vorherrschaft zur See unbestritten. Diese Vorherrschaft ermöglichte die wirtschaftliche Behauptung der Hugenotten während des dritten Hugenottenkrieges. Der Kaperkrieg war eine der wichtigsten Einnahmequellen. François de la Noue schätzt die Einnahmen auf 300 000 Pfund, wovon nur ein Zehntel für den Krieg benötigt wurde. Wie stets kamen aber auch hier die psychologischen Wirkungen hinzu, so daß Colignys Festhalten an der Flotte ein voller Erfolg war und seine Weitsicht bestätigte.

Kenner schließen aus Colignys Verhalten, daß er bei dem römischen Militärschriftsteller Flavius Vegetius Renatus in die Schule ging. Denn dieser rät, man solle sich auf Schlachten nur bei günstigen Gelegenheiten oder aus Not einlassen, da ihr Ausgang Glückssache sei; er meint, ein geschickter Rückzug könne den Gegner um die Früchte des Sieges bringen; er beschreibt den Verzögerungs- oder Manöverkrieg; er mißt dem Gelände viel Bedeutung bei und der Wahrung des militärischen Geheimnisses. Marschall Blaise de Montluc gesteht zähneknirschend, „in der Hugenottenarmee sei es um die Wahrung des Operationsgeheimnisses besser bestellt als bei den Katholiken". Das sind alles Kriegsgrundsätze, die sich bei Coligny wiederfinden. Auch scheint er Nicolo Machiavellis Gedanken berücksichtigt zu haben, daß die Versorung das Hauptproblem der Kriegsführung sei.

Simon Goulart schreibt in seiner „Mémoire de l'Etat de France", daß die Hugenotten keinen der vier Kriege (bis damals) angezettelt hätten, sondern stets hätten die Katholiken alle Edikte, Verträge und Abmachungen „verräterisch verletzt". Umso mehr muß erstaunen, daß die Hugenotten es aufs Ganze gesehen und trotz der Bartholomäusnacht fertigbrachten, immerhin ein solches Gleichgewicht zu halten. Dazu aber war das Durchhalten einer Strategie unerläßlich, und Garant dafür war Coligny.

4. Das Edikt von Nantes (1598)

Unter Führung Heinrichs besiegten die französischen Heere im September 1597 nach sechsmonatiger Belagerung die Spanier zu Amiens, das diese fest im Griff der Besetzung hielten. Der militärische Sieg wurde mit dem Vertrag von Vervins besiegelt. War das auch kein glänzender Sieg, zu dem Heinrich erst noch einmal von den Fürsten und Räten Soldaten hatte erflehen müssen, den er aber doch nicht ohne Triumphzug in vollem Ornat überging, so war das doch ein entscheidender Sieg gewesen. Denn nach dem Verlust der Armada hatte Spanien erst recht keinen Sinn mehr noch die Kraft für ausdauerndes Engagement im Ausland. Nur ein schläfriger Wirt im Nachbarhause Frankreich verlockte seinen südlichen Nachbarn, einen Fuß in die Tür zu setzen, aber der Wirt Heinrich IV. war nun gerade ein wacher Hüter seines Reiches und bewirkte mit seinem kräftigen Tritt auf den spanischen Fuß, daß es sich endlich heraushielt. Außerdem war Philipp II. dem Sterbelager nahe.

Seinen nachhaltigen Erfolg krönte Heinrich mit dem

Edikt von Nantes als seinem innigst persönlichen Lebenswerk, seinem politischen Traum. Im Schloß der Herzöge der Bretagne zu Nantes, der letzten Bastion der katholischen Ligisten wurde das 95 Paragraphen lange Edikt, das er während zwei Jahren hatte vorbereiten lassen, unterzeichnet und besiegelt. „Fores pax" – auf den Märkten Frieden – hatte er erreicht, „Concordia domi" – Einigkeit im Innern – wollte er nun hinzufügen. Nicht ohne Grund stehen diese Worte in umgekehrter Reihenfolge auf dem Lübecker Holstenstor.

An dem Friedens- und Toleranzedikt des weisen Königs, das ihm die Franzosen noch heute danken, waren hauptsächlich königliche Kommissare und Vertreter einer ständigen Versammlung (Assemblée) der Protestanten und unter ihnen natürlich Maximilien de Béthune, die treue Seele, beteiligt. Als es im April 1598 verabschiedet wurde, war es trotz der langen Vorbereitung immer noch ein Wagnis. Das zeigt sich daran, daß schon die ersten Sätze eine kluge Reverenz den Katholiken des Reiches gegenüber erweisen. Welcher Katholik es mit bangem Bedenken aufschlug, was der „unzuverlässige Béarner" da wohl wieder ausgeheckt habe, oder ob er seine Überlegenheit gar zu einer Bevorteilung der Protestanten ausnutzte, der wurde beruhigt: Der König will die Katholiken schützen! Heinrichs Juristen beherrschten die Regel der „captatio benevolentiae", der griechischen Rhetorik: Mit Freundlichkeit und Ehrerbietung greifen sie zu Beginn ihres Textes zu den Gemütern der atemanhaltenden Katholiken. Im ganzen Text vermeiden sie den Ausdruck „Recht" für die Zugeständnisse an die Protestanten und gebrauchen vielmehr den Ausdruck „Privilegien". Dennoch wurde mit dem Edikt erreicht, daß der Protestantismus nach französischem Recht von da an als Religion anerkannt war, sei es auch in der herablassenden Formulierung „Religion prétendue reformée", vorgeblich reformierte Religion, jedoch nicht mehr als ketzerische Sekte, so daß sie deswegen strafrechtlich verfolgt werden konnten.

Mit ihren Vorsichtsmaßnahmen verfolgten die Verfasser des Edikts dennoch nicht nur ein Gebot der Taktik. In weiten Teilen des Landes, vor allem im Süden, wo der größte Teil der etwa 1,25 Millionen Protestanten (von insgesamt etwa 15 Millionen Franzosen) lebte, waren die Katholiken tatsächlich in der Minderheit und waren verunsichert, wenn nicht sogar teilweise echt bedroht. Die ersten Sätze des Edikts dienen daher einer tatsächlichen Beruhigung. Drittens aber sollten auch alle die beruhigt werden, die Heinrich politisch beobachteten, vor allem die Guise und die Ligisten, und skeptisch verfolgten, ob der bekehrte König sich auch katholisch genug verhalte. Ihnen gegenüber wird der Herzensprotestant Heinrich nicht müde zu betonen, ihm stehe der Erhalt der Katholischen Kirche zuoberst, und das sei der Grund des Ediktes. Von Rechts wegen mußte das Edikt alle zufriedenstellen. Man kann zwar nicht sagen, daß es ihm einzig um einen versteckten Schutz der Protestanten ging und die Verbeugung gegenüber der katholischen Kirche nur taktisch gemeint gewesen sei. Aber der Erhalt des Friedens in der Nation ist der Ausgangspunkt, und der erste Satz, die Präambel des Edikts, ist gerechtfertigt, weil das in der Tat Heinrichs oberstes Ziel war. Am schlechtesten wurde das Edikt von den Protestanten gelesen, und zwar umso schlechter, je weiter sie von den Gebieten entfernt waren, in denen die Protestanten in der Minderheit waren.

Doch trotz allen Geschicks blieb das Entsetzen der Katholiken nicht aus: Papst Clemens fühlte sich „zu Tode betrübt" und schmachtete in ungewohnter Religiosität: „Das Edikt, das der König zugunsten der Ketzer und zum Schaden der allein seligmachenden Kirche erlassen hat, macht mich zum unglücklichsten Menschen der Welt." Das Pariser Parlament, mit der Energie Heinrichs noch nicht sehr vertraut, lehnt zunächst ab, das Edikt in die Staatsakten aufzunehmen. Am nächsten Tage tritt Heinrich vor sie und ermahnt sie ruhig aber bestimmt:

> Ich habe nicht vor, irgendeine Klüngelwirtschaft zu dulden, und wenn einer Lust haben sollte, den Aufrührer zu spielen, so wird er den Kopf dabei verlieren. Ich bin über die Mauern der Stadt gekommen, und wenn es nötig ist, steige ich mit Leichtigkeit über eure Barrikaden. Werft mir nicht dauernd die katholische Religion an den Kopf. Sie liegt mir mehr am Herzen als euch. Ich bin der erstgeborene Sohn der Kirche, nicht ihr, und ihr werdet es auch nie sein!

Gegenüber einer Abordnung von Klerikern, die ihre Einwände bei ihm vorbringen möchte, hebt er wieder seine staatsmännische Aufgabe hervor:

> Meine Vorgänger haben in Prunk und Glanz zu euch gesprochen, aber ihren Worten sind selten die Taten gefolgt. Mich seht ihr in grauem Wams, aber meine Worte werden in die Tat umgesetzt. ... Es hat gebrannt im Land, und ich habe das Feuer gelöscht. Ich habe den Frieden nach außen geschlossen, und ich will ihn auch im Innern des Reiches herstellen. Wenn jeder auf seinem Wege das Rechte tut, werden wir das Ziel erreichen.

Schließlich meinte auch noch eine Gruppe Abgeordneter aus Bordeaux, ihn eines besseren belehren zu müssen. Ihnen gegenüber leistet er persönliche Überzeugungsarbeit. Vielleicht hat sie dazu auch milde gestimmt, daß sie den König antrafen, als er gerade mit seinen kleinen Söhnen spielte. Doch es sollte trotz Heinrichs fester Geduld und Versöhnlichkeit noch zwei Jahre dauern, bis das Edikt überall auch von den Regionalparlamenten ratifiziert, beeidet und durchgesetzt wurde. Wenn Heinrich einer bockigen Stadt wie Toulouse eine Ermahnung sandte, dann las sich das etwa so:

Ich stelle fest, daß euch noch der Spanier in den Knochen zu sitzen scheint. Es ist mein Wille, daß die Anhänger dieses Glaubens in meinem Königreich in Frieden leben und öffentliche Ämter bekleiden können, nicht weil sie diesem Glauben angehören, sondern weil sie, wie alle anderen, treue Diener des Staates und der Krone sind. Ich erwarte, daß mein Edikt veröffentlicht wird und im ganzen Lande Anwendung findet. Es wird Zeit, daß wir das Kriegführen vergessen und klug werden.

In diesen Worten wird der große Unterschied in Heinrichs Denken gegenüber dem seiner Zeitgenossen deutlich: Für ihn war die Einheit der Nation durchaus gewahrt, wenn Menschen einem anderen Glauben anhingen!

Er verzichtet auf die Genugtuung des „une foi", um „un roi, une loi" zu wahren, während andere den einen Glauben als Mittel dazu verwenden wollten, die Einheit der anderen beiden abzusichern.

Die Mühsal, mit der man sich durch die ellenlangen Schachtelsätze liest, war auch die, die verworrene Lage durch den Griff der Paragraphen in eine gute Ordnung zu bringen. Doch jeder merkt gleich: Das ist nicht die verrenkte Sprache eines Volkes von dünnbeinigen asthmatischen Bürokraten, die etwas verstecken wollen und sich hinter Bedingungen verbergen. Die verschlungene Sprache ist Ausdruck eines Ringens um gute Lösungen. Sie ist Sprache des beherzten und entschiedenen Versuches, die innere Spannung zu überwinden und eine dauerhafte Lösung des Konfliktes herbeizuführen, doch die Konditionalsätze entsprechen in der Tat schwierigen Konditionen des Lebens. Allen Seiten war klar, daß nur ein nach beiden Seiten gerechtes Edikt die erhoffte Befriedung zu leisten vermochte. Wie schwer dieses Ziel aber zu erreichen war, das bezeugen schon die „Gesetzesnovellen" in Form der geheimen Nachträge.

Heinrichs taubenartige Friedensentschlossenheit und

Engagement ist durch vier schlangenkluge Grundbestandteile des Edikts bezeugt, die sich allenthalben aus ihm herauslesen lassen. Das Edikt enthält a) Maßnahmen, die Geschädigten Gerechtigkeit schaffen sollen; b) Gesetze, die den status quo festigen sollen; c) Maßnahmen vorbeugender Art, wie etwa das Einrichten von überwachenden Institutionen und Schiedsstellen; d) Gerichtsordnungen, die die Überwachung all der einzelnen Maßnahmen und Gesetze gerecht fortführen sollen.

Aufgrund der Anspannung und Eile, mit der das Edikt geschaffen wurde, erscheinen die vier charakteristischen Züge jedoch nicht in Folge, sondern verstreut über sämtliche 95 Paragraphen. Vor einem Überblick über die getroffenen Maßnahmen sollen diese vier Charakteristika und Grundbestandteile an ausgewählten Beispielen vorgestellt werden, damit man als heutiger Bewunderer dieses Rechtswerkes eine Ahnung davon bekommt, mit welcher Dichte, mit welcher ungeheueren Anstrengung und Beharrlichkeit es versucht, einen bis dahin unaufhörlichen Streit endgültig zu besiegeln und aus welch anderem Geiste dieses Edikt im Vergleiche zu seinem Widerruf geboren wurde.

So etwa klingt der Wille, den Geschädigten Recht zu schaffen, besonders aus den §§ 88/89 heraus:

> In den Städten, die während der Unruhen entfestigt sind, können die Trümmer und geschleiften Festungswerke mit unserer Erlaubnis durch die Einwohner auf ihre Kosten wieder aufgebaut und hergestellt werden. Wir befehlen, wollen und es gefällt uns, daß alle Standesherren, Ritter, Edelleute und andere, von welchem Range und Stande sie seien, von der besagten vorgeblich reformierten Religion und andere, die ihrer Partei gefolgt sind, wieder eintreten und wirklich erhalten werden in dem Genuß aller und jeder ihrer Güter, Rechte, Namen, Ansprüche und Ämter. ...

Regelungen, die den einmal erreichten Zustand Frankreichs festigen sollen, geben sich an Formulierungen zu erkennen wie etwa der, daß die Ausübung der reformierten Religion bei Hofe zwar untersagt sei, aber daß den Adeligen „nicht nachgespürt werden soll wegen dessen, was sie in ihren Wohnungen treiben". Bis für Frankreichs Besitzungen jenseits der Pyrenäen eine eigene Regelung gefunden ist, „sollen sie in dem Zustande erhalten bleiben, in dem sie sich jetzt befinden".

Vorkehrende Maßnahmen gegen eine mögliche rechtliche Instabilität, aus der heraus nur wieder Fehden entstünden, kündigt das Edikt an, wenn es etwa lautet: „Um allen Zwistigkeiten vorzubeugen ..." (§ 63) oder „und um alle Zweideutigkeiten und Zweifel hinweg zu räumen ..." (§ 91) oder „und da hieraus leicht eine Erneuerung der Unruhen entstehen würde ..." (§ 86) oder schließlich „und allen Klagen für die Zukunft vorzubeugen ...", also mit dem entscheidenden Stichwort „Vorbeugung" selbst. Sichernde Maßnahmen, mit denen zukünftigen Streitereien vorgebeugt werden soll, können entweder „von der besagten Religion und rechtschaffene Männer" sein (bezüglich der Besetzung einer Kommission) oder „Indes darf die Nachforschung darnach nur noch die Justizbeamten geschehen." (§ 20) Es kann sich also um die Bekräftigung der Funktion vorhandener Beamter handeln, aber auch um neu einzurichtende Stellen, wie etwa bei der Rückgabe widerrechtlich angeeigneter Besitztümer: „... oder der gerechte Schätzwert derselben nach Aussage Sachverständiger erstattet werden."

Schließlich finden sich auch allenthalben Verordnungen und Prozeßordnungscharakter, wie etwa in Bezug auf die Veröffentlichung protestantischer Bücher: „So sollen sie sowohl durch unsere Beamten als durch die Theologen durchgesehen und geprüft werden, wie es durch unsere Anordnungen befohlen ist."

Nun zu den Rechtstatbeständen des Edikts im Einzelnen. Zunächst einmal werden alle religiös begründeten Urteile gegen die Reformierten ausgesetzt und in den Kanzleien gelöscht. Geflüchtete Franzosen werden in ihrer Staatsbürgerschaft bestätigt und zur Rückkehr eingeladen. Gefangene werden wieder auf freien Fuß gesetzt. Umgekehrt wird den Katholiken das Recht erneuert und zugesichert, überall im Lande Gottesdienste feiern zu können. Noch in der Präambel nämlich wird – vielleicht nicht ohne Hintergedanken – unterstrichen, daß das eine Hauptaufgabe für das Edikt war:

> Unter den besagten Geschäften, zu deren Erledigung Geduld gehörte, und zwar als eines der hauptsächlichsten, waren auch die Klagen, die Uns aus mehreren Unserer katholischen Provinzen und Städte zugegangen sind, daß die Ausübung der katholischen Religion nicht allgemein hergestellt wäre, wie doch die früherhin zur Beilegung der Religionskonflikte erlassenen Edikte besagten.

Heinrich wird nicht müde, vor allem in der Präambel, aber auch in den späteren Paragraphen sein eigentliches Ziel mit dem Edikt zu betonen, nämlich, „daß Wir hierdurch zur Herstellung eines heilsamen Friedens und einer vollkommenen Ruhe gelangen werden, die stets das Ziel Unserer Wünsche und Absichten gewesen ist." Doch er ist umgekehrt auch sicher, daß das Edikt diesen Frieden bewirken kann, wenn Gott es füge,

> daß er Unseren Untertanen die Gnade schenke, wohl zu begreifen, daß in der Befolgung dieser Unserer Verordnung ... die hauptsächlich Grundlage ihres Zusammenhaltens und ihrer Eintracht, ihrer Ruhe und ihres Friedens und der Wiederherstellung dieses ganzen Staates in seinem früheren Glanze, seiner Macht und Stärke bestehe.

Den Paragraphenteil selbst beginnt Heinrich mit einer Generalamnestie für beide Seiten:

> Erstlich, daß die Erinnerung an alle vergangenen Dinge von der einen wie von der anderen Seite ... ausgelöscht und niedergeschlagen sein sollen, wie etwas Nichtgeschehenes.

Doch bleiben Heinrich und seine Kommissare weit von Euphorie oder falschem Optimismus entfernt; denn im nächsten Satz schränken sie definitiv ein und beschreiben, welche Konsequenzen diese humane Regelung hat:

> Und es soll weder unserem Generalprokuratoren noch irgend anderen öffentlichen oder Privatpersonen, zu welcher Zeit oder welcher Gelegenheit es auch sei, gestattet und erlaubt sein, davon bei irgend einem Gerichtshofe oder irgend einer Behörde Erwähnung zu tun, noch dagegen Prozeß oder Verfolgung anzustrengen.

Darüber hinaus beschränkt sich die Regelung nicht alleine auf einen Befehl, sondern formuliert auch ein Verbot in derselben Angelegenheit:

> Wir verbieten allen Unseren Untertanen, wes Standes, Berufes sie auch seien, die Erinnerung daran aufzufrischen, sich anzugreifen ... aus welchem Grunde oder Vorwande es auch sei; ... vielmehr sollen sie sich friedlich miteinander wie Brüder, Freunde und Mitbürger halten und also leben, bei Strafe des Friedensbruches und der öffentlichen Ruhestörung für die Zuwiderhandelnden.

In diesem Rhythmus von Befehl und Verbot wird das Edikt noch des öfteren Sachverhalte doppelt in den Griff zu bekommen suchen. Noch aus diesen allgemeinen Rechtsgrundlagen aber wird erkennbar, welche konkreten Sachverhalte und Gewohnheiten die Verfasser des Edikts im Blick hatten und derer sie sich mit konkreten widerherstellenden ebenso wie vorbeugenden Maßnahmen widmeten. So rückt etwa der dritte Paragraph vor:

> und gebieten, daß alle die, welche sich während der Unruhen der den gedachten Geistlichen, zugehörigen Kirchen, Häuser, Güter und Einkünfte bemächtigt haben. ... ihnen den vollen Besitz und friedlichen Genuß aller der Rechte, Freiheiten und Sicherheiten wieder überlassen, die sie hatten, ehe sie außer Besitz derselben gesetzt wurden.

In besonderer Weise typisch und repräsentativ für das Vorgehen des Edikts ist der § 16, der sich mit den Gebäuden der reformierten Religion befaßt. Er regelt erstens, daß die Reformierten bauen dürfen, zweitens, daß sie die ihnen genommenen Gebäude wiederbekommen sollten, und daß drittens „Temples", die ihnen abgenommen und die inzwischen schon umgebaut worden waren, nachträglich abgekauft werden sollen. Dazu sollen Sachverständige herangezogen werden. Damit sind die drei wichtigsten Aspekte des Edikts hier an einer Stelle vorhanden: Gerechtigkeit für Geschädigte (Rückgabe oder nachträglicher Kauf der „Temples"), Sicherung des status quo (wo Reformierte sind, dürfen sie bauen) und Schaffung einer rechtsschützenden Institution oder Regelung (Sachverständige).

Im Schlußsatze „vorbehaltlich der Einrede der besagten Eigentümer oder Besitzer" kann man auch den vierten Aspekt, die Prozeßregelungen, angedeutet finden. Jedenfalls ist dieser Paragraph alleine ein Zeugnis für die eingehende und minutiöse Art, in der die Architekten des Edikts alle Eventualitäten vorbedachten.

Die Paragraphen gehen danach einen strittigen Bereich nach dem anderen durch und regeln schiedsmännisch und voraussehend das Zusammenleben. So etwa sollen die Kinder der Reformierten nicht wegen Umtaufen bedrängt werden dürfen. Die Reformierten sollen die katholischen Feiertage auch respektieren, doch mit einem Augenzwinkern wird ihnen zugestanden, daß sie in geschlossenem Hause Schuhe reparieren dürfen, solange das Aufnageln von Absätzen nicht lärmend nach außen dringt. Hier bauten die Juristen also den modernen Gesichtspunkt ein: Wo kein Kläger, da kein Prozeß. Bücher zu schreiben wird den Protestanten erlaubt, Schmähschriften aber und schmähende Flugblätter werden verboten. Eheschließungen von Reformierten werden als gültig anerkannt, doch müssen sie die katholischen Blutverwandschaftsregeln beachten. Reformierte dürfen die gleichen öffentlichen Ämter anstreben, müssen aber auch die gleichen Gebühren für diese Ämter auf den Amtstisch zählen. Ganz besonders aufgeklärt und wichtig ist die Regelung, daß in Schulen, ebensowenig wie in Krankenhäusern, Unterschiede nach der Religion gemacht werden dürfen. Man spürt dahinter die Überzeugung, daß das Nebeneinanderleben der Religionen dazu geeignet ist, Gegensätze zu überwinden, während Entfernung voneinander auch die innere Entfernung und Feindschaft stabilisiert. Daß das Edikt auch den Zehnten der Reformierten an die katholischen Pfarren festschreibt, wird sie zutiefst geärgert haben. Aber sie stellten sich nicht vor, wie schlimm es ihnen sonst hätte gehen können – man kann es an der Zeit unter Ludwig XIV. ablesen – und sie vergaßen, welcher Anstrengung es bedurfte, daß Heinrich ihnen im § 27 zusprach, daß sie alle Ämter einnehmen dürfen – „trotz aller entgegenstehenden Eide". Gleichzeitig entschädigend und protektiv („um allen Klagen für die Zukunft vorzubeugen") ist die Regelung, daß Enterbungen wegen der Religion weder in der einen noch in der anderen Richtung zulässig sind.

Gemeinsame Friedhöfe sollte es nicht geben, dazu war die Zeit noch nicht reif, aber den Protestanten sollten „in allen Städten und Ortschaften" Gelände für eigene Friedhöfe zugewiesen werden. Doch auch das wird nicht in falschem Optimismus der selbständigen Ausführung überlassen, sondern das Edikt sieht vor, daß „Unsere Bediente und Beamte und ... die Kommissare, die Wir mit der Ausführung des gegenwärtigen Edikts betrauen werden" die gehorsame Befolgung dieses Gesetzes gewährleisten.

Wichtigste und in der Tat berühmteste Schutz- und Regelmaßnahme ist die Einrichtung einer „Ediktkammer", die ihren Sitz in Paris haben soll und aus 16 Räten – davon vier Protestanten – und einem Präsidenten besteht. Sie hat Unterabteilungen in Castres, Grenoble und Bordeaux, die nur mit je 2 mal 6 Räten besetzt sind. An diesen Orten hatten früher schon ähnliche Kammern bestanden, doch wohl nicht in dem Range und mit dem Gewicht, das Heinrich ihnen nun ausdrücklich einräumt. Die Schaffung dieser Institution war ein heikles Unterfangen, und Heinrich versäumt daher nicht, den entsprechenden Paragraphen (30) noch einmal mit einer Begründung einzuleiten, in der er das Ziel des Edikts in einem Satz wiederholt:

> Damit Unseren Untertanen Gerechtigkeit gewährt und gehandhabt werde ohne Argwohn, Haß oder Mißgunst, da dies eines der hauptsächlichsten Mittel ist, um Frieden und Eintracht unter ihnen zu erhalten, ...

Je weiter die Paragraphen fortschreiten, desto spezieller werden sie, und man merkt, daß der große Entwurf des Ediktes gleichzeitig penible Ausführungsbestimmungen enthält. Man ahnt den diffizilen Hintergrund einerseits und die Energie andererseits, mit der Heinrich und seine Juristen voraneilen, um dem Frieden der Nation Sicherheit zu geben. Ihr Ringen erhellt besonders aus § 35:

> Die besagte Kammer von Grenoble soll von jetzt an mit der Körperschaft des genannten Parlamentshofes vereinigt und demselben einverleibt werden, und die Präsidenten und Räte von der genannten vorgeblich reformierten Religion, die zu Präsidenten und Räten des be-

> sagten Hofes ernannt werden, sollen im Range und in der Zahl derselben geführt werden. Und zu Ende sollen sie zuerst auf die anderen Kammern verteilt und dann aus denselben herausgenommen werden um in den von Uns neu eingerichteten ihre Stelle und ihren Dienst zu erhalten. Mit der Maßgabe jedoch, daß sie mit Sitz und Stimme an allen Beratungen teilnehmen, die bei versammelten Kammern stattfinden, und dieselben Gehälter, Befugnisse und Ehrenrechte genießen, wie die anderen Präsidenten und Räte des besagten Gerichtshofes.

Kompliziert, gewiß. Aber man spürt dahinter das redliche Bemühen, mit jedem Recht, das hier geschaffen wird, gleichzeitig ein Gleichgewicht zu erzeugen, daß dieses neue sensible Recht nicht gleich der Mißachtung oder dem Mißbrauch anheimfällt.

Denn Heinrich weiß sehr wohl, daß die Sorge um Einkünfte, Pfründe und Rechte den ganzen Klerus am meisten hindert, die Reformation anzuerkennen, und darum läßt er in seiner Sorge und in seinem Bemühen um ein stabiles Gleichgewicht die Existenzangst nicht außer acht. Damit dem wirklichen Fortschritt nichts im Wege steht, regelt er in § 41:

> Es soll für gute und ausreichende Geldanweisung zu den Gehältern der durch dieses Edikt befohlenen Beamten der Kammern gesorgt werden.

Nach diesem Bonbon dank der Menschlichkeit des Königs fährt er fort, Gerichtsordnungen für die Ediktkammern und gewöhnliche Gerichte zu entwerfen.

Mehrfach taucht im Edikt die Regelung auf, daß etwas wieder wie vorher werden sollte. Aber was ist „vorher"? Die Grenzpunkte für den status quo, von dem sich Heinrich Stabilität erhofft, sind das Jahr 1577, als die Friedensverträge von Fleix und Nérac geschlossen wurden und den siegreichen Reformierten Vorteile gebracht hatten. Ein zweiter Fixpunkt ist das Jahr 1585, in dem die Unruhen des Monats März alles durcheinander warfen. Dieser status quo ante, der in einen status quo überführt werden soll, ist besonders im § 72 von Bedeutung, wo es um die Privilegien ganzer Städte, Plätze und Provinzen gehen soll – beispielsweise Marktrechte oder Gerichtsbarkeit. Das Edikt regelt hier, daß sie all der Rechte und Freiheiten

> ... sich erfreuen und genießen, die sie vor den Unruhen, die im März 1585 begannen, und anderen früheren hatten, ungeachtet aller dem entgegenstehenden Briefe und der Verlegung der genannten Sitze, vorausgesetzt, daß dieselben nur aus Anlaß der Unruhen geschehen sind.

Wie schwierig und verhärtet die ganze Lage war, geht aus den Bemerkungen hervor, die uns heute humorvoll anmuten, die damals aber doch versuchten, keine schlechte Gewohnheit durchgehen zu lassen (§ 62):

> ... und die Berufungen gegen die besagten Richtersprüche können von denen von der besagten Religion erhoben werden, trotz aller diesem entgegenstehenden Gewohnheiten, auch in der Bretagne.

Ernster, weil institutionell gefestigt, ist eine ähnliche Betonung gegenüber Richtern (§ 65):

> ... und zwar sollen diese ohne ausdrückliche Angabe von Gründen verpflichtet sein, sich zu enthalten, trotz der Verordnung, nach der die Richter sich eine Ablehnung ohne Grundangabe nicht brauchen gefallen zu lassen.

Das Wörtchen „trotz" ist in Heinrichs Lebenswerk immer ein Indiz für die Anstrengung, mit der er sich dem Chaos der Kriege, an das man sich teilweise bereits vorteilhaft gewöhnt hatte, wieder für eine bürgerliche Friedensordnung und zu stabilen Verhältnissen einsetzen mußte. Alle diese Schutzregelungen betreffen jedoch in gleicher Weise Katholiken, wo sie in der Minderheit waren.

Ein weiterer entscheidender Rechtsschritt wird mit dem § 70 erreicht. Darin wird die Anerkennung geflüchteter Franzosen geregelt, deren es anscheinend schon damals so viele gab, daß das Edikt sich für sie verwendete. Ihnen soll kein umständlicher Papierkram mehr im Wege stehen, sondern sie dürfen ohne weitere Formalitäten zurückkehren und sind per Edikt naturalisiert, weiterer Erlaubnisse bedarf es also nicht. Nur die im Ausland geborenen Kinder sollen erst zehn Jahre im Lande wohnen, ehe sie als Franzosen gelten.

Das Chaos war in der Tat so groß geworden, daß der Punkt erreicht war, an dem Profitsüchtige aus der völligen Anarchie Gewinn zu erlangen suchten. Das politische Auf und Ab führte ja auch stets zu neuem Bedarf an Unterstützung und erlaubte, sich mal auf diese, mal auf jene Seite zu schlagen. Das wird erhellt durch die Aufzählungen des langen § 76, der die Wiedereinsetzungen von Protestanten in angestammte Ämter und die Zahlungen alter Abgaben regelt, es ist geradezu unglaublich, zu welchen Maßnahmen und Tricks einige griffen, um selbst gut durchzukommen und vor welchen Amtsanmaßungen sie nicht einmal zurückschreckten:

> Gleicherweise bleiben sie quitt und ledig von allen feindlichen Handlungen, Aushebung und Haltung von Kriegsleuten, Anfertigung und Wardierung von Münze, sofern sie auf Anregung der besagten Anführer geschah, Guß und Wegnahme von Artillerie und Munition, Anfertigung von Pulver und Salpeter, Einnahme, Befestigung, Entfestigung und Schleifung von Städten, Schlössern, Burgen und Burgflecken, ... und insgemein von allem, was von denen von der besagten

> Religion und anderen, die ihrer Partei gefolgt sind, während der besagten Wirren ... angezettelt und angeordnet ist, obwohl es im einzelnen ausgedrückt und aufgeführt werden muß.

Heinrich sieht also sehr wohl, daß bei aller Gerechtigkeit und allem Ausgleich, den er plant, wirkliche Gerechtigkeit auch ihm nicht möglich ist, und daß es einen Neuanfang nicht geben kann, ohne daß manche Dinge ungesühnt bleiben. Wer hätte auch all dem Unrecht wirklich nachgehen wollen, das insbesondere in den entfernten Provinzen, weit weg von der Regierungsmacht, verübt wurde?

> Auch sollen die von der Religion entlastet bleiben hinsichtlich aller von ihnen so zu Nantes wie seither anderwärts bis heute angesetzten und abgehaltenen General- und Provinzversammlungen, ... der Einrichtung und Vermehrung von Garnisonen, Aufbietung von Kriegsleuten, Erhebung und Beschlagnahme Unserer Gelder, ... Wegnahme von Salz, Fortführung und Neuerrichtung von Zöllen, ... namentlich in Royan und an den Ufern der Flüsse Charente, Garonne, Rhône und Dordogne; ...

Die Anstrengung dieses herkulischen Gesetzeswerkes, wieder Recht und Ordnung zu schaffen, scheint auf ganz menschliche Weise aus dem dichten Wald der Paragraphen hervor. Schier außer Atem kürzt der Schreiber im § 77 ab, daß die soeben beschriebene Anweisung unter keinen Umständen außer Kraft gesetzt werden dürfe, „auch dann nicht, wenn die Einzelheiten ihrer Handlungen hier nicht des weiteren aufgeführt sind".

Sicher, das ist auch eine juristische Formel, so wie wir sie aus dem Grundgesetz kennen („Das Nähere regelt ein Bundesgesetz."). Doch entbehrt es nicht der Rührung, daß sich das emsige juristische Bemühen gerade in diesem ausführlichen Paragraphen in diesem Seufzer entlädt.

Erst im § 82 wird das Edikt streng, nämlich wo es die Ahndungen von politischen Versammlungen gegen das Edikt selbst als Verstöße aufzählt. Diese Gewalt ist die Kehrseite der Milde des Ediktes selbst, zu der Heinrich entschlossen war, und im besten paulinischen Sinne darf man hier das schwierige Kapitel 13 des Römerbriefes zitieren:

> ... wo aber Obrigkeit ist, ist sie von Gott verordnet. Wer sich nun der Obrigkeit widersetzt, der widerstrebt Gottes Ordnung; die aber widerstreben, werden über sich ein Urteil empfangen. Denn die Gewalt haben, sind nicht bei den guten Werken, sondern bei den bösen zu fürchten. Willst du dich aber nicht fürchten vor der Obrigkeit, so tue Gutes, so wirst du Lob von ihr haben. Denn sie ist Gottes Dienerin dir zugut. Tust du aber Böses, so fürchte dich, denn sie trägt das Schwert nicht umsonst.

Doch als augenblickliche Schutzmaßnahme fordert es nur den Eid von „alle(n) Gouverneuren, Generalstatthaltern unserer Provinzen, Baillifs, Seneschälle und andere ordentliche Richter in den Städten unseres Königreiches sofort nach Empfang" und dazu „die hervorragendsten Einwohner der gedachten Städte sowohl von der einen als von der anderen Religion".

Es zeugt einerseits von der Unvollkommenheit des Edikts und der Eile, in der es trotz der zweijährigen Vorbereitung entstand, daß schon einen Monat später, am 2. Mai, geheime Artikel nachgegeben wurden. Diese sollten einerseits Gesetze aus dem für ganz Frankreich geltenden Edikt herausnehmen, die nur für einige Provinzen oder Städte galten, andererseits wurden grobe Widersprüche und Gegensätze nachgebessert, wiederum zeugt es aber auch von der Beweglichkeit der Juristen des Königs, daß sie schnell diese wichtigen Artikel nachlieferten.

Diese Artikel vom 2. Mai 1598, 56 Paragraphen umfassend, noch in Nantes herausgegeben, waren von vorneherein als Sonderartikel beabsichtigt. Sie unterstreichen die Gewissensfreiheit auch für Prediger und Lehrer, schützen die Reformierten vor Ansprüchen der katholischen Kirche, daß sie zum Bauen von Kapellen oder Pfarrhäusern Geld opfern müssen oder an katholischen Feiertagen ihre Häuser ebenso wie die Katholiken schmücken müssen. Sie sollen vielmehr dulden, daß ihre Häuser, wenn sie schon einmal in einer Reihe mit denen katholischer Nachbarn stehen, von diesen mitgeschmückt werden; denn man kann ja schlecht für ein vier Meter breites Reihenhaus einer städtischen Gasse alle Girlanden durchschneiden und beim nächsten Haus wieder ansetzen. Von § 5 an folgen dann Anweisungen für bestimmte Orte: „Denen von der besagten Religion soll erlaubt sein, öffentlichen Gottesdienst in Pimpoul, und für Dieppe in der Vorstadt Paulet zu halten." Der König greift als höchster Richter auch in die Uneinigkeit der Bewohner der beiden Inseln vor La Rochelle ein:

> Außer den beiden Orten, die für den Gottesdienst von der besagten Religion durch die besonderen Artikel des Jahres 1577 auf den Inseln Marennes und Oléron bewilligt sind, sollen ihnen noch zwei andere bewilligt werden, das heißt: einer für alle Marenneninseln und einer auf der Insel Oléron.

Schneller ist sein Richtspruch für die alte Reichshauptstadt Metz:

> Die Gnadenbriefe, durch die der Stadt Metz die Ausübung der besagten Religion gewährleistet worden ist, sollen ihre volle und unverkürzte Wirkung haben.

Am Beispiel der alteingesessenen Rechte einer Reichshauptstadt, über die sogar Heinrich III. und die Guise sich nicht einfach hinwegsetzen konnten, zeigt sich, wie schwer einmal gewährte Rechte wieder umzuändern sind, und was für einen Staatsakt Heinrich IV. sich eigentlich vorgenommen hat, so sehr wir heutigen auch das Edikt inhaltlich für menschlich und vernünftig halten.

Doch neben den Gewährungen gibt es auch Einschränkungen.

> § 11: Zufolge des von Sr. Majestät erlassenen Edikts zur Unterwerfung des Herrn Herzogs von Guise darf Gottesdienst nach der vorgeblich reformierten Religion in den Städten Reims, Rocroy, Saint-Dizier, Guise, Joinville, Fimes, Moncornet in den Ardennen und ihren Vororten weder jetzt geschehen noch künftig eingerichtet werden.
>
> § 19: Zufolge des Edikts zur Unterwerfung von Quimpercorantin darf in dem ganzen Bistum Cornouaille kein Gottesdienst nach der besagten Religion stattfinden.

Dabei handelt es sich wahrscheinlich um Gegenden, in denen es ohnehin kaum Protestanten gab, so daß Heinrich sich dieses Zugeständnis hier abringen ließ, denn im Falle von Städten wie Beauvais, Toulouses, Alet, Fiac, Auriac, Montesquieu, Soissons, Châlons und Paris wurde, weil es dort Protestanten gab, eine zeitliche Bannmeile als Regelung gewählt, die zwischen zwei (Soissons) und fünf (Paris) Wegstunden liegen konnte.

Neu ist in diesem Nachtrag auch, daß Sonderverträge mit einzelnen Adeligen, die aufgrund von militärischen siegreichen Scharmützeln über Heinrichs hartnäckige Feinde regional getroffen worden waren, aufgehoben werden. Hier nennen die Paragraphen Sonderedikte des Admirals de Villars, des Herzogs von Joyeuse und des Herzogs von Mayenne. Diese Abmachungen werden „unter den Gehorsam des Königs geführt". Einmal jedoch führt der Nachtrag das Edikt von 1577 nicht weiter sondern befiehlt, daß trotz seiner Garantien in Agen, Perigueux, Sens und Nantes, der hartnäckigen Bastion der Liga, kein reformierter Gottesdienst mehr eingeführt werden darf, während er in Poitiers und Chauvigny fortgesetzt werden darf. Ausdrücklich genehmigt werden alle „Konsistorien, Kolloquien, Provinzial- und Nationalsynoden" der reformierten Kirche (§ 34) und das Erheben von Steuern zur Durchführung der Synoden. Besonderen Ausdruck findet die Freiheit der Religionsausübung dadurch, daß die Reformierten völlig freizügig Orte aufsuchen dürfen, an denen ihr Gottesdienst genehmigt ist. Schulen dürfen sie nicht ohne weiteres errichten, außer wo sie schon genehmigt waren, aber sie dürfen Hauslehrer frei wählen.

Ein besonderes Rechtsproblem schufen die Priester und Nonnen, die sich zum reformierten Glauben bekehrt und danach geheiratet hatten, sie werden nicht wieder voll in die Erblinie mitaufgenommen, sondern sie und ihre Kinder erhalten nur bewegliche Güter und nur durch ausdrückliche persönliche Beerbung. Andernfalls übernehmen die nächsten Verwandten das Erbgut. Ausdrücklich wird jedoch untersagt, die Leute strafrechtlich zu verfolgen. Davon bleibt jedoch die Regelung des Hauptediktes unbenommen, daß solche Paare selbst kein Kind mehr enterben dürfen, wenn es sich zum Katholizismus bekehren sollte.

Die reformierten Prediger werden den Priestern gleichgestellt insofern, als auch sie keine Pflichten wie Wachen, Runden, Einquartierung und Militärdienst annehmen müssen.

Schließlich greift der Zusatz zum Edikt auch in einen Personenstreit ein, also wiederum der König als Richter, aber dieses Mal in bürgerliches Recht. Der Rechtsgelehrte Nicolas Grimoult, Generalstellvertreter in bürgerlichen und Strafsachen der Stadt Alençon, wird wieder eingesetzt, obwohl er gegenüber Jean Marguerit auf dieses Amt verzichtete und Guillaume Bernard eingesetzt wurde. Dieser und sein Amtsnachbar Nicolas Barbier werden des Amtes enthoben und entschädigt. Schlicht abgebrochen wird die Klage der Witwen Armand Courtiers de Millant (Millau?) und Jean Reines und Pierre Seigneuret, obwohl ihr Leiden deutlich als Unrecht angeprangert wird. In seinem persönlichen Eingreifen geht der König sogar so weit, auch einen Richterspruch für nichtig zu erklären. Ähnlich geht es Vater und Sohn de la Noue, die gefangen und in Kriegsdienst genommen wurden. Sie sollen dafür entschädigt werden, doch ohne weitere Gerichtsverfahren anstrengen zu können.

Heinrichs tolerante Gesinnung wetterleuchtet insbesondere aus dem § 53 hervor, in dem er allen Beamten anbefiehlt, französischen Kaufleuten, die ins Ausland gereist und dort in Not geraten sind, ohne Ansehen der Person zu helfen. Seine eigentliche Sympathie aber für „die besagte Religion" tritt aus dem ebenfalls noch in Nantes verabschiedeten Brevet (Patent) hervor, in dem er den Protestanten eine jährliche Förderung von 45 000 Talern ohne Nachweispflicht der Verwendung zuspricht. Dieser Betrag durfte unter keinem Vorwande gekürzt werden, und Heinrich ernennt an der Spitze eines Herrn de Vierse (schafft also wieder eine Institution), der dieses Geld entgegennehmen soll, damit nur ja keine Zuständigkeitsfragen oder Versteckspiele angefangen werden.

Der dritte zum Edikt von Nantes gehörende Ergänzungsteil sind 23 Geheime Artikel, die am 30. April in Nantes entstanden. In diesen läßt Heinrich vor allem und in eingehender Weise die Anträge der Reformierten zu ihrer Glaubens- und Gewissensfeiheit regeln. Im ersten entscheidenden Paragraphen werden ihnen alle die Städte als Sicherheitsplätze mit dem Recht, in ihnen ein stehendes Heer zu unterhalten, zugestanden, die sie bis zum 31. August 1598 besetzt hielten, und zwar für die Dauer von acht Jahren. Doch die Städte, in denen sie bis dahin noch keine Truppe unterhielten, sollen auch keine ausheben dürfen. Ausgenommen werden nur Stadt und Schloß Vendôme, Pontorson und Aubenas. Chauvigny muß sogar geschleift und dem Bischof von Poitiers zurückgegeben werden. Zum Unterhalt der stehenden Besatzungen bewilligt Heinrich sogar 180 000 Taler. Das gilt nicht für die Dauphiné, die aber noch mehr Geld erhalten soll. Während anderswo allgemein ehrwürdige Protestanten dieser Städte gehört werden sollen, so will Heinrich in der Dauphiné dem verdienten Haudegen Lesdiguières das Verhandlungsrecht zugestehen und eventuell nötige aktuelle Änderungen besprechen. Während diese Achtjahresgarantie nochmals ausdrücklich zugesagt wird, so soll das allerdings nicht ausschließen, daß auch Katholiken in diesen Städten Ämter annehmen.

Fortlaufend spürt man so im ganzen Edikt und in allen drei Nachträgen und Ergänzungen bis in jeden Paragraphen hinein, wie um Gleichgewicht und Ausgleich gerungen wird, erstens aus dem auf der Hand liegenden Grunde, daß die Regelungen des Edikts sich durchsetzen und befolgt werden. Aber vielmehr noch ging es dem König wohl darum, durch das so im Gleichgewicht gehaltene Leben ein Klima zu schaffen, in dem das Zusammenleben sich von alleine immer mehr befriedet und man einander duldet, weil man wieder den Menschen hinter allem Anderssein sieht. Das Leben sollte weitergehen können und auf diese Weise Feindseligkeit überwinden. Während also Heinrichs Feinde die noch junge Nation und die Zentralmacht zu erhaschen suchten, so war Heinrich ihr wesentlich voraus und suchte durch die wirkliche Nationalität, die allen gemein ist, Einheit zu schaffen. Ein Wirtschaftswissenschaftler würde sein Verhalten wahrscheinlich als „antizyklisch" beschreiben, also entgegen die herrschenden Strömungen gerichtet.

Ein weiterer Rechtstatbestand von leider tragischer Bedeutung wurde damit geschaffen, daß Adelige auf ihren Sitzen Gottesdienste abhalten durften, ohne daß man ihnen nachspüre – solange sie nicht laut Psalmen singen, daß andere es hören können. Denn während schon in der Verfolgungszeit Kirchen nicht mehr besucht werden durften, so fiel diese Bastion eines persönlichen Vorrechts der Adeligen erst später und erlaubte damit den Hugenotten noch die gottesdienstliche Zusammenkunft, als ihre Kirchen selbst verwaist liegen mußten. Geschmerzt haben wird Heinrich dabei, daß er gezwungen ist, das Spiel seiner Bekehrung zum Katholizismus weiterzuspielen und in einem gesonderten Paragraphen zu regeln, daß bei seinem Besuch eines protestantischen Adeligen dort nach seinem Besuche mit den Gottesdiensten fortgefahren werden dürfe. Wie gerne hätte er sich zu ihm eingeladen!

Im Gegensatz zu Ludwigs Intendanten, die seinen Willen in der Provinz durchzusetzen helfen sollten, bestimmt Heinrich für jede Provinz zwei Kabinettsräte (maîtres de requêstes), die die Bittgesuche der Reformierten ihm übermitteln sollen (§ 21). Man kann sich nur wundern, daß die Protestanten Heinrich trotz aller Schutzmaßnahmen und Vorteile immer noch so gram sein konnten! Offenbaren sie doch allesamt, wie nahe er ihnen im Herzen immer noch stand. Das Edikt schafft den Protestanten das damalige Maximum an Freiheit und Gerechtigkeit, das im Gegenüber der faktischen katholischen Überlegenheit und angesichts der eidlichen Verpflichtungen Heinrichs, die „Ketzerei" auszumerzen, überhaupt möglich war, ohne daß er des Verrats an diesem Auftrage bezichtigt werden konnte – was aber noch oft genug geschah. Hätten die Protestanten das deutlicher gesehen, so hätten sie Heinrichs Bemühen mit diesem Edikt besser unterstützt, doch angesichts seines Übertrittes zur römischen Kirche hinderte sie ihr enttäuschtes Maulen, den Maximalwert dieser Lösung zu erkennen. Jeder andere König an Heinrichs Stelle hätte den Mut zu so weitreichenden Schutzmaßnahmen und Privilegien überhaupt nicht gewagt.

Neun Jahre nach seiner Thronbesteigung, zwölf Jahre vor seiner Ermordung bildete das Edikt auch zeitlich den Höhepunkt der Regierung König Heinrichs IV. Das Edikt schafft gleichzeitig: Einen Rechtsspruch (Amnestie), ein allgemeines Gesetz (Gleichheit z.B. vor Ämtern), Verwaltungsbestimmungen (Besetzung der Kammern) und greift richtend in einzelne Streitfälle ein. Darüber hinaus regelt es Finanzierungen. Dadurch mutete es den judikativen und und exekutiven Organen viel Neues zu, entlastete sie aber auch von alten Rechtshändeln. Dieser Atlas-Heinrich, der sich da den Globus des haßzerrissenen Frankreich zu tragen vornahm, verleiht sich selber aber auch Ausdruck: Kein König kannte Frankreich so ausgiebig wie er, Paris ebenso wie die Provinz, keiner kannte das Mililtärwesen so gut wie er, kein König war so im Katholischen ebenso wie im Reformierten zu Hause, um beide Seiten überblicken zu können. Kein König war so gebildet wie er und vertrat den Toleranzgedanken so echt, daß aus der Chance eines solchen Edikts nicht ein fauler Kompromiß wurde. Wahrlich, dieses Edikt hätte verdient, nach seinem Initiator und Schutzherrn „Heinrich"-Edikt zu heißen anstatt nach einem Ort, der soeben erst aufgegeben hatte, zu seinen hartnäckigsten Feinden zu gehören.

5. Der gute König Heinrich

„Le bon roi Henri" – so heißt Heinrich von Navarra in Frankreich, und insbesondere in Schulbüchern; denn in seinem Leben gibt es vielerlei Anekdoten, die man so überschreiben und einem nach Vorbildern ausschauenden jungen Menschen vermitteln kann. Ein bißchen Wehmut aber schwingt auch in dieser Redewendung mit; denn mit seiner Güte war Heinrich mutterseelenalleine auf der geschichtlichen Flur: Keiner mehr erreichte einerseits seine militärische und politische Begabung und andererseits seine tiefe Menschlichkeit – die schon mal gar nicht. Im Edikt von Nantes hat er sich eigentlich ein solches Denkmal gesetzt, daß man beinahe nur dieses zu analysieren brauchte, um den Mann zu verstehen. Doch dann entginge einem die ganze Farbigkeit dieses vielseitigen Mannes und vor allem der mögliche Grund dafür, warum er so einzigartig war. „Einzigartig" ist keineswegs ein schmückendes Beiwort, sondern es gab kaum vor und keinesfalls nach ihm einen

König, der so wie er unbedingt Frieden und Aufbau suchte. Alle anderen suchten das nämlich nur bedingt. Die Guise zum Beispiel nur, um wieder Kräfte für den nächsten Krieg zu sammeln. Die Könige selbst, um nicht aufgrund der Kriegshandlungen den Guise immer mehr verpflichtet zu werden. Maria von Medici nur, um während des zarten Alters ihrer Söhne nicht zu gefährdet zu sein. Tausenderlei Gründe gab es für sie, Frieden nur bedingt zu wollen, nämlich insoweit er ihnen etwas nützt. Allein Heinrich verfolgte den Frieden um jeden Preis und nicht nur zu einem auf der Hand liegenden Nutzen. Es ist daher keineswegs übertrieben, wenn Chamfort sagte, daß dieser Ausnahmekönig inmitten eines Sumpfes von dümmlicher Intoleranz „ein großer, Ludwig XIV. aber nur ein großartiger König" gewesen sei. Auf dem Schloße zu Pau, dem Stammsitz des kleinen und zerstreuten Königreiches Navarra wird Heinrich am 13. Dezember 1553 geboren. Die Reformation stand auf ihrem Höhepunkt: In Meaux waren die Märtyrer bereits hingerichtet worden, in Genf hatte Calvin so gewirkt, daß aus der Stadt eine Theokratie entstanden war. Heinrichs Eltern waren der unstete Anton von Navarra und die strenge und energische Jeanne d'Albret, die schon lange vor den theologischen und soziologischen Ausprägungen der wenigen Reformationsjahre bereits ein Typus der reformatorischen Persönlichkeit war. Seine Paten sind der Großvater Henri von Navarra, der den Knaben jedoch nur noch ein Jahr lang sehen würde, und Karl, Kardinal von Bourbon, der von den Guise später als Gegenkönig des protestantischen Heinrich von Navarra aufgestellt werden sollte. Heinrichs Wiege bestand aus dem Panzer einer Riesenschildkröte. Ungewöhnlich wie das ganze weitere Leben des Königs.

In seiner Heimat, dem Béarn, strebt der Adel keine große Distanzierung vom Volk an. Er lebt so landgemäß wie die Bauern auch, und so turnt auch Heinrich viel im Gelände herum, läuft barfuß und ißt die kräftige Kost des reichen Südens, bei der an Knoblauch sehr zum Leidwesen des Pariser Adels nicht gespart wurde. Auch spricht er nicht das

Französisch der Ile de France sondern den Dialekt des Südens. Dabei kümmert sich die Mutter mehr um die Erziehung als der Vater. Der kräftige kleine Heinrich ist erst sechs Jahre alt, als Heinrich II. beim Turnier mit Montgomery tödlich verwundet wird. Er ist damit der erste in einer Reihe von vier Königen und einem Dauphin, die alle vorzeitig sterben oder ermordet werden und so dem protestantischen Heinrich den Weg zum Thron freimachen. Schon ein Jahr später ist es Franz II. der an einer Ohrenentzündung stirbt.

Anton von Navarra muß stets um sein kleines Land gegenüber dem mächtigen Nachbarn Spanien besorgt sein. Er sucht darum um guten Kontakt zum Königshause, auch zu der Italienerin Katharina von Medici. Im Jahre 1561 hält er wieder einmal einen Besuch bei Königs für angebracht, und bei diesem Anlaß wird die Heirat des Bourbonenprinzen Heinrich mit der Tochter Katharina von Medici, Margarethe von Valois, vereinbart. Unterdessen schlägt sich Heinrichs väterlicher Onkel, der Prinz von Condé, zusammen mit Coligny für die Protestanten. Als der Vater aber 1562 bei der Belagerung Rouens einer Schußverletzung erliegt, erhält Heinrich neben dem Titel eines Prinzen von Béarn auch den des Herzogs von Vendôme. Am Hofe heißt er denn auch bald „der kleine Vendôme". Am Hofe selbst erlebt Heinrich die erste Einschränkung seines ererbten protestantischen Glaubens: Sein Lehrer de Gaucherie, den Theodor de Bèze für ihn ausgesucht hatte, muß den Hof verlassen. Doch darf er weiterhin das Collegium Navarra besuchen, das schon 1304 eingerichtet worden war. Schon hier zeigte sich seine außerordentliche Sprachbegabung, von der seine Briefe ein lebhaftes Zeugnis sind. Im März 1564 nimmt die Königin ihn mit auf eine Rundreise durch Frankreich, um die starke Einheit zu demonstrieren, die der Hof tatsächlich nicht mehr hat. Heinrich lernt dabei sein zukünftiges Königreich kennen. In Hendaye, wo Katharina die an Spanien verheiratete Tochter Elisabeth von Valois wiedersieht, fällt Heinrich den Spaniern bereits

CHRISTIA
NAE RELIGIONIS INSTI-
tutio, totam ferè pietatis summã, & quicquid est in doctrina salutis cognitu necessarium, complectens: omnibus pietatis studiosis lectu dignissimum opus, ac recens editum.

PRAEFATIO AD CHRIstianissimum REGEM FRANCIAE, qua hic ei liber pro confessione fidei offertur.

IOANNE CALVINO
Nouiodunensi autore.

BASILEAE,
M. D. XXXVI.

In Basel erschien 1536 die Hauptschrift der Reformierten Kirche, Calvins „Institutio".

Guillaume Farel (1489-1565)

Jean Calvin (1509-1564)

Jacques Lefèvres d'Etaples
(1450-1536)

Theodor de Bèze
(1519-1605)

Das Geburtshaus Calvins in Noyon ist heute ein Museum.

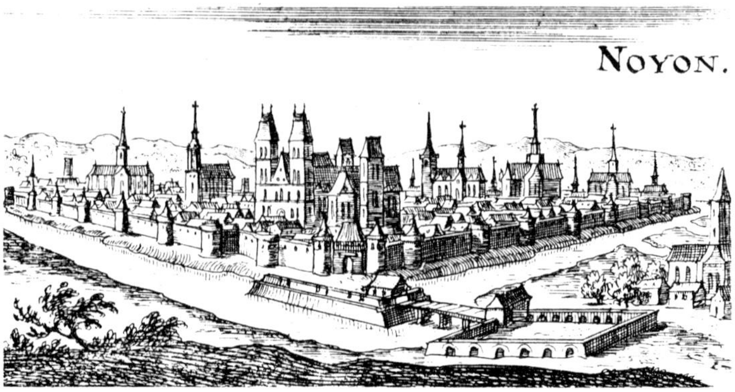

Noyon, die Geburtsstadt Calvins, war ein bedeutender Bischofssitz.

Die Ritzung „Recister" (gemeint ist „resister" = widerstehen) wird Marie Durand zugeschrieben, die aus Gewissensgründen über 15 Jahre als Gefangene im Tour de Constance verbracht hat.

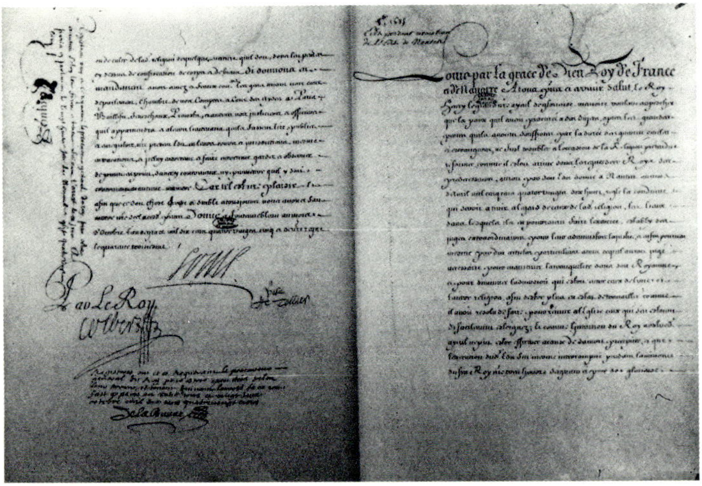
Louis par la grace de Dieu Roy de France et de Navarre

Das Widerrufungsedikt von Fontainebleau, Oktober 1685.

positiv auf. In Nérac reden seine Mutter und Katharina aneinander vorbei.

Der 1567 wieder ausbrechende Religionskrieg bestärkt Katharina nur darin, Heinrich bei Hof zu halten. Er ist für sie ein nettes Unterpfand, und natürlich versucht sie, ihn vom Protestantismus abzubringen. In allen Berichten aber tauchen immer wieder die Begriffe „kräftig und heiter" über ihn auf. Das wird ihm auch geholfen haben, in der feindseligen Umgebung des Pariser Hofes nicht zu verzweifeln. Und so beginnt auch sein humorvolles, anekdotenhaftes Verhalten. Eines Tages laufen ihm in Lectoure beim Einritt in die Stadt lauter Bettler entgegen. Da fragt er die Stadtoberen, die ihn empfangen sollten: „Was hätten Sie heute für meine Bewirtung ausgegeben? Sechshundert Livres? Gut, dann verteilen sie sie an diese da, und seien sie morgen meine Gäste!"

1568 zieht Heinrich mit seiner Mutter in das evangelische La Rochelle ein. Dort erhält er aus ihrer Hand seine erste Ritterrüstung. Ein Jahr später legt er gegenüber dem Admiral de Coligny seinen Schwur auf das Heer ab, und Jeanne d'Albret verpfändet selbst ihren Schmuck, um der bei Montcontour schlimm geschlagenen Truppe wieder bei der Aufrüstung zu helfen. Im Schatten des Admirals führt Heinrich von nun das Hugenottenheer und lernt bei dem erfahrenen Feldherrn, was er später alleine wird beurteilen müssen.

1572 trifft auch Jeanne zur Hochzeit ihres Sohnes mit Margarethe von Valois in Paris ein, vom dortigen Lotterleben so entsetzt, wie es halt nur eine selbstbeherrschte und gewissensprüfende Protestantenfrau sein kann. Wenige Tage vor der Hochzeit stirbt sie – angeblich an einer Brustfellentzündung, vermutet wird aber, daß sie vergiftet wurde. Der neunzehnjährige König ist außer sich vor Schmerz und fühlt sich so verlassen wie nie. Gerne wäre er jetzt ins heimatliche Béarn entflohen, doch der Admiral hält ihn zum Wahren aller Verpflichtungen an. So kommt es, daß Heinrich nach der Bartholomäusnacht in Paris gefangen gehalten wird, bis er sich 1576 endlich durch Flucht absetzen kann. Doch in dieser einsamen Zeit lernt er auch das doppelzüngige Wesen und die Verstellung, die Katharina so beherrschte – nur mit dem Unterschied, daß er sich auch eines geraden Wesens bedienen konnte, wenn das Verstellen nicht wirklich unumgänglich war. Und was er auch nicht mitmacht, ist der ständige Wechsel zwischen der Frivolität und Lasterhaftigkeit des Hofes und dann wieder klösterliche Buße und Zucht. Heinrich bleibt sich selbst treu.

Eine Hirschhatz nutzt er im Februar 1576, endlich vom verhaßten Hof wegzukommen. Unter Begleitung Agrippa d'Aubignés überschreitet er am 5. Februar 1576 die Seine bei Poissy. Als dann auch die Ruderschläge der Waffengefährten hörbar werden, bricht Heinrich vor Freude in ein Psalmgebet aus. Der Friede von Bergerac gibt ihm dann die Möglichkeit, als Gouverneur von der Guyenne seine Regierungsgeschäfte anzutreten. Dabei fällt sein Wort: „Die auf die Stimme des Gewissens hören, sind gleichen Glaubens wie ich, und ich bin des Glaubens derer, die es gut und ehrlich meinen."

Er ist viel in seinem Herrschaftsgebiet unterwegs. Eines Tages kehrt er bei einem Köhler ein. Der bittet ihn, den Berittenen, ihn am nächsten Morgen ins Schloß Endurance mitzunehmen, da er zu gerne einmal den König sehen wolle. Bloß, wie könne er ihn erkennen? „Daran", sagt Heinrich, „daß er den Hut aufbehält, wenn alle anderen ihn abnehmen." So reitet er, hinter Heinrich auf dem Pferde sitzend, mit ins Schloß, und da die Edelleute dort alle die Mützen abnehmen, bemerkt der Köhler: „Jetzt haben nur noch wir beide den Hut auf dem Kopf, folglich muß einer von uns beiden der König sein." Über diese Antwort ist der König so erbaut, daß er dem Köhler sein Anwesen in einen steuerfreien Herrensitz verwandelt. Er vergütet Bauern die Ernte, die seine Pferde zertrampeln, einem anderen die Kuh, die seinen Hunden erlag.

Erst 1578 sieht Heinrich seine Gemahlin wieder, da

Katharina sich zu einer Reise in den Süden des Landes entschlossen hat. Daher kommt es nicht vor 1579 im Schlosse zu Nérac zu den Friedensverhandlungen. Margarethe besichtigt unterdessen die Güter ihres Namens und hält Einzug im Schlosse zu Pau. Doch Heinrich ist durch alles das nicht zur Rückkehr nach Paris zu bewegen.

Im Juni 1584 stirbt in Franz von Anjou auch der dritte Sohn Katharinas von Medici. Heinrich ist dadurch dem Thron wieder ein Stück näher gerückt. Doch noch muß er sich in vielen Kämpfen die ständigen Eindringlinge in die protestantischen Lande vom Leibe halten. Ab 1586 ist er häufig in Schlachten und Scharmützeln zu beobachten. Dabei kommt ihm seine Schlauheit zustatten. So ist er im März 1586 in seinem Schlosse zu Nérac von Feinden umzingelt, die ihn bald zur Aufgabe herausfordern sollten. Doch Heinrich entgeht nicht, daß der Haupthof dieses Schlosses höher als Wälle und Gräben liegt und vom Feind überblickt werden kann. Daher läßt er zuerst die Pferde in den Vorhof hinunterschleusen, und zwar durch die Ecktürme. Während diese unmittelbar vor den Mauern gesattelt werden, begibt er sich unter fröhlichem Fackelschein auf die Befestigungen, was natürlich sofort ein lebhaftes Feuer seitens der Feinde hervorruft. Seine Bombarden feuern zurück, was das Zeug hält, und in diesem Augenblick schwingt er sich mit 20 Edelleuten in den Sattel und sucht durch ein Seitentor das Weite. Als der Kommandant außen die Übergabe fordert, ist der Hausherr schon nicht mehr da. Heinrich aber wird nie zum Militarist; denn ihm entgeht nicht: „Es zerreißt einem das Herz, das Volk Hungers sterben zu sehen!"

Im Dezember 1586 besucht ihn die alte, vereinsamte Katharina. Sieben Kinder und den Mann hatte sie hergeben müssen. In welchem Klima sie aber sich befand, geht daraus hervor, daß sie Heinrich in Nérac mit überschwenglicher Herzlichkeit begrüßte – nur ihm konnte sie nicht verbergen, daß sie ihn in Wirklichkeit nach einem Dolch abtastete, doch lachend öffnete er sein Wams und zeigte, daß er unbewaffnet war. Die Verhandlungen aber kommen zu keinem Ergebnis. Am 20. Oktober 1587 stehen sich die Heere bei Coutras wieder gegenüber. Die Hugenotten in ihren abgeschabten und zusammengewürfelten Rüstungen auf Don-Quichotte-Mähren tragen über die „pomadisierten, moschusduftenden Zierpuppen" den Sieg davon. Die Hugenotten verloren 35, die Guise 2 000 Mann, und das nur in zwei Stunden. Am Abend verneigt sich er König vor den Leichnamen der Herzöge von Joyeuse. Er gebietet: „Ruhe, meine Herren, in dieser Stunde der Tränen, die auch die Sieger achten sollten." Für die katholischen Gefallenen läßt er eine Messe lesen – ein unerhörter Vorgang in der haßerfüllten Zeit. „Mein Herz ist betrübt, daß ich an jenem Tage keinen Unterschied zwischen Franzosen und Anhängern der Liga machen konnte. Man wird euch berichten, daß ich ritterlich mit ihnen verfahren bin." Doch es scheint, als ob dieser Persönlichkeitsstärke gerade zu Angriffen auf sein Leben provoziert. Im Winter 1588 dringt ein Bittsteller an seine Tafel, die allen Untertanen jederzeit offensteht, vor, und schließlich gesteht dieser, daß er den Auftrag bekommen hatte, ihn zu ermorden, daß ihn aber der Mut verlassen habe. Seitdem läßt Heinrich keinen Unbekannten mehr an seine Tafel.

Sein Schutz besteht um das Jahr 1588 darin, daß König Heinrich III. das direkte Ziel der Guise und Guise-Freunde ist. Angesichts der Macht von innen, die ihn bedroht, und Spanien, das sich soeben anschickt, mit Hilfe der Armada England als protestantische Führungsmacht in die Knie zu zwingen, muß der König mit dem Todfeind Guise verhandeln, ihn zum Generalfeldmarschall seiner Armeen ernennen und im Unionsedikt versuchen, sich die Ansprüche des katholischen Frankreich vom Leibe zu halten. All das treibt ihn in die Arme Heinrichs von Navarra. Zusammen rücken sie gegen das verbarrikadierte, guisefreundliche Paris an. Auf einer Ständeversammlung in Blois entledigt sich der König der beiden Guise. Die Geschichte der Liga hat er damit abgekürzt – aber auch seine eigene. Heinrich von

Navarra ist dem Thron zwei Schritte näher. Am Anfang des neuen Jahres stirbt Katharina von Medici. Nun ist ihr schwacher Sohn ganz ohne den Beistand seiner Schlangenmutter. Paris ist noch mehr gegen Heinrich III. aufgestachelt. Doch die Versöhnung der beiden Heinriche am 30.4.1589 in Tours, dreizehn Jahre, nachdem sie einander zum letzten Male gesehen haben, begrüßt das Volk so lebhaft, daß die Könige Mühe haben zueinander zu kommen. Einen Augenblick lang gibt es nur Franzosen, nicht Katholiken und Hugenotten. Heinrich begrüßt es mit Tränen:

> „Das Eis ist gebrochen, obwohl mich manche davor warnten, daß es, wenn ich hinginge, mein Tod sein würde. Aber ich habe Gott vertraut, der in seiner Güte nicht nur mein Leben beschirmte, sondern mir auch die Freude des Königs und den unbeschreiblichen Jubel des Volkes zeigte."

Nachdem sie mit 20 000 Mann den Herzog von Mayenne in die Flucht geschlagen haben, rückten sie auf Paris vor. Die Katholiken rufen die Spanier zu Hilfe. Das Wunder, das sie rettet, ist allein die Ermordung des Königs durch den fanatisierten Mönch Jacques Clément. Der in allem erschöpfte Heinrich III. ließ diesen „mit einer ganz dringlichen Botschaft" bis in sein Gemach vortreten. Mit seinen letzten Worten übergibt Heinrich III. die Krone des Reiches an Heinrich von Navarra, der nun als Heinrich IV. Frankreich in seine beste Epoche zu Beginn der Neuzeit führen wird.

Der Tod des Königs wird bejubelt. Heinrich kann die Freudenfeuer von Paris von Poissy aus erkennen. Doch auch ihm wird vorerst kein Triumph bereitet, da die meisten Katholiken einen „Ketzer" als König ablehnen. Nur einige unterwerfen sich ihm, die deutschen Reisläufer und die schottischen Regimenter jedoch sofort. Doch in den ersten Gesprächen deutet sich bereits an, daß eine Konversion noch mehr Fürsten auf seine Seite bringen würde.

Mit dem Rest des Heeres wendet sich Heinrich anderen Städten zu, um die ins Land gezogenen Spanier und widerspenstige Städte zu besiegen, ehe er nach Paris zieht. Dieppe aber huldigt ihm bei seinem Herannahen sofort. Der König, nur 165 Zentimeter groß, bärenstark, ist schon ergraut und sieht ob aller seiner Prüfungen schon zu diesem Zeitpunkt zehn Jahre älter aus als er tatsächlich ist. Aus England erwartet er Hilfe und sucht, den erhofften Soldaten näher zu kommen. Vor Arques kommt es zur Auseinandersetzung mit Mayenne. Die Hugenotten tragen den Sieg davon, erst recht, als 1 200 Engländer und Schotten eintreffen. Das bringt am nächsten Tag drei weitere Fürsten mit ihren 2 500 Reitern zum König. Mayenne hat verloren. In der Kirche von Arques versammeln sich alle zu einem Dankgottesdienst, und Heinrich eröffnet ihn mit einer Ansprache. So marschiert er wieder mit 20 000 Mann auf Paris zu.

Im nächsten Jahr kommt es bei Ivry zur Schlacht. Mayenne hat wieder aufgeholt, und zu Beginn sieht es für Heinrich auch nicht gut aus. Es ist der persönlich voranstürmende Heinrich, der vor dem Zweikampf nicht Halt macht und so die Sache der Hugenotten und seinen Thron rettet. Als er abends bei Nantes einkehrt, hat er zwar dreimal das Pferd gewechselt, ist selber aber elf Stunden lang nicht aus dem Sattel gekommen. Den Baron de Rosny, späteren Herzog von Sully, erhebt er nach dieser Schlacht zum freien Ritter. Schon einen Monat nach diesem Triumph, im April 1590, beginnt die Belagerung. Im August muß er die Belagerung abbrechen, weil der Herzog von Mayenne sich mit dem Herzog von Parma zusammengeschlossen hat, der das spanische Hilfsheer leitet. Allerdings erkennt dieser nur zu gut, daß der Ausgang einer Schlacht mit Heinrich zu ungewiß ist und zieht es vor, durch Einnahme einer Stadt Heinrich zum Abzug von Paris zu zwingen. So geschieht es auch, und im August 1590 bezieht der König in Compiègne Stellung. Zuerst nimmt er Chartres ein, und auf die Eroberung der Krönungsstadt der französischen Könige kann er stolz sein. Rouen aber widersteht, und Mayenne und Farnese konnten ein weiteres Heer ausheben.

Das alles hindert ihn aber nicht, im Jahre 1592 zu Noyon Gabrielle d'Estrée den Hof zu machen, eine Frau von berückender Schönheit. Ganz allmählich wendet sich das Blatt zu seinen Gunsten auch auf der Kriegsseite: Heimlich laufen ihm weitere Edelleute zu und dezimieren dadurch gleichzeitig das Heer Mayennes und Farneses. Außerdem wird Farnese verwundet und zieht sich in die Niederlande zurück. Da besinnt sich auch Mayenne, daß alle Franzosen sind und sucht um Geheimverhandlungen an, wobei er eine Pension für sich von vorneherein mitbedenkt. Was ihn aber auch nicht hindert, die Generalstände nach Paris einzuberufen und die Wahl eines neuen Königs vorzuschlagen. Doch Heinrich läßt sich durch diese Kränkung nicht beeindrucken und zieht zu Verhandlungen nach Suresnes. Dort fällt das Volk vor den Verhandlern auf die Knie und bittet darum, daß endlich Frieden gemacht wird. Das ist wahrscheinlich nicht ihne Wirkung geblieben. Der Waffenstillstand treibt es ebenso schnell zum Jubel in die Höhe! Am 16. Mai verkündet Heinrich den schweren Schritt, zum katholischen Glauben zurückkehren zu wollen. Am 18. Juli begibt er sich in Nantes zum letzten Mal in einen protestantischen Gottesdienst. Bei einem Übergabe- und Belehrungsgespräch mit vielen Bischöfen setzt er die Gelehrten in Erstaunen mit den Fragen, die er stellt. Dann kommt es dort zur Abschwörung. Schon am nächsten Tage strömte das Volk aus Paris nach St. Denis, um den neuen König zu sehen. „Der neue König hat mehr Religion als alle seine Vorgänger, denn er ist Hugenotte und Katholik zugleich!" so wollte ein Ligist höhnen und merkte nicht, daß das in Wirklichkeit ein Kompliment war und Heinrichs Wesen tatsächlich beschreibt. Der Mörder seines Vorgängers aber stirbt wenige Tage später unter dem Rad. Eine erneute Waffenruhe wird beschlossen. Als Ende des Jahres Meaux sich ihm unterwirft, ist Paris isoliert. In Fontainebleau residierend, setzt Heinrich zur zweiten und endgültigen Belagerung Paris' an. Als Heinrich im Februar 1594 zu Chartres gekrönt wird, merkt auch Mayenne, daß ihm nicht mehr viel zu hoffen bleibt. Sogar die meisten Prälaten stehen hinter Heinrich.

Doch es kommt anders. Im April entledigt sich die Bürgerwehr der spanischen Besatzung und treibt sie zur Stadt hinaus! Denn die Schwächung durch den Verlust aus der letzten Belagerung mit mehr Toten als die Bartholomäusnacht gekostet hat, hätte die Stadt eher in ein Leichenhaus verwandelt. Heinrich steht also nichts mehr im Wege, und als er endlich in Paris einziehen kann, wird er vom erleichterten Volk begeistert begrüßt. Ab dem 24. März 1594 ist Heinrich wirklicher König von Frankreich!

Alle merken bald, daß hier ein anderer König herrscht. Keine Rache, keine Strafe: „Wer sich mir unterwirft, erhält Einzug in das Haus des Vergessens!" Vergebung ist Heinrichs Stil. Nur die Hugenotten sind ihm böse, weil sie lieber alle Feinde vernichtet hätten. Aber Heinrich tadelt sie, daß sie trotz des täglichen Vaterunsers solche Rachegedanken pflegen könnten. Schon legen die Beamten in der Stadt den Treueid auf ihn ab, das Parlament, dann auch der Rektor der Sorbonne, eine ligatreue Stadt nach der anderen folgt nach. Allerdings sind die nicht wenig, die sich den Frieden gleich mit Pensionen und Vorrechten bezahlen lassen. Doch Mayenne hat noch nicht aufgegeben. Heinrich muß in die Picardie ausrücken.

Als er seine Ehe mit Margarethe von Valois scheiden lassen will, wird er zum ersten Mal von einem Attentäter, Jean Chatel, verletzt. Mit einem Messer trifft er ihn am Mund und sticht ihm einen Zahn aus. Der König wollte ihn laufen lassen, doch der Gerichtshof kannte keine Gnade, sondern ließ ihn der Zeit gemäß foltern und vierteilen, ehe er verbrannt wurde, dann wurde seine Familie vertrieben und das Vermögen eingezogen. Das aber zeigte nur, wieviele Priester auch noch von Königsmord predigten! Heinrich war gewarnt. Pater Gueret, Jesuit in Clermont, wird vom Arm des Staates ebenfalls aus seinem Versteck geholt und hingerichtet. Da ziehen es die Jesuiten vor, sich nach Spanien zurückzuziehen. Fast zehn Jahre werden sie außer Landes sein.

Allmählich schlägt auch in Reims die Stimmung um, und sogar Karl von Guise bewegt sich in den Louvre, um sich dem König zu ergeben. Heinrich aber macht es ihm leicht:

> Lieber Freund, lassen wir das, Ihr seid wie ich kein Freund großer Worte. Es genügt, daß ich weiß, was ihr sagen wollt, und darauf gibt es nur eine Antwort: Wir alle machen unsere Jugendtorheiten. Vergessen wir sie. Gebt mir, was mir gehört, und ihr werdet in mir einen zweiten Vater finden. Und seid gewiß, daß ich niemandem am Hofe so liebe wie euch!

Auf diesem Hintergrund kann Heinrich nun daran gehen, die Spanier endgültig aus dem Lande zu vertreiben. Im Mai 1595 beginnt er mit Burgund und nimmt Quartier in Dijon. Bei Fontaine-Française ist es wieder sein persönliches Eingreifen, das die Schlacht gegen die bedrohliche Übermacht Mayennes und Don Fernandos entscheidet. Trotz Verwundungen gelingt es ihm so, die Gegner zu verwirren und in die Flucht zu schlagen. Nun rücken auch 800 weitere Franzosen und Bauern aus der Umgebung mit Sensen und Dreschflegeln dem König zu Hilfe. Die Spanier ziehen sich mit 12 000 Mann zurück und hinterlassen einen vor Wut bebenden Mayenne, der sich in Zukunft eines besseren besinnen wird, als Spanier zu Hilfe zu rufen.

Heinrich berichtet dem Grafen Duplessis-Mornay voller Stolz: „Ich will aus einer Mücke keinen Elefanten machen, aber dreihundert Mann zu Pferde, die einer Armee von 10 000 Streitern den Weg ins Königreich verlegen und 2 000 Reiter in die Flucht schlagen, dabei nur sieben Gefangene zu beklagen hat ... Es kam alles überraschend und wir waren nur leicht bewaffnet." In der Tat ein militärgeschichtlich unerhörter Vorgang. Danach ist auch für den

Papst in Rom kein Halten mehr, den verhaßten Navarra aus der Exkommunizierung zu befreien und so auch jedem Gegner das Recht auf Feindschaft zu nehmen. Am 17. September 1595 erreichen seine Abgesandten in Rom ihr Ziel. Sogar Don Pedro wird 1608 sagen: Wie glücklich schätze ich mich, das Schwert des besten, kühnsten und großherzigsten Königs in Händen gehalten zu haben. Doch die Spanier mochten dieses armada-ähnliche Erlebnis nicht hinnehmen. Ende des Jahres 1595 trifft die Nachricht ein, daß sie Cambrai einzunehmen suchen.

Doch einstweilen erlebt Heinrich einen schönen Triumph darin, daß sich nun auch der dicke Mayenne, den zehn Mann auf sein Pferd hieven mußten, sich dem König ergibt. Im Januar 1596 sucht er den König im Schloßpark von Montceaux auf. „Mein Vetter, ist es möglich, seid ihrs selbst oder ein Geist?" begrüßt ihn Heinrich. Mayenne ist von der Versöhnlichkeit des Königs überrascht, aber der erklärt ihm: „Wißt Ihr, die Genugtuung, die wir aus der Rache ziehen, währt einen Augenblick. Die aber, die uns aus der Milde erwächst, dauert ewig."

Nun geht die Vertreibung der Spanier auch schneller vonstatten. Während Heinrich Amiens, ihre wichtigste Eroberung, belagert, vertreiben Mayenne und Biron ihr Heer nach Flandern zurück. Im September 1597 gibt die spanische Besatzung auf. Auf diese Weise erübrigt sich für den König auch, Elisabeth von England Calais abtreten zu müssen, was diese für eine Unterstützung verlangt hätte. In Vervins wird ein Friede geschlossen, der den südlichen Nachbarn auf lange Zeit tatsächlich außer Landes hält und Heinrich endlich den Rücken freimacht, sich dem Wiederaufbau des ausgezehrten Landes zu widmen. Auch in der dickköpfigen Bretagne, in die sich Heinrich nun mit 14 000 Mann begibt, fällt ihm eine Stadt nach der anderen zu, sogar das störrische Nantes. Mit dem Edikt von Nantes setzt Heinrich seinem endgültigen Sieg die Krone auf. In Rennes schreibt ein Notar nach der Begegnung mit dem Fürsten:

> Er ist ein überaus liebenswürdiger Fürst, angenehm im Umgang und freundlich zu jedermann. Ohne große Worte zu machen, kümmert er sich um alles, widmet er sich allem und jedem. Er ist von mittlerer Größe, sein Bart ist schneeweiß, seine rotblonden Haare beginnen sich grau zu färben. Sein Auge blickt fröhlich und voller Güte. Er hat für jeden ein freundliches Wort, denn er kennt und weiß alles.

Gabrielle d'Estrée, die Mätresse, die der König zur Königin erheben wollte und ihm bereits drei Kinder beschert hat, stirbt an der Geburt des vierten Kindes. Die Royalisten und Katholiken atmen auf. Der Weg zu einer neuen Heirat ist frei, und wieder einmal wird es eine „Bankierstochter", Marie von Medici, sein. Der treue Kanzler Sully ersucht Margarethe von Valois um Einverständnis zu einer Scheidung, die der Papst nur allzugerne gibt, um seiner Verwandten den Weg zum Thron Frankreichs freizumachen. Am 24. April wird der Ehevertrag in Florenz unterzeichnet. Er kostet Heinrich eine Mitgift von 1 Million Ecus. Doch Heinrich ist an die dicke Medici, die ihm an Intelligenz nichts Ebenbürtiges zu bieten hat, nie zu binden gewesen. Eine Ehe zu dritt treibt sie später fast zum Haß, und auch die Geburten der Kinder verändern Heinrich nicht auf Dauer. Die Protestanten der späteren Jahrzehnte werden es an der Feindschaft seiner Söhne gegenüber dem Andenken des Vaters gemerkt haben.

Während der Verhandlungen – die Ehe wird erst im Dezember des Jahres kirchlich vollzogen – unterwirft Heinrich auch den Herzog von Savoyen, und das war wirklich eine glückliche Fügung, weil der Marschall von Biron mit dem Herzog unter einer Decke steckte. Als das Komplott später entdeckt wurde, war Heinrich doppelt erleichtert, da er diesen Krieg demnach zehnmal hätte verlieren können. Neben den neuen Italienern am Hofe mußte er sich also auch solcher Intrigen erwehren. Wer hat je soviel Belastung aushalten können, ohne deswegen zum Menschenfeind zu werden? Der unverbesserliche Marschall Biron aber sollte seinen Eigensinn später mit dem Leben bezahlen – nicht ohne daß Heinrich sich in langen persönlichen Gesprächen um sein Einlenken und Einsicht mühte. Doch gegenüber Unversöhnlichkeit kannte auch er keinen Pardon. „Das ist so sicher, wie Biron ein Verräter war", würde er noch so manches Mal sagen. Kaum ist das vorbei, da warnt ihn ausgerechnet König Jakob I. von England vor einem neuen Anschlag. Thomas Morgan spioniere im Land herum. In Frankreich selbst werden der Herzog von der Auvergne und die Grafen d'Entragues – die Familie seiner Favoritin! – für Komplotteschmieden ausfindig gemacht. Mit Gefängnis kommen sie später milde davon. Die Favoritin muß sich in ein Kloster zurückziehen.

Mit dem Aufruhr des Herzogs von Bouillon entledigt sich der König im Jahre 1606 auch des letzten Widerstandes in seinem Reiche. Der Baron de Rosny, der all die Jahre weder mit Rat noch mit Tat von seiner Seite wich, ist nun Herzog von Sully. In seinem Schloß an der Loire sucht Heinrich immer Zuflucht, wenn ihm die intrigante Lage am Hofe zu Paris überdrüssig wird und er sich nach einem aufrichtigen Gespräch unter Freunden sehnt.

> In seinem Herzen ist kein Platz für Hinterlist oder Bosheit, sein Geist ist rege und erfinderisch, er verwaltet meine Güter mit großem Geschick. Er ist der fleißigste, wendigste und ehrlichste meiner Untertanen, der versucht, sich Kenntnisse über alles zu beschaffen und im Frieden wie im Krieg über alles Bescheid zu wissen.

So lobte der König seinen Gefährten, und Frankreich bekam es auch zu spüren, denn er verwaltete sie ebenso umsichtig wie die Güter des Königs.

„Man sieht in der ganzen Stadt nur Maurer an der Arbeit", berichtet der Mercure Français, und Malherbes ist sicher: „In zwei Jahren wird niemand mehr Paris wiedererkennen." Sogar an das Sumpfgebiet, das Marais, wagte er sich mit Bauten, und Paris verdankt ihm das schöne Viertel um den Place des Vosges. Doch er erlebte die Fertigstellung nicht mehr. Kranken- und Siechenhäuser werden angelegt, Manufakturen und Handel wird gefördert – wozu ihnen auch der anhaltende Krieg nie Gelegenheit gegeben hatte, Gemüsegärten werden ausgedehnt, Brücken erleichtern den Verkehr, ein Kanal wird in Fontainebleau angelegt, der Kanal du Midi, der das Mittelmeer mit dem Atlantik verbinden soll, wird begonnen. Die 250 verlassenen Dörfer im ganzen Land wurden wiederbelebt, der Kleinadel konnte sich aus seinen Schulden lösen. Sie lernen wieder, aus gewerblichem Fleiß mehr Glück zu holen als aus Kriegsgeschäften. Hardouin von Péréfix beschreibt diese Lage:

> Dem Beispiel des Königs folgend, sieht man überall die Bürger ihre vom Krieg zerstörten Häuser instandsetzen. Die Adeligen legen die Waffen aus der Hand und fangen an, ihre Güter zu verwalten und ihre Einkünfte durch allerlei Geschäftigkeit zu erhöhen. Das ganze Volk ist an der Arbeit, und es ist erstaunlich, wie das Königreich, das noch vor fünf oder sechs Jahren einer Höhle für Natternzucht und wilde Tiere, einem Schlupfwinkel für Diebe, Wegelagerer und andere Galgenvögel glich, durch diesen großen König von allen seinen Übeln befreit und in einen riesigen Bienenstock verwandelt wurde, in dem es vor Geschäftigkeit summt und eifrig Wachs und Honig gesammelt wird.

Heinrich kann sich mehr seinen Liebschaften und den geliebten Kindern widmen, eines Tages erscheinen spanische Gesandte bei ihm, während er gerade mit ihnen spielt. „Sire, habt ihr Kinder?" fragt der König ihn. „Gewiß, Sire", antwortete der Gesandte. „Dann kann ich meine Saalrunde erst vollenden", sagt der gütige König mit einem Kind auf dem Rücken.

Doch die Idylle, die sich nur in dieser Hinsicht ausbreitete, während doch die Intrigen stets wie Fliegen um den Hof surrten, währte nicht lange. Im Jahre 1610 wird in Paris schon früh ein Mann mit irrem Blick, Ravaillac, gesichtet. Der König wird sogar gewarnt, es werde ihm etwas zustoßen, und er selbst ist nicht so gelassen, wie er es bei manchen anderen Attentaten vorher geblieben war. Er ist voller Unruhe vor dem Kommenden und kann doch nicht ausweichen. Er begibt sich in einer Kutsche auf den Weg zu Sully, dem treuen Freund. Doch auf dem Wege, im Gedränge von Karren in der geschäftigen Stadt, stürzt Ravaillac aus der Menge plötzlich auf den Wagen, sticht zweimal zu, und so verscheidet nach wenigen Augenblicken der große König. Ravaillac wird später gevierteilt und mit heißen Flüssigkeiten gequält. Doch damit ist nicht aus der Welt zu schaffen, daß Sully nun auch weiß, daß seine Reformen zum Ende kommen werden. Die schlaue Italienerin an Heinrichs Seite hatte schon gewußt, warum sie vor dem geplanten Feldzug zusammen mit den protestantischen Fürsten sich zur Königin hatte krönen lassen.

6. Fakten, Kraftfelder und Perspektiven im Zeitalter der Kriege

Dem vielen Kriegsgeschäft im Frankreich des 16. Jahrhunderts ist eine Übersichtlichkeit schwer abzugewinnen. Deshalb ist es erforderlich, sich einmal die taktischen, strategischen und spontanen Kriegsereignisse vor Augen zu führen, wie es in der Chronik bis hierher versucht wurde. Doch für ein rechtes Verständnis der ständigen Unentschiedenheit und der Erschwernisse für beide Seiten ist unerläßlich, auch den wirtschaftlichen und innen- und außenpolitischen Verflechtungen seine Aufmerksamkeit zuzuwenden. In der Tat stellt sich, wenn man militärische und zivile Verhältnisse einander gegenüberstellt, eine enge Verflechtung von König, Kirche, Landwirtschaft und Allianzen mit dem Ausland heraus. Zwar mag man zunächst Spanien als den natürlichen katholischen Verbündeten und deutsche Fürstentümer und England als natürliche Partner der Protestanten ansehen. Doch bei näherem Hinsehen zeigt sich, daß Spanien nicht nur der katholische Bündnispartner, sondern auch ein ehrgeiziger Nachbar war, den man sich vom Leibe halten mußte. Die protestantischen Verbündeten andererseits ließen sich ihre Hilfsfeldzüge jedesmal gut bezahlen und halfen nicht nur aus geistlichen Gründen aus, andererseits waren die lutherischen Kurfürsten zurückhaltend, den Calvinisten zu helfen. Im Folgenden sollen diese Feinabwägungen genauer dargestellt werden.

Die Parteien

Es gibt auch schon ansatzweise Parteien jeder Glaubensseite. Diese sind zwar schwer von den beiden Kirchen zu unterscheiden, müssen aber doch eigens berücksichtigt werden, denn es gibt Autoritäten, die eine eigene Organisation, Politik und Mittel erkennen lassen.

Auf der protestantischen Seite wurde eine Parteiung durch die in Städten wie Lyon lebenden ausländischen Bankiers, Händler und Konsulate angeregte Bildung von Schutzgruppen gegen Beutezüge angeregt. Das war ein entscheidender Impuls, wenngleich diese Gruppe sich später unter die Reformierten mischt. Unter Ludwig von Condé jedoch sammelten sich unzufriedene Feudalherren und verschiedene andere Teile des Volkes, denen gemeinsam war, daß sie den Guise mißtrauten. So kam Condé zu dem Titel „Protecteur général des églises de France". Unter Heinrich III. hatte sich die Unzufriedenheit des Landadels so deutlich artikuliert, daß er ihm entgegenkommen wollte

– zumal Heinrich III. die Feindschaft gegen die Guise ins persönliche Konzept paßte, aber er erkannte auch richtig, daß vom guten Verhältnis des Landadels zum Landvolk die Ruhe des gesamten Staates profitierte. Denn was er und der Hochadel und die Katholiken überhaupt fürchteten, war die Sympathie der Zugehörigen dieser protestantischen Partei für einen Volksstaat und eine republikanische Kantonsbildung. Sogar königliche Offiziere und Stadtoffiziere sympathisierten mit der Autonomie der Kommunen. Hier zeigte sich auch ein fundamentaler theologischer Unterschied zur lutherischen Lehre: Während Luther größten Wert auf die unsichtbare Kirche legte, strebte die Theologie Calvinscher Prägung danach, alle menschlichen Handlungen dem Geist zu unterwerfen. Jemand brachte das auf die Formel, daß Luther von der Theologie zur Anthropologie komme, Calvin aber von der Anthropologie zur Theologie. Jedenfalls ist das Ziel nicht nur die Läuterung des einzelnen Menschen sondern auch der Gesellschaft. Die protestantische Partei ist durchaus königstreu, doch im Schrifttum der reformierten Historiker und Gelehrten wird differenziert und analysiert, wie der Dienst gegenüber einem König auszusehen habe.

So kommt Hotman in seinem Buch „Franco-Gallia" aufgrund von Geschichtsstudien zu einem Wahlkönigtum und einem Königtum auf Zeit: „Das Volk ist keineswegs dazu gemacht und dem Grundsatz unterworfen, daß es dem König diene, sondern vielmehr ist ein König im Hinblick auf das Volk." Man beachte: Nicht 1789 schreibt Hotman das, sondern schon Mitte des 16. Jahrhunderts!

Nach der Bartholomäusnacht schreibt de Bèze zugunsten eines weitergehenden Widerstandsrechtes aufgrund des Naturrechts (Le Droit des magistrats sur leurs sujets). Die Schriftsteller Duplessis-Mornay und Lanquet kommen in ihrem Buch „Vindiciae contra tyrannos" zu einem ähnlichen Ergebnis: Das Recht auf Widerstand ist gegeben, wenn göttliches Recht und der zweiseitige Vertrag zwischen dem Gemeinwohl von Volk und König verletzt sind.

Alle sehen hier durchaus positiv, daß es einer Aristokratie oder der Magistrate bedarf, das Gleichgewicht zwischen königlichem und Volksrecht zu überwachen.

Im Midi und im Westen führt die Anregung der demokratischen Struktur innerhalb der reformierten Kirche und besonders ihrer „assemblés politiques". Die erste wird 1562 in Nîmes gebildet, dann folgen 1563 Bagnols, 1567 Montpellier, 1570 Anduze und ab 1572 viele Städte. Auch die Bildung des niederländischen Provinzlandtages ermutigte zu dieser Versammlung. Sie hatten als Ziel, der Kirche die nötige Organisation zu geben, der Kirche einen rechtlichen Status zu verschaffen und Verteidigungsmaßnahmen einzurichten. Die Grundlage zu diesem Konzept wurde am 16. Dezember 1573 in Milhaud erreicht: Allgemeine Konzilien wurden gefordert, Räte, Diözesen und Generalstaaten definiert. So etwa werden einem ständigen Konzil, wie man es noch nannte, Polizei, Militär und Finanzen untergeordnet. Nach diesem Vorschlag bilden sich Konzilien in Haut- und Bas-Quercy, Lauraguais, Albigeois, Rouergue, Foix, beiden Languedocs. Solchen Konzilien sollte je ein „Receveur général" und drei Schatzmeister vorstehen. 1575 treffen sich in Nîmes sogar Protestanten und Katholiken zu einer solchen Generalversammlung, demnach besaß die Einrichtung hohes Ansehen. Prompt werden auf dieser Versammlung auch 184 Artikel angenommen. Nur das Diözesenkonzil hat kein ausreichendes Gewicht und geht mehr und mehr in dem „Conseil général" auf, der sich fortan „Conseil provincial" nennt. Die Generalstaaten nennen sich fortan Generalversammlung – möglicherweise, um nicht mit den Generalständen alten Musters verwechselt zu werden. In dieser Generalversammlung hat jede Provinz drei Stimmen, die auf einen Adeligen und zwei aus dem Dritten Stand verteilt sind. In dieser Überrepräsentation des Dritten Standes ist schon ein bedeutender demokratischer Ansatz zu sehen. In seiner „Universalgeschichte" kommentiert dann auch François de Thou:

> Dieser Vertrag bildete in Frankreich ein neues Stück Republik aus allen seinen Parteien und getrennt vom übrigen Staat, der seine Gesetze für Religion, Zivilregierung, Justiz, Militärwesen, Handelsfreiheit, Steuererhebung und Finanzverwaltung hatte.

Die Versammlung des Jahres 1588 von La Rochelle übernimmt dieses Modell mit nur leichten Abänderungen. Kraft dieser Einheitlichkeit unter den Versammlungen konnte der eben erst geflohene Heinrich von Navarra zum Schutzherrn beider Kirchen ernannt werden. Zunächst setzt er sich für die Protestanten ein, denen es so schwer gemacht wird, vernünftige Forderungen durchzusetzen, doch nach dem Tode Heinrichs III. und seinem Königtum hält er sich strikt an die ihm durch diese Ernennung auferlegte Neutralität. Auf den „assemblés" von Sainte-Foy im Jahre 1594 ist man so weit, daß man Frankreich in zehn Provinzen aufteilen will, jede soll einen Rat und einen Moderator haben. Auch der Zeitplan und die Aufgaben für diese Provinzräte wurden dabei vorgeschlagen. Die Reformierten treffen sich in der Form dieser Versammlungen noch in Saumur (1595), Loudun (1596) und Chatellerault (1597). Im Edikt von Nantes werden diese Versammlungen dann aufgelöst (§ 83), werden im Jahre 1601 aber neu eingerichtet. Nach der Versammlung von La Rochelle veröffentlichten die Protestanten auch eine allgemeine Miliz- und Finanzordnung, die von katholischen Historikern später „Lois fondamtentales de la République des prétendues réformés" (Grundgesetze einer Republik der vorgeblich Reformierten) genannt wurden. Die Versammlung von Montauban forderte bereits 1573: Gewissensfreiheit, Gottesdienstfreiheit im ganzen Königreich, Wiedereinsetzung in alte Ämter und Zulassung zu allen Ämtern, Schaffung von gemischten Kammern, Zugeständnis von Sicherheitsplätzen. Das Edikt von Beaulieu erscheint deshalb wie eine Antwort auf die Vorarbeit dieser Versammlung. Das Edikt von Poitiers nahm sie, so weit sie in dem von Beaulieu bereits Eingang gefunden hatten, wieder zurück, aber im Zwischenedikt vom Juli 1591 wurden sie wieder eingesetzt. Daraus kann man ermessen, daß dieser vernünftigen Organe noch großen Eindruck, wenn nicht überhaupt Druck, hinterließen. 1594 werden diese Forderungen in der Erklärung von Saint-Germain und kraft Parlamentsbeschlusses von 1595 Gesetz und gehen dann vollends auf im Edikt von Nantes. Dieses unterscheidet sich von allen vorherigen Friedensverträgen dadurch, daß es – zumindest nach einer Anlaufzeit – eingehalten wurde.

Merkwürdig ist, daß jede der beiden Parteien das aufgreift, was die andere an Ideologie oder Schrifttum soeben entwickelte. Tragende Idee der katholischen Partei ist eine katholische Monarchie, so wie es sich in ihrer Formel „Un roi, une loi, une foi" ausdrückte, an der sie überraschend hartnäckig festhielt. Der König ist geistlicher Schutzherr. Von ihm wurde die Formung der Kirche nach den Vorstellungen des Adels und des Dritten Standes erwartet. So drückten es die Generalstaaten 1561 aus, nachdem es die Handwerkerschaften von Beauvais schon 1560 so artikuliert hatten. Nach Meinung der katholischen Partei ist der König in seinem Reich mehr als der Papst – eine denkwürdige Vorformulierung des Gallikanismus. In der Praxis verwechselt sich die Partei leicht mit der Monarchie selbst und tritt ihr mal näher, mal rückt sie weiter ab, was von den Kriegen abhängt. Nach den ersten theoretischen Ansätzen kommt es zu Flitterwochen zwischen Partei und Königtum im Laufe der Kriege unter Heinrich II. und einem Teil der Regierungszeit Franz I. Unter Karl IX. entzweit sie sich von der Monarchie bis 1568, verbrüdert sich dann wieder bis 1576, entzweit sich beim Edikt von Beaulieux (das ihr zu viele Zugeständnisse an die Protestanten macht und zur Gründung der ersten Liga führt), nähert sich aufgrund der Verfolgungsedikte von 1577 und 1585 wieder an und trennt sich dann eindeutig nach den Morden an den Guise in Blois bis zur Konversion Heinrichs IV. oder sogar bis zu seiner päpstlichen Absolution. Eine erste regionale Liga hatte sich bereits ab 1568 gebildet. Im stark protestantischen Midi (Guyenne und beide Languedoc) führte die Anregung durch die Kardinäle Armagnac und Strozzi, den Gouverneur Montluc und drei Hauptleute zu einer ersten Parteibildung. Dieses Vorbild wirkte auf Angers, wo 1566 eine Partei gebildet wurde, und die Champagne (1568). Die Liga von 1585 gründete auf drei Elementen: Illustre Persönlichkeiten aus bekannten Familien, Adel und Staat. Zum Personenkreis zählten die Guise und ihre engsten Vertrauten und Anhänger, zumal das herrschende Königshaus der Valois vom Unglück verfolgt zu werden und deshalb auszusterben schien. Die ehrgeizigen und aktiven Guise waren dennoch Träger der Hoffnung des Volkes. Im einzelnen handelte es sich vor allem um Franz von Guise, den Held der Belagerung von Metz und der Wiedereinnahme Calais', seinen Bruder, den Kardinal, der nachdem Tode des Kardinals von Tournon zum wahren Haupt der Kirche Frankreichs wurde, Heinrich, ebenso tapfer wie sein Vater Franz, seine Brüder, der Kardinal von Guise und Erzbischof von Reims und der Herzog von Mayenne, dann die Vetter der Guise, der Herzog von Aumale und Elboef, und der Herzog von Mercoeur, der Gouverneur der Bretagne und schließlich ihre Schwester Louise.

Der Adel als Bestandteil der katholischen Partei gibt sich als Liga am 30.3.1585 in Peronne kraft eines Statuts zu erkennen. Sie nehmen sich vor, den katholischen Glauben zu verteidigen, politische und verwaltungsmäßige Reformen zu veranlassen, die Favoriten des Königs, die Herzöge von Epernon und Joyeuse zu entheben, und die Generalstände regelmäßig alle drei Jahre einzuberufen. Die Rechte des Volkes sollen eingeschränkt und die Rechte des Adels gekräftigt werden. Bei der Formulierung dieser Statuten diente ihnen teilweise das Werk des Schriftstellers Hotman zum Vorbild und die Art, wie Wilhelm von Nassau-Oranien sich als Statthalter der Niederlande dort integrierte. Das Volk als Grundbestandteil der katholischen Partei ist am meisten an der Pariser Bevölkerung erkennbar und in der

Tat dort auch vertreten. Einige Priester betrieben dort allerdings auch ein Propagandasystem mit Blockwarten und Propagandisten. Hier liegt eine Vorform der späteren Revolutionsarmeen. Oberste Chefs dieser Populärbewegung sind die Guise. Das städtische Selbstbewußtsein wird gestärkt, und dieses Muster übernehmen 1587 Lyon, Toulouse, Orléans, Bordeaux, Bourges, Nantes und andere Städte, zuerst zwar nur zögernd, doch nach der Ermordung der Guise umso stärker. Sie erheben selbst Steuern, beeinflussen die Gouverneure und lehnen den Empfang königlicher Gesandter wie dem Mayennes ab. Angesichts dieser widerstrebenden Kraft liegt die Einheit also nur in der Religion. Der Pfarrer von St. Benedikt, Boucher, behauptet: „Alles was die Liga denkt, sagt, macht und atmet ist nichts als die Kirche." Von den Ideen im protestantischen Lager entfernen sich die Ligisten am Punkt der Souveränität des Volkes, obwohl sie andererseits den Tod Heinrichs III. ebenso wie den Wilhems von Nassau-Oranien begrüßen und Elisabeth I. von England ihren Thronanspruch bestreiten. Während die Calvinisten die Macht noch den Notablen und natürlichen Häuptern des Volkes vorbehalten will, will man in Paris schon die Regierung abstreifen und der Spontanität und den Versammlungen Gewalt überlassen – anscheinend reagiert das Stadtvolk dort gut auf kirchliche Propaganda.

Aufgrund der Erhebung vom 15.11.1591 in Paris wird ein Ausschluß für das öffentliche Wohl geschaffen, und zwar in Anlehnung an das Regime der 16. Der Präsident Brisson und zwei Räte werden ermordet, Bouchon übernimmt die Führung der „Chambre ardente". Sehenden Auges wissen die Magisträte doch nicht, was sie angesichts der Verselbständigung machen sollen; denn sie erkennen nur fassungslos ebenso wie Mayenne die Schaffung

eines populär beherrschten und so tumultuarischen Staates und die Bildung einer Republik, in der es keine Rangunterschiede oder persönliche Qualifikationen gibt, noch Unterschiede nach Geburt sondern vielmehr einen Auszug von Menschen niederster Herkunft.

Es sind Ligisten, die mit den Waffen in der Hand ausrufen: „Das Volk machte seine Könige, und es kann sie auch wieder abschaffen ebenso wie es sie geschaffen hat." Und dem siegreichen Heinrich IV. geben sie nicht nach: „Die Krone Frankreichs ist nicht erblich sondern zu wählen. Wir gehorchen nur Königen, nicht Tyrannen."

Die Angehörigen der Fraktion der „Politiker" oder des Dritten Standes sind ideologisch ebenso wie politisch weniger radikal, als es die Katholiken aus Angst vor Verlusten für nötig erachten und die Protestanten aus Sorge zerrieben zu werden sind. Gleichwohl deckten sich manche ihrer Ziele mit denen der protestantischen Seite. Neben den Guise einerseits und den Unzufriedenen, die sich hinter dem protestantischen Bourbonen Condé sammelten, gehören zum Dritten Stand oder der Gruppe der Politiker die friedlicheren und weitsichtigeren Katholiken. Zu ihnen zählten Marillac (nicht der spätere Intendant gleichen Namens), der Erzbischof von Vienne und Montluc, der Bischof von Valence, Diplomaten wie du Four, de Foix, Noailles und du Ferrier, der letzte Parlamentspräsident in Paris und Botschafter in Venedig, Adelige aus dem Umkreis von Franz von Montmorency, Professoren wie Turnebé und allen voran der Kanzler Michel de l'Hôpital. Unter den Politikern, die so heißen, weil sie gemäßigt sind und nicht immer mit derselben religiösen Seite abstimmen, sehen eine Staatsreform als oberstes Gebot, insbesondere der Verwaltungs- und Rechtsmaßnahmen, eine Reform des Klerus vor allem in dessen Gesittung – legen also kein Dogma zugrunde sondern vielmehr ein Ziel. Die Religion sehen sie sehr wohl als Grundlage des Staates an, doch dürfe sie nie Vorwand für Fraktionen sein. Der König diene der wahren Religion durch vorbildliches Verhalten.

In diesem Sinne schreibt Jean Bodin mit Blick auf eine

friedliche Gesellschaft und gegen die „Franco-Gallia" von seiten der katholischen Partei: „Ohne Täuschung und Arglist vermag er die Herzen und Willen seiner Untertanen den seinen zuwenden, ohne jede Gewalt und jedes Leid." Das diene dem Ziel, daß König und Volk an einer Tafel Platz fänden, der friedliche Mensch zwischen zwei Kämpfern, der alte Meister neben einem jungen Lehrling. „... aus einer so schönen Ordnung wird eine sanfte und freundliche Harmonie der einen mit der anderen und aller zusammen entstehen." Solche Vorstellungen wurden in diesem brutalen Jahrhundert also auch gedacht.

Katharina versuchte dem ganz entgegengesetzt zu teilen und zu herrschen, doch tatsächlich entwickelte sich nur ein unabhängiges Militär und eine Allianz von Hugenotten und moderater Katholiken, besonders im Kreis um La Noue, Montmorency und den Herzog von Alençon, ja, ganz besonders unter Henry de Montmorency-Damville, dem Gouverneur der Languedoc, der zu diesem moderaten Kurs kam, weil ihn die Guise mit ihrer Papst- und Spanienallianz verärgerten. Montmorency-Damville ist damit in Person ein Beispiel für das zwiespältige Verhältnis der Franzosen zu Spanien: Es diente einerseits als Schutzmacht, doch bei all den Katholiken, die zum Schutz keinen Anlaß durch das Entstehen einer reformierten Kirche sahen, überwog die Vorsicht gegenüber Spaniens Versuchen, durch die Hilfe in Religionssachen Frankreich einen Fuß in die politische Tür zu setzen. In diesem Fall Nationalbewußtsein und Unabhängigkeit und übergreifende religiöse Ziele widerstritten einander. Am 13. November 1574 erläßt Damville in Montpellier einen Aufruf an die Nation zugunsten der Toleranz.

Eine besondere Phase der Politiker setzt mit dem Tod der Brüder Guise und der Versöhnung Heinrichs III. mit dem späteren Heinrich IV. ein. Er verscherzt sich ihre Sympathie allerdings etwas durch seine Erklärung vom 4. August, in der er verspricht, den katholischen Glauben zu erhalten. In dieser Erklärung erscheint zum letzten Male der

Vorschlag eines gesamten und nationalen Konzils und weicht das monarchische Recht dem religiösen aus.

Zur dritten Partei zählten jedoch nicht nur hochgestellte Persönlichkeiten sondern auch gemäßigte Bürger (als Händler mit dem Ausland erlebten ja viele täglich die Unnötigkeit des religiösen Konflikts) und gallikanisch gesinnte Katholiken. Einer aus ihren Reihen, der Erzbischof von Beaune, war es, der am 5. Mai 1593 dem Erzbischof von Lyon und strengen Ligisten die Konversion des Königs ankündigte. Die Schwurzeremonie selbst war dann auch recht gallikanisch, also liberal und populär, geprägt und erregt dadurch den Zorn des Papstes. Als dann am 17. September 1595 Heinrich IV. mit der Kirche ausgesöhnt wird, triumphiert die Partei der Politiker, die so die Einheit der Nation gerettet hat. Doch der Kampf zwischen päpstlichen und gallikanisch geprägten Katholiken lebt erst richtig im 17. Jahrhundert auf, so sehr, daß der Papst ständig mit einem Riß zwischen Rom und Frankreich rechnet.

In seinem Buch „Die aristodemokratische Monarchie" nennt Turquet de Mayenne den König das Herz eines Landes und die Generalstaaten sein Hirn. Ursprünglich waren diese ein Organ des gemäßigten Königtums und wurden als Nothilfe im Zeitalter der Bürgerkriege oft zusammengerufen, vom absoluten Monarchen aber abgeschafft. Mit zunehmenden Jahren gewinnt diese Assemblée im 16. Jahrhundert aber an Freiheit und Kühnheit. Offizieller Grund des Zusammentretens war meistens die Finanzlage, aber erörtert wurden in jeder Versammlung politische, religiöse, wirtschaftliche und Verwaltungsfragen.

So verschieden die Generalstaaten im Laufe der Zeit auch zusammengesetzt waren, so haben sie doch den Willen zur Erneuerung gemein. Schon 1576 forderte eine Versammlung die Wiederherstellung der religiösen Einheit „mit sanften Mitteln, ohne Krieg". Doch nie bestand in Frankreich die Gelegenheit, zu einem verfassungsmäßigen Parlament zu werden so wie in England. Zuweilen erschreckte die Kühnheit der Vorstöße aus den Generalstaaten den König und die Theoretiker, die es sich auf einer Seite häuslich eingerichtet hatten. Das Volk aber war von seiner eingeschränkten Machtbefugnis enttäuscht. Die Kriege und ihr allgemeines Chaos hingegen konnten das Zusammentreten der Generalstaaten nicht aussetzen. Erst Heinrich IV. und das verselbständigte Militär triumphierten über die Generalstaaten.

Die einzige Blüte, die die Kriege während eines halben Jahrhunderts bewirkten, war die der Schreibkunst und politischen Literatur. Hier sind vor allem Blaise de Montluc, der Gouverneur des Südwestens, Michel de Montaigne, Agrippa d'Aubigné, Brantôme und Bodin zu rechnen. Sie sind Sprachrohr der zwischen Realpolitik und den politischen Ideen gequälten Volksseele jener Zeit.

Die ungleichen Partner im Ausland

Wie zuvor angedeutet, stellt das Ausland für das zerrissene Frankreich nicht nur einen Partner dar, sondern auch eine Bedrohung, denn kein Partnerland läßt sich mit der Rolle eines bloßen Instruments in der Hand des anderen abspeisen. Auf katholischer Seite Spanien, auf reformierte Seite Deutschland, ist zwar die Regel, doch hinter ihrer einfachen Formel verbirgt sich ein weitreichendes Geflecht weiterer Faktoren, Rücksichten, Bindungen, Bedenken. Außerdem bleiben sich das katholische und das evangelische Lager nicht die ganze Zeit gleich. Um 1599 haben sich die Allianzen zwar gebildet, doch noch keineswegs festgelegt.

So sollte zu dem geopolitischen Faktor „Weltmacht Spanien südlich der Pyrenäen" ein familiäres Band der Rücksichtnahme und Uneigennützigkeit treten, als Philipp II. von Spanien die Tochter Katharinas von Medici, Elisabeth von Valois, heiratete, zumal ein Bund zwischen England und Spanien zu vermeiden war. Denn kein Land konnte sich seiner Überlegenheit über eine andere Macht zu sicher sein, deshalb bot die Heirat der Königskinder zu jener

Zeit immer noch die höchste Aussicht auf eine langfristige Beilegung eines Konfliktes oder einer Konfliktquelle.

In diesem Falle aber hätte außerdem England als protestantische Macht wieder rekatholisiert werden sollen, was schon zu jenem Zeitpunkt mit militärischen Mitteln ausgeschlossen schien. Wiederum aber versuchte auch Frankreich sich eine Heirat mit England offen zu halten, weil Maria Stuart, die bereits mit dem Dauphin Franz verheiratet war, Aussichten auf den englischen Thron hatte, doch die wären durch eine Heirat Elisabeths I. mit Spanien vergeben gewesen. Deshalb erhoffte man sich bis dahin durch die Verheiratung des Dauphins mit Maria Stuart, England in die Zange nehmen zu können, eine Idee, die auch die Schotten heute noch in Erinnerung an die „Auld Alliance" mit Frankreich ins Schwärmen geraten läßt.

Für die fünf Päpste zwischen 1559 und 1598 aber ist das abtrünnige England so wichtig, daß Frankreich demgegenüber nur ein Bauer auf dem Schachbrett ist, wenn auch ein unzuverlässiger. Dennoch betrieben sie die Gegenreformation, sei es auch mit Gewalt, und da war England noch nicht aufgegeben. Umso weniger, als es eine Seemacht zu werden versprach, die man gut gegen die Türken hätte einspannen können, die die Päpste seit altersher in Schach und beschäftigt hielten.

Gregor XIII. vermittelt darum Anfang 1572 zwischen Spanien und Frankreich, da beide Stützen Roms sein sollen, er entsendet Katharina seinen engsten Vertrauten, den Nuntius Salviati, und beglückwünscht sie kräftig zum Massaker der Bartholomäusnacht, die er in Rom mit einem Tedeum feierte. Sixtus V. (1585-90) widmet sich besonders dem (so aufgefaßten) Häresieproblem und spricht Heinrich IV. zunächst die Krone Frankreichs, dann auch Navarras ab. Doch mit der Entbindung der Untertanen von ihrem Treueid ihm gegenüber geht er zu weit: Hotman antwortet darauf in einer Schrift so geschickt und gleichzeitig doch so energisch, daß das Parlament sich gegen den Übergriff der Theokratie in die Angelegenheiten Frankreichs wehrt und der Papst diesen Anspruch nicht weiterverfolgt.

Als die Armada in der Nordsee verschwunden war, wird auch er etwas vorsichtiger. Gegen die Anerkennung Heinrichs IV. durch Venedig erhebt der Papst keinen Widerspruch, was wiederum die Ligisten empört. Sie fanden in seinem Nachfolger, Gregor XIV. (ab 1590) ebenso wie in Spanien wieder einen besseren Kooperateur. Im Jahre 1591 proklamiert er erneut den Verlust der Thronrechte Heinrichs IV., die Exkommunikation aller, die mit ihm zusammenabeiteten und fordert wieder einmal einen Kreuzzug gegen die Häresie. Diesen Machenschaften aber entkommt Heinrich durch seine Konversion, die auf katholischer Seite einen Triumph des Gallikanismus darstellen. Der Papst schwenkt daraufhin auch um und sucht weiter um eine Aussöhnung Spaniens mit Frankreich.

Mit der Vereinigung Spaniens und Portugals 1580 wendet sich Spanien mehr den überseeischen Besitzungen und Problemen zu und überläßt Amsterdam und London die führende Rolle in Europa. Denn aus Übersee treffen Unmengen von Gold, und Silber ein und gestatten ihm einstweilen, einzugreifen, wo es ihm beliebte. Das schafft für Spanien allerdings eine Entlastung, denn es ist ja in Italien, den Niederlanden noch mehr gebunden als in der fast konkurrenzlosen Übersee, und bei jedem der beiden europäischen Spannungspunkte begegnete es jeweils auch französischen Interessen, sei es in England selbst oder auch in den fließenden Grenzen in Flamen zwischen Frankreich und den spanischen Niederlanden. Dazu kam, daß der Herzog von Savoyen ebenfalls mit den Valois verheiratet, also ein grundsätzlicher Bündnispartner war, und am 17. Januar 1601 sogar seine Besitzungen diesseits und jenseits der Alpen an Heinrich IV. abtrat. Daher erklärt sich also die Leichtigkeit und Schnelligkeit, mit der Spanien zwischen dem Verbündeten und der Schutzmacht des katholischen Frankreich zu verkleinern oder zum Vasallen zu machen drohte. Der Bischof von Dax merkte es am ehesten und bewirkte trotz des einenden katholischen Bandes, daß ab 1572 die spanischen Geldtransporte durch Frankreich nicht mehr sicher waren, bis Philipp II. schließlich ab 1578 den Seeweg zwischen Barcelona und Genua vorzog. Erst Heinrich IV. aus dem besonders spaniengeplagten Navarra führt offen Krieg gegen die Weltmacht im Süden und entledigt sich ihrer zwischen 1595-98; denn trotz der anfänglichen Überlegenheit Spaniens zeigte dessen Bankrott nur allzu deutlich, daß auch dieses Land trotz des unglaublichen Goldzuflusses aus Südamerika nicht mehr fähig war, fremdes Land auf Dauer zu halten. So zeigte es sich endgültig bei der Belagerung von Amiens. Wieder diktierte die Wirtschaft den Frieden. Mit dem Friedensvertrag von Vervins (2.5.98), der den von Cateau-Cambrésis erneuert, wird Heinrich den alten Rivalen auf Dauer und vorteilhaft los. Nur bei Calais halten die Spanier noch einen Stützpunkt.

Die ewige Verlobte, Elisabeth I. von England, war den Protestanten eine stärkere und gewichtigere Verbündete als der Mangel an Soldaten auf französischem Boden und das immer wieder nötige Anleiern von Unterstützungsmaßnahmen glauben läßt. Sie gab dank ihrer Macht manches Mal den Ausschlag, ohne auch nur ein Wort gesagt zu haben. Besonders seit die Armadaschiffe den Meeresgrund zierten und sich Sir Francis Drakes leichte und moderne Schiffe als überlegen erwiesen hatten, brauchte sie nicht einmal mehr den kleinen Finger zum Drohen zu erheben. Der Protestantismus machte sie zur natürlichen Verbündeten der Protestanten in Frankreich, und sie bewies das auch durch Soldaten, Gelder und Schiffe vor La Rochelle. Doch in Europa behielt sie den Wunsch zum Ausgleich bei, den spätere Könige Englands bewußt als Grundsatz pflegten, und verzichtete auf ehrgeizige Eroberungsunternehmen. Politisch hatte sie nicht so sehr Ziele mit Frankreich als gegen Spanien und den Papst.

Condé als Südwestfranzose rief ihren Beistand zuerst an, und er wird mit Le Havre bezahlt. Diese Veräußerung eines Stückes Heimat regte die Katholiken so auf, wie die Protestanten die Heirat Elisabeth von Valois' mit Spanien die Protestanten aufgebracht hatte. Später erhält sie sogar noch Calais, das sie wiederum im Frieden von Cateau-Cambrésis für acht Jahre an Frankreich abtritt. Coligny sieht dieses Stück England auf französischer Küste ebenso wie Condé nicht ungern, weil er sich davon eine Sicherung der Protestanten verspricht. Die Garantiemacht hätte immer schon einen Fuß in der Tür. Die katholischen Franzosen traten Elisabeth deswegen auch nicht zu nahe, weil sie ihr nicht den Geschmack auf die Heirat eines französischen Prinzen verderben wollten; denn von einer solchen Heirat hätte Frankreich sicher mehr, als es an Le Havre und Calais verloren hätte, und wäre es dann nicht ohnehin alles eins? Erst als sich diese Pläne endgültig zerschlagen, scheut die Medici nicht vor dem Massaker in Paris zurück, und Elisabeth möchte mit einer derart niederträchtigen Mörderbande nicht verheiratet sein. Vor La Rochelle läßt sie Montgomery Schiffe auffahren, aber mehr wagt auch sie nicht, trotz allen Entsetzens vor der Bluttat in Paris, denn auf Übersee begegnen ihre Untertanen Spaniens Eroberern, und die sollen dort nicht Überlegenheit über England gewinnen können. Der Untergang der Armada aber zerstob alle Hoffnungen auf einen Erfolg der Gegenreformation, und der Faktor Religion schied in den Plänen Frankreichs oder Spaniens gegenüber England damit aus.

Mit Heinrich IV. gab es keine Hochzeitsstrategien sondern realistische Partnerschaft. Doch allzu glücklich verläuft auch diese nicht; denn im Kriege mit Spanien, das Calais erobern wollte, schloß Heinrich IV. entgegen seinem Versprechen einen Separatfrieden mit dem alten Rivalen, während holländische und englische Schiffe sich im Plündern von Cadiz schadlos halten. Nach 1622 tritt Spanien seine Besitzungen ab.

Die dritte Allianzmöglichkeit neben Spanien einerseits und Deutschland oder England andererseits war das von Habsburgern geführte Heilige Römische Reich. Mit diesem suchte Katharina mehr Anschluß, zumal mit Ferdinand und

Maximilian II., weil sie bei den Kaisern mehr Neigung zum Kompromiß und zu einer echten Kirchenreform mit Hilfe eines großen Konzils als bei Spaniern und Papst zu erkennen meinte. Auch bestanden mit dem Kaiserreich weder politische noch territoriale Differenzen. Die Heirat Elisabeths von Österreich, Tochter Maximilians, mit Karl IX. bekräftigt dann auch diesen Freundschaftsversuch. Doch die Protestanten Frankreichs erblicken darin nur eine Stärkung der katholischen Seite, er wird also nicht von ganz Frankreich getragen, daher ist auch er nicht von Dauer.

Am meisten Anteil an den Geschicken der französischen Protestanten nehmen Christoph von Württemberg, der Landgraf von Hessen, der Kurfürst der Pfalz (namentlich Friedrich III.) und die Pfalzgrafen. Sie waren es, die nach dem Massaker von Vassy 7 000 Mann auf Orléans marschieren ließen. Unter dem Eindruck dieses Beistandes bietet Kaiser Maximilian 1568 selbst seine Dienste an, um zwischen Karl IX. und seinen Untertanen zu vermitteln. Doch auch Elisabeth I. gelingt es nicht, die Kurfürsten von Sachsen, Brandenburg und Pfalz zusammenzuhalten, weil der Haß auf die Calvinisten größer ist. So konnten die Fanatiker ungehindert und ungestraft das Massaker vom 24. August verüben.

Es bleibt an den Fürsten der Kurpfalz hängen, den Protestanten zu helfen. Im Vertrag vom 1. Januar 1574 zwischen Heinrich von Condé und Kurfürst Friedrich III. werden diesem Toul, Metz und Verdun versprochen, wenn es ihm gelingt, für die Protestanten in Frankreich eine ausreichende Unterstützung zu beschaffen. Wirklich rückt sein Sohn Johann Casimir 1576 mit 20 000 Mann dem Herzog von Alençon zu Hilfe aus. Im Frieden von Beaulieu muß Heinrich III. für deren Feldzug auch noch aufkommen. So arm ist Frankreich, daß dem Kurfürsten sogar die Diamanten und anderen Edelsteine aus der Krone gepflückt werden, und er nimmt zwei Boten des Königs als Geisel mit nach Heidelberg, wo er sie wie im alten Rom bei seinem Triumphzug mitführt.

Neue Gefahr zieht auf, als Rudolf II. Kaiser wird. Mit der Tochter Philipps II. verheiratet, ist er sogar Anwärter auf den spanischen Thron und dessen Weltreich. Damit scheidet Spanien als Bündnis- oder Hilfspartner aus. Heinrich IV. wartet nicht erst auf einen Anlaß sondern, sendet Ségur Pardaillon als Boten zu den protestantischen Fürsten, ob sie nicht lieber jetzt eine Allianz unter Führung Elisabeths von England bilden wollten, um so noch einen Krieg zu vermeiden. Der Abendmahlsstreit könne doch wohl mal ein paar Jahre hintangestellt werden. Elisabeth befürwortet den Rat, aber die deutschen Fürsten wollen Rudolf keinen Vorwand geben, die Augsburgische Konvention zu brechen. Nur August von Sachsen befürwortet eine solche Allianz, ist doch in seinem Reich 1580 und 82 die Konkordienformel erschienen. 1585 spitzt sich die Gefahr zu, und Ségur reist ein zweites Mal durch Europa. England gibt Geld, Deutschland Soldaten. Auf einer Versammlung in Worms (1586) beschließen die Fürsten und Städte Ulm, Nürnberg, Augsburg, Frankfurt und Straßburg, Heinrich III. ihre Vermittlung anzutragen. Doch ihre feierliche Sendbotenschaft wird vom König übel empfangen (11. Oktober 1586). Elisabeth und der dänische König senden 1587 daher Johann Casimir direkt ihre geldliche Unterstützung. Dieser aber verlangt in einem Vertrag von Fridelsheim (11.1.1587) eine Hypothek auf die Güter des Königs von Navarra, auf die Güter der reformierten Kirche und des Adels als Sicherheit. Zu diesem Zweck besetzt er jede Stadt, die er auf dem Feldzug erobert. 7 000 Soldaten kommandiert alleine der Burggraf Fabian von Dohna, das will bezahlt sein. 1587 versucht der Botschafter Bongars erneut, Hilfe bei den deutschen Fürsten zu bekommen (Halle, Dresden, Kassel, Lübeck), gleichzeitig ist d'Averly in London und Sancy in Süddeutschland. Wenigstens er kommt mit Truppenhilfe aus Kassel zurück. Währenddessen bittet Heinrich IV. in Konstantinopel bei den Türken, sie möchten einmal eine Zeitlang Ruhe geben, damit die deutschen Fürsten sich für ein Engagement in Frankreich frei machen können. Wahrscheinlich hat die gemeinsame Wut auf den Papst dabei den Ausschlag gegeben. Drei Jahre später: Dasselbe Spiel durch de Turenne. Auch hier erhebt sich das deutsche Eisen nur schwerfällig, doch an der Belagerung Rouens sind neben den Hugenotten selbst immerhin zwischen 15 000 und 18 000 Deutsche, 4 500 Engländer und 2 000 bis 3 000 Flamen beteiligt. Dann kommt die Konversion Heinrichs IV. dazwischen, die die Fürsten irritiert, aber die sie zumindest erst einmal abwarten. Daß das nötig war, zeigt, daß sie von den wahren Kämpfen Frankreichs noch nicht genügend mitbekommen hatten. Doch 1596 weigern sie sich, dem Pakt Heinrichs IV. mit Elisabeth und den Niederländern beizutreten, werden aber im Vertrag von Vervins berücksichtigt.

Aus Vorsicht gegenüber dem Kaiser einerseits und aus Rücksicht auf die Türkengefahr andererseits zögerten die deutschen Fürsten stets, ihre evangelischen Glaubensgenossen in Frankreich entscheidend beizuspringen, so daß die Katholiken ein für alle Mal das Sticheln und Kriegeln und Intrigieren gegen die Reformierten aufgäben. Sie taten es nie, ohne sich für Frankreich ruinös bezahlen zu lassen oder zogen sich so bald zurück, daß ein Sieg nicht zu dauerhaften Vorteilen ausgebaut werden konnte. Heinrich IV. gelang es deshalb nicht, eine entscheidende Überlegenheit gegenüber Spanien zu erringen, und seine Schwächung sollte er noch lange nachteilig spüren. Es kann mit Sicherheit gesagt werden, daß ein entschiedeneres Engagement deutscher Fürsten in Frankreich den Frieden gefördert hätte. Doch da die Fürsten diese Stunde nicht erkannten, schadeten sie sich indirekt selbst, indem das katholische Frankreich auch als ihr Feind zu stark blieb. Das sollte sich schon unter Ludwigs XIV. Feldzügen in der Pfalz erweisen.

Allein Straßburg nahm nicht nur Flüchtlinge auf sondern entsandte auch Unterstützung. Die französische Gemeinde, in der Calvin von 1538-41 wirkte, wurde erst 1563 von Lutheranern aufgelöst, doch traf Condé bei einem Aufenthalt 1577 noch viele Flüchtlinge an. Die Stadt gibt wiederholt Gelder an Heinrich IV., und er entschädigt sie mit der Domäne der Chartreuse. Noch wichtiger aber ist, daß er und Georg von Brandenburg ihr zu Hilfe eilen, als der Kardinal von Lothringen die Schlüsselstellung des Bischofsstuhles in der Stadt besetzen will. Im Kompromiß von Saarburg (1595) und Vertrag von Hagenau (1604) wird die Trennung des Bischofssitzes von der freien Reichsstadt vereinbart. So behält Heinrich IV. auch in der Wächterin am Rhein den freien Zugang nach Deutschland.

Wenn man so der Reihe nach alle Gebiete des Lebens durchschreitet, um nicht zu übersehen, wie sie von den Religionskriegen verzerrt werden, so kehrt man mit neuer Überzeugung zu dem Ergebnis zurück, daß die kleinen Leute am ärgsten betroffen sind. Aber nicht alleine, weil auf ihrer Zahl die militärische Potenz beruhte und sie die Zerstörungen und Schäden zu ertragen haben, sondern weil sie in keiner Weise irgendeinen Vorteil erringen, das Frankreich der Religionskriege schon einmal gar nicht. Weder außenpolitisch, noch religiös, noch innenpolitisch noch in sozialer Hinsicht errang der letzte Krieg einen Vorteil, sei es auch zu hohem Preis. Stetige Entwicklung des Landes durch geregelte Besitzverhältnisse wurde durch die Spekulationen vereitelt, Kleinbauern wurden ins Tagelöhnerdasein hinabgewürdigt, eine Reform der katholischen Kirche oder eine friedliche gallikanische Besinnung wurden durch den Ehrgeiz der Guise verhindert und militarisiert; die kirchliche Reformation wurde entgegen ihrem ausdrücklichen Willen politisiert, Katholiken holten die Spanier, Protestanten die Deutschen und Engländer; die Außenhandelsbeziehungen wurden ständig gestört und damit unattraktiv gemacht, unter diesem Druck eine Reifung der Industriehandwerker in den Manufakturen zu einer neuen Zunft abgewürgt. Jede Reform und soziale Evolution, die sich hätte vollziehen können, unterblieb, fand keine Ruhe oder wurde im Widerstreit radikalisiert und umso eher unterdrückt. Als man sich der bedeutendsten Hefe, der Protestanten, entledigt hatte, war die Zentralmacht so stark, daß auch kein anderer mehr Luft bekam. Das war der Grund, warum das Faß 1789 explodierte – umso schmerzlicher für die Herrschenden, aber leider traf dieser späte Denkzettel nicht mehr die Verursacher im 16. Jahrhundert.

Der Vergleich ist wohl erlaubt, daß in der heutigen Bundesrepublik manche Umweltrücksicht nicht genommen würde, wenn es die Grünen nicht gäbe. Nicht, daß diese durch ihre Stimmen oder sonstigen Druck das erreichten, sondern ihr Vorhandensein ist den anderen Parteien eine Warnung, auf die von ihnen vertretenen Ziele Rücksicht zu nehmen, da sie sonst noch mehr Anhänger gewinnen. Im damaligen Frankreich aber war genau dieses Gefühl der Bedrohung in den alten Strukturen von Kirche und Monarchie so stark, daß der Anstoß durch die Reformierten ganz und brutal unterdrückt wurde, aber alles, was sie angestoßen hätten, unterblieb dann auch, und das rächte sich bitter.

Zugleich enthüllt der Blick auf die Pyrrhussiege im 16. Jahrhundert auf den beiden Religionsseiten und den übergroßen Verlusten im Volke, daß es nicht um die bekannten Allianzen ging, sondern daß jede der Seiten andere Gründe als die, zu denen sie sich bekannte, bewußt oder unbewußt hegte. Auch eine Religionsallianz ist nur Zweckgemeinschaft und bricht, wenn der Zweck, nicht die Religion, erreicht ist. Damit hatten die Päpste viel Mühe: Ihnen blieben dann nur die Waffen ihrer Religion, Exkommunikation oder Inquisition, wenn ein weltlicher Herrscher, den sie in Dienst nahmen, plötzlich zu kämpfen aufhörte, weil er inzwischen seine Ziele erreicht hatte. Wenn nun also dieser Scheinzweck und die Scheinallianz entlarvt sind, so ist es nicht weit nach der Frage, was denn der wahre, nicht der bekundete Zweck sei. „Der Grund aller Grausamkeit ist eine alles überwältigende Angst."

Frankreichs Geschichte im 16. Jahrhundert ist nicht zu verstehen ohne Blick auf die katastrophale Wirtschaftslage. Die wirtschaftliche Krise Frankreichs zeigt sich insbesondere an einer gallopierenden Inflation, harter Besteuerung und Ausverkauf von Landbesitz, was die Wirkungen der verheerenden Kriege noch verstärkt.

Spanien bezog aus Südamerika zu dieser Zeit immer mehr Gold und Silber. Die Herrschaft des Münzgeldes wirkte sich auch auf Frankreich aus. Das Pfund von Tours (vgl. pound Sterling) umfaßte 20 Sol zu 12 Deniers und war in Gold, Silber und Kupfer im Umlauf. Im 16. Jahrhundert alleine verliert es die Hälfte seines Wertes. 1475 zählte es 33 Sous, 1602 noch 65 Sous, und kurzzeitig konnten während der Ligaherrschaft auch noch extremere Werte erreicht werden. Schon am Ende der Regierungszeit Franz I. mußten Silbermünzen beschafft werden, weil das Gold nicht ausreichte. Mit den Friedensedikten der nächsten Jahrzehnte schwankte der Monetarismus mal zwischen Förderung oder Einschränkung des Goldumlaufes. Die Münzprägekrise erreicht ihren Höhepunkt zwischen 1589 und 1606, da Amsterdam zu einem Handels- und Finanzplatz ersten Ranges aufsteigt und von dort die Abwanderung oder Einwanderung von Münzgeld bestimmt wird. Dazu kommt 1596/97 der Staatsbankrott Spaniens, der in Frankreich den Preisanstieg von Silber und Gold noch verstärkt, denn bis dahin waren etwa 600 000 spanische Exus im Jahr nach Paris geflossen. 1602 mußte eine Abwertung angeordnet werden. Von dieser Lage profitierten der venetische Dukaten und die kaiserlichen Escudos (ab 1537). Darum wird ihre Zirkulation in Frankreich am 1.1.78 verboten. Der Schriftsteller Bodin sieht den Grund der Teuerung „in dem Überfluß von Gold und Silber, der heute in diesem Königreich mehr als in den bisherigen vier Jahrhunderten ist". Auch Heinrich IV. selbst sieht den Grund im Einströmen des Edelmetalls und beklagt „die exzessive Teuerung aller lebensnotwendigen Sachen, die Vergrößerung der Geldmenge gegenüber der Verminderung der Goldmenge, die Frankreich für seine Exporte erhält, den Verlust an Handelsgütern die auf Kredit in Livres und Sous verkauft worden sind und der viel größere Verlust der Landbesitzer die einen Pachtzins beziehen, der Schaden aller Schuldner, die in Ecus zahlen müssen."

Die Teuerung selbst wird unabhängig von den monetären Faktoren auch realwirtschaftlich beeinflußt. An den Getreidepreisen der Handelskammer von Paris läßt sich von 1520-1620 als einem Spiegel ablesen, welche Entwicklung die Preise im 16. Jahrhundert nahmen. Demnach stiegen sie auf lang Zeit stetig vom Tode Ludwigs XII. an, wurden schlimmer nach dem Frieden von Cateau-Cambrésis und kommen zwischen 1630-40 zur Ruhe. Von 1555-75 ist gleichfalls eine stärkere Preiserhöhung erkennbar, da in dieser Zeit die Kriege mit dem Ausland und der Beginn des Bürgerkrieges fallen. Gleichzeitig fehlt es an Händen „auf Deck", so daß Felder nicht bestellt werden können und Lebensmittel zusätzlich verknappen. Von 1589-98 explodieren die Getreidepreise wegen der Kriege mit dem Ausland. Der militärische Ehrgeiz der lothringischen Guise und der Liga drückt die Preise ebenso wie nach dem Kriege mit Spanien nach oben, hingegen südlich der Loire ist der Anstieg weniger dramatisch. Von 1598 an trägt die politische Stabilisierung erheblich zu einer Preissenkung bei.

Die wirtschaftliche Entspannung und der steigende Wohlstand während der Regierungszeit Heinrichs IV. trugen nicht wenig zu seiner Beliebtheit als König bei und banden das Volk an ihn. Was die Vorräte und Güter selbst betrifft, so ging es dem Lande hier besser als der Stadt. Daher bildeten sich auch politische Gegensätze zwischen Stadt und Land heraus. Die Hungersnöte von 1562/63, 65/66, 73/74, 86/87 und von 1590-92 gereichten den Überlebenden stets zu einem tragischen Vorteil. Nur 1587, 88 und 89 gab es gute Ernten, doch 1590 konnte man nur ein

Drittel der üblichen Getreidemenge in die Scheuern fahren!

Konnten die Soldaten während der Kriege schon schlecht versorgt werden, so förderte das nur noch Verwüstungen, Mundraub, Besoldung in Naturalien, Entschädigungen und Blockieren von Landarbeit bei Belagerungen oder durch Requirierung von Zugvieh. Dabei dürfen die vielen ausländischen Heere am lieblosesten mit der Fremde umgegangen sein: Die etwa 6 000 Schweizer, die 18 000 Fußsoldaten und 5 000 Reiter des Alexander Farneses zur Entsetzung Paris' und Rouens, die Heere des Herzogs von Parma, die päpstlichen Heere Gregors XIV., Innozenz' IX. und Clemens VIII. (um 1590).

Die Synode von Sainte-Foy, auf der die Protestanten ihre Selbstverteidigung beschlossen, führte den 5 200 Kämpfern aus der Gascogne, dem Béarn und Languedoc Söldner aus England, der Pfalz, Württemberg und Hessen zu, und oft stifteten diese Länder auch den Sold. Besonders baute man auf die 1 500 deutschen Reiter, die mit den Pistolen anstelle von Lanzen ausgerüstet waren, während die 2 000 Landsknechte mit Musketen, Piken, Hellebarden, Zweihändern oder Arkebusen bewaffnete waren. Aus Mangel an finanziellem Rückhalt und lange aufgebauter Reserven ändert sich das Manöver weg von schwerem Aufmarsch mit Artillerie hin zu leichten Waffen, schnellen und überraschenden Bewegungen.

Jedoch der Krieg alleine erklärt nicht die öffentliche Verschuldung, das Ausbleiben von Einnahmen und die Teuerung. Die Höfe, und insbesondere der Hof der Valois, ließen es sich ungeachtet dessen wohl sein und unterhielten weiter Spiele, Botschafter im Ausland und Pensionäre. Doch neben den königlichen Steuern hatte das Volk auch die städtischen zu tragen, den Zehnten für die Kirche, manch weiteres Opfer, und viele Zölle dazu, besonders wenn eine Garnison unterhalten oder Befestigungen gebaut werden mußten. Unter Heinrich III. wurde die Zahl der Steuerbüros von fünf Generalitäten auf elf erhöht, und die Zahl der Sitze von 17 auf 20. Deren Angehörige sind jedoch nicht wie preußische Beamte pflichtbewußt, sondern gleichen eher dem in das eigene Säckel arbeitenden Zachäus aus der Bibel. Maulbeerbäume gab es in Frankreich ja auch genug. Es kommt also nicht allzuviel aus den Steuern beim König an, aus manchen Gegenden überhaupt nichts. Zumal den Königen bei allen Intrigen und Machtkämpfen und der Verteidigung nach außen kaum Zeit blieb, die Verwaltung zu kontrollieren. Ab 1570 häufen sich Fälle von Steuerverweigerung.

Das Königshaus verfiel als Ausgleich dafür auf den Verkauf von Ämtern in Finanz- und Justizwesen. Franz I. unterhielt schon 1532 ein eigenes Büro dafür. Der aufrechte Michel de l'Hôpital beurteilte skeptisch, daß die Regierung nun weder Hände noch Füße habe. Unter Heinrich III. kam es zu einer allgemeinen Veräußerung von Ämtern, und er vermehrt sogar Amtsstellen, um sie verkaufen zu können. Bald wird auch die Rückgabe eines Amtes verkauft. Später werden Adelsbriefe gegen bar ausgegeben. Wurden Exporte schon 1542 besteuert, so werden es 1581 auch die Importe, doch hier tritt als Grund hinzu, daß der Ausfluß von Edelmetallmünzen verhindert werden sollte. Denn Hartgeld in Gold oder Silber war damals „Nerv und Kraft der öffentlichen Angelegenheiten", wie der Kanzler Duprat 1517 sagte.

Die Kirche verdoppelt die königliche Steuer um die ihren und wirtschaftet mit ihren Landgütern ebenfalls um Geld, was der König heftig kritisiert. Kraft einer Ordonnanz von 1561 ist von da ab mit Münzprägeanstalten kein Halten mehr. Schließlich erreicht der König mit einem Vertrag vom 21. Oktober 1561, daß die Kirche ihm während sechs Jahren 1,6 Millionen Pfund für den Rückkauf von Domänen außerhalb Paris' zahlt.

Schließlich treten zur Mißwirtschaft noch überzogene öffentliche Anleihen und Kredite, seien sie kurz- oder langfristig, und so handelt vor allem Lyon, das durch seine Messe viele zahlkräftige Leihgeber anzieht. 1532 werden als langfristige Anleihen die sogenannten Rathaus-Anleihen (rentes de l'Hôtel de Ville). Diese wurden bei Händlern beliebt, weil sie sicherer als Handelsgüter waren. Auch Arbeiter verkauften ihre Habe, um im dann gekauften Rentenacker einen Goldklumpen zu finden. Der Adel, der den König hierin um nichts nachstand, verarmte allerdings dabei. Der König versucht daher in drei Anläufen, die Zinsen zu senken, was aber nicht gelingt, weil die Preiskurve ebenfalls zu kräftig nach oben strebte.

Versteckte Anleihen gab es auch in Form von Steuervorauszahlungen, die am schnellsten Geld einbrachten. Daraus entwickelten sich Pachtverträge, „cinq grosses fermes", die sich als stabile Einkünfte bis ins 17. Jahrhundert erhalten sollten. Aufgrund dieser Geschäfte, Transaktionen und des Geldverkehrs entstand ein Bedarf an Finanzfachkräften, die darüber den Überblick behalten konnten. Sie wurden zunächst aus Florenz geholt und wetteiferten mit einheimischen Bankiers um das Melken des verschuldeten Staates. Das wurde so schlimm, daß die Abgeordneten 1560 und 1576 protestierten, und die Lyoner Kaufmannschaft 1575. Die Monarchie geht mit einer Ordonnanz von Blois in etwa darauf ein, ändert aber nichts Entscheidendes an der Abhängigkeit von ihren Geldgebern. Darüber beklagt sich sogar ein spanischer Botschafter. Manche Wirtschaftshistoriker erkennen darin die Ursachen für den Niedergang Antwerpens (ab 1575), während Amsterdam und Frankfurt aufsteigen, trotz der stetigen Weiterentwicklung Paris' als Bankplatz. Nie haben Kriege solchen Geldabfluß bewirkt wie die Religionskriege in Frankreich, nie sind Edelmetallgelder so schnell verbraucht worden und haben Staats- und Privatbankrotte nach sich gezogen, während Schulden zunahmen und Haushalte sich aufblähten. Letztlich hielten sich die Armeen nur aufgrund ausländischer Gelder. Die Feldzüge und die lächerlichen Vorteile, die sie errangen und die kleinfingerbreiten Toleranzaussichten, die die Könige gaben, sind zu einem großen Teil nur Ausdruck ihres wirtschaftlichen Unvermögens.

Umgekehrt geht die Unbeweglichkeit von Kriegsheeren und in der Toleranz der Monarchie direkt auf die wirtschaftliche Unbeweglichkeit zurück, und verstärkte alle irrationalen Ängste, die man den Hugenotten entgegenbrachte.

Im Jahre 1581 macht sich der Finanzminister Froumenteau bereits Gedanken, was die Religionskriege gekostet haben mögen. In der Bevölkerung sollen diese Kriege selbst mehr Lärm als tatsächliche Tote gekostet haben. Darüber sind Aussagen möglich, weil jede Seite der Religionen ihre Glaubensopfer zählte. Zwar sind diese Kriege durch verlustreiche Schlachten und Massaker ausgezeichnet, doch auf die Länge der Kriegsperiode verteilt hat die Bevölkerung Frankreichs nicht ein Drittel ihrer Einwohner verloren so wie die deutschen Lande im Dreißigjährigen Krieg. Auch die Pfarramtsregister kann man dazu heranziehen, selbst wenn sie im 16. Jahrhundert noch nicht überall eingeführt sind. Nur im Westen und in der Provence werden sie besser geführt. Nach Froumenteau handelte es sich also um 756 200 Tote, 1 235 massakrierte Frauen, 12 300 Vergewaltigungsopfer, 252 abgebrannte Dörfer, 124 000 zerstörte Häuser.

Während die Bevölkerung vom Ende des 15. Jahrhunderts an bis zum Beginn der Kriege dank der Fruchtbarkeit des Landes stetig gewachsen war und Bodin gar von „der unbegrenzten Volksmenge, die in diesem Königreich überall anzutreffen ist" reden kann, kommt es gegen Ende des Jahrhunderts zu einem Rückgang. Das zeigt auch ein klarer Rückgang der Taufen in den letzten Jahrzehnten und ein Überwiegen der Sterbeeintragungen. Für die Languedoc sieht Emanuel Le Roy Ladurie schon zwischen 1560-70 einen Rückgang, doch sind dafür weniger die Schlachten selbst als die Massaker verantwortlich, der Viehdiebstahl und die Requisition. Erst ab 1600 steigt die Bevölkerungszahl wieder an, doch auch langsamer als in der ersten Hälfte des 16. Jahrhunderts.

In den Städten sieht es meistens schlimmer aus. So nahm

ja in Paris die Bevölkerung durch die Bartholomäusnacht schlagartig um mehr als 4 000 Menschen ab. Bei den großen Schlachten konnten die großen Verbesserungen, die die Chirurgie Ambroise Parés errungen hatte, nicht jeden Verwundeten erreichen und so einem zivilen Beruf wieder zuführen. Dieser protestantische Feldarzt besaß eine so überlegene Kunst, daß der König ihn von den Morden der Bartholomäusnacht ausdrücklich ausnahm. Zwischen 1562-98 erklären auch Hungersnöte insbesondere in Gebieten mit Monokultur und in Handwerksstätten wie Beauvais, Rouen und Amiens. 1562 wütete die Pest in Paris, 1564 in Lyon, 1580 raffte der Keuchhusten viele Kinder dahin und in Marseille die Pest, 1585 ist die Pest wieder in Lyon, Dijon, Bordeaux, Senlis und vielen anderen Städten. Im Poitou raffte eine Kolik die Bauern dahin. In Paris sterben nach Aufhebung der Blockade durch Heinrich IV. im Dezember 1590 mehr Menschen an Gelbfieber aufgrund der schlechten Nahrung während der letzten Monate als in den sechs Monaten der Pest des Jahres 1580. Im März 1595 bewirken starke Regenfälle viele Überschwemmungen, die wiederum zu Lebensmittelknappheit führen. Die Pest von 1564 in Lyon vernichtete zwei Drittel der 50 000 Einwohner und der Rest floh, so daß die Stadt erst 1597 wieder 20 000 Einwohner zählte.

Diese Erschwernisse führen dazu, daß Teile der Bevölkerung abwandern, wohin es ihnen sicherer erscheint. Leute aus der Auvergne und dem Limousin arbeiten jeden Winter in Spanien, und zwar als Seidenweber, Schmiede, Bauern und Gärtner. Soldaten, die sich nicht wieder an ein ziviles Leben gewöhnen können, verdingen sich als Söldner in einem anderen Land. Die ersten und ungünstigen Edikte führen zu Abwanderungen von Hugenotten nach Deutschland, Holland und in die Schweiz schon zu dieser frühen Periode.

Diese Verhältnisse und Bedingungen muß man mitbedenken, wenn man verstehen will, warum hier eine Stadt erobert wird, dort ein Friede geschlossen wird, dort eine

Bevölkerung sich wankelmütig zeigt und die Seiten wechselt, hier eine Hetze auf angeblich Schuldige ausbricht. Viel häufiger haben die wirtschaftlichen Verhältnisse Beginn und Ende von Kriegen diktiert als die politischen Ziele. Bedenkt man diese Verhältnisse, so kann man sich ebenfalls leicht vorstellen, daß die Besitzverhältnisse häufig umgekrempelt wurden; denn wenn 30 000 Lyoner sterben, soll es wohl in der Stadt und in ihrem Umland plötzlich viele herrenlose Besitzungen geben.

Die Teuerung sorgte darum für besondere Gier nach Landbesitz. Gleichwohl mußte die Kirche sich vielfach und in starkem Maße von Gütern trennen, um die Kriege mitfinanzieren zu können. Adelige und reiche Bürger sind die Abnehmer der Immobilien. Auch der Prinz von Condé sammelte sich auf diese Weise riesige Ländereien. Doch diesem Ausverkauf in reformierte Hände suchte die katholische Kirche wiederum durch Sonderpreise für Familienmitglieder und Günstlinge zu begegnen. Aufgrund dieses Landhungers kann man erneut verstehen, weshalb sich die landlosen Herrschaften per Inquisition oder Edikte auf protestantische Ländereien zu stürzen suchte und wieso der Verlust des Besitzes und die Familienhaftung eine besonders beliebte, weil einträgliche, Strafe waren. In Paris entgeht sogar einem Nuntius nicht die Beobachtung: „Die Häuser der Hugenotten werden vom Volk mit unglaublicher Habgier bestürmt." Aufgrund des Edikts von 1585, das den Hugenotten eine Frist von sechs Monaten zur Bekehrung gewährte, wird diese Frist in Windeseile auf drei Monate und dann zwei Wochen verringert, auf daß man schneller an ihre Habe komme.

Diese Habgier ist sicher als eine andere Form der Existenzangst zu erklären; denn zu jener Zeit ohne Sozialversicherung bot Besitz die größte Gewähr des Überlebens, und jede Seuche oder Hungersnot machte das Überleben ja erneut zu einer bedrohlichen Frage. Zweitens aber wird die religiös geprägte Redlichkeit und Zuverlässigkeit der Hugenotten ihnen wirtschaftlichen Erfolg beschert haben, den katholische Händler ihnen neideten; denn die Schweiz veranschaulicht ja durch ihre weitgehend von Kriegen ungetrübte Geschichte, zu welchem Erfolg die Reformierten durch ihr religiös geprägtes Alltagsleben geführt wurden, wenn es sich ungestört entfalten konnte. So wurde man also nicht nur um die Habe der Hugenotten reicher, sondern gleichzeitig auch arge Konkurrenten los.

Überall da, wo die Protestanten in der Minderheit waren, kam es 1585 zu „legalen" Enteignungen aller Reformierten. Ihre Güter werden von königlichen Beamten versteigert. Nur in Flandern lassen sie schlau ihren Besitz auf den Namen der nunmehr katholischen Kinder überschreiben, doch 1587 regt sich Paris darüber so auf, daß Heinrich III. eingreifen muß. Jedoch werden auch manche Katholiken nicht verschont, so daß manche Gouverneure zögern. Die Vorschriften des Königs vom 24.8.72 durchzuführen, das zeigt umso mehr, ein wie mächtiges Vernichtungsinstrument die Habgier im Kampfe gegen die Hugenotten war, sonst hätten sich die Herrschenden ihrer nicht so oft bedient. Außerdem war es ein Kriegsinstrument, daß die Veranstalter des Krieges nichts kostete, außer den Habgierigen die letzte Hemmung zu nehmen.

Opfer der Transaktionen und Bereicherungen sind meistens die kleinen Bauern, die von den Neubesitzern verdrängt werden oder bei dem Schacher, der Spekulation und Anlage entweder geldlich oder auch intelligenzmäßig nicht mithalten können. Bei militärischen Requisitionen verlieren sie alles, Produktionsmittel und Verkauf, während die Großen noch etwas für den Neuanfang übrigbehalten. Ganze Kommunen sind mitunter gezwungen, Waldungen und Weiden zu verkaufen. Kaum noch jemand ist in diesem Jahrhundert auf seinem eigenen Besitz – entweder dient er als Tagelöhner oder er ist Pächter eines berenteten Landes. Unter den Kleinpächtern und Bauern findet der Protestantismus daher zuerst seine Anhänger, weil die neue Glaubensform, die Autonomie der Gemeinde, ihnen vorexerziert, wie die Gesellschaft geordnet sein könnte und daß Mitbestimmung nicht Auseinanderfall bedeutet.

Im Vivarais lassen sich die Behörden immerhin auf Arbeitsverträge ein. Doch Revolten in verschiedenen Gegenden sind Zeichen dafür, daß das Problem nicht von Grund auf und damit befriedigend gelöst wird. Daher verwundert nicht, daß sich ganz allmählich eine Spur von Klassenbewußtsein heranbildet. Der Provinzialrat von Burgund verbietet 1590, daß Dörfer sich bewaffnen, „auch dann nicht, wenn sie Feinde abwehren wollen", weil die Gefahr zu groß ist, daß sie mit den Waffen sozialpolitischen Forderungen Nachdruck verleihen. Denn schon 1545 war es in der Provence zur sehr brutalen Niederschlagung eines Konflikts gekommen, woraufhin sich König und Parlament von Aix zusammenschlossen, doch auch so wurde der sozialreligiöse Konflikt nicht gelöst. Sechzig Gemeinden sollten laut Theodor de Bèze damals davon betroffen gewesen sein, besonders zwischen der Durance und dem Lubéron. In den Jahren 1548/49 erstreckte sich ein Aufstand über die Guyenne bis Bordeaux aus, trotz Mahnungen von Parlament und Juristen. Im April 1589 vernichtete der Herzog von Montpensier Aufständische (Gauthiers) in der Perche, doch bis 1593 folgten weitere Meutereien von Landvolk, das ebenso verbissen wie ohne Habe war, und man nannte sie „francs museaux", „chateauverts" oder „lipans". In der Bretagne greifen die Bauernkriege die vom Herzog von Mercoeur gehaltenen Städte an. Auch dabei hört man, wie sie geistliche Lieder singen, kaum anders als die „räuberischen und mörderischen Bauern", die sich von Luthers Lehren zu sozialpolitischen Forderungen ermutigt sahen. Nur in der Normandie aber wird 1593 ein Deputierter von Arbeitern für die politische Versammlung berufen. In Burgund halten sich die Unruhen bis 1592; denn sie gesellen sich zu den Erhebungen der Städte gegen die „Prediger" und die „Schwerreichen". Allmählich also war das Maß voll, und das Volk ließ sich nicht mehr unendlich auf politische Ziele verpflichten, die ihm nichts einbrachten außer

Worten. Um Châlons-sur-Marne haben sie sich sogar Schutzgräben angelegt. 1594 dringen sie gesammelt auf die Städte ein, um dem Regime Mayennes den Gnadenstoß zu versetzen. Heinrich IV. ist so klug, nicht zu Gewaltmitteln zu greifen, doch der Adel selbst greift am 24. Juni 1593 zu den Waffen und streckt mehr als 2 000 Bauern nieder. Am 16. März 1595 versucht Heinrich vielmehr das Schuldenproblem als Grundübel zu regeln oder gar zu beseitigen. In dieser Zeit fiel sein Wort, daß „jeder Bauer am Sonntag ein Huhn im Topf haben sollte", und dieses Wort zeigt, wie konkret die Forderungen der Bauern bei ihm angekommen waren und daß es sich keineswegs nur um eine prägnant-nette Formulierung handelt.

Die Zünfte in den Städten

Vom Anfang des 16. Jahrhunderts an hatten sich aus traditionellen Freien und Zunfthandwerkern auch erste industrielle Formen und Manufakturen herausgebildet. Das war besonders mit dem Lyoner Webereien der Fall, die den ganzen Mittelmeerraum belieferten und über beste Auslandskontakte verfügten, bei Glas- und Eisenhütten, Minen und Schmieden, aber neuerdings auch mit Druckereien; denn der friedliche Meinungsaustausch begleitete ja in stürmischem und nie dagewesenem Maße den zerstörerischen Waffenkrieg.

Diese Produktion leidet in besonderem Maße unter der politischen Instabilität, der Inflation, Teuerung und dem Unterbrechungen oder gar Zerstörungen durch Kriegshandlungen. Per Edikt vom 3. Oktober 1582 werden alle ausländischen Waren einem Zoll unterworfen. 1583 sollen Fertigwaren ganz ausgesperrt, Wolle, Leinen, Hanf, Seide, Wachs, Kupfer, Edelholz und andere Rohwaren aber eingeführt werden. Denn wegen der Unruhe begann Italien Frankreich den Rang abzulaufen. Der Rettungsversuch mit diesen Eingriffen gelang aber nur unvollkommen.

Hingegen erstarkten die Betriebe so sehr, daß sich in Paris zwischen 1560-70, in Troyes zwischen 1580-94, in Bourges von 1574-83 Streiks ereignen und Schule machen. Hier ergreift das Königshaus die Partei der Patrons. Sie streiken gegen die Beschäftigung von zu vielen Lehrlingen, zu niedrigen Löhnen und schlechtes Essen. Doch 1571 wenden sich die Lyoner Drucker direkt an den König, er solle sie beschützen „gegen die Monopole und Konflikte der Setzer, da wir unmöglich für alle Naturalien, Löhne und Gehälter aufkommen können. Die Buchhändler sehen sich genötigt, die besten ihrer Bücher im Ausland drucken zu lassen." Dagegen wehren sich die Setzer, daß sie die wirklichen Drucker seien, weil ihre Meister nur als Händler aufträten und nur das Gerät zur Verfügung stellten. Sie verweisen auf ihr Leben überhaupt, das „nach langem Dienst in schlimmer und schandbarer Bedürftigkeit" ende. Die Buchhändler dagegen könnten ihr Vermögen oft in einem Jahr verdoppeln oder verdreifachen.

In einer königlichen Erklärung vom 10. September 1572 werden die Arbeitsbedingungen und Löhne (einschließlich Essen durch Frau Meisterin) wenigstens für Paris geregelt. So verhindert der König die Bildung von Gewerkschaften, die der Kirche als Vorwand für Sittenverfall erschienen und dem Staat als Störung des öffentlichen Friedens. Die Verordnung von Villiers-Cotterets verbietet sie ausdrücklich, doch sie entstehen immer wieder.

Nur die Liga greift die Unzufriedenheit dieser Leute gezielt zu ihrem Nutzen auf. Der katholische Glaube ersetzt ihnen das Brot, und es bahnt sich allmählich ein psychologischer Austausch an, nämlich daß der Sozialkonflikt überhaupt vom Religionskrieg ersetzt wird. L'Estoile berichtet in seiner Chronik: „Das Volk war so aufgestachelt und wütend, daß es sich oft sogar in der Nacht erhob, die Pfarrer heraustrommelte, daß sie es zu einer Prozession anführte." Das alles, obwohl Franz I. bereits 1544 an Innungsherren das Gewohnheitsrecht, Meistertitel zu verkaufen, verboten und es dem Magistrat übertragen hatte. Karl IX. schafft

1567 das Amt von Konsulrichtern und regelt, daß die Preise alle drei Monate festgelegt werden sollen. Diese Anordnung erneuert Heinrich III. und wagt sich 1581 sogar an eine umfassende Reform der Handwerke und Zünfte. Doch erst Heinrich IV. wußte es 1597 in Kraft zu setzen, um das kranke Frankreich wieder auf die Beine zu bringen. Die Stärke der niederländischen Zünfte aber wird in Frankreich nie erreicht.

Der Handelsinfarkt

Mitte der achtziger Jahre sind alle Bemühungen von außen ebenso wie die unsinnigen Erschwernisse durch die Innenpolitik auf ihrem Höhepunkt, der Handel aber auf seinem Tiefpunkt, er kommt zum Erliegen. Märkte werden nicht mehr besucht, die Binnenschiffahrt geht ein. Viele ausgewanderte Hugenotten, die als Händler in ihre ehemalige Heimat reisten, besannen sich anderer Märkte und blieben aus.

Lyons Fall ist typisch: Die Stadt war mit der damals erstaunlichen Zahl von vier Messen ins 16. Jahrhundert gekommen, kannte also soviel Stabilität, daß sich Leute viermal im Jahr auf den Weg nach Lyon machten. Sie verfügte über Konsulate, Banken, Miliz und hervorragende Infrastruktur überhaupt. Dann aber raffte die Pest 30 000 Menschen dahin. Damit nicht genug, machten rechthaberische Katholiken den protestantischen Kaufleuten das Leben schwer, so daß auch die letzten, die noch nicht mit Ware und Geld ins Ausland gegangen waren, schließlich auch das Weite suchten. Mit ihnen aber blieb auch der Strom der Käufer aus Deutschland und der Schweiz aus, und Lyon erlebte im städtischen Maßstab den Blutverlust, den das ganze Land aufgrund des unklugen Edikts von Fontainebleau insgesamt durchmachen sollte. Um 1575 kommt es zu einer solchen Schwächung und Krise Lyons, daß andere Städte, namentlich Florenz, seine Rolle mühelos und unwiederbringlich übernehmen. Ein Jahr später kommen die verdutzten Krisenmanager der Stadt an der Rhône dazu, sämtliche Handelshemmnisse zu streichen, die es in Form von Zöllen, Steuern, Subventionen gegeben hatte. Die alte Stärke wird dadurch aber nicht wieder erreicht. 1589 versteigt sich die Stadt zu einem Widerstandsnest gegen Heinrich IV. Der aber schneidet ihr die Handelswege nach Paris und in die Auvergne und über die Rhône ab. Von den elf ursprünglich angesiedelten florentinischen Banken ziehen sich zehn zurück, und nach dem Zusammenbruch des Hauses Gapaillon, den Lyoner Fuggern, gilt die Stadt als nicht mehr kreditfähig. Da zeigt sich, daß die norditalienischen Ratten zu Recht ein sinkendes Schiff verlassen haben. Die Messen, einst wahre Goldgruben und Drehscheiben, verkümmern zu Jahrmärkten und werden nicht mehr als erster Platz gewürdigt. Religionskriege und falsches Paktieren mit der Liga haben die törichte Stadt endgültig ruiniert.

Während Marianne sich so von der Mäusejagd im Hause ablenken ließ, hatte die englische Bulldogge ungestörtes Spiel auf den Weltmeeren und sicherte sich ein Weltreich, Frankreich hingegen sollte noch im nächsten Jahrhundert Kanada und Louisiana aufgeben müssen. Die Handelsströme suchen sich den Weg nach London oder Amsterdam, und im Mittelmeer nach Barcelona oder Neapel. Manche Händler stellen aus Sicherheitsgründen die Bedingung, daß französische Exportware von englischen Schiffen transportiert werden. Nur die Bretagne unter dem Herzog von Mercoeur versteht es, sich neben Spanien auf dem Meere zu behaupten und unterwirft seinen Handel nicht der Politik.

Ähnlich gut behauptete sich die Schiffahrt im Mittelmeer ohne Störung; denn Franz I. hatte einen Vertrag mit Suleiman I. (1563) geschlossen, und der königliche Schatzmeister Claude de Bourg mit Selim II. (1569), was für einen ungestörten Betrieb und Fischfang vor der korsischen Küste vorgesorgt hatte. Im Gegenteil stärkte der Kampf zwischen der Heiligen Liga (Rom, Spanien, Venedig) und den Türken die Stellung Frankreichs. Nach der Niederlage der türkischen Marine vor Lepanto durch Don Juan d'Austria kam es einem Franzosen zu, nämlich dem Bischof von Dax, in Konstantinopel den Frieden auszuhandeln. Erst durch die Diktate der Liga verliert Marseille ebenso wie Lyon seine erfolgreiche Stellung.

Es war also vorherrschend in den Geschicken Frankreichs, daß die Religion allem anderen übergeordnet wurde, und unerbittlich wurde dem Volk, das von den seelischen und wirtschaftlichen Strapazen entkräftet war, Begeisterung für die Ziele der Religionen abverlangt. Hinter diesen Zielen und Plänen, zu denen man sich bekannte, herrschten aber doch die wirtschaftlichen. Sie machten mit den vorgeblich religiösen Kämpfen Schluß, und der Fall Lyons und später Marseilles zeigt, daß die Wirtschaft, die das Volk erhält, keine Unterordnung unter politische oder religiöse Verhältnisse verträgt. Die Situation ist also völlig anders als die Friedrich II. von Preußen, der aus wirtschaftlicher Potenz und bester militärischer Vorbereitung heraus Schlesien erfolgreich überlief und Preußen einverleibte. Auf andere Weise aber hat die marode Wirtschaft wohl doch Einfluß auf die Verbissenheit der Religionskriege genommen, nämlich indem die Unzufriedenheit und die Entbehrungen eine Motivation schufen, die sich an der Gegenseite als scheinbare Ursache für die erlittene Not entlud.

III.

Das große Decrescendo

1. Chronik (2) von 1598-1685

Nur zwölf Jahre sollten dem Friedensedikt von Nantes unter dem Schutze seines Initiators und Wächters, König Heinrich IV., vergönnt sein. Danach wurde es zuerst zögernd, dann immer schneller demontiert – zuerst heimlich und de facto, dann auch offen. Im Religionskampf des 17. Jahrhunderts aber reagieren die Protestanten völlig anders als im 16., so sehr, daß man meinen könnte, mit dem neuen Jahrhundert sei auch die protestantische Bevölkerung völlig ausgetauscht worden. Die Protestanten des zweiten reformierten Jahrhunderts entwickeln eine unterwürfige Strategie, in der sie sowohl ihren Leiden die Theologie der Wüstenwanderung zuordnen und still das „Gelobte Land" des wirklichen Friedens von Gott erhoffen als auch ihre Loyalität betonen, um dem König seine möglichen Zweifel an der Treue der Protestanten zu nehmen. Doch darin verrechneten sie sich, denn in Sohn und Enkel Ludwig schlummerte kein Heinrich mehr.

Diesen Unterschied wenigstens knapp vorauszuschikken ist wichtig, weil man sonst nach den falschen Ereignissen Ausschau hält. Anders als im 16. Jahrhundert gibt es im 17. Jahrhundert der absoluten Monarchie kaum noch von militarisierten Kämpfen, Schlachten, Belagerungen, Allianzen oder auch großartigen Persönlichkeiten zu berichten. Man kann sich nicht von solchen Daten der Geschichte zu den inneren und hintergründigen Kämpfen des Geistes und der Gefühle führen lassen. In diesem Jahrhundert muß man vielmehr einen Blick für die unprätentiösen Ereignisse, persönliche oder familiäre Leiden, seelische Konflikte, Strömungen entwickeln, um sich aus ihnen ein scharfes Bild von den Gründen zu machen, die zu dem umso einschneidenderen Ereignis der Rücknahme des Edikts von Nantes führen. Komissare Heinrichs IV. und protestantische Deputés stehen in ständigen Verhandlungen, die zum späteren Edikt von Nantes führen sollten. Der Sitzungsort wechselt ständig zwischen Châtellerault, Saumur, Vendôme, Loudun und schließlich Nantes. Die Verhandlungen laufen stets stürmisch und am Rande des Bürgerkrieges. Unter den Protestanten verhandeln die Grafen Bouillon und La Tremoille, die Barone Calignon und Lesdiguières; Duplessis-Mornay und Sully. Auf der katholischen Seite stehen de Thou und de Vic. Die protestantische Seite umfaßt rund 40 Teilnehmer. Das Edikt wird wegen der Schwierigkeit, sich zu einigen, schließlich von Heinrich einseitig verkündigt. Diese Art der Entstehung erklärt die rein rechtlichen Unzulänglichkeiten des Edikts, die später zum Widerstand der Städte und Parlamente gegenüber dem Edikt führte und noch später seine Aushöhlung durch die ihm feindlich gesonnenen katholischen Politiker ermöglicht. Heinrich selbst versuchte alle Verantwortlichen auf den Geist dieses Edikts zu verpflichten, doch gab es wenige, die die Weitsicht des Monarchen teilen.

1599
Im Februar wird das Edikt auch in Paris angenommen, jedoch nicht ohne einige formale Korrekturen. Bis zum Jahre

1598 fanden noch reformierte Gottesdienste im Louvre statt, und zwar um Katharinas von Bourbon willen, der Schwester des Königs, die sich ja nicht mit ihm hatte bekehren müssen.

Um 1600

Die Stärke des reformierten Glaubens in der Öffentlichkeit und insbesondere in der Hauptstadt zeigt sich darin, daß die führenden protestantischen Familien wie die Rohan, Bouillon, La Tremoille, Châtillon und La Force selbstbewußt mit Bauten von Hôtels (so nannte man damals die Residenzen in der Hauptstadt) oder gar Schlössern an die Öffentlichkeit traten. Ohne Zurückhaltung engagieren sich die Angehörigen dieser Familien oft gleichzeitig in Konsistorium, Stadtrat, Landesversammlung, richten Schule ein oder bezahlen sogar Lehrer. Ingesamt bleiben sie damit jedoch im bescheidenen Ausmaße, wenn man an die Katholiken denkt, die sich schon seit Jahrhunderten mit Abteien und Schlössern zu versorgen wußten.

Bischof Anne de Murviel wird von Schuljungen und Handwerkern der Rückkehr nach Montauban gehindert. Ein solches Ereignis wird später zu dem Argument führen, daß der Katholizismus im Sinne des Edikts von Nantes überhaupt erst in den protestantischen Gebieten zu seinem Recht gebracht werden muß.

1601

Synode von Sainte-Foy-la-Grande.

1603

Auf der Synode von Gap macht sich insofern eine Änderung in der Führung der Protestanten bemerkbar, als man nichts weniger beschließt, als die Deutung der Päpste als Antichristen im Sinne der Offenbarung:

> Da der Bischof von Rom sich eine Monarchie innerhalb der Christenheit aufgebaut hat und sich eine Vorherrschaft über alle Kirchen und Pfarrer zumißt, alle Macht

im Himmel und auf Erden für sich beansprucht, alle kirchlichen Angelegenheiten zu entscheiden, Glaubensartikel zu beschließen, die Heilige Schrift nach seinem Gutdünken zu autorisieren und zu übersetzen, die Seelenwanderung zu bestimmen, Eide und Bitten zuteilt und neue Gottesdienste zuzuteilen beansprucht.

Und was die Polizei betrifft, so meint er, Königreiche zu vermitteln und verändern zu müssen indem er die Autorität der Magistrate für sich reklamiert, so glauben wir und halten daran fest, daß er der wirkliche Antichrist und Sohn des Verderbens ist, wie er im Worte Gottes vorausgesagt wurde und unter dem Zeichen der scharlachbekleideten Tyrannen, der auf den sieben Bergen der großen Stadt sitzt, der seine Herrschaft über die Herren der Erde hat, und wir erwarten, daß der Herr ihn kraft des Geistes aus seinem Munde entmachtet und ihn endgültig vernichtet durch die Bestimmtheit seines Kommens, wie er es versprochen und schon begonnen hat.

In diesem aggressiven theologischen Standpunkt deutet sich zwar auch eine Änderung in der Auseinandersetzung mit den Katholiken an, aber ebenso auch eine Änderung der Theologie, mit der die Reformierten später die Verfolgungen gegen sie selbst erklären und aushalten.

1605
Synode in Châtellerault.

1606
In Montauban lehnen die Reformierten die Abgabe ihres Zehnten an die katholische Kirche ab. In Privas erregen sich beide Seiten wegen der Heirat Charlotte-Paules von Chambaud mit einem Katholiken, war sie doch Witwe eines Offiziers der Religionskriege.Der Gouverneur Montmorency muß persönlich erscheinen und eingreifen, um

einen Bürgerkrieg zu verhindern, der aber 1619 in diesem Klima doch dort ausbricht.

1607
In England werden Ausnahmeregelungen für Katholiken geschaffen.

1608
Franz von Sales schreibt seine „Einführung zu einem frommen Leben". In Regensburg scheitert der Reichstag, woraufhin die Protestanten vorbeugend eine Union gründen (Synode in Jargeau).

1609
Darauf reagieren die Katholiken mit Gründung einer Liga in München. Der Widerstand der Stadt Rouen gegen das Edikt von Nantes wird endgültig beigelegt.

Spanien und die Niederlande vereinbaren einen Waffenstillstand, der bis 1621 anhält und nach dem die Niederlande ihre endgültige Unabhängigkeit erringen.

Der Jülich-Clevesche Erbfolgstreit bricht aus, der erst 1614 unter englischer und französischer Mitwirkung beigelegt wird. Das Gebiet wird zwischen Pfalz-Neuburg und Brandenburg aufgeteilt. Rudolf II. gewährt den böhmischen Ständen Religionsfreiheit.

1610
Heinrich IV. wird ermordet. Seine soeben erst zur Mitregentin erklärte und gekrönte Frau Maria von Medici übernimmt die Regierung an Stelle des designierten Thronfolgers Ludwig XIII., der bis 1643 regieren wird. Béarn und Navarra werden der Krone zugeführt.

1611
Sully wird am 26.1. aus dem königlichen Rat entlassen, da er, seinem früheren Herrn und Coligny gemäß die protestantischen Niederlande unterstützen wollte.

Die Protestanten organisieren sich zu „Cercles" (Kreisen). Sie formulieren die Forderungen, den terminus RPR aufzugeben und stattdessen Religion Réformée zu gebrauchen, eigene Friedhöfe zu bekommen, Protestanten wirklich wieder zu allen Ämtern zuzulassen und die Befestigungen von Sicherheitsplätzen wieder reparieren zu dürfen. Der Mangel an getreuer Erfüllung des Ediktes stärkte die protestantische Partei. Ihr erwächst der Herzog von Rohan als ein neuer Führer, da er über die spanienfreundliche Wendung in der Politik besonders beunruhigt war. Dieser Herzog, der mit der Familie Lusignan verwandt war, die einst als Könige im Heiligen Lande regierten, tritt vor die Versammelten der protestantischen Partei und erklärt:

> Es wäre doch eine grausame Sache, daß wir, die wir doch echte Franzosen sind, von dem ausgeschlossen sein sollten, das Ausländer haben, und von der Einflußnahme gegenüber diejenigen, die predigen, daß ein Sterblicher (*der Papst*) nach Belieben Königreiche auflösen kann.
>
> Wenn sich ein französischer König heute als Verfolger unserer Religion gebärdet, so verliert er damit den Schutz der ganzen Christenheit, er sorgt vielmehr dafür, daß einer seiner Nachbarn diesen Titel erhält, während er sich nicht um den Glauben in der römischen Kirche kümmeret und sein eigenes Königreich dem Verderben ausliefert. Ja ich sage mehr, die Lage Frankreichs inmitten anderer Königreiche und die freie Glaubensausübung in unserem Lande erwürben ohne Schwierigkeiten unseren Königen die Autorität und Glaubwürdigkeit, die sie unter allen genießen, als eines Schutzherren Europas, den sie solange behalten würden, wie sie uns gut behandeln.

In Schweden tritt Gustav II. Adolf die Thronfolge an (bis 1632).

Aus den Protokollen der Synode von Châtellerault (später Saumur) geht hervor, wie sehr die Reformierten durch Maria von Medicis Spanienfreundlichkeit beunruhigt waren.

1612
Auf der Synode von Privas spiegelt sich die politische Beunruhigung der Reformierten darin, daß die Zusammensetzung jetzt 35 statt 30 Adelige, 16 Gelehrte (statt 20) und 20 Pastoren umfaßt. Der Herzog von Rohan wird zum Rebellenführer ernannt. Am 26.9. tritt noch einmal eine politische Assemblée in La Rochelle zusammen, eine neuerliche Beschwerdeliste wird zusammengestellt und der Königin überreicht.

Der Sire von Bertichières sammelt eine Garnison um sich und ruft sie in einer Kirche zusammen, plündert die Umgebung, läßt auf dem Altar Karten spielen, zerstört Bildnisse – ein kleiner privater Religionskrieg.

1613
Bérulle gründet in Frankreich den Orden der Oratorianer.

Kurfürst Johann Sigismund von Brandenburg schließt sich der calvinistischen Reform an.

Ein Pamphletist ereifert sich, weniger ausführlich aber scharf:

> Die katholische Religion ist das Grundgesetz des Staates, die Religion unserer Väter und unserer Könige, während die eure in diesem Staat nur geduldet wird und wie eine Abtrünnigkeit aus der Gesamtheit Frankreichs.

Es gibt jedoch auch andere Stimmen: Im Jahre

1614
schreibt das Pamphlet „Conseiller fidèle a son roi", der Treue Ratgeber seines Königs, daß Religion und Waffen nichts miteinander zu tun hätten und Gewalt das Schisma

nicht löst. Er empfiehlt den noch negativ besetzten Begriff der Toleranz und rät dem König, seinen Vater Heinrich IV. nachzuahmen und die völlige Wiederherstellung einer Religion im Staate aufzuschieben. Dem pflichtet auch der „Französische Cato" bei.

Ende des Welserschern Handelshauses in Augsburg. Die Synode von Tonneins ist durch eine Wendung zu eigenen und theologischen statt politischen Problemen gekennzeichnet. Die Deputierten verabschieden dort eine Bitte an die Monarchen:

> Bitten ihre Majestäten eindringlich, daß wir von der strengen Auflage befreit werden (die man uns hitziger denn je auferlegt und die man uns mit mehr Hochmut und Stolz aufzwingt, entgegen der Freiheit des Gewissens, die uns so oft zugesagt wurde), nämlich, daß wir selbst uns als die Vorgeblich reformierte Religion (religion prétendue réformée, RPR) bezeichnen müssen. wir nähmen viel eher jede Art von Qualen auf uns als die Pflicht, unseren Mund selbst und unsere eigene und sehr heilige und wahrhafte Religion zu verurteilen.

Man beachte, daß es eine grundsätzliche Neuerung ist, wenn hier Gewissensfreiheit verlangt wird – zwar nicht zum ersten Male in Frankreich, doch innerhalb Europas ist dieser Beschluß ein Ausdruck des Kampfes um das Gewissensrecht, das erst in der Französischen Revolution wirklich Verfassungsrecht werden sollte. Das Königshaus selbst beantwortet diesen feierlichen Antrag mit der Garantie, „daß alle Edikte zugunsten der RPR unverletzlich erhalten werden und alle Zuwiderhandelnden wie Störer der öffentlichen Ruhe behandelt werden". Noch war diese positive Antwort wegen der begründeten Furcht vor den Protestanten geboten. Des weiteren beschließt diese bedeutende Synode von Tonneins ein europäisches Konzil aller Protestanten zusammenzurufen. Auf einem solchen Konzil sollte beschlossen werden, daß „jene Unterscheidung in Lutheraner, Calvinisten und Sakramentarier, die häßlich ist, ganz abgeschafft wird und wir fortan nur noch Reformierte christliche Kirche genannt werden." Jakob I. und VI. von England und Schottland hatte ein solches Konzil stark befürwortet – das aber wird auf die französischen Katholiken die Beunruhigung, die sie beim alltäglichen Umgang der Reformierten mit dem europäischen Auslande ohnehin schon empfanden, nur verstärkt haben.

Der Herzog von Rohan ist nahe daran, sich einem Aufstand Condés anzuschließen, nur Duplessis-Mornay gelingt es, ihn davon abzuhalten. Am 15. Mai werden die Generalstände in St. Ménéhould zusammengerufen, noch für dasselbe Jahr.

1615

Ein anonymer „Avis au roi" eröffnet eine neue Runde von Pamphleten, zerreißt Reformierte, Calvin, Luther, de Bèze.

Die politische Versammlung in Grenoble im Juli leidet unter der Präsenz des starken Lesdiguières und wechselt deshalb nach Nîmes, Montauban, La Rochelle. Rohan verfolgt einen Kurs der Verteidigung, Duplessis-Mornay einen Kurs der Unterordnung und des Stillhaltens. In der Abstimmung ist Rohan um zwei Stimmen überlegen. Am 25.1. kommt es daher zu einem Verteidigungsvertrag mit Condé. Die Pariser Protestanten stehen dem Hofe geographisch ebenso wie politisch näher und sind gegen eine Rebellion. Lesdiguières geht sogar so weit, dem König 6 000 Mann unter Befehl zu stellen. Drei Provinzen bewaffnen sich: Languedoc, Poitou, Guyenne.

Als am 28.11. Anna von Österreich mit Ludwig XIII. verheiratet wird, fühlt sich der Hof durch diese Allianz gestärkt und leistet sich mehr Zugeständnisse an die Protestanten. So kommt es im Mai des Jahres

1616
zum Vertrag von Loudun, in dem das Edikt von Nantes bestätigt wird.

Franz von Sales schreibt „Über die Liebe Gottes". Synode in Thouars.

1617
Der Nuntius Concino Concini wird ermordet (24.5.). Der sechzehnjährige Ludwig XIII. regiert alleine. Seine Alleinherrschaft ist schicksalhaft für die Entwicklung des französischen Protestantismus, da er, anders als viele seiner Vorfahren, religiös nicht indifferent ist und Religion politisch sieht, sondern ausgesprochen religiös ist. Die venetianischen Gesandten in Paris beobachten: „Der König entreißt den Händen der Hugenotten die Plätze, die sie besaßen, er nimmt ihnen in der Folge die Macht, ohne die die Unzufriedenen, die König und Königreich so oft beunruhigten, ihrer sicheren Grundlage beraubt sind, auf die sie sich bis dahin stützen konnten." Franz von Sales berichtet (1618): „Ich habe in Paris ein solches Wachstum des Glaubens beobachtet, daß ich mich nur wundern konnte. Der König vor allem hat eine so hohe Vorstellung von der heiligen katholischen Religion, daß man tausendfachen Segen für das Königreich erhoffen darf."

Ein Edikt zur Wiederbeschaffung aller Güter der Katholiken im Béarn wird von der Assemblée du clergé herausgegeben. Aus den Forderungen wird im Juni als erste Maßnahme die Restitution des katholischen Glaubens im Béarn verfügt. Aufgrund von Einwänden La Forces wird diese nur etwas abgemildert.

Synode in Vitre.

1618
Ausbruch des Dreißigjährigen Krieges.

Auf der Synode in Dordrecht setzt sich die streng puritanische Richtung gegenüber der milderen calvinistischen Form durch, die auch die von Calvin nicht so beabsichtigte

Stellung der Prädestination vorantreibt. Im August kommt es zu einer großen politischen Versammlung der Protestanten in Orthez und La Rochelle, obwohl Ludwig sie verboten hat. Doch nachdem Maria von Medici durch eine Äffare der inneren Unruhe auch Verwirrung im Ausland zufügt, zeigt sich die Regierung verträglicher und beruft selbst für das Jahr

1619
eine Versammlung nach Loudun ein, auf der die Sicherheitsplätze um vier weitere Jahre garantiert werden und der König verspricht, sich binnen vier Monaten um die Probleme des Béarn zu kümmern.

1620
Beim Amtsantritt Richelieus als erstem Minister im königlichen Rat schließen die Protestanten einen vorbeugenden Bund mit England. Ludwig XIII. beginnt selbst einen Feldzug in das Béarn, die protestantischste aller französischen Provinzen, „um das Edikt von Nantes zur Anwendung zu bringen". Anlaß dafür ist die Tatsache, daß bis August das Restitutionsedikt noch nicht vom Rat des Béarn eingetragen worden war. Da Ludwig gerade seiner Mutter Maria von Medici mit Truppen auf den Leib gerückt war, sich dann aber mit ihr versöhnt hatte, wollte er die einmal aufgestellten Truppen nicht wieder nach Hause zurückgehen lassen, ohne die Hartnäckigkeit der Béarner zu einem Exempel zu nutzen. Beginnend mit diesem Feldzug kann man von einem neunten Bürgerkrieg sprechen, der etwa zehn Jahre dauert. Die Unruhen werden auch als „Guerres de Rohan" bezeichnet, weil auf protestantischer Seite der Herzog Henri de Rohan eine herausragende Rolle spielte. Mit ihm schließt der siegreiche König am 16.10.1622 den Frieden von Montpellier, der die ersten Hauptstreitigkeiten zu einem Ende bringt. Den Protestanten bleiben aufgrund dieses Friedens nur noch La Rochelle, Montpellier und Montauban als Sicherheitsplätze erhalten. Das Edikt

von Nantes wird insgesamt jedoch bestätigt, Synoden werden gestattet.

Am 15. Oktober ruft Ludwig in Pau den Magistrat zusammen. Am 17. setzt er in Navarrenx den Gouverneur ab, den Jeanne d'Albret 1569 dort eingesetzt hat. Der Katholik Payan tritt an seine Stelle. Am 19. Oktober verspricht der König in einem Edikt, die Vorrechte der Provinz zu wahren und nimmt dafür den Treueid der Stadträte entgegen. Anschließend verkündet Ludwig offiziell die Vereinigung von Béarn und Navarra mit der Krone, was Heinrich IV. schon 1607 dekretiert, jedoch nicht veröffentlicht hatte. Nun werden der katholische Glaube und die Güter der Kirche restituiert. Am 20. Oktober findet in der Kathedrale der erste katholische Gottesdienst in Pau seit über 50 Jahren statt. Ein Te Deum wird zelebriert. Am 25. zieht Ludwig nach Paris zurück. Die Protestanten betrachten das Ganze als Bruch, unfreundlichen Akt, und versammeln sich im Dezember trotz des Verbotes in La Rochelle. Lesdiguières, Sully und Bouillon bleiben der Versammlung deshalb auch fern. Nur La Force, Soubise und La Tremoille sind anwesend. Ein Aufstand wird beschlossen. Die Gelder sind bereits verfügbar oder waren konfisziert. Acht Militärkreise werden gebildet und unter den Oberbefehl Rohans gestellt. Was das an Furcht auslöste, geht aus einem Wort des im Dienste zweier Könige ergrauten Kanzlers Bernhard de Sillery hervor:

> Ich sage ihnen im Vertrauen, meine Herren (*venetianische Gesandte*): Ich weiß nicht, was aus uns werden wird. Das Übel steckt uns im Blute, in den Eingeweiden. Die Hugenotten haben ein Korps aufgestellt, was die Autorität des Königs in Frage stellt und ihm das Szepter aus der Hand reißt. In La Rochelle haben sie ihre Versammlung ohne Erlaubnis abgehalten, erheben Steuern und Geld, stellen Milizen auf, bauen Befestigungsanlagen, als ob es keinen König gäbe und als ob sie selbst vielmehr die absoluten Herren seien.

Mit anderen Worten: Die Protestanten stellen eine Bedrohung des Staates dar. Diese Befürchtung brachte die Katholiken immer wieder gegen sie auf.

1621
Der Waffenstillstand zwischen Spanien und den Niederlanden scheitert, der Unabhängigkeitskrieg bricht aus, der bis 1648 dauert. Am 13.3. macht Ludwig XIII. Luynes zum Connetable und Lesdiguières zum Feldmarschall, worüber dieser keineswegs glücklich ist. Am 3.4. wird eine Armee von 40 000 Mann und 6 000 Reitern geplant. Am 18.4. marschiert diese Armee mit Ludwig an der Spitze durch das Loiretal los. Saumur wird besetzt, St. Jean d'Angély belagert (16.-24.6.), dann kapituliert dort Soubise. Ihm wird erlaubt, nach La Rochelle zu ziehen. Pons, Sainte-Foy, Nérac ergeben sich kampflos, nur Epernon hält aus. Venetische Gesandte berichten von der Entsschlossenheit des jungen Königs:

> Der König erfreut sich weiterhin einer hervorragenden Gesundheit. Er widmet sich militärischen Operationen, und noch mehr Vergnügen hat er daran, sie auszuführen. Er steht oft ganz in Waffen und gerüstet, sein Schwert nie von der Seite, und er ist auf ganz private Art gekleidet wie ein einfacher Soldat. Er ist derartig entschlossen, sein Unternehmen erfolgreich zu Ende zu führen, daß er sich über alle ärgert, die vom Gegenteil sprechen. Er sagt sogar, er sei nun auf dem Wege, wirklicher König Frankreichs zu werden, und wer immer ihn davon abhalten wolle, sei nicht sein Freund.

Clairac widersteht der großen Armee (23.7.-4.8.). Doch Montauban ist das eigentliche Ziel. Denn diese Stadt mit langer protestantischer Geschichte hat eine bedeutende Ausstrahlung in die ganze Umgegend, besitzt eine Akademie, und hat bereits zwei Belagerungen erfolgreich überstanden. Die Stadt bereitet sich unter dem Konsul Dupuy auf den Kampf um Unabhängigkeit und Religionsfreiheit vor. Die Pastoren sind mit Predigten stark engagiert.

> Es ist bemerkenswert, daß die Predigt des Wortes Gottes während der Belagerung nie abließ, sondern jeden Tag zur gewohnten Stunde war Predigt zu hören. Zwar beteten nur alte Männer, Frauen und Kinder für die anderen, erst recht im Monat September. Da wurde das Heilige Abendmahl nach Gewohnheit an zwei verschiedenen Sonntagen in der Stadt und für die Kriegsleute in ihren Quartieren gefeiert, so daß sie auch etwas zerstreut wurden. Jeden Abend gingen die Pfarrer oder Theologiestudenten in alle Quartiere, und abends und morgens sprachen sie dort Trostgebete zur Aufrichtung der Belagerten, je nachdem, wie es sich ergab.

So schreibt der Chronist jener Zeit. Vom 21.8. bis 18.11. wird die Stadt belagert. Als der Herzog von Maine seinen Verletzungen erliegt, zündet Paris den Temple de Charenton an. Bald bricht im königlichen Lager die Pest aus., Nur 4 000 Soldaten bleiben übrig. Die Belagerung muß abgebrochen werden, Luynes und Rohan verhandeln, während Ludwig brandsschatzend gen Toulouse zieht. Bei der Belagerung von Monheur stirbt Luynes selbst an Röteln. Da die Katholiken mit so viel geistlichem Elan losgezogen sind, kann man sich vorstellen, welch äußerste Zerknirschung dieses Ende des Feldzuges bei ihnen zurückgelassen haben muß, und wie sich umgekehrt die Protestanten von Montauban von Gott beschützt sahen, wie zu Moses oder Abrahams Zeiten. Die Katholiken sind auch äußerst verstört und geben dem Mangel an Entschlossenheit bei Luynes die Schuld, da er sich ja nicht mehr wehren kann. Kardinal Berulle fordert, die Hugenotten zu „exterminieren". Arnoux lanciert Richelieu, den Sprecher der Assemblée du clergé, nach vorne. Die Versammlung der Priester selbst fordert die Zerstörung La Rochelles: „Das Zentrum, von dem aus alle Bande der Rebellion geknüpft werden. Die Stadt ist nicht zu brechen außer durch Unglück von außen, ist eine Kloake des Irrtums und des Lasters, eine Stadt voller Blasphemie und Undankbarkeit gegenüber Gott und seinem König." Unterdessen bleiben die Protestanten auf der Hut, weil sie wissen, was dieser Ausgang unter den Katholiken bedeutete. Die katholische Öffentlichkeit eignete sich ein garstiges Lied an, das sie wie einen Gassenhauer verbreitet:

Hat Montpellier auch gute Ärzte,
wir haben gute Chirurgen,
um ihnen das Blut aus der Haut zu saugen.
Zum Teufel mit den Hugenotten!
Löscht sie aus,
vernichtet sie,
löscht sie aus!
Demütigt das stolze Montpellier,
stürzt Nîmes in den Abgrund,
daß Montauban im Winde verwehe,
daß La Rochelle, der Rebell,
unseren Rachezorn spüre
wie ein Verräter.

1622
Der Connetable Baron de Lesdiguières rekonvertiert zum katholischen Glauben. Er ist der erste einer Reihe von hohen protestantischen Führern, die durch ihre Rekonversion zeigen, daß es zunehmend schwieriger wird, als Militär oder Politiker noch in höhere Ämter aufzusteigen.

Im März wird der Feldzug wiederaufgenommen, und zwar im Poitou und der Saintonge. Soubise gibt Royan auf. Der protestantische Widerstand beginnt zu bröckeln: Der Herzog von La Force, der Montauban gehalten hatte, wechselt als Marschall nach Sainte-Foy. Sein Sohn, der Marquis de Castelnau, gibt für 20 000 Ecus Mont-de-Marsan auf, wofür er etwas später den Marschallstab erhält.

Châtillon, der Sohn des ermordeten Coligny, wirbt zwei Offiziere ab und gibt Aigues-Mortes auf, wofür auch er mit dem Marschallstab ausgezeichnet wird. Rohan findet sich isoliert wieder, zumal Sully sich zurückgehalten hatte. Er setzt jedoch alles daran, den Widerstand zu mobilisieren oder zusammenzuhalten. Ludwig und sein Vetter Condé führen die Armee unterdessen wieder östlich, gen Montauban, Anfang Juni wird Moissac genommen. Eine Belagerung wagt Ludwig nun nicht mehr, er versucht vielmehr, die kleinen Städte in der Umgebung Montaubans zu überwältigen und die Hochburg dadurch zu isolieren. Am 10.6. wird Negrepelisse zerstört, seine Einwohner massakriert. Ludwig, der fromme König, sagt seinen Soldaten: „Ich befehle euch, keine Schonung walten zu lassen, denn sie haben mich irritiert und sie verdienen so behandelt zu werden, wie sie die anderen behandelt haben." Wenig später geschieht dasselbe mit St. Antonin.

So werden die Jahre 1621-22 zu schlimmen Jahren für den Süden, von beiden Seiten wird der Krieg so geführt wie der Dreißigjährige in Deutschland. Vor Montpellier kommt die Armee zum Halt, und am 2.11. wird der Friede geschlossen. Er bestätigt das Edikt von Nantes, genehmigt die Abhaltung von Synoden, verlangt jedoch Genehmigungspflicht für die politischen Versammlungen. Jeder wird in alte Ämter zurückversetzt. La Rochelle, und Montauban behalten ihre Befestigungen, in Nîmes, Castres, Uzès und Millau müssen sie bis zur Hälfte zerstört werden.

Rohan wird mit 45 000 Pfund und dem Gouvernement von Nîmes, Uzès und Castres entschädigt. 80 Sicherheitsplätze jedoch werden jetzt wieder der Regierung unterstellt. Die Politik des Königs, mit Geld und Titeln Führer abspenstig zu machen, trägt so ihre Früchte. Der Protestantismus hat das Wesentliche und Entscheidende verloren, da sollte der König selbst in diesem Vertrag gute Miene machen.

Auch nach diesem Friedensschluß fährt die Kirche fort, Leute zu kaufen, besonders Pfarrer. Sie müssen dafür ihre

Gründe der Rekonversion öffentlich darlegen. Daraus entsteht ein besonderer Haß auf die Neubekehrten, der bis zum Widerruf des Edikts anhält.

1623
Der Temple de Charenton wird von Salomon de Brosse erbaut.

1624
Richelieu wird zum leitenden Minister ernannt. Seine Ziele sind: Stärkung Frankreichs und des Königtums, nicht in erster Linie eine Niederschlagung des Protestantismus als Glaubensform sondern als „Staat im Staate".

1625
Im Januar marschiert Soubise auf die Inseln Oléron und Ré vor La Rochelle. Das löst Krieg aus. Die katholischen Generäle Epernon und Themines verbrennen die Ernten. Während der Kriegshandlungen laufen die Verhandlungen jedoch weiter. Die Klerikerversammlung stellt dem König 1,745 Millionen Livres zur Verfügung. Der König sieht vor, La Rochelle abzuspalten, doch der Süden hält unter Rohan zusammen. Als die Verhandlungen schließlich zu einem Ende kommen, ist vereinbart, daß die Festung St. Louis vor La Rochelle bleibt, La Rochelle seinen Handel behält. Wieder ist Ludwig ein erhebliches Stück weitergekommen; denn die Festung bleibt nun einmal eine starke Bedrohung der Stadt. Der status quo durch das Edikt von Nantes bleibt erhalten.

Die Hugenotten werden bei Le Mas d'Azil belagert. Ausbruch des Zehnten Hugenottenkrieges, der bis 1629 dauert und im Gnadenfrieden von Alès endet.

1626
In Oberösterreich kommt es zu einem großen Bauernaufstand. Mit La Rochelle wird am 6. Februar ein Waffenstillstand geschlossen.

1627
Der Herzog von Buckingham landet im Juli erstmalig auf der Insel Ré, verliert aber bis September 8 000 Mann, so daß er zurückkehrt. Damit gab er aber den Königlichen einen Vorwand für die Vernichtung der Stadt; denn sie hatte nun einmal mit dem Ausland „paktiert". Die Stadt wird belagert, und eine Entsetzung der Stadt durch Herzog Henri de Rohan scheitert. Er weiß, daß es sich um den letzten Kampf handelt, der alles entscheiden muß. Alle Protestanten sind alarmiert. Als er sie aber zum Kampf ruft, versagen sie ihm die Gefolgschaft. Sie sind kampfesmüde. Die Herzogin von Rohan-Douais, die in der Stadt besonders beliebt ist, muß sich persönlich für das Engagement La Rochelles verwenden. Montauban ist zwischen Falken und Tauben zerstritten. In Castres vertreiben die Bewohner einen Boten. Die Regierung entsendet zu gleicher Zeit Galand, der die Reformierten gut kennt, weil er Beobachter bei den Synoden war. Er soll das Volk beruhigen und vom Kampf abhalten. Er verspricht: Das Edikt wird gehalten, und das Volk glaubt es, weil es sich das wünscht. Da eine politische Assemblée als Vorwand für eine Niederschlagung gedient hätte, ruft Rohan Stadtdeputierte nach La Rochelle zusammen. Zwölf Städte wählen den Krieg.

Die königlichen Truppen verwüsten und plündern Realmont und Pamiers, Städte in der Umgebung von Castres und Montauban.

Der Orden vom Heiligen Sakrament wird gegründet. Er ist eine geheime Triebkraft der Gegenreformation und baut auf die Mitwirkung von Klerikern und Laien. Söhne Colignys und Sullys rekonvertieren.

Der Herzog von Buckingham trifft zum zweiten Male vor La Rochelle ein (20.7.) und landet am 21.7. auf der Insel Ré. Es kommt zur endgültigen Belagerung La Rochelles.

1628
Nach dem Rückzug der schlecht geführten englischen Flotte ergibt sich die Stadt La Rochelle am 26.10.1628.

23 000 Menschen sind an Hunger gestorben, nur 5 400 haben die lange Belagerung überlebt. Nach dem Fall dieses Brückenkopfes sind die französischen Protestanten nunmehr völlig schutzlos, und ihnen werden auch keine Sicherheitsplätze mehr zugestanden. Der Herzog de la Tremoille rekonvertiert.

Am 3.11. läßt Condé in Montauban Protestanten erhängen, am 8.11. Rohan Katholiken in Anduze. Der König selbst, auf dem Rückwege aus Italien, läßt noch nach dem Falle La Rochelles Privas verbrennen und verbietet den Einwohnern, die nichts mitnehmen durften, wieder in die Stadt zurückzukehren. Rohan sucht Verhandlungen und findet sie auch, daß der König in Italien gebunden ist und sich eine Konspiration im französischen Adel andeutet.

1629
Nach wütenden Kämpfen wird an der Stadt Privas im Vivarais (Rhônegebiet) ein Exempel statuiert, sie wird abgebrannt. Das war der letzte Stadtkampf der Protestanten (27.5.29). Der Gnadenfrieden von Alès zwischen Ludwig XIII. und dem Herzog von Rohan schließt am 27.6.29 den letzten Religionskrieg Frankreichs ab. Hof und Kirche haben hier die Möglichkeit, ihre Bedingungen zu diktieren. Neben der Auflösung der Sicherheitsplätze werden auch politische Versammlungen verboten. Alle Verteidigungsmauern, sei es um Städte oder Schlösser, sind zu schleifen. Richelieu überwacht selbst die Zerstörung. Ludwig kehrt nach Paris zurück. Zwischen Juni und August fallen 20 Befestigungsanlagen. Montauban sucht um eine Ausnahme für seine 80 Jahre alten Wehren, doch Richelieu läßt Bassompierre mit einer bedrohlichen Truppe anrücken und zwölf Magistrate als Geiseln nehmen. Die Bewohner werden gezwungen, ein Te deum zu singen. Bassompierre überwacht dann auch die Restitution aller Kirchen und Kirchengüter und stößte selbst den ersten Stein aus der Festungsmauer.

Nîmes begrüßt den König mit lautem Vivat, Montpellier

bleibt brav, und der Kardinal beschließt den Wiederaufbau der Kirche St. Peter aus der eigenen Schatulle, demnach kann sie nicht klein gewesen sein. Richelieu beschließt und verlautbart vor den Pfarrern von Montauban:

> Da sie nun unter eine gemeinsame Regel mit allen Untertanen geführt sind, deren Sicherheit nur von der Güte und dem Glauben des Fürsten abhängen konnte und sollte, hat seine Majestät ihre besondere Sorge darum, ihnen kundzutun, daß sie zu ihrem Vorteile nach Art der Untertanten keine Unterscheidung zwischen ihnen und den katholischen trifft.

Noch immer ist formell das Edikt von Nantes gewahrt.

Kaiser Ferdinand II. entwirft mit dem Restitutionsedikt den Versuch, von den Protestanten aller Güter zurückzuerhalten, die sie sich seit 1552 angeeignet hatten, doch der Versuch mißlingt.

1630

Nachdem mit dem Herzog De la Tremoille einer der letzten Protestanten aus dem Hochadel verlorenging, entwickeln die Protestanten eine gewisse Geschäftigkeit darin, ihre Loyalität gegenüber dem König in Predigten und auf Synoden zu betonen; denn sie merken, daß politische Unsicherheit den König zu Maßnahmen herausfordert. Ihr Bemühen kann auch nicht unerkannt geblieben sein, denn gegenüber dem brandenburgischen Kurfürsten rechtfertigt sich Ludwig gegenüber Beschwerden mit einer Forderung, bei der er mit der Loyalität der Protestanten aus diplomatischem Kalkül schachert, und noch im Jahre 1666 erinnert er sich daran:

> Ich lege Wert darauf, daß man sie in allen Vorrechten erhält, die ihnen zugestanden worden sind, und daß man sie gleichberechtigt mit meinen anderen Untertanen leben läßt. Ich gebe mein königliches Wort darein

und verpflichte mich aufgrund der Dankbarkeit, daß ich Beweise ihrer Treue bekam, die sie mir in den letzten Feldzügen gaben, in denen sie um meinetwillen die Waffen für mich ergriffen haben.

1631
Im Languedoc werden gemischte Konsulate errichtet. Die Ausreise von Pfarrern wird verboten. Von der Synode dieses Jahres wird verlangt, daß sie den Pfarrer Bérand aus Montauban verurteilt und verbannt, da er unter Rohan aktiv im Widerstand war. Er muß die Kirche verlassen und darf seine Werke nicht mehr veröffentlichen. Solche Maßnahmen werden nach 1631 jedoch seltener, sie waren anscheinend ganz aus der Rache des erst so schmählich versickerten Feldzuges entstanden. Stattdessen wird von Predigern verlangt, gewisse Wörter, die auch politische Bedeutung haben, nicht zu benutzen. Vielmehr sollte der Gehorsam gegenüber dem König gepredigt werden. Dazu wird begründet, daß die Regierung keine schlechten Absichten hege, auch wenn ihre Anordnungen und Gesetze „zuweilen der Gewissensfreiheit entgegenzustehen scheinen".

1633
Richelieu gründet die Académie française.

1634
Richelieu verbietet auf seinem Lande (Paray-le-Monial) den evangelischen Gottesdienst und den Unterhalt einer evangelischen Schule (5.4.). Dem Prediger von Charenton wird verboten, außerhalb seines Bezirkes zu predigen.

1635
Frankreich erklärt Spanien den Krieg. Dieser Krieg sollte Unmengen von Kosten verursachen und viele Kräfte binden, sorgte dadurch aber dafür, daß die Protestanten ungeachtet ihrer Niederlage bei La Rochelle und Privas bis Mitte

des Jahrhunderts ein noch verhältnismäßig normales Gemeindeleben pflegen können. Das Verbot des Gottesdienstes wird auf alle geistlichen Herrschaftsgebiete ausgedehnt.

1636
Frankreich droht im Krieg mit Spanien zu unterliegen.

1637
Dem Pfarrer von Alençon wird verboten, außerhalb seines Bezirkes zu predigen.

Jeder Verkehr mit dem Auslande, auch brieflich, wird den Protestanten untersagt. Dieses Verbot muß jedoch 1645 bekräftigt werden. Im April wird Protestanten der Zutritt zu Notariaten oder Staatsanwaltschaften verwehrt. Vor der Synode von Alençon führt der Vertreter des Königs aus:

> Die Herren von Béarn sind mit der Krone verbündet, sie haben diesselbe Religion wie ihr. Dennoch dürft ihr mit der Republik keinerlei Verbindung haben; denn die kleinste Korrespondenz, sei es auch in Kirchenangelegenheiten mit den Ausländern, auch wenn sie mit dem König verbunden sind, verursacht Argwohn und läßt Verdacht aufkommen, daß es sich um Pläne gegen den Staat handelt.

In diesem Sinne werden Versammlungen aller Ebenen angesprochen, und vor einer anderen Versammlung führt Saint-Marc, der Vertreter des Königs aus: „Weil ihr keine politische Körperschaft seid, auch wenn ihr hier als Nationalsynode versammelt seid, könnt ihr nicht mit einer anderen Synode in kirchlichen Angelegenheiten in Verbindung treten, auch wenn sie alle Provinzen betreffen sollten." Also auch innere Korrespondenzen wurden nach dieser Auslegung des Ediktes von Nantes jetzt verboten. Dahinter stand anscheinend ein ausdrückliches Ziel; denn auch bei wechselndem Vertreter wurde diese Politik beibehalten:

> Es ist euch verboten, außerordentliche Pfarrer oder Deputierte zu benennen, Briefe zu empfangen oder zu beantworten, die an die Provinzen gerichtet sind oder Konsultationen zu veranlassen in den Zeiten zwischen den Synoden, denn solche Konsultationen sind im Edikt vom Dezember 1622 und Erklärungen der Folgejahre ausdrücklich verboten.

Descartes begründet die analytische Geometrie. Das Kloster Port-Royal beginnt sich zu etablieren.

1640
Der „Augustin" Jansens erscheint. In England bricht die Revolution aus.

1642
Tod Richelieus. Papst Urban VIII. verbietet Jansens „Augustin". Der Orden Sankt-Sulpice wird gegründet. In England bricht der Bürgerkrieg aus. Kardinal Mazarin übernimmt das Ministeramt Richelieus. Der Conseil privé gebietet der reformierten Kirche von Vitre, ihr Gebäude zugunsten einer katholischen Kirche aufzugeben.

1643
Tod Ludwigs XIII. An Stelle des Thronfolgers Ludwig XIV. regiert seine Mutter Anna von Österreich. Der Große Arnauld veröffentlicht seinen Aufsatz „Über den häufigen Genuß des Abendmahls". Der Prinz von Condé besiegt den spanischen Statthalter der Niederlande bei Rocroi. Das „Illustre Théâtre", die spätere Comédie Française, wird gegründet.

1644
Vikaren wird das Auslandsstudium untersagt.

1645
Im Languedoc werden die Protestanten von der Ständeversammlung ausgeschlossen. Im Vivarais kommt es unter Führung von Isaac Homel zu einer Revolte. Eine Konversionskasse wird gebildet. Erste Gewerbe werden den Protestanten auszuüben verboten, und vereinzelt werden ihnen die Bürgerrechte entzogen. Das Verbot des Verkehrs mit dem Auslande wird erneuert.

1647
Paul Gerhardts Lieder werden veröffentlicht.

1648
Die Friedensverhandlungen, die unter Leitung Frankreichs in Münster und unter Führung Schwedens in Osnabrück 1644 begonnen hatten, kommen zum Abschluß. Der Augsburger Religionsfriede wird in Kraft gesetzt und auch den Reformierten zugestanden. Frankreich und Schweden gelten als Garantiemächte, nur der Papst lehnt den Friedensschluß ab.

In Frankreich beginnt sich der Hochadel und das Parlament gegen das autoritäre Regime Mazarins zu erheben. Diese Fronde, die erst 1653 endgültig niedergeschlagen wurde, hinterläßt einen nachhaltigen Eindruck auf das sich bildende absolutistische Königtum, zumal die Unterdrükkung nur mit Schwierigkeiten gelingt.

1650
Die schwedischen und französischen Truppen verlassen Deutschland.

Tod Wilhelms II. von Nassau-Oranien.

1651
Thomas Hobbes „Leviathan" erscheint. Karl II. unterliegt Cromwell. Mazarin begibt sich in ein freiwilliges Exil.

1652
Mazarin veröffentlicht eine für die Protestanten günstige Erklärung. Am 22.5. überraschen die Protestanten mit einer Schrift, die sie in der Kirche von Charenton abdrukken. Sie wiederholen darin eine früher gegebene Zusage, nichts weiter, und doch sieht die katholische Regierung darin einen Affront:

> Königliche Erklärung über eine Bestätigung von Privilegien gegenüber den Untertanen seiner Majestät, die sich zur RPR bekennen.

Heinrich IV. hatte in dieser Erklärung geschrieben:

> Insofern besagte Untertanen der RPR uns Beweise ihrer Zuneigung und Treue gegeben haben, besonders unter den gegenwärtigen Umständen, werden wir dessen erkenntlich bleiben.

Die Wirkung dieses geschickten Schachzuges bleibt nicht aus: Den Protestanten werden mit einem Federstrich die Vorteile wieder zuerkannt, die sie beim Tode Heinrichs IV. noch genossen hatten. Die Kleriker, insbesondere die Bischöfe Bertier von Montauban und Gondrin von Sens protestieren, doch die nächste Klerikerversammlung, auf der sie ihrem Unwillen Ausdruck geben konnten, findet erst im Jahre 1655 statt.

1653
Ende der Fronde. Vincenz von Paul gründet das allgemeine Krankenhaus an der Salpetrière.

Die sechs Thesen aus dem Werke Jansens werden von Papst Innozenz X. verurteilt und damit der Jansenismus verboten.

1654
Rekonversion Christine von Schweden. Comenius, der letzte Bischof der Böhmischen Brüder, entwirft die Fibel „Orbis pictus".

1656
Pascals (1623-62) „Briefe an einen Provinzialen" erscheinen. Eine königliche Erklärung benachteiligt die Protestanten.

1657
Am 26.7. werden die Synoden verboten. Bartholomé Herwarth wird als Generalfinanzdirektor berufen. Diese Vertrauensstellung bei Mazarin unterstreicht die Bedeutung der Protestanten in Handel und Banken zu jener Zeit für Frankreich, dessen Kriege noch immer Unsummen von Geld verschlingen. Zu dieser Expertenstellung kommen die Protestanten besonders aufgrund ihrer internationalen Beziehungen.

1658
Das englisch-französische Heer unter Marschall Turenne besiegt die spanischen Truppen unter Condé.

1659
Der Pyrenäenfriede mit Spanien sichert Frankreichs Grenzen im Süden und festigt seine Vormachtsstellung. Da es seinen Erbfeind nun losgeworden ist, setzt die Verfolgung der Protestanten massiv an: Ihnen wird angeordnet, die letzte Synode in Loudun abzuhalten. Damit endet die protestantische Gemeinschaft in Frankreich. Fast genau hundert Jahre nach Ausbruch der Religionskriege kommt es zu einer stetigen Reduktion der Protestanten und des Protestantismus besonders unter Mazarin. Konnten sie bis zu diesem Zeitpunkt wegen des Engagements Frankreichs im Ausland ein annähernd normales Leben führen, so wird nun das Edikt von Nantes „streng angewandt und erfüllt".

Man versteckt sich also wieder hinter legalistischen Formen. So also wird noch an der gemischten Besetzung der Ediktkammern festgehalten, doch an die Stelle des Katholiken wird immer häufiger ein Intendant gesetzt, der seinem protestantischen Pendant politisch überlegen ist. Auch die Zerstörung der Kirchen beginnt. In den zwanzig Jahren von 1660-1680 fallen von etwa 900 Gebäuden vier Fünftel. Den Protestanten wird die unmögliche Forderung gestellt, alle Tätigkeitsnachweise ihrer Synoden ab 1597 zu beschaffen und auszuliefern.

1660
Der Papst Alexander VII. läßt von allen Klerikern Frankreichs einen Gehorsamseid unterschreiben, daß sie nicht jansenistische Glaubensformen annehmen werden. In England kommen wieder die Stuarts auf den Thron.

1661
Tod Mazarins. Beginn der Alleinherrschaft Ludwigs XIV. Sein Ziel ist der Ausbau Frankreichs zur herrschenden Macht und den Rhein als Ostgrenze zu erreichen. Der Finanzminister Colbert regiert merkantilistisch und damit ganz in Ludwigs Sinne. Er bemüht sich um eine aktive Handelsbilanz und ein neues Zollsystem, erweist sich auch als Förderer von Industrie und Handel. Das Versailler Schloß wird begonnen. Gegenreformatorische Bestrebungen werden härter spürbar. In die Provinzen werden Ediktkommissare entsandt. Das Kloster Port-Royal veröffentlicht seine „Logik". In einem Erlaß vom 16. Dezember regelt der Staatsrat eine Einschränkung des Psalmensingens:

> Wiewohl ganz ausdrückliche Verbote und Einschränkungen an alle Untertanen seiner Majestät, die sich zur vorgeblich reformierten Religion bekennen erlassen worden sind, mit lauter Stimme ihre Psalmen auf französisch zu sprechen und zu singen, sei es auf Straßen und öffentlichen Plätzen, sei es in ihren Häusern

und Geschäften und auch in den Fenstern nur mit Ausnahme ihrer Kirchen, damit bei den Katholiken kein Anstoß erregt wird, haben dennoch gewisse Frauen aus der Stadt Castres und mehreren anderen vor kurzem unter Mißachtung besagter Edikte und Erlasse öffentlich besagte Psalmen gesungen. Monsignore Pierre Planez, Priester und Vikar der Gemeinde St. Jacques de Villegoudon, der sie hörte, hat sie höflich aufgefordert stille zu sein und den Frieden und die Einheit aller Bürger der besagten Stadt nicht zu gefährden, aber anstatt sich dem zu fügen, nahmen sie die Ermahnung zum Anlaß einer Versammlung und machten sich über sie lustig, indem sie fortfuhren, besagte Psalmen laut zu singen.

So kurz der Erlaß auch sein mag, er enthält doch alles Typische der Religionskriege und des Glaubenskrieges: In einer irrsinnigen Verkehrung wird selbst das Psalmensingen schon zu einem strafbaren Akt; in einer seltsamen Selbstverleugnung weigert man sich hartnäckig gegen die Übersetzung der Bibel ins Französische; noch immer stützen sich die auf Macht bauenden Kleriker oder Politiker auf „öffentliche Unruhe" als Grund für ihre Verbote, wiewohl „Anstoß nehmen" kein Naturereignis sondern eine Sache des Willen ist.

Umgekehrt beharren die Protestanten tapfer bei den bibeltreuen Formen ihres Glaubens, und besonders die Frauen zeichnen sich durch Mut und Unerschrockenheit aus, wie die statistisch-historischen Auswertungen der Verfolgungen für jede Gegend und jede Art der Erpressung ergeben haben.

1662
Die Beerdigung von Protestanten wird geregelt. Protestanten wird der Aufenthalt in La Rochelle untersagt.

1663
In Regensburg tritt der immerwährende Reichstag als Gesandtenkongreß zusammen, der dort bis 1806 in Kraft bleiben sollte.

Der Orden vom Heiligen Sakrament wird verboten. Reformierte reisen verstärkt aus, inbesondere nach England. In Paris wird ein Missionsseminar gegründet. Zahlreiche Maßnahmen werden gegen Protestanten getroffen, und man schafft günstige Regelungen für Rekonvertierende. Eine Konversionskasse wird geschaffen.

1665
Das Singen von Psalmen außerhalb von Kirchen wird verboten (16.12.), der Titel „Pastor" (2.4.), katholische Priester dürfen evangelische Sterbende besuchen, Heiraten und Beerdigungen müssen heimlich abgehalten werden, die Zahl von Druckereien wird vermindert. Alle Ediktangelegenheiten werden Provinzkommissaren übertragen. Das Bekehrungsalter wird auf 14 Jahre festgelegt. Ludwig XIV. schreibt Memoiren, die der Erziehung der Dauphins dienen sollen. In Deutschland beginnen Fürsten, Untertanen als Soldaten zu verkaufen.

Pierre Bernard, ein besonders heftiges Exemplar der katholischen Kirche, verfaßt eine „Erläuterung des Edikts von Nantes", um dessen Geist restlos aus den Buchstaben zu drücken.

1666
Die wahre Einschätzung der Protestanten durch den König und der persönliche Grund für seine Maßnahmen geht aus den „Memoiren für die Erziehung des Dauphin" hervor, die Ludwig in diesem Jahre schreibt:

> Weder der Glaube an Verträge noch der Glaube an gegebenes Wort sind stark genug, diejenigen zurückzuhalten, die von Natur aus einem schlechten Glauben angehören. ... Wenn der Grund für ihre Versprechun-

gen nicht mehr besteht, stößt man auf wenige Leute, die ihre Versprechungen aufrecht erhalten.

1667
Frankreich beginnt einen Eroberungskrieg gegen Spanien, der ein Jahr dauert. Ludwig XIV. beansprucht die spanischen Niederlande für Frankreich, da sie seiner Gemahlin angehörten. Die Niederlande, England und Schweden bilden eine Allianz. Colbert setzt eine Reform der Rechtsprechung, der Polizei und des Zollwesens in Gang. Ludwig XIV. erobert die Niederlande.

1668
Im Frieden von Aachen gewinnt Frankreich Teile des spanisch-niederländischen Grenzgebietes. Die Mätresse Madame Françoise de Montespan beginnt ihren Auftritt bei Hofe. Rekonversion Turennes. In dieser Rekonversion des letzten Militärs aus der protestantischen Hocharistokratie erkennt schon damals Boussuet, der Geschichtsschreiber Ludwigs XIV., das Signal für einen entscheidenden Wendepunkt zum Nachteile der Protestanten.

1669
Königliche Erklärung, betreffend die Protestanten. Papst Clemens IX. schließt einen Kirchenfrieden mit den Jansenisten. Sebastien le Prêtre de Vauban wird Generalinspekteur der französischen Festungen.

1670
Pascals „Gedanken" erscheinen. Frankreich unterschreibt einen Geheimvertrag mit England gegen Holland.

1671
Heirat Lieselottes von der Pfalz mit Philippe von Orléans, dem Bruder Ludwigs XIV. Arnauld schreibt ein Buch gegen die Calvinisten und Bossuet ein Buch über den katholischen Glauben.

1672
Ausbruch des zweiten Krieges des Königs gegen Holland, der bis 1678 dauert. Der Große Kurfürst bietet den Holländern erst Hilfe an, wird aber dann durch die Schweden abgelenkt. Der Kaiser steht auf der Seite Hollands, England auf der Seite Frankreichs. Jurieu schreibt ein Buch gegen Veränderungen der Religionszugehörigkeit.

1673
Das Remonstrationsrecht der französischen Parlamente wird reformiert. Der König stärkt seine Rechte. Turenne entwickelt mit P. Sézanne und mit Hilfe Deutschlands mehrere Punkte für eine geeinte, protestantische Kirche in Frankreich.

1674
Das Königreich erobert die Franche-Comté, als Erbtum der Grafen von Nassau-Oranien ein Zufluchtsort in Frankreich.

1676
Pellisson, Geschichtsschreiber des Königs und ehemaliger Reformierter, veranlaßt die Einrichtung einer Konversionskasse, die der König aus den Kirchenmitteln bestreitet, die er dem Papst im Religionsstreit vorenthält. Pellisson brachte das viel Ruhm ein, die Maßnahme hatte aber wenig Erfolg.

1677
Im Juni des Jahres schreibt Pelisson in seinen Memoiren Näheres darüber, wie er sich den Gebrauch der Konversionskasse vorstellt. Dabei wird der Unterschied offenbar: Während Katholiken dieses Schlages buchhalterisch den Glauben der Menschen berechnen und politisch verkalkulieren, entgeht ihnen, daß das Objekt ihrer Schachereien, die Protestanten, ja gerade deshalb zum evangelischen Glauben kam, weil ihnen die materialistische Verflechtung von Glaube und Macht zuwider war und der Protestantis-

mus zum Teil auch ein Protest gegen eben diesen Materialismus war. Die Konversionskasse zielt am Erfolg vorbei, weil die Protestanten dafür grundsätzlich nicht ansprechbar sind.

> Und daß man auch keine Gelegenheit auslasse, Familien aus dem Volke zu bekehren; denn dabei handelt es sich nicht um einen großen Akt, wie man doch in diesen Tälern gesehen hat, da man für zwei, drei, vier oder fünf Pistol zahlreiche Familien gewann. Ich beobachtete gar, daß man bis auf hundert Francs heraufgehen konnte, ohne daß ich dazu eine neue Ordre seiner Majestät erhielt, die die Wechsel bestätigte, die man auf meinen Namen bezog. ... Jedoch, um noch einmal auf die 100 Francs zurückzukommen, es soll nicht heißen, daß man immer bis zu dieser Höhe gehe, es ist vielmehr mit größter Sparsamkeit zu walten. Erstens, damit die Mittel auf so viele Leute wie möglich verteilt werden können; sodann, weil, wenn man 100 Francs schon bei Personen geringeren Standes ausgibt, denen keine Familie sich anschließt, dann werden die, die sich etwas höher gestellt vorkommen oder solche, die eine Anzahl Kinder hinter sich haben, viel höhere Summen verlangen.

1678
Der Regalienstreit zwischen dem Papst und Ludwig XIV. bricht aus. Im Frieden von Nimwegen zwischen Frankreich, den Niederlanden, Spanien erhält Frankreich weitere niederländische Grenzgebiete. Kontroverse zwischen Bossuet und dem Pastor Claude.

1679
Der Friede von Nimwegen mit dem Reich. Frankreich erhält Freiburg im Breisgau. Im Frieden von St. Germain verzichtet Brandenburg auf Vorpommern. Die gemischten Ediktkammern werden aufgelöst, den protestantischen

Versammlungen königliche Komissare vorgeschrieben und verschiedene Zwangsaktionen mit dem Ziel der Konversion begonnen.

1680
Das Fürstentum Orange, Teile von Elsaß und Lothringen werden durch königliche Truppen besetzt. Deutschland protestiert gegen diese „Reunionen". Dragonaden gegen Papsttreue in der Diözese Pamiers. Malebranche schreibt sein Buch „Über die Natur der Gnade". Weitere Maßnahmen gegen die Protestanten.

Die französische Provinz Quebec, die damals bis zum Mississippi reichte, entsteht. Verbot der Bekehrungen von Katholiken. Ausreiseschub von Frankreich nach England. Denis Papin (1647-1712) erfindet den Dampfkochtopf. Protestantinnen wird das Wirken als Hebamme verboten (20.2.). Mittlerweile wird es fast unmöglich, den protestantischen Glauben zu leben. Duquesne, größter Seemann Frankreichs, wird aufgrund seiner Rekonversion zum Admiral befördert.

1681
Die Franzosen besetzen Straßburg. Frankreich und Brandenburg schließen ein Verteidigungsbündnis. Das Bekehrungsalter wird von 14 (1665) auf sieben Jahre herabgesetzt. Kinder werden zur Umerziehung in Klöster entführt. Marillac beginnt im Poitou mit Einquartierungen der Dragoner bei protestantischen Familien. Auf Druck des Auslandes werden diese nach geraumer Zeit zurückgenommen. Infolgedessen beschränkt man sich mehr auf die Zerstörung von Kirchengebäuden.

1682
Die französische Klerikerversammlung beschließt die vier gallikanischen Artikel. Zahlreiche antiprotestantische Maßnahmen.

Am Hofe hat Madame Françoise de Maintenon ihren

Auftritt als zweite Mätresse des Königs. Versailles wird Residenzort.

1683
Der Kaiser besiegt die Türken vor Wien. Tod Colberts. Im Vivarais, den Cevennes und in der Dauphiné kommt es zu Revolten von Protestanten. Mit schweren Aktionen wird das letzte gewaltsame Aufflackern des protestantischen Widerstandes blutig niedergeschlagen. Mancherorts protestieren die Protestanten, indem sie sich psalmensingend auf ihren zerstörten Kirchen versammeln. Diese Demonstration spaltet das protestantische Lager in Befürworter dieser Aktion und Vorsichtige, die kein Aufsehen erregen wollen. Der Kommissar der Protestanten bei Hofe, Ruvigny, tadelt seine Glaubensgenossen.

1684
Der Canal du Midi vom Mittelmeer bis zum Atlantik wird eröffnet. Der Reichstag von Regensburg entlastet den König für eine Zeitlang von seinen kriegerischen Unternehmungen. Frankreich schließt einen Vertrag mit dem Kaiser und Spanien (15.8.).

1685
Jakob II. wird König von England. Am 18. Oktober wird das Edikt von Nantes aufgehoben. Die Dragoner verlassen den Midi und ziehen in die Normandie, Picardie und Lothringen ein. Buchhandel und Druckerei wird den Protestanten verboten (9.7.), am 5.11. auch das Ausüben der Anwaltschaft. Der Intendant Foucault unterdrückt das Béarn. Es wird innerhalb weniger Wochen bis Ende des Sommers zum Katholizismus zurückgeführt. Daguesseau und Baville beherrschen die Guyenne, Languedoc, Cevennes, Dauphiné und Saintonge. Der Temple de Charenton, der unbeabsichtigt zu einer Art Flaggschiff des protestantischen Kirchenbaus und des evangelischen Lebens wurde, zumal er in Paris auch unter Beobachtung aller Gesandten aus pro-

testantischen Ländern stand, wird im November abgerissen.

Von einer erzwungenen Rekonversion berichtet Isaac Dumont de Bostaquet aus Dieppe in der Normandie:

> Ich gestehe zu meiner Schande und mit äußerstem Schmerze, für den ich Gott um Vergebung bitte so lange ich lebe, daß ich nicht dem Befehl widerstehen konnte, der in meiner Gegenwart gegeben wurde, da ich 25 Soldaten bei mir beherbergen mußte. Die Angst, so viele Frauen und Mädchen der Willkür des Ritters ausgesetzt zu sehen, dem alles erlaubt ist, zwang mich, zwischen den beiden Männern zu unterschreiben, die so häßlich wie Dämonen und so voller Bosheit und Grausamkeit sind, daß ich verspreche, um Weihnachten den katholischen Glauben anzunehmen und so dem Willen des Königs zu gehorchen. Die Zeit war noch lang, und ich schmeichelte mir, daß sich Gott unserer Not erbarmen und daß es vielleicht zu einer Abhilfe kommen würde.

Über die Dragonaden erfahren wir aus dem Zeugnis der Memoiren Samuels de Pechels aus Montauban. Im August des Jahres 1685 erlebt er:

> Mein Haus füllte sich mit Soldaten und Offizierspferden. Diese Männer bemächtigten sich aller Zimmer mit so wenig Schonung, daß ich kein einziges für meine Familie behalten konnte. Es war mich auch unmöglich, mir bei ihnen Gehör damit zu verschaffen, daß ich ihnen ohne Widerstand alles gäbe, was ich besitze. Sie schlugen alle Türen ein, erbrachen Truhen und Schränke und zogen unbedingt vor, sich meiner Güter auf diese brutale Weise zu bemächtigen anstatt die Schlüssel anzunehmen, die meine Frau und ich ihnen hinhielten. Sie machten meine Scheunen, die voller Korn und Mehl standen, zu Pferdeställen und war-

fen es auf barbarische Weise ihren Pferden zu Füßen. So taten sie auch mit all dem Brot, das zur Speisung meiner kleinen Kinder bestimmt war, ohne daß es uns möglich war, ihre Zerstörungswut aufzuhalten. Meine Frau, die bald entbinden sollte, vier kleine Kinder und ich wurden an die Tür gestellt, und wir durften nichts mitnehmen außer einer Wiege und ein paar Windeln für das Neugeborene. Die Straße war voller Leute, die sich amüsierten, uns so geplündert zu sehen, und wir konnten geraume Zeit nicht weiter als bis zur Tür vordringen, und die Soldaten machten sich einen Spaß daraus, aus den oberen Fenstern Wasserkrüge auf uns zu leeren.

Dritter Krieg Ludwigs gegen die Pfalz.

1686
Bildung der Augsburger Liga. Fortsetzung der Dragonnaden, verstärkte Ausreise der Protestanten.

1688
Festungsbaumeister Vauban wagt die Bemerkung, daß der Widerruf des Edikts Frankreich keinen Dienst erwiesen hat. Der König erklärt dem Kaiser den Krieg.

Zweite englische Revolution.

1690
Elie Benoîts „Geschichte des Edikts von Nantes und seiner Widerrufung" erscheint in Leyden.

1697
Prinz Eugen besiegt die Türken.

Im Frieden zu Ryswijk erhält Ludwig XIV. das Elsaß, Straßburg, muß aber Freiburg, Breisach, die Pfalz und Lothringen abgeben.

1699
Ludwig XIV. erkennt Wilhelm II. von England an. Der Papst verbietet die Lehren des Quietismus. Fénelon, sein Hauptvertreter, gibt äußerlich nach. Der Quietismus entstand als Reaktion auf den Jansenismus am Ende des 17. Jahrhunderts. Er vertrat die Ansicht, daß die Seele, da sie ja dem Willen Gottes unterworfen ist, nichts als in stiller Erwartung und passiv sein Wirken abwarten könne. Damit wurde jede Verantwortung und Aufgabe des Menschen bis zum Nichts vermindert. Der Begründer dieses Gedankens, der Spanier Molinos, erfuhr sein Verbot schon früher durch Papst Innozenz XI. Fénelon, der seine Idee rasch aufgegriffen hatte, stritt danach noch einige Jahre mit Bossuet, der sie entschieden ablehnte, per polemischen Schriften oder Briefen weiter. Als Innozenz XII. im März 1699 seine Schrift „Maximen der Heiligen" verbot, kam die Strömung des Quietismus damit zum Erliegen.

1679
Die Reunionskammern beginnen ihr Wirken in Besançon, Breisach und Metz und aquirieren für Frankreich die Franche-Comté, das Elsaß, Lothringen und Montbéliard.

Mit Colbert und seinem Bruder Croissy tritt eine rivalisierende Familie an die Stelle des Arnaud de Pompour (Äußeres) und gegenüber Le Tellier und seinen Sohn Louvois.

1680
Das Hôtel de Ville der Stadt Paris verleiht Ludwig XIV. den Titel „der Große". Er selbst lebt immer zurückgezogener und besitzgieriger im Louvre. Am 30.9. zieht Louis feierlich in Straßburg ein; gleichzeitig bemächtigen sich französische Truppen der Stadt Casale in der Poebene. Der Markgraf von Baden und der Herzog von Zweibrücken müssen dem König huldigen. Europa ist über das Vordringen Ludwigs XIV. beunruhigt und rüstet sich, doch es wird wieder von den Türken abgelenkt. Mit dem Auftreten des Père Lachaise als Beichtvater des Königs wird dieser ganz auf

Verfolgung der Protestanten eingeschworen. Die Maintenon hält fest: „Man ist mit Pater Lachaise bestens zufrieden. Er regt den König zu großen Taten an. Bald werden alle seine Untertanen Gott in Geist und Wahrheit dienen."

1681
Der Regalienstreit flammt in diesem Jahr auf, da der Papst den Erzbischof von Toulouse ohne Rücksprache mit dem König ernennt. Der König beschließt deshalb, die französischen Kleriker auf seine, nicht des Papstes Seite zu bringen. Im Juni treffen die Prälate des Reiches in Paris ein. Diese Versammlung beschließt die „Vier Artikel" (19.3.82), mit denen sie sich dem französischen Staat verbünden.

Am Hofe tritt Madame de Maintenon auf. Die kühle, beherrschte und sehr gescheite Frau paßt in den Rahmen des Hofes, der neuerdings auch die Moral unter die Füße zu bekommen suchte, die bereits so viele Menschen unterdrückt hatten. Jules Michelet, der die intelligente, geschickte und zugleich devote Frau haßt, erkennt dennoch, daß sie anderen Schlages als ihre Vorgängerin ist. Sie führt paradoxerweise dazu, daß Ludwig nach 20 Jahren Ehe endlich seine Heirat ernst nimmt; denn nach den langen abendlichen Unterredungen schickt sie ihn zu seiner Frau. Als die Königin stirbt, heiratet Ludwig die Maintenon insgeheim, die Witwe des Dichters Scarron und Enkelin Agrippa d'Aubignés. Schon am 24.8.

1682
schreibt sie in ihr Tagebuch: „Der König denkt nun ernsthaft über sein Heil nach und das seiner Untertanen. Wenn Gott ihn uns erhält, wird es nur eine Religion in unserem Königreich geben."

Der Jesuit Maimbourg liefert eine „Geschichte des Calvinismus", eine Apologie der Verfolgungen. Die Klerikversammlung, außerordentlich zusammengerufen wegen des Regalienstreits Ludwigs mit Innozenz XII. holt zum entscheidenden Schlag aus: Sie verfaßt am 1. Juli das „Avertissement pastoral", ein Programm zur völligen Beseitigung des Protestantismus, also ein Programm von der Tragweite und dem Geist der Wannseebeschlüsse im Dritten Reich. Gegen den Beschluß des Königs bezüglich der Kirchengüter wehren sich nur zwei (jansenistische) von 59 Diözesen – ein erstaunliches Zeichen der Konformität des Klerikertums mit dem König von Frankreich anstatt des Papstes! Der königsfreundliche Beschluß der Vier Artikel ist wahrscheinlich mit dem „Avertissement pastoral" erkauft worden, mit dem der König ja auch zugleich sein religiöses Interesse bestens belegen kann. Der erste dieser Artikel lautet:

> Die Könige und Souveräne sind keiner kirchlichen Macht unterworfen, von göttlicher Ordnung, in weltlichen Dingen. Sie können weder direkt noch indirekt abgesetzt werden, von göttlicher Ordnung, durch eine Schlüsselgewalt der Kirche.

Der Papst schilt sie aber alle schon am nächsten Tage „Feiglinge". Darauf antworten diese: „Die gallikanische Kirche regiert sich nach ihren eigenen Gesetzen. Sie behält dazu ihre unverletzliche Befugnis." Deutlicher war das Schisma und der Machtverlust des Papstes in Frankreich nicht mehr auszudrücken. Das Schriftstück will der Nuntius schon gar nicht mehr entgegennehmen, weil es dem Papst den gebührenden Respekt versage. Der Regalienstreit fällt jedoch so plötzlich in sich zusammen wie er entstand, und der König löst die Klerikerversammlung auf. Die Vier Artikel werden vom Parlament angenommen. Entsprechend geht die Klerikerversammlung auch nicht hinter ihr Avertissement zurück, das sie am 1.7. veröffentlicht: „Pastoralankündigung an die von der vorgeblich reformierten Religion mit dem Ziele, die zur Bekehrung und Versöhnung mit der Kirche zu veranlassen." Daneben, daß das eine Geste gegenüber dem Papst war, kostete es ja auch nur die Hugenotten etwas. Zu beachten ist an diesem

Dokument, daß den Hugenotten in ihm nicht mehr nur die Häresie vorgeworfen wird, sondern auch die Spaltung. Dieser Terminus ist in Frankreich neu und deutet die Unumkehrbarkeit des Hasses an, dem die Hugenotten sich jetzt gegenüber sahen. Auf dieser Grundlage konnte man sie auch der grundlosen Rebellion bezichtigen: „Warum habt ihr euch von uns losgesagt?" heißt es in dem Papier, und mehr noch, nicht alleine vom Vertreter der Kirche sondern auch vom König als ihrem ersten Sohn, wodurch man die Theorie dafür liefert, daß der weltliche Arm sich um die Rekonversion mühen müsse. Der totalitäre Staat will nun auch die Geschichte unter seine Füße kriegen. Dann rückt die volle Wahrheit aus diesem Pamphlet heraus:

> Und weil dieser letzte Irrtum noch krimineller als alle eure anderen ist, müßt ihr damit rechnen, daß unvergleichlich viel schlimmere und unvermeidlichere Unglücke über euch kommen, als alle, die ihr durch eure Revolte und euer Schisma bisher erlitten habt.

Der König befiehlt, daß die Intendanten in Person den Büttel begleiten, wenn er dieses Avertissement in den Provinzen verliest. In den nun folgenden 40 Monaten vom 6. Juli 1682 bis 17. Oktober 1685 werden noch 83 Erlässe verfügt, während das Edikt von Nantes bis dahin immer noch ausdrücklich gewahrt wird. Als erstes werden das Psalmensingen (wieder einmal und 1684 erneuert), jede Versammlung außerhalb von Kirchen und ohne Pfarrer (erneuert 1682 und 1684) verboten. Herren mit Gerichtsbarkeit dürfen nur solches Hauspersonal zu ihren Gottesdiensten zulassen, das länger als ein Jahr in ihren Diensten steht. Öffentlicher Gottesdienst ist nur erlaubt, wo mehr als zehn Familien zur Pfarre gehören. Das Avertissement muß von allen Pfarrern unterschieden werden. Nur hier und da erhebt sich Protest, wie in Arnay-le-Duc, wo der Pfarrer Terrasson sogar die Treue gegenüber dem König aufsagt:

> Sofort erhob sich Terrasson, Pfarrer von Arnay-le-Duc, und gab eine Antwort, in der er im Namen seiner Gläubigen dagegen protestierte, bei tiefem Respekt und Ergebenheit gegenüber dem König, von dem er hoffe, daß er stets seine königliche Güte ihnen gegenüber walten lasse, so wolle er doch seine Gemeinde friedlich und in Freiheit des Gewissens leben lassen, ohne die ihnen das Leben eine Last und der Tod vorzuziehen sei. Da sie in ihrem Glauben ohne Furcht und Tadel lebten, könnten sie die ungerechten Vorwürfe keinesfalls gelten lassen, die man gegen sie und die Geschwister in Frankreich gegen sie erhöbe. Sie ergäben sich in Demut dem hohen und weisen Rat des Königs und der Gnade Gottes, doch sie seien entschlossen, in ihrem Glauben zu sterben.

In Puylaurens widerspricht der Pastor Mortel sogar gegenüber Daguesseau selbst:

> Unsererseits, Exzellenz, besteht kein Zweifel daran, daß es Gott selbst ist, der König der Könige und Herr aller Herren, der uns unter sein Zepter gestellt hat. ... Unsere Herzen lieben aufrichtig den Schatten seines Zepters.

Der Pfarrer Jean Claude ist bemüht, die Panik zu beherrschen, die das Avertissement auslöst. Er schreibt dazu die „Betrachtungen zu Rundbriefen der Klerikerversammlung Frankreichs".

Juli: In Grenoble werden auf dem Platz de Breuil drei protestantische Bücher verbrannt: die „Vorkehrungen gegen den Religionswechsel", die man Pastor Jurieu zuschreibt; zwei anonyme „Unterhaltungen eines Vaters mit seinem Sohne: Abhandlung gegen die Revolten". Die Regierung fühlt sich durch Schrifttum demnach ebenso bedroht wie die Regierungen des 16. Jahrhunderts.

Verbot der Auswanderung.

1683

Mit dem Tode Colberts tritt in Le Peletier ein Intimfreund Le Telliers an dessen Stelle. Während Colbert den König manchmal in seinen religiösen Einigungsbestrebungen zurückhielt, widersprechen ihm die Le Telliers keineswegs, im Gegenteil, sie stimmen zu aus Schmeichelei. Sie versuchen wie auch Beamte niederer Ebenen, auf Kosten der Hugenotten vorwärtszukommen.

5.1.: An einem evangelischen Ort darf nur der örtliche Pfarrer, kein Gastpfarrer predigen. Das diente inbesondere dazu, die Macht der Pfarrer zu brechen, die Daguesseau eindrücklich schilderte. Jegliche Art von Bekehrung von Katholiken wird verboten.

11.1.: Evangelische Schulen werden verboten.

22.5.: In evangelischen Kirchen muß Platz für Katholiken freigehalten werden.

17.6.: Neubekehrte Eltern müssen ihre Kinder katholisch erziehen.

August: Katholisch-reformierte Mischehen werden verboten, im Ausland geschlossene Ehen nicht anerkannt.

16.5.: Seit den letzten Monaten des Jahres 1682 sind insgeheim 16 Pfarrer in Vals, Montpellier und Bergerac und schließlich bei Claude Brousson in Toulouse versammelt, um eine Form des Widerstandes gegen das Avertissment zu entwickeln. Daguessaeu gelingt es nicht, sie zu erwischen. Eine Resolution von 18 Artikeln wird aufgestellt und ruft eine allgemeine Versammlung auf den 27.6. zusammen und ein allgemeines Fasten auf Sonntag, den 4.7. Sie fordern zum Glaubensgehorsam bei gleichzeitigem Gehorsam gegenüber dem König auf. Vom Staat verlangen sie nichts weiter als Gottesdienst- und Gewissensfreiheit. Unter diesen Bedingungen treffen sich im Vivarais Gläubige am 18.7. Ein heißer Sommer steht Daguesseau bevor. Doch nur Bischof Daniel de Cosnac von Valence gelingt es mit Hilfe ergebener Spionpriester, Versammlungen von 3 000 Gläubigen bei Chambon-de-Tence auf einer Wiese beim Dorf und von 1 000 bei Saint-Vuy aufzudecken. Ende Juli treffen sich in Chalancon 92 Pfarrer zu einem Treueschwur auf den König und den evangelischen Glauben. Im August bricht die Gewalt über sie herein. Dragoner marschieren am Sonntag, 29.8., in Bourdeaux ein, wo sich 200 zu einem Widerstandsnest versammelt hatten. Die Dragoner töten, verbrennen, hängen 50, zerstören zwei Kirchen, wer überlebt, kommt auf Galeeren, nur Pastor Lautier gelingt die Flucht ins Ausland. So verfährt man auch mit Chalancon, Rousin, Saint-Fortunat. Am 26.3. marschieren 4 000 Dragoner westlich über die Rhône. Daguesseau selbst schreibt, daß es sich „mehr um ein Abschlachten denn um einen Kampf" handelte. Dann verfahren sie auf diese Weise mit dem ganzen Vivarais.

Sept.: Der Pfarrer Antoine Chamier aus Montauban wird in Montélimar gerädert.

Okt.: Isaac Homel, den man mit einigem Recht als Seele des Widerstandes vermutete, wird auf dem Platz von Tournon gerädert. Viele andere Pfarrer kommen ins Gefängnis. Ende November nimmt Genf 37 Pfarrer auf. Andere schwören aufgrund der Qualen ab. Von den 33 Seelsorgern des Vivarais haben insgesamt acht abgeschwört, 18 das Ausland aufgsucht, zwei sind erhängt worden, fünf wurden ins Gefängnis oder auf Galeeren gebracht, nur einer blieb auf seinem Posten. In diesem Jahr wurden 16 Kirchen zerstört, die letzte im April 84 in Desaigres.

Die Kirchen nördlich der Loire hatten sich nie zu Widerstand bereiterklärt. Sie waren zu isoliert und standen auch in ihren Überlegungen stets der Regierung etwas näher.

Der Adel verfügte über keinerlei Einsicht seines Tuns. Der Beauftragte für die Reformierten beim König, Marquis de Ruvigny, schreibt:

> Ich habe mit äußerstem Schmerz von den Bewegungen derer von unserer Religion in den Cevennen und sogar der Dauphiné gehört. Ihr Tun schien mir umso krimineller, als sie ohne Anlaß gegen Gott und den schuldigen Respekt gegenüber dem König und seinen Erlas-

> sen durch ihren Ungehorsam seiner Majestät einen legitimen Vorwand für eine strenge Bestrafung lieferten.

Nicht einmal dieses Chamäleon ist in der Lage, das verzweifelte Tun der bedrängten Christen anders zu interpretieren!

1684
Der Intendant Nicolas Foucault trifft im April in Pau ein, vom Nachfolger Colberts, Louvois, dorthin versetzt, und entfaltete das von Montauban bekannte Bekehrungsfieber. Im August unterbreitet er dem König einige Vorschläge, wie die evangelischen Kirchen im Béarn auf fünf verringert werden könnten. Der König ist von diesen begeistert. Im Februar 1685 ist das Machwerk erledigt:

> Auf diese Weise blieb innerhalb von sechs Wochen kein einziger Temple mehr im Béarn übrig; ihre Zerstörung zwang die Pfarrer zum Verlassen der Provinz, und dank ihrer Abwanderung überließen diese falschen Hirten das Feld frei für Bekehrungen.

Im August wird der Vertrag von Regensburg zwischen Kaiser und Frankreich, Frankreich und Spanien für die Dauer von 20 Jahren unterzeichnet. Frankreich sichert sich auch für diese Zeit die eroberten Gegenden. Europa hat der Frechheit nachgegeben. Der Schriftsteller Racine preist in der Akademie diesen König, der seine Feinde dazu zwang, die Bedingungen anzunehmen „ohne daß sie bei Aufbieten aller Kräfte nur einen Schritt aus dem engen Kreis hinaus tun konnten, den es ihm um sie zu ziehen beliebte".

4.9.: Kranke müssen an katholische Spitäler abgegeben werden.

6.9.: Den Herren mit Gerichtsbarkeit wird das Gottesdienstrecht völlig entzogen. In Mazamet und Montélimar wird der evangelische Gottesdienst auf ewig verboten!

1685
Am 28. März rücken 47 Infanteriekompanien auf die 27 753 Protestanten des Béarn an. Im April rückt das Regiment Vendôme vor. Mit großem Erfolg:

> Am 18. April ersuchte ich Herrn Louvois um Blankobefehle zur Einquartierung einer oder mehrere Kompanien in Städten voller Protestanten, da ich sicher war, daß schon alleine die Annäherung von Truppen eine große Zahl von Bekehrungen hervorrufen würde; und daß ich die Soldaten so gut im Zaume halten würde, daß sie keine Gewalt begingen und die Verantwortung für Klagen übernähme, die er eventuell erhalten würde. Es ist zu bemerken, daß der König die Truppen nicht aus religiösen Ursachen in das Béarn schickte, sondern um die Garnison zu errichten, die er schon immer gegenüber der Grenze zu Spanien haben wollte. Nachdem Louvois mir die Blankovollmachten geschickt hatte, bekehrten sich in fünf Städten und Dörfern 600 Personen, allein aufgrund der Aussicht der heranmarschierenden Truppen.

Doch die Scham angesichts dieser Methoden ist auch nicht totzukriegen. Einem Brief zufolge hat Himmler-Foucault Befehle ausgeführt, die Louvois nicht gegeben hatte. Bürokratie als Motor, Bürokratie als Versteck. Ein ähnliches Versteckspiel treiben Baville und Louvois im Poitou im Ausdruck „was ihr für den Dienst an seiner Majestät für nötig erachtet." War der König es zufrieden, so war es gut. Sollte er unzufrieden sein, so hätte Louvois immer sagen können, das habe er nicht befohlen und konnte die Verantwortung auf Baville abschieben. Doch aufgrund des Regensburger Vertrages war mit Druck aus dem Auslande nicht zu rechnen.

Im April und Mai schickt sich Foucault in Begleitung eines Bischofs und von Kapuzinern zu den ersten großen Bekehrungen an. Vorwand ist stets die Mißachtung einer

Stillegung von Kirchen oder Gottesdiensten durch Pfarrer oder Gemeinden. Foucault berichtet:

> ... die Nachricht von den Bekehrungen verbreitete sich in allen Winkeln der Provinz; die Stadt Pardiès, wo 80 Familien der RPR lebten, bekehrte sich insgesamt innerhalb von zwei Tagen, während deren zwei Infanteriekompanien bei ihnen waren, und gegenwärtig ist nur ein Mann besagter Religion übriggeblieben, wohingegen seine Familie katholisch geworden ist.
>
> ... gegenwärtig trifft aus Pau die Nachricht ein, daß sich in der Stadt Maslac 60 Familien bei Ankunft zweier Infanteriekompanien bekehrten, und daß nunmehr nur acht Familien der RPR übrig sind. Seit März haben sich demnach bis zum Ende des Monats im Béarn 660 Familien mit 4 000 Köpfen bekehrt.

Der Sohn Daguesseaus berichtet in seinen Memoiren von seinem Vater, daß die Bekehrungen auch in dessen Intendanz zuhauf und nicht mehr einzeln erfolgten, also städte- und dörferweise. Doch Foucault bemerkt, daß das auch Taktik sein kann, die Hornissen aus Paris erst einmal loszuwerden. Doch im Juli kann er erst einmal die Totalbekehrung des Béarn melden. Im August schreibt ihm der König aus Versailles:

> Herr Foucault, aus Ihrem Brief vom 18. Juli geruhe ich zu entnehmen, daß Ihre Sorgen und Mittel zu allem, was meine Untertanten der RPR zur Bekehrung veranlassen könnte, gute Wirkung im ganzen Béarn gehabt haben, und Ihr braucht nicht daran zu zweifeln, daß mir dieser Dienst nicht weniger angenehm als vorteilhaft für unsere Religion ist und ein starkes Beispiel für die anderen Provinzen meines Königreiches. Dazu bitte ich Gott, Herr Foucault, daß er Sie in seinem Schutze bewahre.

Und ganz konkret empfiehlt er in der Tat das Beispiels Foucaults dem Kommandanten Boufflers im Béarn, der daraufhin Aunis, die Saintonge und Bergerac besetzt. Am 4. Oktober stehen 8 000 Dragoner in Nîmes, am 7. in Anduze, am 14. und 25. in La Batie und Annonay.

30.4.: Gottesdienste auf den Ruinen evangelischer Kirchen werden verboten. Zuwiderhandelnde Pfarrer werden aus dem Dienst entfernt.

10.5.: Auch in evangelischen Familien müssen katholische Lehrer zugelassen werden.

9.7.: Im Midi müssen evangelische Gemeinden katholischen Kirchen beim Aufbau helfen und in deren Gemeinderäten mitwirken.

9.8.: Evangelische Friefhöfe in Städten werden zerstört.

Sept.: Der Staatsanwalt Jean Fourel meldet aus Annonay nach Paris, daß Protestanten ihre Habe verkaufen, um mit Geld ins Ausland gehen zu können. Todesstrafe für Auswanderung (25.8.). Verrätern von auswanderungswilligen Reformierten wird die Hälfte von deren Vermögen zugesprochen.

23.9.: Reformierten Adeligen wird angeboten, daß sie bei einer Rückbekehrung dieselben Sitze in den Kirchen wie ihre Vorfahren erhalten.

Die Kirchen von La Rochelle und Sedan werden zerstört. Im Béarn läßt Foucault 15 Kirchen zerstören. Das Verbot von Kirchen in Bischofsstädten und deren Vororten wird erneuert. Als Vorwand für diese Zerstörungen dient meistens der Vorwurf, ein Pfarrer habe Neubekehrte zum Abendmahl zugelassen – was leicht jederzeit zu behaupten ist. Nur die Andeutung eines Rückfalles eines Neubekehrten bringt einen Pfarrer ins Gefängnis.

Zwischen 1657 und Oktober 1685 fallen 587 Kirchen von 760 des Jahres 1610.

Ähnlich wie der Pfarrer Jean Claude drei Jahre zuvor schreibt nun auch Jean Dubourdier, Pfarrer in Montpellier die „Briefe friedfertiger Protestanten" als Verteidigung gegenüber dem unsinnigen Anliegen des Avertissement und seinen Verdrehungen der Tatsachen und der Wahrheit:

> Wenn ein Volk seine Kirchen fallen, seine Altäre zerstört, die Kinder aus den Armen gerissen, die Güter geraubt, die Freiheit verletzt, sich die Sakramente beraubt, die Sterbenden ohne Trost sieht und die Landsleute über seinen Verlusten begeistert erblickt, die es mit Tod, Massakern, Plünderung bedrohen, wenn es in seinem Königreiche eingeschlossen wird und das alles ihren Geist erregt und ausfüllt, dann entfernen sie (*die Regierung von Paris*) es vom Frieden und von allen Möglichkeiten einer religiösen Wiedervereinigung.

Es gibt milde Bischöfe wie Lescar im Béarn und den von Oléron, der 361 Pfarrer zum Abschwur versammelt. Wie äußerlich der Abschwur tatsächlich gemeint ist, geht aus einer Ansprache hervor, in der er zu verstehen gibt, das Ritual vollziehe sich auf Französisch, die Protestanten müßten nicht an Bilder, Fegefeuer, Fürsprache der Heiligen und die Realpräsenz in der Kommunion glauben! Die Protestanten aber sind im Geiste so feinfühlend, daß sie diesen Rabatt ablehnen. In der Folge verwehrt Innozenz XII. die Praxis solcher Privatabmachungen (mancher) gutmeinender Bischöfe. Von Mai bis ins nächste Jahr erlaubt die Regierung Intendanten, Soldaten bei Reformierten einzuquartieren, bis diese sich bekehren, einschließlich der Erlaubnis der „erforderlichen Unordnung". Letztes Vorbild war dazu die Wirkung der 10 000 Mann, die nach der Erhebung der Rotmützen in der Bretagne (1675) über Winter einquartiert wurden und sich so schlimm aufführten, daß selbst der Gouverneur Chaulnes, der sie gerufen hatte, entsetzt war. Die Marquise de Sevigny war darüber bestens im Bilde, ein weiterer Zeuge berichtet:

> Mehrere Einwohner dieser Stadt und ihrer Vororte wurden von Einwohnern geschlagen, die bei ihnen un-

tergebracht waren., Sie vergewaltigten Frauen in Gegenwart ihrer Männer und banden Kinder ganz nackt auf Bratspieße, um sie auf diesen zu drehen.

Auch erinnerte man sich der Wirkung jener 4 000 Dragoner in Montauban, die 1659 wegen Unruhen der dortigen Studenten in die Stadt geschickt worden waren.

Auch bei den Dragonaden der Jahre 1685/86 verfehlt die ungebremste Grausamkeit der Dragoner nicht die schon von Marillac 1681 beobachtete Fernwirkung auf Rückbekehrungen, die man auch in der Dauphiné, den Cevennen und dem Niederlanguedoc 1683 ausnutzte.

1683
Fortsetzung der Dragonade in Champagne, Burgund, Picardie und Normandie. Auch der Adel wird nicht mehr verschont.

> Sie versäumten keine Art von Unmenschlichkeit und verschonten weder Stand, Geschlecht noch Alter. Sie zerstörten Häuser, zerschlugen die schönsten Möbel, mordeten, schlugen die ehrwürdigsten Alten, schleiften die edelsten Frauen in die Kirchen; sie stellten unschuldigen Personen wie die schlimmsten Verbrecher an den Pranger oder hängten sie an den Füßen auf bis sie sie in Verzweiflung gebracht hatten. An anderen Stellen brachten sie glühende Holzlatten an oder schlossen sie in vier Mauern ein oder ließen sie verhungern.

Der normannische Edle Dumont de Bostaquet, der bis zuletzt auszuhalten versuchte, berichtet:

> Ich gebe mit Scham und tiefem Schmerz zu, daß ich nicht länger dem Befehl, 25 Soldaten bei mir unterzubringen, widerstehen kann. Die Angst, so viele Frauen und Mädchen der Haltlosigkeit des Hauptmanns aus-

geliefert zu sehen, dem alles erlaubt ist, zwingt mich zu unterschreiben, daß ich verspräche, dem Willen des Königs zu gehorchen und die katholische Religion anzunehmen.

Es kennzeichnet die Dümmlichkeit und Brutalität des Vorgehens dieser (und wahrscheinlich anderer Plagegeister), daß sie, die sich selbst als Missionare empfanden, stets einen Logierungszettel zur Legitimation bei sich führten. Samuel de Pechels aus Montauban kann nicht einmal mit seiner hochschwangeren Frau woandershin fliehen, da der Intendant bei Strafe von 400-500 Pfund verbietet, Protestanten Herberge zu gewähren. Jean Migault berichtet, wie auch Flüchtlinge verfolgt werden:

> Janneton blieb zwei Wochen in diesem Hause und hätte länger in ihm bleiben können, wenn ein Trupp Dragoner nicht von Nachbarn darauf hingewiesen worden wäre, daß sie sich dort aus Religionsgründen verborgen hielte. Zwei von ihnen gingen dorthin und durchsuchten das Haus. Da sie nichts fanden, zerstörten sie mehrere Möbel der armen Leute und begingen andere Schändlichkeiten während der ganzen Nacht. Am nächsten Morgen suchten sie außerhalb des Hauses und fanden sie unter einem Strohhaufen, der vor dem Pferdestall lag. Die Nacht hatte sie in einem Wäldchen 100 Meter vom Hause entfernt verbracht. Sie zogen sie heraus, und nachdem sie sie mit ihren Gotteslästerungen beschimpft hatten, nahmen sie ihr das bißchen Geld ab, das sie hatte. Dann schleiften sie sie vor den Priester des Ortes. Doch sie wollte die Abschwörformel des Priesters nicht unterschreiben, obwohl die Dragoner ihr viel Leid zufügten. Der Priester, der sie und die Dragoner loswerden wollte, schrieb auf das Blatt, daß sie nicht schreiben könne, obwohl sie selbst sagte, daß sie es könne, doch daß sie nie unterschriebe.

Nun erst ist zu beobachten, daß Katholiken aus dem Volke den Feinden von gestern behilfich sind, da auch sie von den Maßnahmen der Dragoner zur Abscheu dieser Missionsart bewegt werden. Nur der Erzbischof von Reims und einige andere hochgestellte Amtsinhaber spenden Beifall und fordern noch mehr solcher Maßnahmen, vor allem in Sedan. Auch aus dem fernen Paris pflichtet die Maintenon der Grausamkeit bei und fordert dazu auf, daß zwei Edelleuten aus dem Poitou verwehrt wird, die Töchter eines Pfarrers zu beherbergen. Der Notar Bornally aus Nímes – ebenso borniert in seiner Einsichtsfähigkeit – kommentiert: „Es gibt keine Missionare, die so erfolgreich wie die Dragoner sind." Andererseits gibt es Funktionäre und Nachbarn, die den Dragonern beim Plündern und Zerstören helfen, wie Jean Migault berichtet. Im November und Dezember 1685 folgen die kollektiven Bekehrungen so schnell, daß die Truppen deswegen nicht einmal mehr versorgt werden können, der Gouverneur der Languedoc, Marquis de Noailles:

> Ich weiß nicht mehr, was ich mit den Truppen machen soll; denn die Orte, zu denen ich sie schicke, bekehren sich insgesamt, und das geht so schnell, daß die Truppen nur eine Nacht dort bleiben können, wohin ich sie schicke.

In Zahlen ausgedrückt sieht es mit den kollektiven Bekehrungen zum Beispiel in Lasalle (Cevennen) so aus:

11.10.1683	4Bekehrungen
12.10.1683	5 Bekehrungen
13.10.1683	7 Bekehrungen
14.10.1683	39 Bekehrungen
15.10.1683	265 Bekehrungen
16.10.1683	109 Bekehrungen

Aufgrund dieser Aufstellungen wird in Versailles das Edikt von Nantes widerrufen. Am 17. Oktober wurde der Entschluß im Salon der Madame de Maintenon getroffen, am 18. Oktober wurde er veröffentlicht. Nur wenige verurteilten ihn, von den allermeisten wurde er lebhaft begrüßt.

1685
23.10.: Die Enklave Orange des Fürstentums Nassau-Oranien wird besetzt, in das sich 4 000 Protestanten mit 60 Pfarrern geflüchtet hatten. Sie müssen erneut fliehen.

Um Ende 1686 ist einer von 30 Franzosen Protestant oder Neubekehrter (Nouveau Converti, NC). Es entwickelt sich die Praxis eines simulierten, oberflächlichen Katholizismus.

1690
In Leyden erscheint Elie Benoits „Geschichte des Edikts von Nantes und seiner Widerrufung", das erste Werk über das Toleranzedikt Heinrichs IV.

2. Die nationale Daumenschraube

Die Betrachtung auf den Zeitraum zwischen 1598 und 1685 zu richten, ist nicht nur durch die Gegensätzlichkeit der königlichen gesetzgeberischen Akte begründet. Das Frankreich des 17. Jahrhunderts ist ein anderes als das des 16. Jahrhunderts.

In der Tat wird der Leser zuweilen erstaunt aufblicken, wenn er von den vielen grausamen Feldzügen oder Verfolgungen liest: Ist das nicht die Zeit, in der Molière und Racine schrieben? Ist das nicht die Zeit, in der die Loireschlösser entstanden, in der Mansart das nach ihm benannte Dach auf die berühmten Bauwerke setzte, die er baute? Ist das nicht die Zeit, in der Frankreich Mode und

Kultur Europas bestimmte? In der Tat, es ist diesselbe Zeit, in der auch die Verfolgungen unablässig weiterwirken, und das ist ein Zeichen dafür, daß Frankreich an innerer wirtschaftlicher Kraft zugenommen hatte.

Wenngleich Heinrich IV. auch nur zwölf Jahre nach dem Edikt noch in Frieden weiterregieren konnte, so gelang es ihm und dem tüchtigen loyalen Sully dennoch, den Wohlstand in Frankreich so entscheidend zu fördern, daß die Unruhen der nächsten Jahre dahinter nicht mehr zurückfielen und Frankreich nie mehr zu dem Hungerleider herabsank, wie es jeder auch nur kurze Krieg in der zweiten Hälfte des 16. Jahrhunderts unweigerlich bewirkt hatte. Politische Einheit – wenngleich zentralistisch – und wirtschaftliche Kraft zogen nun in gleicher Richtung an dem ehemals morschen Staatskarren.

Am Hofe Heinrichs wirkten viele protestantische Gelehrte und Künstler. Zum Beispiel die Architekten Jacques Androuet de Cerceau, Salomon und Paul de Brosse – sie sind die Erbauer der Louvregalerie, des heutigen Collège de France, das Palais du Luxembourg, des großen Saals des Justizpalastes, der Kirche von Charenton. Als Maler sind Jacob Bunuel und Abraham Bosse zu nennen, als Musiker Claude Lejeune. Der Manufakturist Gobelin gab den Wandbehängen seinen Namen, neben ihm wirkten auch die Familien Canaye Wandteppiche. Unter den bekannten Schriftstellern jener Zeit werden Theophraste Renaudot, Conrart, Hérouard (auch Mediziner) genannt. Sie alle konnten ein gedeihliches Auskommen finden, weil in Barthélemy Laffenas (ab 1602), Arnauld und Lemaitre gute Verwaltungsfachleute in Paris am Werke waren. Das erklärte sich einerseits aus dem Schutze und der Toleranz des großen Königs, jedoch auch dadurch, daß die Protestanten, sehr zur Irritation der Katholiken, sich eifrig in öffentliche Ämter einkaufen (damit ist keine Bestechung gemeint, sondern die in Frankreich noch heute übliche Form des Erwerbs öffentlicher Ämter). Darin spiegelt sich die Tatsache, daß die Reformierten ja schon durch ihre Kirchenstruktur und Selbstverwaltung in der Gemeinde zur demokratischen Administration angehalten wurden. Doch auch außenpolitisch hatte sich für Frankreich manches geändert. Der einst bedrohliche Nachbar im Süden, Spanien, war nach zwei Staatsbankrottes, dem Verlust der Armada und nach dem Tode Philipps II., der das Weltreich im Werden erlebt hatte, in der Hand Philipps III. zwar mit Vorsicht zu behandeln, doch bedrohlich war es nicht mehr.

Hinsichtlich Englands war Frankreich in ein Wechselbad getaucht: Als die „Ewige Verlobte", Elisabeth von England, unverheiratet verschieden war, lösten in weitaus rascherer Folge einander die Herrscher und mit ihnen die Religionspolitiken ab: Queen Mary war eine Fanatikerin, die sich aufgrund mancher Massaker an Protestanten, zu denen sie sich hinreißen ließ, den Ruf „Bloody Mary" einhandelte – für Frankreich bedeutete das: nichts zu fürchten. Jakob I. Sohn der ermordeten Maria Stuart, war der aufgeklärteste Herrscher auf den beiden britischen Thronen seiner Zeit, doch ein starker König. Für Frankreich bedeutete das: Vorsicht. Sein Nachfolger, Karl I., wurde von Cromwell enthauptet, und das bedeutete für Frankreich: höchste Alarmstufe und allergrößte Vorsicht. Erst recht, als Cromwell sich anschickte, Irland zu erobern, wurde Mazarin äußerst vorsichtig gegenüber der so erstarkten protestantischen Führungsmacht. Daran änderte nichts die Tatsache, daß der Krieg in Irland viele Iren nach Frankreich brachte, die sich als besonders wütende Soldaten gegenüber den Waldensern oder Reformierten erwiesen. Frankreich frohlockte, als mit Karl II. und Jakob II. nach dem Tode Cromwells zwei lebensfrohe Monarchen auf den Thron kamen, vor denen es nichts zu fürchten hatte. Anders wurde es dann wieder ab 1689, als Wilhelm III. von Nassau-Oranien, bereits Statthalter in Holland, vom Parlament als König berufen wurde und zusammen mit der protestantischen Königin Mary wieder eine Macht darstellte, die man vorsichtig einkalkulieren mußte. Queen Anne, Tochter Jakob II., regierte nach dem Tod Wilhelms im Jahre 1702 (= Ausbruch des Camisardenkrieges) bis ins Jahr 1714, als das Haus Hannover zur Königschaft in England und Schottland berufen wurde. England war damit keine so zu berücksichtigende Macht mehr wie es unter Elisabeth gewesen war.

Die Niederlande waren überhaupt kein zu fürchtender Faktor. Frankreich waren sie vielmehr dadurch nütze, daß sie mit ihrem Unabhängigkeitskampf gegen Spanien dieses Land dort banden, verwickelten und Kraftverluste verursachten. So war es möglich, daß Frankreich in zwei Schüben sich Teile aus dem Grenzgebiet mit den spanischen Niederlanden aneignete. Nur dadurch, daß in den Niederlanden die reformierte Kirche mächtig wurde, entwickelte sich das Land zu einem Schutzplatz für Verfolgte oder bedrohte Reformierte aus Frankreich und stellte anhand von Druckereien eine kulturelle Waffe in den Dienst des Reformationskampfes in Frankreich.

Deutschland war uneins von einem Land zum anderen und war ab 1618 auch in einen so furchtbaren Krieg verwickelt, daß es noch lange Zeit danach – eben bis die Hugenotten ins Land kamen – völlig geschwächt war und nur insoweit ein Faktor, als die Habsburger Kaisermonarchie, die als eine dritte Macht über den Nationen schwebte, sich grundsätzlich mit den deutschen Landen allieren konnte und dadurch zu einer bedrohlichen Macht an der Rheingrenze wurde, und das galt es auf jeden Fall zu verhindern. Erst recht, als die Türken besiegt waren und der Kaiser dort nicht mehr so gebunden war sondern sich mehr der Europapolitik zuwenden konnte.

Unter der selbständigen Herrschaft Ludwigs XIII. änderte sich nur insofern etwas an der Außenpolitik, als er sich mehr dem Kaiser zuwandte, während es bis dahin die Politik aller französischen Könige war, die Macht der Habsburger noch zu stärken. Das schuf bis dahin den Widerspruch, daß sich die katholischen Könige mit den protestantischen deutschen Fürsten einließen. Für den frommen Ludwig jedoch war nicht mehr diese Konstellation maßgebend, sondern die Religion. Schon im Jahre seiner Regierungsübernahme wurde Kaiser Ferdinand von Habsburg König von Böhmen (2.6.1617), Ungarn (1618) und des Reiches (1619) – was bis dahin Entsetzen in Frankreich und höchste Alarmierung ausgelöst hätte. Wegen seines Fanatismus setzten ihn die Böhmen ab und beriefen den reformierten Kurfürsten von der Pfalz als König. Hier nun unterstützt Frankreich den Katholiken und Habsburger, nicht deren Gegengewicht. Als dann in der Schlacht am Weißen Berge der „Winterkönig" aus der Pfalz unterliegt, verstärkt sich das Bedrohungsgefühl der Protestanten in Frankreich.

Dieses Ausbleiben von bedrohlichen oder auch nur starken Nachbarn überhaupt führte zu einem wesentlichen, grundsätzlichen Unterschied der Kämpfe in Frankreich in den nächsten Jahrzehnten: Es kamen keine fremden Truppen mehr ins Land. Im Gegenteil, der Herzog von Rohan suchte in seiner Verzweiflung sogar Hilfe beim ehemaligen Todfeind Spanien, erhielt sie jedoch nicht: Man mochte sich nicht mehr in Kämpfe ohne wirklichen Ertrag im Ausland verwickeln lassen. Das Ausbleiben der pfälzischen und hessischen Söldnerunterstützung brachte das ehemalige Gleichgewicht mit den Spaniern auf der Seite der Guise so ins Kippen, daß es den absolutistischen Königen auch mit eigenen Kräften möglich wurde, die Reformierten endgültig zu besiegen.

Um 1625 war die Regierung in Veltlin engagiert. Das hinderte sie an einem entschlossenen Vorgehen im Südwesten, wo deshalb Rohan und Soubise erfolgreich sein konnten. Im Gegenteil, Schweden, Dänemark, England und Holland drohen den Katholiken noch wegen der Verfolgungen, und am 5. Februar 1626 kommt es deshalb zu einem Vertrag in Paris. Doch jede solcher Einmischungen, wenn sie auch einstweilen Ruhe schuf, wirkte auf Seiten der Katholiken umso bedrohlicher, da die Reformierten ohnehin schon über hervorragende Auslandsbeziehungen verfügten. In Frankreich predigten Schweizer, Deutsche, Holländer und Schotten. Hier setzten deshalb die ersten Maßnahmen der Katholiken an. Ganz deutlich vernehmen es die Teilnehmer der Synode von Charenton im Jahre 1631. Ihnen erklärt der königliche Kommissar: „Daß kein Ausländer im Pastoralamt irgendeiner Kirche angenommen werde, die vielmehr nur von Franzosen aus dem Königreich besetzt werden dürfen." Dieses Gebot geht auf Vorüberlegungen des Jahres 1623 zurück und mußte am 6.3.1634 noch einmal erneuert werden – Hinweis auf die starke Bedeutung der Ausländer unter den Reformierten.

Der Krieg mit den Habsburgern und Spanien ab dem Jahre 1635 läßt die Spannung auf der Seite des Königs so steigen, daß es den Reformierten verboten wird, sogar mit Botschaftsangehörigen sich auch nur zu unterhalten, anscheinend war auch die psychische Spannung so groß, daß man für die Probleme nach außen im Inneren einen Feind brauchte, den man beschimpfen und belasten konnte.

Die Pfarrer der dritten Generation sind nicht mehr die widerstands- und martyriumserprobten von einst, die in Genf geschult worden waren. Zu jener Zeit wirkten vielmehr die Akademien von Orthez, Montauban, Digne, Saumur, Nîmes und Die. Die sind jedoch von vielen Aufgaben belastet und einsam. Daher ist es womöglich zu erklären, daß mit dem König selbst auch einige Pfarrer in den Schoß der gemütlicheren und wohlhabenden katholischen Kirche zurückkehrten: Rotan, Morlaas, de Serres, Palma und Caget als Bekannteste aus dieser Gruppe. Agrippa d'Aubigné beschreibt sie voller Haß:

> Derjenige namens Merlette, gebürtig aus Reims in der Champagne, abgesetzt wegen Unfähigkeit, hat sich wieder in den Papismus gestürzt. Er war von hoher Körpergröße, mit kastanienbraunem Haar und ganz wenig Bart.
>
> In der Provinz Anjou hat sich einer namens Jean de Vassan, Mann von kleiner Gestalt mit Adlernase, großem Mund, wenig Bart, gegen die reformierte Kirche

> erhoben, weil er wegen Unverschämtheiten abgesetzt worden ist.

Und bei der Synode von Vitré (1617) protokolliert er:

> In der Provinz Poitou: Jacques Metayer, gebürtig aus Champdenier in besagter Provinz, 35 Jahre alt, war Pastor in Lusignan, fiel am 28. März letzten Jahres in den Papismus zurück. Er ist als Abtrünniger erkannt und von der Synode in Thouars abgesetzt worden am 8. April. Von kleiner Statur, mit kleinem schwarzen Bart und ebensolchen Haaren. Sein Blick ist fast ständig gesenkt und zum Boden gerichtet.

Solche Rekonvertierten werden entweder Arzt, Rechtsanwalt oder Magistrat. Wieder andere fallen auf die andere Seite vom Pferd und ereifern sich für eine Einheit des Glaubens. So kommt es beinahe zu einer Wiederholung des Religionsgespräches von Poissy. Daniel Chanier regte es an, von Heinrich IV. kräftig unterstützt. Zu einem solchen Gespräch beruft Chamier Jean Hotman de Villiers, Turquet de Mayerne, Isaac Casaubon und Agrippa d'Aubigné.

Innere Gruppen und Strömungen

Zu den Trägern der Gegenreformation und ständigen Aufpeitschung katholischer Reaktion gegen die Hugenotten gehört der Orden vom Heiligen Sakrament (Saint Sacrament), der um 1630 entsteht. Fromme Laien und eifrige Kleriker (nur Männer) vereinen sich in ihm zu einem entschiedenen und zielgerichtigen Kampf gegen die Häresie, Feindschaft gegen das Königtum und was man den Protestanten sonst noch anhing. Dem Sakrament auf dem Altar geben sie ein besonderes Versprechen dazu ab, der Ehre Gottes zu dienen. Gefordert sind persönliche Askese und die Aktivität für Arme, Kranke, gefallene Mädchen und

Gefangene. Das war nicht ungeschickt, denn aus Leuten des Volkes ließen sich auf diese Weise dankbare Spione machen. Es war auch das erklärte Ziel, daß damit Juden, Moslems, Reformierte und alle Freigeister in ihrem Vordringen gehindert werden sollten. Der Sitz ist in Paris, Filialen gibt es in allen größeren Städten, zuerst in Grenoble, Toulouse, Marseille, Aix-en-Provence, Bordeaux und Poitiers. Die Mitglieder dieses Ordens unterwandern alle Ebenen der Verwaltung bis hin zum Staatsrat, der Botschaft in Rom, Abteien und Bischofssitze. Zu ihnen zählte auch Jacques Benigne de Bossuet, Charles de Noailles, Pierre de Berulle (Neffe des Kardinals), Schomberg und La Meillerage, also auch Militärs. Somit hat sich also auch der Widerstand, auf den die Protestanten stoßen, insofern drastisch verändert, als es nicht mehr offen operierende, energische, militärisch gesinnte Guise sind, sondern intelligente Hintergrundarbeiter. Jeder Augenblick der Schwäche, jede Krankheit oder jeder Fehler eines Protestanten wird zu Bekehrungsversuchen genützt:

> Herr Goudin nahm sich zur Aufgabe, Herrn David aufzusuchen und mit ihm zu sprechen, einen kranken Hugenotten, um zu sehen, ob er etwas für seine Konversion tun könne.
>
> Herr Drouet beschäftigte (!) Pater Simon mit dem Auftrage, den Hugenotten im Krankenhaus zu besuchen mit dem Ziel der Konversion.

So auch Sitzungsprotokollen der Gesellschaft in Limoges. Der Orden führt noch vor der Regierung eine geheime Konversionskasse. In Metz unterhält Alix Clerginet ein Haus für Rekonvertierte oder zu konvertierende Kinder, in dem Eltern oder Angehörige ihre Kinder mehrere Wochen lang nicht besuchen dürfen. Schomberg, Gouverneur von Metz, reist sogar nach Paris, um Rechte für dieses Etablissement der Gehirnwäsche zu bewirken (1656), und es wäre gelacht, wenn er unter dem Beistand des Ordens nicht auch zum Ziele käme. 1657 treffen die Patentbriefe ein. Zwar werden auf königlichen Befehl einige Kinder zurückgeschickt, doch Bossuet wird sogar Vorsteher des Hauses, und in Grenoble entsteht ein ähnliches.

> Während seiner Reise im Puy wünschte Herr Olivier ein Haus einzurichten, in dem die Kinder aufgezogen würden, die die Hugenotten ihnen anvertrauten, und auch um alle anderen aufzunehmen, die soeben erst wieder die katholische Religion ergriffen hätten und deshalb von zu Hause vertrieben würden, wie es oft geschah. Dazu versammelte er Mitglieder des Ordens vom sehr Heiligen Sakrament, die nach dem Vorbilde desjenigen zu Paris arbeiteten, und er machte auch einen Fonds ausfindig, der ihn bei einer so nützlichen Einrichtung unterstützte.

Der Druck des Ordens wächst rasch, da er bestens organisiert ist und alle Angehörigen gut informiert, alle einander kennen und miteinander korrespondieren. Der Erfolg der guten Anfangswirkung zieht dann noch mehr Leute an, die sich auch gerne mit Hilfe von Beziehungen durchsetzen wollen. Dieser Orden ist es auch, der einen gefährlichen Unfug mit dem Wort „entreprises" treibt. Damit sind nicht kaufmännische Unternehmungen gemeint sondern staatspolitisch-umstürzlerische Umtriebe, die man den Hugenotten andichtet oder aus harmlosen Tatsachen emporstilisiert. Es ist erschreckend, wie sich totalitäre Techniken ähneln. Schon alleine durch Beobachtung und Petzen des geringsten Fehlers auf Seiten der Hugenotten entstand eine wahrhafte Propaganda, der Tropfen, der den Stein der Öffentlichkeit schnell aushöhlt. Liest man die Sitzungsprotokolle, so kann einem fast schlecht werden:

> Herr Provost Marchier hat dafür Sorge getragen, daß bei der letzten Prozession, die nach Gewohnheit der Herren Stadträte nicht mehr vor Hugenotten entlang-

führte, ein Wort an Herrn Villiers gerichtet wurde, daß das in Zukunft geändert werde.

Am 3. Juli 1636 wurde in der Versammlung beschlossen, daß es wichtig sei, Ärzte darauf zu verpflichten, nach einem ersten oder zweiten Besuch nicht mehr zu ihren Kranken zurückkehren zu lassen, wenn sie nicht einen Beichtvater hinzuziehen.

In Grenoble wird diese Art von Berufs- oder Behandlungsverbot durchgesetzt. Dazu entwickelt man dort auch besonders geschickte Intrigen. Ebenfalls im Jahre 1636 würgte die Gesellschaft den Bewerbungsversuch von Protestanten auf folgende Weise ab:

> Es ergab sich eine Gelegenheit, bei der die Gesellschaft ihren ganzen Eifer und Hartnäckigkeit benötigte, um die Interessen der Religion zu wahren. Die angeblich Reformierten hatten Mittel gefunden, nachdrückliche Empfehlungen, auch mit Geheimbriefen, zum ersten Präsidenten Jay vorzubringen, daß 25 Bewerber aus ihrer Sekte als Parlamentsprokuratoren aufgestellt würden. Sobald die Gesellschaft davon erfuhr, sah sie sich verpflichtet, sich diesem Chaos entgegenzustellen. Daher beauftragte sie mehrere Einzelpersonen, den Stadträten die schädlichen Folgen deutlich zu machen, und alle gingen mit soviel Elan und Geschick vor den Richtern vor, daß schließlich die sechs Räte, die zur Prüfung der Bewerber abgeordnet waren, es mit einer solchen Genauigkeit taten, daß sich unter ihnen kein geeigneter Kandidat mehr fand. Auf diese Weise wurde durch einen sichtbaren Gnadenerweis Gottes die Ketzer daran gehindert, ihr Ziel zu erreichen und bemerkten die Absprachen mehrerer Parteien ohne sie doch im einzelnen zu kennen.

Im Jahre 1656 sind sie so weit, daß auf ihren Druck hin protestantische Notare aus der Staatsrolle gestrichen werden. Als Marschall Schomberg, der Gouverneur von Metz, aufgrund eines Funkens von Anstand zögert, einige derartige Repressalien durchzuführen, weil er nicht mit solchen Maßnahmen Aufsehen erregen will, wenden sich die Heiligen Sakramenter sofort an den Staatssekretär, den Grafen de Brienne in Paris, und schon werden sie wunschgemäß ausgeführt. D'Argenson berichtet davon:

> Die Sakramentsgesellschaft von Metz beklagte sich über den Schutz, den einige Ketzer von seiten einiger Autoritätspersonen erführen. Der Graf von Brienne, Staatssekretär, reagierte auf die Vorsprache der Vertreter der Gesellschaft zu Paris mit dem Versprechen, im Auftrage des Königs dem Gouverneur von Metz zu schreiben, wie man es auch bereits in Sedan praktiziert habe.

Am 6.2.1648 erreicht der Orden, daß protestantische Herren ihre Rechte in den Pfarren nicht mehr ausüben, sondern vielmehr sofort festgenommen werden dürfen. Angesichts solcher geheimer Macht ist es allerdings nicht mehr verwunderlich, daß sich der Orden seine eigenen Feinde auch außerhalb der Protestanten schafft und schließlich verboten wird.

Eine zweite mächtige Gruppe sind die Klerikerversammlungen, die Assemblées du clergé. Ursprünglich war deren Aufgabe, dem König eine Politik gestalten zu helfen, die die Interessen der Religion berücksichtigte. Sie wird jedoch immer legislativer in ihrem Vorgehen und Gewicht, und schon 1655-57 hat sie die Widerrufung des Edikts von Nantes in den Protokollen. Die katholische Kirche nennt sie eine bekümmerte Mutter, die von der Häresie bedrängt sei. Die verschiedenen Orden und die Assemblée bilden einen einheitlichen Block. Im Gefolge des Ordens vom Heiligen Sakrament wirft auch die Assemblée den Hugenotten allmählich „entreprises" oder „Kühnheiten" vor. Tatsächlich haben die Reformierten nur hier und da eine zerstörte Kirche wiederaufgebaut, hat sich jemand um ein Amt beworben, wie etwa De la Moussage, der königlicher Leutnant in der Bretagne werden wollte.

Im Jahre 1652 beschäftigt sich die Klerikerversammlung mit dem Frondeaufstand von 1652 und bewirkt einen Erlaß. Damit ist ihr also gesetzgeberische Befugnis zugewachsen, und sie wird es in Zukunft verstehen, nach ihrem Belieben im Staate zu skandalisieren, was ihr beliebt, ohne daß diese Praxis zum Skandal wird.

Eine dritte Gruppe, die sich aus dem Zentralismus des Staates ergab, waren die Intendanten, die etwa im Sinne heutiger Regierungspräsidenten an Stelle des Königs die Durchführung königlicher Befehle überwachen sollten. Sie rekrutierten sich aus Beamten der höheren Verwaltung. Doch in diesem verhetzten Jahrhundert gingen sie von Anfang an oft weiter als die Regierung vorsah. Ihr Handeln läßt schon zwischen 1630 und 57 die künftigen Exzesse ahnen. Der Intendant Machault kommt als erster auf eine Bestechungskasse:

> Wenn die Hugenotten, die einander durch Intrigen und Interessen unterstützen, erfahren, daß die, die sich zum Katholizismus bekehren, durch das, was man aus ihnen macht und die Sicherheit, die man ihnen gewährt, viel besser daran sind als sie, werden sie nicht so verbohrt sein, den Weg ihres Heiles nicht zu ergreifen, wenn man es ihnen gütlich darbietet.

Jean Le Camus, genannt Weißpfötchen, weil er sich auf seine schönen Hände viel einbildete, berichtet am 21.6.1633 dem Kanzler Pierre Seguier:

> Die Ediktkammer von Castres hindert und vereitelt den größten Teil der Ausgabenziele, indem sie an alle die austeilt, denen man den Prozeß macht, wenn sie der Religion angehören. Ich habe in Anduze und an anderen Orten Klage darüber angenommen, daß sie

> Mönche in Kirchen versammelt haben, um sie von der katholischen Religion abschwören zu lassen ... und der Pfarrer, der die Leitung hat, erlaubt, daß ein Mönch seinen Habit verwünscht, und zu seinen Füßen wirft, wodurch sie nur dem Gespött der Leute dienen.

Der Intendant Granagne ersucht den Kanzler, die Präsidentschaftskandidatur des Hugenotten de Vignolles zu verhindern, der sich tapfer zu behaupten sucht. Dort wo der Protestantismus stark ist (Languedoc), beschränkt sich die Rolle der Intendanten darauf zu informieren. Oder aber sie richten Klöster ein, die im Termitenprozeß der Unterwanderung mitmachen. In Montauban wird 1635 der Stadtrat geteilt, so daß er zu zur Hälfte aus Katholiken und Protestanten besteht, wiewohl das nicht repräsentativ ist. Nach diesem Erfolg versuchen die Katholiken dort auch Schulen zu teilen, und als es wegen der Gemischtbesetzung zu Schwierigkeiten mit der Prestigeakademie von Puylaurens kommt, wird diese verlegt. In La Rochelle hat La Thuillerie aufgrund der Ansiedlung von Dominikanern ähnlichen Erfolg in der zweiten Hochburg der Rohankriege. Fanatismus ist jedoch mit Ausnahme Isaac de Laffeimas, des „Henkers Richelieus" noch nicht allgemein zu beobachten. Um die Mitte des Jahrhunderts steht die reibungslose Karriere in das noch junge Amt der Intendanten im Vordergrund.

Kehrt man von diesen Aufrissen wieder zum Grundriß der Geschichte zurück, so muß man zusammenfassend sagen, daß dieses Vordringen skupelloser, scheinheiliger und machtgieriger Unterdrückungsmechanismen die Reformierten noch nicht in ihrer Gesamtheit getroffen hätte. Die geschilderten Übergriffe der Regierung oder der katholischen Gruppen trifft am ehesten etwa einen Rat von Montauban, weil diese Hochburg besonders fest gegriffen werden sollte, oder einen Notar in Die, dem Grenzgebiet zwischen den beiden Einflußsphären. Insgesamt nimmt während dieser Zeit die Zahl der Protestanten noch nicht ab. Im Languedoc und so besonders in Nîmes kommt der

Katholizismus nicht voran. Dort sind die Reformierten reicher als die Katholiken und besetzen jede geräumte Kirche nach kurzer Zeit wieder. Daher klagt ein Kanoniker aus Nîmes:

> Das Elend, in das der Mann namens Platel, ein armer Katholik, samt seiner Familie sich geführt sieht, legt ihm auch auf, in Arles zu wohnen, weil die Hugenotten dieser Stadt sich dazu verbanden, ihm keine Arbeit in seinem Handwerk als Färber zu geben, da er sich nicht wie sein Vater zu einer Glaubensänderung entschließen konnte.

Zwischen 1645 und 52 hielt sich Mazarin auch zurück, da die Fronde ihm mehr zu schaffen machte. Noch nach 1655 empfiehlt die Synode von Uzès, die Zahl der Kirchen zu erhöhen und nicht zu verringern. In La Rochelle mit 7 000 bis 8 000 Einwohnern handeln die Kaufleute auch wieder mit Engländern und Holländern. In Montauban entsteht eine Tuchindustrie, die sich in besonderer Weise auf den Export in den Mittelmeerraum spezialisiert. In der Atmosphäre gibt es dennoch auch einen Unterschied zwischen den Reformierten in der Hauptstadt und auf dem Lande, den Madame de Loges schildert:

> Wir haben den Punkt erreicht, daß wir bei unseren schlimmsten Gegnern nicht mehr nur als Monster und Wilde durchgehen, als wären wir wie die Aufständischen im Midi. Sie halten uns jetzt nicht nur für vernünftige Personen sondern auch für Christen. Wenn unsere Feinde dieselben Anstrengungen wie in der Vergangenheit unternehmen, sollte man glauben, daß sie nicht mehr dieselben Vorteile erringen.

Doch sie sollte sich täuschen. Schon bald schloß Richelieu ihren literarischen Salon.

Ähnlich wie die Regierung durch die Verwicklung mit

der Fronde beschäftigt ist, so sind die Reformierten durch den Streit der Gomaristen und Arminianer beschäftigt. Aus dieser Auseinandersetzung der radikalen mit der gemäßigten Strömung treten sie 1644 auf der Synode von Charenton mit einem französischen Kompromiß hervor.

Was den Gelehrten ihr Pamphlet, ist der Bevölkerung der Gassenhauer. Wo die Hugenotten sich aufgrund der Zahl stark genug fühlen, singen sie Spottverse auf den gegenreformatorischen Kapuzinerorden. Es entgeht den fleißigen frommen Geistern im Hintergrunde auch nicht, daß etwa ein Esel mit einem Spottnamen auf Ordensangehörige vorwärtsgetrieben wird. Der Vater Blet berichet am 6. Juni 1658 von einer Affäre, die sich der bereits für seine Scherze bekannte François Sauvage (= Wild) in einem Städtchen im Midi geleistet hat:

Am 6. Juni 1658 lud der Pfarrer François Sauvage in Florac Pater Marius zu seiner Predigt ein, den Kapuzineroberen des Ortes. Dieser glaubte eine Einladung nicht ablehnen zu dürfen, die zu einem Triumph zu führen schien, und so begab er sich unter Begleitung zweier Mönche seines Ordens in die Kirche. Der Pfarrer ergriff in ihrer Gegenwart schmutzige Worte gegen den Papst, die Bischöfe und das ganze katholische Klerikertum und nahm die Mönche gar als Zeugen für das, was er vorgab, und brachte viele weitere unflätige Redensarten gegen unsere Religion vor. Die Kapuziner beschwerten sich sofort beim Konsistorium, welches, anstatt die Ungehörigkeit und den Übergriff Sauvages sofort zu tadeln, „Tötet sie, tötet sie", rief, und alle Männer und Frauen warfen sich auf die Patres, die geschlagen und ausgezogen wurden. Sie wären gar zerrissen worden, wenn sich nicht eine gute Seele dazwischengeworfen hätte.

In Alès versuchten Mönche im Jahre 1632, aggressiv in anderer Richtung, eine Gemeindeversammlung in eine Diskussion zu bringen. Doch auch das endete anders als erwartet: „Die ungehörigen Frauen traten an sie heran und lupften ihren Habit von hinten auf, zupften ihnen an Kapuzen und Mänteln und stifteten auch die Kinder an, desgleichen zu tun, sie zu beschimpfen und sich über sie lustig zu machen."

Bilderstürmereien kamen noch bis 1660 vor. Sogar in der Bretagne: Die Herren von Rochegifard müssen 1660 vor dem Parlament zu Rennes erscheinen, weil sie mehrere Kapellen in Brand gesteckt hatten. Das verdeutlicht, daß die Protestanten jener Zeit noch nicht geschwächt waren, sondern immer noch ein Faktor der Furcht waren. In Montauban entreißen die Protestanten 1656 einem katholischen Trauerzug den Leichnam der Jeanne Moisset und beerdigen sie auf dem Friedhof des Glaubens ihrer hugenottischen Väter.

Doch in Minderheitenstellungen sind die Protestanten weniger rebellisch. So besonders in Dieppe, wo das Zusammenleben friedlich gelingt und es sogar zu gemischten Heiraten kommt. Bis 1656 nutzen sie auch noch alle legalen Wege, um sich mit Beschwerden beim König Gehör zu verschaffen. Auch die Synode von Alençon überreicht 1637 noch eine Liste mit Beschwerden und beantragt den Wiederaufbau einiger Kirchen. Die Synoden regen sich tapfer und in optimistischem Glauben an ihren Einfluß. Als der königliche Kommissar der Synode von Charenton vorhält, daß die Reformierten Eltern ausschließen, die ihre Kinder zu Jesuiten gehen lassen, antwortet ihm die Synode erstaunlich fest:

> In keiner Kirche wird ein Reformierter vom Abendmahl ausgeschlossen, weil seine Kinder eine Jesuitenschule besuchen ... Wir sind doch jetzt nicht die einzigen, die eines Bruches des Edikts schuldig wären; denn nicht alleine die Sorbonne sondern die ganze Universität zu Paris, die älteste des Königreiches und Europas, hat gegenwärtig einen Prozeß gegen die Jesuiten im Sinn, weil diese die Jugend verdorben und deren Moral vergiftet haben. Das dürfen weder Staat noch Kirche dulden, denn es ist

ebenso gegen gute Politik wie gegen wirkliche Theologie.

Nur die Generalstände in Paris sind gemäßigter in Verhalten und Ausdruck. Ihre Teilnehmer sind teilweise bis zu 25 Jahren dabei. Doch die Landpfarrer auf den Synoden beginnen eben darum den blaublütigen Repräsentanten bei Hofe weniger zu trauen, so daß diesen weniger zugetragen wird als den Synoden oder sogar den Kommissaren. Sie sind auch teilweise von der Geschichtschreibung verurteilt worden, doch der Calvinismus selbst empfiehlt eigentlich die Loyalität, die sie praktizierten, und auch aus politischen Gründen war ihre Zusammenarbeit mit dem katholischen Hofe nicht grundsätzlich von übel.

Opfer: Schulen

Im Jahre 1647 schon verbietet das Parlament von Rouen jedes Treffen von Hugenotten und ihre Schulen zwischen 1663 und 1682. Dreierlei Maßnahmen der Regierung, die Hugenotten von ihrer Jugend, dem Samen der Religion, zu trennen, sind erkennbar. Die erste sucht der Wirkung protestantischer Lehrer entgegenzuwirken, sie zielen besonders auf die Schulen als solche ab. Die Akademien waren bereits in ihren Befugnissen eingeschränkt worden, und die Akademie von Montauban mußte die Stadt verlassen und ein neues Domizil in Puylaurens annehmen, wo sie fortan als gemischte Akademie weiterbestand. Sie ist 1664 die einzige im Midi, da Nîmes kurz zuvor aufgelöst worden war. Die von Die in der Dauphiné bestand am längsten und war voller Studenten und Lehrer, die anderswo ihr Theologiestudium begonnen hatten. Diese Akademie fern jeder großen Stadt war in besonderer Weise erprobt, durch allerlei Verwaltungstricks sich Kommissare und Räte vom Leibe zu halten, was ihr bis 1684 gelang. Saumur übersteht ebenfalls die Stürme, wahrscheinlich, weil es sich in einem weniger dicht mit Protestanten besetzten Gebiet befand und seit jeher vorsichtiger war.

Den Akademien sind in den meisten Fällen Collèges, etwa den Gymnasien entsprechend, zugeordnet. Diese wurden schon weit vor den Akademien mit katholischen Schülern beschickt. Darüber hinaus gab es auch evangelische Grundschulen, die auch sehr zahlreich waren, da die Hugenotten als Menschen einer Buchreligion Wert auf lesekundige Kinder legten. Wo immer sie zahlreich oder gar in Mehrheit waren, finanzierten Konsistorium und Magistrat einen Lehrer. In den Jahren 1666, 70 und 71 wird verboten, daß in Orten, wo die Gottesdienste laut Edikt nicht mehr zugelassen sind, unterrichtet wird. Wo aber Unterricht erlaubt ist, muß er sich auf Lesen, Schreiben und Rechnen beschränken. Mehr als eine Schule darf an keinem Ort bestehen. So also wird der Schulbetrieb sowohl verwaltungsmäßig per generellem Verbot eingeschränkt als auch durch die Absetzung einer rein protestantischen Leitung durch ein gemischtes Kollegium und strenge Überwachung.

Tiefer und raffinierter sind die Maßnahmen, die Familien, besonders gemischte, trennen soll. Im Jahre 1663 schon wird verfügt, daß Kinder eines katholischen Vaters und einer protestantischen Mutter in der Religion des Vaters „und keiner weiteren" (!) erzogen werden. Ein Jahr später wird bestimmt, daß 14jährige Jungen und 12jährige Mädchen, die sich bekehren, von der reformierten Familie weiterversorgt werden müssen. Wieder ein Jahr später wird bekräftigt, daß sie wenigstens ein ausreichendes Taschengeld bekommen müssen, um sich versorgen zu können. Im Klartext heißt das: Dieses Geld ist katholischen Institutionen zuzuwenden, die die Kinder aufnehmen. Eine herrliche Einnahmequelle und ein Ansporn für geldgierige katholische Jugendhäuser und Konvente. 1829 sieht der Rechtshistoriker Isambert:

> Man findet wohl schwerlich ein häßlicheres Bekehrungsmittel und eines, das der öffentlichen Moral so widerspricht wie dieses.

1681 wird das Bekehrungsalter auf sieben Jahre gesenkt, wodurch man die Pensionbeiträge noch einmal kräftig anheben kann. Doch auch hinsichtlich der Schulen versuchen die Protestanten geheime Wege und solche des passiven Widerstandes: Im Juni und Juli 1684 entdeckt der Sergeant Pierre Julliot in Rouen vier von fünf geheimen Schulen, in denen etwa 70 Kinder unterrichtet wurden. Ihre Lektüre bestand aus Neuem Testament, Abc-Büchern, Psalmen und Französisch. Jakob Le Cartier war als Lehrer rückfällig geworden, nachdem er schon 1662 wegen illegalen Schulbetriebs bei sich zu Hause 50 Pfund hatte zahlen müssen. Wie vergeblich auch das ist, beschreibt der Camisard Elie Marion:

> Die geheimen Unterweisungen, die ich jeden Tag von Vater und Mutter erhielt, vergrößerten meine Abneigung gegen Götzendienst und die Irrtümer des Papismus so sehr, daß ich als Heranwachsender nur die Versammlungen besuchte, die die Protestanten in der Wüste abhielten.

Allen Zeugnissen nach hat diese persönliche Unterweisung, die mit allem Ernst eines unterdrückten Volkes stattfand, doch so weit gewirkt, daß der reformierte Glaube nicht wie der Quietismus stillschweigend aufgegeben oder wie der Jansenismus erstickt wurde, sondern in jeder Generation aufs neue lauter, aufrecht und rein bekannt wurde. Eine ähnliche Wirkung des biblischen Leseunterrichts ist nur noch durch die Sonntagsschulen der englischen Methodisten bekannt, die auf diese Weise der verbrecherischen Beschäftigung von Kindern unter Tage oder als leibhaftige Kaminbesen vorzubeugen suchte. Doch die Gegenreformation selbst, die ja jede Lektüre der Bibel und ihre Übersetzung in Volkssprachen zu verhindern suchte, ist selbst die Gegenprobe zu der Bedeutung, die der Offenbarung der biblischen Offenbarung schon an die Kinder, wie sie Kennzeichen jeder Reformation ist, zuzumessen ist.

Opfer: Gewerbe und Berufe

Die erste Maßnahme gegen die Rechte der Hugenotten ist das Verbot des Richteramtes schon 1629. Zur größten Niederlage der Hugenotten schlägt man gleich mit der einschneidensten Maßnahme zu, nämlich indem man verhindert, daß ihr Fall überhaupt gerecht behandelt werden kann. Begründet wird das damit, daß Richter Repräsentanten des Königs seien, es aber mit der anderen Religion nicht sein könnten. Im April 1647 wird ihnen auch das Amt der Staatsanwälte und Notare genommen. In den Predigerberuf greift der Staat ein, indem er verbietet, den Papst als Antichristen zu bezeichnen. Katholiken nicht mehr als Götzenverehrer. Sonst bekäme ein Pfarrer Schweigegebot, oder es würden sogar alle Versammlungen verboten. So lächerlich dieses Mundverbot auch war, so wirksam war es doch, weil sich aus einer Predigt leicht verräterische Worte heraushören ließen, während sich dem Gesamtsinn ja nicht so leicht ein Urteil anhängen läßt, oder man dazu genauer zuhören muß. Ein Jahr später wird auch ergänzt, daß die Reformierten ihre Kirche nicht mehr als die einzig richtige darlegen dürfen, auch nicht, daß die katholische Religion ein Mißbrauch und Same des Teufels sei, das Fegefeuer eine Täuschung und nur eine Geschäftsquelle der Orden und Pilgerschaften. Zum Katholizismus rückbekehrte dürfen nicht durch den Schlamm gezogen werden. Nur ein einziges Mal regt sich Widerspruch, nämlich als verfügt werden soll, daß auch Laien die Taufe spenden, die Reformierten diese ihnen heilige Handlung jedoch auf die Pfarrer beschränkt sehen wollen.

Diese Maßnahmen gegen die Lehre waren innerhalb der

Feindeslogik der Katholiken ja noch verständlich. Aber was für ein Kleingeist muß wohl dahinter gestanden haben, daß 1645 auch das Wäschmeisterinnenamt, so sehr es auch mit Ehren behaftet war, Katholiken vorbehalten wurde? Angestiftet wurde diese Verfügung durch Ordensmitglieder. Michelle Regnault, die sich um die königlichen Wäschemeisterpatente bewarb, wurde von katholischen Wäscherinnen daran gehindert. Sieben Jahre zog sich ihr Prozeß vor Ediktkammer, Großer Kammer und anderen Instanzen hin: Freundliche Seelen bieten ihr Kostenerstattung an, falls sie durchhält. Aber sie gibt auf.

Nachdem die Hugenotten um 1680 schon aus allen juristischen und Verwaltungsämtern entfernt worden waren, rollte die Verbotsmaschine auch auf die Handwerke zu. Im Juli 1664 wurden alle Meisterbriefe annulliert, die nichts über das Bekenntnis des Inhabers zur katholischen Kirche besagten. Doch das war schwierig durchzuhalten. 1665 wird dieser Erlaß leicht revidiert, und am 21.8. kommt heraus, daß kein Mädchen und keine Frau Wäscheverkäuferin werden kann, die nicht zur römisch-katholischen Religion gehört. Zwischen 1673 und 77 müssen einige Sparten ausgenommen werden, denn einige Manufakturen, insbesondere Tuche, Gold, Silber und Kunstschmiede sind als ertragreiche Luxusgüter für den französischen Export zu wichtig.

1685 sind die Verbote so zahlreich, daß praktisch nur noch Kaufmann und Bauer übrigbleiben. Bei Hofe werden die letzten protestantischen Bediensteten entlassen (1683). Witwen werden die ihren Männern gewährten Vorrechte genommen. Gesundheitsberufe sind aber ab Juli 1682 völlig verschlossen, und das wird 1685 für das ganze Reich bekräftigt. Auch das Studium der Medizin ist Protestanten verwehrt. Am 9.7. werden auch noch Buchhandel und Druck Hugenotten verboten, die ihnen doch ebenso wichtig wie die Schulen ihrer Kinder waren. Jedoch auch hier müssen Abstriche gemacht werden. Den Professoren der medizinischen Fakultät zu Montpellier schreibt Ludwig am 29.10.85:

Teure und Geliebte! In unserer Erklärung vom 6. des vergangenen August verbaten wir, daß in Zukunft ein Mediziner zugelassen wird, der sich zur RPR bekennt. Aber da uns von der Fakultät unserer Stadt Montpellier vorgetragen wurde, wie berühmt sie unter fremden Nationen sei, so daß sie von vielen Personen mit verschiedenen Bekenntnissen aufgesucht werde, so daß sie dort Arzt würden, und daß die Fakultät sehr darunter leiden würde, wenn diese dort nicht mehr zugelassen würden, so tun wir mittels dieses Briefes kund, daß wir für gut erachten, wenn Ausländer, gleichwelcher Religion sie seien, dort Doktor der Medizin werden können wie vor besagter Erklärung, doch unter der Bedingung, daß ihnen mit der Zulassung eindrücklich erklärt wird, daß sie die Medizin in unserem Königreiche ausüben dürfen, wenn sie die katholische, römische und apostolische Religion annehmen. Denn so gefällt es uns.

Mehr als jede andere Gruppe von Einschränkungen macht dieses Zugeständnis deutlich, wie irre und instabil die vorherigen Einschränkungen ihrem Wesen nach eigentlich sind. Zwar paßt eine solche Ausnahmeregelung in die Logik der Macht, der es halt allerorten um das Funktionieren ihres Prestiges zu tun sein muß, sei es auch im Auslande. Doch gegenüber einer Logik des Geistes hat das keinen Bestand, so sehr die Linderung der Bedingungen für die Gläubigen auch immer zu begrüßen ist. Denn Ludwig schafft ja gegenüber all seiner sonstigen Härte eine Insel der Glaubensfreiheit, die aber umso eher belegt, wie unsinnig die Verbote der Glaubensfreiheit alle sind.

Opfer: Persönliche Rechte

Die Stadt Metz läßt unter dem Einfluß des Ordens vom Heiligen Sakrament keine Ausländer mehr in die Stadt, die nicht katholisch sind. Protestanten wird die Bestrafung von Rekonvertiten untersagt. Die protestantischen Stadträte werden ausgeschlossen.

1648 genehmigt das Parlament von Paris Heiraten minderjähriger Rekonvertierter.

1656 beschränkt eine königliche Erklärung die religiösen Herrenrechte auf die Person, nicht den Bezirk.

1664 wird verboten, in den ersten sechs Monaten nach einer Bekehrung zum Protestantismus zu heiraten. Am 3.11. wird jedes Bekehrungsgespräch mit Katholiken verboten. Die Gefahr bestand demnach auch angesichts all der Einschränkungen immer noch, daß Menschen den evangelischen Glauben wählten. Im selben Jahr wird verboten, überhaupt Hugenotten zu heiraten. 1671 wird das Bekehrungsverbot erneuert und jedes Gespräch überhaupt, das so gedeutet werden kann, verboten. Dabei werden besonders Hausangestellte berücksichtigt.

20.6.1665: Bekehrte Priester und Ordensleute werden aus dem Reich verbannt. Verheirateten Priestern und Ordensleuten wird ab 1679 das Vermögen entzogen.

1677 wird auf Bekehrungsversuche eine Strafe von 1 000 Pfund erhoben. Damit wird der § 19 des Ediktes von Nantes aufgehoben, und zwar mit der Begründung, daß das für die Vergangenheit, nicht für die Zukunft gesagt gewesen sei. Auf diese Weise verfährt man ab 1660 vielerorts und mit manchen Aspekten des Edikts von Nantes. Ehe es beseitigt wurde, benutzte man es gegen sich selbst.

Der zum Katholizismus Bekehrte hingegen wird verhätschelt. Elsässer, die während des Dreißigjährigen Krieges geflohen waren, dürfen zurückkehren und erhalten ihre Besitzungen zurück. Im übrigen Königreich bezahlt man die Schulden eines Neubekehrten gegenüber einem reformierten Gläubiger (ab 1663). 1676 und 81 gibt man drei Jahre für die Rückzahlung des Schuldenkapitals. Ab April 1681 werden Neubekehrte von Einquartierungs- und Militärdienstpflichten ausgenommen.

Die Ausführenden all dieser Maßnahmen sind die missionarischen Orden der Jesuiten, Karmeliter, Ursulinen u.a. Nach mehreren Vorläufen wird 1676 eine Konversionskasse mit neuer Entschlossenheit eingerichtet. Paul Pellisson hieß dieses Mal ihr Begründer. Er zielte besonders auf einfache Leute. Er selbst hatte sich erst 1670 bekehrt, da ihm das Amt eines königlichen Geschichtsschreibers winkte.

Durch Verlust von Ämtern und Meisterbriefen verlieren die Hugenotten schließlich alle Bürgerrechte. 1664 wird ihnen schon verboten, Konsistorien zu beerben, was eine Möglichkeit gewesen war, an Gelder zu kommen, wenn man sich ins Exil begeben wollte. 1682 verlieren sie jegliches Recht auf gerichtliche Verfolgung ihrer Interessen, sind nunmehr also wirklich fast vogelfrei.

Zwar ist insgesamt auch zu berücksichtigen, daß man in diesem Jahrhundert noch nicht in persönlicher Glaubensfreiheit dachte. Dazu waren erst Habeas-Corpus-Akten, die amerikanische Verfassung und die Französische Revolution nötig. Der Renaissance selbst war diese Errungenschaft des Rechts des Einzelnen noch nicht gelungen, wenn sie auch den Blick überhaupt erst auf den Menschen selbst lenkte. Man überlebte nur im Kollektiv, und daher besaß das Kollektiv große Ansprüche an den einzelnen. Auch der Glaube wurde als eine Angelegenheit der Familie und des Volkes angesehen. Es ist jedoch ein unerhörter Vorgang, daß ein Staat von seiner Machtzentrale aus in das Eheleben eingreift und nicht einmal vor der persönlichen Anschauung Halt macht, sondern auch sie in seinen Griff zu bekommen sucht. Das widerspricht jeder Vernunft und jeder christlichen Tradition. Die Vollständigkeit aber, mit der Ludwig das gelang, führte zur völligen Abkehr von einer Institution mit solchen Rechten in der Revolution von 1789, und man kann von daher sagen, daß diese Abkehr und die Wendung zu den unveräußerlichen Menschenrechten von den Protestanten erlitten und erstritten wurde.

„Akteure, Opfer, Zeugen"

In diese drei Hauptgruppen der Beobachtung schied die französische Gesellschaft für die Geschichte des Protestantismus (SHPF) ihr Kolloquium aus Anlaß der 300-Jahrfeier der Widerrufung des Edikts von Nantes in Paris 1985. Diese Gruppierung erscheint sinnvoll, weil an der Verfolgung der Protestanten in Frankreich so viele beteiligt waren, daß man schwerlich konkretere Namen nennen kann, um die eine oder andere Seite treffend zu charakterisieren. Mit den drei Worten für die beteiligten Personengruppen ist zugleich aber auch angedeutet, daß es sich vielmehr um eine Charakterfrage handelt, ob jemand auf die eine oder andere Seite gehört, also aktivistisch oder duldend oder beobachtend ist.

An erster Stelle der Akteure sind freilich die Intendanten zu nennen. Sie erwiesen sich als treueste Ausführer des königlichen Willens, die Protestanten auszurotten, wie er sich aufgrund der Kleriker ab 1670 besonders ausdrückte. Sie haben die Aufgabe, die antiprotestantischen Maßnahmen auszuführen, weitere Möglichkeiten zu erkunden und vorzuschlagen, Dinge in Erfahrung zu bringen, die der Regierung nützlich zu wissen sein können. Ihr Amt entstand ursprünglich aus dem Wunsche, die Steuer besser einzutreiben. Wahrscheinlich hat sich der Stand schon damals unbeliebt gemacht, so daß er von Zachäustypen besetzt wurde, aber da er eigentlich eine Intrusion der Zentralmacht in die bis dahin überwiegend von den Adeligen selbst verwalteten Provinzen darstellt, wird er in besonderer Weise um die Erfüllung oder gar Übererfüllung seiner Aufgaben bemüht gewesen sein, um wenigstens im König einen treuen Herrn, wenn nicht schon in den untergebenen Adeligen kooperative Partner zu finden.

Nicolas Joseph Foucault hinterließ Memoiren über seine Machenschaften. Sein Vater hatte schon als Schreiber des Oberintendanten Fouquet dessen Fall durch Fälschungen von Protokollen gefördert. Foucault junior ist studierter Jurist (wahrscheinlich mit der Empfehlung des Vaters: Damit kannst du alles machen, Junge!) und kauft 1666 das Amt des Oberstaatsanwalts der französischen Kanzleien. Mit 23 Jahren wird er schon Staatsrat und Generaladvokat des Großen Rates, was ihn 100 000 Pfund gekostet haben dürfte. Colbert selbst befördert ihn 1674 zu einem von acht Antragsverwaltern (150 000 Pfund). Im Februar 1674, nach nur zwei Monaten in diesem Amt, wird er Intendant von Montauban, wo er am 20.5. eintrifft, und bleibt dort zehn Jahre. Colbert, der von Intendanten nichts hielt, wollte ihn wahrscheinlich aus seiner Nähe loswerden, während Jung-Foucault wahrscheinlich im Triumph zurückzukehren gedachte. In der Provinz entdeckt er seine Jagdleidenschaft auf Hugenotten und qualifiziert sich als ihr erster Verfolger und Bekehrer. In seinen Memoiren erwähnt er die Protestanten erst ab 1678, während er schon 1676 umfangreiche Verfolgungspläne nach Paris entsandte. Das taten pflichtgemäß zwar alle Intendanten jener Zeit, doch Foucault macht auch Vorschläge zum Ausschluß von Protestanten aus staatlichen Ämtern und Konsulaten. Auf seinen Vorschlag hin schließt der königliche Rat dann auch alle Reformierten von städtischen Ämtern aus. Das spornt ihn zur Intoleranz an, da er darin eine sichere Quelle des Wohlgefallens beim Rat erblickt, er spornt Amtsgenossen zu gleichen Ausschlüssen an, was auch in Chateauneuf, Saint Antonin, Causade und Negrepelisse geschieht. Dann passiert es:

> Am 23. Juli 1681 schlug ich Herrn von Louvois vor, zwei Kavalleriekompanien aus Roussillon in die Hochrouergue und das Hochquercy zur Unterstützung der kirchlichen Missionare kommen zu lassen.

Schon zwei Wochen später bespricht er dieses Mittel mit dem Beichtvater des Königs, dem Pater Lachaise. Louvois verweigert ihm die Dragoner, Le Tellier weist es mit Abscheu zurück, obwohl er über den Beifall des Papstes nicht im Zweifel ist. Doch Foucault läßt von der Idee, die Protestanten auf diese Weise zu vernichten, nicht mehr ab.

Louis de Marillac, Intendant im Poitou seit 1680, greift die Idee begeistert auf und macht aus Bekehrungen seine persönliche Ehrenangelegenheit. Ende 1680 erhebt er Steuern, in unmäßigem Umfang, um Soldaten unterhalten zu können und sendet diese zur Einquartierung aus. Nur wer sich bekehrt, wird verschont. Noch folgen die Bekehrungen langsam. Dann holt sich Marillac die Erlaubnis Louvois für den Einsatz der Soldaten, und im Mai 1681 beginnen die völlig enthemmten Dragonaden „mit großem Erfolg". König und Colbert beglückwünschen einander. Die Franzosen suchen heute noch Beweise, daß der König nicht über die Art der Bekehrungen informiert war, weil sie sich eine solche Niedertracht an der Spitze ihres Staates nicht denken mögen. Doch wenn Françoise de Maintenon, Mätresse des Königs, davon Bescheid wußte, wird der König nicht ahnungslos geblieben sein. Sie schreibt ihrem Bruder daheim am 22. Oktober 1681: „Du kannst nichts besseres tun als im Poitou oder seinem Umkreis Land zu kaufen. Du kriegst es wegen der Flucht der Hugenotten fast geschenkt."

Jedenfalls erfährt man in England, den Niederlanden und der Pfalz, wo auch die meisten Flüchtlinge ankommen, von den Massakern, und die Fürsten verlangen Erklärungen vom König. Louvois kommandiert die Soldaten zurück, Marillac wird entlassen und mit einem Amt in Paris vertröstet.

Andere Intendanten wie Daguesseau im Languedoc entwickeln einen Erfindungsreichtum an juristischen und verwaltungstechnischen Finessen, insbesondere an persönlichen Steuern, der Besteuerung von protestantischen Pfarrern und Bezahlung der Steuer von Pfarrern, die sich bekehren. Er ist es, der später die Akademie von Puylaurens schließt. Er schreibt: „Niemand wird sich nicht ausmalen können, durch welche Neuigkeiten in den Ansichten man darüber hat, wie man einerseits Pfarrer in ihrem Amte ermüdet oder ihre Bedingungen unerträglich und ärgerlich macht, und andererseits, wie man ihnen vorteilhaft darstellt, die Religion zu ändern."

Die gemeinsame Feindschaft gegen die Reformation einte hier Intendanten als Gesandte des Königs und die Provinzversammlungen, was seitdem nie mehr vorkam. Aus den „Etats de province" müssen die Hugenotten 1673 endgültig ausziehen, sei es auch der am stärksten protestantischen Provinz. In der Verfolgung der letzten Jahre vor der Widerrufung kooperierten alle gegen die Protestanten in einer unerklärlichen Wut und Besessenheit. Nicht einmal vor Kindesentführung in Konvente schreckte man zurück. Ein schreckliches Anliegen, Frömmigkeit zu beweisen, treibt katholische Herren zur Zerstörung von Kirchen. So wird 1678 zum Beispiel Antoine d'Arlempèdes de Mirabel, 20 Jahre alt, zu Kapuzinern entführt. Die Mutter, aus der Familie de Serres stammend und daher mit einigem Einfluß, versucht rechtliche alle Wege. Doch nur ihr Vetter François gelingt die Flucht im Jahre 1680. Ob mit Hilfe seiner Eltern, ist nicht sicher, doch der Vater wird zu einer Entschädigung von 3 000 Pfund verurteilt, und ihm wird die Ausübung seines Glaubens verboten, weil er „Seinen Sohn entführt hatte, der sich zum katholischen Glauben bekannt hatte im Jesuitenkolleg, wo er auf Kosten seiner Majestät unterwiesen wurde".

Trotz der bekannten effektiven Grausamkeit sind die Intendanten doch noch nicht so zentralistisch kurzgeschlossen wie die Präfekten Napoleons. Ihre Stellung entwickelte sich erst langsam. Um 1661 geriet ihr Amt erst zur Regelmäßigkeit, da sie bei der Steuereintreibung helfen sollten. Doch Mißtrauen begleitete sie bis zum Tode Colberts 1683, der sein ganzes Leben lang für ihre Abschaffung eintrat. Doch auch sein Nachfolger Louvois rief sie oft zur Disziplin, da sie unter ihm ebensooft wie unter Colbert ihre Befugnisse überschritten. Manche wollten sich die Rückkehr in den Conseil verdienen. Wegen seiner Milde wurde daher Daguesseau die Aufgabe übertragen, 1697/98 bischöfliche Konsultationen vorzubereiten, die die Härte einiger Bischöfe im Midi behandeln sollte. Nicht zu verwechseln mit dem Verwaltungsamt der Intendanten ist das der Gouverneure, die allein für das Militär einer Provinz zuständig waren.

Die Behandlung der Intendanten und ihre Aufgaben waren auch keineswegs einheitlich. Daguesseau und seine Frau waren entschiedene Jansenisten, während doch der König zwischen Jansenisten und Jesuiten balancierte. Daguesseau war auf Seite der Intendanten gegen die Dragonaden, wenn auch nicht gegen den Kirchenabriß. Er befahl sogar Truppen aus Saint-Rhue, jenseits der Rhône zurück, die ihm zu Hilfe eilen wollten. Er verhinderte die Dragonaden bis August 1685, als er in den Rat zurückkehrte. Doch die Monate bis zur Widerrufung des Edikts sollten auch noch reichen, um in den Protestanten seiner Provinz ein Trauma zu hinterlassen.

René de Marillac ist sein Gegenstück. Er kam 1677 bis Januar 1682 in das Poitou. Er war es, der 1681 die Dragonaden erfand. Sein Eifer ist wahrscheinlich auf Geld zurückzuführen. Er schreibt 1681 an Colbert:

> Ich erwarte mit Ungeduld die Befehle des Königs. Ich habe die Listen von mehr als 1 000 Bekehrten in meinem Einflußbereich, und sie bringen doch nur acht oder neun Francs pro Kopf. Wenn der König die Bekehrungen für nützlich in seinem Staate ansieht, darf man nicht davon ablassen. Ich habe heute Herrn Louvois in seiner Eigenschaft als Staatssekretär geschrieben, über die Mittel, mit denen man in meiner Provinz bald alle Hugenotten in kurzer Zeit im ganzen Poitou bekehren könnte.

Es ist jedoch mehr Colbert, der den treuen Hund, der auf das Kopfgeld für Bekehrungen abzielt, indirekt beauftragt und von dessen Taten wegschaut.

> Seine Majestät wünscht, daß eure Befehle in dieser Sache mündlich den Bürgermeistern gegeben werden und ohne daß ihnen bekannt wird, daß seine Majestät die Hugenotten zur Bekehrung zwingen will.
>
> Seine Majestät wünscht, daß ihr so vorgeht, daß die Reformierten keinen legitimen Vorwand dafür haben, sich zu beklagen, daß sie gequält oder bedroht werden, wenn sie ihren Glauben nicht aufgeben wollen. Was die Truppen angeht, so wünscht seine Majestät, daß ihr die Reiter in guter Disziplin haltet.

Dieser Hinweis ergab sich, da drei Edelleute sich vertrauensvoll beim König zu beschweren suchten und dem Scheinheiligen dadurch lästig fielen.

Gegenüber den neuen Intendanten ab 1682, Foucault in Montauban und Baville in Poitiers, ist Louvois von vorneherein vorsichtiger. Diese operieren daher mehr mit juristischen Finten als sofortiger Gewalt. Doch 1685 beginnt Foucault im Béarn die große Dragonade bis 1686, wahrscheinlich, weil es Grenzgebiet zu Spanien ist. Dem Erfolg ist zu danken, daß Ludwig XIV. die Behandlung der Neubekehrten später in die Hand der Intendanten und nicht von Klerikern legt. Eine Methode ist einheitlich für die Zeit und das Amt nicht auszumachen. Die Beziehungen zwischen Krone und Intendanten klappt sogar schlecht. „Erfolg" haben die einfachen unter ihnen (Marillac, Foucault), nicht die gebildeteren (Daguesseau, Baville).

Von den Verfolgungen des Jahres 1681 im Poitou schreibt der protestantische Historiker Jurieu:

> Beständig hat man glühende Eisen auf Füße und Hände von Männern und Brüste der Frauen angewandt. Man band die Mütter, die noch Kinder stillten,

an Pfähle. Man ließ die Kinder ein paar Tage hungern und hielt sie dann vor sie, so daß sie, wenn sie die Mütter sahen, vor Hunger und Durst schrien und sie anflehten, daß sie sich um sie kümmerten. Doch man erklärte den Müttern, daß sie ihre Kinder nicht zu stillen bekämen, solange sie nicht dem Glauben abschwörten. Kinder im Alter von vier oder fünf Jahren überantwortete man dem Tode, und wenn sie nahe daran waren, ihren letzten Seufzer zu tun, holte man sie rasch vor die Eltern und erklärte ihnen, man ließe die Kinder sterben, wenn sie sich nicht bekehrten. Andere brachte man ganz dicht vor Feuer oder verbrühte sie halb, man schlug sie in unerhörtem Maße, schleifte sie durch die Straßen, quälte sie Tag und Nacht.

Pierre Boulays hat am 18. Oktober vier Soldaten bei sich, am 19. acht, am 22. achtzehn. Erst spät im gleichen Jahre schreibt Louvois seine Mißbilligung an Foucault darüber, daß sich eine ganze Kompanie bei einer Frau in Poitiers einquartierte.

Wer ist für die Grausamkeiten verantwortlich? Der erste „Biograph" des Edikts von Nantes, Elie Benoit, widmet dem Intendanten Marillac zwölf Seiten seiner „Geschichte des Edikts von Nantes". Als der König dessen Memoiren las, fiel Marillac in Ungnade und wurde zurückgezogen. Sogar in seiner Anwesenheit hätten die Truppen geplündert, und alle, die sich über das Ausmaß der Grausamkeiten beschwerten, wurden von Marillac eingesperrt. Baville hingegen wird demgegenüber etwas zurückgenommen. Sein Wirken ging mehr über Drohungen, falsche Anschuldigungen und eine Billigung der Plünderungen, er war aber selbst nicht bei ihnen anwesend. Foucault wiederum wird aller Übel beschuldigt, insbesondere in den Schriftwerken, die im Exil entstanden. Monsieur de Touchepres, Seigneur de Pouzages, wirft seine Untertanen in einen tiefen Graben, in den man den Gläubigen Abfälle und Tiereingeweide nachwirft. Der Präsident des Wahlkommittes in Niort, Cailletiere, dessen Übereifer bekannt ist, schreibt Platzzuweisungen an protestantische Familien aus, ohne dazu befugt zu sein. Er wird zu einem späteren Zeitpunkt wegen Gaunereien zur Verantwortung gezogen, und Jurieu urteilt, er habe sich nur so übereifrig gezeigt, um sich Verdienste zu erwerben, die ihn vor dem Erhängen schützen sollten. Huchard dringt nachts in Häuser ein.

Einerseits fehlt es an keiner Variation der Grausamkeit, es kommt vielmehr zu einem beschämenden Erfindungsreichtum für körperliche und seelische Grausamkeiten. Jedoch läßt sich keine besondere Gruppe ausmachen, die für die Verfolgungen maßgeblich verantwortlich ist. Wie in der Geschichte überall, gibt es auch hier eine Fülle von Hörigen, die jeden auch vorsichtigen Befehl von oben nutzen, um ihn übermäßig zu erfüllen. Wiederum gibt es auf der befehlsgebenden Ebene auch solche, die heimlich die Grausamkeit billigen und nicht einschreiten, sie zu mäßigen. Durchweg gehören die Verfolger und Quälgeister allen Schichten an, sei es befehlend oder Befehle nutzend, wenngleich es auch immer materialistische Vorteile sind, die die Grausamkeiten in Gang halten. So etwa können es Nachbarn sein, die Nachbarn verraten und sich dankbar deren Güter oder Vieh bemächtigen. So etwa wird in einem Dokument berichtet: „Es ist eine unglaubliche Sache, welche Veränderung man bei ihrem (= *der Dragoner*) Anblick in den Städten vor sich gehen sieht. Es ist, als ob die Angehörigen der Gegenreligion plötzlich einen anderen Geist angenommen hätten, so sehr werden sie plötzlich von Wut und Toben befallen."

Wiederum gibt es auch Beispiele dafür, daß die Nachbarn die letzte Stütze waren und bei der Flucht halfen. Während Jean Migault den Dragonern zu entkommen sucht und sich auf ins Ausland macht, beherbergt der Vikar de Mougon seine Frau, und als eines seiner Kinder stirbt, beerdigt es ein katholischer Nachbar auf dem evangelischen Friedhof. Vier Jahre später (1685) helfen ihm wieder katholische Nachbarn: Eine Frau verbirgt seine Kinder, ein

Mann entsendet ihn zu seinen Eltern, ein Katholischer geleitet ihn auf einen Fluchtweg, und mit Hilfe eines weiteren Katholiken gelangt er schließlich ins Ausland. Im August 1685 wird in Châtellerault ein Befehl erlassen, daß die Katholiken nicht den reformierten Nachbarn bei der Flucht oder beim Insicherheitbringen ihrer Güter helfen sollen.

Wohl im Blick auf solche Hilfe einzelner kommen die ersten Historiker der Protestanten wie Jurieu und Benoit dazu, die Hauptschuld der Amtskirche Roms, nicht einzelnen Personen oder Ständen zu geben. Denn die Ziele der römischen Kirche seien immer wieder Grund aller grausamen Unternehmungen und Rechtsbeschränkungen gewesen, an die sich andere Nutznießer zwar angehängt hätten, was aber nie ohne die globalen Befehle oder Verdammungen seitens der Kirche möglich gewesen wäre. Ohne den Rückhalt der Kirche hätten manche Curés oder die Kapuziner nicht so grausam neben den Dragonern Rekonversionen auftreiben können. Noch im Jahre 1729, also 45 Jahre nach den Dragonaden, wird in Melle ein Pfarrer ermahnt, die Reformierten innerhalb seiner Pfarre nicht zu schützen. Dem Herrn von Marboeuf und Curé von Pouzages war schon vier Jahre vorher verboten worden, mit den Protestanten bis nachts um zwei Wein zu trinken. So gab es einige, die auch schon während des Höhepunktes der Verfolgungen aus Ehrgefühl keine Protestanten verrieten, auch nicht, wenn sie ihre Kinder nicht zum Unterricht schickten, weil ihr Ehrgefühl es ihnen seltsam vorkommen ließ, erst Leute zu verfolgen, die man hinterher als Schäfchen lieb zu behandeln beabsichtigte.

Ebenso wie die Brutalität der Verfolgungen variiert auch der Widerstand. Alter, Geschlecht, soziale Herkunft und Ort spielen eine Rolle dabei wie die Verfolgung hingenommen wird. So etwa haben es die besser, die im Bereiche eines Adeligen leben, da er sie länger als etwa eine Stadt die Reformierten schützen kann. Insgesamt nur scheint, daß Frauen anhaltender widerstanden haben als Männer. Das bemerken auch die Leute des Königs.

Als die Außenpolitik sich soweit stabilisiert, daß in Paris eine englische Gesandtschaft unterhalten wird, kommen ab 1715 einige Protestanten behutsam zu der Abhilfe, der anglikanischen Kirche beizutreten, um auf diese Weise durch den Schutz des Auslandes im eigenen Lande dem reformierten Glauben treu bleiben zu können. Zunächst bittet der Reverend William Beauvoir, der Kaplan der britischen Botschaft in Paris, bei Lord Stair um Erlaubnis, den Sonntagsgottesdienst französischsprechenden Gläubigen zu öffnen. Das war der Anfang einer starken und engen Freundschaft des Anglikaners mit der Kirche Calvins. William Beauvais aber scheint dabei bereits einem Vorbild der holländischen Gemeinschaft gefolgt zu sein, die unter der Leitung Marc Guittons darauf gekommen war, gleich einer Glucke die verschreckten Protestanten Frankreichs unter ihre Fittiche zu nehmen. Über dieses friedliche Beispiel der christlichen Bruderschaft geht Beauvoir nur hinaus, indem er französische Protestanten regelrecht aufnimmt. Auf diese Weise sind den Historikern ganze Listen von Abschwörungen, Anerkennungen, Heiraten, Geburten und Begräbnissen erhalten geblieben, die über die Schutzmission der britischen Gesandtschaft Auskunft geben, jedoch nicht nur von Protestanten, sondern auch von Katholiken, die hierin endlich eine Möglichkeit sahen, unbehelligt dem evangelischen Glauben sich zuwenden zu können. Auch das Glaubensbekenntnis, das sie alle unterschrieben, blieb dabei erhalten. Eine Liste vom September 1715 bis Januar 1717 führt 104 Personen an, „die sich bekannt haben". Insgesamt rund vierhundert Personen kamen auf diese Weise im Laufe der Zeit zusammen. Beauvoir unterschied jedoch deutlich, ob es sich um Abschwörungen mit der Bitte um Aufnahme in die anglikanische Kirche bei ihm persönlich handelte oder um bloße Abschwörungen, oder diejenigen, die sich nur bekannt haben. Hauptsächlich handelte es sich um Menschen aus der Umgebung der Hauptstadt, nämlich Champagne, Beauce, Orléans, Berry und der Normandie, doch auch aus dem Languedoc, der Guyenne, dem Albigeois und dem Vivarais kamen Leute.

Nur ist der Bischof von Canterbury nicht einverstanden und verbietet Beauvoir diese Praxis ab 1717. Daher nimmt sein Eifer ab, und er verweist Antragsteller an den holländischen Pastor ab, bis er selbst 1720 zu seiner Familie zurückkehrt.

Die Meinungsbildner

Beflügelt von der modischen Religiosität will auch der Landjurist Pierre Bernard zu Béziers seine Zukunft durch konforme Ideen ausdrücken und sich verdient machen. Schon 1666 erscheint seine „Erklärung des Edikts von Nantes". Auf dem juristischen Niveau des Mittelalters, der Inquisition oder des Shakespearschen Kaufmanns von Venedig sich bewegend, argumentiert er haarspalterisch das Edikt von Nantes immer im restriktivsten Sinne. An der Qualität seiner Arbeit nahm keiner Anstoß, es diente vielmehr in der Tat allen ausführenden Organen als Quelle für hastige Begründungen zu Verfolgungen und Rechtsbeschränkungen. Seine Auslegung des § 27 beispielsweise, das den Protestanten alle Ämter einräumt, sieht dann so aus: Kann ein Reformierter ein städtisches Amt innehaben, wo der Gottesdienst nicht gestattet ist? Nein, denn das geringere ist im größeren enthalten, in diesem Falle also ist das Gottesdienstrecht das größere und das Amt das geringere – wenn also das größere nicht besteht, kann auch das kleinere nicht gewährt werden. Ganz und gar beckmesserisch wird Bernard, wenn er sagt: „Wenn man die Sache genau untersucht, findet man, daß dieser Artikel des Edikts von Nantes die Reformierten nur für fähig erklärt, Ämter und öffentliche Würden zu übernehmen, doch es besteht keine Notwendigkeit, daß das so geschehe."

Von diesen intellektuellen Vorarbeiten ist die Klerikerversammlung so begeistert, daß sie ihm eines Tages eine Gabe von 1 000 Pfund zur Belohnung schenkt.

So wie Pierre Bernard gibt es zu seiner Zeit, das ist ab Mitte des Jahrhunderts, mehrere Schreiberlinge, die sich mit dem Edikt von Nantes beschäftigen und allerlei Vorschläge zu seiner Auslegung und Beseitigung machen. Pierre Bernard und der Jesuit Bernard Meynier sind die bekanntesten, der Pater Pierre Soulier und der Jurist Jean Filleau, Mitglied des Ordens vom heiligen Sakrament, sind die weniger bekannten aus dieser schmalbrüstigen Zunft. Mit ihrem Schreiben verdienten sich die vier recht gutes Geld in Höhe von tausenden von Pfund. Die Kirche bedient sich dankbar der Rezepte bei ihren praktischen Unterdrükkungsmaßnahmen. Filleaus „Katholische Entscheidungen" umfaßt 900 Seiten und bewertet 111 Entscheidungen vor Gerichten, Parlamenten und anderen Instanzen. Pierre Bernards „Erklärung des Edikts von Nantes" mit neuen Beobachtungen erschien 1664 und legt das ganze Edikt restriktiv aus. Meyniers „Über die Ausführung des Edikts von Nantes und die Mittel zur Beendigung des großen Unterschiedes in jeder Provinz und seine hauptsächlichen Folgen" und „Über das Edikt von Nantes" sind lauter Rezepte, wie man dieses Werk so schnell wie möglich tilgen könne oder wenigstens in seinen weiten Befugnissen kappen.

Der große Irrtum und die Fehlbewertung in diesen Schallplatten von „His master's voice" wird aus den Worten Pierre Bernards deutlich:

> Alle Edikte, die die RPR unseren Königen abgerungen haben, um ihre Religion öffentlich ausüben zu können und um das Recht zu öffentlichen Versammlungen zu bekommen wurden während der Zeit der Schwäche abgerungen oder von Rebellen abgezwungen, die die Hand an der Waffe hatten oder sogar ausländische Fürsten ins Land brachten, um durch sie die Sicherheit zu erhalten, die vom Jahre 1560 bis 1629 beinahe 70 Jahre andauerte, ohne daß es zu einer Erleichterung in

> ihren Unternehmungen oder ihrer Revolte kam als seit dem Edikt von Nantes bis zum Tode Heinrichs des Großen.

Man kann diese Dummheit und Legendenbildung nur beklagen, doch alle Herrschenden bedienten sich gerne dieses Räsonnements. Es ist merkwürdig wieder zu konstatieren, daß anscheinend keine unterdrückende Macht ohne Begründungen auskommt. Gibt es doch auch bis heute sogar der Kommunistenchef Ceausescu in Rumänien nicht auf, seinen Rang von den historischen Dakern herzuleiten. Mit wissenschaftlicher Distanz betrachtet ist es allerdings interessant, welcher Deutung die Geschichte der Frühreformation ein Jahrhundert später im eigenen Lande unterliegt. Demnach war die Bewaffnung der Protestanten, gleichviel, wie berechtigt oder unausweichlich sie war, in den Augen der Katholiken der schmählichste Fehler, der ihnen nun gestattet, die Selbstbehauptung der Protestanten als deren Schisma von der Nation auszulegen (daß die Guise so oft die Spanier holten, war wohl nicht schismatisch). Die Auffassung von dieser nunmehr weit zurückliegenden Epoche sind so einhellig, daß man vermuten muß, es war mit Zunahme der Repressalien ein starkes Bedürfnis nach Entlastung da, und man stürzte sich auf diese Deutung so wie in Deutschland nach dem Ersten Weltkrieg auf die Dolchstoßlegende. „... die Schuld aber ist der Übel größtes", erkannte Friedrich Schiller, auch bei denen, die sie eigentlich nicht anerkennen wollen.

Die Einhelligkeit liest sich bei Pierre Soulier in seiner „Geschichte der Friedensedikte" folgendermaßen:

> Ich habe mir vorgenommen, die Augen der Öffentlichkeit auf die schier unglaublichen Mittel zu lenken, die sie aufgewandt haben, um diese Edikte und die unglückliche Bedürftigkeit zu erzeugen, in der unsere Könige darauf beschränkt waren, ihnen zuzustimmen, um nicht den Verlust ihres Staates zu erleiden.

Eine merkwürdige Veränderung ist hier zu konstatieren: Der Protestant ist nicht einmal mehr der irrende Glaubensbruder, sondern ein rebellischer Dissident im Staate! Dieses Bild ist gleichzeitig Wirkung dessen, daß die Katholiken sich überhaupt nicht mehr geistig mit ihnen auseinandersetzen, so daß es zu dieser völlig erlogenen Deutung kommen kann, als auch Ursache für die Weiterentwicklung in diesem Sinne, die gedanklich im Avertissement pastoral von 1682 mündet. Verfolgt man diese Geschichte, so erlebt man, wie ein Feindesbild wirklich gemacht wird. Auch die „Déclaration" von 1666 mit ihren 59 Artikeln gründet auf der Vorarbeit dieser Juristen und Schreiberlinge. Nur in der großen Ordonnanz von 1657 ist eine Anregung für deren Werke und Auslegungsschule des Edikts von Nantes zu sehen.

Besonders zwischen Pierre Bernards Vorarbeiten und dem Intendanten de Bezons im Languedoc, wo 1356 Kirchen fallen, ist die Wirkung dieser Geschichtsfälschung zu vergleichen.

Das Kloster Port Royal

Eine wesentliche Quelle des Geistes in jener Zeit sprudelt beim jansenistisch geprägten Kloster Port-Royal zu Paris. Insbesondere ist dieses Kloster an der Bildung des Begriffes des Gewissens und der Gewissensfreiheit beteiligt. Zwar standen die Nonnen und ihre geistigen Freunde keineswegs unter dem Verdacht der Reformation, da sie sich ja klar gegenreformatorisch äußerten, und hatte auch kein umfassendes Änderungskonzept vorzubringen. Doch es ist bezeichnend, daß die strenge Auffassung der Bedeutung von Buße und Gnade, die ihre Wirkung in der Milde des Intendanten Daguesseau ebenso wie des Bischofs Le Camus zeigte, den Operateuren der Macht Dauerkopfschmerzen verursachten. Bis dahin galt Gewissen als eine moralische Instanz, nicht als die letzte Instanz überhaupt, von der Luther auf dem Reichstag zu Worms sagte: „Es ist übel und nicht zum Heile, wenn man seinem Gewissen nicht gehorcht." 1661 schreibt die Äbtissin an ihre Schwestern: „Ihr seht also, meine Schwestern, die Bedeutung der Sache: Jeder muß seinem Gewissen folgen, denn jede ist hier allein und liefert sich persönlich den Folgen aus, die daraus entstehen können." Mehr als von Philosophen, Theoretikern und Theologen wurde die Kraft und Bedeutung des Gewissens in diesem Jahrhundert von den Tatmenschen entwickelt, seien es die Protestanten hüben und die Schwestern von Port-Royal drüben. Schon 1912 resümierte der Historiker Leon Garzend: „Was einen zum Häretiker macht, ist weniger eine Abweichung in der Lehre von Glaubensdingen sondern der Widerstand gegenüber einer Autorität."

Das alles ist eine enorme Abweichung vom Geiste des Edikts und seines Initiators Heinrich IV. Denn im Jahre 1598 wurde der Protestantismus als Religion im Staat anerkannt. Heißt doch seine Formel RPR „religion prétendue réformée" nicht prétendue religion, also vorgebliche Religion. Heinrich schied sie von einer häretischen Sekte. Die Widerrufung war juristisch möglich, doch psychologisch beschämend. Ludwig und seine Juristen waren um Begründungen bemüht und versuchten sie auf dreierlei Weise: a) mit einer vorgeblichen Fortsetzung der damaligen Politik der religiösen Einheit; b) mit der angeblichen Vielzahl der Konversionen; c) mit den in der Präambel genannten „subversiven Aktivitäten", wie man die „Entreprises" sinngemäß übersetzen muß.

Im Toleranzedikt von 1792 bestand dieselbe Verlegenheit beim abermaligen Widerruf eines königlichen Edikts, dieses Mal des Schandedikts von Fontainebleau, und man begründete das damit, daß Ludwig XIV. falsch informiert worden sei. In jedem der Fälle aber ergriff der weltliche Arm das Handeln, traf jedoch keine Laienentscheidung sondern eine zutiefst kirchliche Angelegenheit.

Im Kirchenrecht gründet sich der Widerruf auf das Cor-

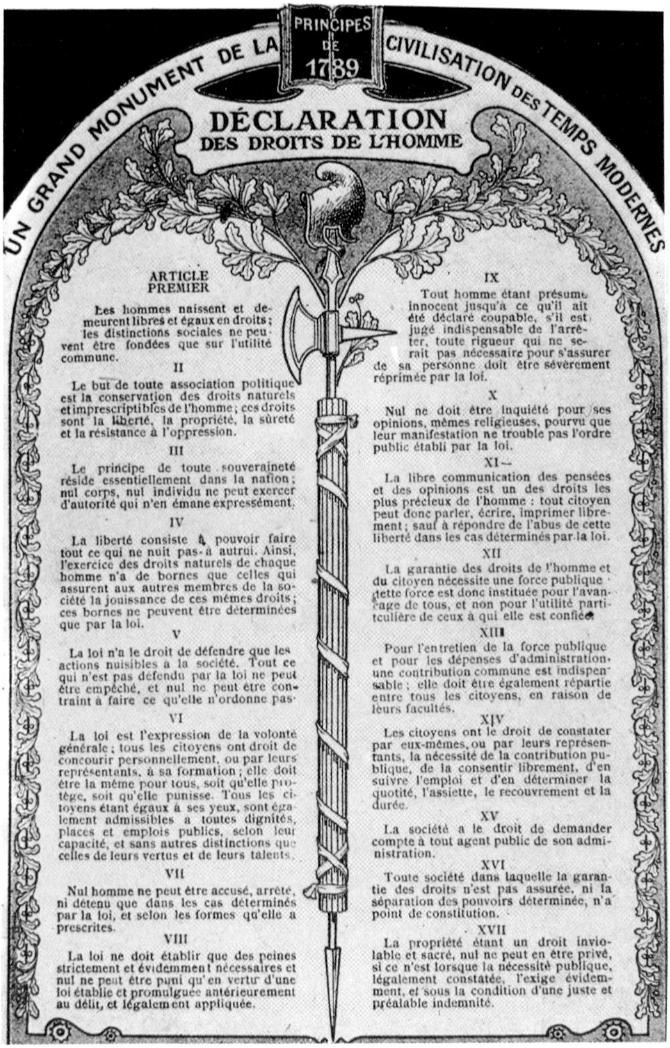
UN GRAND MONUMENT DE LA CIVILISATION DES TEMPS MODERNES

PRINCIPES DE 1789

DÉCLARATION DES DROITS DE L'HOMME

ARTICLE PREMIER

Les hommes naissent et demeurent libres et égaux en droits; les distinctions sociales ne peuvent être fondées que sur l'utilité commune.

II

Le but de toute association politique est la conservation des droits naturels et imprescriptibles de l'homme; ces droits sont la liberté, la propriété, la sûreté et la résistance à l'oppression.

III

Le principe de toute souveraineté réside essentiellement dans la nation; nul corps, nul individu ne peut exercer d'autorité qui n'en émane expressément.

IV

La liberté consiste à pouvoir faire tout ce qui ne nuit pas à autrui. Ainsi, l'exercice des droits naturels de chaque homme n'a de bornes que celles qui assurent aux autres membres de la société la jouissance de ces mêmes droits; ces bornes ne peuvent être déterminées que par la loi.

V

La loi n'a le droit de défendre que les actions nuisibles à la société. Tout ce qui n'est pas défendu par la loi ne peut être empêché, et nul ne peut être contraint à faire ce qu'elle n'ordonne pas.

VI

La loi est l'expression de la volonté générale; tous les citoyens ont droit de concourir personnellement, ou par leurs représentants, à sa formation; elle doit être la même pour tous, soit qu'elle protège, soit qu'elle punisse. Tous les citoyens étant égaux à ses yeux, sont également admissibles à toutes dignités, places et emplois publics, selon leur capacité, et sans autres distinctions que celles de leurs vertus et de leurs talents.

VII

Nul homme ne peut être accusé, arrêté, ni détenu que dans les cas déterminés par la loi, et selon les formes qu'elle a prescrites.

VIII

La loi ne doit établir que des peines strictement et évidemment nécessaires et nul ne peut être puni qu'en vertu d'une loi établie et promulguée antérieurement au délit, et légalement appliquée.

IX

Tout homme étant présumé innocent jusqu'à ce qu'il ait été déclaré coupable, s'il est jugé indispensable de l'arrêter, toute rigueur qui ne serait pas nécessaire pour s'assurer de sa personne doit être sévèrement réprimée par la loi.

X

Nul ne doit être inquiété pour ses opinions, mêmes religieuses, pourvu que leur manifestation ne trouble pas l'ordre public établi par la loi.

XI

La libre communication des pensées et des opinions est un des droits les plus précieux de l'homme: tout citoyen peut donc parler, écrire, imprimer librement; sauf à répondre de l'abus de cette liberté dans les cas déterminés par la loi.

XII

La garantie des droits de l'homme et du citoyen nécessite une force publique: cette force est donc instituée pour l'avantage de tous, et non pour l'utilité particulière de ceux à qui elle est confiée.

XIII

Pour l'entretien de la force publique et pour les dépenses d'administration, une contribution commune est indispensable; elle doit être également répartie entre tous les citoyens, en raison de leurs facultés.

XIV

Les citoyens ont le droit de constater par eux-mêmes, ou par leurs représentants, la nécessité de la contribution publique, de la consentir librement, d'en suivre l'emploi et d'en déterminer la quotité, l'assiette, le recouvrement et la durée.

XV

La société a le droit de demander compte à tout agent public de son administration.

XVI

Toute société dans laquelle la garantie des droits n'est pas assurée, ni la séparation des pouvoirs déterminée, n'a point de constitution.

XVII

La propriété étant un droit inviolable et sacré, nul ne peut en être privé, si ce n'est lorsque la nécessité publique, légalement constatée, l'exige évidemment, et sous la condition d'une juste et préalable indemnité.

Die Erklärung der Menschenrechte, während der Französischen Revolution verfaßt, gehen auf Betreiben der reformierten Pfarrer Rabaut, Vater und Sohn, zurück.

Das erste Buch, das sich mit der Widerrufung des Edikts von Nantes durch das Edikt von Fontainebleau beschäftigte, war die „Histoire de l'Edit de Nantes" von Elie Benoist 1693 in Delft.

In überstürzender Folge hagelten in den 1680er Jahren Verbote und Erlasse auf die Hugenotten nieder.

Paul Rabaut war Abgeordneter in Paris und setzte sich für die Verankerung der Glaubens- und Gewissensfreiheit in der Verfassung ein.

Die Kanzel für die Prediger in der Wüste konnte als Getreidetonne getarnt werden.

Eine Medaille erinnert an die Synode der Reformierten zu Dordrecht, bei der sich ein konservativer Flügel mit Betonung der Prädestinationslehre gegenüber einem liberaleren durchsetzte.

Ähnlich allegorisch wie die „Geschichte des Edikts von Nantes" wird auch das Toleranzedikt Ludwigs XVI. (1787) begrüßt.

Ein Wächter mit Sonnenschirm hielt Ausschau nach königlichen Truppen, wenn sich die protestantischen Gläubigen in der Wüste der Cevennen zum Gottesdienst versammelten.

pus Inustitianum, insbesondere die Werke „De summa trinitate", „De haereticis et manichaeis et samaritis". Man deutet das Edikt von Fontainebleau auch so, daß sich in ihm die bäuerliche Welt Gehör verschafft habe, während es in den Verträgen des Westfälischen Friedens von Münster und Osnabrück mehr die änderungsfreudigen Städter gewesen seien. Es hatte dort weitreichende Folgen für Europa, daß man sich immer wieder am Jus reformandi des Fürsten orientierte, doch hatte man gleichzeitig das Jus emigrandi des Untertanen gesehen, was Ludwig aber massiv einschränkte, indem er es unter Todes- oder Galeerenstrafe stellte.

Bischöfe

In Valence und Die wurde 1654 Daniel de Cosnac Bischof. Dort lebten etwa 30 000 Reformierte. In Grenoble wurde Etienne Le Camus 1671 Bischof. Dort lebten 4 000 Reformierte. Während Cosnac bis 1687 im Amt blieb, starb Le Camus 1707. Ihre Amtszeit überschnitt sich also von 1671-1687. Am Leben dieser beiden Nachbarn, Zeitgenossen und Amtsnachbarn läßt sich veranschaulichen, wie unterschiedlich auch Bischöfe gegen die Reformierten agierten.

Cosnac war nur ein einziges Mal auf Besuch in seiner Diözese und versah ansonsten das Amt des Ersten Almosenbeschaffers des Bruders des Königs. Le Camus erlebt im Jahre 1666/67 über den Einfluß eines Trappisten eine Bekehrung und geht zu den Oratorianern in Paris. Er studiert zuerst Jura, dann Theologie, liest Berulle und die Bibel (sogar in einer reformierten französischen Ausgabe), besucht Port-Royal, kommentiert und predigt. 1671 übernimmt er das Bistum Grenoble mit dem Ziel einer geistlichen Erneuerung. Er ist also ein reformierter Katholik. Cosnac rückt den Protestanten mit Kirchenzerstörungen, Dragonaden, Konversionskasse und Klerikerversammlungen zu Leibe. Le Camus hält nichts von einem erzwungenen Bekenntnis und sucht darum den Dialog. Cosnac leitet eine von ihm einberufene Klerikerversammlung mit den Worten ein:

> Die einzige Quelle unseres Unglücks, meine Herren, Sie wissen es, ist die Häresie. Seit Luther und Calvin aufgetreten sind, wurde unsere Rechtssprechung geschwächt und unsere Güter usurpiert. Die Zerstörung der Häresie ist unsere einzige Aufgabe.

Er schickt Truppen unter Graf de Tesse aus, die Valence und Die durchkämmen. Auf diese Missionsart will er 2 000 Menschen gerettet haben. Im Krankenhaus von Valence verfügt er, daß mit schlechter Bestrafung oder Hunger bestraft wird, wer sich nicht bekehrt.

Le Camus besucht seine Diözese von Anfang an (1672-73) und zwölfmal bis zu seinem Tode 1707. Er will die religiöse Einheit genau wie Cosnac und ist deswegen nicht als ein aufgeklärter Zeitgenosse anzusehen, doch ein erpreßter Glaube ist nicht im Sinne des Evangeliums, Dragonaden lehnt er daher ab. Doch Dragonaden in der Nachbarschaft führen dazu, daß sich La Mure sich in drei Tagen bekehren läßt. Aber Einquartierungen kann er sich energisch vom Leibe halten, wofür er bei einer Unruhe, die sich andeutete, sogar gescholten wurde.

1684 läßt er die evangelische Kirche von Grenoble abreißen. In die Akademie von Die setzt er Bernard Lamy ein, der ein exzellent gelehrter Scharfmacher war. Unter seinem Einfluß bekehrt sich der Pastor Alexandre Vigne, doch nach einiger Zeit kehrt auch dieser als Lehrer an die Akademie zurück. „Milde, Geduld und Liebe" sind drei Stichwörter, die als Schlüsselbegriffe in seinem Werk, seinen Predigten und Anweisungen immer wiederkehren. Seine Hauptinstrumente sind Predigt, Bibellese, Katechismus. Er möchte aus Nouveaux convertis „bons catholiques" machend, zumal er die Bibelfestigkeit der Protestanten bewundert. Am 16. Juni 1686 sprechen ihn bei einer Visitationsreise Nouveaux convertis in Mizoen an und fragen ihn nach Erklärungen zu strittigen Punkten, insbesondere der Realpräsenz im Abendmahl. Le Camus sieht sich auf 1 200 Metern Höhe von Bauern zu einem theologischen Gespräch herausgefordert! Erfolg hat Le Camus durch sein ungewöhnlich mildes Vorgehen jedoch auch nicht, und er weiß, daß man das als Argument gegen seine Methode nur allzu gerne nutzt. Doch bei aller Milde entging auch ihm, daß der Protestantismus keine Abirrung oder Abweichung war, sondern ein erwachsener christlicher Glaube eigener Art. Resigniert stellt er nach 1689 fest: „Die Neubekehrten sind hartnäckiger als vor ihrer Abschwörung. Die Zahl wirklich Neubekehrter ist in dieser Gegend so klein, daß sie fast mit nichts gleichbedeutend ist. Unsere Gläubigen sind in einem beklagenswerten Zustand: Sie halten sich an unsere Religion nur mit einer Grimasse und halten sich an die ihre nurmehr als Intrige und Scheinheiligkeit."

Das ist eine Beobachtung, die während der Verfolgungen niemand erwog oder voraussah. Doch hier bildet sich das religiöse Desinteresse des heutigen Frankreich schon heraus.

Nur im Bischof von Agde fand Le Camus einen begeisterten Nachahmer. Die meisten Bischöfe aber, da sie sich unter dem Druck des Kapitels fühlten, suchten durch Eifer für den König und seine Pläne der Vernichtung des Protestantismus ihre Stellung zu sichern. Andere sind nur an einem behaglichen Leben interessiert. Ezechiel Spanheim, Botschafter Brandenburgs am französischen Hofe, schildert dem Erzbischof Pierre de Bonzi:

> Trotz seiner italienischen Herkunft, seiner Eigenschaft als Kardinal und seiner Übereinstimmung mit dem Willen des Hofes, zeigte er sich weder grausam noch eifrig bei der Ausführung von Befehlen oder Absichten hinsichtlich der Verfolgung von Protestanten und machte es sich vielmehr zur Aufgabe, den Hof von der Provinz Languedoc abzulenken, indem er dem König

> vorstellte, welcher Schaden ihr dadurch entstünde, doch fand er dafür kein Gehör beim König. Er hatte einen Geist und ein Temperament, das mehr dem Vergnügen und den Behaglichkeiten des Lebens zugetan war als aus Angelegenheiten der Religion ein Aufhebens zu machen und Menschen durch Gewalt und schlechte Behandlung zur Unterwerfung zu zwingen.

Mit diesem Blick auf das Leben und Wirken der Bischöfe läßt sich also allenfals erklären, wieso es hier und da ein Überleben von Protestanten oder der einen oder anderen ihrer Gepflogenheiten gab. Jedoch läßt sich keineswegs verallgemeinern, daß sie unter den Bischöfen mehr Milde zu erwarten hatten, wie diese Kirchenherren auch insgesamt kein Ruhmesblatt der französischen Geschichte vollschreiben könnten.

Opfer an Führungskräften

Die ersten großen Opfer im 17. Jahrhundert sind unter denen zu finden, die eigentlich am wenigsten in Kürze zu befürchten hatten: Adelige wie François de Châtillon, François de Béthune (Sohn des Kanzlers Sully), Henri aux Epaules, Lesdiguières, Madame de Crequi (seine Tochter) und die Enkelin. Es bleiben noch: Die Rohan, Châtillons Bruder Soubise, Sully, Bouillon, La Force und seine Söhne.

Schwieriger hatten es da schon die Pfarrer. Mit viel Seelsorge belastet, sind sie doch isoliert, manche streiten mit Jansenisten und andern Theologen um die Gnade, das Heil, die Apologie und die Reformation überhaupt. Gondrin, Jean Claude (Pfarrer in Charenton), Claude Pajon (Professoren in Sedan und Saumur), Pierre Jurieu (Lehrer in Sedan) und Pierre du Bosc (Pfarrer in Caen) verschaffen sich in diesen schweren Jahren noch Gehör, wenn auch keine Befolgung. Angesichts der Verfolgung ist es viel, was hin und her geschrieben wird, angesichts des wirklichen

Bedürfnisses ist es zu wenig für eine französische reformierte Theologie. Pajons etwas abweichende Auffassung von der Gnade (zu liberal für die meisten) wird auf verschiedenen Regionalsynoden verurteilt. Die Zahl der Pfarrer wächst in den Jahren 1660-70 noch an. Auf jeder Synode im Languedoc von 1660-74 wird behandelt, daß man nicht mehr Kandidaten zulassen könne, weil ihre Zahl die der Kirchen bei weitem übersteige. Im Béarn, das besonders scharf verfolgt wird, bleibt ihre Zahl von 1659 bis sogar 1681 stabil, obwohl die kleine Provinz überhaupt nicht genug Pfarrstellen für die Ausbildung hat. Das gilt auch für die Dauphiné mit der Akademie von Die, die bis 1684 arbeitet. Daher kann der Intendant Daguesseau noch 1679 nur neidisch und mit verhohlener Kritik angeben:

> Sicher ist einer der Gründe für das Festhalten der Hugenotten an ihrem Glauben, daß sie so viel Unterweisung in ihrem Glauben erfahren und so wenig bei uns davon erblicken. Denn in jeder großen Stadt, in der sie etwa gleichsoviele wie die Katholiken zählen, haben sie nur drei oder vier Pfarrer, die fast jeden Tag predigen, und manchmal gibt man ihnen sogar mehrere Predigten an einem Tage. Hingegen in derselben Stadt, in der es ein Kathedralkapitel, zwei Kollegien, mehrere Pfarren, viele Kirchliche, acht oder zehn Konvente gibt, so reicht das alles anscheinend doch nicht dazu aus, den Katholiken hier und da eine Predigt zu halten, das Volk will belehrt werden, und es ist eine allgemeine Klage unter Neukatholiken, daß sie in unserer Religion nicht dieselbe Unterweisung erfahren wie in der ihren.

Strenggenommen sind es nur fünf protestantische Hochschulen, die offiziell den Titel „Akademie" tragen, nämlich Die, Montauban (später Puylaurens), Nîmes, Saumur, Sedan. Manchmal werden noch Montpellier und Orthez dazugezählt, was von ihrer Funktion her stimmt. Die Akademien sind überaus produktiv und geben das durch die Veröffentlichung von Büchern über Essays und Flugblättern hin zu erkennen. Ihr Leben wurde ab 1659 drastisch erschwert, weil sie bis dahin von den Nationalsynoden finanziert wurden, die von da an aber nicht mehr offiziell weiterbestanden. Die Unterdrückung der Akademien vollzog sich mehr über die Kleriker, nicht über administrative Funktionäre. Sie leeren sich erst kurz vor dem Widerruf: Sedan 1681, Die 1684, Saumur und Puylaurens 1685. Es blieben nur Einrichtungen von lokaler Bedeutung übrig. Unter der Belastung und der Arbeit für die stets unterdrückten Gemeinden gelang es nur Saumur, sich mit einer bestimmten theologischen Prägung auszuzeichnen. Dort befaßte man sich in besonderem Maße mit der Gewissensfreiheit und -lehre. Von dort ist als Lehrer der Schotte Cameron bekannt, wie aber überhaupt viele Ausländer als Prediger oder Lehrer im Lande waren und den Internationalismusverdacht der Katholiken aufrechterhielten.

Claude Pajon war Pastor in Machenoir (Loir-et-Cher) und selbst Schüler in Saumur gewesen, als er 1665-66 zum Lehrer berufen wurde. Sein Aufenthalt dort war deshalb nicht von Dauer, weil seine Gnadenlehre von der strengen Auffassung abwich, die die Reformierten allgemein vertraten. Danach war er Pfarrer in verschiedenen Gegenden, bis er 1685 starb. In seiner Theologie deutete sich die Aufklärung des 18. Jahrhunderts an.

Die Konsistorien als originale Schöpfung der französischen Reformation bleiben bis zum Widerruf erhalten. Sie organisieren Hilfeleistungen, mahnen die Leichtfertigen, suchen die Erlasse zu befolgen und insgeheim doch ungehorsam zu sein. Sie überwachen die Abendmahlsregeln Calvins. Aus dieser Beständigkeit und Selbstverwaltung ist das Überleben des französischen Protestantismus zu einem guten Teil zu erklären.

Im August 1685 werden die Konsistorien gemahnt, jede Ordnung in Predigten zu unterlassen, um Bekehrungswillige nicht von ihrem Vorhaben abzubringen. Sie müssen auch wieder Steuern zahlen. Den Konsistorien muß nun ein Richter beiwohnen (24.8.84 und 17.1.85). Die Beerbung der Kirchen wird verboten.

Mit der Widerrufung des Edikts von Nantes war nicht alles erledigt. Ungeachtet des einhelligen Jubels, mußte der Rat Ende 1685 und während des ganzen Jahres 1686 alle Maßnahmen bekräftigen, das größte Problem aber war: Was geschah mit den vielen Neubekehrten? Darauf war die in Verfolgung eifrige Kirche keineswegs vorbereitet, die Handgelder und Privilegien waren schnell ausgegeben, aber die Unterweisung im Glauben? Es fehlte zu sehr an gut schulenden Predigern, an Argumenten, an der Gesittung im Amte, als daß die gewaltsam herbeigeführte Änderung jetzt gefestigt werden könnte. Die Regierung muß auch in dieser zutiefst religiösen Angelegenheit der Kirche helfen. Intendant Baville schreibt in seinen Memoiren: „Die Neubekehrten beichten und kommunizieren so viel man wünscht, aus Angst, daß sie sonst von der weltlichen Macht bedrängt und bedroht werden. Aber dadurch kommt es nur zu Sakrilegien."

Der König bezahlt mit 800 000 Pfund aus einer eigenen Schatulle den Druck eines Unterweisungsbuches in 1 Mio. Exemplaren. Beim Buchhändler Cramoisy in Pau werden 5 110 Exemplare einer „Darstellung der kirchlichen Lehre" verkauft. Foucault ordnet die Verteilung eines Neuen Testamentes mit den Psalmen, auf Französisch nach Godeau, an. Bis Oktober 1686 hält der Druck solcher auf die Neubekehrten abgezielter Bücher an, zuletzt auch Bossuets „Darstellung der katholischen Lehre bezüglich umstrittener Punkte". In Nîmes und La Rochelle werden Konferenzen für eine gute Betreuung der Neubekehrten abgehalten.

Das alles ist Zeugnis dafür, wie hoch die Kleriker die biblische Bildung der Protestanten einschätzten. Dort, wo Adelige und gebildete Städter zahlreich zu finden sind, müssen vor allem Jesuiten und Lehrer aus der Sorbonne heran. Doch gegenüber Fénélon beklagen sich die Neubekehrten aus der Saintonge:

> Seit Eurer Abreise sind wir der Gnade der Mönche ausgeliefert, die uns nur auf Latein predigen, Ablässe und Konvente. Man liest uns nicht mehr das Evangelium, wir bekommen es nicht mehr erklärt, und man spricht zu uns nur noch per Drohungen.

So haben die Schulen und Schulungen der Protestanten noch indirekt bewirkt, daß die katholische Kirche sich sputen muß, ihrer segensreichen Bildung etwas zur Seite stellen zu können. Die Kirchengebäude selbst können sie nicht einmal alle aufnehmen. Doch der Neubau ist kein Problem, auch hier wieder hilft der König selbst. 25 000 Pfund schickt er dem Intendanten Le Goux nach La Berchère für Neu- oder Erweiterungsbau von Kirchen. Manchmal wird den Neubekehrten sogar das Abendmahl in beiderlei Gestalt gereicht. Gegenüber den Angehörigen derjenigen, die plötzlich sterben, um so der letzten Ölung zu entgehen, oder es sonst an Willen fehlen lassen, verhängt der perfektionistische Foucault Strafmaßnahmen, doch Louvois verwehrt es ihm:

> Der König begrüßt die Sorgfalt, mit der sie dafür sorgen wollen, daß aus den Neubekehrten gute Katholiken werden. Aber seine Majestät wünscht nicht, daß Ihr euch dabei der Strafen gegenüber denjenigen bedient, die nicht zur Messe gehen. Seine Absicht ist vielmehr, daß Ihr euch damit zufriedengebt, die informieren zu lassen, die in jedem Ort ihre Aufgabe schlecht erfüllen, und ihnen Einquartierungen besorgt.

Auch einem Vorschlag des Grafen de Tesse, Inspektoren zur Überwachung des Verhaltens der Neubekehrten einzusetzen, widersteht Ludwig mit dem Hinweis, daß man dadurch „die Abneigung, die die Neubekehrten unserer Religion gegenüber haben" nur verstärkte, er ahnt demnach, welcher Qualität die erpreßten Bekehrungen sein müssen. Doch Ende 1686 wird ein solches Amt eingerichtet.

Unter diesen Bedingungen entwickeln die Protestanten wieder den passiven Widerstand. Bei der Messe helfen sie nicht mit. Die Taufe lehnen sie nicht ab, die Trauung wird hingenommen oder durch notarielle Ehen umgangen und die Hochzeit danach verschleppt, die letzte Ölung, das stärkste Zeichen des gehorsamen Katholizismus, umgeht man durch „plötzlichen Tod". Die Regierung muß diese für alle Kranken im Dezember 1685 ausdrücklich befehlen, und Ärzten und Apothekern wird zur Pflicht gemacht, die Kirche über Kranke zu informieren. Doch im betreffenden Falle lassen die Hugenotten eher einen Angehörigen sterben, als einen Arzt zu holen. Die Kirche verfällt wieder auf brutale Methoden:

> Ende November 1686 starb Herr Paul de Chevenix, Doyen der Parlamentsräte von Metz im Alter von 84 Jahren, seit 53 Jahren im Besitze des Lilienwappens, und wollte nicht die Kommunion entgegennehmen. Als er gestorben war, wurde seine Leiche ins Gefängnis gebracht, in seinem eigenen Wagen, und vom Vorsitzenden dazu verurteilt, über die Erde geschleift zu werden. Das Parlament, das mit Entsetzen das älteste seiner Mitglieder so behandelt sah, ließ das Urteil suspendieren, aber eine Verfügung vom Hofe befahl die Ausführung, die auch am 28. desselben Monats stattfand.
>
> Der ehrwürdige Leib wurde ganz nackt ausgezogen, ohne geringste Bedeckung, auch nicht der Scham. Man schleifte ihn mit der schlimmsten Geringschätzung, der Henker war bewaffnet. Angesichts des Schauspiels warf das Volk spitze Schreie in den Himmel, und die Reformierten von Metz veranstalteten eine Drohaktion. Als der Leichnam auf den Müll geworfen wurde, hoben sie ihn auf und beerdigten ihn auf würdige Weise. Viele Frauen und Mädchen sangen noch auf dem Müllplatz den Psalm 79.

Man sieht: Die Neubekehrten haben den Glauben keineswegs aufgegeben. Auch die alten Bücher behalten sie noch zu Hause. 300 Pfund Strafe sind auf die Entdeckung von Büchern protestantischer Herkunft verhängt. Auch die „Pfarrbriefe" (Lettres pastorales) des Pfarrers Jurieu zirkulieren rege.

Bei Kindern ziehen die Hugenotten das kleinste Hindernis heran, sie nicht zur Schule, zur Messe oder zum kirchlichen Unterricht gehen zu lassen. Im Januar 86 bestimmt deshalb ein Edikt, daß „die von der RPR" (!) ihre Kinder tatsächlich schickten. Andere wiederum schickt man als Hauspersonal alter protestantischer Familien in deren Obhut, woraufhin die Regierung sich auch gegen dieses Mittel verwahrt.

Daneben nutzen die Opfer auch legale Wege, die sie ebensogut beschreiten wissen wie den passiven Widerstand – in beidem sind sie seit Jahrzehnten geübt. So beschweren sie sich schon im Januar 86 bei König, daß man ihnen gegenüber die bürgerlichen Rechte nicht erfülle. König und Rat erkennen, daß sie mit der Widerrufung des Edikts den Zwangsbekehrten auch einen Stock in die Hand gegeben haben; denn nun gibt es keinerlei Möglichkeit mehr, ihnen etwas abzuschlagen, da sie ja die gewünschte Bekehrung endlich vollzogen haben. So beeilt man sich auch, ihren Beschwerden nachzukommen.

In der dritten Form des Widerstandes widersetzen sie sich weiter mit unglaublichem Mut. Besonders treten hier die Adeligen von Paris hervor, vielleicht weil sie jetzt erst begriffen haben, daß auch ihre Ausnahmeregelungen vorbei sind. Sie folgen einer Aufforderung, sich gesammelt in Paris zu bekehren, keineswegs. Anderswo fährt man fort, auf französisch zu beten, die Bibel zu lesen und zu singen, sei es in Wüsten oder geheimen Räumen. Die Laienprediger, predicants, erscheinen in dieser Zeit. Manchmal teilen sie sogar das Abendmahl aus. Andere, wiederum vor allem Adelige, beginnen Theologie zu studieren. In den Cevennen treten Propheten und Visionäre auf, die ihre Botschaften schreien. Von einem Teil der Protestanten wird das abgelehnt. Erst nach all diesen verschiedenen Formen des „Dienst nach Vorschrift", der Umkehr des Widerrufungsspießes als Forderung an die Widerrufer und der mutigen Gegenmaßnahme, treten viele die „Flucht aus Babylon" an. Vielmehr als der Auszug unbekehrbarer Reformierter ist es deren Schilderung der Ereignisse, die zum Verbot des Exils führt, denn ein Prälat als Vertreter des Papstes in Holland schreibt: „Die Verfolgung, die unter den Reformierten in Frankreich herrscht, führt zu einer ausdrücklichen Ablehnung von uns im Volke." Nun werden auch Schiffe so durchsucht, als seien es feindliche. Das erste Verbot vom 20.11.85 muß am 26.4. und 27.5.86 erneuert werden, und zwar in der gehobenen Form der „Ordonnanz" und „Déclaration".

Die Güter geflohener Protestanten werden vom Staat eingezogen, obwohl sie die Kirche ebenfalls dieser herrlichen Einkunftsquelle versichern möchte. Aber bei dem Staat, den sie sich im Laufe der Jahre zum Diener gemacht hat, hat sie inzwischen nichts mehr zu melden: Das Rotkehlchen war ein Kuckuck. Solche, die man unterwegs erwischt, werden auf Galeeren geschickt (Männer) oder in Konvente (Frauen). Denunzianten erhalten die Hälfte der Güter der Denunzierten. Die letzten Reste von Gläubigen werden aufgespürt, daß man der Flucht möglichst noch zuvorkomme. In Hafenstädten und auf wichtigen Straßen außer Landes werden verstärkt Soldaten postiert. Manche fliehen vor den Soldaten aus ihren Häusern und leben mehrere Jahre lang in der Wildnis (Cevennen), ehe sie gefaßt werden:

> Der König ist davon unterrichtet worden, daß es in vier Pfarren der Diözese von La Rochelle immer noch 600 Personen von der Religion gibt, die sich nicht im mindesten bekehrt haben, weil sie sich ganz in die Wälder zurückgezogen haben. Da sie sich dort in der Strenge der Jahreszeit nicht halten können, die bevorsteht, ist

seine Majestät damit einverstanden, daß Herr de Verac veranlaßt wird, Ende des Monats dort Truppen einzuquartieren.

Der Widerstand reißt nie völlig ab. Die Adeligen werden in die Bastille gebracht – welches Vorzeichen! – und ihre Sitze geschleift, sobald die Dragoner nichts mehr zum Essen finden. Zu diesen Noblen zählen der Herzog von la Force, Philipp von St. Hermine (Enkel Agrippa d'Aubignés und Vater der Madame de Maintenon), Jean Berighe, ein Geselle Heinrichs IV., die Ältesten des Temple de Charenton und Pariser Großbürger. Doch auch das ist vergeblich, Louvois berichtet vom heldenhaften Widerstand einiger Frauen am 7.7.86:

> Man gab dem König kund, daß die zwei ältesten Töchter des Herrn Tochimbert-Loudigny so dickköpfig in ihrer Religion sind, daß keine Belehrung sie zur Konversion veranlaßt. Das führte zu dem Befehl, den ich von seiner Majestät erhielt, sie wissen zu lassen, daß seine Absicht ist, Sie lassen sie getrennt in Konventen Poitiers unterbringen, bis sie sich bekehrt haben.

Doch da ging es den Konventen nicht besser als den schnell im Heimlehrgang aktivierten Priestern, die auch Mühe hatten, den bibelfesten Fragen und Einwänden der Hugenotten etwas entgegenzusetzen und sich hier und da darüber beklagten: die flotten Töchter bringen Unordnung unter die Nonnen! Spione des Prinzen Condé berichten:

> In Rouen gibt es noch 25 protestantische Familien, die sich nicht bekehren wollen, was man dazu auch anstellen mag. Da man erlebt hat, daß Frauen ihre Männern an der Konversion hinderten, steckte man sie in Klöster, wo niemand mit ihnen sprechen darf außer mit schriftlicher Erlaubnis von Herrn Beuvron. Zuerst waren die Frauen im Kloster recht friedlich, aber zur Zeit

> sind sie eher Furien und verwirren die Gemeinschaften, in denen sie sind, und es bleibt einem nichts anders übrig als sie einzusperren oder nach Hause zu schicken.

Im Januar verfügt ein Erlaß, daß alle Kinder von reformierten Eltern im Alter von 5-16 Jahren von katholischen Verwandten aufgezogen werden sollen. Manche Frauen verlassen das Land daraufhin ohne Kinder.

Allein im Jahre 1686 werden sechs geheime Wüstenversammlungen verraten und brutal aufgelöst. 50 Gläubige bezahlen mit dem Leben, weil sie auf französisch beteten und sangen. Die Regierung erwägt die völlige Räumung der Cevennen. Doch im Laufe des Jahres 1686 sieht sie ein, daß sie mit Gewalt nicht endgültig ans Ziel kommt und gibt allmählich resigniert auf. Manche werden einfach freigelassen, andere wählen das Exil. Zu ihnen zählt Esther Herwarth, die Tochter des ehemaligen Finanzdirektors Barthélemy Herwarth, und die Gräfin de Roye, Gefährtin des Prinzen von Condé:

> Es war zur gleichen Zeit, als die Gräfin de Roye sich vom König verabschiedete, um nach Dänemark zu ihrem Mann zu gehen. Das war ein Spektakel, das die ganze Welt erregte, eine Dame dieses Standes ihre Kinder zurücklassen zu sehen, ihre Güter und ihr Heimatland für eine Religion so falsch wie der ihrigen und in der sie allem Augenscheine nach glücklich lebte.

Aber auch Männer wie der Marquis de Ruvigny und Marschall Schomberg ziehen das Exil vor. Damit erwiesen sie den Flüchtigen einen Dienst; denn gemäß damaliger Vorstellungen wog das Zeugnis solcher Leute von Stand noch mehr als die Aussagen der Vorangegangenen aus niederen Ständen. Nun konnte man die Grausigkeiten nicht mehr bezweifeln!

Die Zurückgebliebenen machten den Priestern das Leben schwer, da sie große Teile der Bibel auswendig kannten. Umgekehrt hatten es die Reformierten, die sich mit Katholizismus maskierten, nicht schwer. Ihnen wird die Vergangenheit nicht vorgehalten, insofern können sie ein normales Leben führen. Manche Protestanten im Elsaß verfallen auf die geschickte Idee, daß der Mann sich bekehrt, seine Familie aber lutherisch bleibt, so daß das Haupt der Familie die anderen von Mißhelligkeiten abschirmt.

Die „Temples"

Den katholischen Machthabern waren die Kirchen der Reformierten ein besonderer Dorn im Auge. Sei es, daß die Gebäude sie an die Gegenwart der Reformierten stets erinnerten, sei es, daß sie aus der Einfachheit der Gebäude ständig den Vorwurf der Götzendienerei der reformierten Theologie heraushörten. Jedenfalls sind die Kirchen eines der ersten Objekte des Hasses und der Vernichtungsstrategie der Machthaber. Ab 1661 werden sie in unregelmäßigen Abständen zerstört. Es handelte sich meistens um Bauten aus dem ersten Viertel des 17. Jahrhunderts. Die Angaben ihrer Gesamtzahl bewegen sich zwischen 593, 700 und 813. Wahrscheinlich lag sie zwischen 650 und 700. Schon von 1661-64 werden 150 von ihnen, also ein Viertel, dem Erdboden gleichgemacht. Nach dem Tode Richelieus wird wieder mehr gebaut und aufgebaut. Um 1650 waren 60 wiedererbaut worden. Von 98 solcher Kirchen, deren Gründung und Zerstörung bekannt ist, fielen bis 1680 wiederum 70! Manchmal wurden sie heftig verteidigt, wenn die zerstörten Kirchen nicht rasch als Baumaterial vergeben wurden. In den 80er Jahren wurde von Magistraten und Konventen ohne Umschweife beantragt, daß ihnen eine Kirche als Baumaterial zur Verfügung gestellt wurde! Die Vernichtung war in der Tat so gründlich, daß auf die Gegenwart nur drei reformierte Kirchen gekommen sind, die aus manchmal unerfindlichen Gründen die Zerstörungswut überlebten. So etwa bestand die Kirche von Dieulefit (Drôme) weiter, weil sie als Rathaus getarnt war. Heute beherbergt sie das Museum für die Geschichte des Protestantismus in der Dauphiné. Wie entsetzlich der perfektionistische Zerstörungsdrang war, erhellt aus der Geschichte einer Kirche in der Nähe von Vienne. Bei Herannahen der Dragoner nahm drei Älteste die Glocke ab und versteckten sie im Hause eines von ihnen. Die Dragoner, die den Glockenstuhl geräumt fanden, verlangten wütend nach der Glocke und suchten sie drei Tage lang, fanden sie aber nicht. Erst bei der Revolution wurde sie wiederentdeckt und kam im Jahre 1825 auf die neue Kirche.

„Deine Sprache verrät dich!"

Es brauchte in diesem Jahrhundert lange, bis das Ausland sich rührte und gegen den Mißbrauch erhob. Dafür aber schlossen sich den evangelischen deutschen Landen, der Schweiz und Holland der katholische Jakob II. von England und sogar Österreich voller Abscheu vor solchen Methoden an. Sogar der Papst selbst mißbilligte die Durchführung des Widerrufs des Ediktes von Nantes und wies auf den enormen Blutverlust (buchstäblich und in Form der Ausreise seiner Bürger) hin.

Möglicherweise erschienen Berichte über die Grausamkeiten den Völkern bis dahin übertrieben, da sie insbesondere die Prachtentfaltung des französischen Hofes zu beobachten gewohnt waren und sich so schlecht vorstellen konnten, daß ein so starker Staat eine so kleinliche Reaktion für nötig haben sollte. Auch wird es die Scheu vor dem mächtigen Usurpator gewesen sein, der sich im Regensburger Vertrag freie Hand verschaffte und Regionen wie das Elsaß, Lothringen, Montbéliard und Orange einverleibte, und den man nach alledem nicht ohne weiteres angreifen mochte. Schon gar nicht als vom Kriege geschwächtes deutsches Natiönchen. Es wird erst der flüchtige Adel gewesen sein, der alle Ausreden und sanften Interpretationen wegwischte. Andererseits werden auch die Bauern dazu beigetragen haben; denn anders als die Kaufleute, die sich auf internationalem Parkett bester Beziehungen erfreuten, konnten sie ja nicht ihr Land als Fluchtkapital mitnehmen, so daß sie zuletzt erst in größerem Maße flohen. Nicht weniger als vier oder fünf Erlasse des Jahres 1686 allein versuchen, der Flucht Rechnung zu tragen und wenigstens die Kaufleute im Lande zu behalten. Auch dank der Reaktion des Auslandes kommt die Gewalt allmählich zum erliegen. Denn wenn auch katholische Länder eine tadelnde Stimme erhoben, so mußte das für Frankreich ja bedeuten: Du lebst in einer falschen Zeit, es ist nicht mehr die Zeit der Kreuzzüge, und du findest auch nicht mehr allein aufgrund der Religion Verbündete unter deinen Nachbarn!

Freilich äußerte sich die Mißbilligung des Papstes nicht in deutlichen Worten. Aber das Ausbleiben eines kräftigen Lobes blieb Ludwig doch nicht verborgen und führte seinerseits zu einer Mißstimmung gegenüber dem Papst. Innozenz XI. antwortet nach der Revokation dem König:

> ... Euch zu schreiben um ein echtes und dauerhaftes Zeugnis des Lobes, das wir euch angesichts der schönen Gefühle der Religion zu erteilen, die euer Geist bewiesen hat und euch zu beglückwünschen mit dem Übermaß des ewigen Lobes, das ihr durch jene letzte Aktion all denen zugefügt habt, die euer ruhmreiches Leben bisher schon ansammelte. Die katholische Kirche wird nicht versäumen, in ihren Annalen ein so großes Werk der Ergebenheit zu verzeichnen und wird niemals aufhören, euren Namen zu loben. Vor allem aber dürft ihr von der göttlichen Güte reichen Lohn für eine so schöne Lösung erwarten und dürft überzeugt sein, daß wir stets unsere inbrünstigen Wünsche an die göttliche Güte richten werden.

Doch erst am 18. März proklamierte Innozenz öffentlich die Verdienste Ludwigs XIV. Dieser nimmt auch die Glückwünsche des Nuntius freundlich entgegen, doch es entgeht ihm nicht die Zurückhaltung dabei, und in einer Depesche an den Herzog von d'Estrée gibt er seiner Enttäuschung Ausdruck, „daß seine Heiligkeit nicht mehr davon beeindruckt ist und versäumt, sich über die Mittel mit mir zu verständigen, die einzig von seiner Autorität abhängen und die ich von seiner Gerechtigkeit erwartete."

Umgekehrt drückte der Papst auch nur gegenüber seinen Vertrauten seine unverhohlene Mißbilligung aus. Der Abt Le Gendre berichtet in seinen Memoiren, daß der Papst mit den Methoden überhaupt nicht einverstanden war und sie sogar mißbilligt hätte:

> Was bildet er sich ein? ... Was für eine Freude sollen Katholiken an einem so glücklichen Ereignis haben? Man freut sich kaum in Rom, Innozenz weniger als jeder andere, der, um sich von Schuld reinzuwaschen, sagt, daß er weder die Motive noch die Mittel der Konversionen zu Tausenden billigen werde, von denen keine freiwillig geschehe. Die Päpste der voraufgegangenen Jahrhunderte waren nicht der Meinung: Heinrich II., Karl IX. und Heinrich III. schrieben sie unaufhörlich Mahnungen, die Hugenotten auszurotten und ohne Skrupel alle erdenklichen Mittel gegen sie zu benutzen.

Sie loben einander, denken aber anders. Ludwig mußte es ähnlich gegangen sein wie einem Verräter, der nach dem geköderten Verrat bemerkt, daß er nun für die neue Seite auch nichts mehr wert ist.

Es gibt viele Memoiren, aus denen die Enttäuschung des Papstes über diesen Ausgang der Widerrufung hervorgeht, die aber nicht mehr alle erhalten sind. Man vermutet, daß die Protestanten jener Zeit andere Quellen besaßen, die uns nicht mehr zugänglich sind, oder daß Feinde des

Königs diese Kritik an seiner Politik lancierten, um sich an ihm zu rächen. Ein Beweis für die tiefe Verstimmung aber wird darin gesehen, daß der Papst ohne Zustimmung des Königs Etienne Le Camus als Bischof von Grenoble zum Kardinal berief.

Gazetten, Bücher und Pamphlete aus Holland

Die Auseinandersetzung, die in Frankreich selbst nicht stattfinden konnte, verlagerte sich in explosivem Maße in das nördliche Nachbarland Holland. Dort erscheinen kurz vor der Widerrufung und bis einige Jahre danach eine unglaubliche Anzahl von Zeitungen und Zeitschriften zur religiösen Problematik und den Verfolgungen im südlichen Nachbarland. Einerseits führten dazu die vielen Hugenotten, die bereits im Lande waren und eine Art Vertriebenenzeitung lesen wollten, die auf ihre verschiedenen regionalen und sozialen Herkünfte einging. In unmittelbarer Nähe der Widerrufung nahm die Zahl der so motivierten Zeitschriften derartig zu, daß der Beruf des Journalisten einen kräftigen Schub vorwärts bekam: 1684 waren es nicht weniger als 366 Titel, die regelmäßig erschienen, wenn auch vielleicht nur für ein paar Jahre, ehe sie mit anderen fusionierten.

Man könnte sich denken, daß nun aus Rotterdam, Amsterdam oder Leyden kräftig auf die zweifelsfreie Ungerechtigkeit Ludwigs XIV. und der katholischen Kirche verbal losgeschlagen würde. Doch die Veröffentlichungen jener Zeit haben weit höheres Niveau. Es entsteht eine rege Diskussion besten Sinnes und Theoriebildung über Nation, Souverän, Glaubens- und Gewissensfreiheit, Menschenrecht, aus der die philosophischen Beiträge von internationalem Rang hervorgehen. Die holländischen Journalisten übernehmen auch nicht einfach ungeprüft, was ihnen berichtet wird, sondern reflektieren über das Mögliche, Wahre und Schuldige:

> Die Vernünftigen unter den Protestanten Frankreichs bemühen andere dahingehend, zu verhindern, daß man außerhalb des Königreiches nicht die Verfolgungen übertreibe, die man über sie bringt, indem sie sagen, daß sie dadurch nur noch schlimmer werden. Die Franzosen, die sich hierher zurückziehen, sind anderer Meinung, aber um des Gemeinwohles willen ziehen sie es vor, dem Wunsche der anderen zu folgen.

Es dauert trotz des eisernen Bemühens um unbestechliches Urteil nicht lange, bis der Damm bricht und die Pamphlete zu der Beurteilung kommen,

> daß diese eine blutdürstige und mordlüstige Religion ist, die Leib und Seele zu erschlagen sucht und, um ihre Tyrannei über die Gewissen zu festigen alles in Bewegung setzt, um ans Ziel zu gelangen: Lügen, falsch Eide, Dragonaden, Henker und Inquisiteure.

Ein anderer Pamphletist stellt sich die Kernfrage dieses Jahrhunderts: Ist es nicht eine Schande, daß die Gläubigen, die stets treueste Anhänger der Krone gewesen sind, gegenwärtig des Verbrechens der Majestätsbeleidigung angeklagt werden, wenn sie sich nicht bekehren? „Frankreich ist zu nichts weniger als einer Sau heruntergekommen, die den Wurf zerfleischt, den sie aus sich hat hervorgehen sehen."

Die Holländer ergreifen also schon die Partei der Hugenotten – wer würde das nicht –, aber sie machen es sich wirklich nicht leicht dabei. Sie erwägen immer wieder, ob Flucht überhaupt das geeignete Mittel sei, so sehr die holländischen Städte die Flüchtigen auch mit offenen Armen empfangen und ihnen beste Bedingungen für ein neues Leben schaffen und sich dabei erstaunliche finanzielle Bürden aufladen.

Mit diesem Niveau ihrer staatsrechtlichen, theologischen und sozial orientierten Diskussion haben die Holländer zwar nicht erreicht, daß den Hugenotten in Frankreich die Bedingungen etwa erleichtert worden wären. Aber gerade aufgrund der Ernsthaftigkeit und Präzision ihrer Gedanken schufen sie aus dieser Epoche doch einen terminus post quem; das heißt, einen Zeitpunkt in der Geistesgeschichte, hinter den die Geschichte das Rad nicht mehr zurückdrehen konnte. Von der Evolution ihrer Gedanken aus war es nicht mehr weit zu all den Verfassungen, Philosophien und insbesondere jener Philosophien der Aufklärung, die mit derartigen Übergriffen von Souveränen auf das Glaubensleben ihrer Untertanen ein für alle Mal Schluß machten. So gesehen war die Revolution von 1789 dann nur noch der organisatorische Vollzug dessen, was die gedankliche Arbeit der holländischen Journalisten um die Jahrhundertwende bereits unterminiert hatte.

Einem Brief der Madame de Maintenon, bar jeden kritischen Denkvermögens, zufolge, die das Edikt pries, schuf Ludwig dadurch ein „denkwürdiges" (memorable) Ereignis auch für die Künste. Das ist jedoch mit heutigem Blick nicht haltbar. Vielmehr erhellt der Rang und die Wirkung der holländischen Gazettenliteratur, daß die Kunstwerke zur Zeit Ludwigs XIV. nicht einmal in Frankreich von dauerhafter Wirkung und als Kunstwerke nicht hoch einzuschätzen waren. So etwa sucht die Literatur der späteren Jahrzehnte, Ludwig zum Vater des Toleranzedikts von 1787 hochzustilisieren und das Edikt von Fontainebleau auf diesem Umweg zu rechtfertigen. Sie belegen damit einerseits, wie bald der Akt dieses Widerrufs in schwere Zweifel gezogen wurde, die kaum zu entkräften waren, und wie es kaum wirkliche Anerkennung fand; andererseits sind sie Vertreter der Menschen, die ihr Bemühen darauf richten, durch Konformität und Wahrheitsfrisierung ihr Auskommen und Anerkennung zu finden, doch es zeigte sich in vielen Epochen, daß mit konformer Literatur nicht auf Dauer Wirkung und Anerkennung zu erzielen ist. So ging es auch mit den griechisch-römisch orientierten Dramen, die in Paris gespielt wurden und reich an Allegorien waren, wonach Ludwig etwa Herkules im Kampf gegen das Medusenhaupt gliche, indem er die Ketzerei tilgte.

Auch auf Medaillen, Statuen, Gemälden erlebt die Allegorie einen Aufschwung als Methode, jedoch nicht hinsichtlich ihrer Ausführungen, obwohl das Zeitalter eigentlich das der Allegorien ist. Insbesondere in dem Jahrzehnt 1680-90 kommt es zu einer wirklichen Ideologiephase, in der die „héresie terrassé" von der Akademie der Künste oft als Thema gestellt wird. Für viele wird alleine der Versuch gezählt haben, durch das Aufgreifen des Themas eine sichere und anerkannte Chance zu haben, als Künstler bemerkt zu werden.

Schibboleth

Ein späteres Zeitalter hat man ganz nach der Toleranz benannt. Es ist ein denkwürdiger Vorgang, daß nicht eine beobachtbare Erscheinung, sondern eine menschliche Haltung einer Epoche den Namen gibt. Doch bis dahin ist es noch weit. Obwohl das lateinische Wort „tolerare", tragen, ertragen, in sich selbst keine Wertung trägt, ist der Begriff im 16. und 17. Jahrhundert doch ganz verfemt. Alle Wörterbücher jener Zeit definieren ihn als Schwäche und unvertretbare Nachlässigkeit und Nachsichtigkeit. Erst gegen Ende des Jahrhunderts gelingt es den Philosophen, eine positive Vorstellung mit dem Wort zu verknüpfen. Nur Frankreich liegt in dieser Entwicklung weit zurück – ähnlich wie im Umgang mit der Gewissensfreiheit, erst Voltaire ist sein erster Vertrater von Rang, den es zu dieser Gedankenarbeit beiträgt.

Cicero, Quintilian und Seneca bezeichnen als Toleranz die „Beständigkeit im Ertragen, Aushaltevermögen". Calvin als scharfer Beobachter der Heiligen Schrift übersah nicht, daß „die Schrift die Heiligen ihrer Toleranz wegen lobt, wenn sie derartig von der Härte ihrer Qualen bedrängt werden, daß sie sich doch nicht verderben lassen." Damit war er seinen Zeitgenossen weit voraus. Der Prinz Condé schreibt vom Kanzler Michel de l'Hôpital in seinen Memoiren, daß er „in seiner Toleranz den Pfarrern gestattete zu predigen". Agrippa d'Aubigné vertrat ebenfalls die Ansicht, daß es „eine Staatsfrage ist, zwei Religionen zu ertragen oder nicht."

Anders das Wörterbuch von Richelet aus dem Jahre 1679, das Toleranz „als eine Art Mißbrauch, indem man die Augen vor etwas verschließt" definiert. Nicht viel anders das Wörterbuch von Furetière des Jahres 1690: „Die Langmut, die einen erleiden läßt oder eine Sache anders darstellen. ... Die Toleranz, die man gegenüber Lastern hegt, trägt oft zu ihrer Ausbreitung bei." Das Wörterbuch der Akademie definiert Toleranz als „Herablassenheit und Nachsicht gegenüber etwas, das man nicht verhindern kann" und nennt als Beispiele: „Es gibt Völker, die die Juden tolerieren ... Gott duldet die Unfrommen für eine gewisse Zeit."

Auf diesem Hintergrunde kann man sich vorstellen, daß John Lockes Interpretationen wie ein Blitz in all diese bornierten Häupter eingeschlagen haben muß. In seinem „Brief über die Toleranz" schreibt er 1689: „Da es ihnen gefällt, meine Meinung zur gegenseitigen Toleranz der Christen in ihren verschiedenen religiösen Bekenntnissen zu erfahren, so sage ich Ihnen in aller Freiheit (!), daß ich in der Toleranz das Hauptcharakteristikum und Markenzeichen der wahren Kirche erblicke." Nach dieser Bresche in die Mauer der katholischen Ideologie dauerte es noch knapp 70 Jahre, bis der Pastor Edme Rodmilli 1765 in der Enzyklopädie definieren kann: „Tugend jeden schwachen Wesens, Bestimmung mit gleichartigen Wesen zusammenzuleben. Der Mensch, wie erhaben auch immer in seiner Intelligenz, ist zu gleicher Zeit so in seinen Irrtümern befangen und seine Leidenschaften, daß man ihm von dieser Toleranz gegenüber anderen nicht genug einpflanzen kann und von dieser Unterstützung, deren er selbst bedürftig ist und ohne die man auf der Erde nichts als Beschwernisse findet." Mit einer solchen Definition kündigt sich der Geist an, der zwölf Jahre später zum Toleranzedikt Ludwigs XVI. führt. Zum Ruhme derer, die das bewerkstelligen, ist zu betonen, daß diese Freiheit nicht aus dem Schoße der Kirchen oder aufgeklärter Herrscher stammt, sondern aus den Reihen der Philosophen. Der Geist hat hier zur Freiheit geführt. Das sei insbesondere all denen gesagt, die den Philosophieunterricht an Schulen und Universitäten für unnütze erachten und im Stillen einer materialistischen Weltsicht anhängen.

Doch um die Wende vom 16. zum 17. oder von dort zum 18. Jahrhundert ist man noch nicht so weit. Noch Bossuet schreibt in seinem 6. „Avertissement aux Protestants": „Wenn ihr den Irrtum hinnehmt, der die zwei Eigenschaften Gottes angreift (*Geistlichkeit und Unveränderlichkeit*), so wird man euch von einem zum anderen zwischen diesen Punkten hin und her stoßen, und ihr lauft Gefahr, das ganze Gift der Toleranz zu verschlingen." In den Ausgaben von 1717 und 1740 des Wörterbuches der Akademie taucht so gar das Wort „Tolerantismus" auf. Dieses reicht bis hin in Beaumarchais' Oper „Der Barbier von Sevilla", wo es im ersten Akt heißt: „Was hat dieses Jahrhundert schon hervorgebracht, für das man es lobt? Dummheiten, wohin man nur blickt: Gedankenfreiheit, Elektrizität, Tolerantismus, Impfung, Enzyklopädien und Dramen?" Es ist also nicht verwunderlich, wenn noch Vincent Bourrier am Ende des 18. Jahrhunderts (gest. 1782) um eckiges Denken bemüht, schreibt: „Es stimmt, daß das Christentum intolerant ist, aber das muß es sein; denn wenn es so nicht wäre, was unmöglich ist, wäre es nicht die wahre Religion von Gott. Jesus Christus war intolerant, die Apostel waren intolerant, die Kirchenväter waren intolerant, die Konzile waren intolerant." Dagegen aber läßt sich schon leicht die Apostelgeschichte (Kap. 5) mit dem Rat des Gamaliel anführen. Er schlägt nämlich vor: „Ist dies Vorhaben oder dies Werk von Menschen, so wirds untergehen. Ist es aber von Gott, so könnt ihr sie nicht vernichten – damit ihr nicht dasteht als solche, die gegen Gott streiten wollen." In der Tat wurde mit diesem Vers schon lange argumentiert. So etwa begründeten Wiedertäufer einen Antrag des Jahres 1566 an Wilhelm den Schweiger. Michel de l'Hôpital hatte schon fünf Jahre vorher gesagt: „Unsere Religion hat nicht begonnen noch ihren Fortbestand gesichert durch Gewalt. Der Säbel nützt nichts gegen den Geist und läßt nur die Seele mit dem Leib ersterben. Milde ist heilsamer als Strenge." Im gleichen Sinne urteilte der Wiedertäufer Hubmaier: Aufgabe der weltlichen Macht ist, Verbrecher zu bestrafen, nicht Ketzer zu beurteilen.

So also war der Gedanke der Toleranz im positiven Sinne schon im Keime seit jeher vorhanden, doch es sollte sich zweihundert Jahre hinziehen, bis er allgemein mit dem positiven Sinne angenommen wurde. Dazu bedurfte es des Geschicks von Menschen wie Voltaire oder Lessing, die es verstanden, was sie philosophierten in der Anschaulichkeit des Dramas oder der Erzählung vorzubringen, die damit als Lehrer des Volkes gelten dürfen, während diese Aufgabe von der Kirche und den eigentlich als Hirten berufenen völlig versäumt wurde. Über alle diese Beobachtungen hinaus aber belegt die Studie dieses Begriffes, wie schwer es für die Abgeschlossenheit auf dem Wege des Gesprächs oder auch der Überzeugung durch das Leben zurechtzukommen und sie zu durchdringen.

3. Das Edikt von Fontainebleau (1685)

Ebenso wie das Edikt König Heinrichs IV. mit seinem humanistischen Friedensanliegen trägt auch das eiskalte Auflösungsrecht König Ludwigs XIV. keinen Namen, der auf seinen Inhalt verweist, sondern wird nach dem Herkunftsort benannt, hier Nantes, da Fontainebleau. Erst das wieder alles umkehrende, in Versailles herausgegebene Edikt seines Enkels Ludwig XVI. aus dem Jahre 1787, am

Vorabend der Revolution, trägt den Namen „Toleranzedikt". Ausgerechnet dieses Edikt, das aus aufklärerischen Reformgedanken entstand und nicht mehr aus religiösen Erwägungen heraus, schuf selbst nur für zwei Jahre den Protestanten Glaubensfreiheit, bis nämlich die Revolution sie als Grund- und Menschenrecht zementierte. Die innere Einheit, auf die es Heinrich ankam, konnte das Toleranzedikt auch nicht mehr auf Dauer sichern. Doch in den Herkunftsnamen Nantes und Fontainebleau ist ganze Tragik dieser Edikte beschlossen. Heinrich, als Feldherr und König von Navarra noch ohne etablierte Zentralgewalt, unterzeichnete sein Edikt unterwegs – wohl als Herr, aber doch als Gast auf einem Herzogschlosse am Rande des französischen Sechsecks. Ludwig dagegen saß fest im Sattel der Zentralgewalt auch der religiösen Führung und hatte im Residenzort Fontainebleau die Muße, das Edikt in Kraft zu setzen.

Nur eines erschwerte Ludwig das Leben zur Zeit des Edikts: Man war dabei, ihm alle Zähne zu ziehen; denn an der medizinischen Hochschule von Le Havre hatte man gerade entdeckt, daß schlechte Zähne Herde innerer Krankheiten sein können. Nur zu richtig. Unnötig aber war die Konsequenz der Leibärzte Ludwigs: „Sire, es ist besser, man zieht die Zähne jetzt, da sie noch gesund sind, als wenn es zu spät ist." Ludwig willigte ein. Selbst die mächtigsten Herren bleiben nicht vor Dummheit bewahrt! Im Oktober aber litt er zusätzlich unter einer Gaumenverletzung, die ein abgerutschtes Instrument der Zahnärzte verursacht hatte, ganz zu schweigen von den Ernährungsproblemen, die durch das Fehlen der Zähne entstanden und blieben. Die französischen Historiker, stark auf klare Gedanken und Hypothesen erpicht, begeben sich nur ganz am Rande in die Niederungen des Biografischen – anders als etwa angelsächsische Historiker mit ihrem Sinn fürs Praktische und Anekdotische. Doch anläßlich der Gedenkfeiern zum Wiederruf des Edikts von Nantes in Paris im Jahre 1985 ließen auch die französischen Forscher erkennen, daß der gequälte König sicher eher und umfänglicher zustimmte, als ohne Schmerzen und Behinderungen. Seine Verzweiflung auf dem Sterbebette deutet ja dann auch klar darauf hin, daß er möglicherweise nicht so weit gegangen wäre, wie es die Kleriker ihm damals abringen konnten. Heutige Psychologen stimmten dem jedoch sofort zu, daß zwischen persönlichen Leiden und Qualen und der Unerbittlichkeit gegenüber anderen ein Zusammenhang besteht.

Doch nicht nur zwischen der herrschaftlichen Präsentation des Edikts von Fontainebleau und dem persönlichen Befinden des Königs besteht ein Zusammenhang, sondern auch zu seinem Inhalt. Der heutige Leser spürt die Raffiniertheit und den Kleingeist dieses Edikts gegenüber dem von Nantes an mehreren Stellen.

Während Heinrich etwas nie Dagewesenes schuf, ist das ganze Edikt von Fontainebleau ein Anti, ein Abbau. Daher wird es auch nicht als ein eigentliches Gesetz wie das von Nantes eingestuft, sondern als feierliche Widerrufung (Abrogation). Das Edikt Ludwigs XIV. tritt ebenso wie das seines Großvaters unter dem Vorwande an, der Einheit Frankreichs zu dienen, ja, ihr den Schlußstein aufzusetzen. Obwohl Ludwigs Regierung in noch weitaus höherem Maße als seine Vorgänger in unablässigem Crescendo Heinrichs Lebenswerk bis 1685 restlos zerstückelten, mochten sie es doch nicht in einem Ruck für nichtig oder falsch erklären. Die Präambel des nur einen Paragraphen langen Edikts erweist eine ehrfürchtige Reverenz gegenüber Heinrich und seinem Edikt, das ja für ewig gedacht war und nun aufgehoben werden sollte. Man weiß auch am Hofe Ludwigs darum, daß das Edikt bekannt und geachtet war, vor allem im Ausland, das konnte man nicht ohne Gefahr zurücknehmen. Ob mit oder ohne Zurücknahme des Ediktes war angesichts der Verfolgungen immer damit zu rechnen, daß die englischen Könige sich einmischten oder Druck ausübten. Ferner gebietet sich die vorsichtige Zurücknahme auch aus staatspolitischer Überlegung. Denn wer sagt einem da, ob es nicht einmal gegen den König selbst geht, wenn er wagt, ein königliches Edikt zu annullieren? Daß er die Autorität seiner eigenen Edikte damit herabsetzt? Er und sein Rat mußten darum also wie Pädagogen verfahren. Läßt man nur eine Lücke, dann wird sie bei nächster Gelegenheit ausgenutzt.

Diese Rücksicht erklärt auch, wieso man sich des Ediktes von Nantes nicht schon längst entledigte – faktisch war es ja schon längst beseitigt. Aber der im Grunde alberne, scheinrechtliche Akt Ludwigs bezeugt indirekt, welch würdiges Gesetzesmonument das Edikt von Nantes doch war, daß man es nicht – ohne sich selbst zu gefährden – einfach so für nichtig erklärt. Es eröffnete einen Weg und hatte ein Ziel, das Edikt von Fontainebleau aber schließt ab, drückt ein Ende aus, ein Nichtmehrbestehen.

Dazu traten die außenpolitischen Rücksichten. Für die deutschen Lande lag der Dreißigjährige Krieg immerhin fast 40 Jahre zurück. England hatte sich im stillen zur Weltmacht gemausert und war mit dem Königreich Hannover vereint, während Frankreich einen im Grunde völlig veralteten Streit im eigenen Lande führte. Drohworte Englands oder Deutschlands galten wieder etwas. Umso mehr, als die entflohenen französischen Protestanten als landeskundige Soldaten zurückkommen könnten oder als „pressure groups" ständige Fürsprecher ihrer Landsleute an den ausländischen Höfen sein konnten.

Ludwigs Hofjuristen sind so geschickt, daß sie im ersten Satze Heinrich unterstellen, er habe das Edikt nur zusammenstellen lassen, um Zeit und Kraft für die Bekehrung der Religion prétendue réformée zu gewinnen, so als habe von vorneherein festgestanden, es werde sich einmal erübrigen. Schon vom ersten Satze an bauen sie die tatsächliche Rücknahme, die dann folgt, logisch auf:

> Damit er besser imstande wäre, seinem festen Vorsatze gemäß, an der Wiedervereinigung derer mit der

Kirche zu arbeiten, die sich so leichtfertig von ihr entfernt hatten.

Das Edikt Ludwigs XIII. vom Juli 1629, das das Edikt von Nantes bestätigte, wird als gnädige Nachsicht gegenüber untreuen Protestanten hingestellt:

> Nichtsdestoweniger gewährte ihnen Unser besagter hochseliger Herr und Vater nach seiner gewöhnlichen Milde noch ein neues Edikt zu Nîmes im Monat Juli 1629.

Merkwürdig ist demgegenüber nur, die Kriege mit dem Ausland hätten weitere Bekehrungsmaßnahmen ausgeschlossen. Daraus geht doch hervor, daß es sich mit den Protestanten nicht um eine nebensächliche Kleingruppe, die man übergehen dürfe, gehandelt haben konnte, erst recht nicht, wenn man verfolgte, wie die Reformation in anderen Ländern Gestalt gewann, vor allem in Holland und der Schweiz.

Gleich bleibt nur die Autorität des Handelns: So wie Heinrich sich persönlich als Initiator des Edikts von Nantes nennt, so handelt Ludwig aus „königlicher Allgewalt und Macht" (§ 1). Es muß eigentlich denkwürdig stimmen, daß die religiöse Angelegenheit nicht mehr von der Kirche sondern vom Staate entschieden wird. In der Tat sollte die katholische Kirche Frankreichs, die so uneinsichtig den Streit gegen die Reformierten betrieb, für immer das Gesetz des Handelns verloren haben. Mit der Revolution wurde endgültig vollzogen, was schon hier angelegt war. Beide Kirchen begingen den Fehler, sich der politischen Macht zu bedienen, doch was sie als Instrument für ihre Zwecke einzuspannen suchten, macht diesen Knecht zum Herrn. Als Ludwig erst einmal der geheime Herr auch der kirchlichen Angelegenheiten war, da wurden ihn die Kleriker so wenig los wie die hilfesuchenden Gallier Cäsar loswurden, nachdem er einmal im Lande war.

Das Edikt widerruft alle Zugeständnisse einschließlich der geheimen Artikel und des Brevets, und ordnet die Zerstörung der Tempel an. Gottesdienste werden völlig verboten. Es nimmt auch den Adeligen ihr Versammlungsrecht – bei Entzug aller ihrer Güter! Den Predigern wird noch geboten, das Land innerhalb von 14 Tagen zu verlassen – bei Strafe der Galeeren! Den konvertierten Pfarrern allerdings wird Steuerbefreiung, Einquartierungsschutz und ein um ein Drittel höheres Gehalt als das zuletzt bezogene zugesagt. Die Witwen würden davon die Hälfte behalten. Pfarrer durften auch juristische Doktorgrade erwerben und brauchten dazu nicht mehr die drei vorgeschriebenen Jahre zu studieren, sondern nur eine Prüfung abzulegen. Evangelische Schulen werden verboten. Kinder werden zwangsläufig katholisch getauft und müssen in katholische Kirchen geschickt werden, bei Strafe von 500 Pfund. Richter sollen darüber wachen, daß das treu gehandhabt wird. Rückkehrwillige Franzosen sollen während einer Frist von vier Monaten alle Güter zurückerhalten, andernfalls fallen sie der Krone zu. Das besagte übrigens schon ein Gesetz vom 20. August desselben Jahres, da die Flucht schon längst im vollen Gange war. Auswanderung wird bei Galeerenstrafe für die Männer und bei Besitzeinzug für die Frauen bestraft.

Überraschend gewährt das Edikt jedoch die Glaubensfreiheit in dem ganz engen Sinne, daß ein Evangelischer sich nicht bekehren müsse – nur darf er seinen Glauben in keiner Weise ausüben und weitergeben, sondern lediglich als innerste Ansicht hegen. Ein merkwürdiger Widerspruch zu dem Vorwande, daß es keine Reformierten mehr im Lande gebe!

> Da ja der bessere und größere Teil Unserer Untertanen von der besagten vorgeblich reformierten Religion die katholische angenommen hat. Weil denn nun dieserhalb die Ausführung des Edikts von Nantes, und alles dessen, was zugunsten der besagten vorgeblich refor-

mierten Religion die katholische angenommen hat. Weil denn nun dieserhalb die Ausführung des Edikts von Nantes, und alles dessen, was zugunsten der besagten vorgeblich reformierten Religion angeordnet worden ist, den Nutzen verloren hat, so haben wir geurteilt, daß wir nichts Besseres tun könnten, ... als das gesagte Edikt von Nantes ... vollständig aufzuheben.

4. Die Theologie der Unterdrückung

Bis 1685 gibt es auch in der Literatur noch Erwartungen an eine Einigung der Religion durch ein großes Konzil. Zu den Autoren unter diesen Protagonisten gehören Turenne, die Intendanten Daguesseau und Pellot, Leblanc (Prof. aus Sedan), die Pastoren Ferry und Huisseau, Bossuet, Prinz Conti, der Nuntius Bergellini und ab 1676 sogar Innozenz XI. selbst. Zu einer wahren Mode geriet er allerdings erst in den 70er Jahren, was durch die Türkengefahr bedingt war. Leibniz und der französische Franziskaner Spinola diskutierten ebenfalls darüber. Da das aber zu keinen konkreten Ergebnissen führt, widmet man sich vermehrt der Jugend.

Die Klerikerversammlung begrüßt lebhaft die schnellen und energischen Schritte des Königs gegen die Protestanten. Adhemar de Monteil, Bischof von Uzès, freut sich angesichts der Zerstörung von Kirchen im Gex: „Genf, das wir als Herz der Häresie ansehen, wußte nicht ohne Erregung hinzunehmen, daß seine Verhältnisse und seine Nachbarschaft nicht in der Lage waren, zu verhindern oder auch nur für einen Augenblick zu verzögern, daß die Synagogen des Satans zerstört und der falsche Gottesdienst im Gex unterbunden wurden." Monteil fordert schließlich auch „im Namen Gottes durch meinen Mund" die Ediktkammer von Castres, Bordeaux und Grenoble den dortigen Parlamenten anzuschließen, damit die Protestanten völlig rechtlos würden; denn wenn geistliche Angelegenheiten auch vom weltlichen Arm erledigt würden ...

Feindschaft gegen Protestanten und Protestantismus wird Ende der 60er Jahre zu einem Gesellschaftssport und -gespräch. Alle Intellektuellen vereinen sich gegen die Häresie. Wortführer ist Bossuet, dem auch die Bekehrung Turennes gelang.

Die Protestanten reagieren allgemein mit tiefem Erschrecken, wenn auch hier und da mit dem reellen Versuch, sich zu wehren, je nachdem, ob es eine zahlreiche oder kleine protestantische Bevölkerung gab oder wie der Intendant gesinnt war. Dumont de Bostaquet, Herr von Lindeboeuf, wehrt sich mit allen legalen Mitteln gegen die Übergriffe, und als auch seine Kirche schließlich dem Erdboden gleichgemacht wird, ist er „äußerst indigniert angesichts dieser Ungerechtigkeit"! – als ob es je noch Gerechtigkeit in dieser Angelegenheit gegeben hätte. Doch bis zuletzt wollte den Protestanten nicht in den Kopf, daß sie nur noch Spiel der Soldaten waren und kein ernstzunehmender Partner von Staat oder Kirche. An eine Widerrufung wollten sie ebenfalls bis zuletzt nicht glauben. Sie begingen unablässig den Fehler, von ihrer Gesinnung auf die der Gegner zu schließen. Fast zeitgleich mit Foucaults Einfall, mit den Dragonaden die Missionare zu unterstützen, passiert ein bedeutender Einbruch im protestantischen Denken. Während Dumont de Bostaquet alle Mittel und Wege zu beschreiten sucht, um die Ausübung des Glaubens aufrechtzuerhalten, berichtet Pierre Lezan aus dem Cevennenstädtchen St. Hippolyte-du-Fort:

> Am 3. Februar des Jahres 1681 wurde unser Gottesdienst und unsere Kirche in Nîmes vor Gericht beurteilt, und die Kirche wurde einen Monat später zerstört, zum großen Bedauern aller wohlmeinenden Menschen, und mit einem Schlag wurden alle Kirchen in Frankreich betrübt. Unsere Sünden waren die Ursache aller Übel, und Gott hat uns gerechterweise kasteit.

Nun ist die Theologie der Unterdrückung da, der Ausdruck der völligen Resignation, der Zweifel, sich je wieder wehren zu können und die Preisgabe jeden Versuches einer sinnvollen Erklärung für die Logik der Macht. Die Pfarrer pflichten dem bei, weil es die einzige mögliche Antwort ist, die sie haben. Von Ungerechtigkeit zu sprechen, kommt ihnen immer noch wie Majestätsbeleidigung vor. Calvins Lehre allzu treu folgend, fallen sie Bossuets Deutung bei, daß alles der Wille Gottes sei. In Saumur predigt Pfarrer Huisseau „Über die voraufgegangen Bekümmernisse und schließt mit einer Mahnung, daß jeder sich als schuldig ansähe und nicht die Fehler der Nächsten untersuche." Diese Haltung wird immer leidenschaftlicher eingenommen, und Anne Homel erzählt von ihrem Vater Isaac Homel, daß er ganz vergebungssüchtig wurde und von dem Gedanken durchdrungen war, „daß die Sache der Religion auf eine abschüssige Fahrt gekommen sei und sah es als das bessere Teil an, um die drohenden Übel abzuwehren, den Zorn Gottes zu besänftigen, der unsere Sünden entzündet hätten." Buße ist das Gebot der Stunde. Im Jahre 1681 empfiehlt Homel auf der letzten Regionalsynode des Vivarais den anwesenden Pfarrern: Demut und Reue Gottes durch das äußere Erscheinen zu bezeugen, bescheidene und dunkle Kleidung ohne jede Verzierung durch Spitzen oder farbige Bänder, von jeder Schwur- und Fluchformel geläuterte Sprache, spartanisches Essen, arbeitsames Leben, Ausschluß von Vergnügungen wie Jagd oder Fischfang, am Sonntag nur Predigten, Bibellese, Psalmengesang und Besuch von Armen und Kranken. Das liest sich wie das Bild von Hugenotten, das spätere Jahrhunderte mit gewisser Bewunderung pflegten – umso deutlicheres Zeichen dafür, wie sehr diese Homelsche Prägung tatsächlich befolgt wurde.

Erstaunlich ist jedoch, daß an der grundsätzlichen Richtigkeit des reformierten Glaubens überhaupt kein Zweifel aufkommt. In Puylaurens schreibt der Pfarrer Bonnafous im Jahre 1670 in seinem Testament vielmehr:

> Da es so viel zu schaffen, zu sterben und wohl zu sterben und christlich die Kämpfe zu bestehen gibt, die die Feinde der Ehre Gottes und des Heiles unserer Seelen den armen Sterbenden zu bezeigen pflegten, wenn ihre letzten und schweren Stunden gekommen waren, so stellen sie ihnen jetzt so viele Übel, die Furchtbarkeit des Todes und die tödlichen und grausamen Qualen des Fegefeuers vor Augen, daß sich ein Gefühl der Verbrechen ihrer Seelen bemächtigt.

Und nicht alleine aufgrund dieser Beobachtung an der Behandlung Sterbender kommt er zu dem Urteil, daß die katholische Kirche ein „falsches Christentum" ist.

„Ein Finger auf andere, drei gegen sich selbst". Der Aufstieg des unterdrückenden Zentralismus hat die Monarchie und Regierung in Paris keineswegs unverändert gelassen. Als 1661 eine Abordnung von Deputierten in Paris erscheint, um gewisse Entscheidungen zu kritisieren, werden sie vom König nicht empfangen. Der Abgeordnete des Poitou, Aubery, bemerkt den Unterschied, als er 1668 bei Hofe eintrifft: Aus einer paternalistischen Monarchie ist eine gesichtslose, anonyme, zwingende (kafkaeske) Apparatemonarchie geworden. Der moderne Ausdruck einer „big-brother"-Monarchie wäre durchaus zutreffend, weil diesen Zeugnissen zufolge der die Untertanen tatsächlich beherrschende Wille nicht mehr persönlich in Erscheinung tritt. Aubery erzählt: „Einige der raffiniertesten Courtisanen verschafften mir Gehör und erklärten, wenn ich auch katholisch sei und von Römisch-Katholischen angestellt, so sei mein Amt als Deputierter doch nicht sehr gerne gesehen." Aubery begegnet schließlich nur Le Tellier, der es gar nicht nötig hat, auf den Regionalvertreter und seine Anliegen einzugehen. Nicht anders geht es Abgeordneten aus Montauban, die sich im gleichen Jahre an den Hof wenden. Sie handeln dabei nach lange praktizierter Gewohnheit, doch mit einer ungewohnten Nichtantwort werden sie unverrichteter Dinge wieder entlassen. Kein Wunder, daß der Generalvertreter der Protestanten, der Marquis de Ruvigny, sich nicht kräftig einzusetzten vermag. Er verrät vielmehr den Glaubensgenossen Roux de Marcilly, angeblich wegen Komplottes, vielleicht aber auch nur, um seine eigene Loyalität zu exemplifizieren. Nur 1680 und 81 beschwert er sich mit einigem Auftreten und Erfolg bei Le Tellier und dem König wegen der Zehnterhebung von Pfarrern und der Herabsetzung des Bekehrungsalters auf sieben Jahre! Ludwig hört den alten Marquis ohne Unterbrechung und Rückfrage bis zu Ende an – und es bleibt alles wie gehabt. Ab diesem Jahr wird den Protestanten klar, daß sie nicht mehr auf rechtlichen Wegen zu ihren Freiheiten gelangen können.

Den Reformierten bleibt einzig, Formen des passiven Widerstandes ins Spiel zu bringen, das war umso eher möglich, als dem absolutistischen Staat die technischen Mittel perfekter Überwachung im ganzen französischen Sechseck fehlten. Sie verstärkten die Zusammenarbeit mit protestantischen Zuarbeitern, wenn ihnen in den Manufakturen katholische Mitarbeiter aufgezwungen wurden, da man ihnen alle öffentlichen Ämter verwehrt, entwickeln sie – ähnlich wie die Juden zu ihrer Zeit – das, was man ihnen noch übrig läßt, die Manufakturen, und entwickeln auf diese Weise ihre Unersetzlichkeit, die Colbert nicht anzutasten wagte. In Städten wie Bordeaux, La Rochelle, Nantes, Rouen, Valence gesellen sich zu den Manufakturen ihre Banken, Tansportunternehmen und Handelskontore.

In Nîmes schlägt der Advokat Brousson vor, daß die Gemeinde sich auf ihren zerstörten Kirchen versammelt, um so gegen das Verbot des Gottesdienstes zu protestieren. So tut es auch die Gemeinde von Châteaudouble in der Dauphiné und auch andere im Poitou. Dort entwickeln sich die ersten Gottesdienste im Freien, die später die „Wüste" kennzeichnen sollten. Denn bei aller Demut, die die Protestanten inzwischen annahmen: Als die Synode von Niederguyenne in Nérac von immer verbotenen Gottesdiensten erfährt, da wird der Ungehorsam gegenüber Gott selbst angerührt: Manche wollen sich auch darunter fügen, aber die Mehrheit beschließt Ungehorsam gegenüber der weltlichen Macht. Jeder Pfarrer wird zur Predigt auf den Ruinen aufgefordert, und wenn er verhaftet wird, sollte der nächste an seine Stelle treten – wie einst die gallischen Schützen in der Bresche der Mauer von Alésia, von denen Cäsar erstaunt im „Gallischen Krieg" berichtet. So wird es beschlossen. Es vermehren sich auch die stillen, heimlichen Bibelleseandachten mit Psalmensingen (ganz piano) – die Reformation ist wieder am Ausgangspunkt angekommen, das Konsistorium von Die erhebt Beiträge, um mittellosen Pfarrern zu helfen. Trotz Verbotes wird die Korrespondenz mit anderen Gemeinden aufgenommen: Die mit Grenoble 1670, viele kleine Kirchen des Vivarais im Jahre 1674. Im Jahre 1678 ernennen sie sogar fünf Inspektoren zur Überwachung der Konsistorien, doch offenes und geheimes Thema (zwischen Tür und Angel in den Pausen) ist der Widerstand. 1681 tritt sich auch die Synode von Uzès einen solchen Untergrundweg aus.

Gleichwohl wählen jetzt schon einige das Exil. Auch hier auf eingespielten Wegen: meistens auf alten Handelsfreundschaften, aber erst recht bei brüderlichen Calvinisten, und in Genf spricht man ja ohnehin ihre Sprache. Ludwig III. und Richelieu unternahmen ja auch viel, den Internationalismus der Hugenotten zu unterbinden, aber was sollten sie schon gegen Kontore von französischen Handelshäusern in Holland oder Bremen unternehmen, oder was ließ sich wirklich gegen das Vorausschicken eines Sohnes zu befreundeten Handelshäusern sagen, wenn dieser Lehrlingsaustausch etwas Normales war? Eine breite Bewegung ins Ausland gab es daher noch nicht. Jedoch treffen schon 1661 Familien in Berlin ein, die 1672 etwa 100 Köpfe zählen und eine eigene Kirche in der Dorotheenstadt bekommen. Über Großbritannien erreichen einige auch schon Massachusetts (1662 und 79), die beiden Carolinas (1677, 78, 80). Nach Holland setzte der Strom schon 1629 mit dem Fall La Rochelles ein. 1668 informiert der Botschafter Frankreichs in Den Haag, Ruvigny, daß dort 800 Familien leben. Marillac treibt eine zweite große Fluchtwelle vor sich her. Es wurden also noch keineswegs die Ströme erreicht, die dem Jahre 1685 folgten, doch es reichte aus, die Regierung zu beunruhigen, so daß diese einige Maßnahmen im Edikt von Saint-Germain-en-Laye (1669) abmilderte und gleichzeitig die Auswanderung verbot. Die Unterdrücker besitzen die Stirn, hierin zu begründen: „... mehrere unserer Untertanen, die, vergessend, was sie ihrer Herkunft schuldig sind, in fremde Länder gezogen sind, in allen Handwerken dort arbeiten, deren sie fähig sind, auch im Bootsbau, und als Seeleute anheuern, ohne noch an eine Rückkehr zu denken." Im Dezember 1670 wird allen Seeleuten bei Galeerenstrafen verboten, ins Ausland zu fahren. Denn der Strom der Auswanderer ist doch so dicht, daß die französischen Edelleute in holländischen Regimentern die Kriegsunternehmungen Ludwigs XIV. gegen Holland konterkarieren.

Die Listen

Aus den Briefen Marillacs geht am deutlichsten hervor, daß die Bekehrungslisten mehr dem Empfang von Bekehrungskopfgeldern der Intendanten als dem Beleg von Aktivitäten dienten. Ungeachtet ihres Bestehens kann man dennoch nicht sagen, daß die Reformierten, aufs ganze Frankreich besehen, reihenweise umfielen, auch nicht im Anblick der Konversionskasse. Zu ihr schrieb nämlich ein Anonymus des Jahres 1661, treuer Enkel des ablaßbekämpfenden Luther:

> Rom nimmt, was es auch sei. Es bedeutet ihm wenig, ob der Fisch faul ist, wenn sich nur sein Filet gewinnen läßt. Sie gibt sich mit dem Äußeren zufrieden und macht dadurch deutlich, daß ihre Herrschaft, wieviele Völker sie auch umfassen mag, nur von dieser Welt ist.

Den Katholiken selbst entging die Lächerlichkeit ihrer immer verstiegeneren Maßnahmen, so daß sie auch immer beunruhigter darüber sein mußten, daß das Protestantenvolk nicht kleinzukriegen war – die geistige Ursache blieb ihnen verborgen. Andernorts schimpfen die Protestanten weiterhin auf Prozessionen, ziehen Mönchen die Kapuze herunter, vergiften den Brunnen des Franziskanerklosters in Anduze, fällen Obstbäume, werfen Kreuze um, schlagen Kleriker, wenn sie zu einem Sterbenden gehen wollen oder spielen Verbote aus: Foucault selbst berichtet aus Montauban:

> Ich habe mehreren Pfarrern vorgeschlagen, die Aufgabe anzunehmen, in Montauban Kinder zu taufen, aber sie lehnten es ab aus zwei Gründen. Erstens, weil das Edikt, daß sie dazu befuge, ihnen nicht auch die Freiheit zum Krankenbesuch gibt, und zweitens, weil ihnen ein Magistrat bei den Taufen zugeordnet wird. Daraufhin schlug ich ihnen vor, selber Pfarrer vorzuschlagen, was sie aber ebenfalls mit dem Hinweis auf den Erlaß des Rates ablehnten.

Nicht einmal die zwischen 1660 und 70 in der Mode befindlichen Einheitsgedanken bringen die Protestanten von ihrer Überzeugung ab. Der klarsichtige Pfarrer Claude aus Charenton verurteilt sie als: „bösartiges, widernatürliches Machwerk, das das Licht mit der Finsternis zu vereinen suche und Gott mit Baal", und Pfarrer, die dem anhängen, werden auf Synoden verurteilt. Rosselet, der der Bewegung anhing, wird nach der Synode von Nîmes 1661 verurteilt, und sein Ruf wird so schlecht, daß er sich nur noch unter Lebensgefahr zeigen kann. Manche Neubekehrte werden tätlich angegriffen oder sogar umgebracht. Im Poitou versammelt die Kastellanin Madame de Ruynin und ihre Tochter 4 000 Bauern bei Exoudun, um die Kirche vor der Zerstörung zu retten, die die Kommissare annulliert haben. Madame de Ruynin, die Tochter, vier Pfarrer und 15 Älteste werden dafür eingesperrt. Das heißt: Bis zum Vorabend der Widerrufung ist die reformierte Kirche nicht nur noch präsent, sondern sogar rege und mutig.

In den alten Hugenottenfestungen wie Montauban und La Rochelle verschoben sich die Bevölkerungsanteile: Waren es in La Rochelle 1610 rund 80 %, die der reformierten Kirche angehörten, so sind es 1676 nur noch 20 %. In Montauban waren es 1629 fast 99 %, um 1680 nur noch 25 %. Doch aufs Ganze gesehen zieht der Calvinismus noch bis 1682 Menschen an und bleiben alle Missionsversuche ergebnislos. Zwischen 1661 und 1680 bekehren sich in Nîmes noch 300 Menschen zum reformierten Glauben, von denen 20 wegen zu geringer Ernsthaftigkeit abgelehnt werden!

Wer ist der Motor?

Es paßt in ein hübsches System, so wie Katharina von Medici hinter der Bartholomäusnacht, Maria von Medici hinter den Kriegen von 1610-17 und Anna von Österreich hinter der Fronde (1643-57) stehe, so stehe die Maintenon hinter der Widerrufung. Doch die Rolle des Königs hat sich bis dahin noch erheblich verändert, so daß sie nicht mehr als ein Stein im Gefüge der selbstsicheren Frömmigkeit und dem scheinheiligen Herrschaftsanspruch war.

Es ist nur tragisch, daß den Protestanten ein Kopf wie Lefèvre d'Estaples oder Calvin selbst oder Farel fehlte, so daß sie hilflos in unterordnende Gedanken flüchteten. Bis zuletzt sperrten sie sich gegen den Gedanken, daß der König nicht etwa falsch informiert sei, sondern selbst ihr Unheil wollte – freilich war er wie alle Diktatoren gescheit genug, die Drecksarbeit von anderen machen zu lassen. In ihrem religiösen Ernst waren sie anhaltend überrascht und gelähmt, daß alles, was ihnen passierte, kein Ausrutscher war, sondern systematisch vorbereitet und geplant worden war. Es liest sich erschütternd, das Zeugnis eines anonymen Berichterstatters aus der Gascogne in einem holländischen Journal:

> Wir waren, mein Herr, überhaupt nicht darauf vorbereitet, daß man je solche Wege beschritt, um uns zu bekehren. Wir glaubten stets, daß nur solche vom Schlage Marillacs dazu fühig seien, derartige Aktionen zu unternehmen. Wir hätten uns nie vorstellen können, daß Armeegeneräle, die sich schämen würden, armselige Häuser anzugreifen und zu berauben, dazu zu bringen waren, daß sie alte Menschen in ihren Häusern belagerten, Frauen und Kinder, und daß Soldaten, die sich vom Schwert geadelt fühlen, sich dazu entschließen konnten, das Handwerk des Henkers zu übernehmen und Unschuldige zu foltern und ihnen jede Art von Qual zuzufügen, und wir hatten damit umso weniger gerechnet, daß man, als wir so behandelt wurden, uns weismachen wollte, daß das nicht vom Rat gutgeheißen worden war. In der Tat schien uns, daß alle Arten der Vernunft, der Menschlichkeit, Frömmigkeit und Anteilnahme im Rat dazu führen müßten, daß ein so barbarisches Vorgehen verurteilt würde.

Bis hin in den sprachlich so sorgfältigen Stil dieses Berichtes für eine holländische Gazette erhalten wir hier ein Zeugnis dafür, wie der Protestantismus selbst nicht aufhörte, die Menschen zu prägen, die doch einst so alarmiert und kritisch und vorsichtig waren, nun aber so friedfertig geworden waren, daß das Bild von dem Lamm auf der Schlachtbank nicht unangemessen dafür ist.

5. Die Camisarden: Unerwartete Herausforderung in den Cevennen

Wenn man die brutalen Maßnahmen des Ancien régime gegenüber den Protestanten erklären will, so kann man es nicht anders als mit der physischen und geistigen Angst vor der Kraft dieses neuen Regens der Bevölkerung. Keine Epoche aber belegt das so sehr wie der Partisanenkrieg der Camisarden in den Cevennen.

Da war das Edikt von Fontainebleau schon sieben Jahre in Kraft, die entschiedensten Protestanten ausgewandert und die anderen mucksmäuschenstill, und schon erhob sich wieder eine protestantische Macht! Die Camisarden erinnern den Betrachter daran, daß sich das Ancien régime auch nach Dragonaden und Wiederruf nie wirklich sicher sein konnte, ob sich nicht bald doch wieder einmal eine protestantische Macht rühren werde, und diese Angst ließ jede brutale Methode der Unterdrückung nur gerade recht sein.

Im Languedoc lebten um 1685 noch 200.000 Protestanten. Die Partisanen konnten also genug Rückhalt finden. Hauptanführer sind der Bäckergeselle Jean Cavalier (1681-1740), der Schafhirte Pierre Laporte „Rolland" (gest. 1704) und der Wollkämmer Abraham Mazel. Camisarden nannten sie sich und wurden genannt, weil sie wegen ihrer gerechten Sache weiße Hemden trugen, auf provencalisch „camise".

Der Anstoß kam, als nach dem Widerruf des Edikts von Nantes ungelehrte und teilweise nichtalphabetisierte und oft junge Menschen aufstanden, prophetisch und in Verzückungen redeten und die deprimierten Bauern anstifteten, sich zu wehren, da die Endzeit nahe sei und Christus bald selbst käme, um im Kampfe zu helfen.

Zu ihnen gehörte Isabeau Vincent, eine fünfzehnjährige

Hirtin, die erste der Propheten. „Sie spricht mit geschlossenen Augen", berichtet der Advokat Gerlan, „führt einen Arm nach dem anderen nach vorne, dann singt sie „Erhebet eure Herzen" oder einen anderen Psalm bis zum Schluß, anschließend legt sie Abschnitte der Heiligen Schrift aus. Sie spricht gutes Französisch. Sie behandelt strittige Texte und hebt einen Standpunkt mit bewundernswerter Folgerichtigkeit dar. Wenn sie wieder aufwacht, erinnert sie sich nicht gesprochen zu haben und kann nicht einmal französisch."

Um 1688 treten viele kleine Propheten auf, zu denen etwa Gabriel d'Astier gehört. Bei der Versammlung von Serre-de-la-Palle (1689) halten sie sich für unverwundbar, entblößen die Brust vor den heranrückenden Dragonern und rufen: „Weiche Satan!" So sterben 400 Menschen. Um 1700 verschwindet das Prophetentum vorübergehend und wird nach der Pause durch Marie la Boiteuse wiederbelebt. Sie wird später gefaßt und gehenkt. Danach treten sie wieder wie in einer Flutwelle auf. In den Cevennen errichten Bauern Theaterrunden, daß man die Verzückungen der Propheten besser beobachten kann. Der Prophet Durand Fage schreibt später seine Erinnerungen:

> In einem Augenblick fühlte ich jäh eine Last auf meiner Brust. Dann werde ich geschüttelt, und dieses Schütteln ergreift meinen ganzen Leib. Meine Zunge und meine Lippen wurden plötzlich gezwungen, mit Gewalt Worte auszusprechen, über die ich selbst erstaunt bin, da ich doch nichts gedacht und nicht vorgeschlagen habe zu sprechen. Das dauert drei oder vier Minuten.

Manche Propheten sind erkennbar Geistesschwache, sie greifen zu masochistischen Gesten wie Haareausraufen und rollen sich auf der Erde. Die Pastoren mißbilligen all das (Claude Brousson, Pierre Bayle). Manche der Propheten werden allerdings zu Anführer der Revolte. Auch Jean

Cavalier und Esprit Seguier erleben hin und wieder Ekstasen. Die Inhalte der Prophetenreden sind fast immer Rachezüge. Cavalier ruft: „Wir sind da um die Sache zu verteidigen, die unsere Väter unglücklicherweise haben liegen gelassen." Rolland ruft: „Tut Buße! Es ist an der Zeit, den Tempel des Teufels zu zerstören, des Tieres und des falschen Propheten!"

Nach diesem Vorspiel geht der Kampf los, als ein kleiner Trupp unter Führung Cavaliers Gefangene aus dem Hause des Abbé François de Langlade de Chayla in Pont-de-Montvert am Mont Lozère befreit. Diese Aktion am 24.7.1702 sei laut Mazel inspiriert gewesen. Im Namen Gottes verlangen sie, die zu je viert angeschlichen waren, die Freigabe der Gefangenen. Als der Abbé nicht auf sei eingehen will, töten sie ihn und stecken das Haus in Brand. Die Nachbarn krümmen keinen Finger zur Rettung des Abbés. Seine Beisetzung erfolgt in Hast, da man weitere Anschläge fürchtet.

Die Camisarden töten einen weiteren bösen Curé in Frutigeres und verbrennen seine Kirche. In St. Andre-de-Lancize kastrieren sie einen Schulmeister. Seguier führt sie anschließend zum Herrn von Revèze, Louis d'Arnal. Da stürzt sich der Hauptmann Poul, ein alter Haudegen auf einem spanischen Streitpferd und rissigem Armeniersäbel, auf das Trüppchen. Seguier wird gefaßt, bekommt die Hand abgeschlagen und wird dann lebendig verbrannt. Bei seiner Hinrichtung in Pont-de-Montvert stirbt er psalmensingend.

Am 11.9.1702 kommt es zur ersten Schlacht mit Cavalier bei Collet-de-Rèze, wobei er den glänzenden Sieg davonträgt. Das verstärkte die ganze Bewegung, denn kurz vorher hatte der Verlust des Anführers, des Schmiedes Gédéon Laporte, zu Abwanderung geführt. Vor dem abgeschlagenen und zur Warnung aufgesteckten Kopf Laportes schwört Cavalier Rache. Am 15.12.1702 gibt Cavalier dem Gouverneur und dem Intendanten eine Kriegserklärung ab. Zwei Wochen später haben sie schon 40 Kirchen verbrannt und ausgeraubt, 200 Leute massakriert. Cavalier will töten, bis die Katholiken ihre Rechte anerkennen.

Am 23.12. vernichtet Cavalier die 700 Soldaten der Garnison zu Alès mit einer Handvoll Leute. Scheunen von katholischen Herren werden abgebrannt, ihre Herden und Pferde entführt. Schweine und Schafe geschlachtet und das Fleisch verkauft. Der Graf de Broglie schiebt nun wieder Hauptmann Poul vor.

Am 12.1.1703 sichten königliche Truppen die Camisarden. Doch im Streit wird Poul vom Pferd geworfen und ihm sein Kopf abgeschlagen. Der König entsendet vier Regimenter in die Cevennen und ersetzt de Broglie durch Montrevel. An die Stelle von Poul tritt der Brigadier Julien. Nun formieren sich auch die Camisarden und verteilen sich im Gelände und berauben Nachschubtrosse. Mit den Herren und den Abhängigen verfahren sie wie Robin Hood, und Rolland nennt sich „Graf Rolland, Generalissimus der französischen Protestanten". In allen ihren Herrschaftsbereichen verbieten sie die katholische Messe. Sie werden zu absoluten Herren.

1703 nehmen die Hugenotten aus dem Vivarais Kontakt auf. Auch sie wollen sich erheben. 500 Bergbauern erwarten Cavalier hinter der Ardèche. Am 9.2. vernichtet Cavalier den Trupp des Barons Lagorce, doch er verliert seinen besten Hauptmann Espérandine. Julien trifft mit erprobten Truppen ein. Aus kriegführenden Armeen hat der König Leute abbeordern lassen (aus Deutschland, Katalonien, Holland, der Provence, Italien). 12 000 Soldaten versuchen die knapp 2 000 Partisanen Cavaliers in Schach zu halten. Der Terror geht weiter. In Ganges vernichtet Cavalier ein junges Marinekorps. Die Leichen werden in den Herault geworfen. Auch die Königlichen versuchen mit Geiselnahme, Folter und Tötung Unschuldiger, die unerwartete Rebellion in den Griff zu kriegen, obwohl der König gegen die Maßnahmen ist. Er beschließt, ganze Dörfer räumen zu lassen, damit den Rebellen der Rückhalt in der Bevölkerung genommen werde, doch die Verschleppten sterben unterwegs oder in Gefängnissen.

In der Nähe von Nîmes, wo ein Prophet in einer Mühle predigt, werden alle Zuhörer massakriert: Die Schreie der 70 Teilnehmer sind bis in die Kathedrale zu hören. Die geräumten 31 Dörfer werden anschließend von den Truppen zerstört – das bis dahin schärfste Beispiel für die Selbstzerfleischung im französischen Religionskrieg. Zehn Weiler werden verbrannt, und zwar mit Zustimmung Versailles. Die Einwohner werden in ummauerte Gehege gepfercht. Flüchtige, die ihre Dörfer aufsuchen, werden verfolgt und sofort erschossen. Im Januar 1704 werden so auf einen Schlag 100 Personen umgebracht und in den Gardon geworfen. Dann greift Cavalier in der Ebene an: Im November belagert er Sommières und verbrennt alle Residenzen und Katholiken. Systematisch verbrennt er alle Vorräte, um die Städte zu schwächen, und zwar reicht das Gebiet der verbrannten Erde von Beaucaire bis St. Gilles und von Aigues-Mortes bis Lunel. Mühlen, Ställe und Meiereien werden zu Ruinen, Ochsen ersticken, Pferde werden mitgenommen. Auch die Abteien und die Malteserkommandantur werden angegriffen, und der Kommandant Castellane wird niedergemacht. Wen sie verschonen, dessen Besitz plündern sie. Sie verwüsten Weinberge, quälen Bauern und foltern Edelleute, bis sie Vorräte herausgeben. Nach ein paar Wochen sind die Städte am Ende der Kräfte.

Am 14. März 1704 werden die Rebellen an die Ufer des Yordon bei Devois-de-Martinargues bei Alès zusammengerufen. Die Dragoner St. Servins und das Elitebataillon heften sich an ihre Fersen. Doch Cavalier hat im kleinsten Winkel Schützen verborgen. Im Nu sind 22 Offiziere und 300 Soldaten vernichtet. Die Leichen werden gehäutet, die Camisarden nehmen ihre Federhüte und die brodierten Westen. Cavalier nimmt das Pferd des Kommandeurs De la Jonquière der Königlichen und dessen silbernes Schwert. Dann zieht er zur Kirche von Vezenobres, um einen Dankgottesdienst zu feiern.

Ludwig XIV. setzt den Marschall Villars an die Stelle Montrevels. Der 51jährige erwartete von diesem Einsatz dennoch keine neuen Lorbeeren mehr. Als er eintrifft, hat der Feldmarschall Lalande schon den Kriegsschatz der Camisarden erbeutet und damit einen unermeßlichen Vorteil errungen.

Am 19. April wird Cavalier überrascht und verliert einen Teil seiner Nachhut. Villars findet also einen geschwächten Feind vor. Er läßt daher Schaffotte und Galgen in den Städten abreißen und verkündet eine Amnestie und Toleranz:

> Eine vollständige Amnestie wird all den Rebellen angeboten, die sich innerhalb von acht Tagen samt ihren Waffen in ihre Häuser zurückziehen. Wenn sie beim Revoltieren verharren, werden sie mit äußerster Strenge behandelt werden, sie und alle, die sie unterstützen. Wer glaubt, er könne nach dem Verlust, denen sie unterliegen, noch lange widerstehen können, haben den Verstand verloren. Das Übel dieser Revolte hat nur zu lange gedauert. Ihr könnt nur euch ergeben oder darauf warten, aufgerieben zu werden.

Ein Stellvertreter Villars und Cavalier kommen zu Unterhandlungen zusammen, die auf einer Brücke abgehalten werden. Für Cavalier verhandelt sein Onkel Lacombe, Bauer aus Vezenobres. Dieser überzeugt Cavalier von der Verläßlichkeit Villars und empfiehlt Verhandlungen. Bei der Begegnung stehen einander 400 Mann Cavaliers dem Feldmarschall Lalande mit nur 20 Dragonern gegenüber.

Am 12. Mai finden auf der Brücke bei Alès die dreistündige Verhandlung statt. Lalande verspricht Cavalier, daß er Villars begegnen wird. Cavalier fordert Gewissensfreiheit, Befreiung der Gefangenen und Auswanderungsrecht, doch was er dann unterschreibt, ist eine demütige Bitte um Vergebung und Amnestie.

Am nächsten Tag empfängt er als Unterhändler d'Aigaliers, der einen bedingungslosen Rückzug und Ergebung von Cavalier verlangt. Das gibt er in Form eines Briefes an Villars auf und befiehlt sich so ganz der Gnade des Königs an. Cavalier unterschreibt wie einst sei Vater die Abschwörung. Er ist faktisch ganz von Villars abhängig. Am 17. Mai empfängt Villars Cavalier mit Würde und Pracht: Der Intendant Baville, Feldmarschall Lalande, Gouverneur Sandricourt von Nîmes und 6 000 Bürger von Nîmes sind anwesend. Nur Bischof Flechin bleibt indigniert in seinem Palais. Prächtig ausgestattet zieht auch Cavalier mit seinen Begleitern zum Unterschriftstisch, und anschließend zieht er sich nach Calvisson zurück. „Adieu Herr Cavalier", sagt Villars.

Die Waffenbrüder dürfen in die Armeen aufgenommen werden, jedoch in zerstreute Korps. Während der Verhandlungen, die Cavalier ohne Absprache mit den anderen Partisanenhäuptlingen führte, erlegte Rolland noch zwei hohe Offiziere.

Ludwig war sehr davon angetan, im Süden Ruhe zu bekommen, denn im spanischen Erfolgekrieg bezog die französische Armee Schläge von Marlborough und Prinz Eugen, unterstützt von Leuten aus dem Refuge.

Da trifft der Bescheid ein, daß aus dem Kanton Vaud 3 000 Mann zur Unterstützung eintreffen. Auch der Herzog von Savoyen signalisierte Hilfe. Andere Boten erreichen gleichzeitig in den Bergen Rolland. In Calvisson drängen sich schon 1 200 Soldaten zusammen, die darauf brennen, dem verhaßten Sonnenkönig einen Denkzettel zu verpassen. Sie sind so fanatisiert und werden von den Prophetinnen bestärkt und angefeuert, daß selbst die Dragoner sich der Wirkung und Erwartung des Heiligen Geistes nicht entziehen können. Doch Cavaliers Pension wird einstweilen von 12 000 Pfund auf 2 000 Pfund herabgesetzt.

Ende Mai entschließt sich Rolland zur Schlacht. Cavalier flieht, um nicht in Verdacht des Wortbruchs zu geraten, in die Schweiz. Fünf englische Schiffe mit 500 Mann an Bord nähern sich Aigues-Mortes, werden aber vom Sturm zurückgehalten. Da verläßt auch Rolland der Mut. Seine Leutnants Ravacal und Catinat bedrängen ihn, der treue Gefährte Jacques Barbannoux verläßt ihn. Rolland marschiert mit einigen Hundertschaften ins Gebirge zurück, um das Elsaß aufzusuchen, die Dragoner hinter ihm. Da entschließt er sich zur Aufgabe. Sein junger Vetter aber verrät ihn, und im Schloß von Castelnau wird er gefangengenommen und getötet. Sein Leichnam wird lange in Nîmes zur Schau gestellt und auch von vielen Leuten angesehen.

Als 1705 der Herzog von Berwick Villars ersetzt, sind die Propheten Marion und Mazel und der Förster Castenet noch im Kampf begriffen und halten die Cevennen, erregen jedoch kein Aufsehen mehr. Castenet wird eines Tages gefaßt und vor 2 000 Zuschauern in Montpellier gerädert. Catinat und Ravanel kommen bei dem Versuch um, den Abt de Bourlie, den Intendanten und den Generalleutnant zu entführen. Sie werden in Nîmes verbrannt. 1709 noch versucht Abraham Mazel wieder Bauern zu einem Triumph zu führen, doch 1710 erliegt er einem Überraschungsangriff.

So überleben also nur Marion und Cavalier. Marion als Prophet in England, Cavalier in Diensten des Herzogs von Savoyen und der Queen Anne. Er wurde von den Cevenols stets wiedererwartet und von Propheten auch angekündigt, doch er erschien nie mehr in den Cevennen.

Das merkwürdige und fast burleske Ende des Cevennenkrieges durch die Schlauheit Villars belegt zwar einerseits die Arglosigkeit der Protestanten auf manchem Gebiet und ihr auch früher schon bekanntes Versagen in der Ausdauer. Es belegt gleichzeitig jedoch auch, wie berechtigt die Angst mancher katholischer Herrscher vor den Protestanten war, insofern diese jederzeit erfolgreich losschlagen und große Truppen zum Teil vernichten, mit Sicherheit aber von anderen Zwecken abbringen konnten.

IV.

Freiheit in Nordost

1. Das Exil der Hugenotten in Brandenburg-Preußen

Es ist ein unerhörter Vorgang in der Geschichte: Zur gleichen Zeit ist ein Monarch in Westeuropa der Meinung, daß sich zwei Religionen nicht mit seiner Staatsräson vertrügen, während ein Monarch im mittleren Europa sich nicht einmal von einer anderen Nationalität daran hindern läßt, Menschen seinem Land zu integrieren! Wem gab die Geschichte Recht?

Als der Große Kurfürst Friedrich-Wilhelm von Brandenburg-Preußen kurz nach dem Widerrufungsedikt sein Edikt der Toleranz und Aufnahme in Potsdam erließ, wurde Preußen zum zweitgrößten Zufluchtsort nach Holland. Etwa 45 000 Franzosen sollen nach Kurbrandenburg gekommen sein. Darin sind noch die Waldenser gerechnet, da sie später wieder in ihre Heimat zurückkehren wollten. Man möchte diese offene Tür für die Hugenotten mit den Worten Hölderlins begrüßen: „Wo aber Gefahr ist, wächst das Rettende auch." Doch man hat die erhabene Geste des

Kurfürsten in jüngster Zeit in Zweifel gezogen. „Merkantilistische Interessen" hätten ihn zu dem veranlaßt, was er eigensüchtig als Großmut darstellte. Doch das ist der Geist neuzeitlicher Kritikaster, die sich über die tatsächlichen Bedingungen der Aufnahme nicht im Klaren sind und nur einen groben ererbten Eindruck von den edlen Hugenotten zu diesem Urteil benutzen. Wieso sollte Friedrich Wilhelm keines religiösen Empfindens und der aufrichtigen Anteilnahme fähig gewesen sein, bloß weil er dem Hochadel angehört und regierender Fürst ist? Außerdem war ein merkantilistisches Interesse für den Staat keine Selbstverständlichkeit sondern selbst schon religiös begründet. Ferner waren die Hugenotten nicht alle und nicht auf jedem Gebiet den Deutschen weit überlegen. Außerdem ließ sich der wirtschaftliche Erfolg keineswegs am Anfang absehen. Die positive Wirkung ist nicht alleine durch große Überlegenheit der Eingewanderten zu begründen. Mehrere Vorteile kamen vielmehr zueinander.

Brandenburg-Preußen war eine der vom Dreißigjährigen Krieg am schlimmsten betroffenen Gegenden. Das Kurfürstentum war also weder in der Lage, sich in anderen Ländern zu engagieren, noch Druck auszuüben noch aus eigener Kraft in kurzer Zeit wieder auf einen grünen Zweig zu kommen. In der ganzen Grafschaft Ruppin waren nur vier Dörfer vom Kriege verschont geblieben. In der Mark Priegnitz mit vielen Städten und 250 Dörfern hatte nur ein Pfarrer überlebt. Im Jahr hatte er nur etwa vier oder fünf Kinder zu taufen. Aufgrund dieses Zustandes hatte Friedrich-Wilhelm bereits Menschen aus Holland angesiedelt.

Seine menschenfreundliche Reaktion auf das widerwärtige Widerrufungsedikt von Fontainebleau kam nicht plötzlich. Der Kurfürst hatte lange Zeit am Hofe der Oranier gelebt und über sie oder in ihrer Nähe (geflohene) französische Adelige kennengelernt. Unter seinen Bekanntschaften waren auch die Grafen Bouillon und Turenne, von denen er einiges über Militärwesen lernte. Später heiratete er Henriette von Oranien, die eine Enkelin Colignys war.

Der Fürst von Sachsen-Arnhalt heiratete deren Schwester. Lange vor dem Potsdamer Edikt wurde durch diese Damen der kurbrandenburgische Hof und die Stadt Berlin für Frankreich geöffnet. Auch Graf Fabian aus dem berühmten Geschlechte der Dohna hatte lange in Frankreich gelebt und dort die Hilfstruppen der deutschen protestantischen Fürsten kommandiert. Er schloß sich später sogar der reformierten Kirche an.

Der Kurfürst selbst befand sich in freundschaftlichem Briefwechsel mit dem König in Frankreich, was ihn aber nicht hinderte, bei Zunahme der Verfolgungen eine Mahnung an den Freund zu schicken. Das weist Ludwig mit der Arroganz des mächtigen Herrschers zurück, verspricht aber Änderung. Das Edikt von Potsdam ist dann Ausdruck dafür, daß der Kurfürst das Falschspiel des Königs durchschaut hat – früher als die irritierten Reformierten in Frankreich selbst. „Was aber eure Person anbetrifft, so will ich ausschließlich eure Zuneigung als Ursache eures Briefes ansehen", schrieb der Roi soleil am 6. September 1666 dem Kurfürsten. Seine Gesandten in Berlin protestierten gegen die „Gerüchte". Das Potsdamer Edikt war also im Grunde vorbereitet und geschah aus bester Kenntnis der Lage in Frankreich. Das erklärt auch die Systematik, mit der es gleich ein ganzes Programm zur Integration der Hugenotten vorbringt und nicht etwa nur ein freundliches Asyl ausspricht, das die Eingewanderten sich selbst überlassen hätte. Der Kurfürst mußte erkannt haben, daß hier etwas Endgültiges vollzogen wurde, das keine Umkehr duldete, und obwohl er ja auch von der Todesstrafe auf Auswanderung wußte, rechnete er mit starker Befolgung seiner Einladung. Weitere Maßnahmen aber waren ihm verwehrt, weil er dazu selbst zu schwach und der König von Frankreich zu stark war. Obgleich es in ganz Europa eine bewegende Reaktion für die Unterdrückten gab. An einem einzigen Sonntag sammelten die Gemeinden von Den Haag mehr als 10 000 Ecus und sogar die Amsterdamer Juden vierzigtausend Ecus. Der Landgraf Karl von Hessen-

Kassel hatte bereits im April 1685 eine „Freiheitskonzession und Begnadigung" erlassen, als der Kurfürst von Brandenburg-Preußen am 29. Oktober (nach damaligem Kalender, heute der 8. November), drei Wochen nach dem Wiederrufungsedikt sein Toleranzedikt erließ, jedoch enthielt das preußische Edikt noch großzügigere Bedingungen als das hessische. Möglicherweise war er auch wegen der vielen Deutschen seines Landes, die in Frankreich lebten, zu mehr diplomatischer Rücksicht veranlaßt oder auch, weil er von diesen noch Einflußnahmen erwartete. Das Potsdamer Edikt wurde auf deutsch, französisch und holländisch verbreitet. Der Kurfürst entsandte Sonderbeauftragte nach Frankfurt, Köln und Holland, die die Flüchtlinge anwerben und ihren Strom geordnet in das Kurfürstentum leiten sollten, zumal es auch am Niederrhein im Klevischen Gebiete besaß. In Holland arbeitete dafür Jacques Abbadie, der seit 1680 schon Prediger der französischen Gemeinde zu Berlin war.

Das Edikt: In vierzehn Abschnitten beschreibt das Edikt die Maßnahmen zur Integration der Hugenotten. In den ersten beiden werden die Auffangpunkte der Sonderbeauftragten (Holland, Köln, Frankfurt) mit Bezug auf die Fluchtwege erläutert und die Höhe des Empfangsgeldes festgesetzt für diejenigen, die völlig mittellos anreisen. Der Kurfürst überläßt den Einwanderern die Wahl des Wohnortes und die Ausübung des erlernten Berufes. Zur Ausübung des Berufes dürfen sie alles Fluchtgut und nachbestellte Waren abgabenfrei einführen. Verfallene Häuser sollen ihr Eigentum werden, wenn sie sie aufbauen, sie erhalten dazu Baumaterialien. Sollten die Besitzer dennoch auftauchen, so werden diese entschädigt. Auch der Hausneubau wird mit Baumaterialien unterstützt und Haus und Grundstück als Eigentum zugesprochen. Um die ärgste Wohnungsnot, vor allem beim herannahenden Winter, zu beseitigen, werden ihnen in den Städten mietfrei für vier Jahre Wohnungen zur Verfügung gestellt.

Die Réfugiés erhalten Bürgerrecht und Zunftrecht. Solche Handwerker, die eine Manufaktur errichten, erhalten dazu besondere finanzielle Unterstützung, ebenso die Bauern auf dem Lande eine von ihnen angemessene Unterstützung. Rechtsstreitigkeiten unter den Franzosen sollen diese unter sich selbst regeln und nur dann, wenn sie sie so nicht beilegen können, einem deutschen Gericht vortragen dürfen. Bei Streitigkeiten zwischen Deutschen und Franzosen sollen die gewählten französischen Vertreter hinzugezogen werden.

Die Réfugiés dürfen Gottesdienste einrichten, wo sie möchten und den Gottesdienst selbst nach ihren Ordnungen durchführen. Französischer Adel wird deutschem gleichgestellt. Die Bestimmungen werden auf die Franzosen erweitert, die schon vor dem Potsdamer Edikt nach Preußen kamen. Zur Überwachung des Ediktes werden besondere Kommissare eingesetzt. Diese stehen erklärtermaßen unter dem Auftrage, „unseren Evangelisch-Reformierten Glaubensgenossen französischer Nation" (man beachte die Reihenfolge!) „alle Hülfe, Freundschaft, Liebe und Gutes" zu erweisen. Wahrlich ein Denkmal der Menschenfreundlichkeit. Da die Franzosen aus ganz anderen Klima- und Geographiebreiten kamen, war das alles keineswegs so leicht, wie es sich liest, und die Skepsis der Brandenburger gegenüber den Neubürgern war eher ein geringeres Problem. Das Edikt mußte darum an vielen Stellen schon bald ergänzt und präzisiert werden, bis später ein paar Staatsmänner forderten, daß der große juristische Flickerlteppich in einer neuen Verfügung geordnet erlassen würde. Was auch geschah. In nichts konnte sich das Land mit Frankreich vergleichen, und die Auswanderer mußten viel dazulernen. Bis sie produktiv wurden, waren immer wieder Hilfen nötig, und der Kurfürst scheute sich nicht, dazu Kollektensammlungen zu erheben. Noch am ersten Oktober des Jahres 1686, also ein Jahr nach dem Potsdamer Edikt, war eine landesweite Sammlung nötig. Der Kurfürst selbst gab dafür 2 000 Ecus, die Kurfürstin 1 500, die Söhne je 1 200. Erleichterung bestand nur darin, daß das Französische verbreitete Sprache war, besonders unter Adeligen und Gebildeten. Die meisten Minister waren als Gesandte am Hofe Frankreichs gewesen, und auch Markgraf Johann Sigismund, der Onkel des Kurfürsten, hatte in Sedan studiert und beim Herzog von Bouillon gewohnt. Später berichteten die französische Gefangenen nach der Schlacht bei Roßbach (1757) noch davon, daß nirgends so rein Französisch gesprochen werde wie in Brandenburg. Das bot vielen auch Gelegenheit, als Sprachlehrer ein Unterkommen zu finden. Außerdem waren alle Réfugiés des Lesens und Schreibens kundig, was für die zur Hälfte analphabetischen deutschen Bevölkerung ein Ansporn war, wenn sie nicht ins Hintertreffen geraten wollte. Auch in dieser Hinsicht kamen die Réfugiés zum richtigen Zeitpunkt, an dem sie die langsamen Fortschrittes nach dem Kriegsvakuum und unter der weisen Herrschaft des Kurfürsten beschleunigten. Der Kurfürst nämlich richtete Schulen nach französischem Vorbild ein, gründete eine Akademie, eine Sozietät der Wissenschaften und eine Kadettenanstalt, und für diese Schulen brauchte er Personal aus Frankreich. Mit der Leitung der Akademie wurde der Pastor Charles Ancillon aus Metz beauftragt, der einer angesehenen Familie entstammte. Wie auch überhaupt viele der Flüchtigen aus Metz, der alten Reichsstadt kamen. Auch als Gouvernanten in den Adelsfamilien fanden viele Frauen ein Auskommen, und es werden rührende Geschichten von der Treue dieses Personals und der Anhänglichkeit der Kinder erzählt. So etwa waren die jüngsten Prinzessinnen der Tochter des Barons de Jaucourt unterstellt, darunter die Markgräfin Schwedt und spätere Königin von Schweden.

Zu den „ruinierten Häusern" zählte auch eine Stadt wie Magdeburg, die Tilly 1631 in einen Trümmerhaufen verwandelt hatte. Daneben war Berlin ein Ort, aus dem unter Einfluß der Réfugiés von einem Landstädtchen mit reichlich Misthaufen auf der Straße und morschen Brücken über stille Gewässer bald eine Residenzstadt wurde: 845 Häuser zählte man 1645 zu Berlin, wovon dreihundert unbewohnt waren. Dieser Ort der Zuflucht zeigte sich schon bald wie ein Bienenstock; denn da der Kurfürst für Neubauten zur Auflage gemacht hatte, daß wegen der Brandgefahr nur Dach- und Mauerziegel verwendet werden dürften, kam es nicht nur zu regem Bauen sondern auch zur Vorbereitung der entsprechenden Baumaterialien. Als der Kurfürst später seine Aufbauarbeit vor Neidern von außen schützen mußte, kam ihm entgegen, daß sich unter den Flüchtigen ein Schüler des Festungsbaumeisters Vauban befand, der ihm eine Bewehrung der Stadt nach modernsten Mustern bewerkstelligte. Dieser Impuls, der sich in Berlin besonders zeigte und verstärkte, führte zu einer Zunahme der Einwanderer in drei Jahren um 823 allein in der Friedrichsstadt, insgesamt um 1048. Dennoch lebten um 1700 noch 42 Prozent der Réfugiés auf dem Lande, und 1780 immerhin noch 24 Prozent. Man kann sich auch kaum eine motiviertere Gesellschaft vorstellen als die aus den schlimmsten Verfolgungen geflohenen Franzosen. Zumal ihre Flucht ja auch darauf hindeutete, daß ihnen die geistige Freiheit alles wert war; denn sonst hätten sie sich ja längst unter die Konversionskassen gebeugt. Es handelte sich also um Menschen, die für die Großmütigkeit des Kurfürsten empfänglich waren und sich daraufhin völlig umstellen konnten, um ein neues Leben anzufangen.

Die Berufe der neuen Preußen

Nur manche Gewerbe, die die Hugenotten mitbrachten, waren wirklich neu. Bei den meisten handelte es sich um einen höheren Fertigungs- und Kenntnisstand, den die Franzosen mitbrachten. Apotheker waren schon seit je mit besonderen Rechten ausgestattet, in Frankreich seit 1271. Kurfürst Joachim Friedrich, Großvater Friedrich Wilhelms, ließ schon 1598 eine Hofapotheke einrichten. Aufgrund des Zuzugs aus Frankreich wurde die Zahl der Apotheken in Berlin auf drei festgesetzt (1723), später auf vier. Die

Hebammen, die ein frühes Opfer der Unterdrückung geworden waren, obwohl sie selbst bei den Katholiken in hohem Ansehen standen, da sie (besonders im Süden) als geschickter und zuverlässiger als die katholischen Berufsgenossinnen erschienen, förderten ihr Gewerbe in Deutschland. Von zehn Hebammen in Frankreich waren wenigstens sechs reformierten Glaubens. Daher wollte man das Verbot schon einmal zurücknehmen, doch die Geistlichkeit setzte sich wieder einmal durch. In Brandenburg-Preußen konnten sie ihr Gewerbe wieder ausüben und waren auch bei deutschen Müttern beliebt. Berlin war Paris voraus!

Gartenbau war in Deutschland unbekannt. Nur der Getreideanbau war gut entwickelt. Auf diesem Gebiete also verdankt das Kurfürstentum nicht nur die Technik, sondern auch die Einfuhr neuer Gemüsesorten und Obstsorten und mit ihnen auch neue Gerichte der Hugenotten. Die Gärten wurden von den Kurfürsten besonders gefördert, weil sie in Holland erlebt hatten, wie sie angelegt werden und was sie zur Ernährung boten. Die Gesandten des Kurfürsten mußten dazu schon seit 1679, seit dem Frieden von St. Germain, allerlei Saatgut und Pflanzen beschaffen. Als die Landbaumaßnahmen griffen, konnten die Réfugiés ihre Kontakte mit der Heimat nutzen, um das Nötige von Zurückgebliebenen besorgen zu lassen. Manche Réfugiés zogen in Gewächshäusern sogar Orangen und Zitronen, und an diesem Produkt, das sie bald sogar nach Sachsen „exportieren" konnten, verdeutlichen sie den Segen ihres Gewerbefleißes: Was das deutsche Land bis dahin teuer hätte einführen müssen, konnte es nun im eigenen Lande beziehen und sparte dadurch in doppelter Weise: Durch die Produktion, den Wegfall des Imports und später auch durch Gewinn im Export. Das galt auch für viele andere Gewerbe und bewirkte das preußische Wirtschaftswunder. So geschah es besonders mit dem Kaffee, der Friedrich II. zu teuer wurde. Da fiel den Franzosen die geröstete Zichorie als Kaffeersatz ein, und schon hatte Preußen einen bald beliebten Ersatz, den „mocca faux", späteren „Muckefuck".

Söhne und Enkel des Großen Kurfürsten konnten sich leisten, einen Teil des Landes für den Luxus des Tabakanbaus zu opfern. So kam es 1738 zur ersten Tabakmanufaktur. Wieder am Import gespart. Samuel Schock aus Basel richtete diese Manufaktur ein. Der vielseitige Achard, der später die erste Zuckerrübenraffinierie anlegte, bestätigte sich erst auch auf dem Gebiete des Tabakanbaus und insbesondere der Verfeinerung der Sorten mit Hilfe ausländischer Tabak.

Die französischen Bäcker backten bald zu viel von den Sorten, die die Deutschen für sich behalten wollten. Daher mußte ein königlicher Erlaß für eine Abgrenzung der Milchbrötchen von den Roggenbroten sorgen, was in Zukunft auch gelang. Das ist nur ein Beispiel für die Detailarbeit, die der Kurfürst zu regeln hatte.

Angesichts der Glaubensfreiheit in der neuen Heimat gab es großen Bedarf an französischen Bibeln und Psalmen. Unter den Gründungen der ersten Buchhandlungen fand sich auch eine von Estienne, dem Nachfahren des berühmten Druckers der Reformation, und einem Kollegen namens Naudé aus Metz. Riesigen Aufschwung aber erlebte der Buchhandel erst unter der Regierung des frankophilen Friedrichs II.

Neu und ein nicht zu unterschätzendes ertragreiches Exportgut waren Hüte. Da brachten die Franzosen ein neues Handwerk mit. Insbesondere England wurde ein dankbares Abnehmerland. Im abgehängten Paris hingegen gab es erst Mitte des 18. Jahrhunderts wieder eine Hutmanufaktur. Den Anfang machte Antoine Delon aus der Dauphiné und präsentierte dem hocherfreuten Kurfürsten den ersten in seinem Lande hergestellten Biberhut. In Berlin war David Mallet aus Rouen einer der ersten, und Grimaudet bekam sogar eine Lizenz für Berlin und Frankfurt a.d.Oder.

Besonderen Aufschwung erlebt die Hutmanufaktur durch Aufträge aus dem Militär, was den Réfugiés Auszeichnung und Ansporn war. Und wieder wurde am Import gespart. Aufgrund des Gewinnes der Branche entschloß sich der Kurfürst sogar, in Königsberg Hüte herstellen zu lassen.

Kutschen konnten sich nur die wenigsten leisten, und sie waren anfangs gar nicht einmal beliebt. Bis sie es wurden, schuf das Sänftentragen ein kleines Gewerbe. Ausschließlich Réfugiés bekamen das Recht, die zwölf Tragestühle zu befördern, und aus dieser Exklusivität machten sie ein Amt besonderer Ehre. Nur die lautersten jungen Männer ließen sie als Sänftenträger zu.

Die Manufakturen, also große Handwerksbetriebe, widmeten sich insbesondere der Herstellung von Tuchen. Nicht einmal an Wollstoffen gab es genug Material im Lande. Das französische know-how machte es ab sofort überflüssig, daß auch Stoffe höherer Qualität eingeführt werden mußten – jede Qualität konnte im Lande hergestellt werden. Der Kurfürst erneuerte deshalb 1687 ein altes Verbot, das die Einfuhr ausländischer und die Ausfuhr einheimischer Wollstoffe untersagte. Auch Seide wurde von nun an im Lande hergestellt. Maße und Gewichte aller Stoffe wurden streng überwacht, damit kein Vorwand die entstehenden Exportwege zunichtemachen konnte. Ein Hauptkommissar, zuerst Pierre de Mézeri, erhielt die Vollmacht, alle Manufakturen des Landes jederzeit zu visitieren. Beim Export kam den Réfugiés wiederum zugute, daß sie noch bestehende Kontakte ins Ausland hatten, die sich schnell wiederbeleben ließen. Aufgrund der Beziehungen, die so mit den Grundgütern wiederbelebt wurden, kam es aber auch zu einer Belebung des Handels mit anderen Gütern, beispielswiese Wein. Zwar halfen die Réfugiés auch bei der Verfeinerung der Weine aus Potsdam und Werder, doch rasch entwickelte sich auch ein Weinhandel. Bis dahin importierte man sie auch über Hamburg, aber als ihr Strom größer wurde, kamen sie über Stettin und die Oder ins Land, was sowohl sicherer als der Landweg als auch billiger war. Der Gründer des großen Weinhandels in Stettin ist Palmie. Nach ihm begannen dort Gillet aus der Champagne und Grand aus Grenoble ebenfalls einen Handel aufzubauen.

Aufgrund der Ankurbelung in bester Keynesscher Manier kam bald auch das Lombardgeschäft in Gang, und als die Christen sich vom Zinsverbot trennten, wurden immer mehr Banken zur Abwicklung der Geschäfte erforderlich. An ihren Gründungen sind ebenfalls viele Réfugiés beteiligt. Schon 1681 gab es eine Lizenz für Pierre Vouchard in Berlin. 1692 wurde eine zweite Bank zu Berlin Nicolas Gauguet anvertraut. 1740 wurde dem Weinimporteur Palmie ein weiteres Bankrecht zuerkannt, und noch 1781 schützte der König die Banken der Réfugiés, daß sie allein ihnen unterstellt blieben und nicht in andere Hände gehen dürften.

Der Kurfürst war der erste, der die Notwendigkeit eines stehenden Heeres erkannte. Der Zustrom französischer Offiziere half ihm dabei, ein solches Heer in kürzester Zeit aufzustellen und erfahrenen Soldaten zu unterstellen. Das ging umso leichter, als schon vor dem Potsdamer Edikt französische Offiziere in Preußen dienten. Eine Beförderungsliste schon des Jahres 1656 weist sieben französische Namen auf. Während der Regierungszeit des Kurfürsten konnten diese dabei helfen, etwa 500 Offiziere zu integrieren. Dabei scheute sich der Kurfürst nicht, rein französische Regimenter aufstellen zu lassen. Auch ins Minden-Ravensberger Land zog ein französisches Regiment ein. Nach dem Widerruf des Edikts von Nantes kamen dann auch viele jüngere (Kadetten) in das Land; denn manchmal schickten Eltern ihre Kinder ins Refuge, damit es ihnen besser erginge als ihnen selbst. Sie brachten die Kenntnisse mit, die Louvois in den in Frankreich berühmten Kadettenkompanien ihnen hatte beibringen lassen. Außerdem gewöhnten sie sich schneller als die älteren Offiziere an die Landesbräuche. Der geflohene Marschall Schomberg regte an, eine Abteilung nur aus Edelleuten zu schaffen, die der König von Frankreich in den Musketieren besaß. Schon 1687 ließ der Kurfürst zwei solcher Kompanien aufstellen, die nur aus Réfugiés bestanden. Eine dritte mit Deutschen besetzte wurde von einem deutschen Offizier befehligt. Die beiden anderen befehligten Graf Dohna und Marschall Schomberg. Sie traten jedoch zuerst beim Begräbnis des Kurfürsten im Jahre 1688 in Erscheinung, aber schon 1689 zeichneten sie sich in Schlachten bei Neuß, Kaiserswerth, Bonn und Naumur aus. Als vollkommen neue Einrichtung kamen die Mineurs hinzu, aus denen später die Pioniere wurden. Im Krieg gegen die Türken wollten viele Franzosen schon ihre Treue und Fähigkeit beweisen. Als der Kaiser in Berlin um Hilfe anfragte, zogen auch 8 000 Mann unter Leitung des Fürsten von Schöningh gen Östereich, jedoch lehnte er die Mitnahme von Réfugiés ab, weil er nicht in den Verdacht geraten wollte, er habe sich ihrer nur als Kanonenfutter bedienen wollen. Unter den Militärs befanden sich auch Katholiken, denen es jedoch genauso gut ging wie allen anderen auch. Der Kurfürst schrieb im Januar 1686 an den Herzog von Savoyen: „Ich habe in meinem Staat, besonders in den westlichen Gebieten, viele Katholiken. Ich schütze sie und liebe sie wie meine anderen Untertanen; sie werden mit Ehre, mit Ämtern und mit Würde bekleidet wie die anderen." So auch wurde der katholische Graf Duhamel mit höchsten militärischen Ehren ausgestattet.

Die gleiche Großmut bewies der Kurfürst auch gegenüber den Waldensern. Schon 1654 hatte er sie eingeladen, nach Brandenburg zu kommen, und im August 1688 trafen in Fankfurt am Main 360 mit dem Ziel Preußen ein. Insgesamt wurden 1 300 von ihnen in Stendal, Burg und Spandau angesiedelt. Doch es blieben nur wenige von ihnen, die meisten zog es wieder in ihre Heimat zurück. Als sie wiederkommen wollten, war es um die Gnade des Kurfürsten vorbei, denn er wartete nur den Eifer und die Kooperation ab, die die Hugenotten auch bewiesen, die ihm die Waldenser aber versagten. Sie fanden ein Unterkommen in Württemberg.

Nach allen Seiten bewies der Kurfürst seine Toleranz und bewies, daß Unterschiede keineswegs ein Erschwernis nationaler Einheit sind, sondern im Gegenteil sogar fruchtbar für die gesamte Wohlfahrt sind. Preußens spätere Weltmachtstärke ist dem Mut des Kurfürsten zu verdanken, sich Gegensätzen zu stellen und sie friedlich zu nutzen. Das machte sich später noch bemerkbar, als Preußen längst als Soldatenmacht und militaristisch verschrien war, aber kulturell und religiös weitaus liberaler war, als heute meistens noch wahrgenommen wird. Nicht ohne diesen geschichtlichen Grund war Berlin auch eine Stadt mit viel Widerstand und kritischem Unterscheidungsvermögen gegenüber dem Regime des Dritten Reiches.

2. Das kleine Exil: Stockholm

Wenn man die belebte Geschäftsstraße Hamngatan am Norrmalmsplatz nordwärts verläßt, führt einen die Bibliotheksstraße geradewegs auf die Königliche Bibliothek inmitten des Ulmenparks (Humlegården) zu. Unmittelbar vor diesem sonnenreichen Platz führt die Humlegårdsgatan östlich zum Östermalmstorg mit der ziegelroten Markthalle, der Hedwig-Eleonora-Kirche und dem Armeemuseum. Auf dem Wege entlang der hier stehenden großen Stadthäuser stößt der aufmerksame Besucher der Stadt überrascht auf ein Messingschild an einer Holztür, das ihn im typisch hugenottischen Understatement darauf hinweist, daß sich hier die reformierte Gemeinde befindet. Doch auch bei scheinbarer Ähnlichkeit im hohen Norden mit den Schwestern in Den Haag, Friedrichsdorf oder Berlin: Ihre Geschichte und ihre Bedeutung erweisen sich als völlig anders verglichen mit der Entwicklung in der Großarche der Zuflucht (Holland) und der kleinen Arche (Preußen).

Seit dem Jahre 1553 wurde der Kronprinz Erik des Königs Gustav Wasa, der die Reformation im lutherischen Sinne im Handstreich in Schweden einführte, einem Reformierten zur Erziehung anvertraut, nämlich Denis Beurrée. Ihm ist es zu danken, daß Gustav Wasa die Reformierten, die schon in Schweden waren, nicht außerhalb des Gesetzes stellte. Dafür suchte Beurrée dem mächtigen Wasa zu danken, indem er Calvin bat, ihm seinen Kommentar der zwölf kleinen Propheten zu widmen. Dem kam der Genfer Reformator auch gerne nach.

Der Kronprinz teilte die Hochachtung seines Vaters vor Beurrée. Beim Tode Gustav Wasas und seiner eigenen Thronbesteigung als Erik XIV. machte er Beurrée zum Staatsrat. Aus dieser Position heraus war es ihm möglich, im Jahre 1561 ein königliches Edikt zu veranlassen, das einem ersten Schwung von Glaubensflüchtlingen Asyl gewährte. Das Edikt stellte nur drei Bedingungen: Glaube an die Heilige Schrift, keine Religionskritik, keine religiöse Propaganda. Nun, da waren die Flüchtigen ja Schlimmeres gewohnt gewesen. Überraschend für uns ist nur, daß die Reformation in Schweden, so hundertprozentig sie auch tatsächlich verbreitet und durchgesetzt wurde, doch noch gefährdet schien und keinen neuerlichen Einbruch einer neuen Lehre dulden wollte. Blickt man auf andere Länder, so war diese Furcht ja auch nicht ganz unberechtigt – wenn auch nach unserem Verständnis vom Wesen her unnötig.

Jedenfalls entstand unter dem Schutze Beurrées die erste kleine Gemeinde in Stockholm.

Eine erste Belastungsprobe der schüchternen, einsamen Gemeinde entstand durch das Alkoholverbot in Schweden. Sollte die Rückeroberung des Abendmahles in beiderlei Gestalt nun aufgrund der Staatsräson aufgegeben werden müssen? Konnten Himbeer- und Heidelbeersaft wirklich die Stelle des Weines einnehmen? So schlugen es die Lutheraner vor. Es kam 1564 zu einem Religionsgespräch mit dem Bruder des Reformators Olavus Petri, Laurentius, und unter Vorsitz Eriks XIV. Doch der Bischof von Uppsala lehnte kategorisch jedes Zugeständnis ab.

Daraufhin legte Beurrée zusammen mit den Ältesten Marsilius und Pasquier ein Glaubensbekenntnis vor, das auch dasjenige von La Rochelle einschloß, und indem er so die evangelische Zuverlässigkeit der Reformierten zu unterstreichen suchte, begehrt er gleichzeitig einen Temple, damit die Reformierten unbeobachtet ihrem Abendmahlsverständis nachgehen konnten. Doch in einem Anfall von Verfolgungswahn bringt Erik XIV. viele Vertraute einschließlich Beurrées um, so daß das schwedische Reformiertenhäuflein plötzlich seines Coligny beraubt wird. In der Nervosität, die nun die Regierenden befiel, wurden die religiösen Zügel wieder schärfer angezogen, erst recht, als Johann III. und Sigismund, Nachfolger Eriks, den Katholizismus wiedereinzuführen suchten. Am 25. Februar 1593, fünf Jahre vor dem Edikt von Nantes, proklamiert die Synode von Uppsala „Schweden ist wie ein Mann, und wir haben nur einen Gott" – un roi, une loi, une foi auf Skandinavisch – und nimmt alle Nachsicht gegenüber den „Irrtümern Zwinglis und Calvins" zurück.

Schutz durch herausragende Fertigkeiten

Nur 24 Jahre später ist noch größere Gefahr im Verzuge: Am 27.2.1617 verbannt die Eheschließung von Örebro alle Katholiken des Landes. Daß der Erzbischof von Uppsala darunter nicht auch die Reformierten fassen konnte, ist nur Gustav II. Adolf zu danken. Er hatte nämlich reformierte wallonische Hüttenleute und Schmiede ins Land geholt, die ihm den teuren Import von Waffen ersparten und seine Vormachtstellung begründeten und sicherten. Man schätzt die damals um den Kaufmann und Handwerker Louis de Geer versammelten Reformierten auf 10 000. Hinter dieser Staatsräson mußte das religiöse Urteil zurückstehen, wiewohl Gustav Adolf selbst der Schutzherr der Protestantischen, insbesondere lutherischen, Welt war. Als 1640 der Pfarrer Robert Meaux seinen Dienst aufnahm, wurde der Gemeinde lediglich untersagt, Schweden teilnehmen zu lassen. Doch diese Beschränkung wurde so ernst genommen, daß sie unter Betreiben der Erzbischöfe von Uppsala 1734, 1735 und 1752 jeweils unter Androhung hoher Strafen erneuert wurde, bis erst 1860 ein umfassendes Gesetz erlassen wurde, das den Primat der lutherischen Kirche eingrenzte und Grund für wirkliche Religionsfreiheit legte.

Zwar reagierte Karl XI. auf die Widerrufung des Ediktes von Nantes indigniert, doch wurde die heikle Situation der Reformierten nicht grundsätzlich gelindert. Im Gegenteil ließ auch Karl 1695 noch alle lutherischen Glaubensreformen unter Verbannung oder Todesstrafe (bei Rückkehr ins Land, ohne sich bekehrt zu haben), worunter auch die Reformierten gefallen wären, wenn ihnen nicht das Gewohnheitsrecht eine Ausnahme gesichert hätte. Daran änderten auch nichts die Fürsprache des englischen Königs und der niederländischen Generalstaaten. Sogar für den Kaufmann Louis de Geer, den Chef der Wallonen, wurde es zu heikel, nach Art der Gottesdienstfreiheit des französischen Adels durch das Edikt von Nantes (und einige seiner Vorläufer), Versammlungen in seiner Stockholmer Stadtvilla abhalten zu lassen. Unter Karl XI. hätte das den Fortbestand der reformierten Gemeinde überhaupt gefährden können. In die so entstandene Bresche sprang dann der englische Botschafter, jedoch war das ein persönliches Engagement, das bei jedem Botschafterwechsel neu erbeten werden mußte. Erschwerend trat hinzu, daß Louis de Geer 1652 aus dem Leben schied, und die Wallonen so ihren einflußreichen Fürsprecher verloren. Doch seinem Sohn gelang es, in Isaac Royer den ersten Prediger für die Gemeinde in Stockholm zu gewinnen. Erst Karl XII. sprach den Reformierten ausdrücklich seine Toleranz zu, ja, er intervenierte sogar bei Ludwig XIV., daß er mehr Reformierte nach Schweden ausreisen ließ. Doch der sonnte sich, wie schon gegenüber dem Großen Kurfürsten, in dem praktischen Argument, das seien innere Angelegenheiten. Karl XII. wollte den Reformierten sogar Konsistorien zugestehen, doch auf diesem Reformwege wurde er 1718 durch den plötzlichen Tod verhindert. Das geplante Konsistorium konnte erst 1724 zusammentreten, als sich durch den neuen Thronfolger für die Reformierten alles änderte.

Friedrich II. von Hessen-Kassel heiratete die Schwester Karls XII. und wurde dadurch König Frederik von Schweden. Er hatte aufgrund bester Traditionen im Lande seiner Herkunft keine falschen Befürchtungen vor den Jüngern Calvins, wenngleich er selbst zur lutherischen Kirche übertreten mußte. So fand Ludwig XV. Bestätigung der Widerrufung des Edikts von Nantes durch seinen Vater Ludwig XIV. im gleichen Jahre eine ruhmreiche und erlösende Antwort in Schweden: Im Oktober 1724 wurden die Hugenotten in Frankreich eingeladen, nach Schweden zu kommen – ohne daß seine Majestät erst groß gefragt wurde. Den Zeitpunkt der Konsistoriumsgründung, dieses gewichtigen Bestandteiles des Gemeindelebens und -verständnisses gemäß der Lehre Calvins, feiert die schwedische reformierte Gemeinde als ihr Gründungsjahr und würdigte es erstmals bei der 200-Jahr-Feier im Jahre 1924. Der erste Vorsitzende dieses Konsistoriums war der Pastor d'Artis.

Von nun an gings bergauf. 1741: Genehmigung des öffentlichen Gottesdienstes und grundsätzliche Genehmigung zum Bau eines eigenen Gottesdiensthauses. Während der Bauzeit bot das Hotel Sahlstedt der Gemeinde Raum. Zwei entschiedende Schritte der Religionsfreiheit waren damit erzielt. 1744: Genehmigung von Heiraten durch reformierte Pfarrer. 1748: Der beharrliche Isaac Toutin erwirkt die Genehmigung zum Bau eines wirklichen Gottesdiensthauses, das unter dem Nachfolger d'Artis', Jean Voullaire, auch am 1.1.1752 eingeweiht wird. 93 454 Taler kostete dieser Temple. Dazu sammelte die Gemeinde Kassel 2 000 Reichstaler, in etwa so viel wie die Gemeinde in Stockholm selbst aufbrachte. Auch Gemeinden aus anderen Ländern trugen mit Spenden zum Bau des nördlichen Vorpostens bei. Anders als die vielen asketischen Schwesternkirchen gönnt sich die Gemeinde schon vier Jahre später sogar den Bau einer Orgel mit acht Registern, die mit 5 500 Talern ein gutes Zwanzigstel so viel kostete wie der gesamte Bau. Das hatte sich aber gelohnt, denn sie hielt bis 1870 und wurde dann noch an eine Gemeinde auf Gotland weiterverkauft. 1796: Der reformierte Pfarrer genießt die gleichen Rechte wie ein lutherischer, wird jedoch verpflichtet, alle Geburten, Taufen, Heiraten und Sterbefälle einmal im Jahr zu melden.

Eine enorme Zeitlang bestanden also de jure das verfassungsmäßige Vorrecht des lutherischen Glaubens und de facto eine immer größer werdende Freiheit der reformierten Kirche nebenan – umgekehrt wie in Frankreich de jure das Edikt von Nantes bis 1685 galt, faktisch aber längst ausgehöhlt war. Oder zu gewissen Zeiten mußten die Reformierten, ähnlich wie die Waldenser in Italien, eine Partnerschaft mit der englischen reformierten oder französisch-lutherischen Gemeinde eingehen, um zu überleben. So etwa war sie zwischen 1688 und 1782 auf die Amtshilfe der lutherischen Gemeinde für Taufen und Abendmahl angewiesen.

Erst im Jahre 1860, fast 200 Jahre nach der Widerrufung des Edikts von Nantes, gewährte ein neues Gesetz völlige Religionsfreiheit für jede der nichtlutherischen Kirchen in ihren Gemeindehäusern und den Friedhöfen. Nur Besitzerwerb bedurfte der königlichen Genehmigung. Schulen oder Mischehen werden aber noch nicht zugestanden, und wenn ein Elternteil schwedisch ist, müssen die Kinder lutherisch erzogen werden. In dieser Zeit stetiger Verbesserungen bezieht die Gemeinde 1871 das gegenwärtige Gebäude und verläßt damit die Altstadt (Gamla Stan, Stora Nygata), von der aus ihre Geschickte bis dahin bestimmt worden waren, und bewegt sich nordwärts in die moderne Stadt. Der Pastor Puaux sollte zum ersten und bedeutendsten Geschichtsschreiber der Gemeinde werden – sie hat also die Muße, auf ihre eigene Geschichte zurückzublikken, ohne sich deswegen eines Verdachtes auszusetzen. Schon 13 Jahre später wird der Gottesdienst auch außerhalb der eigenen Kirche und Schulen gestattet, doch schwedische Staatsangehörige dürfen diese erst ab einem Alter von 15 Jahren besuchen.

Anfang des 20. Jahrhundert, nämlich 1908, wird das Recht erteilt, daß nichtlutherische Pfarrer ihre Glaubensgenossen trauen dürfen und daß auch diese Trauung in Schweden anerkannt wird. Das überrascht jedoch nicht mehr, wenn schon ein Jahr später der Zivilehe überhaupt Vorrang vor den kirchlichen Eheschließungen eingeräumt wird.

Wiewohl es so lange dauerte, bis dieses Recht genehmigt wurde, sollte es dennoch weitere 16 Jahre dauern, bis sich die im hohen Norden abgeschnitte Reformiertengemeinde ihrer Geschichte so weit besann, daß sie auch eine „Schwedische Gesellschaft für den französischen Protestantismus" gründete (1925). Das geschah unter Federführung des Pastors Mohn, jedoch stark angeregt und unterstützt von – Erzbischof Nathan Söderblom! Welche hugenottische Gesellschaft auf der Welt kann noch von sich sagen, von einem Lutheraner gegründet worden zu sein?

Im jetzigen Gemeindehaus in der Humlegårdsgatan, dem zweiten Temple der Neuzeit, versteht sich die „Eglise Française" recht als Heimat für alle Reformierten, seien es Franzosen, Holländer, Belgier, Schweizer oder Angehörige von Ländern aus der Dritten Welt. So ist der gegenwärtige Pfarrer ein Kongolese. Seit der Gründung der Gesellschaft im Jahre 1925 sammelte die Bibliothek mehr als 11 000 Bände in französischer Sprache zusammen, mit der sie sich an den Anstrengungen vieler Länder beteiligt, die Geschichte der Hugenotten genauer zu erforschen. Die Gemeinde zählt etwa 50 eingetragene, 300-400 passive Mitglieder. Diese Schwankung ergibt sich durch die Unbeständigkeit der Zahl von Reformierten unter den Diplomaten, der Industrieniederlassungen und der Studenten in der schwedischen Hauptstadt. Allmählich sind auch schwedische Familien stolz auf ihre hugenottische Herkunft. Insbesondere, da viele Reformierte die Revolution 1789 und die Glaubensfreiheit nutzten, den kalten, felsig-sumpfigen Exilmonolithen an der Ostsee zugunsten der warmen, früchtereichen Heimat wieder aufzugeben und zurückzukehren. Unter dem harten Kern derer, die im Exillande verwurzelt blieben bis heute, zählt man allerdings auch Angehörige der Familie d'Aubigné.

Die Stockholmer Exilgemeinde beschloß eine Partnerschaft mit der Gemeinde in der französischen Herkunft, dem alpenländischen St. Veran. Das erklärt, warum die Geschichte dieses Hugenottendorfes in Stockholm, nicht in Paris vollständig erforscht steht. Doch trotz dieser bewußten Pflege geht es den Angehörigen der Gemeinde in einem Punkt nicht anders als zu Gustav Wasas Zeiten: „Hugenottisch – was ist das?" – diese Frage müssen sie auch heute noch oft beantworten.

V.

Noch 104 Jahre bis zur Religionsfreiheit

1. Chronik (3) von 1685-1789

1685-1715
Der Gottesdienst in der Familie wird zur Hauptform des Protestantismus in der Zeit der Verfolgung dieses Jahrhunderts. Mütter übernehmen eine besonders entscheidende Rolle bei der religiösen Prägung der Kinder. Es kam des öfteren vor, daß auch junge Menschen leidenschaftlich protestantisch dachten, obwohl sie weder die Unterweisung eines Pfarrers genossen, noch je einen Gottesdienst erlebt hatten. Kinder von Eltern, die sich bei einem Wüstengottesdienst haben trauen lassen, gelten vor der Regierung als Bastarde. Manche Frauen kämpfen sogar bei den Camisarden mit, so die Prophetin Marie Mathieu, die die „große Prophetin" genannt wurde. Sie wurde später gehenkt. Eine andere Mitstreiterin, Louise Guignon, genannt die „Vivaraise", wurde ebenfalls umgebracht. Der Generalfeldmarschall Villars schreibt dem König aus seinem Einsatz gegen die Camisarden: „Die meisten ihrer Anführer sind Frauen."

28.10.1685
Schon zu diesem frühen Zeitpunkt nach der Widerrufung des Edikts von Nantes erklingen in einem Pachthof bei Anduze wieder die Psalmen. Im ganzen Jahr mehren sich die einfachen Leute, die mit prophetischen Weissagungen und Aufforderungen zum endzeitlichen Kampf auftreten.

Ab 1685 (bis 89)
Es setzt ein starker allgemeiner Flüchtlingsstrom in alle Länder ein. Nach dem Massaker von Vassy und der Bartholomäusnacht beispielsweise hatte nur ein selektiver und weitaus geringerer Flüchtlingsstrom, vor allem in die Pfalz eingesetzt. Damals waren von 20 Millionen. Einwohnern etwa 1 Million. Protestanten. In den Jahren nach dem Widerruf wuchs mit dem Flüchtlingsstrom und den Finten und Vorbereitungen der Flüchtigen auch die Überwachung und Erfahrung der Überwacher. Auch die Gläubigen aus den Westprovinzen wählten für ihre Flucht den Landweg. Sie mußten sich für den Weg entweder geschriebenen Reiseführer oder persönlichen Guides engagieren, später im Grenzgebiet einen Schaffner. Die Grenzlandbewohner waren wegen der Belohnungen für Verrat besonders anfällig. Die Schweiz bekam den ersten und starken Flüchtlingsschwall mit, weil alle hofften, bald noch einmal zurückkehren zu können. Doch das kleine Land war bald überlastet. Die Pfalz, Hessen und Preußen werden um Hilfe ersucht. Doch in der Pfalz treffen 1689 schon französische Truppen ein. Daher zogen sie weiter nach Frankfurt, das zwar lutherisch war, aber seit 1564 auch eine französische reformierte Gemeinde besaß. In den Jahren 1686-93 zählte man alleine 46 000 Flüchtige, davon in der Schweiz 26 500, bis 1710 wurden es 100 000.

Vereinzelt befanden sich unter den Protestanten auch Katholiken. Entweder, weil sie dabei erwischt wurden, wie sie den Protestanten Gutes taten oder ihnen halfen, oder weil sie sich vom Papismus abkehren wollten, so der Neffe des Beichtvaters des Königs Père Lachaise, Alexander de

Grezolles. Jean de Payot und Jean Charpentier kamen als Tanzmeister aus Metz und blieben später in Hanau. Neben Brandenburg-Preußen, Hessen-Darmstadt, Hessen-Kassel, nahmen auch kleinere Herrschaften wie Solms-Braunfels, Bremen, Bayreuth und Nürnberg Hugenotten auf. Eine echte Neugründung gab es in Friedrichsdorf. Kein Deutscher durfte sich dort niederlassen. Deutschland zählte insgesamt 44 000 aufgenommene Hugenotten, Holland 60 000 bis 80 000. Daneben zogen Reformierte in die Vereinigte Staaten von Amerika, auf die Antillen und nach Rußland (wo zum Beispiel der Hofjuwelier Fabergé Weltruhm erlangte).

Aufgrund der Flucht und der Fluchtberichte wendet sich auch Bern gegen den König, das sonst immer königsfreundlich gewesen war. Die nötigen Ausweise wurden meistens mit Hilfe der ebenfalls auswandernden oder schon ausgewanderten Pfarrer ausgestellt, die die Flüchtigen teilweise persönlich kannten.

18.9.1687
Suzanne Gualtiere aus Calvinon bei Nîmes, 20 Jahre alt, „ist schließlich aus dem Königreich ausgewandert und hat Vater und Mutter verlassen, um ihrem Glauben folgen zu können und ihn frei und öffentlich bekennen zu können". Am 18. September erhält sie in Lausanne einen Paß. Am 3. November trifft sie in Yverdon ein, am 18. verläßt sie die Schweiz bei Schaffhausen, um in Deutschland eine neue Heimat zu finden.

1690-96
Der Krieg der Augsburger Liga führt zu Truppenbewegungen durch die Alpen.

1697
Der französische Nuntius Delfino schreibt ein kleines Buch über die Wiedereinsetzung des Edikts von Nantes: „Erwiderung auf Einwände, die man gegen die Wiedereinset-

zung des Edikts von Nantes zum Zwecke eines allgemeinen Friedens erhebt!" Hintergrund sind Verfolgungen von Katholiken in England und Irland.

22.12.1697
Ein Gebot wird erlassen, daß Neugeborene unbedingt zu taufen sind und Kinder in der römisch-katholischen Lehre zu unterweisen sind. Der Papst suchte zu diesem Zwecke um Hilfe bei dem König nach. Schon neun Jahre nach dem Widerruf wird damit deutlich, daß der Widerstand auch mit der Zurücknahme des Friedensediktes Heinrichs IV. nicht zu brechen ist und nur zur Täuschung führt.

1698
Der Kardinal Staatssekretär Spada schreibt über die Politik Ludwigs XIV.:

> Es wird ebenso notwendig wie nützlich sein, jenes Reglement, an das man denkt, um die Neubekehrten im Zaume zu halten, und ohne dieses wird man sehr in Sorge sein müssen um ihren Starrsinn und ihre Erregbarkeit, dergestalt, daß sie wieder zu den Irrtümern ihrer alten Religion zurückkehren werden. Ebensowenig wie sie von unserer Religion nicht zu überzeugen sind, zu der sie sich augenblicklich nur zum Scheine bekehren, verzichten sie nicht auf die Herausforderungen, die sie erheben.

Dez. 1700
Der junge Jean Marteilhe (geboren 1684 in Bergerac) und sein Freund Daniel Legras fliehen in Richtung Holland durch die Ardennen. Jeans Vater war bereits im Gefängnis von Perigueux, Bruder und Schwester in einem Konvent. Die Mutter erlag schweren Foltern. Im Januar 1702 befindet er sich in Dünkirchen, um auf eine Galeere gesetzt zu werden. Auf dieser waren außer ihm fünf andere Reformierte. Zum Glück für die etwa 1450 Protestanten auf

Galeeren zu diesem Zeitpunkt erkannten die Kapitäne oft nur zu deutlich, daß sie es mit Leuten anderen Schlages zu tun hatten als mit den heruntergekommenen Soldaten, Verbrechern oder Mördern, die ihnen sonst die Schiffsmotoren bildeten. Daher suchten sie, den Hugenotten hie und da entgegenzukommen, solange es sie selbst nicht gefährdete. Besonders beliebt waren Landaufenthalte, von denen die Kapitäne sie nicht allzu ungerne fliehen ließen.

So wurde auch Jean Marteilhe im Dezember 1702 zu einem Herrn Piecomt geführt, der ein Freund der Familie und des Galeerenkapitäns war. Dort kann er sich von Strapazen erholen und Wunden pflegen lassen. Am 5. September des Jahres 1708 provoziert die Galeere ein englisches Schiff und wird in der Folge zerschossen. Zufällig wird Marteilhe als Überlebender entdeckt und wieder dem Herrn Piecomt zugeführt, der die schweren Wunden versorgen läßt. Im Oktober 1712 kommt Dünkirchen an England. Marteilhe wird über Paris nach Marseille zu einer anderen Galeere geschafft. Unterwegs helfen den Gefangenen die Nouveau Convertis. Am 17. März 1703 kommt er in Marseille auf die Grande Reale. Im August schon wird er aufgrund des Druckes, den Königin Anne wegen der Galeeren auf Frankreich ausübte, befreit. Der König erleichtert nun sogar die Ausreise. Marteilhe wählt die Niederlande und wird vom Konsistorium der Wallonischen Kirche nach London in einer Dankeskommission zu Königin Anne entsandt. 1714 befindet sich in einer zweiten Gruppe von Entlassenen Daniel Legras, der mit Marteilhe geflohen war. Marteilhe schreibt später seine Lebenserinnerungen und ist der einzige Protestant, der über seine Galeerensträflingszeit berichtete. Sein Buch stellt mithin eine Quelle von unglaublichem Wert dar.

1702
Ausbruch des Camisardenkrieges in den Cevennen.

1704
Ende des Camisardenkrieges. Pierre Laporte „Rolland" heiratet Catherine Bringuier de Cornély, ihre Schwester Marthe heiratet den Camisardenleutnant Maillet. Im August wird Rolland aufgespürt und getötet, die Frauen aus der Gegend vertrieben.

1705
Generalfeldmarschall Villars entdeckt in den Bergen der Cevennen Hugenotten, „die hugenottischer als ihre Eltern sind", obwohl sie nie mehr eine reformierte Kirche erlebt hatten.

1707
Neuenburg in der Schweiz (Neuchâtel) wird preußisch.

1709
Das Kloster Port-Royal wird abgerissen, damit es nicht zu einer Pilgerstätte für den Jansenismus wird.

1715
Tod Ludwigs XIV.

Der Pastor Antoine Court (1696-1760) versucht auf einer „Synode" in Montèzes (Niedercevennen) die reformierte Kirche zu reorganisieren, den Widerstand zu bestärken und Pfarrer in Neuchâtel ausbilden zu lassen.

Jean Chapal (1685-1731) hält lange Zeit Gottesdienste im Poitou aufrecht, wird aber dann gefangengenommen, zunächst zum Tode verurteilt, dann aber zur Galeerenstrafe.

Entlassung eines Teiles der Galeerensträflinge.

1717
Weitere Entlassung von Galeerensträflingen und allmähliche Auflösung der Galeerenflotte. Doch zwei vergessene Galeerensträflinge werden erst 1775 aus dem Zuchthaus entlassen!

1724
Unter Einfluß des Kardinals André Hercule Fleury erläßt Ludwig XV. am 14. Mai ein verschärfendes Edikt.

1725
Die Bewohner von Aigues-Mortes erleben den Vorbeitransport vieler Galeerengefangener aus den Bergen.

1726
Unter Leitung Antoine Courts findet die erste Synode nach 1659 statt. Bis 1763 werden sechs weitere folgen.

Abt Robert von der Kathedrale zu Nîmes schreibt: „Alles, was das Edikt von Fontainebleau bis jetzt gebracht hat, ist die vorgebliche allgemeine Bekehrung, die doch nur einen Teil der Untertanen des Königs eines geordneten Religionslebens und fast jedes Gefühl für echtes Christentum beraubt hat und die Gefahr, daß sie in völligen Unglauben verfallen und ihre Pfarrer zwingen, die Sakramente der Kirche ständig zu verweltlichen."

1730
Marie Durand, 15 Jahre alt, wird in den Kerker von Aigues-Mortes eingeschlossen, wo sie mit neun anderen Glaubensgenossinnen bis April 1767 bleibt.

1735
Die Reformierten feiern mit einem Fastensonntag den 50. Jahrestag der Widerrufung.

1745-48
In diesen Jahren kommt es zu einer „Großen Verfolgung".

1748
Jean Marteilhes Memoiren erscheinen in Amsterdam.

1751
Voltaire verwendet seinen ganzen Einfluß darauf, den al-

ten Metzger Claude Chaumont (80 Jahre) aus dem Gefängnis zu bringen.

1758
Abbé de Caveyran schreibt eine „Apologie Ludwigs XIV. und seines Rates zur Widerrufung des Edikts von Nantes".

1763
Auf das Betreiben des Pastors Paul Rabaut entläßt der Gouverneur Paul-Juste de Beauvau mit Erlaubnis des Hofes vier Gefangene.

Affäre Callas in Toulouse: Der Vater der Familie wurde des Todes seines Sohnes beschuldigt, weil dieser katholisch sei. Voltaire rehabiliert ihn später mit dem Essay „Abhandlung über die Toleranz, anläßlich des Todes J-Callas". Callas wurde in Toulouse öffentlich gerädert.

1764
Der Tour de Constance in Aigues-Mortes zählt noch etwa 30 Insassinnen, von denen etwa die Hälfte schon alt ist.

1767
Unter dem Vorwande einer Inspektionsreise entläßt Gouverneur Beauvau 14 Gefangene. Als ihn wegen dieses vorschnellen Handelns vom Minister La Vrilliere getadelt wird, schreibt Beauvau mit Worten zurück, die in Frankreich jahrhunderteltang unerhört waren:

> Gerechtigkeit und Humanität sprachen in gleichem Maße für die Unglücklichen. Ich konnte mir nicht gestatten, unter ihnen zu unterscheiden, und nach Abschließen des Turmes konnte ich nur hoffen, daß er nie mehr zu einem solchen Zweck dienen werde.

Dem König selbst schreibt der mutige Mann wenig später:

> Der König ist mein Meister, der mir das Kommando, das er mir anvertraut hat, entziehen kann. Aber er kann mich nicht daran hindern, die Aufgaben zu erfüllen, die mir mein Gewissen und die Humanität stellen.

Die letzten beiden Gefangenen, Suzanne Pages und Marie Roux, 29 und 23 Jahre alt, werden am 26. Dez. 1768 entlassen, zwei Wochen nach Eintreffen des königlichen Gnadenerlasses durch den Minister St. Florentin. Es war derselbe Minister, der am 14. April 1767 Marie Durand aus Bouschet-de-Pranles im Privas entlassen hatte.

Marie Durand, 38 Jahre lang im Tour de Constance gefangen, war die Tochter des Pfarrers Pierre Durand und Enkelin Etienne Durands, der 14 Jahre im Fort Brescou gefangen gehalten worden war. Ihre Schwester wurde im gleichen Alter wie Marie (15 Jahre) in den Tour de Constance gebracht. Ihr Verlobter Mathieu Serres wurde 20 Jahre im Fort Brescou gefangen gehalten und unter der Bedingung freigelassen, daß er das Languedoc sofort verließe. Die Schwiegermutter des Vaters der Marie, Isabeau Sautel, wurde ein Jahr nach Marie im Alter von 50 Jahren in den Turm gebracht, wo sie 1754 gelähmt starb. Marie wird die Einritzung „Recister" (gemeint ist „resister", widerstehen) in einem Stein der Festungsmauern) zugeschrieben. Eine andere Inschrift lautet „au ciel", gen Himmel. Den Franzosen ist der Turm von Aigues-Mortes heute so etwas Ähnliches wie die Bastille, ein Symbol des nicht zu brechenden Widerstandes gegen die kalte, ungerechtfertigte Macht derjenigen, die alles besitzen wollen.

1787

Am 26. November nimmt König Ludwig XVI. von Versailles aus das Widerrufungsedikt von Fontainebleau seines Großvaters Ludwig XIV zurück. Die drei Gründe, die das Edikt der Toleranz dazu anführt, sind auch die Quellen, aus denen der Eindruck auf vielen Seiten gespeist wurde, daß dieses Edikt erforderlich sei, nämlich erstens die Feststellung, daß der Glaubensgehorsam der Protestanten keineswegs zu unterdrücken war und die katholische Kirche zwar die erwünschten Bekehrungen bekam, jedoch nur äußerlich. Das sah sie sogar selbst ein, und allmählich wurde die Abneigung vor dieser Art des Katholizismus so groß, daß sogar in der katholischen Literatur immer häufiger von der Wiedereinsetzung des Edikts oder von der Unklugheit des Widerrufs geschrieben wurde. Zweitens begann die Aufklärung ihre Freunde und leidenschaftlichen Anhänger zu finden, die an Gewaltmaßnahmen immer weniger Geschmack fanden. Aufklärerische Toleranz bemächtigte sich sogar der Militärs und Intendanten, wie wir am Beispiel Beauvaus, des Befreiers der Frauen aus dem Tour de Constance sahen. So sehr diese neue geistige Kraft zu begrüßen ist und schließlich zur Befreiung des Protestantismus führte, so bedauerlich ist doch eigentlich, daß es nicht eine Kirche war, die diese Freiheit in die Neuzeit brachte sondern weltliche Philosophie. Drittens ist es die Einsicht in die staatlich-ökonomischen Bedürfnisse, die das Exil so vieler Bürger bedauern ließ.

Gleichzeitig deutet sich in diesem Werk, das vor allem das Verdienst von Männern wie Malesherbes, La Fayette und Rabaut-Saint-Etienne ist und auf Vorschläge der Pastoren Court de Gebelin und Paul Rabaut einging, das zunehmende Gewicht des Weltlichen vor dem Geistlichen an, das sich als Folge daraus ergab, daß sich die katholische Kirche so gerne des starken Armes des Königs bediente. Nun war er inzwischen so stark geworden, daß die Kirche selbst gar nichts mehr zu melden hatte. Die Berufung des protestantischen Finanzministers Necker knüpft an eine frühe und gute Tradition an, zeigt aber deutlich, wieweit nun die geistlichen Prinzipien (in diesem Falle zum Glück) hinter weltlichen zurückzustehen begannen.

Dem König-Großvater Ludwig wird zugestanden, daß sein Motiv die Einheit des Glaubens war, doch daß er von „trompeuses apparences de conversions", also „täuschendem Erscheinungsbild der Konversionen" daran gehindert wurde, seine eigentlich tolerantere Herrschaft beizubehalten. Doch dieser Versuch, den Großvater zu rehabilitieren, wird im nächsten Satz gleich torpediert, wenn es heißt, „ziehen wir auf jeden Fall die Mittel der Unterweisung und Überzeugung vor" – hat Ludwig diese also nicht benutzt? Wird nicht die Gewalt noch einmal ausdrücklich verboten („und wir verbieten mit größter Strenge alle Mittel der Gewalt, die den Prinzipien der Vernunft und der Menschlichkeit und dem wahren Geist der Christlichkeit widersprechen"). Da haben wir's: Erst Vernunft, dann Humanität und dann erst der „Wahre Geist der Christlichkeit". Aus einer ganz unerwarteten Ecke kam den Protestanten die Rettung: Nicht vom Ausland, nicht aus einer Kirche, sondern aus der Philosophie – und ebenso unerwartet kam den Katholiken und dem Ancien régime von dort derjenige, der ihnen den Stab aus der Hand nahm. Doch erst neun Jahre, nachdem die letzten Gefangenen aus dem Tour de Constance entlassen worden waren, reichte das nicht mehr aus, zwei Jahre später die Revolution zu verhindern.

Eigentlich ist das Versailler Toleranzedikt ein Edikt der Demut. Denn nach dieser Einleitung gibt der König zu, daß „das Interesse unseres Königsreiches es nicht länger gestattet, diejenigen unserer Untertanen oder Ausländer, die in unserem Land beheimatet sind und sich zu einer anderen als der römisch-katholischen Religion bekennen, von den Bürgerrechten auszuschließen." War der Staat nicht so stark, daß er solche Rücksichten nicht zu nehmen brauchte? Nicht einmal der Mißbrauch in der Kirche wird verschwiegen: „oder die Sakramente zu erniedrigen durch simulierte Bekenntnisse oder durch Verleugnung vor ihren Kindern" – sieh an, bislang hatte man nichts auf ein echtes Bekenntnis gegeben, nun zählt es.

Gleichsam, als ob sich das Edikt erst Mut zu seiner Ehrlichkeit zureden müsse, sagt es gegen Schluß noch einmal deutlicher, welch böses Spiel mit den erzwungenen Bekehrungen getrieben wurde, und eigentlich bleibt eine Kritik an der katholischen Kirche nicht verhohlen: „Die Ordonnanzen haben sogar den Eindruck erweckt, daß es nur noch Katholiken in unseren Landen gäbe, und diese Fiktion, die heute nicht mehr zu dulden ist, (!) hat als Motiv für das Schweigen der Gesetze gedient ..."

Hätten die Protestanten nicht an ihrem Glauben festgehalten und wären nicht in hellen Scharen ausgewandert, so wäre der Fehler jetzt nicht so deutlich eingesehen worden. Indirekt hat sich ihr Kampf damit nach langer Zeit doch noch gelohnt und die verdiente Frucht in Form von Glaubens- und Gewissensfreiheit erworben. Formell waren Pastoren zwar noch nicht anerkannt und auch nicht die öffentliche Ausübung des Glaubens, doch waren die Protestanten persönlich rehabilitiert und genossen wieder freien Zutritt zu allen Ämtern – wieder ging die Politik vor der Religion, Zeichen der grundlegenden neuzeitlichen Änderung, die von nun an auch über Frankreich herrschen wird. Ihre Eheschließungen, Geburten und Todesfälle werden anerkannt. Vom Gottesdienst stand nichts in den 27 Artikeln, was die Protestanten allerdings zugunsten ihres Kultus auslegten.

1788
Im zweiten Stück des ersten Bandes des Jahres bringt die Zeitschrift „Akten, Urkunden und Nachrichten zur neuesten Kirchengeschichte" eine achtzigseitige Dokumentation über das Edikt, den Wortlaut auf Französisch und in Übersetzung und den Vorgang der Registrierung beim Pariser Parlament am 29.1.1788, womit es rechtskräftig wurde und mit Auszügen der Reden, die Befürworter und Gegner hielten.

1789
Ein deutscher Reisender berichtet einer Zeitung:

> Mit großem Vergnügen habe ich auf unserer Reise durch Frankreich bemerkt, daß die kritische Lage, wo-

> rin sich dies schöne Königreich dermalen befindet, das Gute schon für unsere protestantischen Brüder darin hervorgebracht habe, daß ihr Gottesdienst jetzt weit freier und völlig ungestört ist. Sie haben fast überall vor einigen Monaten angefangen, in ihren Versammlungen zu singen. In Nantes haben sie sogar eine Orgel. In Bordeaux haben sie während unseres Aufenthaltes den ersten gestorbenen Protestanten öffentlich begraben. Die lutherische und reformierte Gemeinde daselbst wollen ein gemeinsames Bethaus bauen. So weiß die göttliche Fürsehung durch das Vollgewicht eines einzigen protestantischen Neckers der Wut tausender fanatischer Zeloten Einhalt zu tun. Fast in allen Provinzen sind Protestanten als Mitglieder zu der Versammlung der Reichsstände in Versailles erwählt worden. Wieviel Gutes und Ersprießliches läßt sich aus diesen glücklichen Umständen erwarten!

Es war der junge Rabaut, Rabaut-St. Etienne, der als Deputierter im August in die Assemblée constituante 1789 gewählt wurde. Er setzte sich dafür ein, daß in der Verfassung vom 26. August die Menschen- und Bürgerrechte einen Artikel zur Glaubens- und Gewissensfreiheit enthalten. Das war ein Moment, der die Protestanten stets auch an die Republik band.

Der Beobachter schildert bei einer Reise im Jahre 1791, in dem am 3. September die völlige Kultusfreiheit gewährt wurde, seine neuerlichen Reiseeindrücke:

> Nun feierten die Pariser Reformierten ihre Gottesdienste nicht mehr im Schutze der holländischen wie die Lutheraner in der schwedischen Gesandtschaft, sondern öffentlich in der Kirche Saint-Louis du Louvre. Ähnliches geschah in anderen Städten, wo Protestanten sich nun nicht mehr in unauffälligen Betsälen versammelten.

Es sollte der reformierten Kirche doch noch einmal vergönnt sein, in einem Frieden zu leben, wie ihn der weise Heinrich IV. vorgesehen hatte.

2. Der ewige Hugenotte und die „kleine Bibel"

Die meisten Leser wird verwundert haben oder ihnen wird neu gewesen sein, daß das Psalmensingen der französischen Reformierten Gegenstand oft der ausdrücklichen und speziellen Unterdrückung durch das Regime gewesen war: Die Hugenotten durften entweder nicht öffentlich, nicht laut, nicht außerhalb von Kirchen, nicht auf Französisch oder mit sonst einer Einschränkung Psalmensingen. Dennoch wichen die Psalmenlieder nicht einmal auf den Scheiterhaufen von ihren Lippen.

In der Tat sind die von den Hugenotten angeregten Psalmenvertonungen auch der einzige kulturgeschichtliche Beitrag der Hugenotten bis in unsere Zeit geblieben, während ihre Kirchen ja bis auf zwei oder drei restlos zerstört wurden. Die kulturgeschichtliche Wirkung der Psalmen war dafür allerdings enorm. Das ist erstaunlich, weil der Psalter ja schon seit Benedikt von Nursia, dem Vater des abendländischen Klosterlebens, zum ständigen Gebet der Mönche gehören: In einem Monat soll der Psalter einmal durchgesungen werden. Er war also keineswegs von den Reformierten neuentdeckt oder erstmalig in gesungene Form gebracht worden. Dennoch band er die Reformierten mit solcher Kraft und war so starker Ausdruck ihres Glaubenslebens auch auf andere – denn sonst wäre er ihnen ja nicht immer verboten worden.

Martin Luther war musikalisch gebildet und besaß ein feines Ohr, das seine Mitarbeiter an ihm rühmten. Er war zwar auch der Ansicht, daß das Singen reformiert werden müßte, doch anders als die Reformatoren Zwingli und Calvin stieß er beim Reformieren des Schwulstes in der katholischen Kirche nicht auch den Sockel des Denkmals um sondern ließ ihn stehen. Zwingli, obwohl selbst ein wahrer Mozart Zürichs, verbannte doch die Musik restlos aus der Kirche, weil er der Meinung war, Musik könne vom rechten Hören des Wortes Gottes ablenken. Ein Zeitgenosse schalt die Orgel als „Sackpfeife des Teufels". In Opposition zur alten Kirche dachte Calvin ganz ähnlich und verbannte ebenfalls jede Musik aus der Kirche. In Straßburg, wo sich mehrere reformatorische Strömungen mischten, erkannte er jedoch die unglaubliche Wirkung der volkstümlichen Kirchenlieder, von der ja ein katholischer Theologe sagte, Luther habe Deutschland mit den Kirchenliedern reformiert. So kam er bei der Gemeindearbeit in Straßburg dazu, wenigstens den einstimmigen Gemeindegesang, unbegleitet, zuzulassen. Dadurch kam es zwar nicht mehr zu einer solchen Wirkung der Theologie auf die Musik, die in unseren Grenzen Meister wie Bach, Händel, Telemann, Sweelinck und viele andere hervorgebracht hat, doch der Psalter der Hugenotten geriet dabei dennoch zu einem Kleinod, zum meistübersetzten Gesangbuch der Welt. Schon 1735 ließ der Missionar Heinrich Werndli in Amsterdam eine Ausgabe in malaiischer Sprache erscheinen! Ferner ist er das einzige offizielle Kirchengesangbuch der Welt, das als solches und in seiner Gesamtheit von einem Komponisten vertont wurde. Von seinem Entstehungsjahr, 1562 bis 1565 entstanden nicht weniger als 63 verschiedene Ausgaben des Buches. Die reformierte Gemeinde war auch dadurch gekennzeichnet, daß sie das Psalmengesangbuch in den Gottesdienst mitnahm, während in lutherischen Kirchen meistens auswendig gesungen wurde.

Nur zwei Textautoren sind bei der Umsetzung der Prosaübertragungen aus dem Hebräischen ins Französische beteiligt: Clément Marot und Théodor de Bèze. An der Vertonung sind nur drei Personen beteiligt: Guillaume Franc,

Louis Bourgeois und Pierre Davantes (nach neuesten Forschungsergebnissen: Nur die 150 Psalmen sollten enthalten sein, so nahe wie möglich am biblischen Text, kein Paraphrasieren, kein Auffüllen, kein Weglasen, kein Raffen, kein Deuten, keine Zusätze waren erlaubt).

Auch die Melodieschöpfer unterlagen strengen Regeln: Nicht mehr als eine Oktave Tonumfang, nur zwei Notenwerte (kurz, lang), kein Dreiertakt, keine hüpfenden Punktierungen (der Gesang soll „poids et majeste", Gewicht und Würde haben, wie Calvin im Vorwort sagt), keine Ligaturen. Jedoch sollten alle zwölf Tongeschlechter erlaubt sein. Nach jeder Zeile darf eine Pause erscheinen, die der Gemeinde das Luftholen in Ruhe gestattet. Daß unter diesen strengen Regeln ein solches Kunstwerk entstand, läßt erstens auf die Begabung der Beteiligten schließen, zweitens aber von der Weisheit der Beschränkungen.

Den 150 Psalmen selbst wurde später nur noch die Zehn Gebote und der Lobgesang des Simeon zugelassen.

Zu den 150 Psalmen bestehen 125 verschiedene Melodien. Es stellte damals hohe Anforderungen an eine Gemeinde, wenn fünf Eigenweisen sich zu nur einer Lehnweise verhielten. Dem kam jedoch entgegen, daß der ganze Psalter seit 1562 in regelmäßiger Verteilung während eines halben Jahres gesungen wurde, so daß jeder Psalm zweimal im Jahr an die Reihe kam.

Einen starken Impuls zur Verbreitung des Psalters geschah durch die deutsche Fassung, die der Rechtsgelehrte Ambrosius Lobwasser 1572 in Danzig besorgte. Schon 1573 entsteht eine zweite Ausgabe in Leipzig, und mit diesem Vorstoß in der Buchhändlerstadt brach dann eine Lawine von Übertragungen und Nachdrucken los: 797 Ausgaben entstanden bis zum Jahre 1800, die alle auf Lobwasser zurückgehen! Nach dem Vorbild des neuen holländischen Gesangbuchs von 1973, an dem sich fünf Kirchen beteiligten, hat auch das Gesangbuch der Evg. ref. Kirche in Nordwestdeutschland an erster Stelle die 150 Psalmen stehen.

Auf französischem Gebiet ist es schwerer, die Reihenfolge der Entstehung nachzuvollziehen, weil die Genfer Drucker um der Verfolgten willen bei vielen Ausgaben den Druckort ausließen. In den ersten 60 Jahren seines Bestehens ist der Psalter auch rund zwölfmal mehrstimmig vertont worden, darunter vom Melodienschöpfer Goudimel selbst mit drei Fassungen, Jean Servin, Pierre Santerre, Claudin le Jeune und Jan Pieterszon Sweelinck und anderen. Bis einschließlich Sweelincks Todesjahres 1621 bestanden bereits 1527 verschiedene Sätze zu den 125 Melodien, bis heute dürften es über 2 000 sein. Daneben gibt es auch Instrumentalsätze für Lauten. Das ist ein Zeichen dafür, daß diese Liedkunst bald zum Volkslied wurde. So heißt es auch auf der Rückseite eines Titelblatts einer Genfer Ausgabe von Sätzen Goudimels im Jahre 1565:

> An die Leser: Wir haben der Melodie der Psalmen in diesem kleinen Bande drei weitere Stimmen beigefügt, nicht etwa in der Absicht, sie in der Kirche singen zu lassen, sondern um sich privat zu Hause in Gott zu erfreuen. Das kann umso weniger getadelt werden, als die Melodie, wie man sie in der Kirche braucht, völlig unangetastet bleibt, wie wenn sie allein erklänge.

Im gleichen Sinne schreibt der Pionierpfarrer der reformierten Kirche in Düsseldorf, Joachim Neander, wenn er bei „Christenergötzungen im Grünen" – wahrscheinlich in dem nach ihm benannten Neandertal-Psalmenlieder singen ließ. Jan Pieterszon Sweelinck (geboren 1562) war der erste Komponist, der alle Psalmenlieder vertonte. Seine Sätze erfreuten sich großer Beliebtheit im Oberengadin. Von einer Synode des Jahres 1712 in Zuoz kehrte ein Pfarrer verwundert zurück, daß sich dort „das rahreste Kirchen Gesang im ganzen Lande" finde, weil ein „Zuozer Schulmeister diese rare Singskunst von den Musikanten des Prinzen von Oranien erlehrnet" hatte. Der Zweite, dem diese Gesamtvertonung gelang, war Heinrich Schütz (geboren 1598). Vierzig Jahre lang arbeitete er an dem, was sich uns heute als ein Werk darbietet. Den 125 bestehenden Melodien schuf er 25 eigene hinzu, so daß bei ihm jeder Psalm eine eigene Weise bekommt. Was er als Opus 1 zählt, wirkt auf uns wie sein reifstes Lebenswerk. Musikgeschichtlich belebte Schütz dadurch auch die deutsche Psalmenmotette neu, die in der zweiten Hälfte des 16. Jahrhunderts im Niedergang befindlich war. Auf deutschem Boden ist Luther der Erfinder des Psalmliedes, doch daß ein integrales Werk aus Psalmenvertonungen entstehen sollte, mochte er wohl nicht ahnen. Nur Hans Sachs in Nürnberg hegte Pläne dazu. Heinrich Schütz nahm sich allerdings nicht den Lobwasserschen Psalter vor, sondern benutzte den soeben in Leipzig (1602) herausgegebenen von Cornelius Becker. In diesem Psalter hatten alle bis auf elf keine eigenen Melodien, und Schütz schuf sowohl eigene Weisen für diese als auch neue Sätze für alle. Die Entstehung eines katholischen Liedpsalters (Caspar Ulenberg, 1582) ist dann nicht mehr überraschend.

Umgekehrt werden die verzweifelten Hugenotten, die den Psalter in doppelbödigen Schemeln oder hohen Schuhsohlen verbargen, nicht geahnt haben, daß das biblische Buch, das sie als Schatz hegten, eine so glänzende Wiederaufnahme finden sollte.

3. Das Erbe der Hugenotten: Die „Camisarden" in der Résistance des Zweiten Weltkriegs

Historiker oder Geschichtsschriftsteller bedienen sich gerne und oft des Ausdrucks „In ihren Adern floß das Blut von ...", und an die Stelle der Pünktchen ist dann meistens etwas Heroisches zu setzen. Wenn man damit auf einfache Weise eine genetische Verwandtschaft bezeichnen will, so ist der Ausdruck vernünftig; denn genetische Anlagen halten sich in der Tat über Generationen hinweg, wie zum Beispiel das vorstehende Unterkinn der Habsburger. Möglicherweise hat diese Beeinträchtigung dazu geführt, daß die Kaiser dieses Hauses in Spanien das Lispeln der S-Laute einführten, während in Südamerika ja kein englisches „th" an Stelle von s und z gesprochen wird. In den meisten Fällen aber benutzen die Geschichtsschreiber dieses Ausdruck nicht, um eine noch sinnvolle genetische Beziehung anzudeuten, und dann ist er gewagt; denn mit Genetik oder Blutsverwandtschaft sind sicher nicht mehr die Entscheidungen eines Urenkels zu begründen. Der Präsident der Goethegesellschaft, Klaus von Bismarck, ist eindeutig mit dem Reichskanzler Otto von Bismarck verwandt, aber die Entscheidung des Institutes, in Peking eine Filiale zu errichten, hat bestimmt nichts damit zu tun, daß Otto von Bismarck sich nach einigem Zögern entschied, die deutschen Kaufleute in Afrika mit der Gründung von Kolonien rechtlich und leiblich zu sichern. Wenn man den Ausdruck abgesehen von wirklicher Blutsverwandtschaft als bloßes Bild gebraucht, dann ist er dennoch nur sinnvoll, wenn es um einen Charakterzug geht, für den die Ursachen wirklich auf ein früheres geschichtliches Ereignis zurückzuführen sind. Die Tatsache, daß Hunnenkönig Attila in Budapest weilte, rechtfertigt aber nicht, den heute dort vorhandenen Ungarn nachzusagen, in ihren Adern flösse das Blut der Hunnen.

Einheimische ebenso wie ausländische Bewunderer Südfrankreichs und seiner Geschichte sind dazu verführt, diesen Ausdruck auf die Camisarden anzuwenden, entweder, wenn sie die grandiose Landschaft sehen und dem nachsinnen, wie sich die Menschen hier all die Jahrhunderte hindurch behauptet haben, oder wenn sie von der Geschichte der Partisanenkriege anfangs des 18. Jahrhunderts hören und sich das Geschehen in die Landschaft ausmalen, die sie heute vor Augen haben. Kann man aber das Gepräge der heute dort lebenden Franzosen wirklich mit der Geschichte der Camisarden verständlich machen, als eine Wirkung der Feinde Ludwigs XIV. erklären? In mancher Hinsicht scheint das der Fall zu sein. Zwar kann die Geschichte manches auslöschen – so wie die Französische Revolution etwa die katholische Religiosität des Landes auslöschte. Aber die Unterdrückung war ja auch ein anhaltender Zustand, und so ist es möglich, daß einige Wirkungen erhalten blieben, als die Ursache schon nicht mehr gegeben war. Man denke etwa daran, daß Eltern, die die Gefahren der Dragonaden ständig und jeden Augenblick vor Augen haben, eine Haltung einnehmen können, die sich auf das Verhalten der Kinder überträgt. Darüber hinaus weiß man heute nur allzu genau, wie sich die psychische Stabilität der werdenden Mütter auf das Verhalten des erwarteten Kindes auswirkt. Hier liegt also wieder eine echte „Blutsprägung" vor. Ebenfalls kann man sich leicht vorstellen, daß die ältere Generation eines bedrohten Volkes oder Volksteiles ein geschicktes Verhalten um des Überlebens willen erlernt und annimmt, das sie ebenso bewußt den Kindern beibringt, weil es Erfolg hat. Wenn die Bedrohung lange anhält, so kann aus erworbenen Techniken durchaus ein Charakter entstehen, und weil alle Menschen des bedrohten Volksteiles diese Überlebenstechniken annehmen müssen, kann durch ihr ähnliches Verhalten eine ganze Gegend geprägt werden.

Vererbung einer Seelenstruktur

Zum Zustand der Unterdrückung nach dem Widerruf des Edikts von Nantes gehörte ja, daß Gemeinden, auf deren Gebiet auf Feldern Gottesdienste abgehalten wurden, hohe Geldstrafen zahlen und Einquartierungen hinnehmen und auch bezahlen mußten. Eine solche Anordnung ist dazu geeignet, ein Volk zu spalten; denn die einen, die Ruhe haben wollen, disziplinieren möglicherweise die Mutigen. In den Cevennen führte einerseits die Bibelfestigkeit der Bewohner dazu, daß sie sich nicht von ihrer Religion abbringen und „keinen vom Pferd" erzählen ließen, andererseits hatten sie das Gefühl, aufgrund der Gegend und ihrer Zahl Widerstand leisten zu können. Insbesondere die Vergleiche mit der Wüstenwanderung des Volkes Israel waren eine mächtige Aufforderung unter den Reformierten, der Bedrohung nicht nachzugeben.

Während die Unterdrückung aus Paris ihren Höhepunkt erreichte, wurden junge Cevenols mit Prophetie begabt. Sie predigen unerschrocken und rufen diejenigen zur Buße auf, die dem evangelischen Glauben abgeschwört und es doch bereut hatten. Ihre Weissagungen waren zunächst friedlich. Doch als die Verfolgungen nicht abrissen, predigten sie auch Gewalt. Das bedeutete eine Kehre innerhalb des Glaubens und des Verhaltens der Reformierten. So hat auch der Textilarbeiter Abraham Mazel aus St. Jean-du-Gard eine Vision. Er appelliert an die Brüder seines Volkes, das Land zu befreien! Zu dieser unerhörten Aufforderung wurde er durch eine Vision gebracht, die er in seinem Tagebuch festhielt: Fette schwarze Ochsen sind in einen Kohlgarten eingedrungen und fressen und zertrampeln das Gemüse. Davon soll er künden.

Der Camisardenkrieg beginnt im Juli 1702, dauerte zwei Jahre, und seine Wirkungen bis heute sind in der Tat klar aufzuzeigen: 2 000 Partisanen hielten die Truppen Ludwigs XIV. in Schach und verhinderten dadurch, daß er sich im Ausland so engagieren konnte, wie er es gerne gewollt hätte. Auf eine Weise, die Mao Tse Tung später „wie die eines Fisches" beschrieb – heute Bauer, morgen Partisan – trieben sie ihren Nepp mit den schwerbewaffneten und zu allem entschlossenen Truppen des Sonnenkönigs. Über die politischen Ziele und Anlässe der früheren Religionskriege hinaus sahen sie sich mit Hilfe des Krieges selbst als ein Instrument Gottes (die Formulierung eines „Heiligen Krieges" tauchte dennoch nicht auf). Psalm 68 singend und gut erkennbar dank ihrer weißen Hemden, deretwegen sie „Camisarden" hießen (vom provençalischen Wort für

„Chemise"), schlugen sie als Geländekundige die Truppen des Königs in die Flucht. Erst als Verhandlungen und sogar freier Abzug aller Camisardentruppen angeboten wird, bricht dieser Widerstand. Die Cevenols waren einfach zu kriegsmüde. Die Camisarden hatten durch die so erzwungenen Verhandlungen dennoch immerhin erreicht, daß die Regierung ihre Angst vor diesem Süden behielt und ihre Verfolgungen dort nie mehr wiederholte, zumindest nicht mehr im früheren Ausmaße. Die Camisarden haben damit den Protestantismus in ihrer Heimat gerettet und indirekt sogar in ganz Frankreich. (Erst recht, als die Cevenols sich aus beruflichen Gründen in ganz Frankreich wieder zu bewegen begannen und dann ihren Glauben bezeugten.) Diese nationale Bedeutung macht die Cevenols natürlich besonders stolz. Wie anders diese Kriege als die früheren Hugenottenkriege unter den Condé, Coligny oder Heinrich IV. zu verstehen sind, wird dadurch erhellt, daß die Hugenotten im Exil sie verurteilten, ja fast als Verbrechen hinstellten. In den Cevennen jedoch wird die Erinnerung stolz und dankbar gepflegt, und dazu dienen volkstümliche Geschichten. Damit erreichen wir also ein konkretes Mittel der Überlieferung der Prägung der Camisardengeneration auf die heutige. Eine Frau aus St. Germain-de-Calbert etwa erzählt, jemand habe einer Amsel den Psalm 68 beigebracht, den sie immer singe, wenn Katholiken vorbeikämen. Ein Dorfschullehrer aus St. Jean-du-Gard sammelt heute solche Geschichten und Legenden, und zwar aus historischen, literarischen und linguistischen Gründen; denn freilich werden die Geschichten vorwiegend im okzitanischen Dialekt dieser Gegend überliefert oder sie sind in ihm wirkungsvoller als im offiziellen Französisch. Wie Land und Geschichte zusammenwirken, erläutert er an einem Beispiel aus der Gegend von Violas. Dort erzählte man von einem Felsen mitten in einer Grotte, daß man auf ihm die Prediger enthauptete, die man bei der Wüstenpredigt erwischte. Daher sei der Felsen blutrot gefärbt. Der Besucher sieht in der Tat einen roten Streifen zwischen dem hellen Gestein am Rande des Blockes verlaufen – eine Schicht roten Granits. Aber so sachlich diese Erklärung auch ist, so macht diese Geschichte doch in hervorragender Weise deutlich, wie mit Hilfe der konkreten Anschauung eine geschichtliche Tatsache überliefert und damit perpetuiert wird. Man sollte nie vergessen, daß ein Nichtalphabet ein ungleich besseres Gedächtnis für Ereignisse und Vorgänge hat als ein des Lesens und Schreibens Kundiger. So gibt es noch mehr Beispiele für die Tapferkeit, den Ruhm und Heldenmut der Camisarden, während die offizielle Geschichtsschreibung bis Mitte des 19. Jahrhunderts nur über die Fanatiker und Propheten spotteten.

Zur betreffenden Zeit also bekamen die Camisarden keine Unterstützung von den ausgewanderten und längst integrierten Landsleuten in Preußen oder in der Schweiz, erst recht kein Geld, vielmehr empfahlen diese ihnen die Ausreise. Nur in Holland ergriffen die Gazetten die Partei der verfolgten Südfranzosen und bekämpften den Sonnenkönig, was das Zeug hielt.

Daß Ludwig XIV. nie mehr zu Verfolgungen des früheren Ausmaßes zurückschritt, ist erst uns heutigen deutlich. Damals mußten die Camisarden und die Cevenols immer noch fürchten, daß die Könige aus Paris zu einem entscheidenden Schlag ausholen würden. Für sie gab es damals also nicht sofort Entwarnung. Das bedeutet, daß alle Haltungen, Einstellungen und Techniken, die die Cevenols zum Überleben brauchten, in eine Zeit fortdauerten, in der aus heutiger Sicht nicht mehr mit Maßnahmen gegen die Protestanten zu rechnen war. Daher überrascht nicht, daß die Cevenols sich sofort auf die Seite der Revolution schlugen, als ihnen diese Gelegenheit, ihr Republikanertum zu verwirklichen, endlich gegeben wurde. Allen laizistischen Bewegungen des 19. Jahrhunderts schlossen sie sich gerne an und wählten stets republikanisch. Aber auch der soziale Fortschritt, dessen sie endlich teilhaftig wurde, beruht auf dem Protestantismus der Cevenols. Sie waren ja fleißige Bibelleser und erzogen ihre Kinder zum Lesen und Schreiben. Die Cevenols wurden daher im klassischen Französisch so sicher, daß sie Ludwig XIV. unfreiwillig bei seiner Sprachvereinheitlichung halfen und so die okzitanische Sprache ins Hintertreffen schoben. Die Bibellektüre hat also einerseits geholfen, andererseits zu einem kulturellen Verlust geführt. Zur Zeit der „Wüsten"-Gottesdienste war Okzitanisch die Alltagssprache, dann übernahmen sie auch die Händler. Der jungen Generation nützten die Französischkenntnisse ganz besonders. Lange bevor es Staatsschulen gab, waren die jungen Cevenols bereits des Lesens und Schreibens kundig. Als dann Ende des 19. Jahrhunderts viele Stellen von Post und Bahn ausgeschrieben wurden, gerieten die Protestanten in eine vorteilhafte Position.

Desungeachtet behielten die Cevenols eine starke Liebe zu ihrer leidgeprüften Heimat, und sie förderten eine soziale Bewegung, die noch heute in Frankreich zu beobachten ist: Zum Studium und für den ersten Beruf nach Paris, in höherem Alter oder bei der Pensionierung zurück in die Provinz. Diese Fluchtbewegung zur attraktiven Arbeit macht allerdings den Gemeinden am Rande des französischen Sechsecks das Leben schwer.

Dieser allmähliche Erfolg wischte bis heute nicht aus, daß die Cevenols empfindlich auf jede Verfolgung reagieren und sich zum Anwalt aller Unterdrückten machen. Einerseits, weil sie dasselbe Schicksal erlitten haben und es sich so vorstellen können wie kaum ein anderes Volk in Europa, andererseits, weil sie so lange unterdrückt und benachteiligt gelebt haben, daß es ihnen nichts ausmacht, sich unbeliebt zu machen, indem sie für ein bedrohtes Volk die Stimme erheben.

Die Camisarden werden literarisch

Die Romane Jean Carrières („Mit den Augen eines Landarztes", „Der Sperber") geben ein besonders eindrückliches Bild der Charakteristik dieser Landschaft und ihres

Menschenschlages wieder. Der Arzt, der hier nach dem Studium in die Cevennen zurückkehrt, beobachtet dort die Landflucht des 19. Jahrhunderts, aber gleichzeitig auch die Anzeichen eines reichen Wirtschaftslebens, das die Widerstandskraft der Hugenotten erklärt. Trotz der Kargheit war das Land mit 50 Einwohnern/km^2 einigermaßen dicht besiedelt. Das beruhte einerseits auf den Eßkastanienbäumen, die das fehlende Getreide ersetzten und deshalb „Bäume des Brotes" genannt wurden, und dem Maulbeerbaum, der die einträglichen Arbeitsplätze der Seidenfabrikation ermöglichte und deshalb „Baum des Goldes" genannt wurde. Die Seidenraupenzucht schuf auch Verbindungen zu den Webern von Lyon, und diese alte protestantische Hochburg war immer für Verbindungen gut, oder teilweise auch direkt bis ins Ausland. Diese Wirtschaftsgrundlage brach im 19. Jahrhundert allerdings zusammen, als die Kunstseide auf den Markt kam, Industrie sich bei Alès ansiedelte und die Bäume krank wurden. Zwei Drittel der Bevölkerung verließen damals ihre Heimat.

Es geht weiter wie gehabt

Die Prägung der Cevenols ging damit dennoch nicht verloren. Wie Jean Ferard in „Nuit et Bruillard" (Nacht und Nebel) schildert, erreicht der Nationalsozialismus zur Zeit der Besetzung Frankreichs auch die entlegenen Gegenden. Anders als viele Bevölkerungen, die beim Einbruch der gehorsamen Diener Hitlers zusammenschrecken, bleiben die Cevenols gelassen. Sie kennen Dragonaden. Sie üben sich sogleich in verstecktem Widerstand. Als ein Vertreter des mit Hitler kooperierenden Vichy-Regimes eines Tages in den Cevennen erscheint, um Pastor Marc Donaldy zu verwarnen, belehrt der sein Gegenüber, daß er sich in den Cevennen befindet: „Wenn Sie nicht mit den Razzien aufhören, holen die Leute die Gewehre aus dem Schrank, die sie nach dem Ersten Weltkrieg nicht abgegeben haben." Der

Pastor hört nach wie vor den Polizeifunk ab und warnt betroffene Personen, ehe die Razzia erscheint. Doch er ist so klug, die Lage des Präfekten auch zu sehen, und er empfiehlt ihm, wenn die Polizisten schon anreisen müßten, dann sollten sie doch nicht so übereifrig sein. Denn sonst könnte es sein, daß die Gendarmen eines Tages tot aufgefunden würden. Das Konzept geht auf – die Razzien nehmen ab.

In der Ardèche fand ein aus Rumänien gebürtiger Jude Zuflucht, der in Belgien studiert und schon gearbeitet hatte. Eine Dorfschullehrerin vermittelte ihm ein Quartier auf einem Bauernhof, wo man ohne große Worte wußte, worauf es ankam. Dabei riskierten die Besitzer ihr Leben! Nur von seiner späteren Frau wurde er dort regelmäßig besucht. Auch seine spätere Stellung verdankte er ihr. Es überrascht daher nicht sehr, daß er sich später zum evangelischen Glauben bekannte. Rückblickend erklärt er zu dieser bewegten Zeit: „Die Protestanten nahmen uns besser auf als die Katholiken. Nicht daß diese für die Besatzer waren, aber die Protestanten haben uns einfach mehr geholfen. Möglicherweise lag es an ihrer Erziehung, daß sie aufgeschlossener waren als die Katholiken."

Der 1897 geborene Erik Fürst fand mit seiner Frau nach der Flucht in den Cevennen eine neue Heimat, und zwar in derselben Gegend, in der der Erlanger Konsistorialrat August Ebrard 1877 nach seinen Vorfahren recherchierte. Zunächst flohen die Fürsts auf den Rat eines Polizisten hin an die Riviera und arbeiteten in einem Hotel in Villefranche-sur-Mer, das ein Elsässer bewirtschaftete. Er gewährte den Flüchtlingen einen starken Preisnachlaß. Dort lebten sie völlig normal. Eines Tages wurde er per Zeitung aufgefordert, daß alle Juden sich meldeten. Als Fürst auf dem Kommissariat eintraf, um sich zu erkundigen, sagte ihm der Kommissar: „Ach, was wollen sie da. Jesus war auch Jude und hat sich nicht gemeldet." Damit gab er ihm zu verstehen, er möge sich nur ruhig verhalten. Ab 1942 war an der Südküste der Schutz nicht mehr sicher. Da blieb als Ausweg nur noch ein Untertauchen in den unwegsamen Cevennen, die sich einer schnellen Eroberung so sperren wie das winterliche Moskau. In einem Ort bewirtschaftete ein Verwandter des Elsässers das Gut eines russischen Popen. Dort mußen die Fürsts hart arbeiten, blieben aber unbehelligt, obwohl sie sich nie eigentlich verstecken mußten. Eines Tages berichtet eine Nachbarin, aus Nîmes sei gemeldet worden, sie müßten sofort einmal dort erscheinen. „Sind der Deutsche Blaß und der Jude Fürst immer noch in Fenouillet?" fragte das Amt in geschickter Ungeschicklichkeit. Die Nachbarin antwortete prompt „Nein" und gab die Warnung zum Verschwinden unverzüglich weiter. Sie wußte auch gleich die passende Anschrift, die jetzt noch weiterhelfen konnte, nämlich Pastor Laurent Olivez in Ardaillez. Die Fürsts mußten alles zurücklassen und in der Nacht noch fliehen. Als sie schließlich bei dem Pastor ankamen, wurden ihnen falsche Papiere auf den Namen „Forestier" ausgestellt. Den Lebensunterhalt verdienten sie sich fortan, indem Fürst für ein krankes Mädchen Ziegenmilch aus einem zwei Wegstunden entfernten Ort besorgte. Dem mit Zivilcourage gesegneten Pastor Olivez gesellte sich bald Jacques Poujol zu, der sich dem Arbeitsdienst durch Flucht entzog. Er wollte sich jedoch nicht zu seinen Verwandten in den Cevennen gesellen, um sie nicht zu gefährden. Andere Pastoren empfahlen ihm daher Ardaillez. Denn dort wurde im Juni 1943 ein Widerstandsnest, ein „Maquis" aufgebaut. Schon zwei Wochen später wurde die Gruppe in Kämpfe verwickelt. Es gab viele Tote und Verletzte, die Hälfte wurde gefangengenommen. Danach operierte man mit kleineren Verbänden. In einer Berghütte bei Taillerac etwa waren nur noch zehn Leute eingesetzt. Ende Dezember 43 hatten sie sich aus insgesamt besser organisiert. Unter Leitung des Pastors (!) Olivez wurde eine Kaderschule betrieben und ein Schnellehrgang im Waffengebrauch gegeben. Die Widerstandstruppen umfaßten Bauern, Handwerker, Franco-flüchtige Spanier, doch kaum Bürger. Auch ein österreichischer Deserteur, ein überzeugter Katholik und Wehrdienstverweigerer gehörte zu der Truppe. Mit Beginn des Waffenunterrichts aber verabschiedete er sich, um seiner Gesinnung treu zu bleiben. Die Deutschen fanden ihn wenig später, ließen ihn aber unbehelligt, wahrscheinlich aus Verachtung.

Die Hauptaufgaben eines Maquis bestand darin, Lebensmittel zu organisieren. Dazu überfiel er bei Gelegenheit auch einmal ein Lager der deutschen Besatzungstruppen. Auf dem Bahnhof von Les Vicans wurden einmal zwei Tonnen Tabak erbeutet. Das ließ sich hervorragend umtauschen. Nach zwei Monaten in Ardaillez aber merkte der Feind etwas davon, daß eine Widerstandstruppe hinter den Kulissen agierte – in Geheimhaltung waren die Cevenols nach all den Wüstengottesdiensten sicherlich erfahren – aber es war auch ein Spion in ihr Lager geraten, und so kam es am 29. Februar 1944 zu einem schweren Kampf. Alle Männer verließen das Städtchen, bis auf die ganz alten. Die Deutschen, die hier eingesetzt waren, waren gut trainiert, denn vorher standen sie in Jugoslawien. Diejenigen, die sie fanden, wurden erschossen oder erhängt.

An August Ebrards Recherchen erinnert sich heute dort kaum jemand, aber an den Überfall sehr wohl. Als ein deutscher Soldat eine Frau aufforderte, sie solle ihr Haus verlassen, da brannte ein Teil ihres Anwesens schon. „Darf ich meine Bibel mitnehmen?" fragte sie noch. „Ja, Madame", gestattete ihr der Soldat. Er gab ihr auch noch ihr Geld. Als die alte Dame aus dem Hause trat, brannte das ganze Dorf. Soeben erst war ihr Mann aus deutscher Gefangenschaft zurückgekehrt. Das Lebensmittelversteck in einem Grab auf dem Friedhof war auch verraten und von den Soldaten vernichtet worden. Da mußte sich Pastor Olivez den Vorwurf anhören, seiner Operationen wegen habe nun das ganze Dorf zu leiden. Das Ausspielen der Gegensätze in der Bevölkerung wird auch die Technik gewesen sein, auf die die französischen Quälgeister zwischen 1530 und 1797 gerechnet haben werden.

Pastor Poujol, der am Widerstand beteiligt war, erklärte,

daß die Erinnerung an die Camisarden durchaus eine Rolle für die Partisanen im Zweiten Weltkrieg gespielt habe. Man stellte das nur nicht in den Vordergrund, weil in den Maquis nicht nur Protestanten waren. Doch wenn ein Maquis sich „La Souvaillarde" (okzit. für „Sonnenstrahl") nannte, so war das schon ziemlich patriotisch, und manche Maquis benannten sich dann in der Tat nach „Rolland", dem Anführer der Camisarden oder auch ohne Umschweife „Les Camisards". Doch erst gegen Ende des Krieges habe sich das Bewußtsein unter der zunehmenden Spannung dahin entwickelt, daß man sich der heroischen Vergangenheit mehr und mehr besann. Poujol selbst dichtete auch eine Hymne der Maquisards. Die Melodie entnahm man kurzerhand der russischen Partisanenhymne. In dieser Hymne reimte sich auf die „Adern der Maquisards" das „Blut der Camisards".

Kriege führen immer zu pathetischen Formeln, gewiß. Aber die Selbstverständlichkeit und Sicherheit, mit der die Cevenols im Zweiten Weltkrieg den Kampf mit dem Hitlerregime aufnahmen und durch keinen Verrat davon abzubringen waren, Juden in ein Versteck oder außer Landes zu helfen, der läßt den Ausdruck vom Blut der Camisarden in den Adern der Maquisarden doch naheliegend erscheinen; denn er ist aus dem Erleben zu erklären, daß die Südfranzosen bewußt und unbewußt von ihren Vorläufern Anfang des 18. Jahrhunderts tradiert haben.

VI.

Wo stecken die Partisanen heute?

1. Chronik (4) von 1789 bis heute

1789
Die Revolution bringt den Protestanten die langersehnte Anerkennung ohne jeden Abstrich – etwas, das die Waldenser in Italien noch nicht einmal 1848 erreichten, sondern in vollem Maße erst 1985 durch den Ministerpräsidenten Craxi. Die Pastoren Rabaut-Saint-Etienne und Jeanbon Saint-André waren auch gleich als Deputierte für ihre Provinzen beteiligt, doch neben ihnen gab es noch viele, die jetzt politische Verantwortung wahrnahmen, was ihnen schon vor 1660 in immer größerem Ausmaße verwehrt worden war. Nicht allein wurde die Glaubensfreiheit als Menschenrecht von der Theorie der Republik her bejaht, sondern die an der Revolution Beteiligten erkannten an, daß die Reformierten ein frühes und weitreichendes Opfer des Ancien régime gewesen waren und darum aus moralischen Gründen alle Anerkennung verdienten. Es waren genau die Articles organiques, die den Gottesdienst ebenso wie die Messe voll anerkannten, den Protestantismus aus dem

Untergrund holten. Napoleon bezog mit Selbstverständlichkeit Protestanten aus der Pariser Bourgeoisie in seine Regierungsarbeit ein. Auch Ludwig XVIII. und Karl X. rückten hinter diese Anerkennung nicht mehr zurück, da sie erstens das Exil und zweitens im Exil selbst den reformierten Glauben näher kennengelernt hatten.

Gleichwohl litt die reformierte Kirche unmittelbar in den Revolutionsjahren auch unter dem Terror. Daher fiel es auch in dieser Zeit wieder einmal den leisen Familiengottesdiensten zu, die tragende Säule des evangelischen Glaubens in Frankreich zu werden.

1791
In der Normandie tauchen die ersten Methodistengemeinden auf.

1804
Napoleon vereinbart ein Konkordat mit den Kirchen, das die Bezahlung der Pastoren durch die Kirche vorsieht und die Rechte der Kirchen und ihre Anerkennung festschreibt.

1820
In den Nordprovinzen tauchen erste Baptistengemeinden auf.

1837
Indem der Thronfolger, der Herzog von Orléans, die Protestantin Helene von Mecklenburg heiratet, verabschiedet sich auch die Dynastie von der unausgesprochenen Pflicht, nur Katholische zu heiraten und erkennt damit die republikanischen Glaubensfreiheiten für sich an. Diese Heirat war damals von großer Bedeutung und trug zur Einheit des Volkes bei, ähnlich so wie das von den Engländern geschlagene Heer der schottischen Stuarts in der Schlacht von Culloden mit seiner deprimierenden und feindlich stimmenden Wirkung für Schottland Versöhnung fand, als Königinkonsort Prinz Albert von Sachsen-Coburg-Gotha

in Schottland die Sommerresidenz Balmoral erbauen ließ. Im zweiten Kaiserreich nahm der Einfluß der Protestanten in politischer und sozialer Hinsicht zu (Pourtalès, Haussmann, Fould). Unter Führung von Leon Pilatte entstehen, von Lyon ausgehend, evangelische Freikirchen, die aus dem von Napoleon geschaffenen Konkordat austreten.

1841
Nach dem Vorbild der von Theodor Fliedner gegründeten Kaiserswerther Diakonissenorden wird in Frankreich der erste Diakonissenorden von Pastor Vermeil in Paris gegründet. Es überrascht den Geschichtsbetrachter, daß in verhältnismäßig so kurzer Zeit nach der Reformation bereits wieder eine zölibatäre Lebensgemeinschaft entstand. Doch man darf nicht übersehen, daß Frauen zu jener Zeit noch gänzlich unversorgt waren, wenn sie keinen Mann bekamen oder mehr hatten, und daß ein Diakonissenleben ihnen die Möglichkeit bot, eine würdige und angesehene Tätigkeit auszuüben. Ähnliche diakonische Werke und theologische Bildungsstätten (auch freikirchliche) werden von Tommy Fallot, Louis Comte, Wilfried Monod und den Brüdern Elie und Theodore Gounelle gegründet.

1849
Der Bund der „Eglises évangéliques libres" wird gegründet. In der Dritten Republik erreichen die Protestanten ein Höchstmaß an Einfluß. Es kommt zum Phänomen der HSP, Haute société protestante, (Höhere protestantische Gesellschaft). Damit bezeichnete man die großbürgerliche Gesellschaftsschicht von Industriellen und Bankiers, deren großer Einfluß auf Politik und Wirtschaft trotz deren eigener Zurückhaltung erkannt wurde. Mit dem Kürzel war keineswegs eine feindliche Distanzierung beabsichtigt (wie in den USA mit WASP, White Anglosaxon Protestant), sondern lediglich eine Beschreibung des Phänomens, daß Protestanten wieder in einer Führungsschicht anzutreffen waren, was zwar in anderen Ländern zur Tagesordnung

gehörte, in Frankreich aber etwa 200 Jahre lang unterdrückt worden war. Auf den Einfluß der Protestanten in der HSP wird zurückgeführt, daß am Ende der Dritten Republik, als es wieder Stimmen gab, die einen König forderten, sie es waren, die die Wahl eines Königs verhinderten. Mit der Treue und Liebe zu einer Dynastie war es nach all den erlittenen Qualen dann doch vorbei.

Um die Mitte des Jahrhunderts erreichen Frankreich verschiedene Formen der Erweckungsbewegungen, genannt Réveil. Eine Quelle sind dazu die Prediger aus der Schweiz, die Herrnhuter Brüdergemeinde und verschiedene britische Einflüsse, so der Methodismus der Brüder Wesley und der Schotte Robert Haldane. In Frankreich sind besonders Henry Pytt bekannt und Felix Neff, der der Apostel der Hochalpen genannt wird. Dort baute er nicht nur Kirchen, sondern sorgte auch – wie kann es bei Reformierten anders sein – viele Schulen und unterrichtete auch selbst. In Straßburg wirkten Ami Bost und F. Härter, während der Methodismus besonders in der Normandie und im Midi wirkte (1818-34). Ort des Réveil in Paris war die evangelische Gemeinde in der Rue Taitbout, die von HSP wie dem Comte de la Barde, der Herzogin de Broglie, dem Admiral Verhuell besucht wurde. In Lyon machte Adolphe Monod weit über die Grenzen seines Landes von sich reden, und im Midi Samuel Vincent (1787-1837), der als Pastor in Nîmes einen gelehrten Pietismus entwickelte. Die reformierte Kirche jener Zeit ist austauschbedürftig und sucht nachzuholen, was sie bis 1787 nicht in Frieden selbst hatte entwickeln können. So wurde Auguste Sabatier durch Übersetzungen der Werke Friedrich Schleiermachers bekannt.

Diese Aufgeschlossenheit ist dann wohl auch dafür verantwortlich, daß es schon im 19. Jahrhundert in Frankreich zu Einigungen und Annäherung von Freikirchen und reformierter Kirche kommt. Dafür sind vor allem Frederic Monod (1794-1863) und Agénor de Gasparin (1810-71) verantwortlich.

1872
Die erste Nationalsynode seit der Unterdrückung von 160 findet statt. In Montauban sind dieses Mal auch Freikirchen versammelt. Die Leitung hat Pastor Charles Bois.

1879
Von neun Ministern im Kabinett sind fünf Protestanten.

1885
Die „Huguenot Society of London" wird gegründet.

1889/90
Hugenottenvereine werden in Friedrichsdorf und Berlin gegründet. Diese Gründungsdaten sind wichtig, weil sie zeigen, daß die Integration der Hugenotten in Deutschland (und anderen Ländern) so weit vorgeschritten war, daß jegliches geschützte Koloniedasein erübrigt war. Man erinnerte sich der Hugenotten nunmehr als einer historischen Tatsache – wenn auch mit besonderer Bewandtnis für die Aufnahmeländer – aber nicht mehr aus nächster Nähe der Betroffenheit.

1900
Von 100 Protestanten gehören 13 Prozent einer Freikirche an; 1980 sind es 30 Prozent.

1901
In protestantischen Kreisen werden die ersten Gewerkschaften (associations) gegründet, die bis heute fortbestehen (Vorläufer der CGT u.a.).

1905
Das von Napoleon geschaffene Konkordat wird mit Ausnahme Elsaß-Lothringen aufgelöst.

John Bost gründet die Diakonieanstalten von La Force (Dordogne).

1909
Die Fédération Protestante de France, der Bund der reformierten Kirchen, wird gegründet.

1911
Im Mas-Soubeyran in den Cevennen wird das erste protestantische Museum Frankreichs eröffnet.

1938
Die Fédération protestante de France (FPF), ein Bund unabhängiger reformierter Kirchen, wird gegründet. Diese Sonderstellung hatte nachteilige Wirkung auf das Ansehen der Kirchen bei den Franzosen.

1939
Gründung der CIMADE, einer Gesellschaft, die sich um diakonisches Helfen und politischen Ausgleich zwischen Fronten müht und als typisch protestantisch gilt.

1969
Bund evangelischer Freikirchen gegründet.

1974
Gründung einer Freikirchlichen theologischen Fakultät in Aix-en-Provence.

1984
Bei einer großen Umfrage der theologischen Fakultät der Universität Straßburg, wie die Franzosen über den Protestantismus denken, ergibt sich, daß mehr Franzosen sich dem Protestantismus nahestehend fühlen, als alle evangelischen Kirchen Mitglieder haben. Daraus ist auf die Befürwortung der Reformierten Kirche durch die Franzosen zu schließen.

Liegen die Zahlen insgesamt auch niedrig, nämlich im Bereich ein bis zwei Prozent, so wird dadurch doch belegt, daß das soziale und kritische Engagement und die ökumenische Gesinnung der Reformierten einschließlich der Katholiken, breite Zustimmung bei den Franzosen findet. Dazu zählen ferner auch einzelne Streitpunkte wie die Frauenordination, die Ablehnung des Zölibates, die Anerkennung von Mischehen, das Ja zu Kernkraftwerken u.a. Traditionell werden Protestanten eher mit den linken Parteien verbunden, was auf ihrem Widerstand gegen so manche Regierung und ihr Mitwirken in der Résistance des Zweiten Weltkrieges beruht. Katholiken werden dagegen eher mit der Rechtspartei verbunden, weil sie im Zweiten Weltkrieg auf der Seite des Vichy-Regimes zu finden waren. Erst seit den neuesten Wahlen brechen diese traditionellen Fronten etwas auf.

In seinem Buch „Le peuple protestant aujourd'hui" (Die protestantische Bevölkerung heute) verleiht Jean-Pierre Richardot diesen Entwicklungen und Erscheinungen einen eindrücklichen Überblick und ein Denkmal.

2. Gottesdienst im Eichenhain

Französische Zeitungen schreiben wie für Eingeweihte: Sie setzen alles als bekannt voraus. Berüchtigt sind die vielen Abkürzungen: „RPR au PTKF", und das ist noch gar nichts. Wo liegt Mialet? Was ist Mas-Soubeyran – ein Dorf, ein Gelände, ein Hof? „Bien au coeur des Cevennes" ..., „Entre Alès et Anduze" mehr war aus den Zeitungen und Zeitschriften des Jahres 1985 nicht zu erfahren, obwohl sie über die Assemblée ausführlich berichten und gerne erwähnen, daß Regierungsmitglied Georgina Dufoix auch dort war.

Der Pförtner des Evangelischen Krankenhauses in Nîmes blickt beim Stichwort „Assemblée" interessiert und freundlich auf, und noch ehe die Frage ausformuliert ist, hat er bereits einen Kundigen angewählt. Der weiß immerhin, daß das Treffen ab 8 Uhr beginnt, aber wo genau es stattfindet – ach das sehen Sie schon.

Am ersten Sonntag des September treffen sich die französichen Protestanten und alle, die sich mit ihnen verbunden fühlen, zu einem Gottesdienst und Vorträgen unter freiem Himmel beim Weiler Mas-Soubeyran an einer Seitenstraße von Anduze nach St. Jean-du-Gard.

Da – der Polizist würde es wohl genau wissen. Er lächelt auch nachsichtig bei seiner Antwort auf die Frage, wo der Versammlungsort der Assemblée zu finden sei. Denn er steht nicht wegen einer Veranstaltung für Rollenski an dieser Wegkreuzung, wie ein eifriges Exemplar glauben machte, sondern wegen der Assemblée selbst! Vor 8 Uhr früh sehen er und seine Kollegen noch etwas überflüssig aus, aber ab 9 Uhr kriechen Fahrzeuge mit Nummern von 01 bis 93 unablässig die letzte Serpentine zum Parkplatz hinauf. Sie manövrieren sich, wenn die Familie ausgestiegen ist, über Thymian und Steine hinweg vorsichtig nach hinten. Gemächlich wandern die Leute mit Klappstühlchen und kleinem Handgepäck zu den Ständen mit Büchern, Hugenottenkreuzen oder Baguettessandwichs und nehmen allmähliche Richtung auf die natürliche Arena unter den knorrigen Mittelmeereichen, die in ihren silbrigen Grün den Oliven ähneln. Auf dem Wege lassen sie sich gerne von Verwandten und Freunden aufhalten. Aus dem Lautsprecher vor dem Museum dudeln christliche Schlager amerikanischer Provenienz, doch allmählich greifen ordnende Anweisungen immer mehr Raum. Zuletzt werden auch die deutschen Gäste an einen besonderen Begrüßungsstand gerufen, wo man deutsche Prospekte von Mas-Soubeyran bis Carlsdorf bereithält. Dann kehrt Ruhe ein, kaum einer geht noch umher, und man erwartet den pünktlichen Beginn des Gottesdienstes in Stille.

Das Versammlungsgelände selbst ist kein historischer Ort in der frühen Geschichte des Protestantismus. Doch nicht weit von hier liegen die Schluchten oder Grotten, in denen die geheimen Gottesdienste abgehalten wurden, bewacht von einem „Wächter sehr hoch auf der (Berges-) zinne", der sich mit einem Schirm vor der grellen Sonne schützen muß. Von hier aus aber kann man sich auch beim bloßen Umherschauen unschwer vorstellen, daß dieses Gelände Partisanenkämpfe wie jenen der Camisarden unter Rolland fast herausforderte. Nein, daß die Versammlung hier stattfindet, liegt eher am Sitz des Museums für Protestantismus im ehemaligen Wohnhause Rollands, das etwa 50 m hinter dem Gottesdienstareal liegt. Wie untypisch für Frankreich, daß ein Museum für dieses leidvolle Kapitel französischer Geschichte nicht in Paris, auch nicht einmal in einer Provinzhauptstadt – etwa Nîmes – sondern in einem solchen winzigen Weiler untergebracht ist. Anders aber wäre es schade; denn außer dem Gelände muß man auch einmal diese dichte Verschachtelung des Mas-Soubeyran und vieler südfranzösischer Dörfer erlebt haben, um zu verstehen, wie leicht man hier spitzeln kann, und wie tragisch es war, wenn der bittere Riß zwischen den Religionen durch so enge Nachbarschaft ging. Man konnte einander per Handschlag von Fenster zu Fenster begrüßen, Geburten und Tod waren schwerlich nur innerhalb eines Hauses zu halten, alles Erleben wurde geteilt – wenn es nicht ohnehin im schattigen Hof oder Hain mitgeteilt wurde. An diesem entlegenen Örtchen ist ein Museum für dieses düstere Kapitel französischer Geschichte einzig angemessen; denn diese Geschichte erschließt sich nicht im Rummel sondern nur dem, der bis hierher gleichsam pilgert.

So ist die Versammlung unweigerlich eine Vergegenwärtigung. Allmählich verdichten sich die Reihen. Die Trockenmäuerchen sind schon mit Sommerkleidern, modischfarbenen Polohemden und Kissen betupft. Der Veranstaltungsleiter mahnt nun auch zum Platznehmen, mahnt die Fotografen, auch vom Fernsehprogramm TF 1 für die Direktübertragung, zu einem Maximum an Diskretion, mahnt zum Einhalten der Einbahnstraßen bei der Austeilung des Abendmahles, die auch im Programmheft aufgezeichnet sind, das Anlassen von Autos vor 12.30 Uhr wird untersagt, einige schlecht parkende Autos zum Standortwechsel aufgefordert. Zurufe weichen vorsichtigen Zuwinken, hier und da sieht man Teilnehmer, die wie gewohnt zwischen den steilen Kirchenbänken so auch hier vor Beginn eine Weile im stehendem Gebet verharren.

Aber auch die Menschen in dieser Mischung an diesem Weiler gehören dazu: Jene magere Alte mit dem faltenreichen Gesicht, die gebeugte Filigrane am Arm der Tochter, jener lebensfrohe junge Kerl, der mit hüpfendem Schritt auf seine Tante zugeht, jener freundlich lächelnde Mann mit Schnurrbärtchen oder auch der Vierschrötige mit den Bratpfannenhänden und dem großen Hugenottenkreuz – nicht anders braucht man sich all die Tapferen vorzustellen, die so grausam gedemütigt wurden, die in Frankfurt auftauchten oder auf Galeeren endeten.

Pfarrer Marcel Manoël spricht über die Stillung des Sturmes. „Où est votre foi?" * Diese denkwürdige Frage greift er heraus. Er erwähnt mit keinem Wort die Vergangenheit, die hier so wach ist, und doch wissen alle, daß das die Urfrage Christi an seine Nachfolger ist, daß es die Frage ist, die Menschen das Übelste aushalten ließ: Où est ma foi? Er verdeutlicht es an sozialen Fragen heute – wofür die Protestanten in Frankreich bekannt sind.

Aber so diskret und geistlich seine Predigt ist, so ist auch die Schar der versammelten Gläubigen: Mag das Hugenottenkreuz noch so groß sein, mag die Geschichte noch so sehr beklagt und verurteilt werden – nirgends war ein Anflug von Fanatismus spürbar. Überall Freundlichkeit, Hilfsbereitschfat, Wiedersehensfreude. Der Gottesdienst machte es deutlich: Er ist nicht Vorwand für Sonntagsreden ewig Gestriger, sondern gesammelt lauschen alle, singen kräftig mit, stehen zu den Gebeten und Liedern auf und sprechen mit – das tun bei uns nicht einmal mehr Taufpaten –, keiner flüstert.

---

*/ „Wo ist euer Glaube?"

Nach dem Abendmahl das Liebesmahl: Campingtische sind rasch aufgestellt, Verwandte bilden große Tischgemeinschaften, schon werden die Baguettes gezückt, der Salat kommt aus der Kühltasche, und im Nu haben Duponts ihre gewohnte Mahlzeit ausgebreitet. Ein Bild des Friedens, wie das gleiche Rund des Gottesdienstes zu einem grünen salle-à-manger wird. Andere gehen ins Museum oder besorgen sich regionale Spezialitäten oder Andenken, und vor den Bücherständen besprechen Bekannte, ob sie die nächsten großen Konferenzen in Paris und Toulouse besuchen werden.

Warum so ein sentimentaler Aufwand? Ist er sentimental? Den evangelischen Christen Frankreichs fehlt das Erlebnis der großen Gemeinde, des Leibes Christi, zumal die Jugend aller Gemeinden aus den Rändern des großen Sechsecks Frankreich nach Paris strebt und die heimatlichen Gemeinden verläßt. Die Assemblée ist darum in erster Linie eine geistliche Versammlung und kein Veteranen- oder Vertriebenentreffen (im üblichen Sinne). Anwesende Katholiken wurden nicht gelyncht. Nein, wer in Mas-Soubeyran erlebte, wo das Herz des französischen Protestantismus schlägt, der fährt beschwingt und fröhlich wieder nach Hause.

Das Quartett von Jugendlichen aus der Nachbargemeinde kräht fröhlich über die Mauer der Brunnenumfriedung hinweg: „Cafe, Monsieur?" – „plus tard, plus tard!" „Och", klang es enttäuscht. Später sprühen sie vor Freude, Auskunft geben zu können. Acht Hände wirbeln, um zu erklären, wo die Camisardenbrücke ist. Im Laden nimmt die Verkäuferin kein deutsches Geld an, doch ohne weiteres meldet sich eine Kundin: „Ich wechsle Ihnen, das kann ich bei meiner Enkelin wieder eintauschen." M. Jacques von der SHPF läßt sich nicht nehmen, einen Prospekt aus dem Museum zu holen, den er selber nicht mehr bei sich trägt. „Familie" ist das einzig angemessene Wort für diese Atmosphäre. Auf Französisch müßte man es mit „acceuillant" charakterisieren. Also bleibt einem auch nur der Gruß, den die Weitergereisten dort aussprechen: A l'année prochaine! A la prochaine foi! *

---

* / Bis nächstes Jahr!

VII.

Zeittafeln

1. Chronik der Reformation in Frankreich

Vorgeschichte I: Die Scholastiker und die Albigenser

1079	Petrus Abaelard in Le Pellet bei Nantes geboren.
1100	Abaelards spätere Gefährtin Heloise in Paris geboren.
1114	Abaelard gründet eine eigene Schule auf dem Mont St. Geneviève bei Paris.
1117	Begegnung Abaelards mit Heloise.
1118	Geburt des Sohnes Astrolabius; heimliche Heirat; Entmannung Abaelards.
1120	Rückzug Abaelards im Kloster St. Denis. De unitate dei, das Kernstück seiner Theologie, erscheint.
1121	Konzil von Soisson, anschließend Verbrennung des Buches Abaelards.
1128	Abaelard wird Abt von St. Gildas de Rhuys in der Bretagne.

1129	Heloise zieht in das von Abaelard begründete Kloster Paraklet.
1133-1134	Abaelard schreibt seine Biographie Historia Calamitatum.
1136	Rückkehr Abaelards nach Paris als Lehrer von St. Geneviève.
1138	Wilhelm von St. Thierry und Bernhard von Clairvaux greifen Abaelard an.
1140	Synode von Sens: Abaelards Schriften werden verurteilt. Der Papst bestätigt das Urteil.
1142	Auf der Reise nach Rom stirbt Abaelard in der Abtei von Cluny.
1164	Tod Heloises und Bestattung im Kloster Paraklet neben Abaelard.
1209	Beginn des Albigenserkreuzzuges. Unterwerfung des Grafen von Toulouse. Massaker und Zerstörung Béziers, Einnahme Carcasonnes. Führung des Feldzuges durch Simon de Montfort.
1213	In der Schlacht von Muret besiegt Simon de Montfort den Grafen Raymond VI. von Toulouse, sein Alliierter, König Peter von Aragon, fällt.
1218	Tod Simon von Montfort bei der Schlacht von Toulouse.
1221	Raymond VI. nimmt Montreal ein. Tod des Heiligen Dominikus.
1225	Konzil der Katharer in Pieuses.
1226	Kreuzzug Ludwigs VIII., Avignon fällt.
1229	Ende des Kreuzuges. Demütigung Raymond VII. und Vertrag von Meaux mit fast völliger Abtretung der Rechte an die Krone.
1232	Guilhabert de Castres, Bischof der Katharer, ruft eine Synode auf dem Montségur zusammen.
1233	Offizielle Beauftragung der Inquisition durch Papst Gregor IX.

1235	Vertreibung der Dominikaner aus Toulouse.
1239	Tod von 183 Katharern in Montwimer bei Reims.
1243	Beginn der Belagerung des Montségur.
1244	Kapitulation des Montségur und Verbrennung von zweihundert Katharern.
1249	Durch den Tod des letzten Grafen von Toulouse, Raymond VII., fällt die Grafschaft als Erbteil Jeannes von Toulouse an die französische Krone.
1255	Aufgabe von Quéribus, der letzten Katharerbastion.

Vorgeschichte II: Die Waldenser und die Reformation in Europa

1173-76	Bekehrung des Petrus Waldes in Lyon.
1179	Eine Waldenserdelegation trifft in Rom ein.
1180	„Glaubensbekenntnis" des Petrus Waldes.
1184	Predigtverbot.
1190	Waldenser dringen in die Languedoc vor. Religionsgespräch in Narbonne.
1198	Waldenser in der Lombardei und in Lothringen.
1206	Tod des Petrus Waldes.
1207	Religionsgespräch von Pamiers.
1210	Der Franziskanerorden wird genehmigt.
1215	Verdammung der Waldenser als Ketzer.
1266	Ausbreitung von Waldensern in Österreich.
1312	Hinrichtung einer Frau in Pinerolo wegen „Waldenserei".
1384	Tod John Wyclifs.
1395	Waldenserprozesse in Chieri/Piemont.
1399	Waldenserprozesse in Bern.
1415	Tod Johann Hus' auf dem Scheiterhaufen in Konstanz.

1489	Ausrottung der Waldenser im Vallouise.
1498	Savonarola stirbt auf dem Scheiterhaufen in Konstanz.
1517	Martin Luther schlägt die 95 Thesen an die Schloßkirche zu Wittenberg.
1526	Generalkapitel der Waldenser in Laus. Entsendung zweier Barben in die Schweiz.
1530	Augsburger Konfession.
1531	Tod Zwinglis.
1532	Synode von Chanforan im Beisein Guillaume Farels. Anschluß an die Reformation Schweizer Prägung. Übersetzung der Bibel ins Französische.
1535	Bible Olivétan abgeschlossen.
1540	Gründung des Jesuitenordens.
1545	Massaker unter Waldensern in Mérindol und Lubéron/Provence.
1559	Vertrag von Cateau-Cambrésis. Emanuel Philibert, Herzog von Savoyen, kehrt zurück.
1560	Savoyisch-waldensischer Krieg.
1561	Vertrag von Cavour. Gemeinden in Kalabrien vernichtet.
1562	Massaker von Vassy.
1564	Tod Calvins.
1572	Bartholomäusnacht.
1598	Edikt von Nantes.
1605	Tod Theodor de Bèzes.
1618	Synode von Dordrecht.
1653	Cromwell wird Lordprotektor.
1685	Widerruf des Edikts von Nantes.
1686	Herrschaft Viktor Amadeus' von Savoyen. Massaker und Gefangenschaft der Waldenser.
1687	Verbannung in die Schweiz.
1689	Glorreiche Heimkehr der Waldenser.
1698	Verbannung der Reformierten aus dem Chisonetal.

1721	Tod Henri Arnauds in Württemberg.
1740	Katechumänenhospiz in Pinerolo.
1769	Lateinschule in Torre.
1789	Französische Revolution.
1798	Ausrufung der Republik in Piemont.
1805	Angliederung der Waldenser an die Reformierte Kirche.
1823	Der Offizier Gilly trifft im Piemont ein.
1825	Beginn der Erweckungsbewegung durch Felix Neff.
1827	Eintreffen des Generals Beckwith.
1837	Einweihung des Collegio und des Pensionats in Torre.
1848	Gnadenpatent durch Karl Albert.
1852	Normalschule in Torre, Einweihung einer Kirche.
1853	Einweihung der Kirche in Turin; Erscheinen des „L'amico di casa".
1859	Beginn der Auswanderung von Waldensern nach Uruguay.
1929	„Aussöhnung mit der Kirche" (Mussolini).
1962	Zulassung von Frauen zum Pfarramt.
1967	Evangelischer Kirchenbund in Italien.
1974	800-Jahrfeier der Waldenserbewegung.

2. Geschichte der Religionskriege und der Nachrevolutionszeit

1509	Geburt Calvins in Noyon.
1512	Jacques Lefèvre d'Estaples veröffentlicht seinen Pauluskommentar.
1515	Franz I. wird König. Bischof Briçonnet begründet einen Reformationskatholizismus in

Meaux und beruft auch Lefèvre d'Estaples dorthin.

1523 Erste Märtyrer in Nordfrankreich.

1528 Verstümmelung einer Muttergottes in Paris.

1531 Hochzeit Katharinas von Medici mit Heinrich II.

1534 Calvin verläßt Frankreich.

1536 Erscheinen der ersten Ausgabe der „Institutio".

1541 Calvin läßt sich endgültig in Genf nieder.

1546 In Meaux werden Mitglieder der ersten Gemeinde hingerichtet.

1547 Tod Franz I. Heinrich II. betreibt die Einrichtung von „Feuerkammern".

1551 Edikt von Chateaubriand über die Unterdrückung der Ketzerei.

1553 Tod Michel Servets in Genf.

1557 Edikt von Compiègne über die Unterdrükkung der Ketzerei. Überfall einer evangelischen Gemeinde durch Pariser Pöbel.

1558 Kundgebung von mehreren tausend Hugenotten auf den Prés-aux-clercs.

1559 Hinrichtung Anne du Bourgs. Die Bourbonen und die Châtillon-Coligny bekennen sich als Anhänger der Reformation. Erste Generalsynode in Paris. Friedensvertrag von Cateau-Cambrésis zwischen Heinrich II. und Philipp II. von Spanien. Tod Heinrichs II., Nachfolger Franz II.

1560 Verschwörung von Amboise. Tod Franz II., Thronantritt Karls IX.

1561 Religionsgespräch von Poissy.

1562 Edikt von St. Germain mit gewissen Zugeständnissen an einen evg. Gottesdienst. Blutbad von Vassy. Ausbruch des 1. Hugenottenkrieges, Schlacht von Dreux. Elisabeth von

	England schließt mit den Hugenotten einen Beistandspakt.
1563	Belagerung von Orléans, dabei Tod Franz' von Guise. Frieden von Amboise.
1564	Tod Calvins.
1567	2. Hugenottenkrieg, Schlacht von St. Denis.
1568	La Rochelle fällt in die Hände der Reformierten und bleibt in ihrer Hand bis 1629. Frieden von Longjumeau. Der auf Ausgleich besonnene Kanzler Michel de l'Hôpital wird entlassen. Papst Pius V. ruft zu einem Kreuzzug gegen die Protestanten auf. 3. Hugenottenkrieg.
1569	Schlacht von Jarnac, St. Yrieux und Moncontour.
1570	Frieden von St. Germain-en-Laye. Die Protestanten erhalten die vier Sicherheitsplätze La Rochelle, Cognac, Montauban, La Charité.
1571	Rückkehr Colignys an den Hof.
1572	Hochzeit Heinrichs von Navarra mit Margarethe von Valois. Attentat auf Coligny, danach Bartholomäusnacht. Weitere Massaker unter Protestanten in Meaux, Orléans und Lyon. 4. Hugenottenkrieg.
1573	Belagerung La Rochelles und Sancerres. Frieden von La Rochelle und Edikt von Boulogne. Nîmes tritt als Schutzort an die Stelle von La Charité und Cognac.
1574	Tod Karls IX., Thronfolge Heinrichs III., 5. Hugenottenkrieg.
1576	Flucht des Herzogs von Alençon vom Hofe, wenig später Flucht Heinrichs von Navarra. Der Herzog von Alençon schwört dem katholischen Glauben ab und nimmt den Titel „Schutzherr der vereinten reformierten und katholischen Kirchen" an. Frieden von Beaulieu, einem Vorläufer des Edikts von Nantes.

Gründung der Liga. Ausbruch des 6. Hugenottenkrieges. Ermordung der Brüder Guise auf der Ständeversammlung zu Blois.

1577 Frieden von Bergerac.

1579 Friedensakt von Nérac mit 15 Sicherheitsplätzen. Ausbruch des 7. Hugenottenkrieges.

1580 Heinrich III. nimmt Cahors ein. Frieden von Fleix.

1584 Tod des Herzogs von Alençon. Heinrich von Navarra wird dadurch Thronfolger.

1585 Die Liga stellt den Kardinal von Bourbon als Gegenkönig auf. Das Edikt von Nemours führt zum 8. Hugenottenkrieg, dem Krieg der drei Heinriche.

1587 Schlacht von St. Severin, Coutras und Auneau.

1588 Schlachtentod des Heinrich von Condé. Barrikadenaufstand in Paris. Unionsedikt – es legt fest, daß der König katholisch sein muß. Ständeversammlung von Blois. Heinrich III. läßt die Brüder Guise ermorden.

1589 Aussöhung Heinrichs III. mit Heinrich von Navarra. Belagerung von Paris. Attentat auf Heinrich III. Dadurch wird Heinrich von Navarra als Heinrich IV. König von Frankreich. Schlacht von Arques.

1590 Geheime Verhandlungen zwischen Heinrich IV. und dem Herzog von Mayenne.

1593 Ankündigung der Konversion des Königs. Das Parlament stellt sich hinter den König. Heinrich konvertiert. Waffenstillstand.

1594 Heinrich wird in Chartres gekrönt. Der König zieht in Paris ein.

1595 Schlacht von Fontaine-Française, Doullens. Der Papst erteilt Heinrich die Absolution. Der Herzog von Mayenne unterwirft sich.

1598 Das Edikt von Nantes wird verkündet.

1610	Ermordung Heinrichs IV. durch Ravaillac.
1621-22	9. Hugenottenkrieg.
1625-29	10. Hugenottenkrieg und verheerende Niederlage La Rochelles. Ende der Hugenottenpartei.
1640	Der „Augustin" Jansens erscheint.
1656	Erste Einschränkungen durch Ludwig XIV.
1668	Bekehrung führender Protestanten.
1669	Verbot der Ausreise.
1661-1685	Von 760 Gottteshäusern sind 700 zerstört.
1681	Beginn von Zwangseinquartierungen durch Marillac im Poitou. Das „Avertissement pastoral" der Assemblées du clergé schiebt den Protestanten die Schuld an einem religiösen und staatlichen Schisma zu.
1682-85	Etwa 200 einschränkenden Verfügungen gegen die Protestanten.
1685	Widerruf des Edikts von Nantes.
1692	In Leyden erscheint mit Elie Benoits Geschichte des Edikts von Nantes das erste Buch zu dieser geschichtlichen Epoche aus der Nähe eines Augenzeugen.
1701-04	Camisardenkriege in den Cevennen und im Languedoc.
1709	Zerstörung des Klosters Port-Royal.
1715	Tod Ludwigs XIV.
1730	Marie Durand wird in Aigues-Mortes eingekerkert.
1763	Affäre Caulas in Toulouse. Voltaire wird dadurch zu verstärktem publizistischem Engagement für die Toleranz herausgefordert.
1748	Auflösung der französischen Galeerenflotten.
1757	In Rotterdam erscheinen die Memoiren des Galeerensträflings Jean Marteilhe.
1764	Befreiung der letzten Gefangenen aus dem Tour de Constance.

1787	Toleranzedikt Ludwigs XVI.
1789	Französische Revolution; Erklärung der Religionsfreiheit in den Artikeln der Menschenrechte.

Die Reformierte Kirche als Minderheitenkirche

1802	Concordat Napoleons mit den beiden Kirchen.
1825	Le Reveil, Erweckungsbewegung. In der Folge kommt es zur Loslösung der Eglises évangéligques de France aus dem Konkordat Napoleons.
1841	Erster Diakonissenorden.
1872	Erste Nationalsynode seit 1659.
1879	Von neun Ministern im Kabinett sind fünf Protestanten; das entspricht dem Phänomen der Haute société protestante (HSP), das zur Zeit der Dritten Republik bekannt ist.
1901	Gründung verschiedener Gewerkschaften durch Angehörige der reformierten Kirche.
1905	Auflösung des Konkordats mit Ausnahme Elsaß-Lothringens.
1911	Gründung des Museums für protestantische Geschichte in Mas-Soubeyran.
1938	Bund französischer Protestanten (FPF).

3. Übersicht über die französischen Religionskriege

1. Krieg 1562-1563

1. März 1562 Blutbad von Vassy – 19. März 1563 Friede von Amboise.

2. Krieg 1567-1568
28. September versuchte Entführung der königlichen Familie aus Meaux – 23. März 1568 Friede von Longjumeau

3. Krieg 1568-1570
24. Mai 1568 Verbannung des versöhnlichen Kanzlers Michel de l'Hôpital vom Hofe – 8. August 1570 Friede von Saint-Germain.

4. Krieg 1572-1573
22. August 1572 Attentat auf Gaspard de Coligny und nachfolgend Massaker der Bartholomäusnacht – 11. Juli 1573 Friede von Boulogne.

5. Krieg 1574-1576
Winter 74-75 Feldzug Heinrichs III. nach Südfrankreich – 6. Mai 1576 Friede von Beaulieu (Vorläufer des Edikts von Nantes).

6. Krieg 1577
Mai 1577 Franz von Alençon greift La Charité an. 17. September 1577 Friede von Bergerac.

7. Krieg 1579-80
August 1579 Weigerung der Protestanten, die Zugeständnisse und Sicherheitsplätze aus dem Frieden von Nérac (Febr. 1579) wieder aufzugeben – 26. Nov. 1580 Friede von Fleix.

8. Krieg 1585-1598 (Krieg der drei Heinriche)
30. März 85 Gründung der Liga unter Führung der Guise – 5. Juni 95 Sieg Heinrichs bei Fontaine-Française – 13. April 1598 Edikt von Nantes.

9. Krieg 1621-1629
Aufstand in den südlichen Provinzen – 16. Oktober 1622 Friede von Montpellier.

10. Krieg 1625-1629
Verfolgungen unter Richelieu – 28. Oktober 1628 Ende der Belagerung La Rochelles / Gnadenfrieden von Alais (Juli 1629).

4. Regierungszeiten der französischen Könige im Zeitalter der Reformation

1515-1547 Franz I.
1519-1572 Gaspar de Coligny (zum Vergleich)
1547-1559 Heinrich II.
1559-1560 Franz II.
1560-1574 Karl IX.
1574-1589 Heinrich III.
1589-1610 Heinrich IV.
1610-1643 Ludwig XIII.
1643-1715 Ludwig XIV. (ab 1661 selbständig)
1715-1774 Ludwig XV. (ab 1723 selbständig)
1774-1793 Ludwig XVI.

5. Die Lebensdaten der europäischen und französischen Reformatoren

1320-1384 John Wyclif, England
1369-1415 Johann Hus, Prag
1450-1537 Jacques Lefèvre d'Estaples, Paris
1469-1536 Desiderius Erasmus, Basel
1482-1531 Johannes Oecolampad, Basel
1483-1546 Martin Luther, Wittenberg
1484-1531 Ulrich Zwingli, Zürich
1489-1565 Guillaume Farel, Genf

1491-1551 Martin Bucer, Straßburg
1505-1572 John Knox, Edinburgh
1509-1564 Johann Calvin, Genf
1519-1605 Theodore de Bèze, Genf

6. Übersicht über die Epochen der reformierten Gemeinde in Schweden

1) Vorgesschichte: Patronat Beurrées
2) Wallonische Zeit (1632-1686): Patronat de Geers
3) Interim (1686-96): Gründung der französisch-lutherischen Gemeinde
4) Anglo-französische Zeit (1696-1741): Patronat von engl. oder frz. Gemeinden
5) Französische Zeit (1741 bis heute): Autonomer Status

Literaturverzeichnis

SIBYLLE BADSTÜBNER-GRÖGER: Der französische Dom zu Berlin. Berlin 1987 (Union).

HEINRICH BARAL: Woher kamen die deutschen und insbesondere die württembergischen Waldenser? Braunschweig 1953 (Deutscher Hugenottenverein).

JOHANNES E. BISCHOFF (Hrsg.): Hugenotten in Franken. Sickte 1979 (Deutscher Hugenottenverein).

JEAN BOISSET: Histoire du protestantisme. Paris 1970 (Presses universitaires de France).

HENRI BOSC: La Guerre des Cevennes 1702-1710. Montpellier 1985 (Presses du Languedoc, Curandera).

B. u. AL. BOTTA (Hrsg.): Die Hugenotten und Berlin-Brandenburg. Berlin 1981 (Verlag des Consistoriums der Französischen Kirche).

HARTMUT BRÜHL / PHILIPP JOUTARD: Spurensuche in den Ce vennen. Die südfranzösische Heimat der Hugenotten und Cami sarden. Köln o.J. (Rundfunksendung).

Bulletin de la Societe de l'Histoire du Protestantisme Français. Paris 1985 u.ö.

JACOB BURCKHARDT: Kulturgeschichtliche Betrachtungen. Leipzig 1935 (Kröner).

JACOB BURCKHARDT: Weltgeschichtliche Betrachtungen. Leipzig 1935 (Kröner).

LOUIS CAGNET: Le Jansenisme. Paris 1961 (PUF).

ANDRE CASTELOT: Heinrich IV. Sieg der Toleranz. Gernsbach 1986 (C. Katz).

ANDRE CHAMSON u. a.: La Tour de Constance. Mialet 1968 (Editions du Musée du Desert).

JULIEN COUDY (Hrsg.): Die Hugenottenkriege in Augenzeugenberichten. München 1980 (dtv).

Der Reformation verpflichtet. Gestalten und Gestalter in Stadt und Landschaft Basel aus fünf Jahrhunderten. Basel 1979 (Christoph Merian).

JOCHEN DESEL UND WALTER MOGK: Wege in eine neue Heimat. Fluchtberichte von Hugenotten aus Metz. Sickte 1987 (Deutscher Hugenottenverein).

JOCHEN DESEL: Herkunftsorte der Hugenotten und Waldenser in der Landgrafschaft Hessen-Kassel. Sickte 1985 (Deutscher Hugenottenverein).

Deutsche Hugenott, Der. Sickte 1985 u.ö. (Deutscher Hugenottenverein).

ANDREA VAN DÜLMEN: Luther Chronik. München 1983 (dtv).

J. LESLIE DUNSTAN: Der Protestantismus. Gütersloh 1981 (G. Mohn).

ARIEL UND WILLI DURANT: Kulturgeschichte der Menschheit. Das Zeitalter Voltaires./Europa und der Osten im Zeitalter der Aufklärung. 2 Bde., Berlin 1982 (Ullstein).

DESIDERIUS ERASMUS (gen. von Rotterdam): Das Lob der Torheit. Encomium Moriae. Stuttgart 1985 (Ph. Reclam).

Evangelisches Kirchengesangbuch. Ausgabe für die Evangelisch-reformierte Kirche in Nordwestdeutschland. Gütersloh et al. 1985 (Gerd Mohn et al.).

Französisch reformierte Kirche in Offenbach am Main, Die. Offenbach 1985 (Presbyterium der Französisch-reformierten Gemeinde).

MARIATERESA FUMAGALLI: Heloise und Abaelard. München 1986 (Artemis).

Geschichte der französisch-reformierten Gemeinde Königsberg in Preußen. Flensburg 1958 (Deutscher Hugenottenverein).

ANTON J. GAIL: Erasmus von Rotterdam. Hamburg 1984 (Rowohlt).

JANINE GARRISON: L'Edit de Nantes et sa Revocation. Histoire d'une intolerance. Paris 1985 (Seuil).

JANINE GARRISON: Protestants du Midi (1559-1598). Toulouse 1980 (Privat).

JANINE GARRISON: Henry IV. Paris 1984 (Seuil).

ALFRED GIEBEL: Die Kasseler Kolonieliste von 1697. Sickte 1981 (Deutscher Hugenottenverein).

CONRAD GRAU: Berlin Französische Straße. Auf den Spuren der Hugenotten. Berlin 1987 (Deutscher Verlag der Wissenschaften).

JOHANNES HARTMANN: Das Geschichtsbuch. Frankfurt 1955 (Fischer).

Hugenotten im Zweibrücker Land. Zweibrücken 1987 (Historischer Verein).

HORSTA KRUM: Preußens Adoptivkinder. Die Hugenotten – 300 Jahre Edikt von Potsdam. Berlin 1985 (Arani).

GEORGES LIVET: Les Guerres de Religion (1559-1598). Paris 1962 (PUF).

HEINRICH MANN: Die Jugend des Königs Henri Quatre. Hamburg 1987 (Rowohlt).

HEINRICH MANN: Die Vollendung des Königs Henri Quatre. Hamburg 1987 (Rowohlt).

ROGER MAZAURIC: Courcelles-Chaussy. L'originale Histoire d'un village du Haut-Chemin. Metz 1974 (SMEI).

ERNST MENGIN: Die 14 Märtyrer von Meaux. Ein Beitrag zur Frühgeschichte der Reformation in Frankreich. Braunschweig 1981 (Deutscher Hugenottenverein).

ERNST MENGIN: Das Edikt von Nantes. Das Edikt von Fontainebleau. Rechtsurkunden aus der Geschichte der Hugenotten. Braunschweig 1963 (Deutscher Hugenottenverein).

WILHELM NEUSER: Calvin. Berlin 1971 (de Gruyter).

FERNAND NIEL: Albigeois et Cathares. Paris 1955 (PUF).

JEAN DE PABLO: Gaspard de Coligny als Feldherr. Sickte 1972 (Deutscher Hugenottenverein).

LEOPOLD VON RANKE: Historische Charakterbilder. Berlin o.J. (Deutsche Buchgemeinschaft).

LES RABAUTS: Du Désert à la Révolution. Collogne de Nimes (Hrsg. Urx Chaleil). Nimes 1988 (Les presses du Languedoc).

RENOUVEAU: Bulletin des Paroisses Reformees de la Moselle. Metz 1985 u.ö.

JEAN-PIERRE RICHARDOT: Le peuple protestant français aujourdhui. Paris 1980 (R. Laffont).

HANS SCHOLL: Reformation und Politik. Politische Ethik bei Luther, Calvin und den Frühhugenotten. Stuttgart, Berlin et al. 1976 (Kohlhammer).

HANS SCHOLL: Glaube und Spiritualität der Hugenotten. Sickte 1986 (Deutscher Hugenottenverein).

RICHARD STAUFFER: La Reforme (1517-1564). Paris 1988 (PUF).

RUDOLF VON THADDEN UND MICHELLE MADGDELEINE: Die Hugenotten 1685-1985. München 1986 (C.H. Beck).

LAURENT THEIS (Hrsg.): Historia Special: Les Guerres de Religion. Paris 1985 (Hachette).

GIORGIO TOURN: Geschichte der Waldenserkirche. Die einzigartige Geschichte einer Volkskirche von 1170 bis zur Gegenwart. Erlangen 1983 (Verlag des Gustav-Adolf-Werkes/Vlg. der Evg.-luth. Mission Erlangen).

HEINRICH VON TREITSCHKE: Deutsche Kämpfe. Leipzig 1935 (Kröner).

Unite des Chretiens. N. 55, Juli 1984 u.ö. Paris.

HANS W. WAGNER (Hrsg.) Hugenotten in Hamburg, Stade, Altona. Sickte 1976 (Deutscher Hugenottenverein).

Bildnachweis

Erster Bildblock:

Seite 1:	beide Abbildungen	französisches Verkehrsamt, Frankfurt
Seite 2:	oben	CEVAA, Basel
	unten	Statens Kunstmuseum, Nationalmuseum Stockholm
Seite 3:	oben	Chantal
	unten	François Martin, Genf
Seite 4:	beide Karten	Karl Rand KG, Genf

Zweiter Bildblock:

Seite 1:	Abbildung	Museum der Stadt Genf
Seite 2:	Portraits	François Martin, Genf
Seite 3:	beide Abbildungen	Musée Calvin, Noyon
Seite 4:	beide Abbildungen	Editions Castelet, Boulogne

Dritter Bildblock

Seite 1:	Abbildung	Editions Castelet, Boulogne
Seite 2:	oben	IDC, Zug (Schweiz)
	unten	Editions Castelet, Boulogne
Seite 3:	oben	Editions Castelet, Boulogne
	unten	Historisches Museum, Basel
Seite 4:	oben	SHPF, Paris
	unten	Editions Castelet, Boulogne

Register